DIETER KRIMPHOVE

Rechtsethologie

Rechtsethologie

Die Ableitung des Rechts aus der Entwicklungsgeschichte des Menschen

Von

Dieter Krimphove

Duncker & Humblot · Berlin

Bibliografische Information der Deutschen Nationalbibliothek

Die Deutsche Nationalbibliothek verzeichnet diese Publikation in der Deutschen Nationalbibliografie; detaillierte bibliografische Daten sind im Internet über http://dnb.d-nb.de abrufbar.

Satz: TextFormA(r)t, Daniela Weiland, Göttingen
Druck: CPI buchbücher.de GmbH, Birkach
Printed in Germany

ISBN 978-3-428-18217-6 (Print)
ISBN 978-3-428-58217-4 (E-Book)

Gedruckt auf alterungsbeständigem (säurefreiem) Papier entsprechend ISO 9706 ♾

Internet: http://www.duncker-humblot.de

Herrn
P. Dr. Markus Solo Kewuta, SVD

„Gott wollte nämlich, dass er – auf welche Weise auch immer – durch seine Geschöpfe erkannt wird. Da aber kein einzelnes Geschöpf die unendliche Vollkommenheit des Schöpfers angemessen darstellen kann, vervielfachte er die Geschöpfe, gab einem jeden einzelnen von ihnen ein gewisses Maß an Gutheit und Vollkommenheit, so dass auf diese Weise eine Vorstellung von der Gutheit und Vollkommenheit des Schöpfers entsteht, der unendlich viele Vollkommenheiten in der Vollkommenheit einer einzigen, höchst einfachen Essenz umfasst[1]."

Vorwort

Rechtsprechung, Rechtsanwendung, ja selbst die Rechtsauslegung bewegen sich seit langem schon in den eingetretenen und ausgetretenen Bahnen ihres Erkenntniszuwachses. Dabei unterstellen sie dem Menschen mal eine hohe Sittlichkeit, aufgeklärte Moralität und vernunftbegabte Urteilskraft, die eine entsprechende Rechtsordnung nachzuzeichnen hat, mal eine animalische Boshaftigkeit, die dann das entsprechende Recht eigens zu Gunsten anderer Rechtsteilnehmer einzudämmen hat.

Niemand nimmt den Menschen bei dieser Diskussion ernst, nämlich als ein sich aus einem Jahrmillionen langen Evolutionsprozess herausgebildetes Wesen, das seine wohl entscheidendsten und für seine Entwicklung auschlaggebendsten Evolutionsvorteile, seine Friedfertigkeit, sein Verhandlungsgeschick und seine Kompromissbereitschaft bis heute ausspielt und sich so die Welt mit all ihren biologischen, umwelttechnischen, aber auch gesellschaftlichen und politischen Herausforderungen zu eigen macht.

Die hier erstmals vorgestellte *Rechtsethologie* greift diese *Urbeschaffenheit* des Menschen auf, um das Recht des Menschen, sein heutiges Rechtsverhalten und sein heutiges bzw. künftiges Bedürfnis nach Recht erklärbar zu machen.

Damit ist sie inhaltlich wie methodisch nicht mit der sog. Rechtsethnologie zu verwechseln, die zwischen Ende des 19. und dem frühen Beginn des 20. Jahrhunderts mit eher zweifelhaften Vergleichen zwischen sog. „primitiven Kulturen" und „Kulturvölkern" koloniale Rechtssysteme als Glanzpunkte humaner Entwicklung und Kultur zu stützen suchte.

Mit ihrem methodisch neuen Ansatz strebt die *Rechtsethologie* vielmehr an, sowohl der Rechtspraxis (Richtern, Anwälten und Rechtsanwendern in Verwaltung, Wirtschaft und Kultur) wissenschaftlich methodisch fundierte Auslegungs- und Entscheidungshilfen zu liefern als auch den nationalen und europäischen Gesetz-

---

[1] *Robert Bellarmin*: De ascensione mentis in Deum per scalas rerum creatorum, in: Opera Omnia (Hrsg. Justinus Fère), Paris 1973, Bd. VIII, S. 247ff. 248.

gebern Anhaltspunkte für eine Genese „menschengerechten“, d. h. plausiblen und effizienten Rechts zu vermitteln.

Im Vordergrund dieses Buches steht allerdings der wissenschaftlich kritische Diskurs. Dieser soll die kritische, interdisziplinäre Auseinandersetzung mit dem rechts-, wirtschafts- wie gesellschafts-, aber gerade auch mit dem naturwissenschaftlich gebildeten Fachpublikum sowie allen interdisziplinär Interessierten Gelegenheit zur kritischen Bewertung der neuen Methodik der „Rechtsethologie“ eröffnen.

Zweifelsohne hätte es zur Darstellung einer neuen, interdisziplinären Methode eines mehrbändigen Werkes bedurft. Der Verfasser beabsichtigt aber, einem möglichst großen Kreis an Interessierten seine Ideen in einer eher übersichtlichen, prägnanten Form und in verstehbarer Sprache vorzustellen, um sie so unmittelbar einem breiten, weitgefächerten Publikum zu einer unmittelbaren, inhaltlich vielfältigen und kritischen Diskussion anzubieten. Die hier verwandten Fußnotenhinweise mögen zu einer wissenschaftlichen, vertiefenden Auseinandersetzung mit einer neuen Methodik, einem unverbrauchten Thema sowie seiner faszinierenden Teilbereiche anregen.

Münster, November 2020 *Dr. Dieter Krimphove*

Inhaltsverzeichnis

Teil I

Einleitung 17

Teil II

Grundlagen 60

Teil IV

Resümee 271

Teil I

Einleitung

A. Einführung in die Fragestellung

Jahrhunderte lang, ja seit seinem Bestehen, ist die Frage virulent, was Recht sei, woher es kommt und aus welcher Quelle es fließt bzw. welche Autorität in Geltung und Durchsetzung ihm damit zuzumessen ist. Diese Frage existiert bis heute. Trotz der vielfältigen und mannigfachen Bemühungen der Theologie, Anthropologie, Soziologie, Polotologie, Psychologie sowie der Rechts- und Wirtschaftswissenschaften. Die inhaltliche Zuschreibung des Rechts im Laufe seiner Geschichte reicht dabei von der *Weisung Gottes* und seiner *Autorität* bis hin zum *vernunftbezogenen Ausgleich verschiedener, gegenläufiger Interessen* über reine Nützlichkeitsüberlegungen des Utilitarismus und den *positivistischen Sichtweisen*, nämlich dem Erlass von Normen (welchen Inhalts auch immer) in einem formell rechtmäßigen Akt.[1]

Überzeugen konnten all diese Ansätze nicht; zu kontrovers fallen deren Erklärungsansätze aus und zu oft stehen ihre Erklärungsversuche im Licht eines bestimmten Zeitgeistes. Es kann daher nicht unangemessen sein, sich dem Phänomen „Recht" auf eine neue, andere Weise zu nähern.

B. Rechtsethologie: Der Begriff

Der Begriff Rechtsethologie – nicht zu verwechseln mit dem bereist existenten Wirtschaftszweig der Rechtsethnologie – setzt sich sprachlich aus den beiden großen interpretationsbedürftigen Unbekannten „Recht" und „Ethos" zusammen.

---

[1] *Adolf Merkl*: Die Lehre von der Rechtskraft, entwickelt aus dem Rechtsbegriff, Leipzig 1923: *ders.*: Prolegomena einer Theorie des rechtlichen Stufenbaues, in: Alfred Verdross (Hrsg.): Gesellschaft, Staat und Recht. Festschrift Hans Kelsen, (1931) 1967, S. 252 ff.; *Walter Ott*: Der Rechtspositivismus, 2. Aufl. 1992; *Arthur Kaufmann/Winfried Hassemer*: Einführung in die Rechtsphilosophie und Rechtstheorie der Gegenwart, 6. Aufl., 1994, S. 90 ff. (m. w. H.).

I. Was ist Recht?

Was Recht bedeutet, ist und war Gegenstand zahlreicher *theologischer, anthropologischer* und *rechtsphilosophischer* Konzeptionen.[2]

- Nach den ältesten bekannten Rechtsquellen[3] galt Recht als göttlicher Befehl oder Weisung. Diese ließ der jeweilige Gott dem weltlichen Herrscher zukommen und bekräftigte so dessen Herrschaftsanspruch.
- Im Verlauf der antiken Rechtsgeschichte wird dann das Recht als göttliche, autoritäre Weisung zu einer „irdischen Kopie" der göttlichen Ordnung;[4] dem *Logos* oder der *Ma'at.*[5] Erst Protagoras macht den menschlichen kollektiven Willen zum Bestandteil des Rechts.[6] Er schafft so das „Naturrecht" als das Recht, was unmittelbar aus der Qualität des Menschen, also dem Menschsein, fließt.[7] Dieses unterscheidet dann Aristoteles von jenem Recht, das ein Gesetzgeber verbindlich setzt (sog. *Gesetzesrecht*).[8] Damit bereitet bereits Aristoteles den gedanklichen Hintergrund des *Rechtspositivismus*[9] vor.
- Augustinus rückte das menschliche Recht wieder in Relation zum göttlichen, indem er das menschliche (Natur-)Recht (*lex naturalis*) als den „Abdruck" des göttlichen (*lex aeterna*) begreift.[10/11]

---

[2] Für ein eher rechtsmaterie-spezifisches Verständnis von Recht siehe: *Max Weber*: Wirtschaft und Gesellschaft, Kap. I, § 6, Nr. 2.

[3] *Urukagina-Reformen aus Lagaš*, (sumerisch 2400 v. Chr); *Texte des Königs Urukagina von Lagasch*, (um 2300 v. Chr); *Codex des Königs Ur-Nammu* in der III. Dynastie von Ur, (sumerisch 2100 v. Chr.); *Codex Ur-Nammu* (etwa 2050–2030 v. Chr.); *Codex Lipit-Ischtar* (1885–1875 v. Chr.); *Codex von Eschnunna* (1790 v. Chr.); *Codex Hamurapi* (1700 v. Chr.) oder der *mosaische Dekalog* Ex 20,2–17 und Dtn 5,6–21 (1.500–1.000 v. Chr. verschriftlicht in der Epoche (586–539 v. Chr.).

[4] Z. B.: *Heraklit*: Fragment 114: „Alle menschlichen Gesetze nähren sich von einem göttlichen."

[5] *Jan Assmann*: Ma'at. Gerechtigkeit und Unsterblichkeit im Alten Ägypten, 2. Aufl., 1995, S. 206 ff., 287; *Hans Bonnet*: Maat, in: Hans Bonnet: Lexikon der ägyptischen Religionsgeschichte, 3. Aufl., 2000, S. 430 ff. (m. w. H.).

[6] *Platon*: Protagoras 337 c, d, in: Bernd Manuwald: Platon Werke: Platon, Bd. 6/2: Protagoras: Bd VI, 2 1999, Kap. 337 c, d.

[7] Siehe dazu auch: *Cicero*: De legibus¸ *ders.*: Pro Cluentio 53, 146; siehe: *Max Kaser*: Römische Rechtsquellen und angewandte Juristenmethode, in: Forschungen zum Römischen Recht, Bd. 36. 1986, S. 38 f.; bis Paulus Röm 2, 14 f.

[8] *Aristoteles*: Nikomachische Ethik, 1134 b.

[9] Dazu siehe unten Teil I in diesem Kapitel.

[10] *Augustinus*: de Trinitate 1, No 21.

[11] Thomas von Aquin konkretisierte dann das göttliche Recht, also den „Stempel" des menschlichen als die Vernunft Gottes. Ein Fehler des Menschen bei dem Erkennen von Recht war daher entschuldbar bzw., falls der Täter sich fälschlicherweise vorstellt Unrecht zu tun, auch ein Strafgrund. *Thomas von Aquin*: Summa Teologica, in: Joseph Bernhart (Hrsg. und Übersetzer): Thomas von Aquino: Summe der Theologie. 1985I, II, 19, 5.

- Das Recht, eigens das Naturrecht, ergibt sich in der sog. *Aufklärung* nicht mehr gottgewollt bzw. gottgegeben, sondern vernunftbezogen.[12] Grundlage des Rechts bietet weniger die Vernunft des Einzelnen als die der menschlichen Gesellschaft bzw. der Menschheit. Entsprechend dieser *Sozialanthropologie* differenzieren die Vertreter der Aufklärung das Recht und seine Inhalte nach dem jeweils von ihnen gewählten Menschenbild. Danach ist, bei einem negativen Menschenbild, „Recht" das Instrument der gegenseitigen Bindung und präventiven Begrenzung der Interessen eines als feindselig gedachten Rechtsgenossen [Hobbes[13], Montesquieu[14], auch noch Kant[15]]. Im Fall eines optimistischeren Menschenbildes dient Recht zur Sicherung des „natürlichen", freien Zustandes des Menschen [Locke,[16] Rousseau[17]]. In letzterem Fall richten sich die Rechtspositionen des Naturrechts eher gegen das Gemeinwesen des Staates[18] und nicht, wie bei einem negativen Menschenbild, gegen die einzelnen Rechtsgenossen.
- Einen neuartigen und insbesondere für diese Darstellung aufschlussreichen und nutzenbringenden Ansatz verwendet Hegel. Auch Hegel vertritt ein deutlich negatives Menschenbild.[19] Nach Hegel ist Recht der Ausdruck von Freiheit des Individuums. Dieser Ausdruck erscheint jedoch nicht statisch, sondern unterliegt einer dialektischen Fortentwicklung.[20] Danach besitzt das Individuum zwar seinem Wesen nach Freiheiten,[21] diese muss der Staat jedoch einschränken. Diese Einschränkung schreitet qualitativ in der Geschichte fort, indem sich einerseits das abstrakte „*Recht*"[22] (i. S. der Gesamtheit von *Rechtsinstituten*[23]) als Gegensatz zu

---

[12] Siehe selbst bei Locke: *Jeremy Waldron*: God, Locke, and Equality: Christian Foundations in Locke's Political Thought, 2002, S. 97, 41 ff., 101, 155, 181, 192, 194, 196, 207 f., 215, 217, 230.

[13] *Thomas Hobbes*: Leviatan, 1651, Walter Euchner (Hrsg.) (1996) Kap. 14.

[14] *Charles de Montesquieu*: Vom Geist der Gesetze, Buch XI, Kap. 3.

[15] „... Recht ist ... der Inbegriff der Bedingungen unter denen die Willkür des einen mit der Willkür des anderen ... vereinigt werden kann." (*Immanuel Kant*: Metaphysik der Sitten 1797, Einleitung in die Rechtslehre § B VI, 230).

[16] *John Locke*: Two Treatises of Government, Book II. ii. 5; Book II § 4.

[17] *Jean-Jaques Rousseau*: Vom Gesellschaftsvertrag oder Grundsätze des Staatsrechts, in: Hans Brockard (Hrsg.), 1977, S. 5 ff., 17 ff., 21 ff.; *ders.*: Discours sur l'origine et les fondements de l'inégalité parmi les hommes (2. Aufl. Edition Meier), S. 173; *ders.*: Abhandlung über die Politische Ökonomie, in: Politische Schriften 1. S. 49.

[18] *Andreas Dorschel*: Der allgemeine Wille. Zu Rousseaus „Contrat social", in: Zeitschrift für Didaktik der Philosophie und Ethik. XXXII, 2010, Heft 1, S. 31 ff.

[19] *Georg Wilhelm Friedrich Hegel*: Philosophische Propädeutik (Glockner: Hegel Sämtliche Werke Bd. 3, S. 70; auch *ders.*: Vorlesung über die Philosophie der Geschichte (Theorie-Werkausgabe, Bd. 12), S. 59 ff.

[20] *Georg Wilhelm Friedrich Hegel*: Philosophische Propädeutik (Glockner: Hegel Sämtliche Werke Bd. 3, S. 247.

[21] *Georg Wilhelm Friedrich Hegel*: Philosophische Propädeutik (Glockner: Hegel Sämtliche Werke Bd. 3, S. 38, 55.

[22] Eigentum Vertrag, Rechtsbruch = Unrecht.

[23] *Georg Wilhelm Friedrich Hegel*: Grundlinien der Philosophie des Rechts (Theorie Werkausgabe Bd. 7), S. 1820, §§ 34–104.

der sog. „*Moral*“[24] (hier i. S. einer *inneren Einstellung* zum Recht[25]) weiß und beide dialektisch sich entgegenstehenden Werte letztlich aufgenommen werden in der sog. „*Sittlichkeit*“[26] als höchste Möglichkeit der *Kooperation* des *Individuums* in einer „*Gemeinschaft*“[27]. „Recht“, in diesem Verständnis, wird so zu einer Interpretation des sich in der Geschichte entwickelnden hegelianischen (Welt-)Geistes.[28]

- Der *Utilitarismus* begreift das „Recht“ als Instrument, ein Höchstmaß an individuellem persönlichem Glück für ein Maximum an Personen zu erreichen.[29]
- Eine Abkehr von jeder inhaltlichen, u. a. philosophischen, theologischen, utilitaristischen und soziologischen Bindung des Rechts nimmt der *Rechts-Positivismus* (seit John Austin[30]) vor. Recht ist damit lediglich das, was der Gesetzgeber – in einem formell gültigen Verfahren – als solches schafft bzw. setzt.[31] Kelsen begründet mit diesem Verzicht auf weitere, das Recht legitimierende Wissenschaften seine „Reine Rechtslehre“[32].

---

[24] *Georg Wilhelm Friedrich Hegel*: Grundlinien der Philosophie des Rechts (Theorie Werkausgabe Bd. 7) 1820, §§ 105–141).

[25] Vorsatz, Schuld, Absichten Gewissen, Werte.

[26] *Georg Wilhelm Friedrich Hegel*: Grundlinien der Philosophie des Rechts (Theorie Werkausgabe Bd. 7) 1820, §§ 142–360.

[27] Familie, bürgerliche Gesellschaften und Staat.

[28] *Georg Wilhelm Friedrich Hegel*: Grundlinien der Philosophie des Rechts (Theorie Werkausgabe Bd. 7) 1820, § 4, S. 46; § 257, S. 398 ff.; *ders.*: Geschichte der Philosophie (Theorie Werkausgabe Bd. 19), S. 107; *ders.*: Phänomenologie des Geistes/Theorie Werkausgabe Bd. 3, S. 326.

[29] *Jeremy Bentham*: An Introduction to the Principles of Morals and Legislation. A new edition, corrected by the author, London 1828, Chapter 17: Of the Limits of the Penal Branch of Jurisprudence. IV. Fußnote „Interest of the inferior animals improperly neglected in legislation“. S. 235 ff.; John Rawls (geb. 1921) insbes.: *John Rawls*: A Theorie of Justice (1971); siehe auch: *Otfried Höffe* (Hrsg.): Einführung in die utilitaristische Ethik – klassische und zeitgenössische Texte, Tübingen 1992; *Julius Stone*: Human Law and Human Justice, 1965, S. 105 f. (m. w. H.); *Konstantinos A. Papageorgiou*: Sicherheit und Autonomie; zur Strafrechts Philosophie Wilhelm von Humboldts und John Stuart Mills, in: ARSP LXXVI.,1990, S. 324 ff.; *David Ricardo*: An essay on the influence of the low price of corn on the profits on stock von 1815; *Raoul Kirmes*: Informelle technische Vorschriften und Wettbewerb: Eine ordnungsethische Bewertung informeller staatlicher Standardisierung, 2014, S. 42 ff. (m. w. H.); *Anthony Quinton*, Utilitarian Ethics, 1973; *Wilfried Löwenhaupt*: Politischer Utilitarismus und bürgerliches Rechtsdenken, 1972, S. 59, 97.

[30] *John Austin*: The Province of Jurisprudence Determined, 1832; siehe auch: *Herbert Lionel Adolphus Hart*: The Concept of Law, 1961, 3. Aufl. 2012.

[31] Siehe dazu: *Dieter Krimphove*: Rechtstheoretische Aspekte der „Neuen Ökonomischen Theorie des Rechts“, in: Rechtstheorie 32, 2001, S. 497 ff., 515 f. (m. w. H.).

[32] *Hans Kelsen*: Die Reine Rechtslehre, 1934, 2. Aufl. 1960, S. 1 ff.; *ders.*: Die philosophischen Grundlagen der Naturrechtslehre und des Rechtspositivismus, Leipzig 1928, S. 198; eine ähnlich neopositivistische Position vertreten *Evers*: Der Richter und das unsittliche Gesetz, München 1956, S. 141; auch schon *Karl Bergbohm*: Jurisprudenz und Rechtsphilosophie, Bd. I, Berlin 1892, S. 198, 144 f.; zur Kritik an Kelsens „Reine Rechtslehre“ aus Sicht der interdisziplinären Ökonomischen Theorie des Rechts, siehe: *Dieter Krimphove*: Rechtstheoretische Aspekte der „Neuen Ökonomischen Theorie des Rechts“, in: Rechtstheorie 32, 2001, S. 497 ff., 517 ff. (m. w. H.).

- Ähnlich argumentiert Habermas, wenn er das Recht als Ergebnis eines fairen und freien Diskurses begreift.[33] Alexy[34] erweitert die Anforderungen insofern, als Recht bzw. juristische Entscheidungen jedenfalls sachlich begründbar sein müssen.
- Die *Ökonomische Analyse des Rechts* oder die *Neue Institutionen-Ökonomik*[35] beschreiben Recht als ein Institut zur Einsparung und Vermeidung von gemeinschaftsschädlichen Transaktionskosten. Recht – bzw. seine Inhalte – hat über die Kosten bzw. Aufwandseinsparung wohlfahrtssteigernde Bedeutung.[36] Nur jenes Recht, welches in der jeweiligen historisch-ökonomischen Situation Transaktionskosten am umfassendsten reduziert, erscheint effizient und damit vorzugswürdig. Mit diesem wohlfahrtsorientierten Ansatz ähneln obige Denkansätze dem *Utilitarismus*.[37] Effizienz kann in verschiedenen Wirtschafts- bzw. Gesellschaftssituationen unterschiedlich eintreten, insofern die Institutionen-Ökonomischen Denkansätze zwar von einer bestimmten Zielrichtung des Rechts [nämlich die Transaktionskostenreduktion], nicht aber von einem dauerhaft fixen Inhalt des Rechts ausgehen können.[38]

Obiger „Parforceritt durch die Rechtsgeschichte" muss, gemessen am Rahmen des Themas dieser Untersuchung, nur sehr knapp ausfallen. Notwendigerweise fehlen ihm daher zahlreiche Details der Philosophie und Rechtsgeschichte. Die hier vorangestellte knappe Übersicht genügt allerdings, um die hier vorzustellende

---

[33] *Jürgen Habermas*: Legitimationsprobleme im Spätkapitalismus. 1973, S. 148; *ders.*: Faktizität und Geltung, 1992; Faktizität und Geltung; *ders.*: Beiträge zur Diskurstheorie des Rechts und des demokratischen Rechtsstaates, 1992, S. 281 ff.

[34] *Robert Alexy*: Theorie der juristischen Argumentation. Die Theorie des rationalen Diskurses als Theorie der juristischen Begründung (1978), 1983, S. 263 ff.

[35] Dazu im Einzelnen siehe unten Teil I Kapitel B. V. 2.5 ff. (m. w. H.).

[36] *Ronald Coase*: The Nature of the Firm, in: Economica, Bd. 4, 1937, S. 386 ff.; auch: *Ronald Coase*: Lectures, 2: The Nature of the Firm, Meaning, in: Journal of Law, Economics and Organizations, 4 (1988), S. 19 ff.; *Michael Posner*: Economic Analysis of Law, Bosten, 1. Aufl., Boston, 1972, Part. 1, insbes. chapter 1.2; *Michael Posner*: The Economic Approach to Law, in: Texas Law Review 53, 1975, S. 757 ff.; *Hans-Bernd Schäfer/Claus Ott*: Lehrbuch der ökonomischen Analyse des Zivilrechts, 2. Aufl., Berlin, 1995, S. 1 ff.; *Dieter Krimphove*: Rechtstheoretische Aspekte der „Neuen Ökonomischen Theorie des Rechts", in: Rechtstheorie 32, 2001; Das Europäische Sachenrecht, Eine rechtsvergleichende Analyse nach der Komparativen Institutionen-Ökonomik, Köln 2006, S. 10 ff. (m. w. H.); auch: *ders.*: Der Einsatz der Ökonomischen Analyse des Rechts als notwendiges Instrument der Europäischen Rechtsvergleichung, in: Zeitschrift für Rechtsvergleichung 1998, S. 185 ff.; *ders.*: Ökonomische Analyse der Sozialenzykliken der Katholischen Soziallehre, Köln 2017, S. 55, 59 (m. w. H.); kritisch: *Horst Eidenmüller*: Effizienz als Rechtsprinzip, 1995, S. 21 ff., S. 4 ff.; siehe auch: *Gary S. Becker*: Ökonomische Erklärung menschlichen Verhaltens, 1993, 2. Aufl.

[37] Siehe: *Dieter Krimphove*: Rechtstheoretische Aspekte der „Neuen Ökonomischen Theorie des Rechts", in: Rechtstheorie 32, 2001, S. 497 ff.; S. 531 (m. w. H.); auch: *Amartya Sen/Bernard Williams*: Einleitung zu: Amartya Sen/Bernard Williams: Utilitarism and Beyond, Cambridge, 1982, S. 1.

[38] Einzelheiten siehe unten Teil I Kapitel B. V. (m. w. H.).

Rechtsethologie bzw. ihre sich im Folgenden ergebenden inhaltlichen Parallelen zu den wesentlichen, bisherigen Sichtweisen des Rechts, einordnen zu können. Auf jene Bezüge zur *Ideengeschichte des Rechts* wird der Text regelmäßig, an geeigneter Stelle, eingehen.[39]

Die Untersuchung möchte und kann sich auch noch nicht an dieser Stelle einer bestimmten Sicht des Rechts anschließen, denn interessanterweise ergibt sich mit dem hier verwandten Ansatz der Rechtsethologie ein gänzlich neuer Zugriff auf das Recht und seine Konzeption.[40] Diesen entwickelt die Untersuchung vollständig erst im Verlauf ihrer Darstellung.

II. Was ist Ethologie?

Den Begriff *Ethos* (griech. ἔθος = *Herkunft*, aber auch *Sitte*, *Gebrauch*, *Einstellung* oder *Pflicht-Auffassung*), setzt das allgemeine Verständnis oft mit dem Bewusstsein einer, von allgemeinen, fundamentalen Werten getragenen sittlichen Gesinnung gleich.[41]

Entgegen dem Sprachgebrauch unterscheidet sich *Ethik* vom Ethos insofern, als die Ethik, als philosophische Disziplin – quasi auf einer vor- oder übergelagerten Ebene – danach strebt, einen bestimmten *Ethos* zu bewerten bzw. ihn – je nach philosophischem Anliegen – zu begründen.

Träger dieser Gesinnung kann nicht nur der Einzelne, sondern auch eine Gruppe bzw. Gemeinschaft sein; wie auch bestimmte Handwerke, Zünfte, Kirchen oder Vereine.[42] Deren Ethos drückt sich i. d. R. in übereinstimmend respektierten Gebräuchen, Sittlichkeitsgeboten, Moral und Pflichtgefühl oder, mit Zunahme der Steuerungskomplexität der Gruppe, in geschriebenem *Recht*, d. h. dessen Normen und/oder Gesetzen aus.

Zwar können auch Individuen ihr eigenes *Ethos* autark bilden und vertreten. Als Beispiele lassen sich unter vielen etwa Personen wie Michael Kohlhaas, Jesus u. v. a. m. anführen. Sie geraten dann regelmäßig in einen Interessenkonflikt zu

---

[39] Siehe insbesondere unten Teil I Kapitel F. (m. w. H.); siehe unten Teil II Kapitel B. II. (m. w. H.); Kapitel B. V. (m. w. H.).

[40] Siehe unten Teil I Kapitel F. (m. w. H.).

[41] *Richard Wunderlich*: The Scientific Ethos: A Clarification, in: The British Journal of Sociology, Vol. 25, No. 3, 1974, S. 373 ff.; *Kate Amore/Michael Baker/Philippa Howden-Chapman*: The Ethos Definition and Classification of Homelessness: An Analysis, in: European Journal of Homelessness, 2012, S. 19 ff. (m. w. H.); *Ingrid Sahlin*: The Logos of Ethos, Part E, Responses to „The Ethos Definition and Classification of Homelessness", in: European Journal of Homelessness, 2012, S. 227 ff. (m. w. H.).

[42] *Christoph Kunz* (Hrsg.): Lexikon Ethik – Religion: Fachbegriffe und Personen. Stark, Freising 2001, Ethos.

dem Ethos der Gemeinschaft. Dem Ethos wohnt daher ein notwendiger Bezug auf allgemeine, d. h. Gemeinschaftswerte inne.[43]

Im Idealfall akzeptiert das Individuum bzw. eine Minderheit, freiwillig oder durch normative Motivation, die Gruppenwerte. Es kann aber auch zu Kollisionen der individuellen mit dem Gruppen- bzw. in der Gruppe praktizierten Ethos kommen. Ein solcher Konflikt erscheint in der Praxis sogar sehr wahrscheinlich. Denn allgemein anerkannte Werte (wie etwa Lebensqualität, Lebensdauer, Frieden, Gerechtigkeit) gliedern sich in unterschiedliche Sub-, Unter- oder Zwischenwerte, durch deren einzelne Verwirklichung Individuen wie auch die Gruppen die von ihnen gewählten Hauptwerte zu realisieren anstreben. Ein allgemeiner, auch allgemein anerkannter Ethos streut und teilt sich in seine unterschiedlichen Ausführungen. Dies macht das *Ethos* und seine Auseinandersetzung mit ihm letztlich ebenso interessant wie aufschlussreich.

Hier ist nicht der Ort, um sich rechtstheoretisch wie philosophisch mit dem Begriff *Ethos* und insbesondere mit der bislang nur sträflich selten aufgegriffenen Spaltung des Ethos in Individual- sowie Gruppenwerte umfänglich zu beschäftigen. Denn hier geht es um die Betrachtung der neuen Wissenschaftsdisziplin, der *Rechtsethologie*. Allerdings ist das *Ethos als* Teilbegriff eigens deswegen kennzeichnend für das Verständnis der *Rechtsethologie*, da die oben aufgeworfene Konflikt- und Problemlage von Individuum und Gesellschaft letztlich den thematischen Ausgangspunkt für eine notwendige Verhaltenssteuerung durch das „Recht“ selber bildet. Nachfolgende Darstellung verspricht in diesem Sinne eine umfassende Sicht auf das „Recht“, nicht nur als ein (rein technisches) Instrument der Verhaltenssteuerung, sondern auch als Ort der Realisation unterschiedlicher Gemeinschafts-Werte, -ziele und -ideale.[44]

III. Was ist Rechtsethologie?

„Rechtsethologie“, wie sie folgende Ausführungen erstmals darstellen, ist die wissenschaftliche Theorie zur Ableitung des „Rechts“ in all seinen Aspekten und Wirkungen, aus seinen entwicklungsgeschichtlichen Vorgaben und historischen Anforderungen. Sie ist nicht zu verwechseln mit der bereits existenten Rechtseth**n**ologie, einer Teildisziplin der von Eibl-Eibesfeldt[45], aber auch von Konrad

[43] Dieser Konflikt stellt sich häufig, ist es doch kaum vorstellbar, dass weder ein Individuum noch eine Gesellschaft ohne ein (eigenes) „Ethos“ – wie immer dessen Inhalt auch ausfallen mag – auftritt.

[44] Dazu schon siehe oben Teil I Kapitel B. I. (m. w. H.).

[45] *Irenäus Eibl-Eibesfeldt*: Verhaltensbiologie: Die Biologie des menschlichen Verhaltens. Grundriss der Humanethologie, 5. Aufl., 2004; *ders.*: Grundriß der vergleichenden Verhaltensforschung, 1967; *ders.*: „Der vorprogrammierte Mensch. Das Ererbte als bestimmender Faktor im menschlichen Verhalten“ 1973; *ders.*: Die Biologie des menschlichen Verhaltens. Grundriß der Humanethologie, 1984; *ders.*: Humanethologie, in: Lexikon der Biologie, https://www.spektrum.de/lexikon/biologie/humanethologie/32808.

Lorenz[46] maßgeblich geprägten „klassischen Humanethologie[47]“, die durch Verhaltensvergleiche vornehmlich von bestehenden, indigenen Gruppen, Aussagen über das Recht und seiner Entwicklung zu ermitteln suchte.[48]

Die hier vertretene, „neue“ Sichtweise erscheint dem Verfasser rechtstheoretisch, wie anthropologisch und rechtsphilosophisch, auch heute noch erforderlich. Denn die Ursprünge eines Phänomens sagen in der Regel weitaus mehr und wesentlicheres über dieses aus als die bloße Beschreibung seines jetzigen Erscheinungsbildes. Dies gilt eigens vom Recht des Menschen; einem Phänomen das extrem und genuin empfänglich für zeit- und geistesgeschichtliche, gesellschaftliche, philosophische, politische und kulturelle Einflüsse ist, die seine jeweiligen Inhalte unmittelbar prägen.[49]

Die ersten heute nachweisbaren Ursprünge des „Rechts“ datieren um das Jahr 2400 v. Chr.[50]

– Urukagina-Reformen aus Lagaš, sumerisch 2400 v. Chr.

---

[46] *Konrad Lorenz.*: Über tierisches und menschliches Verhalten. Aus dem Werdegang der Verhaltenslehre. Gesammelte Abhandlungen, 1992; ansatzweise schon: *Konrad Lorenz*: Die Rückseite des Spiegels 1973.

[47] Neben den bereits oben genannten Quellen etwa: *Irenäus Eibl-Eibesfeldt/Christa Sütterlin*: Im Banne der Angst – Zur Natur- und Kunstgeschichte menschlicher Abwehrsymbolik, 1992; *Rainer Bösel*: Humanethologie – Ethologische Aspekte menschlichen Verhaltens, 1974; *Thomas Wynn*: The intelligence of later Acheulean hominids, in: Man, Bd. 14, No 3 1970, S. 371 ff.; neuere Quellen: *Bernhard Hassenstein*: Verhaltensbiologie des Kindes, 2007; *Christa Sütterlin*: Ethologische Aspekte des Gestus weiblicher Schampräsentation, in: Ethnographische-Archäologische Zeitschrift, Bd. 34. No 3, 1009, S. 354, 362 ff.

[48] *Lewis Henry Morgan*: Ancient Society 1907; *Johann Jakob Bachofen*: Das Naturrecht und das geschichtliche Recht in ihren Gegensätzen. Antrittsrede, Basel 1841; *Henry Sumner Maine*: Ancient Law, London 1861; *ders.*: Lectures on the early history of Institutions, 1875; sowie: *Albert H. Post*: Der Ursprung des Rechts – Prolegomena zu einer Allgemeinen vergleichenden Rechtswissenschaft, 1876; *ders.*: Einleitung in eine Naturwissenschaft des Rechts, 1872; *ders.*: Einleitung in das Studium der ethnologischen Jurisprudenz. Schwartz, Oldenburg 1886; *Josef Kohler/Felix E. Peiser*: Aus dem babylonischen Rechtsleben, Bd. 2 Pfeiffer, Leipzig 1891, 16 ff.; aber auch: *Simon Roberts*: Order and Dispute. An Introduction to Legal Anthropology, 1979; *Rüdiger Schott*: Rechtsethnologie, in: Bettina Beer/Hans Fischer (Hrsg.): Ethnologie. Einführung und Überblick, 2003; schon: *Albert H. Post*: Einleitung in eine Naturwissenschaft des Rechts, 1882; *ders.*: Das Naturgesetz des Rechts – Einleitung in eine Philosophie des Rechts auf Grundlage der modernen empirischen Wissenschaft, 1867; *ders.*: Prolegomena zu einer allgemeinen vergleichenden Rechtswissenschaft, 1876; *ders.*: Die Grundlagen des Rechts und die Grundzüge seiner Entwicklungsgeschichte, 1884; siehe: *Roberts*: Order and Dispute. An Introduction to Legal Anthropology, 1979; *Gerhard Medicus*: Was uns Menschen verbindet – Humanethologische Angebote zu Verständigung zwischen Leib- und Seelenwissenschaften, 2012; *Rüdiger Schott*: Rechtsethnologie, in: Bettina Beer/Hans Fischer (Hrsg.): Ethnologie. Einführung und Überblick, 2003; zu den Fragen der Abgrenzung im Einzelnen siehe unten Teil I Kapitel D. (m. w. H.).

[49] Siehe oben Teil I Kapitel B. I. (m. w. H.).

[50] Siehe auch die Übersichte bei: *Bruno Meißner/Karl Oberhuber*: Die Keilschrift, 3. Aufl. 1967, S. 142.

- Texte des Königs Urukagina von Lagasch, um 2300 v. Chr.
- Codex des Königs Ur-Nammu in der III. Dynastie von Ur, sumerisch 2100 v. Chr.
- Codex Ur-Nammu etwa 2050–2030 v. Chr.
- Codex Lipit-Ischtar 1885–1875 v. Chr.
- Codex von Eschnunna 1790 v. Chr.
- Codex Hamurapi 1700 v. Chr.[51] oder
- der mosaische Dekalog[52] 1.500–1.000 v. Chr.[53]

Allerdings liegt der Zeitpunkt – oder besser der Zeitraum – des Entstehens von Recht weit vor dieser Zeit. Aus Sicht des Verfassers dürfte die Entstehungszeit des Rechts in prähistorischen Zeiten,[54] ja wohl am Ursprung der Menschheit selbst, historisch zu verorten sein[55]. Der Mensch ist nämlich nicht nur in seiner Gestalt und Körperlichkeit aus tierischen Vorläufern evolutionsbiologisch hervorgegangen. Auch in seinem sozialen Verhalten finden sich Anknüpfungspunkte an die Verhaltensweisen seiner prähistorischen/tierischen Vorfahren.

Beispielsweise setzen Schimpansen ihr *Lächeln* oder *Küssen*, *Umarmen* und *Händereichen* in gleicher Weise wie Menschen ein. Dieselben Zwecke erfüllen – bei Primaten wie bei Menschen – das *bittende Handausstrecken* und das *Kopfnicken*.[56] Auch Drohgesten der Schimpansen, wie das *Hochziehen* und *Einrollen der Schultern*, entsprechen denen ebenso wie denen der Menschen.[57] Dasselbe gilt für sog. Demutsgesten wie *Erröten*, *Wegschauen* oder *Kopfsenken*. Auch diese finden sich bei Säugetieren wie bei Menschen.[58]

---

[51] http://doormann.tripod.com/hammur.htm.

[52] Siehe die Parallelüberlieferungen: Ex 20,2–17 und Dtn 5,6–21.

[53] Komplettiert und verschriftlicht erst zur Zeit des Babylonischen Exil (586–539 v. Chr.). Zu den heutigen komplexen Ansichten über die Entstehungszeit des Dekaloge siehe: *Matthias Köckert*, in: Das wissenschaftliche Bibellexikon im Internet: Dekalog/Zehn Gebote (AT), Änderung: August 2012, http://www.bibelwissenschaft.de/stichwort/10637/Kap. 1.6 (m. w. H.).

[54] Auch: *Irenäus Eibl-Eibesfeldt*: Die Biologie des menschlichen Verhaltens. Grundriß der Humanethologie, München 1984/1995; *Franz de Waal*: Der gute Affe. Der Ursprung von Recht und Unrecht bei Menschen und anderen Tieren, 2000; *Paul Morsbach*: Die Entstehung der Gesellschaft, 2001; u. v. a. m.

[55] Auch: *Terrence Chorvat/Kevin McCabe*: The Brain and the Law, in: The Royal Society: Law and the Brain, Bd. 359, 2004, S. 1727 ff. 1728 (m. w. H.); *Ernst-Joachim Lampe*: Genetische Rechtstheorie, 1087; S. 24 ff., 41 ff. 67 ff.; *Gerhard Schurz*: Natürliche und kulturelle Evolution – Skizze einer verallgemeinerten Evolutionstheorie, in: Wolfgang Wickler/Lucie Salwiczek (Hrsg.): Wie wir die Welt erkennen: Erkenntnisweisen im interdisziplinären Diskurs, 2001, S. 329 ff., 340 ff. (m. w. H.); Einzelnen siehe unten Teil II Kapitel A. (m. w. H.).

[56] *Vorarlberger Bildungsverein*: Welt der Biologie, Die Evolution der Menschen, http://www.bio.vobs.at/evolution/e07-human-01.php.

[57] Siehe, mit weiteren Beispielen: *Hans Walter Gruhle/Richard Jung/Wilhelm Mayer Gross/Max Müller*: Psychiatrie der Gegenwart – Forschung und Praxis, Bd. I 1/B, S. 333 (m. w. H.).

[58] S. *Frans B. M. de Waal* (FN 40), S. 56 ff.; *Sarah F. Brosnan/Hillary C. Schiff/Frans B. M. de Waal*: Tolerance for inequity may increases with social closeness in chimpanzees,

Menschen-Kinder suchen ebenso wie Primaten-Kinder in Gefahrensituationen Schutz, Geborgenheit und Bindung bei der Mutter oder bei Autoritätspersonen.[59] Selbst die Täuschung der Mutter, ihr Kind sei von einem erwachsenen Artgenossen misshandelt worden, ist bei Schimpansen-Kindern ebenso beliebt wie bei Menschen-Kindern.[60]

Gerade auch die rechtsrelevante Strukturierung der Gesellschaft durch freiwillige Akzeptanz von *Autorität* – also der Einsatz sozialer Rangordnungen, um die Funktionstüchtigkeit von Gesellschaften zu sichern[61] – deutet darauf hin, dass nicht nur heutige Menschen, sondern bereits deren Vorgänger soziale Strukturen und rechtliche Regeln – insbesondere zur Aufrechterhaltung deren Sozialsysteme – kannten.[62]

Selbst zunächst so charakteristisch „menschlich" erscheinende Tatbestände, wie etwa dem des „Schenkens", besitzen inhaltliche Entsprechungen bereits im Tierreich.[63]

---

in: Proceedings of the Royal Society B 272, 2005, S. 253 ff.; *Sarah F. Brosnan/Frans B. M. de Waal*: Monkeys reject unequal pay, in: Nature 2003, 425, S. 297 ff. (m. w. H.); *Frans B. M. de Waal*: Primaten und Philosophen, München 2008, S. 66 ff. (m. w. H.); *Hilge Landweer*: Scham und Macht: phänomenologische Untersuchungen zur Sozialität eines Gefühls, 1999, S. 24 ff. (m. w. H.); *Dieter Lohmar*: Zur Intentionalität sozialer Gefühle: Beiträge zur Phänomenologie der Scham unter dem Gesichtspunkt des menschlichen und tierischen Denkens und Kommunizierens ohne Sprache, in: Phänomenologische Forschungen, 2013, S. 129 ff. (m. w. H.); auch: *Dieter Krimphove*: Scham als Verhaltenssteuerung im Recht – Rechtstheoretische Aspekte eines Phänomens, in: Rechtstheorie, 2012, S. 91 ff. (m. w. H.); Zur Übertragung auf menschliches Verhalten siehe insbesondere: *John O. Ledyard*: Public Goods: a survey of experimental research, in: John H. Kagel/Alvin E. Roth (Hrsg.): Handbook of Experimental Economics, Princeton 1995, S. 111 ff.; *Claus Wedekind/Manfred Milinski*: Cooperation through image scoring in humans, in: Science 2000, 288, S. 850 ff.; auch *Aaron Ben Ze'ev*: Die Logik der Gefühle – Kritik der emotionalen Intelligenz, Berlin 2009, S. 157 ff.; Das Phänomen der menschlichen Scham tritt in zahlreichen Schöpfungs-Mythen auf. Siehe auch: *Dieter Krimphove*: Scham als Verhaltenssteuerung im Recht – Rechtstheoretische Aspekte eines Phänomens, in: Rechtstheorie 2012, S. 91 ff. (m. w. H.).

[59] *Irenäus Eibl-Eibesfeldt*: Liebe und Hass: Zur Naturgeschichte elementarer Verhaltensweisen, 1970, S. 139 (m. w. H.); *ders.*: Einige Bemerkungen über den Ursprung von Ausdrucksbewegungen bei Säugetieren, in: Zeitschrift für Säugetierkunde, Bd. 21, 1956; S. 29 ff. 35; *Holger Bertrand Flöttmann*: Angst, 7. Aufl., 2015, Kap. 4.3. c (m. w. H.).

[60] *Gerhard Roth*: Aus Sicht des Gehirns, 4. Aufl., 2015, S. 56.

[61] Siehe: *Stanley Milgram*: Obedience to Authority: An Experimental View, 1974; *Thomas Blass*: The Man Who Shocked the World. The Life and Legacy of Stanley Milgram, 2004; *Diana Baumrind*: Some thoughts on ethics of research: After reading Milgram's „Behavioral Study of Obedience", in: American Psychologist, 1964, S. 421 ff.; auch: *Stefan Mühlbauer*: Die Rechtsprechung des Bundesgerichtshofs zur Tötungshemmschwelle, 1999 (m. w. H.); siehe auch: *Dieter Krimphove*: Die Banalität des Bösen?, in: Rechtstheorie, 2015, S. 263 ff.

[62] Weitere Belege der Gemeinsamkeiten von Primaten und Menschen insbesondere im Bereich des gleichen Empfindens und Fühlens von Situationen siehe unten Teil II Kapitel A. III. 2. b) (m. w. H.).

[63] Im Einzelnen dazu siehe oben Teil III Kapitel N. III. 6. (m. w. H.).

Zu diesen Verhaltens-Gemeinsamkeiten oder *Universalien*[64] zählt erstaunlicherweise auch das *Empfinden für Recht*: So verfügen einige Primaten auch über ein deutliches Gefühl für Gerechtigkeit bzw. deren Abwesenheit:

Kapuzineräffchen empfinden eine Entlohnung unerträglich, bei der ein ihnen Gleichstehender ungerechtfertigt viel Futter für die Erledigung derselben Aufgabe erhält. Die Reaktionen auf eine solche „Ungerechtigkeit" fallen dramatisch aus. Die Benachteiligten verzichten sogar, entgegen ihren eigenen Interessen, lieber auf die Fortsetzung dieser ungerechten Tauschgeschäfte und damit vollständig auf den Vorteil ihrer eigenen Fütterung, als eine derartige Ungerechtigkeit weiter hinzunehmen.[65/66]

Neben dem oben angedeuteten Beispiel ergeben sich zahlreiche weitere, rechtliche Bezüge: So bei der Frage, warum weltweit alle Rechtsordnungen ein überaus komplexes System zur Regelung ihres *Erbrechts* aufweisen, obschon der Wert des ererbten Vermögens einen solchen Aufwand in der Regel nicht rechtfertigt. Auch die Frage, warum alle bekannten Rechtsordnungen die *Tötung eines Menschen* zu Friedenszeiten ausschließen, während sie denselben Vorgang in Kriegszeiten –, sogar gestützt auf das Völkerrecht – als Heldentat belohnen, oder jene Frage, warum der Mensch ein leidendes Tier von seinen unerträglichen Schmerzen durch Töten erlöst, diesen Gnadenerweis aber selbst einem geliebten Menschen vorenthält bzw. aus Rechtsgründen vorenthalten muss, nehmen Bezug auf rechtsethologische Tatbestände.[67]

---

[64] Begriff überwiegend verwandt von *Irenäus Eibl-Eibesfeldt*: Elementare Interaktionsstrategien und sprachliches Handeln, in: Max Liedtke (Hrsg.): Zur Evolution von Kommunikation und Sprache – Ausdruck, Mitteilung, Darstellung. (= Matreier Gespräche. Schriftenreihe der Forschungsgemeinschaft Wilhelminenberg), Austria Medien Service, Graz 1998, S. 9 ff.; *ders.*: The Biological Foundation of Aesthetics, in: *Ingo Rentschler/Barbara Herzberger/David Epstein* (Hrsg.): Beauty and the Brain. Biological Aspects of Aesthetics, 1988; *Irenäus Eibl-Eibesfeldt/Christa Sütterlin*: Das Bartweisen als apotropäischer Gestus, in: Homo. 36 (4), 1985, S. 241; auch: *Karl Grammer*: Human courtship behavior: Biological basis and cognitive processing, in: Anne Rasa/Christian Vogel/Eckart Voland (Hrsg.): The Sociobiology of Sexual and Reproductive Strategies, 1976, S. 147–169.

[65] Siehe: *Frans B. M. de Waal*: Tierische Geschäfte, in: Spektrum der Wissenschaft, 2006, S. 51 ff. S. 56 ff.; *Sarah F. Brosnan/Hillary C. Schiff/Frans B. M. de Waal*: Tolerance for inequity increases with social closeness in chimpanzees, in: Proceedings of the Royal Society B 272, 2005, S. 253 ff.; *Sarah F. Brosnan/Frans B. M. de Waal*: Monkeys reject unequal pay, in: Nature 2003, 425, S. 297 ff. (m. w. H.); *Frans B. M. de Waal*: Primaten und Philosophen, München 2008, S. 66 ff. (m. w. H.); *Dieter Krimphove*: Eigentum – Zum Bedeutungswandel eines Rechtsinstituts, in: Rechtstheorie 47, 2016, S. 271 ff., S. 281 (m. w. H.).

[66] Zur Übertragung auf menschliches Verhalten, siehe insbesondere: *John O. Ledyard*: Public Goods: a survey of experimental research, in: John H. Kagel/Alvin E. Roth (Hrsg.): Handbook of Experimental Economics, Princeton 1995, S. 111 ff.; *Claus Wedekind/Manfred Milinski*: Cooperation through image scoring in humans, in: Science 2000 (288), S. 850 ff.; auch: *Aaron Ben Ze'ev*: Die Logik der Gefühle – Kritik der emotionalen Intelligenz, Berlin 2009, S. 157 ff.

[67] Dazu siehe *Dieter Krimphove*: Von den Letzten Dingen – Humanethologische Betrachtungen über den Tod als soziales und rechtliches Phänomen, in: Rechtstheorie Heft 51 (2020) Kapitel: II. 3. b) (m. w. H.).

Letztlich hat die *Rechtsethologie* auch Antworten auf Fragen anzubieten, warum selbst technologisch wie ökonomisch hochentwickelte und zudem global-vernetze Gesellschaften ein restriktives Fremdenrecht praktizieren; also etwa ein, auch ökonomisch zu hinterfragendes, *Arbeitsverbot* für *Flüchtlinge* verhängen.

IV. Fehlende Feststellbarkeit der stammesgeschichtlichen Grundlagen des Rechts

Während heute vor allem prähistorische Grabstätten[68] oder fossile Reste über den stammesgeschichtlichen Ursprung des Menschen und seine evolutionsbiologische Herkunft berichten, weisen heute – nur noch indirekt weitaus jüngere – Artefakte, wie Tontafeln, Papyri, Ruinen und Trümmer, aber auch mündlich wie schriftlich tradierte Sagen, Märchen und Mythen,[69] auf die Ursprünge des Rechts hin. Selbst diese „indirekten“ Quellen reichen auch nicht in die Zeit des Entstehens des Rechts.

Der Mangel an exakter naturwissenschaftlicher Erkenntnis des prähistorischen Ursprungs des Rechts legt, bereits an dieser Stelle, den wesentlichen Charakter des „Rechts“ fest. Recht „fossiliert“ nicht. Es existiert vielmehr ausschließlich als Idee, Vorstellung bzw. als Konzept von Gerechtigkeit; mithin als ein abstrakt-theoretischer Geistesinhalt.

Diese einfache Aussage stellt gleichzeitig fest, dass das Phänomen „Recht“, wenngleich nicht Gegenstand historischer geologischer Forschung, so doch dem intellektuellen geistigen Erkenntnisvermögen zugänglich ist. Der Umstand seiner fehlenden materiellen Darstellung ficht somit das Recht, sein Wesen, seine Notwendigkeit und seine wissenschaftliche Untersuchung in keiner Weise an. Als

---

[68] Der wohl früheste Nachweis von Begräbnisriten stammt aus der *Skuhul-Höhle* und existiert schon seit 100.000 Jahren. (*Philip Liebermann*: Uniquely human, 1991, S. 163) Totenkulte in Neuguinea verweisen sogar auf einen Zeitraum von ca. 200.000 bis 160.000 Jahre (*Ina Wunn*: Die Religionen in vorgeschichtlicher Zeit, 2004, S. 434 ff, 451 ff. (m. w. H.)).

[69] Siehe dazu u. a. die archäologischen Ansätze zur Ableitung menschlichen Verhaltensweisen aus Artefakten u. a. von: *Adeline Schebesch*: Five Anthropomorphic Figurines of the Upper Paleolithic – Communication Through Body Language, in: Mitteilungen der Gesellschaft für Urgeschichte. Bd. 22, 2013, S. 61 ff.; *Thomas Wynn*: The intelligence of later Acheulean hominids, in: Man, Bd. 14, No 3, 1979, S. 371 ff.; *James D. Lewis-Williams* u. a.: The Signs of All Times: Entoptic Phenomena in Upper Palaeolithic Art, in: Current Anthropology Bd. 29, Nr. 2, 1988, S. 201 ff.; *Irenäus Eibl-Eibesfeldt/Christa Sütterlin*: Im Banne der Angst. Zur Natur- und Kunstgeschichte menschlicher Abwehrsymbolik, 1992; *James D. Lewis-William/Jean Clottes*: The mind in the cave – the cave in the mind: altered consciousness in the Upper Palaeolithic, in: Anthropology of Consciousness Bd. 9, Nr. 1, 1998, S. 13 ff.; *ders.*: The Shamans of prehistory: trance magic and the painted caves, 1998; *Erika Qasim*: Frauenstatuetten – Zwei Gesten als Teil der Darstellung, in: ArchaeNova e. V. (Hrsg.): Erste Tempel – Frühe Siedlungen. 2009, S. 161 ff.

abstrakt-theoretischer Inhalt ist es und seine Analyse bzw. die Betrachtung seines Ursprungs ebenfalls einer wissenschaftlich abstrakten Methodik zugänglich.

Wissenschaftliche Fachdisziplinen, wie eigens die *Humanethologie*[70], waren – in Ermangelung dieser Rückgriffsmöglichkeiten auf ein früh- bzw. vormenschliches, prähistorisches „Recht" – allerdings auf *Spekulationen* angewiesen. Dies macht speziell die Humanethologie zu einer ideologisch fragwürdigen Disziplin.[71] So brachte die Humanethologie, insbesondere in den 20er und 30er Jahren des 20. Jahrhunderts, eigens eine „völkisch" gedachte *Sozialhygiene* hervor[72]. Vergleiche heutiger Verhaltens- und Rechtsmuster mit denen sog. „Entwicklungs-Gesellschaften" trugen der Humanethologie den Makel ein, spät- oder post-kolonialistische Herrschafts- bzw. Wertestrukturen rechtfertigen zu wollen.[73/74]

Die hier propagierte *Rechtsethologie* vermindert die Gefahr, spekulative Elemente als Erklärungsinhalte zu nutzen. Sie ersetzt – und hierin besteht ihre wesentliche Neuheit – Spekulation mit dem wissenschaftlichen Rückgriff auf die objektivierbaren Grundsätze bzw. Gesetzmäßigkeiten der *Wohlfahrtsökonomik*, speziell der *Neuen Institutionen-Ökonomik.*[75] Denn die Neue Institutionen-Ökonomik ermöglicht es, unter zahlreichen Verhaltensweisen eine als wohlfahrtsökonomisch *effektiv* bzw. *effizient* zu identifizieren. Eigens die Schwierigkeit, ja Unmöglichkeit, die Anfänge des „Rechts" aus materiellen prähistorischen Fundstücken abzuleiten,

---

[70] Zur Abgrenzung der hier erstmalig vorgestellten „Rechtsethologie" von der Humanethologie siehe unten: Teil I Kapitel D (m. w. H.).

[71] Siehe auch die Kritik von: *Klaus E. Müller*: Schamanismus. Heiler, Geister, Rituale, 4. Aufl., 2010 1997, S. 110; *Daniel S. Lehrman*: A Critique of Konrad Lorenz's Theory of Instinctive Behavior, in: The Quarterly Review of Biology: Bd. 28, Nr. 4, 1953, S. 337 ff. (m. w. H.).

[72] Alexander *Elster*: Begriff und Wesen der Sozialbiologie und der Sozialhygiene, in: Thiess Büttner, Regina Riphahn/Werner Smolny/Joachim Wagner: Jahrbücher für Nationalökonomie und Statistik/Journal of Economics and Statistics, Bd. 139, Heft 1, 1933, S. 24 ff.; Online: 27. 04. 2016 https://doi.org/10.1515/jbnst-1933-0127; *Eike Meinrad Winkler*: National-und Soziobiologie, 1928; *Carl Coerper/Leopold Voss*: Die Sozialhygiene in ihrem Verhältnis zu Sozialbiologie, Soziologie und Soziophilosophie 1932; *Samuel Weissenberg*: Zur Sozialbiologie und Sozialhygiene der Juden, in: Archiv für Rassen und Gesellschaftsbiologie, 1927.

[73] Dazu insbesondere: *Leopold Pospisil*: Anthropology of Law, 1971.

[74] Zur inhaltlichen Abgrenzung der hier vorgestellten Rechtsethologie von ihren Paralleldisziplinen siehe unten Teil I Kapitel D (m. w. H.).

[75] *Stefan Voigt*: Institutionenökonomik, 2002, S. 30 ff., 73 ff. (m. w. H.); Siehe auch: *Ulrich Blum*: Angewandte Institutionenökonomik, 2005, S. 27 ff.; *Dieter Krimphove*: Spieltheoretische Aspekte des Rechts – Ein Beitrag zur Analyse und Gestaltung von Recht mit Hilfe objektiver quantivizierbarer Methodik, in: Rechtstheorie 35, 2004, Heft 1, S. 19 ff. (m. w. H.); *Peter Weise*: Wirtschaftswissenschaften als Sozialwissenschaften von Entscheidungen, in: EuS 5, 1994, S. 281 ff.; siehe auch: *Dieter Krimphove/ders.*: Das Europäische Sachenrecht, Eine rechtsvergleichende Analyse nach der Komparativen Institutionen-Ökonomik, Köln 2006, S. 10 ff. (m. w. H.); auch: *ders.*: Der Einsatz der Ökonomischen Analyse des Rechts als notwendiges Instrument der Europäischen Rechtsvergleichung, in: Zeitschrift für Rechtsvergleichung 1998, S. 185 ff.; *ders.*: Ökonomische Analyse der Sozialenzykliken der Katholischen Soziallehre, Köln 2017, S. 55, 59 (m. w. H.); kritisch: *Horst Eidenmüller*: Effizienz als Rechtsprinzip, 1995, S. 21 ff., S. 4 ff.

legt so das Interesse und auch die Verpflichtung nahe, nach diesen Ursprüngen wissenschaftlich zu forschen. Dieser Anforderung widmet sich der hier erstmalig vorgestellten neuen Disziplin der *Rechtsethologie*.

V. Aussageninhalte der Neuen Institutionen-Ökonomik

Der *Neuen Institutionen-Ökonomik* liegt die Erkenntnis zugrunde, dass den handelnden Akteuren stets *Aufwendungen* und Kosten in Gestalt sog. *Transaktionskosten* entstehen. Transaktionskosten ergeben sich etwa beim

- Auffinden von Handels- oder Kooperationspartnern (*Suchkosten*),
- zur Einholung notwendiger Erkundigungen z. B. über den Markt, die Ware, über die Zuverlässigkeit des Anbieters (*Informationskosten*),
- Erwerb neuer Rechtspositionen (*Erwerbskosten*), und
- zur Verteidigung einer bestehenden Rechtsposition (*Verteidigungskosten*), oder bei der
- Kontrolle und Durchsetzung von Absprachen, Verträgen und/oder Rechten (*Durchsetzungskosten*).

1. Gesamtwohlschädliche Wirkung von Transaktionskosten

Oben wiedergegebene Aufwendungen bzw. Transaktionskosten sind deswegen gesamtwirtschaftlich schädlich, weil sie weder die Qualität eines Gutes oder einer Dienstleistung erhöhen, noch dessen Verteilung am Markt verbessern[76]. Sie verteuern vielmehr den Austausch von Wirtschaftsgütern und senken so die Bereitschaft der Wirtschaftssubjekte zur Übertragung von Wirtschaftsgütern.

- Damit erschweren, oder vereiteln[77], Transaktionskosten die Zuweisung von Gütern und Dienstleistungen an die sie benötigenden Nachfrager[78].

---

[76] Vgl. *Hans-Bernd Schäfer/Claus Ott*: Lehrbuch der ökonomischen Analyse des Zivilrechts, 5. Aufl., 2012, S. 72 ff. (m. w. H.); *Stefan Voigt*: Institutionen-Ökonomik, 2002, S. 30 ff., 26 f., 64 ff. (m. w. H.).

[77] Sog.: „prohibitive Transaktionskosten", dazu: *Richard A. Posner*: Economic Analysis of Law, Part. 1, insbes. Chapter 1.2; *Richard A. Posner*: Texas Law Review 53, 1975, S. 757 ff.; *Peter Salje*: Rechtstheorie, Bd. 15, 1984, S 277 ff.; *Dieter Krimphove*: Verfahren und Gerechtigkeit – Gedanken zur Ökonomik von Streitentscheidungsverfahren; *Josef Aicher/Siegfried Fina*: Festschrift für Manfred Straube, S. 73 ff. 76 f.; *Dieter Krimphove*: Artikel 8 Verletzung von Rechten des geistigen Eigentums, in: Soergel: Kommentar zum BGB, Bd. 27, I [IPR] 2019, Rn. 50 (m. w. H.).

[78] Einzelheiten hierzu siehe: *Dieter Krimphove*: Das Europäische Sachenrecht, Eine rechtsvergleichende Analyse nach der komparativen Institutionen-Ökonomik, in: Dieter Krimphove (Hrsg.), Jean-Monnet Schriftenreihe, Europäisches Wirtschaftsrecht, Bd. 1, 2006; Teil I Kapitel C.

- Transaktionskosten verhindern so die Zuweisung von zum Teil knappen Ressourcen (z. B.: Güter, Dienstleistungen, Rechte, Geld) an diejenige Partei, die – nach ihrer Einschätzung[79] – den größten Nutzen aus der Ressource ziehen kann. Es kommt so zu einer Fehlallokation von Ressourcen.
- Sie können so sogar zu Versorgungsengpässen und zur
- Verschwendung der Wirtschaftsgüter führen.
- Ist, bedingt durch Transaktionskosten, die Möglichkeit des Austausches von Wirtschaftsgütern erschwert, kann ihr Inhaber diese nicht absetzen. Er verliert damit seine Gewinnerzielungsmöglichkeit und ist somit gezwungen, den Markt zu verlassen.
- Auch die Unternehmen auf der Marktgegenseite sind zum Ausscheiden aus dem Markt gezwungen: Aufgrund der entstehenden Transaktionskosten werden sie die für ihre Produktion notwendigen Wirtschaftsgüter nicht erwerben können. Sie müssen dann ihre Produktion einstellen.
- Der Ausschluss von Marktteilnehmern[80] geschieht dabei nicht aufgrund einer von ihnen verursachten Fehlleistung, etwa der schlechten Qualität ihrer Produkte, ein fehlerhaftes Preis-Leistungsverhältnis u. a., sondern ausschließlich aufgrund der künstlich zu ihrem Wirtschaftsverhalten hinzukommenden Transaktionskosten.
- Transaktionskosten beeinträchtigen auf diese Weise den Preis-/Leistungsmechanismus, der berechtigterweise für das Ausscheiden leistungsschwacher Teilnehmer aus dem Markt sorgt.
- Der Wegfall von Marktteilnehmern bedingt zudem das Entstehen einer verengten, oligopolistischen oder im Einzelfall sogar monopolistischen Marktstruktur und damit ebenfalls zur Reduktion des Wettbewerbsgeschehens, mit der negativen Folge, dass

(m. w. H.), S. 12; Teil I Kapitel F. (m. w. H.), auch: *Dieter Krimphove*: Der Einsatz der Ökonomischen Analyse des Rechts als notwendiges Instrument der Europäischen Rechtsvergleichung in: Zeitschrift für Rechtsvergleichung – ZfRV 39. Jg, Heft 5, 1998, S. 185 ff.; *ders.*: Europäische Kreditsicherheiten eine rechtsvergleichende, ökonomische Analyse bestehender Kreditsicherheiten in Europa, in: *Dieter Krimphove/Tytko*: Handbuch der Unternehmensfinanzierung, Stuttgart 2002, S. 517 ff. (m. w. H.); *ders.*: Rechtstheoretische Aspekte der „Neuen Ökonomischen Theorie des Rechts" in: Rechtstheorie Bd. 32, 2001, S. 497 ff. (m. w. H.).

[79] In der Beachtung der individuellen, d. h. auch mit Fehlern behafteten oder strategisch ausgerichteten Sichtweise der Akteure *methodologischen Individualismus* (*methodological Individualism*) unterscheidet sich die Neue Institutionen-Ökonomik von der älteren Ökonomische Analyse des Rechts" der Institutionen-Ökonomik siehe: *Rudolf Richter/Eirik G. Furubotn*: Neue Institutionenökonomik, 3. Aufl., 2003, S. 3 f. (m. w. H.); *Christian Kirchner*: Ökonomische Theorie des Rechts, Vortrag vor der Juristischen Gesellschaft zu Berlin am 16. Oktober 1996, Schriftenreihe der Juristischen Gesellschaft zu Berlin, 1997, S. 25; *Egon Sohmen*: Allokationstheorie und Wirtschaftspolitik, 1992, S. 26 ff. (m. w. H.).

[80] In der Regel von Veräußerern wie von Erwerbern.

- auf derartigen Märkten die Marktteilnehmer Preise nicht mehr frei aushandeln können, sondern diese abhängig sind von einer beherrschenden Marktmacht in der Regel des Anbieters[81].
- Eine durch Transaktionskosten erschwerte Möglichkeit der Absetzbarkeit eines Gutes reduziert auch die Bereitschaft ihres Eigentümers bzw. ihres Veräußerers, dieses Wirtschaftsgut für den Markt durch Pflege-, Wartungs- und Reparaturaufwendungen attraktiv zu halten.
- Die fehlende Reparatur, Wartung und Pflege von Wirtschaftsgütern als Folge von Transaktionskosten führt dann zur Verschwendung von, in der Regel knappen, Wirtschaftsgütern.
- Transaktionskosten binden ferner finanzielle Mittel, die so nicht mehr den Alternativaufwendungen, etwa der Produkt- und Dienstleistungsinnovation, Forschung und Entwicklung, zur Verfügung stehen.[82]

Nicht nur auf hypersensiblen Märkten und/oder hochtechnisierten Volkswirtschaften besitzen daher Transaktionskosten erhebliche bis dramatische Folgen. Ziel eines Gemeinwesens muss es daher sein, gesamtwirtschaftlich unzweckmäßige Aufwendungen möglichst gering zu halten, um auf diese Weise der Verteilung, der Nutzung und dem Erhalt von Ressourcen und der wirtschaftlichen Handlungsfreiheit der Beteiligten sowie das Funktionieren eines fairen Wettbewerbs aufrecht zu erhalten[83].

2. Die kostensenkende Funktion von Instituten

Zur Reduktion von *Transaktionskosten* dienen insbesondere „Institute"[84]. Ronald Coase wies mit seinem bereits 1937 erschienenen Aufsatz „The nature of the firm"[85] am Beispiel des Instituts des „Groß- oder Konzern-Unternehmens" nach,

---

[81] Zur Marktmacht der Marktgegenseite und deren Verstärkung durch Kartelle, Genossenschaften, siehe: *Dieter Krimphove*, in: Jan Busche/Andreas Röhling: Münchener Kölner Kommentar zum Kartellrecht § 3 GWB, 2016 Rn. 10.

[82] Die oben genannten gesamtwirtschaftlichen Schäden durch Transaktionskosten bestehen nicht nur theoretisch. Richter schätzt die Höhe von Transaktionskosten in modernen Marktwirtschaften auf 70–80 % des Nettosozialproduktes; *Rudolf Richter*: Institutionen ökonomisch analysiert – Zur jüngeren Entwicklung auf einem Gebiet der Wirtschaftstheorie, 1994, S. 5.

[83] *Richard Posner*: The Economic Approach to Law, in: Texas Law Review, 53, 1975, S. 757 ff.

[84] Zum weiten Begriff der Institute i. S. d. *Neuen Institutionen-Ökonomik* siehe *Dieter Krimphove*: Ökonomische Analyse der Sozialenzykliken der Katholischen Soziallehre, 2017, Teil III Kapitel A., S. 56 ff. (m. w. H.); *Robert O. Keohane*: After Hegemony, Cooperation and Discord in the Political Economy, 1984, S. 85 ff.; *Bruno S. Frey/Gebhard Kirchgässner*: Demokratische Wirtschaftspolitik: Gesellschaftliche Entscheidungsverfahren I (Preismechanismus), S. 85 ff.; *Dieter Krimphove*: Europäisches Werberecht, 2002, S. 8 ff. (m. w. H.); wie hier etwa die Werbung, siehe: *Dieter Krimphove*: Europäisches Werberecht, 2002; S. 11 ff. (m. w. H.).

[85] *Ronald Coase*: The Nature of the Firm, in: Economica, Bd. 4, 1937, S. 386 ff.; auch: Coase: Lectures, 2, The Nature of the Firm, Meaning, in: Journal of Law, Economics and Organizations 4, 1988, S. 19 ff.

dass „Institutionen" den für ein Gemeinwesen unnützen Kostenaufwand zu senken vermögen und folglich von diesem als solche etabliert und genutzt werden: Bei einer Vielzahl von einzelnen Anbietern entstehen speziell den Nachfragern erhebliche Kosten:

So müssen die Nachfrager von Rohstoffen und/oder Dienstleistungen nicht nur den bzw. die Anbieter einer geeigneten Qualität ausfindig machen (*Suchkosten*), sondern auch all ihre Lieferbedingungen, wie Preise, Transportkosten, Liefertermine, Verpackungs- und Transportmöglichkeiten, kennen (*Informationskosten*). Ferner muss der einzelne Nachfrager mit jedem Anbieter der benötigten Leistung Verträge aushandeln (*Verhandlungskosten*). Diese Kosten können im Einzelfall derart hoch sein, dass sie die Beteiligten von der Durchführung dieser Geschäfte abhalten.[86] Sie sind dann nicht nur für die individuell am Wirtschaftsverkehr Beteiligten (Anbieter und Nachfrager) missliebig, sondern schädigen auch die Gesamtwirtschaft.[87/88]

Diese Kosten reduziert das Institut „Konzern-Unternehmen":

Dessen einmal im Gesellschaftsvertrag begründete unternehmerische *Hierarchie*[89] lässt kostenaufwendige vertragliche Absprachen hinsichtlich zwingend einzuhaltender Liefertermine entfallen. Die Muttergesellschaft weist einfach das Tochterunternehmen zur Bereitstellung der benötigten Ware in der geeigneten Qualität zu einem festgesetzten Termin an. Aufwendige, durch ein jeweiliges Aushandeln von Vertragsbedingungen provozierte Vertragskosten entstehen hier nicht. Auch das aufwendige Suchen nach geeigneter Ware bzw. geeigneten Händlern entfällt in einem Unternehmen. Hier sind Nachfrager wie Anbieter organisatorisch

---

[86] Zu weiteren gesamtwirtschaftlichen Nachteilen von Transaktionskosten *Dieter Krimphove*: Ökonomische Analyse der Sozialenzykliken der Katholischen Soziallehre, 2017, S. 57, Fußnote 92 (m. w. H.).

[87] Siehe auch: *Richard Posner*: Economic Analysis of Law, 1. Aufl., 1972, Part. 1, insbes. Chapter 1.2; *ders.*: The Economic Approach to Law, in: Texas Law Review 53, 1975, S. 757 ff.; *Hans-Bernd Schäfer/Claus Ott*: Lehrbuch der Ökonomischen Analyse des Zivilrechts, 4. Aufl., 2005, S. 1 ff.; *Peter Salje*: Ökonomische Analyse des Rechts aus deutscher Sicht, in: Rechtstheorie, Bd. 15, 1984, S. 277 ff.

[88] Das Entstehen von Transaktionskosten und -aufwendungen ist grundsätzlich auch nicht zu rechtfertigen. Denn diese Aufwendungen steigern die Qualität eines Produktes oder Dienstleistung nicht und fördern auch sonst keine gesamtwirtschaftlichen Zwecke. Siehe: *Dieter Krimphove*: Der Einsatz der Ökonomischen Analyse des Rechts als notwendiges Instrument der Europäischen Rechtsvergleichung in: Zeitschrift für Rechtsvergleichung – ZfRV 39. Jg, Heft 5, 1998, S. 185 ff., 187 ff.; *ders.*: Europäische Kreditsicherheiten eine rechtsvergleichende, ökonomische Analyse bestehender Kreditsicherheiten in Europa, in: *Dieter Krimphove/Tytko*: Handbuch der Unternehmensfinanzierung, Stuttgart 2002, S. 517 ff. (m. w. H.); *ders.*: An Economic Analysis of the Law of Good-Faith Purchase in European Property Law, in: *Gdanskie Strudia Prawnicze* (Festschrift für Prof. Dr. hab. Kazimir Krukzalak) S. 228 ff., 230 ff. (m. w. H.).

[89] Speziell zur rechtsethologischen Bedeutung von *Hierarchie*: siehe unten Teil I Kapitel B. VI. 2. (m. w. H.); Kapitel B. VI. 4. (m. w. H.); Teil II Kapitel A. III. 3. d) (m. w. H.).

wie hierarchisch zusammengefasst, so dass eine Weisung der Geschäftsleitung ausreicht, die benötigte Ware oder Dienstleistung in jedem Einzelfall in entsprechender Qualität und Quantität flexibel bereitzustellen.

Coase bewies mit seinem Beispiel die Existenzberechtigung des „Institutes“ Konzern-Unternehmen im Wirtschaftsleben. Diese besteht folglich in der Fähigkeit dieser Unternehmen zur Reduktion von gesamtwirtschaftlich unerwünschten Kosten.[90]

Die Erkenntnis Coases führt bereits seit der sog. Chicago-School“[91] zu der Grundannahme, dass *Recht* bzw. ein *Rechtssystem* dann *effizient* ist, wenn es Institute bereithält und den Rechtsteilnehmern anbietet, die Transaktionskosten einsparen oder ganz vermeiden.[92/93]

Allerdings erzeugen „Institute“ oft eigene Kosten, die dann den Transaktionskosten-Ersparnissen gegenüberstehen.[94]

Beispielsweise löst selbst ein transaktionskostenreduzierender Konzern selbst *Verwaltungs-* und *Koordinationskosten* aus.[95]

Diese sind – in einer Gesamtschau – mit den Transaktionskostenersparnissen des Institutes gegenüberzustellen und zu verrechnen. Erst wenn die Transaktions-

---

[90] Zu dem Gesamtkomplex siehe: *Dieter Krimphove*: Das Europäische Sachenrecht, Eine rechtsvergleichende Analyse nach der Komparativen Institutionen-Ökonomik in, Dieter Krimphove (Hrsg.), Jean-Monnet Schriftenreihe, Europäisches Wirtschaftsrecht, Bd. 1, S. 11 ff. (m. w. H.).

[91] *Nicholas Mercuro/Steven G. Medema*: Economics and the Law – From Posner to Post-Modernism, 1996, S. 61 ff. 63 ff. (m. w. H.); *Stray Ryssdal*: Legal Realism and Economics as Behavior – A Scandinavian Look at Economic Analysis of Law, 1995, S. 79 (m. w. H.).

[92] *Richard Posner*: Economic Analysis of Law, Boston, 1. Aufl., Boston 1972, Part. 1, insbes. Chapter 1.2; *Richard Posner*: The Economic Approach to Law, in: Texas Law Review 53, 1975, S. 757 ff.; *Hans-Bernd Schäfer/Claus Ott*: Lehrbuch der ökonomischen Analyse des Zivilrechts, S. 1 ff.; *Peter Salje*: Ökonomische Analyse des Rechts aus deutscher Sicht, in: Rechtstheorie, Bd. 15, 1984, S. 277 ff.; *Dieter Krimphove*: Rechtstheoretische Aspekte der „Neuen Ökonomischen Theorie des Rechts“, in: Rechtstheorie 32, 2001, S. 497 ff.; (m. w. H.); *Horst Eidenmüller*: Effizienz als Rechtsprinzip, S. 21 ff., S. 4 ff.; *Peter Weise*: Wirtschaftswissenschaften als Sozialwissenschaften von Entscheidungen, in: EuS, 5, 1994, S. 281 ff.; siehe auch: *Dieter Krimphove*: Spieltheoretische Aspekte des Rechts – Ein Beitrag zur Analyse und Gestaltung von Recht mit Hilfe objektiver quantifizierbarer Methodik – in: Rechtstheorie, Bd. 35, 2004, Heft 1, S. 19 ff. (m. w. H.).

[93] Dieser Grundsatz gilt ebenso für die hier präferierte *Neue Institutionen-Ökonomik*, u. a.: *Sven Barth*: Die Europäisierung des Handelsvertreterrechts – Eine ökonomische Analyse, Paderborn 2020, S. 23 ff. (m. w. H.).

[94] Dazu siehe: *Dieter Krimphove*: Verfahren und Gerechtigkeit – Gedanken zu Ökonomik von Streitentscheidungsverfahren, in: Josef Aicher/Siegfried Fina: Festschrift für Manfred Straube, S. 73 ff. (m. w. H.).

[95] Auch als *politische Kosten* bekannt: *Rudolf Richter*: Institutionen ökonomisch Analysiert, Zur jüngeren Entwicklung auf dem Gebiet der Wirtschaftstheorie, 1994, S. 8 f. (m. w. H.); *Rudolf Richter/Eirik G. Furubotn*: Neue Institutionenökonomik, 2010, S. 61.

kostenersparnisse des Institutes die Kosten seiner Einrichtung und seiner Unterhaltung übersteigen, ist das Institut ökonomisch sinnvoll und daseinsberechtigt.[96]

3. Insbesondere das Institut „Vertrauen"

Eine einfache und selbst effektive Möglichkeit, Transaktionskosten – insbesondere *Informationsaufwendungen* und *Suchkosten* zu vermeiden, bietet das „Institut" des *Vertrauens*[97]. Informations- und Suchkosten lassen sich durch *verlässliche Information* einsparen. Das Institut „Vertrauen" *geht aber* einen anderen, ungleich effizienteren Weg als *die Kostenreduktion durch Information.* Vertrauen reduziert nämlich schon das Bedürfnis an Information: Kann ein Beteiligter auf den Eintritt eines bestimmten Ereignisses vertrauen, entwickelt er schon keine Nachfrage nach einer – zur Behebung seines vermeintlichen Zweifels notwendigen und aufwendigen Information.[98/99] Die Verortung des Vertrauens in Teilen der sog. *Grauen Substanz* des *präfrontalen Cortex* sowie insbesondere in *der Amygdala*[100] belegt die fundamentale Bedeutung, die das Institut des Vertrauens bereits zu einem stammesgeschichtlich frühen Stadium der Gehirnentwicklung einnahm und bis heute einnimmt.[101]

---

[96] *Dieter Krimphove*: Der Einsatz der Ökonomischen Analyse des Rechts als notwendiges Instrument der Europäischen Rechtsvergleichung, in: Zeitschrift für Rechtsvergleichung 1998, S. 185 ff. (m. w. H.); *Dieter Krimphove*: Das Europäische Sachenrecht Eine rechtsvergleichende Analyse nach der Komparativen Institutionen-Ökonomik in, Dieter Krimphove (Hrsg.), Jean-Monnet Schriftenreihe, Europäisches Wirtschaftsrecht, Bd. 1, S. 9 f. (m. w. H.).

[97] George J. *Stigler*: The Economics of Information Journal of Political Economy, Bd. 3, 1961, S. 213 ff.; *Philip Nelson*: Information and Consumer Behaviour, in: Journal of Political Economy, Bd. 78, 1970, S. 311 ff.; *Philip Nelson*: Advertising as Information, in: Journal of Political Economy, Bd. 82, 1974, S. 729 ff.; *Michael R. Darby/Edi Karni*: Free Competition and the Optimal Amount of Fraud, in: Journal of Law and Economics, Bd. 16, 1973, S. 67 ff.

[98] Siehe: *Dieter Krimphove*: Europäisches Werberecht, 2001, S. 15 f. (m. w. H.); *ders.*: Spieltheoretische Aspekte des Rechts – Ein Beitrag zur Analyse und Gestaltung von Recht mit Hilfe objektiver quanitvizierbaren Methodik, in: Rechtstheorie 35, 2004, Heft 1, S. 19 ff. 40 ff. (m. w. H.); *ders.*: Internationales Handelsrecht, in: Soergel/Hans-Theodor (Begr.): Bürgerliches Gesetzbuch mit Einführungsgesetz und Nebengesetzen (BGB) Bd. 27/1, Rom II-VO; Internationales Handelsrecht; Internationales Bank- und Kapitalmarktrecht, Internationales Handelsrecht (IHR) 2019, S. 698 ff., Rn. 312 ff. (m. w. H.); dazu siehe unten Teil II Kapitel B. V. (m. w. H.).

[99] Zu den gesetzlichen „Vertrauenstatbeständen der Vermutungen und Fiktionen, siehe: *Dieter Krimphove*: An Economic Analysis of the Law of Good-Faith Purchase in European Property Law, in: Gdanskie Strudia Prawnicze (Festschrift für Prof. Dr. hab. Kazimir Krukzalak), S. 228–236; *Gdanskie Strudia Prawnicze*: Wydawnictwo Uniwersytetu Gdanskiego, Tom V; Danzig, 1999.

[100] *Brian W. Haas/Alexandra Ishak/Ian W.Anderson/Megan M. Filkowskia*: The tendency to trust is reflected in human brain structure, in: NeuroImage, 2015, Vol. 107, S. 175 ff. (m. w. H.).

[101] Siehe unten Teil II Kapitel B. V. (m. w. H.).

VI. Die Übernahme der Neue Institutionen-Ökonomik auf die Rechtsethologie

Die *Neue Institutionen-Ökonomik* ist damit eine *wohlfahrtsökonomisch* orientierte Sichtweise, die – insbesondere mittels der Eignung von „Rechts"-*Instituten*[102] zur Vermeidung von Aufwand bzw. *Transaktionskosten*[103] – die Qualität von Recht, aber auch sozialen Verhaltensweisen und -normen beurteilt.[104]

1. Der weite Begriff der Institution

Ihren unmittelbaren Nutzen und ihre Anwendungseignung für die hier propagierte Rechtsethologie erhält die Neue Institutionen-Ökonomik durch das bereits in ihr angelegte weite „Institutionen-Verständnis": Als Institution ver-

---

[102] Zum weiten Begriff der Institute i. S. d. *Neuen Institutionen-Ökonomik* siehe: *Dieter Krimphove*: Ökonomische Analyse der Sozialenzykliken der Katholischen Soziallehre, 2017, S. 56ff. (m. w. H.); *Robert O. Keohane*: After Hegemony, Cooperation and Discord in the Political Economy, 1984, S. 85ff.; *Bruno S. Frey/Gebhard Kirchgässner*: Demokratische Wirtschaftspolitik: Gesellschaftliche Entscheidungsverfahren I (Preismechanismus), S. 85ff.; *Dieter Krimphove*: Ökonomische Analyse der Sozialenzykliken der Katholischen Soziallehre, 2017, S. 56ff. (m. w. H.); *Dieter Krimphove*: Europäisches Werberecht, 2002, S. 8ff. (m. w. H.) wie hier etwa die Werbung; siehe: *Dieter Krimphove*: Europäisches Werberecht, 2002, S. 11ff. (m. w. H.).

[103] Bereits *Ronald Coase*: The Nature of the Firm, in: Economica, Bd. 4, 1937, S. 386ff., 395; *Ronald Coase*: The Problem of Social Cost, in: Journal of Law and Economics 3, 1960, S. 1ff., 15; *Ronald Coase*: Lectures, 2: The Nature of the Firm: Meaning, in: Journal of Law, Economics and Organizations 4, 1988, S. 19ff., 19; *Ronald Coase*: The Firm, the Market, and the Law, S. 14; *Kenneth J. Arrow*: The Organization of Economic Activity: Issues Pertinent to the Choice of Market versus Non-Market Allocation, in: The Analysis and Evaluation of Public Expenditures: The PBB-System, Joint Economic Committee, 91st Congress, 1st Session, Bd. 1, S. 59; *Oliver E. Williamson*: The Economics Institutions of Capitalism; *Jeffrey G. Miller/Thomas E. Vollmann*: The hidden Factory, in: Harvard Business Review 55, 1985, S. 142ff., 133 i. V. m.; *John R. Commons*: Institutional Economics, 1934 (2009), S. 64; *Harold Demsetz*: Why Regulate Utilities? Another Viewpoint, in: Journal of Law and Economics 11, 1968, S. 55ff., 61; *Oliver E. Williamson*: The Vertical Integration of Production: Market and Failure Considerations, in: American Economic Review, Paper and Proceedings 63, 1971, S. 112ff., insbes. S. 117; *Steven Cheung*: Transaction Costs, Risk Aversion, and the Choice of Contractual Agreements, in: Journal of Law and Economics 12, 1969, S. 23ff. 25; *Benjamin Klein*: Transaction Costs Determinants of „Unfair" Contractual Arrangements, in: American Economic Review, Papers and Proceedings 70, 1980, S. 356ff.; (m. w. H.); *Yoram Barzel*: Transactions Costs: Are They Just Costs ?, in: Journal of Institutional and Theoretical Economics 141, 1985, S. 4ff. (m. w. H.).

[104] Siehe: *Dieter Krimphove*: Das Europäische Sachenrecht – Eine rechtsvergleichende Analyse nach der Komparativen Institutionenökonomik, 2006; Jean-Monnet Schriftenreihe, Europäisches Wirtschaftsrecht, Bd. 1, 2006; Teil I, Kapitel C. (m. w. H.); Teil I, Kapitel F. (m. w. H.) auch: *Dieter Krimphove*: Der Einsatz der Ökonomische Analyse des Rechts als notwendiges Instrument der Europäischen Rechtsvergleichung in, Zeitschrift für Rechtsvergleichung – ZfRV 39. Jg, Heft 5, 1998, S. 185ff.; *ders.*: Ökonomische Analyse der Sozialenzykliken der Katholischen Soziallehre, 2017, S. 56ff. (m. w. H.).

steht sie nicht nur die klassischen Grundeinrichtungen der Wirtschaft[105] – wie *Markt, Preise* und *Unternehmen* – oder Rechts-Institute – wie *Verträge, Sanktionssysteme*[106] und *Rechtsnormen.*[107] Die Neue Institutionen-Ökonomik fasst den Begriff der Institution weitaus genereller, als eine Ansammlung von Regeln, welche Anreize zur Steuerung individuellen Wirtschaftsverhaltens beinhalten und somit dessen soziale Folgen festlegen[108/109]. Spätestens seit Keohane[110] weitet sie den Begriff der Institutionen auf nicht-ökonomische Tatsachen aus. Zu ihrem Analyse- und Untersuchungsgegenstand zählen neben den oben angesprochenen klassisch ökonomischen Institutionen auch „soziale“ Phänomene[111], wie u. a. das der *Moral*[112], der *Ethik* allgemein,[113] der *Religion*[114], der

---

[105] Siehe etwa: *Bruno S. Frey/Gebhard Kirchgässner*: Demokratische Wirtschaftspolitik: Gesellschaftliche Entscheidungsverfahren I (Preismechanismus), S. 85 ff.

[106] *Gary S. Becker*: Crime and Punishment: An Economic Approach, In: Journal of Political Economy 76, 1968, S. 169 ff. (m. w. H.).

[107] Siehe ebenso: *Andrew Schotter*: The Evolution of rules, in: Langlois (Hrsg.), Economic as a process, Cambridge 1986, S. 117 ff. (m. w. H.); *Rudolf Richter*: Institutionen ökonomisch analysiert, 1994, S. 2; *Mathias Erlei/Martin Leschke/Dirk Sauerland*: Neue Institutionenökonomik, Stuttgart 1999, S. 23; *Rudolf Richter/Eirik G. Furubotn*: Neue Institutionenökonomik, 4. Aufl., 2010, S. 8 f.; *Dieter Krimphove*: An Economic Analysis of the Law of Good-Faith Purchase in European Property Law, in: Gdanskie Strudia Prawnicze (Festschrift für Prof. Dr. hab. Kazimir Krukzalak), S. 228 ff., *Gdanskie Strudia Prawnicze*: Wydawnictwo Uniwersytetu Gdanskiego, Tom V; Danzig, 1999.

[108] Vgl. *Andrew Schotter*: The Evolution of rules, in: Langlois (Hrsg.), Economic as a process, Cambridge 1986, S. 117 ff.; *Rudolf Richter*: Institutionen ökonomisch analysiert, 1994, S. 2; *Mathias Erlei/Martin Leschke/Dirk Sauerland*: Neue Institutionenökonomik, 1999, S. 23 (m. w. H.).

[109] Zur Entstehungsgeschichte der Definition: *Richter/Furubotn*: Neue Institutionenökonomik, 4. Aufl. 2010, S. 8 f. (m. w. H.).

[110] *Robert O. Keohane*: After Hegemony, Cooperation and Discord in the Political Economy, 1984.

[111] *Bernd-Thomas Ramb/Manfred Tietzell*: Ökonomische Verhaltenstheorie, 1993; *Dieter Krimphove*: Die Banalität des Bösen? in: Rechtstheorie, 46. Bd., Heft 2, 2015, S. 263 ff., 268 ff. (m. w. H.).

[112] Boulding, Beyond Economy – Essay on Society, Religion and Ethics, 1968, S. 177 ff.; *Becker*: A Theory of Marriage; Part 1 J. Pol., Econ. 1973, S. 813 ff.; *T. Paul Schultz*: An Economic Model of Family Planning and Fertility, J. Pol. Econ. 77, 1969, S. 153 ff.

[113] *Kenneth E. Boulding*: Beyond Economy – Essay on Society, Religion and Ethics, 1968, S. 177 ff.; auch: *Christian Kirchner*: Rechtswissenschaftliche Innovationsforschung, in: Wolfgang Hoffmann-Riem/Peter Schneider: Grundlagen, Forschungsansätze, Gegenstandsbereiche, 1998, S. 85 ff., 90 (m. w. H.).

[114] *Dieter Schmidtchen/Achim Mayer*: Ökonomische Analyse der Religion, in: Bernd-Thomas Ramb/Manfred Tietzel (Hrsg.) Ökonomische Verhaltenstheorie, S. 311 ff.; *Dieter Schmidtchen*: Ökonomik der Religion, in: Universität des Saarlandes Volkswirtschaftliche Reihe 0003, 2000; zur Rolle der Katholischen Kirche in Europa siehe: *Krzysztof Porwit*: Reflections on Christian Inspiration for the Future European Institutional Changes, in: Antoni Kukliński/Bogusław Skuza: Europe in the Perspective of Global Change (Polish Association for the Club of Rome) Warzaw 2003, S. 19 ff.; *Ferdinand Kinsky*: Christian View on Europe and Globalisation, in: Antoni Kukliński/Bogusław Skuza: Europe in the Perspective of Global Change (Polish Association for the Club of Rome) Warsaw 2003, S. 15 ff.¸auch; Sosis: Religion and intragroup cooperation – Preliminary results of a comparative analysis of utopian com-

Ehe[115], der *Familienplanung*,[116] des *Suizids*[117] und der *Scham*[118], aber auch die *Einrichtungen des Staates*, wie das Institut der *Demokratie*[119] und *Bürger-* oder *Menschenrechte*[120] sowie viele andere mehr. Neuartig an der „Institutionen-Ökonomik" ist daher die konsequente Übernahme von wirtschaftswissenschaftlicher Methodik auf gesellschaftliche Phänomene.[121]

Durch die Erweiterung ihres Untersuchungsgegenstandes auf „nicht-marktliche" Erscheinungen bzw. Institutionen[122] ist die Institutionen-Ökonomik nicht nur in der Lage, auch prähistorische Phänomene, d.h. *Verhaltensweisen* zu evaluieren. Sie kann ebenfalls ihren Bestand in der Urzeit als jene Institute angeben, die in der jeweiligen historischen Situation effektiv Aufwendungen und Kosten haben sparen können und die sich so als besonders effizient durchgesetzt haben. Damit ist die hier vorgestellte *Rechtsethologie* nicht mehr, wie etwa andere historische Wissenschaften – wie die *Humanethologie* oder die *Rechtsethnologie*[123] –, auf Spekulationen hinsichtlich der prähistorisch existenten Bedingungen angewiesen.

So ermöglicht es die Institutionen-Ökonomik, Institute, wie tierische oder menschliche Verhaltensalternativen, angesichts deren größtmöglichem Potential zur Einsparung von Aufwendungen[124] als besonders *effizient* zu qualifizieren.

---

munitiers, in, Cross-Cultural Research: The Journal of Comparative-Social Science, Bd. 34, 2000, S. 70 ff.; *Dieter Krimphove*: Das Recht zwischen Schafen und Schafen, zwischen Widdern und Böcken, in: Rechtstheorie Bd. 41, 2010, S. 245 ff.

[115] *Gary Stanley Becker*: A Theory of Marriage; Part 1 Journal of Political Economy, 1973, S. 813; *Gebhard Kirchgässner*: Ökonomie als imperi(alistische) Wissenschaft, in: Jahrbuch für Neue Politische Ökonomie 7, 1988, S. 128 ff.; *Jack Hirshleifer*: The Expanding Domain of Economics, in: American Economic Review 75, 1985, S. 53 ff.; *Hansjörg Siegentaler*: Regelvertrauen, Prosperität und Krisen, Die Ungleichmäßigkeit wirtschaftlicher und sozialer Entwicklungen als Ergebnis individuellen Handelns und sozialen Lernens, 1993, S. 6 ff.

[116] *Paul Schultz*: An Economic Model of Family Planning and Fertility, J. Pol. Econ. 77, 1969, S. 153 ff.

[117] *Daniel S. Hamermesh/Neal M. Soss*: An Economic Theory of Suicide, J. Poll. Econ. 82, 1974, S. 83 ff.

[118] *Dieter Krimphove*: Scham als Verhaltenssteuerung im Recht – Rechtstheoretische Aspekte eines Phänomens, in: Rechtstheorie Bd. 43, 2012, S. 91 ff.

[119] Siehe: *Downs*: Eine ökonomische Theorie der Demokratie, 1968; *Peter Bernholz/Friedrich Bayer*: Grundlagen der Politischen Ökonomie, Bd. II: ökonomische Theorie der Politik, 1994; Gesellschaftliche Entscheidungsverfahren II (Demokratie), 1994, S. 134 ff. (m. w. H.).

[120] *Dieter Krimphove*: Ökonomische Analyse der Sozialenzykliken der Katholischen Soziallehre, 2017, S. 65 ff. (m. w. H.).

[121] *Horst Eidenmüller*: Effizienz als Rechtsprinzip, 1995, S. 21 ff., S. 4 ff.

[122] *Dieter Krimphove*: Ökonomische Analyse der Sozialenzykliken der Katholischen Soziallehre, 2017, Teil III Kapitel A. (m. w. H.); bereits: *Jack Hirshleifer*: The Expanding Domain of Economics, in: American Economic Review 75, 1985, S. 53 ff.; *Hansjörg Siegentaler*: Regelvertrauen, Prosperität und Krisen, Die Ungleichmäßigkeit wirtschaftlicher und sozialer Entwicklungen als Ergebnis individuellen Handelns und sozialen Lernens, 1993 S. 6 ff.; *Gebhard Kirchgässner*: Ökonomie als imperi(alistische) Wissenschaft, in: Jahrbuch für Neue Politische Ökonomie 7, 1988, S. 128 ff.

[123] Dazu siehe oben Teil I Kapitel D.

[124] Die Institutionen-Ökonomik spricht hier von *Transaktionskosten* (siehe oben).

In einem Folgeschritt ist es nun denkbar, auf den Bestand bestimmter, prähistorischer Verhaltenselemente und auch Verhaltenssteuerungen (also Normen) objektiv zu schließen. Denn besteht die Wahlmöglichkeit der Akteure (*Hominiden*, *Menschen*, *Primaten* etc.) zwischen Handlungsalternativen, werden diese jene wählen, bzw. gewählt haben, die ihnen effektiv, d. h. als geeignet und ihren Lebensumständen entsprechend – d. h. fit[125] – erschienen.[126] Als *effektiv* im obigen Sinne erscheinen als Alternativen nur jene, die ihnen und/oder ihrer Gruppe Vorteile erbrachten.

Beispielsweise reduziert das „Institut" des koordinierten Jagd-Verhaltens die sonst erheblichen Aufwendungen bei der Einzel-Jagd von Großtieren.[127] Die arbeitsteilige Kooperation der einzelnen Gruppenmitglieder ermöglicht den Individuen erst die Versorgung mit energie- und eiweißreicher Nahrung. Im Vergleich zu anderen Individuen und Gruppen sicherte diese „Technik" daher das Überleben der Individuen und verschafft ihnen gegenüber anderen, einzeljagenden den evolutorischen Vorteil größerer Gesundheit, längeren Lebens und damit dominierender Fertilität, die sich in der verstärkten Weitergabe ihrs Genpools ausdrückt.[128]

Damit wird sich ein bestimmtes Verhalten[129] (hier die koordinierte Jagd) evolutionsbiologisch durchsetzen bzw. in prähistorischer Zeit durchgesetzt haben.[130]

---

[125] Evolution begnügt sich mit der Anpassung des Menschen an veränderte Umweltbedingungen (survival of the fittest) [*Herbert Spencer*: A System of Synthetic Philosophy. The Principles of Biology, Bd I 1864, § 164]; Darwin erst seit der 5ten Aufl.: *Charles Darwin*: On the Origin of Species by Means of Natural Selection, or the Preservation of Favoured Races in the Struggle for Life, 5th edition 1869], und nicht mit seiner „Verbesserung". Sowie nämlich die Änderungen der Natur rein zufällig, d. h. ohne den Zweck ihrer Vervollkommnung und die Evolution, kann die Evolution nur diese Änderungen nachzeichnen und damit nicht progressiv i. S. d. hegelscher Geschichtsphilosophie ausfallen. Das Axiom der Evolution survival of the fittest ist somit nicht inhaltsgleich zu der Forderung „Durchsetzung des Besten" („survival oft the best").

[126] Zum sog. „methodologischen Individualismus" siehe unten Teil I Kapitel B. VI. 3. (m. w. H.).

[127] Zu diesem Beispiel siehe: *Dieter Krimphove*: Von den letzten Dingen, in: Von den Letzten Dingen – Humanethologische Betrachtungen über den Tod als soziales und rechtliches Phänomen, in: Rechtstheorie Heft 51 (2020).

[128] Bereits *Hans Sachsse*: Die Erkenntnis des Lebendigen, 1968, S. 82 ff. (m. w. H.); *Gerhard Vollmer*: Evolutionäre Erkenntnistheorie. Angeborene Erkenntnisstrukturen im Kontext von Biologie, Psychologie, Linguistik, Philosophie und Wissenschaftstheorie. 6. Auf., Stuttgart 1994, S. 70 (m. w. H.); auch: *Wolfgang Wickler*: Antworten der Verhaltensforschung. München 1970, S. 18 (m. w. H.); *Michael Timasello*: Eine Naturgeschichte der menschlichen Moral, 2016, S. 25 ff. (m. w. H.); auch: *Monika Emilia Miranowicz*: Gehirn und Recht – Wie neurowissenschaftliche Erkenntnisse das Dilemma zwischen Naturrecht und Positivismus überwinden können, in: Michael Kloepfer/Klaus Marxen/Rainer Schröder: Berliner Juristische Universitätsschriften Bd. 46, 2009, S. 81, 103 f. (m. w. H.); *Joachim Bauer*: Das Gedächtnis des Körpers: Wie Beziehungen und Lebensstile unsere Gene steuern, 2014.

[129] *Gerhard Vollmer*: Evolutionäre Erkenntnistheorie. Angeborene Erkenntnisstrukturen im Kontext von Biologie, Psychologie, Linguistik, Philosophie und Wissenschaftstheorie. 6. Auf., Stuttgart 1994, S. 70 (m. w. H.); *Hans Sachsse*: Die Erkenntnis des Lebendigen,1968, S. 82 ff. (m. w. H.); auch: *Wolgang Wickler*: Antworten der Verhaltensforschung, München 1970, S. 18 (m. w. H.).

[130] *Margaret Gruter*: Law and the mind – biological origins of human behaviour, 1991, S. 20; *Paul W. Glimcher*: Decisions uncertainty, and the brain – the science of neuroeconomics, 2003,

Es erscheint also, mit Hilfe der Institutionen-Ökonomik, wissenschaftlich ableitbar, warum Menschen in einer bestimmten Situation ein bestimmtes Verhalten gewählt haben, und warum dieses in einer bestimmten entwicklungsgeschichtlichen Situation vorlag.

2. Universalität des Ansatzes

Mit Hilfe obiger methodischer Überlegungen lassen sich weitere prähistorische Institute nicht nur analysieren, sondern deren prähistorische Präsenz auch feststellen. So entsteht in prähistorischen Jagd-Gesellschaften eine *autoritative Hierarchie*, da nur diese den Mitgliedern ihre sonst notwendigen Aufwendungen der mühsamen Kommunikation und Durchsetzung eigener Jagdtechniken – in einer Gefahrensituation, d. h. in extrem kurzer Zeit – erspart,[131] indem sie sie und deren Einsatz koordiniert.

Ändert sich diese Ausgangssituation, so kann Hierarchie unökonomisch und damit – aus Sicht der Institutionen-Ökonomik – überflüssig werden.[132] Eine andere, neue Art von Lenkung zeichnet dann dem oben dargelegten Mechanismus entsprechend[133] diesen Wechsel nach.[134]

3. Methodologischer Individualismus der Neuen Institutionen-Ökonomik

Eine weitere Eignung der Übernahme des wohlfahrtsökonomischen Ansatzes der *Neuen Institutionen-Ökonomik* liegt in ihrer methodischen Berücksichtigung der Vorstellungswelt der Akteure. Der methodische Ansatz der Neuen Institutionen-Ökonomik – und hierin unterscheidet sich die Neue Institutionen-Ökonomik von der *Ökonomischen Analyse des Rechts*[135] – ist ein individualistischer („Me-

S. 172ff., 175 (m. w. H.); *Monika Emilia Miranowicz*: Gehirn und Recht – Wie neurowissenschaftliche Erkenntnisse das Dilemma zwischen Naturrecht und Positivismus überwinden können, in: Michael Kloepfer/Klaus Marxen/Rainer Schröder: Berliner Juristische Universitätsschriften Bd. 46, 2009, S. 81, 103 f. (m. w. H.).

[131] Aus diesem Grund existiert Hierarchie auch im Militär sogar in hochentwickelten Demokratien.

[132] *Dieter Krimphove*: Die „Logik" der Überzeugungskraft, in: Rechtstheorie, 2019, S. 107 ff. 110ff. (m. w. H.).

[133] Siehe oben Teil I Kapitel B. VI. 1.

[134] Zur Evolution der „Institute" nach der Institutionen-Ökonomik, *Douglas C North/Robert Paul Thomas*: The Rise of the Western World, S 9ff. (m. w. H.), 25ff. (m. w. H.); siehe: *Dieter Krimphove*: Ökonomische Analyse der Sozialenzykliken der Katholischen Soziallehre, Köln 2017, S. 72ff. (m. w. H.); siehe oben Teil I Kapitel B. VI. 1.; unten Teil I Kapitel B. VI. 4. (m. w. H.); siehe unten Teil II Kapitel A. I. 4. (m. w. H.).

[135] Zu ihrer Kritik: *Morton J. Horowitz*: Law and Economics Science of Politics?, in: Hofstra Law Review 8, 1969, S. 905ff.; *Mitchell Polinsky*: Economic Analysis as a Potentially Defective Product. A Buyer's Guide to Posner's Economic Analysis of Law, Havards Law Review 87, 1974, dt. Übersetzung in: *Heinz-Dieter Assmann/Christian Kirchner/Erich Schanze*

thodologischer Individualismus"[136]). Die Neue Institutionen-Ökonomik berechnet nicht vermeintlich objektive und tatsächlich entstehende Transaktionskosten. Eine solche Vorgehensweise ist in der Realität schon deswegen nicht möglich,[137] da die jeweiligen Akteure individuelle, eigene Gebrauchswerte und Präferenzen mit der wirtschaftlichen Nutzung ein und desselben Gutes verbinden (sog. *interpersoneller Nutzenvergleich*[138]). Eine anderslautende Sichtweise ist lebensfremd und würde so willkürliche Schlussfolgerungen begünstigen.[139]

Mit diesem individualistischen Ansatz ist die Neue Institutionen-Ökonomik in der Lage, auch Fehlvorstellungen der Akteure und deren strategisches Verhalten

(Hrsg.): Ökonomische Analyse des Rechts, S. 99 ff.; C. *Edwin Baker*: The ldeology of Economic Analysis of Law, Philosophy and Public affairs, 1975, S. 3 ff.; *Norbert Horn*: Zur ökonomischen Rationalität des Privatrechts, in: Archiv für civilistische Praxis, 1976, S. 307 ff.; *Lewis Kornhauser*: A Guide to Perplexed Claims of Efficiency in the Law, in: Hofstra Law Review 8, 1980, S. 591 ff.; *Jules L. Coleman*: Efficiency, Utility and Wealth Maximation, in: Hofstra Law Review 8, 1980, S. 509 ff.; *Manfred Prisching*: Ökonomische Rechtslehre?, Über die Prämissen und Grenzen des „Economic Approach" im Recht, in: Rechtswissenschaftliche Fakultät der Universität Graz (Hrsg.), Reform des Rechts, Festschrift zur 200-Jahr-Feier der Universität Graz, S. 995 ff.; *Thomas Armitage*: Economic Efficiency as a Legal Norm, in: Research in Law and Economics, 1985, Vol. 7, S. 1 ff., S. 19 f.; *Karl-Heinz Fezer*: Aspekte einer Rechtskritik an der economic analysis of law und dem property rights Approach, in: JZ 1986, S. 817 ff.; *Hans-Bernd Schäfer/Claus Ott*: Die Ökonomische Analyse des Rechts, Irrweg oder Chance wissenschaftlicher Rechtserkenntnis? in: Juristenzeitung, 1988, S. 213 ff.; *Friedrich Kübler*: Effizienz als Rechtsprinzip, in: Jürgen F. Baur/Klaus J. Hopt/Peter Mailänder (Hrsg.): Festschrift für Steindorf zum 70. Geburtstag, S. 687 ff.; *Richard S. Makovits*: Legal Analysis and Economic Analysis of Allocative Efficiency, in: Hofstra Law Review 8, 1980, S. 811 ff.; *Ronald Dworkin*: Why Efficiency?, in: Hofstra Law Review 8, 1980, S. 563 ff.; *Dieter Schmidtchen*: Jenseits vom Maximierung, Gleichgewicht und Effizienz, Neuland für die ökonomische Analyse des Rechts?, in: Claus Ott/Hans-Bernd Schäfer (Hrsg.): Ökonomische Probleme des Zivilrechts, S. 316 ff.; *Horst Eidenmüller*: Ökonomische Effizienzkonzepte in der Rechtsanwendung, in: Jahrbuch junger Zivilrechtswissenschaftler, S. 11 ff.; *Christian Kirchner*: Ökonomische Theorie des Rechts, Vortrag vor der Juristischen Gesellschaft zu Berlin am 16. Oktober 1996, Schriftenreihe der Juristischen Gesellschaft zu Berlin, 1997, S. 25 ff.; *Christian Kirchner*: Regulierung durch öffentliches Recht und/oder Privatrecht aus der Sicht der ökonomischen Theorie des Rechts, in: Wolfgang Hoffman-Riem/Eberhard Schmidt-Assman (Hrsg.): Öffentliches Recht und Privatrecht als wechselseitige Auffangordnungnen, S. 63 ff.; *Taupitz*: Ökonomische Analyse und Haftungsrecht, Eine Zwischenbilanz, Archiv für civilistische Praxis, 1996, S. 114 ff.; *Rudolf Richter/Eirik G. Furubotn*: Neue Institutionen-Ökonomik, S. 3 ff.

[136] *Rudolf Richter/Eirik G. Furubotn*: Neue Institutionenökonomik, S. 3 f. (m. w. H.); *Christian Kirchner*: Ökonomische Theorie des Rechts, Vortrag vor der Juristischen Gesellschaft zu Berlin am 16. Oktober 1996, Schriftenreihe der Juristischen Gesellschaft zu Berlin, 1997, S. 25 ff., 27 ff.; *Egon Sohmen*: Allokationstheorie und Wirtschaftspolitik, S. 26 ff. (m. w. H.); *Dieter Krimphove*: Ökonomische Analyse der Sozialenzykliken der Katholischen Soziallehre, 2017, Teil I, Kapitel 3 (m. w. H.); vgl. auch zu einem gänzlich anderen Anwendungsbereich: *Dieter Krimphove*: Europäisches Werberecht, Kapitel 2 (m. w. H.).

[137] *Þráinn Eggerston*: Economic Behavior and Institutions, 1990, S. 21; *Rudolf Richter/Eirik G. Furubotn*: Neue Institutionen-Ökonomik, S. 4 f., S. 488 ff.

[138] Vgl.: *Winfried Reiß*: Microökonomische Theorie – Historisch fundierte Einführung, 2007, S. 202 ff.; 238 ff.

[139] *Horst Eidenmüller*: Effizienz als Rechtsprinzip, S. 112 ff. und S. 323.

der Akteure zu berücksichtigen.[140] Gerade diese Möglichkeit ist für die *Rechtsethologie* von besonderer Wichtigkeit. Denn der Mensch verfügt mit seinem gegenüber den Primaten vergrößerten Gehirn nicht nur über die Fähigkeit zum Denken, Schlussfolgern und Erkennen, sondern auch die zu einem taktilen Verhalten, also die zum Lügen, Tricksen und Sich-Verstellen.[141/142]

4. Zusätzliche Legitimität der Rechtsethologie aufgrund inhaltlicher Gemeinsamkeiten der „biologischen" und der Rechts-Evolution

Die besondere Bedeutung der *Institutionen-Ökonomik* besteht eigens in ihrer inhaltlichen Kompatibilität zur Evolutionstheorie. Nicht nur, dass die Neue Institutionen-Ökonomik auch nicht-ökonomische Institute wie *soziales Verhalten*, *Gebräuche*, *Sitte*, ja *Moral* und *Recht* sowie deren Durchsetzung bewerten und ihre historische Präsenz angeben kann. Die Institutionen-Ökonomik besitzt zudem ihrerseits selbst einen evolutiven Aspekt: Besteht nämlich für die Akteure Wahlfreiheit zwischen mehreren Instituten bzw. Verhaltensweisen, werden die Teilnehmer jenes Institut wählen, von denen sie sich – in einer bestimmten Situation – größere Vorteile[143] versprechen.[144] Dabei generieren die Teilnehmer durch die Wahl eines Institutes, von dessen Existenz sie sich – ausgehend von ihrem Erkenntnishorizont[145] – den größten wirtschaftlichen Nutzen versprechen, nicht nur

[140] Siehe: *Dieter Krimphove*: Das Europäische Sachenrecht, Eine rechtsvergleichende Analyse nach der Komparativen Institutionen-Ökonomik, in: Dieter Krimphove: (Hrsg.), Jean-Monnet Schriftenreihe, Europäisches Wirtschaftsrecht, Bd. 1, 2006, S. 10ff. (m. w. H.); auch: *Krimphove*: Der Einsatz der Ökonomischen Analyse des Rechts als notwendiges Instrument der Europäischen Rechtsvergleichung in: Zeitschrift für Rechtsvergleichung – ZfRV 39. Jg., Heft 5, 1998, S. 185ff.; *ders.*: Rechtstheoretische Aspekte der „Neuen Ökonomischen Theorie des Rechts", in: Rechtstheorie Bd. 32, 2001, S. 497ff. (m. w. H.).

[141] Zur hirnorganischen Verortung des Betrügens siehe unten Teil II Kapitel B. III. (m. w. H.) und Kapitel B. IV.

[142] Einige religiöse Systeme halten die Fähigkeit zum Lügen und Betrug für so bedeutend, dass sie diese in Götter bzw. Kulturheroren personifizieren, siehe: *Carl Gustaf Jung*: Archetypen, 16. Aufl. 2010, S. 168; *ders.*: in GW 9/1, § 456–488: „Zur Psychologie der Tricksterfigur", § 473; *Paul Radin/Karl Kerényi/C. G. Jung*: Der göttliche Schelm. Ein indianischer Mythen-Zyklus, 1954, S. 7ff.; *Erhard Schüttpelz*: Der Trickster, in: Die Figur des Dritten. Ein kulturwissenschaftliches Paradigma, in: Eva Eßlinger/Tobias Schlechtriemen/Doris Schweitzer/Alexander Zons (Hrsg.), 2010, S. 208ff. (m. w. H.); *Claude Lévi-Strauss*: The Structural Study of Myth, in: The Journal of American Folklore, Bd. 1. 68, No. 270, Myth: A Symposium (Oct. – Dec., 1955), S. 428ff. 441.

[143] D. h. umfassende Ersparnis von Aufwand bzw. Transaktionskosten.

[144] Zum methodologischen Individualismus siehe oben Teil I Kapitel B. V. 1. (m. w. H.).

[145] Es ist das Verdienst der Neue Institutionen-Ökonomik, dass sie auf Informations- und Entscheidungsschwächen und Hindernisse der beteiligten Individuen eingeht. Zum „Methodologischen Individualismus" siehe: *Rudolf Richter/Eirik G. Furubotn*: Neue Institutionenökonomik, S. 3f. (m. w. H.); Christian *Kirchner*: Ökonomische Theorie des Rechts, Vortrag vor der Juristischen Gesellschaft zu Berlin am 16. Oktober 1996, Schriftenreihe der Juristischen Ge-

ihre individuellen Wirtschaftsvorteile[146]. Sie realisieren mit ihrer Wahl auch jene gesamtwirtschaftlichen Vorteile, die eine Verringerung ökonomisch schädlicher Transaktionskosten[147] auslösen.[148]

Dabei kommt der *Rechtsethologie* die Möglichkeit der Institutionen-Ökonomik nach Veränderung und Anpassung zugute: Ihre Ergebnisse sind nämlich niemals starr oder dauerhaft. Ändert sich nämlich die Situation, in der das betreffende Institut transaktionskostengünstig und damit für die Beteiligten wählbar erschien, kann diese Veränderung [sei sie durch geänderte Umweltbedingungen oder Bedürfnisänderungen herbeigeführt] zu einer neuen Bewertung der jetzt entstehenden Transaktionskosten kommen. Diese Neubewertung mag die Folge haben, dass in dieser geänderten Lage die Akteure, aufgrund der Neubewertung der nun entstehenden Transaktionskosten, das bestehende Institut nicht mehr nutzen bzw. anwenden wollen oder können. Es kommt zu dessen Nichtgebrauch, d. h. zu seiner Abwahl, verbunden mit der Anwendung oder Wahl eines neuen, geänderten – d. h. der neuen Situation angepassten, d. h. nun aufwands- und transaktionskostengünstigeren – Institutes. In der Weise wie eine sich klimatisch erwärmende Umwelt, die nun einer zu energieaufwendig, m. a. W. zu transaktionskostenauf-

---

sellschaft zu Berlin, 1997, S. 25 ff., 27 ff.; *Egon Sohmen*: Allokationstheorie und Wirtschaftspolitik, S. 26 ff. (m. w. H.); *Dieter Krimphove*: Europäisches Werberecht, Kapitel 2 (m. w. H.).

[146] Auf das Zusammenspiel zwischen individuellen Einzelinteressen und gesamtwirtschaftlicher Vorteilhaftigkeit weist insbesondere Kirchner, in: *Christian Kirchner*: Ökonomische Theorie des Rechts, Vortrag vor der Juristischen Gesellschaft zu Berlin am 16. Oktober 1996, Schriftenreihe der Juristischen Gesellschaft zu Berlin, 1997, S. 25 ff., 27 ff.

[147] Dazu siehe oben Teil III Kapitel A. I. (m. w. H.); Auf das Zusammenspiel zwischen individuellen Einzelinteressen und gesamtwirtschaftlicher Vorteilhaftigkeit weist insbesondere Kirchner, in: *Christian Kirchner*: Ökonomische Theorie des Rechts, Vortrag vor der Juristischen Gesellschaft zu Berlin am 16. Oktober 1996, Schriftenreihe der Juristischen Gesellschaft zu Berlin, 1997, S. 25 ff., 27 ff.

[148] *Egon Sohmen*: Allokationstheorie und Wirtschaftspolitik, 1994, S. 26 ff. (m. w. H.); auch: *Carl J. Dahlman*: The Problem of Externality, in: Journal of Law and Economics 22, 1979, S. 141 ff., 161; *Wilhelm Meyer*: Entwicklung und Bedeutung des Property Rights Ansatzes in der Nationalökonomie, in: Alfred Schüller: Property Rights und ökonomische Theorie, 1983, S. 1 ff., 3 f., 23 ff. (m. w. H.); vgl., *Günter Hesse*: Zur Erklärung der Änderung von Handlungsrechten mit Hilfe ökonomischer Theorie, in: Alfred Schüller: Property Rights und ökonomische Theorie, 1983, S. 79 ff.; 453 ff. (m. w. H.); *Ejan Mackaay*: Legal hybrids, Beyond property and monopoly?, 1994, 94 Columbia Law Review, S. 2630 ff.; *Rudolf Richter*: Sichtweise und Fragestellung der Neuen Institutionen-Ökonomik, in: Zeitschrift für Wirtschafts- und Sozialwissenschaften, 1990, S. 517 ff.; *Elizabeth M. Kneppers-Heijnert*: En economische en juridische analyse van franchising tegen de achtergrond van een property rights- en transactiekosten benadering, Diss; Groningen 1988; *Glenn G. Stevenson*: Common property economics, a general theory and land use application; Cambridge University Press, 1991, S. 256 ff.; *Gerard Gäfgen*: Entwicklung und Stand der Theorie der Property Rights, Eine kritische Bestandsaufnahme, in: Manfred Neumann: Ansprüche, Eigentums- und Verfügungsrechte, Schriften des Vereins für Sozialpolitik, 1984, S. 43 ff. (m. w. H.); *Manfred Tietzel*: Die Ökonomie der Property Rights, Ein Überblick, in: Zeitschrift für Wirtschaftspolitik, 30. Jg. 1981, S. 207 ff.; *Dieter Krimphove*: Ökonomische Analyse der Sozialenzykliken der Katholischen Soziallehre, 2017, S. 58 (m. w. H.).

wendig gewordene Bewegung eines Dinosaurierkörpers durch schnellere, wendigere Kleinlebewesen (*Säugetiere*) ersetzte,[149] schafft die Natur auch unangemessen gewordene Verhaltensweisen und deren Reglementierungen ab und ersetzt diese durch situationsangepasstere, d.h. fittere, oder in der jeweiligen Situation transaktionskostengünstigere.

Selbst moderne *Rechts-Institute*, wie die Staatsform einer *Diktatur* oder *Demokratie* oder die Herausbildung von *Eigentum* bieten Beispielsfälle für die Evolutionsfähigkeit von Recht, ausgelöst durch neue, geänderte Wirtschafts- bzw. Lebensbedingungen:

– Eine strenge Hierarchie ggf. in Form einer *Diktatur* besitzt die Vorteile einer transaktionskostengeringen Koordination des Verhaltes ihrer Mitglieder.[150] De facto handelt es sich hier um eine Tausch-Situation: Das Individuum tauscht einen Teil seiner Freiheiten und erhält dadurch vom Staat die Sicherung seiner Verhältnisse zur Vornahme wirtschaftlicher Handlungen.[151] Ein solcher Tausch entsteht deswegen, weil er für beide Parteien vorteilhaft ist. Jede Partei gibt das, was ihr entbehrlich erscheint, und nimmt das, was sie bedarf.[152]

  Diese (Kosten-)Vorteile entstehen dann nicht mehr, wenn etwa die Bedrohung des Bestands der Gemeinschaft durch Kriege, Hungersnöte, Krankheiten, Pandemien wegfällt,[153] denn dann entfällt weitgehend die Notwendigkeit zu einem staatlichen hoheitlichen, d.h. diktatorischen Eingreifen. Aufwendungen einer Diktatur, seine Bürger mit Zwang[154] oder auch Belohnungen wie Privilegien,[155] oder öffentliche Auszeichnungen zum Verbleib in der Diktatur zu bewegen, verteuern das System und machen es unökonomisch.

---

[149] Bezeichnenderweise erfolge diese Selektion kaum in Kältezonen wie der Arktis, so dass hier auch größere, volumigere massigere Säugetierformen vorkommen.

[150] *Douglass C. North*: Structure and Change in Economic History, New York, 1981, Theorie des Institutionellen Wandels, 1988, S. 21 ff.; auch: *Roland Kirstein/Dieter Schmidtchen*: Ökonomische Analyse des Rechts – Center of the Law of Studies an Economics – Discussion Paper, 2003–04, v. 15.9.2003, 2003, S. 85 f.; *Dieter Krimphove*: Verfahren und Gerechtigkeit: Gedanken zur Ökonomik von Streitentscheidungsverfahren, in: Josef Aicher/Siegfried Fina: Festschrift für Manfred Straube, 2009, S. 73 ff. Kapitel II. C. 3 (m. w. H.).

[151] *Gebhard Kirchgässner*: Ökonomische Theorie der Verfassung, Diskussionspapier Nr. 2004–17, St. Gallen Dezember 2004, S. 10 f. (m. w. H.).

[152] Schon: *Georg Simmel*: Philosophie des Geldes, 2. Aufl., 1900, S. 387.

[153] Ähnlich auch: *Donald Wittmann*: Why Democracies produce Efficient Results, in: Journal of Political Economy, Vol. 97, 1989, S. 1395 ff. (m. w. H.); *James Buchanan/Gordon Tollison/Robert Tullock*: Towards a Theory of the Rent-Seeking-Society, Texas 1980, Kapitel 1–3 (m. w. H.); *Thomas Märtz*: Interessengruppen und Gruppeninteressen in der Demokratie, Hohenheimer volkswirtschaftliche Schriften, Bd. 12, Frankfurt 1990; schon: *Mancur Olson*: Die Logik des kollektiven Handelns, 1956.

[154] *Dieter Krimphove*: Ökonomische Analyse der Sozialenzykliken der Katholischen Soziallehre, 2017, S. 74.

[155] Zumindest ansatzweise: *Johannes Paul II.*: *Centesimus annus*, v. 1.5.1991 AAS 83, 1991, S. 793 ff., Rn. 46 f.

Besteht für die Beteiligten eines diktatorischen Systems eine Abwanderungsmöglichkeit,[156] und fallen die Abwanderungskosten, aus Sicht der Beteiligten,[157] gering aus,[158] werden sich diese zum Verlassen der Diktatur entscheiden.

In einer solchen Situation erweist sich die Staatsform der Demokratie kostengünstiger. Denn sie gewährt durch „Beteiligungsrechte[159]" ihren Mitgliedern einen kostenniedrigen Anreiz zum Verbleib in ihr und zur Kooperation mit ihr. Der (geschichtliche) Fortfall von Bedrohungen und die Möglichkeit der Wahl politischer Systeme selektiert daher die Staats- und Gesellschaftsform der *Demokratie*.[160]

– North und Thomas wiesen nach, dass die Zunahme des Bevölkerungswachstums im mittelalterlichen England und die damit einhergehende gesteigerte Versorgung der Bevölkerung mit Nahrungsmitteln zur Abkehr von dem bislang praktizierten und nun durch Übernutzung ruinösen *Gemeineigentums* an Weideland (*Allmende*) hin zu den „individuellen Eigentumsrechten am Grund und Boden" führte. Staaten, deren Rechtsordnungen die Allmende durch ein exklusives Eigentumsrecht eines einzelnen Rechtsträgers ersetzten, leiteten hieraus nicht nur eine bessere Versorgung der gewachsenen Bevölkerung mit Nahrungsmitteln ab.[161] Sie zogen aus der Änderung des Eigentums-Rechts erhebliche ökonomische Vorteile, wodurch sich das wirtschaftliche Schwergewicht vom ausgehenden Mittelalter an bis zur Neuzeit von Süd- nach Nordeuropa verlagerte[162].

Speziell in England, wo Grundherren schon geschichtlich früh damit begannen, vormals als Allmende genutzte Flächen eigenmächtig einzuzäunen, um so Dritte

[156] Siehe dazu: *Albert O. Hirschmann*: Exit, Voice and Loyalty: Responses to Decline in Firms, Organizations and States, Cambridge 1970; *Douglass C. North*: Structure and Change in Economic History, New York, 1981, Theorie des Institutionellen Wandels, 1988, S. 27 ff.; *Hans-Jürgen Wagener/Thomas Eger/Heiko Fritz*: Europäische Integration – Recht und Ökonomie, Geschichte und Politik, 2006, S. 151.

[157] Zum „methodologischen Individualismus" der Neuen Institutionen-Ökonomik siehe oben Teil I Kapitel B. V. 1. (m. w. H.).

[158] Siehe dazu *Hans-Jürgen Wagener/Thomas Eger/Heiko Fritz*: Europäische Integration – Recht und Ökonomie, Geschichte und Politik, 2006, S. 150 ff. (m. w. H.).

[159] Siehe auch: *Gordon Tullock*: The Paradox of Revolution, in: Public Choice, 11, 1971, S. 89 ff.; *Mancur Olson*: Macht und Wohlstand, 2002; *Gordon Tullock*: Autocracy, Doderecht 1987; *Ronald Wintrobe*: The Political Economy of Dictatorship, 2000, Kapitel 1, 2, 6 (m. w. H.); *Thomas Märtz*: Interessengruppen und Gruppeninteressen in der Demokratie, Hohenheimer volkswirtschaftliche Schriften, Bd. 12, Frankfurt 1990.

[160] Siehe auch: *Anthony Downs*: Eine ökonomische Theorie der Demokratie, 1968; *Peter Bernholz/Friedrich Bayer*: Grundlagen der Politischen Ökonomie, Bd. II: ökonomische Theorie der Politik, 1994; Gesellschaftliche Entscheidungsverfahren II (Demokratie), 1994, S. 134 ff. (m. w. H.); *Dieter Krimphove*: Ökonomische Analyse der Sozialenzykliken der Katholischen Soziallehre, 2017, S. 71 ff. (m. w. H.).

[161] *Douglas C. North/Robert Paul Thomas*: The Rise of the Western World, S. 9 ff. (m. w. H.), 25 ff. (m. w. H.); siehe: *Dieter Krimphove*: Ökonomische Analyse der Sozialenzykliken der Katholischen Soziallehre, Köln 2017, S. 72 ff. (m. w. H.).

[162] *Douglas C. North/Robert Paul Thomas*: The Rise of the Western World, S. 120 ff. (m. w. H.).

von einer zerstörerischen Übernutzung des Landes fernzuhalten, gelang der wirtschaftliche Aufstieg der Landwirtschaft und damit auch eine entscheidende Verbesserung der Lebensverhältnisse.[163/164] Ab dem ausgehenden Mittelalter konnte daher England – aufgrund seiner geänderten Land-Eigentums-Rechtsordnung – gegenüber Spanien aufrücken und auch politisch deren Stellung als vorherrschende Weltmacht einnehmen.[165]

Nach der hier vertretenen Auffassung ist somit das Recht selbst einer geschichtlichen/sozialen/ökonomischen Evolution zugänglich. Es besteht daher nicht dauerhaft, sondern es entwickelt sich in der Weise, in der Individuen oder Gruppen von Individuen – ausgehend von ihren Lebensumständen bzw. deren Veränderungen – jenes Recht anwenden bzw. wären, das ihnen die situationsabhängige, transaktionskostenreduzierende, d. h. fitteste, Handlungsalternative bereitstellt. Die Institutionen-Ökonomische Betrachtung besitzt somit selbst evolutive Aspekte.[166] Aus diesem Grunde erscheint ihre Übertragung in die hier propagierte *Rechtsethologie* sowohl zulässig als auch erkenntnisfördernd.

C. Der interdisziplinäre Ansatz der Rechtsethologie

Mit ihrem ökonomisch geprägten Ansatz ist die Rechtsethologie interdisziplinär. Sie vereint nicht nur die evolutionsbiologische Fachdisziplinen, wie *Human-*, *Tiermedizin*, *Genetik*, *Humangenetik*, *Zoologie*, *Geologie/Geographie*, *Archäologie* u. v. a. m., sondern auch die, das menschliche Verhaltens-Repertoire analysierenden, wie die *Sozial-* und *Rechtswissenschaften*, die *Geschichte*, *Politologie*, *Volkswirtschaftslehre*, *Soziologie*, die *Psychologie*, *Neurologie*, *Neurobiologie*, *Verhaltensbiologie* sowie die erkenntniszusammenführenden Disziplinen der *Anthropologie*, *Theologie* und *Philosophie* und sämtliche deren Spezialbereiche.

---

[163] Karl Marx sollte diesen Vorgang, ca. 700 Jahre später, als „Willkürakt des Landadels gegenüber den Bauern" kritisieren, *Karl Marx*: Das Kapital, Kapitel 24 II, S. 746.

[164] Zu weiteren geschichtlichen Beispielen siehe: *Krimphove*: Rechtstheoretische Aspekte der neuen Ökonomischen Theorie des Rechts, in: Zeitschrift für Rechtstheorie, Rechtstheorie Bd 32, 2001, S. 497 ff.; *Dieter Krimphove*: Eigentum – Zum Bedeutungswandel eines Rechtsinstituts, in: Rechtstheorie 2016, S. 271 ff., 292 ff. (m. w. H.); *ders.*: Artikel 8 Verletzung von Rechten des geistigen Eigentums, in: Soergel: Kommentar zum BGB, Bd. 27, I [IPR], 2019, Rn. 37 (m. w. H.).

[165] *Douglas C North/Robert Paul Thomas*: The Rise of the Western World, S. 9 ff. (m. w. H.), 25 ff. (m. w. H.).

[166] Ähnlich auch: *Heike Geue*: Evolutionäre Institutionenökonomik – Ein Beitrag aus Sicht der Österreichischen Schule, Stuttgart 1997, S. 79 ff. 171 ff., 232 ff. (m. w. H.).

D. Abgrenzung der „Rechtsethologie" von bisherigen Forschungs- und Theorieansätzen

Die Ableitung menschlichen Verhaltens aus der prähistorischen Stammesgeschichte des Menschen ist prinzipiell nichts Neues. Bereits die *Ethologie* befasst sich, als eine Teildisziplin der *Biologie*, respektive der *Zoologie*, und der *Psychologie* mit der „Verhaltensforschung". Im Licht der hier vertretenen, sich inhaltlich an wohlfahrtsökonomischen Grundgegebenheiten orientierenden *Rechtsethologie* ist bezeichnend, dass gerade der Ökonom John Steward Mill als erster den Begriff der *Ethologie* prägte.[167]

Allerdings besteht die Methodik der *Ethologie* vornehmlich in einer „kulturvergleichenden Verhaltensforschung". Ein solches vergleichendes Element fehlt der hier erstmals vorgestellten Rechtsethologie. Sie vergleicht keine komplexen sozialen und kulturellen Situationen, sondern lediglich ein „Institut" und dieses auch nur hinsichtlich deren Fähigkeit, gesamtwirtschaftlich schädlichen Aufwand und Transaktionskosten reduzieren oder vermeiden zu können. Damit ist ihr methodischer Vergleichs-Ansatz, gegenüber der Ethologie, erstens inhaltlich gebundener und spezieller, zweitens auf ein bestimmtes Vergleichskriterium – nämlich die Transaktionskostenersparnis – fokussierter. Allein die konsequente methodische Anwendung eines einheitlichen Vergleichsmaßstabes verhilft der Rechtsethologie – gegenüber Fachdisziplinen, die mit unterschiedlichen Vergleichsmaßstäben arbeiten und diese noch nicht einmal exakt benennen – zu plausiblen, aber auch universalen, verallgemeinerbaren Ergebnissen. Prinzipiell unterscheidet sich daher die hier angesprochene „Rechtsethologie" von der *Ethologie* durch ihren neuen methodischen Ansatz: Sie verwendet wohlfahrtsökonomische Parameter der *Institutionen-Ökonomik*,[168] um so die historische Wirksamkeit prähistorisch normierter Verhaltensweisen erklärbar zu machen und effiziente Verhaltens- bzw. Normalternativen bestimmen und angeben zu können.[169]

Wie die *Rechtsethologie* nimmt auch die als Sonderdisziplin aus der *Verhaltensbiologie* hervorgegangene „Sozialbiologie" Bezug auf sich, in einer Sozietät ergebende Verhaltensweisen.[170] Hierbei nutzt sie auch erbbiologische und evolutionstheoretische Erkenntnisse.[171]

---

[167] *John Stuart Mill*: A system of logic, ratiocinative and inductive, being a connected view of the principles and the methods of scientific investigation, 1843 (2015), 6. Buch: Von der Logik der Geisteswissenschaften oder moralischen Wissenschaften, Kapitel 3. Eine Wissenschaft von der menschlichen Natur existiert, oder ist möglich; Kapitel 4. Von den Gesetzen des Geistes § 4 S. 463 ff., 466.

[168] Siehe oben: Teil I Kapitel B. V. (m. w. H.).

[169] Siehe oben Teil I Kapitel B. IV. (m. w. H.).

[170] *O. E. Wilson*: Sociobiology: The New Synthesis 1975.

[171] *Arnd Krüger*: The ritual in modern sport. A sociobiological approach, in: John Marshall Carter/Arnd Krüger (Hrsg.): Ritual and Record. Sports records and quantification in premodern societies. (Contributions to the study of world history, Bd. 17, 1990, S. 135 ff. (m. w. H.).

Ihr Forschungsgebiet bezieht sich insbesondere auf Verhalten der Brutpflege und der Hierarchie.

Die *Sozialbiologie* setzt sich im Wesentlichen den Kritikpunkten aus, soziale Missstände und Ungerechtigkeiten – wie etwa Diskriminierungen des Menschen nach „Rassen"zugehörigkeit und Geschlecht – evolutionsbiologisch rechtfertigen zu wollen,[172/173] wobei sie auf evolutionbiologische Umstände zurückgreift, die heute nicht mehr nachprüfbar sind.[174]

Die gelegentlich heute noch vorgetragene *Determinismus-Kritik*, wonach die Sozialbiologie das menschliche Verhalten durch seine Biologie als festgeschrieben begreift,[175] entkräftet sie überzeugend selber, indem sie – wie auch die hier dargestellte *Rechtsethologie*[176] – darauf verweist, dass stammesgeschichtliche Anlagen lediglich *Impulse*[177] zur Kontrolle, Motivation und Steuerung menschlichen Verhaltens darstellen, dieses aber nicht inhaltlich festlegt.[178]

Den oben aufgeführten Kritikpunkten begegnet der hier vorgeschlagene methodische Einsatz Institutionen-Ökonomischer Aspekte. Die Institutionen-Ökonomik vermag die Präferenz und das historische Vorliegen entwicklungsgeschichtlicher Tatbestände wissenschaftlich methodisch überprüf- und objektiv

---

[172] *Ethel Tobach/Betty Rosoff* (Hrsg.): Challenging Racism and Sexism: Alternatives to Genetic Explanations. Feminist Press at the City University of New York, 1994, S. 76 f. (m. w. H.); *Walda Katz Fishman/Jan M. Fritz*: The Politics of Sociobiology, in: Critical Sociology. 10, Nr. 1, Juli 1980, S. 32 ff. (m. w. H.); *Halford H. Fairchild*: Scientific Racism: The Cloak of Objectivity, in: Journal of Social Issues, Vol. 47, Nr. 3, 1991, S. 101 ff. (m. w. H.).

[173] Siehe dazu die Kritik insbes. an: *John Philippe Rushton*: Race, Evolution, and Behavior: A Life History Perspective, 1995 (dt. 2005); *Halford H. Fairchild*: Scientific Racism: The Cloak of Objectivity, in: Journal of Social Issues. Vol. 47, Nr. 3, 1991, S. 101 ff.

[174] *J. Muñoz-Rubio*: Sociobiology and human nature, in: Interdisciplinary Science Reviews. 27, Nr. 2, Juni 2002, S. 131 ff. (m. w. H.).

[175] Siehe: *Richard Lewontin*: Sociobiology: Another Biological Determinism, in: International Journal of Health Services, Vol. 10, Nr. 3, 1980, S. 347 ff. (m. w. H.); *Paul Morsbach*: Die Entstehung der Gesellschaft: Naturgeschichte des menschlichen Sozialverhaltens, 2001; *Theresa Marché*: A Reply to Mark Sidelnick: No More Pseudoscience, Please, in: Studies in Art Education, Vol. 35, Nr. 2, 1994, S. 114 ff. (m. w. H.); *Walda Katz Fishman/Jan M. Fritz*: The Politics of Sociobiology, in: Critical Sociology, 10, Nr. 1, Juli 1980, S. 32 ff. (m. w. H.); *Allan Ardill*: Sociobiology, Racism and Australian Colonisation, in: Griffith Law Review, 18, Nr. 1, 2009, S. 82 ff.; *Ethel Tobach/Betty Rosoff* (Hrsg.): Challenging Racism and Sexism: Alternatives to Genetic Explanations. Feminist Press at the City University of New York, 1994, S. 76 f. (m. w. H.); *Halford H. Fairchild*: Scientific Racism: The Cloak of Objectivity. (PDF; 802 kB), in: Journal of Social Issues, Vol. 47, Nr. 3, 1991, S. 101 ff. (m. w. H.).

[176] Siehe unten Teil II Kapitel A. III. 2. a) bb) (1) (m. w. H.).

[177] Siehe unten Teil II Kapitel A. III. 2. a) bb) (1) 1 (m. w. H.); Kapitel B. II. (m. w. H.); Kapitel A. III. 2. b) (m. w. H.).

[178] Bereits: *Reinhold Zippelius*: Rechtsphilosophie. 6. Aufl. 2011 §§ 8 I, 19 IV 1 (m. w. H.), zur hirnorganischen Widerlegung des *Determinismus*-Vorwurfs siehe unten Teil II Kapitel A. III. 2. a) bb) (1) (m. w. H.).

nachvollziehbar anzugeben.[179] Damit weist die *Rechtsethologie* zwar u. a. auch auf Ungleichbehandlungen hin, so etwa im Fall der prähistorischen Arbeitsteilung, sie erwähnt diese allerdings nur, sofern von ihnen transaktionskostenrelevante Wirkungen[180] zugunsten oder zulasten der Individuen und ihrer Sozietät ausgehen können, und rechtfertigt diese – schon mit der Wahl ihres methodischen Ansatzes[181] – nicht.

Parallelen zu der hier vertretenen *Rechtsethologie* weist ebenfalls die *Neurobiologie* auf. Rechtsethologie unterscheidet sich doch erheblich strukturell von dieser, da die Neurobiologie, zwar die Methodik, Grundsätze und Verfahren der evolutionsbiologischen Anpassung, gerade des Gehirns, liefert. Ihre Aussagen beschränkten sich jedoch ausschließlich auf hirnorganische Gegebenheiten bzw., wie auch die *Verhaltensendokrinologie* bzw. *Ethoendokrinologie*, auf die materiell/stofflichen Voraussetzungen des Verhaltens, und nicht – wie die hier vertretene *Rechtsethologie* – auf die Beschreibung seiner historischen *Effizienz* zum Zweck der Ermittlung seines Entstehungshintergrundes.

Eigens die „Evolutionäre Psychologie“[182] teilt mit der „Rechtsethologie“ die Frage nach der Motivation zu einem gruppenkonformen Handeln. Damit ist die „Evolutionäre Psychologie“ wie auch die Rechtsethologie auf diverse Aspekte menschlichen Verhaltens anwendbar.[183] Im Unterschied zur Rechtsethologie fehlt der „Evolutionären Psychologie“ allerdings eine generelle, allgemeingültige Methodik.[184] Ferner kann sie nicht erklären, warum sich ein bestimmtes Verhalten herausgebildet hat. Mangels dieser Möglichkeit ist die *Evolutionäre Psychologie* oft auf Spekulationen angewiesen.

Einen, speziell auf das menschliche Verhalten in Relation zu seinen kulturellen Werten abgestellten Erklärungsansatz bieten Eibl-Eibesfeldt[185], aber auch Konrad

---

[179] Siehe oben Teil I Kapitel B. VI. 2. (m. w. H.); Kapitel B. VI. 4. (m. w. H.).

[180] Siehe oben Teil I Kapitel B. V. 1. (m. w. H.).

[181] Siehe oben Teil I Kapitel B. V. (m. w. H.).

[182] *Michael Ghiselin*: „Darwin and evolutionary psychology, in: Science, 1973; *Jerome H. Barkow/John Tooby/Leda Cosmides* (Hrsg.): The Adapted Mind: Evolutionary Psychology and The Generation of Culture, 1992; siehe auch: *David Buller*: Adapting Minds, MIT Press, Cambridge, 2005, S. 52.

[183] *Steven Rose/Charles Jencks* (Hrsg.): Alas, Poor Darwin: Arguments Against Evolutionary Psychology, 2000.

[184] Auch: *Stephen Jay Gould*, Evolution: The Pleasures of Pluralism. New York Review od Books 44(11), 1997, S. 47 ff.

[185] *Irenäus Eibl-Eibesfeldt*: Verhaltensbiologie: Die Biologie des menschlichen Verhaltens. Grundriss der Humanethologie, 5. Aufl., 2004; *ders.*: Grundriß der vergleichenden Verhaltensforschung, 1967; *ders.*: „Der vorprogrammierte Mensch. Das Ererbte als bestimmender Faktor im menschlichen Verhalten“ 1973; *ders.*: Die Biologie des menschlichen Verhaltens. Grundriß der Humanethologie, 1984; *ders.*: Humanethologie; in: Lexicon der Biologie, https://www.spektrum.de/lexikon/biologie/humanethologie/32808.

Lorenz[186] mit der von ihnen geprägten „Humanethologie“. Bemühten sich deren Forschungen anfänglich etwa um den Nachweis genetisch festgelegter Verhaltensansätze[187], gerade im frühkindlichen Verhalten, oder zur Identifikation von *Verhaltens-Universalien*[188] im menschlichen Verhalten mittels Kulturvergleiche[189], so stellen neuere, stark *soziobiologisch*[190], aber auch *biosoziologisch*[191] geprägte, Forschungsansätze die evolutionsgeschichtliche Bewertung menschlicher Tugenden, wie *Altruismus, Ethik,*[192] *Moral*[193], in den Fokus ihrer Betrachtungen. Teile der heutigen *Humanethologie* bemühen sich um Erklärungen von Verhalten, dass sich unter dem Selektionsdruck der Stammes- und Kulturgeschichte entwickelt hat. Mit diesem Forschungsansatz entsprechen sie dem Bestreben der Rechtsethologie. Allerdings arbeitet die *Humanethologie* methodisch vorwiegend mit Vergleichen menschlichen und animalischen Verhaltens[194]. Ihrem vornehmlich beschreibenden, empirischen Forschungsansatz fehlt zudem – wie auch den anderen, oben wiedergegebenen Ansätzen – die Begründung, warum sich ein bestimmtes Verhalten evolutionsbiologisch herausgebildet hat, fortbestand oder aus dem Verhaltens- bzw. Normkontext der Menschen verschwand. Eigens diese Fragestellung beantwortet

---

[186] *Konrad Lorenz*: Über tierisches und menschliches Verhalten. Aus dem Werdegang der Verhaltenslehre. Gesammelte Abhandlungen, 1992; ansatzweise schon: *Lorenz*: Die Rückseite des Spiegels, 1973.

[187] Zur *Determinismus-Diskussion* siehe oben in diesem Kapitel.

[188] Zum Begriff der *Universalien* im Zusammenhang mit der Rechtsethologie siehe oben Teil I Kapitel B. III. (m. w. H.); siehe unten Teil II Kapitel B. V. (m. w. H.).

[189] Siehe dazu exemplarisch: *Rainer Bösel*: Humanethologie – Ethologische Aspekte menschlichen Verhaltens, 1974.

[190] Dazu siehe oben in diesem Kapitel.

[191] *Dieter Claessens*: Das Konkrete und das Abstrakte, Frankfurt 1993; *Peter Mayer*: Soziobiologie und Soziologie, 1982.

[192] *Marie I. Kaiser*: Der evolutionäre Naturalismus in der Ethik, in: Jochen Oehler: Der Mensch – Evolution, Natur und Kultur – Beiträge zu unserem heutigen Menschenbild, Dresden 2010, S. 261 ff. 273 ff. (m. w. H.).

[193] Siehe: *Gereon Wolters*: Soziobiologie, in: Jürgen Mittelstraß (Hrsg.): Enzyklopädie Philosophie und Wissenschaftstheorie, 2. Auf. Bd. 7, Stuttgart 2018, S. 443 (m. w. H.); *Heinz-Georg Marten*: Sozialbiologismus. Biologische Grundpositionen der politischen Ideengeschichte, 1983; *Edward O. Wilson*: Sociobiology: the new synthesis, Cambridge 1978; *Eckart Voland*: Die Natur des Menschen. Grundkurs Soziobiologie, 2007; *ders.*: Soziobiologie. Die Evolution von Kooperation und Konkurrenz. Spektrum, 2009; siehe aber auch: *Dirk Richter*: Das Scheitern der Biologisierung der Soziologie – Zum Stand der Diskussion um die Soziologie und anderer evolutionstheoretischer Ansätze, in: Kölner Zeitschrift für Soziologie und Sozialpsychologie, Bd. 57, No 3, 2005.

[194] Siehe: für die ältere Auffassung der Humanethologie, neben den bereits oben genannten Quellen etwa: *Irenäus Eibl-Eibesfeldt/Christa Sütterlin*: Im Banne der Angst – Zur Natur- und Kunstgeschichte menschlicher Abwehrsymbolik, 1992; *Rainer Bösel*: Humanethologie – Ethologische Aspekte menschlichen Verhaltens, 1974; *Thomas Wynn*: The intelligence of later Acheulean hominids, in: Man, Bd. 14, No 3 1970, S. 371 ff.; neuere Quellen: *Bernhard Hassenstein*: Verhaltensbiologie des Kindes, 2007; *Christa Sütterlin*: Ethologische Aspekte des Gestus weiblicher Schampräsentation, in: Ethnographische-Archäologische Zeitschrift, Bd. 34. No 3, 1009; S. 354, 362 ff.; *Gerhard Medicus*: Was uns Menschen verbindet – Humanethologische Angebote zu Verständigung zwischen Leib- und Seelenwissenschaften, 2012.

die Rechtsethologie mit ihrem Institutionen-Ökonomischen Ansatz. Denn dieser macht deutlich, warum eine bestimmte Verhaltensalternative, aufgrund ihrer Fähigkeit zu Einsparung von Transaktionskosten, sich hat evolutiv durchsetzen können,[195] bzw. eine andere (kostenintensivere) historische Verhaltensalternative verdrängte bzw. ablöste.[196]

Die wohl bedeutendsten inhaltlichen Gemeinsamkeiten zu der hier vorgestellten „Rechtsethologie“ weisen die, vorwiegend in der Frühphase der *Rechtsethnologie* vertretenen, als evolutionistisch zu bezeichnende Ansätze auf:[197] Gerade in ihrer Frühphase strebte die *Rechtsethnologie*, durch Vergleiche mehrerer Rechtskulturen, an, eine *Universalgeschichte des Rechts* zu etablieren.[198] *Post* spricht in diesem Zusammenhang sogar von einer „Naturwissenschaft des Rechts“[199] Dabei betrachtete die Rechtsethnologie die Europäischen Rechtsysteme als den End- und zugleich Höhepunkt der Rechtsentwicklung. Sie setzte sich so dem Vorwurf einer methodisch *postkolonialen* Betrachtungsweise aus. Problembehaftet erscheint auch ihr systematisches Bemühen, diese Entwicklung in einzelne, geschichtlich abgegrenzte Entwicklungsschritte, vornehmlich des geschriebenen Rechts[200], einzuteilen. Eine solche – an Fiore[201] erinnernde – Aufteilung der Rechtsentwicklung erscheint willkürlich, fehlen ihr doch sowohl die Einteilungskriterien als auch jene Eigenschaften, an denen sie den Rechts-„Fortschritt“ messen will. Damit setzt sich die *Rechtsethnologie* der gleichen Kritik, wie sie schon gegenüber der *Humanethologie* geäußert wurde, aus.[202] Der hier vertretenen Rechtsethologie scheint

[195] Siehe oben Kapitel B. V. (m. w. H.).

[196] Siehe oben Teil I Kapitel B. VI. 4. (m. w. H.); Kapitel B. VI. 1.

[197] *Lewis Henry Morgan*: Ancient Society 1907; *Johann Jakob Bachofen*: Das Naturrecht und das geschichtliche Recht in ihren Gegensätzen. Antrittsrede, Basel 1841; *Henry Sumner Maine*: Ancient Law. London 1861; *ders.*: Lectures on the early history of Institutions, 1875; sowie: *Albert H. Post*: Der Ursprung des Rechts – Prolegomena zu einer Allgemeinen vergleichenden Rechtswissenschaft, 1876; *ders.*: Einleitung in eine Naturwissenschaft des Rechts, 1872; *ders.*: Einleitung in das Studium der ethnologischen Jurisprudenz. Schwartz, Oldenburg 1886; *Josef Kohler/Felix E. Peiser*: Aus dem babylonischen Rechtsleben, Bd. 2 Pfeiffer, Leipzig 1891, S. 16 ff. aber auch: *Simon Roberts*: Order and Dispute – An Introduction to Legal Anthropology, 1979; *Rüdiger Schott*: Rechtsethnologie, in: Bettina Beer/Hans Fischer (Hrsg.): Ethnologie. Einführung und Überblick, 2003.

[198] Siehe: *Simon Roberts*: Order and Dispute. An Introduction to Legal Anthropology, 1979; *Rüdiger Schott*: Rechtsethnologie, in: Bettina Beer/Hans Fischer (Hrsg.): Ethnologie. Einführung und Überblick, 2003.

[199] *Albert H. Post*: Einleitung in eine Naturwissenschaft des Rechts, 1882; *ders*: Das Naturgesetz des Rechts – Einleitung in eine Philosophie des Rechts auf Grundlage der modernen empirischen Wissenschaft, 1867; *ders.*: Prolegomena zu einer allgemeinen vergleichenden Rechtswissenschaft, 1876; *ders.*: Die Grundlagen des Rechts und die Grundzüge seiner Entwicklungsgeschichte, 1884.

[200] Kritisch dazu: *Leopold Pospisil*: Anthropology of Law, 1971; siehe auch: *Ronald M. Pipkin*: Anthropology of Law: a comparative Theory, By Leopold Pospisil, in: Social Forces, Vol. 51, Heft 1, September 1972, S. 114 ff. (m. w. H.).

[201] *Joachim von Fiore* – Texte, in: B. Mc Grimm: Visions of the End, Apocalyptic and Spirituality, New York 1979, 97 ff., 289 ff., 129 ff.

[202] Siehe oben in diesem Kapitel.

auch die Verwendung des Begriffes *Fortschritt* auf das Phänomen Recht suspekt. Nach ihrer Sichtweise zeichnet Recht lediglich eine ihm historisch zugrundeliegende Ausgangssituation nach, indem es aufwands- bzw. transaktionskostensparende, also gemeinwohlfördernde *Institute* anbietet. Damit ist der Inhalt von Recht bzw. von effizientem Recht immer akzessorisch zu dessen geschichtlicher Ausgangssituation. Da, im Gegensatz zur *hegelianischen Geschichtsauffassung*[203], Geschichte sich aus Zufälligkeiten entwickelt und ihr kein finales Fortschrittsstreben zugrunde liegt, erscheint auch die Anwendung eines Fortschritts-Konzeptes auf das Recht unzulässig.

Allgemein bietet die hier propagierte *Rechtsethologie*, gegenüber bisherigen humanethologischen Ansätzen, den methodischen Vorteil, nicht auf evolutionshistorische Spekulationen oder fragwürdige Annahmen angewiesen zu sein, sondern zur Begründung der historischen Evidenz von Verhalten auf die Grundlage der – ebenfalls dem Evolutionsgeschehen unterliegenden[204] – *Ökonomik* des tierischen, hominiden bzw. humanen Verhaltens – als einem qualitativen Vergleichs- und Bewertungsmaßstabes – zurückgreifen zu können. Dies macht die hier vorgestellte „Rechtsethologie" zu jener neuen, stark *interdisziplinären* Fachdisziplin, von der künftig zahlreiche fundierte und neue Erkenntnisse des menschlichen Verhaltens und seiner Normierung durch das Recht zu erwarten sind.

E. Rechtsethologie als neue Fachdisziplin

Warum eine neue Fachdisziplin zur Ermittlung und wissenschaftlichen Erklärung des Rechts in seinen vielfältigen Erscheinungs- und Wirkungsweisen? Die Frage erscheint berechtigt, vervielfältigen sich doch in den letzten Jahrzehnten die Versuche, je nach gesellschaftlicher, politischer Ausrichtung und jeweiligem Zeitgeist dem Phänomen „Recht", als einer für die menschliche Existenz unverzichtbaren Grundbedingung, intellektuell Herr zu werden. Zu denken ist hierbei, neben den oben aufgeführten Anschauungen von Recht,[205] nur an die aktuellen Bemühungen des *Konstruktivismus*[206] *oder des Sozialkonstruktivismus*[207] bzw.

---

[203] Siehe oben Teil I Kapitel B. I. (m. w. H.).

[204] Siehe oben Teil I Kapitel B. IV.

[205] Siehe oben Teil I Kapitel B. I. (m. w. H.).

[206] *Kye I. Lee*: Die Struktur der juristischen Entscheidung aus konstruktivistischer Sicht (Grundlagen der Rechtswissenschaft, Bd. 15, 2010; *Stanley L. Paulson*: Konstruktivismus, Methodendualismus und Zurechnung im Frühwerk Hans Kelsens, in: Archiv des öffentlichen Rechts Bd. 124, No 4, 1999, S. 631 ff. (m. w. H.); *Holger Lindemann*: Konstruktivismus, Systemtheorie und praktisches Handeln, 2019 (m. w. H.).

[207] *Vivien Burr*: An Introduction to Social Constructionism, 1995; *Ian Hacking*: The Social Construction of What?, Cambridge, Massachusetts: Harvard University Press, 1999; *Rob Mallon*: Naturalistic Approaches to Social Construction, in: Edward N. Zalta (Hrsg.): Stanford Encyclopedia of Philosophy, 2019 (m. w. H.).

der Methodik der *Dekonstruktion*,[208] *Systemtheorie*,[209] der *Ökonomischen Analyse des Rechts*[210] und viele andere mehr.

Die Gründe für die Etablierung einer neuen Fachdiziplin der *Rechtsethologie* liegen in Folgendem:

1. Generell erscheint eine neue, vertiefende wissenschaftlich theoretische Auseinandersetzung hilfreich und, angesichts der fundamentalen Bedeutung des Rechts als a) Conditio Humana[211] und b) als Grundkondition menschlich/sozialen Zusammenlebens, grundsätzlich erforderlich, um ein Verständnis des Rechts auch für aktuelle Probleme zu entwickeln und zu schärfen.

2. Zudem verspricht eine neue, d.h. eine bislang nicht systematisch verfolgte Sichtweise einen Erkenntnisgewinn. Dies gilt vor allem dann, wenn der Theorieansatz mehrere, bislang in der Betrachtung getrennt gehaltene Fach-Disziplinen vereinigt und damit interdisziplinär ist. Ein solches Bemühen beinhaltet eigens die Möglichkeit, Forschungsfortschritte aus anderen Fachdisziplinen erstmalig aufzugreifen und in einen universellen Ansatz erstmalig zu integrieren.

3. Letztlich kann eine neue Theorie, selbst wenn man ihr bzw. ihren Grundannahmen nicht zu folgen bereit ist, Auslöser einer neuen vertiefenden wissenschaftlichen Diskussion sein, die dann ihrerseits einen Wissenszuwachs befördert.

Diesen obigen Zielsetzungen widmet sich der hier vorgestellte neue Denk- und Forschungsansatz der „Rechtsethologie“[212]. Er macht, durch seine Bezugnahme auf „prähistorische Verhaltensanforderungen bzw. auf ein prähistorisches Recht“,

---

[208] *Jacques Derrida*: Die Stimme und das Phänomen. Ein Essay über das Problem des Zeichens in der Philosophie Husserls, 1979; *ders.*: Die Schrift und die Differenz, 2011; *Harold Bloom/Paul de Man/Jacques Derrida/Geoffrey H. Hartman/J. Hillis Miller* (Hrsg.): Deconstruction and Criticism. 1979; *ders.*: in: The Yale Critics – Deconstruction in America, *Arac* u.a. (Hrsg.), Univ. of Minnesota Press, 1983.

[209] *Niclas Luhmann*: Das Recht der Gesellschaft, 1993, in: Niklas Luhmann/Dirk Baecker (Hrsg.): Einführung in die Systemtheorie. 5. Aufl., 2009.

[210] U.a.: *Ronald Coase*: The Nature of the Firm, in: Economica, Bd. 4, 1937, S. 386ff.; auch: *Ronald Coase*: Lectures, 2: The Nature of the Firm, Meaning, in: Journal of Law, Economics and Organizations 4, 1988, S. 19ff.; *Richard A. Posner*: Economic Analysis of Law, Bosten, 1. Aufl., Boston, 1972, Part. 1, insbes. Chapter 1.2; *Richard A. Posner*: The Economic Approach to Law, in: Texas Law Review 53, 1975, S. 757ff.; *Hans-Bernd Schäfer/Claus Ott*: Lehrbuch der ökonomischen Analyse des Zivilrechts, 2. Aufl., Berlin, 1995, S. 1ff.; *Dieter Krimphove*: Rechtstheoretische Aspekte der „Neuen Ökonomischen Theorie des Rechts“, in: Rechtstheorie 32, 2001, S. 497ff. (m.w.H.); siehe auch: *Hartmut Kliemt*: Die Ökonomische Analyse der Moral, in: Bernd-Thomas Ramb/Manfred Tietzel (Hrsg.): Ökonomische Verhaltenstheorie, München 1993, S. 281 ff.; *Gary S. Becker*: Ökonomische Erklärung menschlichen Verhaltens, 2. Aufl., 1993.

[211] Siehe: *Hannah Arendt*: Vita activa oder Vom tätigen Leben (The human condition, 1958), 2009; *Helmuth Plessner*: Die Frage nach der Conditio humana, 1961.

[212] Den Begriff „Rechtsethologie“ verwendet erstmals *Hagen Hof*: in seiner 1996 erschienenen 563seitigen gleichnamigen Abhandlung zur juristischen Normtheorie [*Hagen Hof*:

- dessen evolutionsbiologischen Bedingtheit, die Bedingungen seines Entstehens und deren Bedeutung für heutiges Rechtsverhalten, aber auch „Rechtsempfinden“ und „-erleben“ nachvollziehbar.[213]
- Gleichzeitig ermöglicht die hier propagierte Rechtsethologie, eine Verhaltensalternative zur Lösung eines (Rechts-)Konfliktes als, zu historischen Umständen, effektiv bzw. effizient anzusehen und, in einem Folgeschritt, diese Konfliktlösungsmöglichkeit als in der Vergangenheit existent anzusehen.[214]
- Rechtsethologie klärt nicht nur die entwicklungsgeschichtliche Genese des Rechts, sondern auch dessen gesellschaftlichen bzw. stammesgeschichtlichen Grundlagen, wie etwa das Verständnis von *Gerechtigkeit* oder *Gleichheit*, von *Arbeitsteilung*, *Familienbanden*, einem in Gruppen *organisiertem Konfliktmanagement* und von *gesellschaftlichen* Normen, auf.[215]
- Mit ihrem Rückgriff auf evolutionsbiologische Parameter kann die Rechtsethologie sogar jene Verhaltensweisen – wie *Rassismus*, *Vandalismus*, *Polygamie*, *Homophobie, schaulustige und rettungsbehindernde Gaffer*[216] etc. – erklären, die dem aktuellen Recht und heutigem Rechtsempfinden widersprechen.[217]
- Die Rechtsethologie untersucht die Qualität jener Bedingungen, die dafür ausschlaggebend waren oder sind, dass sich ein bestimmtes Recht über Zeiten herausbilden, sich gegenüber anderen Rechtsinstituten durchsetzen konnte bzw. verging.[218]
- Mithilfe dieser letzten Forschungsfrage ist es nicht nur möglich, historisch abgeschlossenem Recht eine objektive, qualitative Beurteilung zukommen zu lassen, sondern auch zukünftige Rechtsentwicklungen – anhand des Vorhandenseins bestimmter Ausgangsbedingungen – zu prognostizieren bzw. ein jeweils geeignetes, d. h. situationsangepasstes Recht vorzuschlagen.[219]

„Rechtsethologie“ Heidelberg 1996]. Allerdings verwendete er diesen Begriff in einem von dieser Darstellung abweichenden Sinne.

[213] Dazu schon: *Dieter Krimphove*: Gefühltes Recht, – Über die hirnorganische Evolution von Recht – in: Rechtstheorie 40, 2009, S. 99 ff., 116 ff. (m. w. H.); *ders.*: Die Logik der Überzeugungskraft, in: Rechtstheorie Bd. 50, 2019, S. 107 ff.; siehe dazu ansatzweise: *Marc D. Hauser*: Moral Minds: How Nature Designed Our Universal Sense of Right and Wrong, 2006; *Rita Carter*: Gehirn und Geist – Einer Entdeckungsreise ins Innere unserer Köpfe, 2010, S. 130, ff. (m. w. H.); *Alexander J. Field*: Altruistically inclined: The behavioral sciences, evolutionary theory, and the origins of reciprocity, 2001.

[214] Siehe oben Teil I Kapitel B. VI. 4. (m. w. H.).

[215] Dazu bereits: *Dieter Krimphove*: Von den Letzten Dingen – Humanethologische Betrachtungen über den Tod als soziales und rechtliches Phänomen, in: Rechtstheorie Heft 51 (2020).

[216] Lexikon der Psychologie, spektrum.de; 2020, https://www.spektrum.de/lexikon/psychologie/schaulust/13411.

[217] Siehe unten Teil II Kapitel C. (m. w. H.).

[218] Siehe oben Teil I Kapitel B. V. (m. w. H.); Kapitel B. VI. 4. (m. w. H.).

[219] Siehe oben Teil I Kapitel B. VI. 4 (m. w. H.).

F. Ein neues Konzept von Recht

Aus der hier eingeführten *Rechtsethologie* ergibt sich nicht nur ein neuer Blick auf die Entstehungsgeschichte des Rechts, sondern auch ein neues Verständnis von Recht oder eine neue Konzeption des Rechts: *Recht* (i. S. d. Rechtsethologie) besteht weder in einem göttlichen Akt[220], einer gesellschaftlichen Übereinkunft[221], noch beruht es auf einem formellen Rechtsetzungsverfahren, einem fairen Diskurs oder auf einer irgendwie politisch gesellschaftlich festgesetzten Moralität bzw. Sittlichkeit[222] oder auf einem sich beständig zu Besserem entwickelnden Entwicklungsprozess[223]. Die *Rechtsethologie* führt das „Recht" vielmehr auf seine evolutionsbiologischen, stammesgeschichtlichen Ursprünge bzw. Entstehungsfunktionen zurück. Diese haben sich mit dem Menschen und seinem Recht nach den Zweckmäßigkeitsgesichtspunkten des aufwand- und kostenschonenden Einsatzes von Ressourcen weiterentwickelt.[224] „Recht" in dem hier verwandten Sinne ist somit das Ergebnis einer jahrtausendealten Evolution des Menschen, von seinen animalischen Vorfahren hin zu jenem sozialen Wesen, das Sozietät als Möglichkeit seiner und ihrer Bestandssicherung und Fortentwicklung begreift.

Die Kennzeichnung des Rechts als einen Tatbestand der Evolution des Menschen beschreibt gerade auch sein Verhältnis zum Tier neu. Recht fiel nicht allein dem Menschen als Ganzes zu. Da es sich evolutiv bildete, haben

1. auch die prähistorischen Vorgänger der Gattung Mensch bzw. die heutigen Tiere ihren stammesgeschichtlichen Anteil und evolutionsbiologischen „Verdienst" an dem Recht des Menschen.
2. Evolution vollzieht sich zudem nicht abrupt, sprunghaft oder übergangslos, sondern in einem kontinuierlichen Entwicklungsprozess, deren Ergebnisse aufeinander aufbauen.
   a. Es lässt sich daher schon methodisch kein fixer Zeitpunkt angeben, zu dem Recht vorliegt.
   b. Die Kontinuität stammesgeschichtlicher Entwicklung des Rechts erfordert vielmehr, dass man „Recht" als Institut der Verhaltenssteuerung graduell auch den erbbiologischen Vorläufern des Menschen und/oder deren heutigen Entwicklungsstufen zuspricht. Diese Sichtweise widerspricht diametral dem Zeitgeist, der Tiere lediglich als würdeloses Objekt menschlichen Rechts qualifiziert.[225]

---

[220] Es sei denn man begreift Gott als Urheber biologischer Evolution.

[221] Es sei denn man versteht Kooperation oder den kooperativen Austausch als Evolutionsvorteil, der die Überlebenschancen einer Gattung erhöht.

[222] Es sei denn diese bilden das Ergebnis einer erfolgreichen sozialen Evolution.

[223] Es sei denn die Fortentwicklung sei gleichzusetzen mit der biologischen Evolution, dazu siehe oben Teil I Kapitel D (m. w. H.).

[224] Siehe oben Teil I Kapitel B. V. (m. w. H.); Kapitel B. VI. (m. w. H.).

[225] Zu diesem Themenkomplex im Einzelnen siehe unten Teil II Kapitel A. III. 1. (m. w. H.); Kapitel B. III. (m. w. H.).

Den oben dargestellten Entstehungsgründen und Autoritäten wie Gott, Vernunft, Gesellschaft, Weltgeist, Gesetzgeber oder demokratischer Diskurs[226] entzogen, verlangt das Recht gleichzeitig und zwangsläufig einer anderen Rechtfertigung seiner *Durchsetzung*: Konnten früher die eben genannten Institutionen (wie Gott, Vernunft, Gesellschaft, Weltgeist, Gesetzgeber oder Demokratie) die autoritative Durchsetzung des Rechts leisten, so rechtfertigt jetzt, d. h. mit der hier vertretenen rechtsethologischen Sicht, allein der *evolutionsbiologische/ökonomische*[227] Entstehungsgrund des Menschen – d. h. sein *Wesen* –, den Vollzug und die Durchsetzung von Recht. Damit fällt der Entstehungsgrund des Rechts mit der Begründung seiner Durchsetzung zusammen.

Das „Recht" erscheint der Rechtsethologie folglich allein auf den Menschen bzw. seiner evolutionsbiologischen Gattung bezogen. Es ist wesentlicher Bestandteil seiner Evolutionsgeschichte und stammt daher aus ihm selbst; wird also nicht „von Außen" (d. h. von Herrschern, Regierungen, Parlamenten, Richtern etc.) an ihn herangetragen: Denn in der Weise, wie die Evolution seine Körperlichkeit, seine Gliedmaßen, seine Gestalt, seine Haut oder sein Denkvermögen prägte, selektierte sie auch das – oder konkreter gesagt dessen – Recht. „Recht" erkennt die Rechtsethologie somit als Bestand(teil) der Menschheit, aber auch – als Resultat seiner Evolutionsgeschichte – als Teil und Wesen eines jeden individuellen Menschen. Die Rechtsethologie konzipiert somit eine neue Sicht auf das Recht als einen unmittelbar dem Menschen eingeschriebenen Wesensteil, der ihn, durch seine Entwicklungs-Geschichte, erst zu dem machte, was er heute ist.

Recht ist folglich dem Menschen auch nicht erst durch *Kultur* bzw. *Erziehung* gegeben. Zwar verfügt der Mensch über die Kultur des *Lernens*, d. h. des sich Anpassens an geänderte Situationen.[228] Dies gilt auch für das Erlernen von „Recht", d. h. das Begreifen und Tradieren sozialer Regeln. Aber auch diese Fähigkeit [die Möglichkeiten des Gedächtnisses, des willkürlichen Abrufens gespeicherter Informationen und sogar die der Kreativität[229]] sind in seiner Evolutionsgeschichte eingeschrieben[230] und somit Bestandteil von ihm bzw. von seinem menschlichen Wesen selbst. Die unmittelbare Verortung des Rechts in seinem Wesen des Menschen bezeugt der Mensch selber, indem er dem „Recht" einen individuellen reli-

---

[226] Siehe oben Teil I Kapitel B. I. (m. w. H.).

[227] Siehe oben Teil I Kapitel B. V. (m. w. H.).

[228] Zu dieser wesentlichen Fähigkeit des Menschen: *Eric Kandel*: Auf der Suche nach dem Gedächtnis – Die Entstehung einer neuen Wissenschaft des Geistes, 3. Aufl., 2006, 201 ff., 263 ff.; *Dieter Krimphove*: Von den Letzten Dingen – Humanethologische Betrachtungen über den Tod als soziales und rechtliches Phänomen, in: Rechtstheorie, Heft 51 (2020): Kapitel 2.3.4; *Rebecca Sear/Ruth Mac*: Who keeps children alive? – A Review of the effects of kin on child survival, in: Evolution and human behavior, 29 (1). S. 1 ff.; siehe unten Teil II Kapitel A. I. 4. b) (m. w. H.).

[229] Zu diesen hirnorganischen Fähigkeiten und deren evolutionsbiologischen Entwicklung siehe unten Teil II Kapitel A. III. 2. (m. w. H.).

[230] Dazu im Einzelnen siehe unten Teil II Kapitel A. III. (m. w. H.); Kapitel A. III. 3. (m. w. H.); Kapitel A. III. 2. b) (m. w. H.).

giösen Status zuschreibt, den ein *Weltgericht*, erst zu seinem persönlichen Existenzende, auflöst.

Die wissenschaftliche Beschäftigung mit Recht wird auf Grund seiner inhaltlichen Nähe zur Evolutionsbiologie und Stammesgeschichte – wie bereits *Post* zu Ende des 19. Jahrhunderts vermutete – zu einer „Naturwissenschaft".[231] Die naturwissenschaftlichen Gesetzmäßigkeiten [eigens der Evolution] werden somit, im Leibniz'schen Sinne zu den Gesetzen des Menschen. Leibniz stellt ausgehend von Heraklit[232/233] fest, dass der Natur und ebenso wie dem Recht eine einheitliche übereinstimmende und universale Gesetzmäßigkeit zu Grunde liegt[234].

Mit der oben getroffenen Feststellung, dass der Mensch die Anlage und den Gebrauch von Recht nicht einem, von außen an ihn herantretenden Umstand, sondern seinem *Menschsein* selbst verdankt, ist gleichzeitig die ambivalente *Wertigkeit des Rechts*, i. S. d. Rechtsethologie, angedeutet: Als Produkt diverser evolutorischer Veränderungen bzw. Entwicklungsschritte ist das Recht zwar

a. einerseits ein Wesensbestandteil des Menschen bzw. der Menschheit selber[235], aber – zugleich andererseits – auch

b. nichts mehr als lediglich eine Folge eines biologischen Evolutionsprozesses.

Mit letzterer Aussage steht der Wert des „Rechts" den anderen evolutionsbiologischen Errungenschaften, etwa denen des aufrechten Gangs, der Unbehaartheit, der Haut, der Verkrümmung der Wirbelsäule, dem verkümmerten Blinddarm etc., gleich.

Vor der Rechtsethologie liegt daher ein denkbar weites Feld, diesen immensen Wertigkeits-Widerspruch des Rechts auszuloten und diesen Wesensbestandteil des Menschen bzw. der Menschheit der Eigen-Erkenntnis des Menschen zuzuführen:

---

231 *Albert H. Post*: Einleitung in eine Naturwissenschaft des Rechts, 1882; *ders.*: Das Naturgesetz des Rechts – Einleitung in eine Philosophie des Rechts auf Grundlage der modernen empirischen Wissenschaft, 1867; *ders.*: Prolegomena zu einer allgemeinen vergleichenden Rechtswissenschaft, 1876; *ders.*: Die Grundlagen des Rechts und die Grundzüge seiner Entwicklungsgeschichte, 1884.

232 *Heraklit*: „Alle menschlichen Gesetze fließen aus dem einen göttlichen". Γαϱ πάυτες όι άυϑςώπειοι νόμοι ὓύπὸ ςτοῦ ἕυὸς τοῦ Θείου., Heraklit: Fragment 114; *Hermann Diels/Walther Kranz*, Berlin 1903 (DK 22 B)/deutsch Hans Zimmermann, Berlin 2007.

233 *Dieter Krimphove*: A historical Overview of the Development of Legal Logic, in: *ders.*: Gabriel M. Lentner (Hrsg.): Law and Logic – Contemporary Issues, S. 11 ff., 44 ff.; zur Bedeutung der Arbeitsteilung im Einzelnen siehe unten: Kapitel II.3; S. 11 ff. 16.

234 Siehe unten Kapitel B. VIII. (m. w. H.).

235 Siehe oben in diesem Kapitel.

G. Zusammenfassung

Die *Rechtsethologie* analysiert und erklärt das Recht aus seinen Ursprüngen, d.h. seiner evolutionsbiologischen Herkunft und Entwicklung.[236] Dazu leitet sie derzeit normierte Verhaltensweisen, also Recht, aus ihrem prähistorischen Voraussetzungen und Entstehungskontexten ab.[237]

Zum Zweck wissenschaftlicher Nachprüfbarkeit ihrer Ableitung greift die „Rechtsethologie" auf *Institutionen-Ökonomische* Grundsätze zurück.[238] Dieses erlaubt nämlich, jene Rechts-*Institute* als besonders *effizient* anzusehen, deren Anwendung ihren Nutzern, in der jeweiligen historischen Situation, Aufwände und Kosten ersparen.[239] Somit ermöglicht die *Rechtsethologie* jenen historischen Bestand an Recht als historisch anzunehmen, der, zu der damaligen stammesgeschichtlichen Epoche, besonders *effizient*, d.h. geeignet war, die wohlfahrtsökonomische Situation der Hominiden und späteren Menschen zu verbessern und ihnen, auf ihrer jeweiligen Entwicklungsstufe, Evolutionsvorteile gegenüber anderen Lebewesen zu gewähren.[240] Individuen werden nämlich nur jene Verhaltensweisen bzw. die sie konstituierenden Normen anwenden bzw. angewandt haben, von denen sie sich Vorteile versprechen bzw. versprochen haben.[241/242] Somit selektieren Individuen wie auch deren Gruppen jenes Rechts, das an die jeweilige Situation am besten, d.h. *effizientesten* angepasst ist.[243] Die Übernahme dieser ökonomischen Impulse eignet sich schon deswegen für die Rechtsethologie, da diese Grundsätze verdeutlichen, dass nicht nur das Recht selber, sondern auch seine Träger, den Gesetzmäßigkeiten evolutionärer Veränderung und Anpassung unterstehen.[244]

Mit ihrem wohlfahrtsökonomisch evolutionsbiologischen und damit entschieden interdisziplinären Erkenntnisansatz[245] gewährt die hier erstmals vorgestellte Rechtsethologie einen neuen Blick auf das Phänomen „Recht", seine *Entstehung* und *Bedeutung*, insbesondere seine *Funktionsweise* in sozialen Gruppen, wie Familien, Unternehmen, Gemeinden, Gesellschaften und Staaten. Recht ist nach der

---

[236] Siehe oben Teil I Kapitel B.III. (m.w.H.).

[237] Siehe oben Teil I Kapitel A (m.w.H.); siehe unten Teil II Kapitel A.I. (m.w.H.).

[238] Siehe oben Teil I Kapitel B.V. ff. (m.w.H.).

[239] Siehe oben Teil I Kapitel B.V.2. (m.w.H.); Kapitel B.VI.4. (m.w.H.).

[240] Siehe oben Teil I Kapitel B.V.2. (m.w.H.).

[241] Zum sog. „methodologischen Individualismus" der Institutionen-Ökonomik siehe: *Rudolf Richter/Eirik G. Furubotn*: Neue Institutionenökonomik, 3. Aufl., 2003, S. 3f. (m.w.H.); *Christian Kirchner*: Ökonomische Theorie des Rechts, Vortrag vor der Juristischen Gesellschaft zu Berlin am 16. Oktober 1996, Schriftenreihe der Juristischen Gesellschaft zu Berlin, 1997, S. 25ff., 27ff.; *Egon Sohmen*: Allokationstheorie und Wirtschaftspolitik, 1992, S. 26ff. (m.w.H.).

[242] Siehe oben Teil I Kapitel B.VI.4. (m.w.H.).

[243] Zu diesem Zusammenhang im Einzelnen siehe oben Teil I Kapitel B.V.; Kapitel B. VI.4. (m.w.H.).

[244] Siehe oben Teil I Kapitel B.VI.4. (m.w.H.).

[245] Siehe oben Teil I Kapitel C.

Rechtsethologie somit nicht mehr eine von außen stehender Autorität (Gott, Fürst, Gesellschaft etc.) dem Menschen angetragene Größe, sondern die, dem seinen Wesen innewohnenden Folge seiner Entwicklungsgeschichte. Diese macht den Menschen in seiner Gesamtheit[246] – d. h. nicht nur in seiner Körperlichkeit, sondern gerade auch in seiner Geistigkeit – zu dem, was er heute ist.

Ein Blick auf die evolutionbiologischen Veränderungen des menschlichen Gehirns, die wohl erst unser modernes Recht ermöglicht haben, beweisen obige Ergebnisse und damit die Sinnhaftigkeit der *Rechtsethologie*.

---

[246] Siehe oben Teil I Kapitel F.

Teil II

Grundlagen

A. Das Entstehen von „Recht“

Die *Rechtsethologie*, so wie sie hier verfolgt wird, unterliegt im Wesentlichen zwei Grundannahmen; die im Ersten Teil beschriebene *Institutionen-Ökonomik*[1] und die *Entwicklungsfähigkeit* des Rechts[2]. Dabei versteht Rechtsethologie die Entwicklungsfähigkeit des Rechts in einem biologischen, ja evolutionsbiologischen Sinne:[3]

I. Die stammesgeschichtliche Entwicklung des Rechts

Wie eingangs beschrieben, ging der heutige Mensch evolutionsbiologisch nicht nur in seiner Gestalt und Körperfunktionen aus tierischen Vorläufern hervor.[4] Auch zahlreiche seiner sozialen Verhaltensweisen – wie *Lächeln* oder *Küssen*, *Umarmen*, *Händereichen*, auch *Bitt-* und *Drohgesten* sowie die Darstellung von *Scham* und *Wut*, *Erröten*, *Wegschauen*, *Kopfsenken* bzw. Sich-*Aufrichten*, *Schreien*, *Trampeln* und sogar die Möglichkeit zur *Täuschung* – lassen sich auf ihre gemeinsamen prähistorischen Ursprünge zurückführen. Sie sind heute noch bei den erbbiologisch nächsten Verwandten des Menschen, den Primaten, festzustellen,[5] obschon eine genetische Trennung zwischen diesen bereits vor etwa 7 oder 5 Mio. Jahren stattfand[6]:

Auch die Herausbildung des *Rechts* als eine evolutionsbiologische Gemeinsamkeit (*Universalie*[7]) von Menschen und seinen evolutionsbiologischen Vorläufern, den prähistorischen Hominiden, belegten deren gemeinsame Stammesgeschichte.

---

[1] Siehe oben Teil I Kapitel B. V. ff. (m. w. H.).

[2] Dazu siehe unten Teil II Kapitel A. I. (m. w. H.); Kapitel A. II. (m. w. H.).

[3] Siehe insbes. unten Teil II Kapitel A. II. (m. w. H.).

[4] Siehe oben Teil I Kapitel B. III. (m. w. H.).

[5] Siehe oben Teil I Kapitel B. III. (m. w. H.).

[6] *S. Blair Hedges/Sudhir Kumar*: The timetree of life, 2009, http://www.timetree.org/; *Gerhard Roth*: Aus Sicht des Gehirns, 4. Aufl., 2015, S. 51; *ders.*: Fühlen, Denken, Handeln – Wie das Gehirn unser Verhalten steuert, 2003, S. 77; *Thomas Junker/Sabine Paul*: Die Evolution erklärt unser Leben, 2. Aufl., 2009; *Thomas Junker*: Die 101 wichtigsten Fragen – Evolution, 2011, S. 106f. (m. w. H.); die Angabe diese Zeitpunkts liegt noch heute weitgehend im Dunkeln.

[7] Sieh: *Irenäus Eibl-Eibesfeldt*: Elementare Interaktionsstrategien und sprachliches Handeln, in: Max Liedtke (Hrsg.): Zur Evolution von Kommunikation und Sprache – Ausdruck, Mitteilung, Darstellung. (= Matreier Gespräche. Schriftenreihe der Forschungsgemeinschaft

1. Die Ausgangssituation

Das Gehirn des Menschen entwickelte sich aus dem seiner prähistorischen Vorgänger in verhältnismäßig kurzer Zeit sprunghaft, indem es in entwicklungsgeschichtlich nur 2 Mio. Jahren das bis zu dreifache seiner Masse zunahm.[8]

Diese Entwicklung ging vermutlich von einer urzeitlichen Umweltänderung vor circa 35 Mio. Jahren aus:[9] Zu dieser Zeit entstand die sog. *Gregory-Spalte* und das *Great Rift Vally*. Die *Gregory-Spalte* teilte die bewohnbare Erdoberfläche in einen östlichen und einen westlichen Teil. Östlich des Grabens bildeten sich – bedingt durch klimatische Veränderungen – eine Vielzahl neuer, verschiedenartiger und abwechslungsreicher Landschaftsformen und Lebensräume, wie etwa Savannen, Halbwüsten, kleine Auenwälder, Flusslandschaften etc. Westlich des Grabens bestand demgegenüber die Klima- und Landschaftsform der Regenwälder fort.[10] In dem Zeitraum von vor etwa 5 bis 4 Mio. Jahren traten östlich des Grabens der Gregory-Spalte erstmals menschenähnliche Hominiden – z.B. *Australopeitcinen* – auf.[11] Deren bedeutendstes physiognomisches Unterscheidungsmerkmal zu ihren westlichen Nachbarn war der aufrechte Gang. Vor ca. 3 Mio. bis 1,2 Mio. Jahren teilten sich die Australopeitcinen in die weiterentwickelten Gattungen des *Australopothecus robustus* und des *Australopothecus africanus*, sowie letztlich in die des *Homo habilis* auf. Vom Letzteren gingen verschiedene Frühentwicklungsformen der Gattung Mensch (*Homo heidelbergensis* und *Homo errectus*) aus, so dass der *Homo habilis* heute als Stammform des *Homo sapiens* bzw. des heutigen Menschen gilt.[12/13]

Wilhelminenberg), Austria Medien Service, Graz 1998, S. 9 ff.; *Irenäus Eibl-Eibesfeldt/Christa Sütterlin*: Das Bartweisen als apotropäischer Gestus, in: Homo. 36 (4), 1985, S. 241; *Irenäus Eibl-Eibesfeldt*: The Biological Foundation of Aesthetics, in: Ingo Rentschler/Barbara Herzberger/David Epstein (Hrsg.): Beauty and the Brain. Biological Aspects of Aesthetics, 1988; auch: *Karl Grammer*: Human courtship behavior: Biological basis and cognitive processing, in: Anne E. Rasa/Christian Vogel/Eckart Voland (Hrsg.): The Sociobiology of Sexual and Reproductive Strategies, 1976, S. 147–169.

[8] Siehe unten in diesem Kapitel und Teil II Kapitel A. I. 2.

[9] *Uwe George*: Geburt eines Ozeans, in: Geo-Magazin, 1978, Heft 7, S. 50 ff.

[10] Siehe: *Josef H. Reichholf*: Das Rätsel der Menschwerdung, 6. Aufl., München 2004; *Richard Leakey*: Die ersten Spuren. Über den Ursprung des Menschen, München 1999; *Christopher Wills*: Das vorauseilende Gehirn – Die Evolution der menschlichen Sonderstellung, 1996, S. 162 ff. (m. w. H.).

[11] Über die Entstehungsgeschichte der Menschheit siehe: *Richard E. Leakey/Roger Lewin*: Der Ursprung des Menschen, Frankfurt am Main 1989; *Donald Johansson*: Lucy – die Anfänge der Menschheit, München 1982.

[12] *Gerhard Roth*: Fühlen, Denken, Handeln – Wie das Gehirn unser Verhalten steuert, vollständig überarbeitete Ausgabe, S. 77 ff. (m. w. H.)

[13] Nach einer früher weit verbreiteten Ansicht hätte die geografische Bildung neuer Landschaftsformen östlich der *Gregory-Spalte* und des *Great Rift Valley*, mit ihren abwechselnden, anspruchsvollen Lebensräumen, an den Menschen gesteigerte Anforderungen gestellt. Die geografischen Veränderungen seien somit ursächlich für die Herausbildung eines größeren,

Die Entwicklung der hominiden Arten und letztlich die des Menschen ist zudem nicht, wie früher häufig, als eine kontinuierliche Abfolge der Spezien zu verstehen.[14] Vielmehr werden sich die verschiedenen, auch zeitlich parallel bestehenden, unterschiedlichen Populationen genetisch gemischt haben.[15] Erst der Wechsel ihrer Lebensumstände haben dann die Fittesten – d.h. an die veränderten Bedingungen am umfangreichsten Angepassten – selektiert und andere Arten aussterben lassen.[16]

Die Gehirnmasse der Hominiden bzw. die des Menschen entwickelte sich dabei wie folgt:

Zeit	*Lebewesen*	*Gehirnmasse (in Gramm)*
vor 5–4 Mio. Jahren	– Australopeitcinen	400–550
vor ca. 3–2 Mio. Jahren	– Homo habilis	500–700
vor ca. 1,8 Mio. Jahren	– Homo heidelbergensis – Homo errectus	800–1.000
vor 400.000 Jahren bis heute	– Homo sapiens	1.100–1.800

komplexeren Gehirns gewesen. Da die „Verwandten" des Menschen auf der Westseite des Grabens diesen Evolutionsdruck nicht erfahren hätten, seien sie daher auf dem Stand ihrer Gehirn-Entwicklung geblieben. Richard Leakey mutmaßt sogar, dass es den Menschen ohne die Herausbildung der Gregory-Spalte gar nicht geben würde. (*Richard E. Leakey/Roger Lewin*: Der Ursprung des Menschen, Frankfurt am Main 1989).

Diese These überzeugt jedoch nicht. Sie kann das enorme Tempo des Wachstums des menschlichen Gehirns nicht erklären. Ebenfalls kann sie nicht begreiflich machen, warum Affen, die mit den Menschen auf die Ostseite des Grabens gezogen waren, nicht an einer solchen Entwicklung teilnahmen, oder warum Affen, die bis heute in Savannen leben, nicht intelligenter sind als Affen, die wie ihre Artgenossen auf der Westseite des Grabens Regenwälder bevölkern. Letztlich bedarf die bis heute heftig umstrittene Frage nach der Veranlassung der Abspaltung des Menschen von seinen tierischen Vorfahren (*Thomas Junker*: Die Evolution des Menschen. 3. Aufl., München 2018); *Alice Roberts*: Die Anfänge der Menschheit. Vom aufrechten Gang bis zu den frühen Hochkulturen, München 2012, Wikipedia: Hominisation, https://de.wikipedia.org/wiki/Hominisation) – im Rahmen des hier gesetzten Themas keiner abschließenden Betrachtung.

[14] Siehe dazu: *Christopher Wills*: Das vorauseilende Gehirn – Die Evolution der menschlichen Sonderstellung, 1996, S. 45 ff. (m. w. H.), S. 99.

[15] Ein „Genfluss soll auch noch zu späteren Zeitpunkten zwischen dem Homo sapiens und dem Neandertaler bzw. dem Denisova-Menschen möglich gewesen sein; *Rajiv C. McCoy/Jon Wakefield/Joshua M. Akey*: Impacts of Neanderthal-Introgressed Sequences on the Landscape of Human Gene Expression, in: Cell. Bd 168, No 5, 2017, S. 916 ff. 8 (m. w. H.), insbes. Tab. 5 (m. w. H.); auch: *BR-Wissen*: Homo sapiens – Die Entwicklung des modernen Menschen https://www.br.de/wissen/homo-sapiens-evolution-geschichte-moderner-mensch-100.html (m. w. H.).

[16] Zu dem Gesamtkomplex: *Vorarlberger Bildungsverein*: Welt der Biologie, Die Evolution der Menschen, http://www.bio.vobs.at/evolution/e07-human-01.php (m. w. H.).

Freilich sagt allein die Masse des Gehirns nichts über die intellektuelle Leistungsfähigkeit seines Trägers aus.[17]

- Beispielsweise verfügen Elefanten über ein 5.000 Gramm schweres Gehirn und damit über einen um das 2,7-fache größeren Denkapparat als der des Menschen. Auch der Neandertaler soll über ein Gehirnvolumen von 1.600 cm^3 verfügt haben, was im Vergleich zum durchschnittlichen menschlichen Hirn einer Vergrößerung von ca. 100 cm^3 ausmacht.[18]
- Zudem hat die Evolution des menschlichen Hirns eine „größen-unabhängige“ Steigerung seiner Kapazität ermöglicht. Während noch bei den Primaten beide Gehirnhälften dieselben Aufgaben erfüllen, versieht die Evolutionsbiologie des Menschen dessen „rechte“ und „linke“ Gehirnhälfte mit unterschiedlichen Aufgaben.[19] So verarbeitet die *rechte Hirnhälfte* nicht-sprachliche Reize, Emotionen und generiert eine ganzheitliche Erkenntnis, während die *linke Hirnhälfte* Sprachsignale verwertet und eher analytisch denkt. Diese Spezialisierung und Spezifizierung steigert die Kapazität des menschlichen Gehirns, ohne das Gehirnvolumen des Menschen wesentlich vergrößern zu müssen.[20] War bislang die Feststellung problematisch, worin die Besonderheit des Menschen gegenüber dem Tier und damit seine Sonderstellung ihm gegenüber liegt, – angenommen werden hier *Intelligenz, strategisches Handeln, Vernunft, Werkzeuggebrauch, Sprache, Selbsterkenntnis, Bewusstsein, Wahrnehmen der Handlungsintentionen Dritter* etc.[21] – scheint, aus Sicht des Verfassers, in der räumsparenden Spezialisierung beider Gehirnhälften ein tatsächlich nachweisbares „Alleinstellungsmerkmal“ des Menschen zu liegen.

Die Qualität eines Gehirns besteht ohnehin nicht in seiner Größe bzw. in seinem Volumen, sondern zum Großteil in der Kommunikation und Vernetzung seiner Schaltstellen (*Synapsen*), insbesondere der Dichte des *Cortex* und insbesondere des

---

[17] *Christopher Wills*: Das vorauseilende Gehirn – Die Evolution der menschlichen Sonderstellung, 1996, S. 162ff. (m. w. H.; Insbesondere: *Paul Glees*: Das menschliche Gehirn, 2. Aufl. 1971, 240ff.).

[18] Die Gehirnmasse der heutigen Schimpansen oder der Gorillas beträgt demgegenüber nur 400 bzw. 440 cm^3, siehe: *Rita Carter*: Das Gehirn – Anatomie, Sinneswahrnehmung, Gedächtnis, Bewusstsein, Störungen, 2014, S. 49.

[19] *Hans J. Markowitsch/Werner Siefer*: Tatort Gehirn: auf der Suche nach dem Ursprung des Verbrechens, 2007, S. 124ff. 136ff.; weitere Beispiele: *Paul Glees*: Das menschliche Gehirn, 2. Aufl., 1971, 243f.

[20] Das Wachstum des menschlichen Gehirns war bereits in der Prähistorie evolutionsbiologisch problematisch. Denn ein weiteres Wachstum des Kopfes hätte die Gebärfähigkeit des Menschen erheblich verunmöglicht. Diese erscheint bereits in dem damaligen Stadium des Hirnwachstums – im Gegensatz zu den Primaten – auf Grund des Kopfumfanges des Neugeborenen, weitaus riskanter und schmerzhafter als beim Tier.

[21] Siehe unter vielen: *Gerhard Roth*: Aus Sicht des Gehirns, 4. Aufl., 2015, S. 51ff., 53ff. (m. w. H.); *Rita Carter*: Gehirn und Geist, Eine Enddeckungsreise ins Innere unserer Köpfe, 2010, S. 35.

Frontallappens[22] sowie der Qualität der Informationsübertragung, z. B. durch das Angebot von verschiedenen Botenstoffen (*Neuro-Transmittern*).[23] Auch *Hormone*[24] besitzen einen entscheidenden Einfluss auf die Gehirntätigkeit.[25]

Erstaunlich ist allerdings, dass das Gehirn des Menschen in einem nur relativ kurzen Zeitraum von circa 360 Jahrtausenden[26] – im Gegensatz zu dem seiner artverwandten Vorfahren – eine solch rasante Entwicklung genommen hat.

2. Hirnwachstum ohne Sinn?

Auf den ersten Blick scheint das rasante Wachstum des menschlichen Gehirns von 1,8 Mio. bis ca. 400.000 Jahren,[27] über einen sehr langen Zeitraum, von etwa 360.000 Jahren, nicht genutzt worden zu sein. Denn die ersten menschlichen Kulturleistungen – wie etwa der Einsatz von differenzierten Werkzeugen (um 40.000 v. Chr.), der Höhlenmalereien von Lascaux (um 35.000 v. Chr.)[28] oder die Venus von Willendorf (um 23.000 v. Chr.) und nicht zu sprechen von der Schrift

[22] Siehe unten Teil II Kapitel A. III. 2. a) (m. w. H.).

[23] *Gerhard Roth*: Aus Sicht des Gehirns, 4. Aufl., 2015, S. 116 (m. w. H.); *Rita Carter*: Das Gehirn – Anatomie, Sinneswahrnehmung, Gedächtnis, Bewusstsein, Störungen, 2014, S. 141, 139; z. B.: *C. Sue Carter*: The chemistry of child neglect: Do oxytocin and vasopressin mediate the effects of early experience?, in: Proc Natl Acad Scl, (USA) 2005, S. 102, 18247–8; *Markus. Heinrichs/Georg. Domes*: Neuropeptides and social behaviour – Effects of oxytocin and vasopressin in humans, in: Prog Brain Res, 2008, Bd. 170, S. 337 ff.; *Andreas Bartels*: Die Liebe im Kopf – Über Partnerwahl, Bindung und Blindheit, in: Manfred Spitzer/Wulf Bertram: Hirnforschung für Neu(ro)gierige, S. 124 ff., 143 ff. (m. w. H.); *Jorge Moll/Ricardo de Oliviera-Souza/Ivanei E. Bramati/Jordan Grafman*: Funtional networks in emotional moral and nonmoral social judgements, in: Neuroimage, 2002, S. 696 ff. (m. w. H.).

[24] Insbesondere Oxytocin und Testosteron bzw. Östrogen.

[25] Siehe hierzu: *Bartley G. Hoebel*: Neurogene und chemische Grundlagen des Glücksgefühls, in: Margaret Gruter/Manfred Rehbinder (Hrsg.): Der Beitrag der Biologie zu Recht und Ethik, 1983, S. 87 ff. 106 ff. (m. w. H.), 109.

[26] Siehe unten Teil II Kapitel A. I. 2. (m. w. H.).

[27] Die ersten fossilen Belege des Menschen (homo sapiens) datieren um 315.000 Jahre v. Chr. *Daniel Richter/Rainer Grün/Renaud Joannes-Boyau/Teresa E. Steele/Fethi Amani/Mathieu Rué/Paul Fernandes/Jean-Paul Raynal/Denis Geraads/Abdelouahed Ben-Ncer/Jean-Jacques Hublin/Shannon P. McPherron*: The age of the hominin fossils from Jebel Irhoud, Morocco, and the origins of the Middle Stone Age, in: Nature, 2017, 546, Nr. 7657, S. 293 ff.

[28] Zahlreiche Höhlenbilder finden sich in Europa um vor 45.000 bis 35.000 Jahren.

Höhlenbilder existieren allerdings weltweit; darunter die spektakuläre Höhlenmalerei der ältesten figürlichen Abbildung (von vor ca. 44.000 Jahre (sog. *Therianthrope*) auf *Sulawesi*. In gleich drei spanischen Höhlen entdeckten Forscher Malereien, die sie mit einem Alter von mindestens 64.000 belegten und deren Urheberschaft sie daher nicht dem *homo sapiens*, sondern eher den *Neandertalern* zuschrieben. Bislang teilte die Archäologie die Fähigkeit, Abbilder zu schaffen, ausschließlich dem modernen Menschen (*homo sapiens*), nicht aber früher oder lebenden *Hominiden* zu.

Dieselbe Urheberschaft scheint für die in der Höhle *El Castillo* im spanischen Kantabrien gefundenen „Roten Hände" von vor 40.800 Jahren zu gelten.

(etwa 3000 v. Chr.) oder dem Bau der Pyramiden (2700–2300 v. Chr.) – entstanden erst nach dem Ablauf von ca. 360 entwicklungslosen Jahrtausenden, also extrem lange nachdem die Entwicklung des menschlichen Gehirns seinen Höchststand erreicht hatte und seine Entwicklung abgeschlossen war.[29] Zählt man das Entstehen von Totenkulten in einer Zeit von vor ca. 200.000 bis 160.000 Jahren *als kulturelle Leistung* des Menschen hinzu, verbleibt immer noch ein Zeitraum, der vermeindlichen Nicht-Nutzung der stark gewachsenen Gehirnkapazitäten des Menschen von nun 200.000 bis 340.000 Jahren.[30/31]

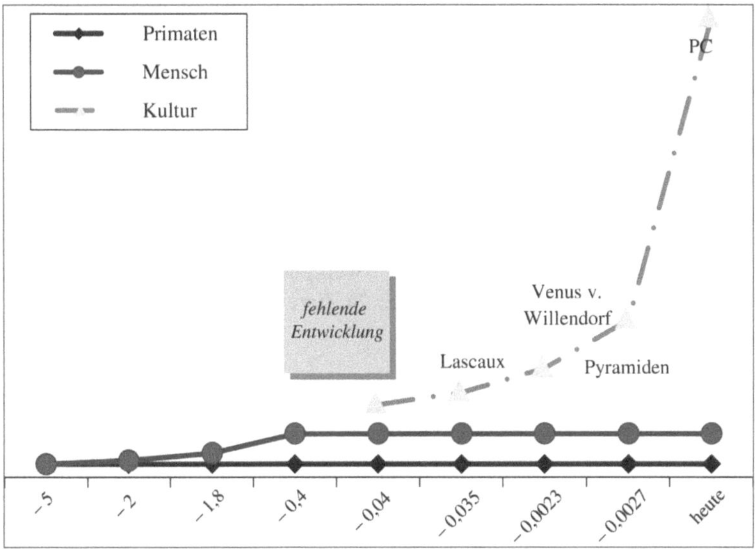

Abb. 1: Das Wachstum des menschlichen Gehirns in seiner Kultur

Das Wachstum des Gehirns schlug sich also offensichtlich nicht, oder zumindest nicht zeitgleich, in einem erkennbaren kulturellen Erfolg nieder. Es fragt sich daher, ob, und wenn ja wozu, der Mensch sein immenses Gehirnwachstum genutzt hat; oder, mit anderen Worten, welche Notwendigkeit und welches Bedürfnis eine solch starke Herausbildung nur eines Organs – nämlich des Gehirns des Menschen – vorangetrieben hat.

Farbpigmente und andere Mahl-Utensilien (durchlöcherte Muscheln, die als Farbtöpfchen haben dienen können) und die sogar aus einer Zeit von vor 115.000 Jahren stammen, entdeckten Forscher in La Pasiega im nordspanischen Kantabrien (https://www.br.de/wissen/hoehle-hoehlenmalerei-kunst-100.html).

[29] Höchstwahrscheinlich war die evolutionsbiologische Herausbildung des Menschen bzw. seine geistige Kapazität in einer Periode von ca. 400.000 bis 200.000 zur Gänze abgeschlossen.

[30] *Ina Wunn*: Die Religionen in vorgeschichtlicher Zeit, 2004, S. 434 ff., 451 ff. (m. w. H.).

[31] Dazu siehe auch oben Teil III Kapitel L.

3. Notwendigkeit des Hirnwachstums und seiner Kapazitätsausweitung

Die Beantwortung der Frage, was der Mensch in circa 360 Jahrtausenden mit seinem Gehirn angefangen hat, ist bis heute noch offen. Vieles liegt im stammesgeschichtlichen Dunkel.

Obschon gelegentlich auch heute noch der Eindruck entsteht, der Mensch ließe die ihm von der Natur geschenkte Fortentwicklung seines Gehirns weitgehend ungenutzt, möchte der Verfasser sich nicht dieser Meinung ausschließen: Die Natur ist geizig und speziell die Evolution verhält sich ökonomisch, oder, wie es Newton ausdrückte, sie „tut nichts Überflüssiges".[32]

Zum Beleg dieses Grundsatzes lassen sich zahlreiche Anwendungsfälle nennen. Beispielsweise begrenzt die Natur die Zahl der Zitzen weiblicher Individuen immer anhand des tatsächlichen Bedarfs an einem ausreichenden Nahrungszugang, also anhand des Umfanges deren Nachkommenschaft: Menschen, Elefanten, Pferde, Ziegen und Schafe erhalten nur zwei, da sie im Normalfall lediglich einen Nachkommen gebären. Sauen, die 6 bis 8 Nachkommen zur Welt bringen, verfügen über 12 oder sogar 16 Zitzen[33], während die Natur Weibchen der afrikanischen Vielzitzenmaus sogar mit über 24 Zitzen ausstattet, da sie durchschnittlich 10 bis 14 Junge gebären.

Ein anderes, nicht weniger anschauliches Beispiel für die „Ökonomik" der Natur und gerade für den Vorgang der *Evolution*[34] besteht darin, dass letztere bestehende Strukturen, selbst wenn deren Funktion obsolet geworden sein sollte, grundsätzlich nicht verwirft oder vollständig abbaut. Sie baut vielmehr ihre Neuerungen und Anpassungen auf dem alten Gewachsenen, und bereits Vorhandenem auf.[35] Somit gelinge es ihr den Bestand und die Anlage von Entwicklungsmöglichkeiten zu nutzen, um sich bzw. ihre Ergebnisse an geänderte Umstände, ohne vollständige Aufgabe eines bereits erreichten Entwicklungsstandes, harmonisch anzupassen.

Gleichzeitig bewahrt die Natur die Option, diese aktuelle Änderung, bei Wegfall der sich geänderten Umstände, aufwendig wieder zurückwandeln zu können. Eine radikale, komplette Neukonzeption bestehender Gegebenheiten stellt sich demgegenüber als kostenaufwendig und unflexibel dar. Sie erlaubt nämlich weder einen harmonischen Übergang zu einem anderen Entwicklungsstand noch

[32] *Isaac Newton*: Optics, Or a treatise of the reflections, refractions, inflections and colours of light, in: Newton Opera quae exstant omnia, Bd. 3, 1782, Nachdruck 1964, 237/8, 3. Buch, Query 28.

[33] *Rolf Sauermost/Doris Freudig* (Hrsg.): Lexikon der Biologie in vierzehn Bänden, Bd. XIV, 2002; „Wurf" S. 401.

[34] Siehe oben Teil I Kapitel B. VI. 4. (m. w. H.).

[35] Siehe: *Volker Storch/Ulrich Welsch*: Kurzes Lehrbuch der Zoologie, 2012, Kap. A 14 (m. w. H.); *Ahrimans VolksEnzyklopädie*: Evolution, 2018, http://www.avenz.de/downloads/avenz.pdf.

eine einfache Rückführung bereits eingeleiteter, nun aber nicht weiterführender Entwicklungsansätze. Eine vollständige Neukonzeption zum Zweck der evolutiven Anpassung erscheint also aus institutionen-ökonomischer Sicht *ineffektiv*.[36]

Gemäß des oben erwähnten „Ökonomie-Grundsatzes der Natur" würde diese nicht, oder nicht ohne triftigen Grund in die evolutorische Herausbildung eines so komplexen, aufwändigen, anspruchsvollen und insbesondere energie-konsumierenden Organs – wie dem des menschlichen Gehirns – investiert haben, bloß damit der, mit dieser evolutionären Wohltaten Begünstigte, sie ungenutzt mit sich tragen kann. Eine solche Entwicklung wäre zu aufwendig und transaktionskostenintensiv, ohne dass es zu einem, diese Aufwendungen ausgleichenden Ergebnis kommt.[37]

a) Entwicklung intellektueller Fertigkeiten

Zutreffender erscheint, dass der Mensch das enorme Wachstum seines Gehirns und dessen Kapazität – neben der aufwendigen Entwicklung von Sprache, bzw. sprachähnlichen Kommunikationstechniken[38/39] – genutzt hat, um durch die Entwicklung etwa von Werkzeugen und/oder Strategien, – gegenüber seinen Vorgängern – einen evolutionären Vorteil in Form einer dauerhaft gesicherten Versorgung mit energie- und eiweißreicher Nahrung generieren zu können. Eine konstante, eiweiß- und energiereiche Nahrung – die vorzugsweise aus Fleisch tierischer Beute bestand – sicherte dem *Homo sapiens* ein entwicklungsgeschichtlich

- rasches und ein gesteigertes Wachstum seines Gehirns,
- den Zuwachs seiner Gesundheit und damit
- die Erhöhung seiner Reproduktionsfähigkeit, mithin
- seine stammesgeschichtliche Vorrangstellung gegenüber seinen genetischen Vorgängern, und somit
- den Bestand seiner Gattung.[40]

---

[36] Siehe oben Teil I Kapitel B. V. 2. (m. w. H.); siehe auch: Kapitel B. VI. 4. (m. w. H.).

[37] Zur Ökonomischen Denk- und Betrachtungsweise siehe oben Teil I Kapitel B. V.; Kapitel B. V. 2. (m. w. H.).

[38] *Karl Raimond Popper/John C. Eccles*: Das Ich und sein Gehirn, München 1996, S. 538 (m. w. H.); siehe zur Funktion und zur Entwicklung von Sprache auch: *Dieter Krimphove*: Sprache und Recht. Zur rechttheoretischen Entsprechung zweier Phänomene, in: Rechtstheorie Bd. 36, 2005, Heft 3, S. 365 ff. (m. w. H.).

[39] Zur Bedeutung der Entwicklung von Sprache für die Entwicklung von Recht siehe unten Teil II Kapitel A. III. 2 a), Kapitel B; *Dieter Krimphove*: Sprache und Recht. Zur rechttheoretischen Entsprechung zweier Phänomene, in: Rechtstheorie 36, 2005, S. 365 ff. (m. w. H.).

[40] Siehe: *Dieter Krimphove*: Der Sündenfall – Humanethologische Betrachtung über die Würde des Menschen in: Rechtstheorie 2005, S. 289 ff., 292 f. (m. w. H.); *Irenäus Eibl-Eibesfeldt*: Die Biologie menschlichen Verhaltens. Grundriß der Humanethologie, 5. Aufl., München 2004, S. 621 ff. 63, 332 und Abb. 4.48, S. 333.

Diese Entwicklung verlangt einen heute nicht zu unterschätzenden intellektuellen Aufwand, der notwendig ein extrem vergrößertes Volumen des Gehirns mit dessen extrem vergrößerter Kapazität bedingte. So fußen die Werkzeugentwicklungen des Frühmenschen eben nicht auf einer schlichten Kopie der Natur und des in ihr bzw. der Umgebung des Menschen auffindbaren Materials, sondern auf einer eigenständigen, d. h. von Vorbildern weitgehend losgelösten denkerisch gestalterischen Aktivität, m. a. W. auf einer originär menschlichen, kreativen Erfindungsleistung:

> Konnte etwa ein Arm mit geballter Faust, oder mit einer offenen Handfläche, als leicht zu emittierende Vorlage eines *Hammers* bzw. als ein *Löffel* dienen,[41] so finden sich weder in der Natur, noch in der dem Menschen umgebenden Umwelt Anhaltspunkte etwa für die *Sprache*[42], die *Musik*, den *aufrechten Gang*, für *Städte* oder die *Schrift* oder gar das *Wagenrad*. Denn weder *Sprache* noch *Musik* ist eine bloße Imitation etwa von Vogel- oder Tierstimmen.[43] Sprache und Musik reichen weit über ein *Signal-System* der Nachahmung von tierischen Lauten oder Rufen hinaus; verfügen doch Sprache und Musik über ein komplexes System von *Grammatik* und *Semantik* bzw. *Harmonik* und *Melodik*. Es scheint somit die Fähigkeit zu sinnenthaltenden Kombination einzelner Signale zu sein, die die sprachliche oder musikalische Kommunikation von einfachen und tierischen Signalsystemen unterscheidet.[44] Auch *Dörfer*, *städtische Gemeinschaften* oder *Staaten* entwickelten sich nicht etwa aus dem Vorbild organisierter Insek-

---

[41] Siehe: *Georg Friedrich Hegel*: Philosophie des Geistes, Teil 3, in Georg Wilhelm Friedrich Hegels Werke: Enzyklopädie der philosophischen Wissenschaften im Grundrisse. 3, Die Philosophie des Geistes, Bd. 7, 1845, S. 240.

[42] Sprache ist nämlich mehr als ein Laut- oder Singalsystem: siehe: *Vlive K. Catchepole/ Peter J. B. Slater*: Bird Song – Bilologcal Themes and Variations, 2008, S. 236 ff. (m. w. H.); *Karl Raimond Popper/John C. Eccles*: Das Ich und sein Gehirn, 1996, S. 538 (m. w. H.); siehe zur Funktion und zur Entwicklung von Sprache auch: *Michael Tomasello*: Die Ursprünge der menschlichen Kommunikation, 2000, Seite 26 ff., 70 (m. w. H.); *Charles F. Hockett/Robert Ascher*: The Human Revolution, in: Current Antropology, 1964, S. 135; *James H. Stam*: Inquiries into the Origin of Langue, in: The Fate of a Question, 1976, S. 1976; und *Terrence Dèacon*: The Symbolic Species, 1997, S. 50 ff. (m.wH.); auch: *Dieter Krimphove*: Sprache und Recht. Zur rechttheoretischen Entsprechung zweier Phänomene, in: Rechtstheorie 36, 2005, S. 365 ff. (m. w. H.); *Michael Tomasello*: Die Ursprünge der menschlichen Kommunikation, 2000, Seite 26 ff., 70 (m. w. H.); siehe unten Teil II Kapitel A. I. 4. (m. w. H.).

[43] *Masayo Soma/Lázló Zsolt Garamszegi*: Rethinking birdsong evolution – meta – analysis of the relationship between song complexity and reproductive success, in: Behavioral Ecology 22, 2011, S. 363 ff. (m. w. H.); *Clive K. Catpole/Peter J. B. Slater*: Bird Song – Biological Themes and Variations, 2008, S. 236 ff. (m. w. H.).

[44] *Jürgen Kaube*: Die Anfänge von Allem, 2. Aufl., 2019, S. 84 ff. (m. w. H.); auch: *Peter MacNeilage*: The Frame – Content Theory of Evolution of Speech Production, Behavioral and Brain Scienceea 21, 1998, S. 499 ff. (m. w. H.); *Karen Gaienmae/Jeffrey B. Palmer*: Tongue and hyoid movements in feeding and speech, in: Journal of Oral Rehabilitation 29, 2002, S. 880 f.; *Masayo Soma/Lázló Zsolt Garamszegi*: Rethinking birdsong evolution – meta – analysis of the relationship between song complexity and reproductive success, in: Behavioral Ecology 22, 2011, S. 363 ff. (m. w. H.); *Clive K. Catpole/Peter J. B. Slater*: Bird Song – Biological Themes and Variations, 2008, S. 236 ff. (m. w. H.) siehe auch: *Wilhelm J. M. Levelt*:

tengemeinschaften.[45] Letztlich findet das *Schriftsystem* mit seiner abstrahierten Konservierung von Gedankeninhalten keinerlei Entsprechung in der Umwelt des Menschen. Selbst das *Wagenrad*, so entscheidend seine Erfindung für die kulturelle Entwicklung des Menschen ist, kennt kein Vorbild in der Natur. All diese Erfindungen beruhen daher weder auf Imitationen noch auf Nachahmung bereits vorhandenen Gedankenguts, sondern auf eine eigene kreative Leistung des Menschen und seines Gehirns.[46]

Der Frühmensch könnte darüber hinaus seine sprunghaft gestiegene Gehirnkapazität insbesondere auch nötig gehabt haben, um Formen der *Kooperation* und *Arbeitsteilung* zu praktizieren. Sowohl die Sprache als auch ein kooperatives, d. h. friedfertiges, Sozialverhalten verbessern den Schutz des Einzelnen in und durch die Gruppe[47] und steigern deren Arbeitsergebnisse (Produktivität), insbesondere in der Nahrungsbeschaffung.[48]

Diese Entwicklungsschritte unterstützen zudem die *Sozietät* des Menschen, d. h. die Entwicklung seiner ihm zukommenden Funktion und Stellung in seiner *arbeitsteilig* operierenden Gesellschaft,[49] verbessert doch ein arbeitsteilig, koordiniertes, *soziales*, d. h. *friedfertiges Verhalten* des Einzelnen, die Bedingungen der Kommunikation und führt zur Intensivierung der Gruppenbindung.[50]

Wahrscheinlich verschaffte gerade das Herausbilden von friedfertigem Gesellschaftsverhalten dem Menschen[51] – gegenüber seinen hominiden Ahnen – den

---

Accessing words in speech production – Stages, Processes and representations, in: Cognition 42, 1992, S. 1 ff. 9 (m. w. H.); siehe unten Teil II Kapitel A. I. 4. (m. w. H.).

45 Siehe dazu: *Jürgen Kaube*: Die Anfänge von Allem, 2. Aufl., 2019, S. 20 f. (m. w. H.).

46 Zu dieser Argumentation siehe auch: *Nikolaus von Kues*: Idiota de mente. Der Laie über den Geist (Übersetzung von *Renate Stiegler*, 1995), Anm. 68, n. 61 f.

47 Siehe auch: *Walter L. Bühl*: Struktur und Dynamik des menschlichen Sozialverhaltens, 1982, S. 37 (m. w. H.); *David P. Barash*: Soziobiologie und Verhalten, Berlin 1988, S. 237 ff. (m. w. H.); *Kotrschal* (Fn. 39), S. 54 ff.

48 Dazu im Einzelnen siehe unten Teil II Kapitel A. I. 4. (m. w. H.); auch: *Jean-Jaques Rousseau*: Du contrat social, 1762: Zweites Buch, 4. Kapitel: „Les engagemens qui nous lient au corps social ne sont obligatoires que parce qu'ils sont mutuels, & leur nature est telle qu'en les remplissant on ne peut travailler pour autrui sans travailler aussi pour soi."

49 Siehe: *Matt Cartmill/Fred H. Smith*: The Human Lineage, 2009, S. 211 (m. w. H.); *Sherewood L. Washborn/Chet Lancaster*: The Evolution of Hunting, in: Richard B. Lee/Irven DeVore (Hrsg.): Man the Hunter, 1968, S. 293–303 (m. w. H.); Zur Ökonomik und Bedeutung der Arbeitsteilung in den frühmenschlichen Gesellschaften siehe unten: Teil II Kapitel A. I. 4.; Teil III Kapitel G. III (m. w. H.).

50 Siehe: *Dieter Krimphove*: Von den Letzten Dingen – Humanethologische Betrachtungen über den Tod als soziales und rechtliches Phänomen, in: Rechtstheorie, Heft 51 (2020) unten Kapitel: III. 5. b) (m. w. H.).

51 Auch: *Joachim Bauer*: Neurobiologische und soziale Kontexte menschlicher Aggression, in: Psychotherapie 17. Jahrg., 2012, Bd. 17, Heft 2, S. 252 ff.; *Christoph Pfluger*: Was uns wirklich antreibt, in OYA anders denken anders leben Heft 12, 2012, https://oya-online.de/article/read/611-was_uns_wirklich_antreibt.html#; *Walter L. Bühl*: Struktur und Dynamik des menschlichen Sozialverhaltens, 1982, S. 37 (m. w. H.); *David P. Barash*: Soziobiologie und Verhalten, Berlin 1988, S. 237 ff. (m. w. H.); *Kotrschal* (Fn. 39), S. 54 ff.

entscheidenden, entwicklungsgeschichtlichen Vorteil[52] und begründet somit seine evolutionäre Vorrangstellung des Menschen gegenüber seinen Vorfahren.[53]

b) Insbesondere die Entwicklung Sozialer Fähigkeiten

Neben dem Erlernen und dem Gebrauch von Sprache bindet der Vorgang der Etablierung *sozialen Verhaltens* erheblichen intellektuellen Aufwand.[54] Die Entwicklung sozialen Gruppenverhaltens wäre ohne die Entwicklung des heutigen, modernen Gehirns[55] nicht möglich gewesen: Insbesondere fordert ein Verhalten der Konfliktbewältigung, der Berücksichtigung von Interessen anderer Individuen und/oder von Gruppeninteressen bzw. der Abwägung eigener mit Allgemeininteressen[56] – auch der Technik des Zurückstellens eigener Interessen aus taktischen Gründen – ein Höchstmaß an intellektueller Planung, d. h. an geistiger Vorwegnahme des Handelns eines anderen Individuums. Um die Situation vollständig zu erfassen und eine richtige Entscheidung treffen zu können, hat der Mensch sinnvollerweise nicht nur eine Handlungsalternative des Sozialpartners, sondern gleich mehrere gedanklich durchzuspielen. Notwendig erscheint somit, dass das Individuum eine praktikable Beurteilung der Wahrscheinlichkeit des Eintritts der einen oder anderen Handlungsalternativen seines Sozialpartners trifft. Es entsteht also in dem frühen Stadium der Entwicklung des Gehirns nicht nur menschliche „Phantasie", sondern auch die Fähigkeit der *Voraussicht* der „Wahrscheinlichkeitsprüfung". Hier ereignet sich die „Geburt" der *Zukunft* und der *Zeit* bzw. des *Zeit-Empfindens* der Menschheit.

Auch unter diesen sozial zu nennenden Aspekten bot die Erweiterung der Gehirnkapazität der Gattung Mensch erhebliche evolutionäre Vorteile gegenüber ihren stammesgeschichtlichen Vorfahren.[57]

---

[52] Dazu im Einzelnen siehe *Dieter Krimphove*: Von den Letzten Dingen – Humanethologische Betrachtungen über den Tod als soziales und rechtliches Phänomen, in: Rechtstheorie, Heft 51, 2020 unten Kapitel: III. 5. b) (m. w. H.); zur Übernahme von Verhalten in das Genom: *Margaret Gruter*: Law and the mind – biological origins of human behaviour, 1991, S. 20; *Paul W. Glimcher*: Decisions uncertainty, and the brain – the science of neuroeconomics, 2003, S. 172 ff., 175 (m. w. H.); *Michael Timasello*: Eine Naturgeschichte der menschlichen Moral, 2016, S. 25 ff. (m. w. H.); *Monika Emilia Miranowicz*: Gehirn und Recht – Wie neurowissenschaftliche Erkenntnisse – Das Dilemma zwischen Naturrecht und Positivismus überwinden können, in: Michael Kloepfer/Klaus Marxen/Rainer Schröder: Berliner Juristische Universitätsschriften Bd. 46, 2009, S. 81, 103 f. (m. w. H.).

[53] Siehe: *Dieter Krimphove*: Der Sündenfall – Humanethologische Betrachtung über die Würde des Menschen, in: Rechtstheorie, Bd. 36, 2005, Heft 2, S. 289 ff., 295 ff. (m. w. H.).

[54] Auch: *Walter L. Bühl*: Struktur und Dynamik des menschlichen Sozialverhaltens, Tübingen 1982, S. 37 (m. w. H.); *David P. Barash*: Soziobiologie und Verhalten, Berlin 1988, S. 237 ff. (m. w. H.).

[55] Siehe unten Teil II Kapitel A. III. 1. (m. w. H.).

[56] Siehe unten Teil II Kapitel A. III. 2. a) aa) (m. w. H.); Kapitel A. III. 2. b) cc) (m. w. H.).

[57] Dazu im Einzelnen siehe unten Teil II Kapitel A. I. 3. (m. w. H.).

Obige abstrakte Feststellungen stehen nicht in einem luftleeren Raum. Sie lassen sich anhand des, für die Evolution der Menschheit ebenso wie für das Entstehen dessen Rechts so bedeutenden Tatbestand wie den der prähistorischen Nahrungsbeschaffung durch die Großwildjagd exemplifizieren:

4. Beispiel: Nahrungsbeschaffung durch die Großwildjagd

Der Mensch benötigte das enorme Wachstum seines Gehirns bzw. dessen Kapazitäten, um so – gegenüber seinen Vorgängern – einen evolutionären Vorteil in Form einer dauerhaft gesicherten Versorgung mit energie- und eiweißreicher Nahrung zu generieren.[58] Eine dauerhafte Versorgung von Hominiden mit Eiweiß und Energiestoffen in der Prähistorie gewährleistet die Jagd auf Großwild.[59]

Allerdings erfordert die Großwildjagd, speziell zur Vermeidung ihrer Gefahren für den oder die Jäger, eine *arbeitsteilige*[60] *Koordination* des Jagdgeschehens. Denn Tiere wie Mammute, Wollnashörner, Auerochsen, Waldelefanten und Pferde müssen zunächst aufgespürt, dann gemeinschaftlich in eine Engstelle getrieben, um schließlich mit den nur unvollkommenen, groben Waffen und Werkzeugen getötet bzw. zerlegt zu werden.

Eine solche koordinierte Vorgehensweise verlangt daher:

1. die ausreichende unmissverständliche *Kommunikation* aller am Jagdgeschehen Beteiligten durch sie *verpflichtende Absprachen*,
2. ein – vor der Jagd einsetzendes – strategisches Planen.

   Dieses bedingt

   a. die vorzeitige geistige Einbeziehung einer Reihe möglicher *Alternativverhalten des Jagdtieres*, sowie

   b. die antizipierte Feststellung der *Wahrscheinlichkeit* des Eintritts solcher oder anderen Handlungsalternative, ebenso wie

   c. die intellektuelle Antizipation eines zeitlich/kausalen Geschehensablaufs (hier: der Jagd); also die Vorhersage bzw. Vorwegnahme des Verhaltens der Jagdteilnehmer,

   d. und deren Steuerung.

---

[58] Siehe: *Dieter Krimphove*: Der Sündenfall – Humanethologische Betrachtung über die Würde des Menschen in: Rechtstheorie, 2005, S. 289 ff., 292 f. (m. w. H.); *Irenäus Eibl-Eibesfeldt*: Die Biologie menschlichen Verhaltens. Grundriß der Humanethologie, 5. Aufl., München 2004, S. 621 ff. 63, 332 und Abb. 4.48, S. 333; siehe oben Teil II Kapitel A. I. 3. a) (m. w. H.).

[59] Eigens zu der Frage, warum Frühmenschen sich den Gefahren einer Großwildjagt aussetzten, statt Kleintiere zu erbeuten, siehe unten Teil II Kapitel A. I. 4. a) aa) (m. w. H.).

[60] *Dieter Krimphove*: A historical Overview of the Development of Legal Logic, in: Gabriel M. Lentner (Hrsg.), Law and Logic – Contemporary Issues, S. 11 ff., 44 ff.; zur Bedeutung der Arbeitsteilung im Einzelnen siehe unten: Kapitel A. I. 4.; Teil III Kapitel G. III. (m. w. H.).

In dieser stammesgeschichtlichen Periode von ca. 360.000 Jahren[61] entsteht somit das Bewusstsein von Ereignisabfolgen, also von *Kausalität*, ebenso wie die *Sprache*, nicht nur als Signal- oder Warnsystem [wie bereits bei den Tieren vorhanden[62]], insbesondere auch als Instrument der *Verhaltensabsprache, -kommunikation* und *-koordination.*[63]

Um seine eigene Präsenz, Stellung und Bewegung in der Zeit, d.h. seine strategische Funktion in der Jagdgemeinschaft, und generell in der Sozietät, einnehmen, behaupten und ausweiten zu können,[64] bedurfte es ferner des Bewusstseins des Menschen in gleich zwei Ausprägungen: seines *Selbstbewusstseins*[65] sowie des Bewusstseins seiner *sozialen Wirksamkeit.*[66]

Die Ausübung der ökonomisch effizienten koordinierten Jagd auf Großwild[67] bringt somit nicht nur die evolutionäre Abgrenzung des Menschen von seinen Vorgängern, den *Hominiden*, sondern auch das Entstehen von *Kooperation* bzw. *kooperativem Verhalten* hervor.[68] Um dieses steuern, aber auch durchsetzen zu können, bedarf es eines Instrumentes, wie dem des „Rechts". Kooperation und

---

[61] Also von ca. vor 400.000 bis vor 40.000 Jahren, siehe oben Teil II Kapitel A. I. 2. (m. w. H.).

[62] *Masayo Soma/Lázló Zsolt Garamszegi*: Rethinking birdsong evolution – meta – analysis of the relationship between song complexity and reproductive success, in: Behavioral Ecology 22, 2011, S. 363 ff. (m. w. H.); *Clive K. Catpole/Peter J. B. Slater*: Bird Song – Biological Themes and Varitions, 2008, S. 236 ff. (m. w. H.); siehe oben Teil II Kapitel A. I. 3. a) (m. w. H.).

[63] *Karl Raimond Popper/John C. Eccles*: Das Ich und sein Gehirn, 1996, S. 538 (m. w. H.); siehe zur Funktion und zur Entwicklung von Sprache auch: *Michael Tomasello*: Die Ursprünge der menschlichen Kommunikation, 2000, Seite 26 ff., 70 (m. w. H.); *Charles F. Hockett/Robert Ascher*: The Human Revolution, in: CurrentAntropology 1964, S. 135; *James H. Stam*: Inquiries into the Origin of Langue, in: The Fate of a Question, 1976; und *Terrence Dèacon*: The Symbolic Species, 1997, S. 50 ff. (m.wH.); auch: *Dieter Krimphove*: Sprache und Recht. Zur rechttheoretischen Entsprechung zweier Phänomene, in: Rechtstheorie 36, 2005, S. 365 ff. (m. w. H.); *Michael Tomasello*: Die Ursprünge der menschlichen Kommunikation, 2000, Seite 26 ff., 70 (m. w. H.); auch *Charles F. Hockett/Robert Ascher*: The Human Revolution, in: Current Antropology, 1964, S. 135; *James H. Stam*: Inquiries into the Origin of Langue, in: The Fate of a Question, 1976, S. 1976; und *Terrence Dèacon*: The Symbolic Species, 1997; S. 50 ff. (m. w. H.); *Jürgen Kaube*: Die Anfänge von Allem, 2. Aufl., 2019, S. 84 ff. (m. w. H.); auch: *Peter MacNeilage*: The Frame – Content Theory of Evolution of Speech Production, Behavioral and Brain Scienceea 21, 1998, S. 499 ff. (m. w. H.); *Karen Hiienmae/Jeffrey B. Palmer*: „Tongue and hyoid movements in feeding and speech, in: Journal of Oral Rehabilitation 29 (2002), S. 880 f.; siehe auch: *Wilhelm J. M. Levelt*: " Accessing words in speech production – Stages, Processes and representations, in: Cognition 42, 1992, S. 1 ff. 9 (m. w. H.).

[64] Zum Bewusstsein ähnl. auch: *Kurt Kotrschal*: Mensch, 2019, S. 87 ff.

[65] *Werner Vogd*: Gehirn und Gesellschaft, 2010, S. 363 ff. (m. w. H.).

[66] Siehe auch: *Eric Kandel*: Auf der Suche nach dem Gedächtnis – Die Entstehung einer neuen Wissenschaft des Geistes, 3.Aufl., 2006, S. 230 ff.

[67] Dazu siehe unten Teil II Kapitel A. I. 4. a) (m. w. H.).

[68] *Michael Timasello*: Eine Naturgeschichte der menschlichen Moral, 2016, S. 22 ff., 25 ff. (m. w. H.).

Koordination implizieren nämlich immer das Recht, bzw. das durchsetzbare und vollziehbare Recht, als deren Funktionsbestandteil.

Nach der hier vertretenen Sicht entstanden kommunikative Strategien, Eigen-, Gruppen- und Zeitbewusstsein des frühen Menschen sowie das „Recht“ als Instrument der Verhaltensteuerung und -durchsetzung nahezu zeitgleich, nämlich in einer entwicklungsgeschichtlichen Epoche von 400.000 bis 40.000 Jahren vor unserer Zeitrechnung. Diese Entwicklungsschritte unterstützten zudem die Sozietät des Menschen, d. h. die Entwicklung seiner ihm zukommenden Funktion und Stellung nicht nur im Geschehen der Jagd, sondern auch in seiner *arbeitsteilig* operierenden Gesellschaft:[69]

a) Exkurs: Warum Großwildjagd in der Prähistorie?

Eine bislang kaum gestellte Frage ist die, warum der Früh-Mensch weitgehend seinen Fleischkonsum durch die Jagd von Groß-Wild (Mammute, Auerochsen, Wollnashörner, Waldelefanten, Ur-Pferde etc.) deckte. Angesicht der bescheidenen Waffen und Jagdwerkzeuge, ist es unverständlich, dass der Ur-Mensch seine Nahrung derart aufwendig und auf eine so gefahrvolle Weise beschafft hat. Schlüssiger erscheint demgegenüber, wenn die Spezies Mensch ihre Eiweiß- und Energieversorgung überwiegend durch den Fang kleinerer und ungefährlicherer Tiere gesichert hätte.

aa) Die Ökonomik der Großwildjagd

Diese Frage ist methodisch mit Hilfe der, in der hier vorgestellten Rechtsethologie enthaltenen *institutionen-ökonomischen* Betrachtungsweise[70] zu klären. Damit vermittelt dieser Exkurs sowohl eine Darstellung und eine Rechtfertigung der Funktionsweise und Bedeutung der methodischen Einbeziehung ökonomischer Denkansätze in die hier propagiere Rechtsethologie:

Gründe für das prähistorische scheinbar widersprüchliche Jagd- und Ernährungsverhalten der Ur-Menschen liegen in ökonomischen Notwendigkeiten: So ist die gefahrvolle Jagd von Großwild, verglichen mit der von Kleinlebewesen, wesentlich ökonomischer, denn um eine ausreichende Energie- und Eiweißversorgung durch den Verzehr von Kleintieren, wie Hirschen, den damaligen Pferden, Hunden,

---

[69] Siehe: *Matt Cartmill/Fred H. Smith*: The Human Lineage, 2009, S. 211 (m. w. H.); *Sherewood L. Washborn/Chet Lancaster*: The Evolution of Hunting, in: Richard B. Lee/Irven DeVore (Hrsg.): Man the Hunter, 1968, S. 293–303 (m. w. H.); Zur Ökonomik und Bedeutung der Arbeitsteilung in den frühmenschlichen Gesellschaften siehe oben: Kapitel A. I. 3. b) (m. w. H.), Teil III Kapitel G. III. (m. w. H.).

[70] Siehe oben Teil I Kapitel B. V. (m. w. H.).

Katzen, Geflügel oder Fischen, zu gewährleisten, muss der Mensch eine weitaus größere Menge an Kleintieren erlegen, zubereiten und verzehren. Hierbei ist in Rechnung zu stellen, dass eigens die Jagd schneller, sich verbergender und/oder nachtaktiver Kleintiere für den Frühmenschen einen erheblichen Aufwand darstellte [Die hochtechnisierte Jagd mit Fallen, Netzen und Angeln entwickelte der Frühmensch erst in einem späteren Zeitpunkt.].

Das Erbeuten von Kleintieren erforderte somit einen erheblich größeren Aufwand als das einmalige Erlegen eines Großwilds. Die zur Erreichung des gleichen Nahrungsversorgungsstandes seltener erforderliche Jagd von Großwild besitzt folglich gegenüber der Kleintierjagd eine effizientere Aufwand/Nutzen-Relation. Dies gilt selbst dann, wenn die Großwildjagd im Einzelfall gefährlicher ausfallen kann als die von Kleintieren. Wobei ja gerade das Verletzungsrisiko durch die Entwicklung von verbindlich einzuhaltender Verhaltenskoordination der einzelnen Individuen, also von *Recht*, erfolgreicher zu minimieren war[71] als der bei einer Kleintier-Jagd entstehende Aufwand.

bb) Abhängigkeit der ökonomischen Argumentation von den ihr jeweils zugrundeliegenden Ausgangsbedingungen

Die obige ökonomische Argumentation gilt nur für die prähistorische Nahrungsbeschaffung zum Beginn der Menschheit. Eine historisch radikale Veränderung der Ernährungssituation trat in der späteren Epoche nicht erst dadurch ein, dass der Erfindergeist des Menschen Strategien und Werkzeuge des Fallenstellens, des Fischens mit Netzen und/oder des Angelns entwickelte. Diese Techniken scheinen die Großwildjagd nicht überflüssig bzw. verdrängt zu haben. Eine „Revolution" der Nahrungsbeschaffung erfolgte vielmehr, indem der Mensch den *Umgang mit Feuer* zu meistern lernte: Das Erhitzen pflanzlicher Nahrung machte diese für den Menschen erst oder zumindest leichter verdaulich und schloss ihm somit deren Anteile an energiespendenden *Kohlenhydraten* auf. In dieser neuen Situation erschien die Beschaffung überwiegend tierischer Nahrung durch die Jagd gegenüber der neuen pflanzlichen Nahrung zu gefahrvoll, zu aufwendig und damit ökonomisch ineffektiv. Der Mensch ergänzt nun seine Nahrung größtenteils durch weniger aufwendig zu beschaffende, pflanzliche Produkte.[72]

Allerdings erfordert die Versorgung einer nun konstant steigenden Bevölkerungszahl den konstanten Anbau, und die dauerhafte Pflege der Pflanzen auf einem vorbereiteten und damit einem beständigem Gebiet. Mit der „Ernährungs-Revolu-

---

71 Siehe oben Teil II Kapitel A. I. 3. b) (m. w. H.).

72 Zu diesem Gesamtkomplex siehe: *Jürgen Kaube*: Die Anfänge von Allem, 2. Aufl., 2019, S. 43 ff., 46 ff. 55 ff. (m. w. H.).

tion" des Kochens gingen daher Effekte wie die der *Sesshaftigkeit des Menschen* und eine größere *Arbeitsteilung* unter den Geschlechtern einher.[73/74]

b) Exkurs: Lernen

Eine in ihrer Bedeutung nicht zu unterschätzende Funktion nimmt das „Tradieren" von Wissen und Techniken – also das Lernen – in der Stammesgeschichte des Menschen ein.

aa) Die evolutionsbiologische Ökonomik des „Lernens"

Lernen erfordert zwar einen erheblichen Aufwand an Energie und Nähr- und Eiweißstoffen. Diesen gesamtwirtschaftlich schädlichen[75] Aufwendungen steht aber eine überschießende Ersparnis von Transaktionskosten gegenüber,[76] so dass für den Menschen bzw. seine Gesellschaft „Lernen" aus wohlfahrtsökonomischer Sicht effizient und damit unverzichtbar erscheint.[77] Können nämlich Individuen vormals als effizient erkannte Verhaltensalternativen abspeichern, müssen sie diese nicht mehr transaktionskostenaufwendig in jedem Einzelfall erneut aufrufen, d. h. absprechen und festlegen. Oft wird eine solche Absprache, allein schon aus zeitlichen Gründen (etwa: Schnelligkeit des Jagdgeschehens), ohnehin nicht möglich sein.[78] Eine Rückgriffsmöglichkeit auf eine vorher bekannte – d. h. ge-

---

[73] Spätestens mit dem Wechsel von Jägern und Sammlern und damit zu sesshaftem Ackerbau werden Frauen für Getreideanbau zuständig, siehe: *Arne Eggebrecht u. a.*: Geschichte der Arbeit. Vom alten Ägypten bis zur Gegenwart, 1981, S. 59 f.; *Kaario Utrio*: Evas Töchter. Die weibliche Seite der Geschichte, 1987, S. 14; auch: *Lars Hennings*: Den Himmel stützen! Prozeß, Kognition, Macht, Geschlecht – soziologische Reflexionen zum Jung-Paläolithikum, 2014, S. 106 f., 169 ff. (m. w. H.).

[74] Zur Zeitgeschichte der Menschheit aus biblischer Sicht siehe unten Teil II Kapitel B. (m. w. H.).

[75] Siehe oben Teil I Kapitel B. V. 1. (m. w. H.).

[76] Zur Institutionen-Ökonomischen Betrachtungsweise dieser Darstellung siehe oben Teil I Kapitel B. V. (m. w. H.).

[77] Siehe: *Sherewood L. Washborn/Chet Lancaster*: The Evolution of Hunting, in: Richard B. Lee/Irven DeVore (Hrsg.): Man the Hunter, 1968, S. 293–303 (m. w. H.); *Matt Cartmill/Fred H. Smith*: The Human Lineage, 2009, S. 211 (m. w. H.); Jagdplanungs- und -speichertechniken finden ihren „späten" Ausdruck in den Höhlenmalereien, um 35.000 v. Chr.; Siehe auch: *Dieter Krimphove*: Der Sündenfall – Humanethologische Betrachtung über die Würde des Menschen in: Rechtstheorie 2005, S. 289 ff., 296 ff. (m. w. H.).

[78] Zur Bedeutung des Lernens siehe: *Eric Kandel*: Auf der Suche nach dem Gedächtnis – Die Entstehung einer neuen Wissenschaft des Geistes, 3. Aufl., 2006, S. 201 ff., 263 ff.; *Dieter Krimphove*: Von den Letzten Dingen – Humanethologische Betrachtungen über den Tod als soziales und rechtliches Phänomen, in: Rechtstheorie, Heft 51, 2020: Kapitel B. III. 4.; *Rebecca Sear/Ruth Mac*: Who keeps children alive? – A Review of the effects of kin on child survival, in: Evolution and human behavior, 29 (1), S. 1 ff.

lernte – Handlungsabfolge, die ihrerseits zu effizienten Ergebnissen führt, steht dann nicht mehr zur Verfügung. Eine fehlende Speicherung dieses Wissens oder dieser Techniken erscheint daher wohlfahrtsökonomisch überaus ineffizient. Insofern hat sich eine solche Situation evolutionsbiologisch nicht halten können.[79] Aus diesem Grund versah die Stammesgeschichte des Menschen diesen mit einer ausreichenden Fähigkeit zum „Lernen“.[80]

bb) Erlernen von Recht

Zu dem Erlernen von Verhaltenstechniken zählt implizit auch die Weitergabe deren inhaltlicher Begrenzungen und Bestimmungen. Dies sind die Regeln, die das „Recht“ – jetzt in seiner weiten Gestalt von *Gebräuchen*, *Sitten*, *moralischen Regeln* – enthält und die es ausmachen. Auch die Möglichkeit und der Vorgang des Lernens – und damit auch des Erlernens von „Recht“ – sind somit erbbiologisch, also genetisch festgelegt.[81] Denn sie boten den Individuen und ihren Gruppen erhebliche überschießende Evolutionsvorteile,[82] die, über die Ausweitung der Nahrungsversorgung der Individuen zu deren Gesundheitssteigerung und deren Reproduktionsfähigkeitserhöhung, zur Verdrängung konkurrierender Gruppen führten und so erbbiologisch Aufnahme in das Genom des Menschen fanden.[83]

Diese Aussage darf jedoch nicht in der Weise missverstanden werden, dass „Recht“ seine Speicherung im Genom des Menschen erfährt und von dort als Kopie schriftlicher Normen abrufbar wäre. Dazu ist das Recht, und gerade das neuzeitliche, zu komplex. Im obigen Zusammenhang ging es zudem nur um die Behauptung der evolutionären Fähigkeiten des Frühmenschen, „Recht“, als eine Inhaltskonkretisierung seiner Verhaltensweisen lernen zu können. Über die Übernahme von einzelnen Rechtssätzen in ein stammesgeschichtlich festgelegtes Genom ist

---

[79] Dazu siehe oben Teil I Kapitel B. VI. 4. (m. w. H.).

[80] Zur hirnorganischen Verankerung des Lernens siehe unten Teil II Kapitel A. III. 3. (m. w. H.).

[81] Zur genetischen Übernahme von Verhalten siehe: *Monika Emilia Miranowicz*: Gehirn und Recht – Wie neurowissenschaftliche Erkenntnisse das Dilemma zwischen Naturrecht und Positivismus überwinden können, in: Michael Kloepfer/Klaus Marxen/Rainer Schröder: Berliner Juristische Universitätsschriften Bd. 46, 2009, S. 81, 103 f. (m. w. H.); Zu der hirnorganischen Festlegung und Verortung des „Lernens“ siehe unten Teil II Kapitel A. III. 3. (m. w. H.).

[82] Siehe oben in diesem Kapitel.

[83] Schon: *Hans Sachsse*: Die Erkenntnis des Lebendigen, 1968, S. 82 ff. (m. w. H.); *Gerhard Vollmer*: Evolutionäre Erkenntnistheorie. Angeborene Erkenntnisstrukturen im Kontext von Biologie, Psychologie, Linguistik, Philosophie und Wissenschaftstheorie, 6. Auf., Stuttgart 1994, S. 70 (m. w. H.); auch: *Wolfgang Wickler*: Antworten der Verhaltensforschung, München 1970, S. 18 (m. w. H.); auch: *Monika Emilia Miranowicz*: Gehirn und Recht – Wie neurowissenschaftliche Erkenntnisse – Das Dilemma zwischen Naturrecht und Positivismus überwinden können, in: Michael Kloepfer/Klaus Marxen/Rainer Schröder: Berliner Juristische Universitätsschriften, Bd. 46, 2009, S. 81, 103 f. (m. w. H.); *Joachim Bauer*: Das Gedächtnis des Körpers: Wie Beziehungen und Lebensstile unsere Gene steuern, 2014; *Michael Timasello*: Eine Naturgeschichte der menschlichen Moral, 2016, S. 25 ff. (m. w. H.).

mit obiger Aussage noch nichts gesagt. Im Gegenteil, es entspricht vielmehr den damaligen historischen stammesgeschichtlichen Gegebenheiten des Frühmenschen, Verhaltensanforderungen an ihn situationsbedingt und nicht als allgemeine abstrakt/generelle Norm, sondern eher als ein *Rechts- und Hierarchie-Bewusstsein* oder das *Rechts-Gefühl* aufgenommen und verhaltensbiologisch gespeichert zu haben.[84] Gerade dieser Zusammenhang widerspricht den wissenschaftlichen Bemühungen, das Verhalten und die Entscheidungsfähigkeit des Menschen als vorbestimmt und unfrei zu qualifizieren.[85]

cc) Die Arten des menschlichen Lernens

„Lernen" umfasst, entsprechend den Anforderungen, denen der Ur-Mensch ausgesetzt war, nicht nur ein „lexikalisches Lernen", wie das Lernen von Begriffen, Gegenständen, Wegen und Landschaften. In gesteigertem Maße musste es auch das sog. „episodische Lernen", also die Speicherung und Abrufbarkeit von Geschehensabläufen, umfassen. Anders wäre die Weitergabe von Handlungsabläufen, etwa Jagdtechniken, oder/und Verhaltensweisen nicht möglich gewesen.

Ebenfalls an dieser Stelle sei darauf verwiesen, dass das Lernen nicht nur Vorgänge erfasst, die planmäßig und willentlich in einer jeweiligen Situation abgerufen werden. Das Lernen i. o. S. umfasst gerade auch das Erlernen und Abrufen von sog. *Automatismen*[86]. Diese Form des Lernens war und ist von besonderer Bedeutung. Der Erwerb von Automatismen erscheint deswegen transaktionskostengünstig, d. h. aufwandsgünstig und damit effizient, weil Automatismen nicht mehr eine Erinnerung an zahllose Einzelschritte erfordern, sondern den Gesamtvorgang – als einmal erlernt – unbewusst, d. h. automatisch ablaufen lassen.

---

[84] *Dieter Krimphove*: Gefühltes Recht – Über die hirnorganische Evolution von Recht, in: Rechtstheorie 40, 2009, S. 99 ff. (m. w. H.).

[85] Zur problematischen *Determinismus-Diskussion* siehe: *Richard Lewontin*: Sociobiology: Another Biological Determinism, in: International Journal of Health Services, Vol. 10, Nr. 3, 1980, S. 347 ff. (m. w. H.); *Paul Morsbach*: Die Entstehung der Gesellschaft: Naturgeschichte des menschlichen Sozialverhaltens, 2001; *Theresa Marché*: A Reply to Mark Sidelnick: No More Pseudoscience, Please, in: Studies in Art Education, Vol. 35, Nr. 2, 1994, S. 114 ff. (m. w. H.); *Walda Katz Fishman/Jan M. Fritz*: The Politics of Sociobiology, in: Critical Sociology, 10, Nr. 1, Juli 1980, S. 32 ff. (m. w. H.); *Allan Ardill*: Sociobiology, Racism and Australian Colonisation, in: Griffith Law Review 18, Nr. 1, 2009, S. 82 ff.; *Ethel Tobach/Betty Rosoff* (Hrsg.): Challenging Racism and Sexism: Alternatives to Genetic Explanations. Feminist Press at the City University of New York, 1994, S. 76 f. (m. w. H.); *Halford H. Fairchild*: Scientific Racism: The Cloak of Objectivity. (PDF; 802 kB), in: Journal of Social Issues, Vol. 47, Nr. 3, 1991, S. 101 ff. (m. w. H.); dagegen schon: *Reinhold Zippelius*: Rechtsphilosophie, 6. Aufl., 2011, §§ 8 I, 19 IV 1 (m. w. H.), zur hirnorganischen Widerlegung des *Determinismus*-Vorwurfs siehe unten Teil II Kapitel A. III. 2. a) bb) (1) (m. w. H.); siehe oben Teil I Kapitel D. (m. w. H.).

[86] Etwa: Gehen, Schleudern, Zielen oder heute Treppensteigen, Fahrrad, Autofahren.

II. Fazit: Stammesgeschichtliche Grundlagen des „Rechts“

Die Kapazität des menschlichen Gehirns hat vor etwa 1,8 Mio. bis ca. vor 400.000 Jahren einen erheblichen Zuwachs erfahren.[87]

Diesen Zuwachs nutzten die Menschen, um der

1. technischen Entwicklung von Werkzeugen und Materialien, aber auch von Techniken, wie etwa Jagdtechniken,[88] voranzutreiben.
2. Eigens die sozialen, arbeitsteiligen Techniken[89] erfordern die Entwicklung eines
   a. Bewusstseins von Zeit,[90] der Ursächlichkeit[91] und der Wahrnehmung der Gruppe und ihres Verhaltens[92], der Eigen-Wahrnehmung des Individuums in der Gruppe[93] sowie insbesondere
   b. die Verhaltenskoordination mehrerer Individuen.[94] Hierzu bedurfte es
      i. der Verabredung eines planmäßigen unterschiedlichen, d. h. *arbeitsteiligen* Einsatzes der Individuen[95] ebenso wie
      ii. deren Bindung an derartige Absprachen[96] und
      iii. der Möglichkeit der Durchsetzung der abgesprochenen Verhaltenskoordination.[97]

   Letztgenannte drei Aspekte entsprechen dem Wesensgehalt, den man heute mit dem Begriff „Recht“ umschreibt.[98]

Eben aufgezählte Entwicklungsschritte schufen für den Menschen wie für seine Gruppe – gegenüber seinen evolutionbiologischen Konkurrenten – wohlfahrtsökonomische Vorteile, die diese in Form von höherer Gesundheit, Überlebensfähigkeit und Reproduktionsrate umsetzten und so in ihre genetische Veranlagung, ihr *Genom*, ihre genetische Exposition integrieren.[99]

---

[87] Siehe oben Teil II Kapitel A. I. 2. (m. w. H.).
[88] Siehe oben Teil II Kapitel A. I. 3. a) (m. w. H.).
[89] Siehe oben Teil II Kapitel A. I. 3. b) (m. w. H.).
[90] Siehe oben Teil II Kapitel A. I. 4. (m. w. H.).
[91] Siehe oben Teil II Kapitel A. I. 4. (m. w. H.).
[92] Siehe oben Teil II Kapitel A. I. 4. (m. w. H.).
[93] Siehe oben Teil II Kapitel A. I. 4. (m. w. H.).
[94] Siehe oben Teil II Kapitel A. I. 4. (m. w. H.).
[95] Siehe oben Teil II Kapitel A. I. 4. (m. w. H.).
[96] Siehe oben Teil II Kapitel A. I. 4. (m. w. H.).
[97] Siehe oben Teil II Kapitel A. I. 4. (m. w. H.).
[98] Siehe oben Teil II Kapitel A. I. 4. (m. w. H.).
[99] *Margaret Gruter*: Law and the mind – biological origins of human behaviour, 1991, S. 20; *Paul W. Glimcher*: Decisions uncertainty, and the brain – the science of neuroeconomics, 2003, S. 172 ff., 175 (m. w. H.); *Monika Emilia Miranowicz*: Gehirn und Recht – Wie neurowissenschaftliche Erkenntnisse das Dilemma zwischen Naturrecht und Positivismus überwinden

3. Eine weitere intellektuelle Leistung, welche die Kapazitätsausweitung des menschlichen Hirns zu Verfügung stellte, bestand in der Konservierung ehemals als effizient erkannter Verhaltensstrategien bzw. Arbeitstechniken und deren Weitergabe an nachfolgende Generation. Zu der Weitergabe von Verhaltenstechniken zählt implizit auch die Weitergabe deren Determinationen; also die des „Rechts“ bzw. seiner ihm inhärenten Regeln.[100]

Auch hierdurch generieren Menschen ökonomische wie evolutionsbiologische Vorteile, die sie von ihren animalischen Vorgängern unterscheiden.[101]

Die Erfüllung derartiger intellektueller Anforderungen war nur nach Ausbildung eines quantitativ und damit kapazitativ größeren Gehirns möglich. Sie erfolgte dann in einer entwicklungsgeschichtlichen Epoche von beindruckend geringer Dauer von schätzungsweise nur 360.000 Jahren.[102]

III. Hirnorganische Entwicklung von „Recht“

Mit der Entwicklung der oben genannten Fähigkeiten – insbesondere der zu einem koordinierten, arbeitsteiligen[103] und auch einforderbaren Verhalten – geht die evolutionsbiologische Differenzierung des menschlichen Gehirns einher.[104] Diese zeichnet somit die Entwicklung des „Rechts“ nach und belegt gleichzeitig eine Grundannahme der hier vertretenen Rechtsethologie, nach der das Phänomen „Recht“ (auch) seine Entsprechung in der hirnorganischen Entwicklung des Menschen nimmt bzw. genommen hat.

---

können, in: Michael Kloepfer/Klaus Marxen/Rainer Schröder: Berliner Juristische Universitätsschriften, Bd. 46, 2009, S. 81, 103 f. (m. w. H.); siehe oben Teil I Kapitel G. (m. w. H.); Teil II Kapitel A. I. 4. (m. w. H.); Teil I Kapitel B. VI. 1. (m. w. H.).

[100] Siehe oben Teil II Kapitel A. I. 4. b) (m. w. H.).

[101] Siehe oben Teil II Kapitel A. I. 4. b) (m. w. H.); Kapitel A. I. 4. b) bb) (m. w. H.).

[102] Siehe oben Teil II Kapitel A. I. 3. (m. w. H.).

[103] Siehe: *Matt Cartmill/Fred H. Smith*: The Human Lineage, 2009, S. 211 (m. w. H.); *Sherewood L. Washborn/Chet Lancaster*: The Evolution of Hunting, in: Richard B. Lee/Irven DeVore (Hrsg.): Man the Hunter, 1968, S. 293–303 (m. w. H.); Zur Ökonomik und Bedeutung der Arbeitsteilung in den frühmenschlichen Gesellschaften siehe unten: Teil III Kapitel G. III. (m. w. H.); *Dieter Krimphove*: A historical Overview of the Development of Legal Logic, in: Gabriel M. Lentner (Hrsg.), Law and Logic – Contemporary Issues, S. 11 ff., 44 ff.; zur Bedeutung der Arbeitsteilung im Einzelnen siehe oben Teil II Kapitel A. I. 3. b) (m. w. H.).

[104] Siehe unten Teil II Kapitel A. III. 2. (m. w. H.).

1. Generelles zur Präsenz des Rechts im Gehirn

Nachfolgende Ausführungen über die Verortung von Recht im Gehirn des Menschen bzw. seiner stammesgeschichtlichen Vorläufer sind nicht in einem *pherenologischen* Sinne,[105] also so zu verstehen, dass bestimmte Fähigkeiten, Empfindungen und Leistungen einem bestimmten Hirnareal zugeordnet sind.

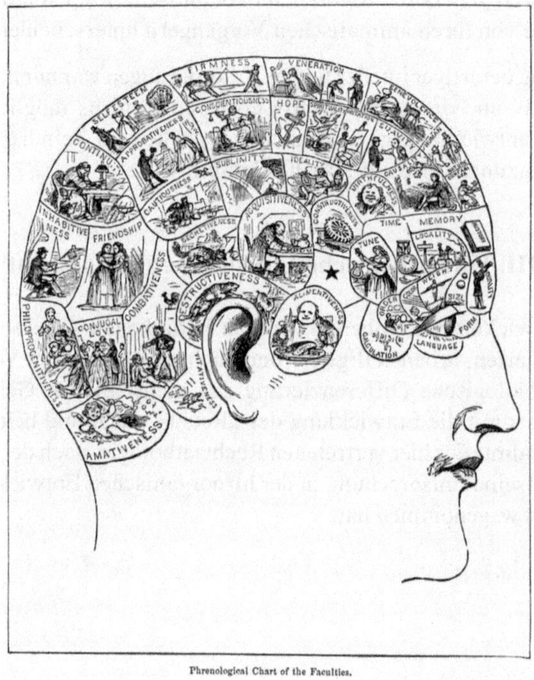

Abb. 2: Pherenologische Darstellung des menschlichen Gehirns[106]

Es ist nämlich ein allgemeiner Grundsatz der Evolutionstheorie, dass Neuerungen stets auf dem Alten aufbauen, dass somit die Evolutionsgeschichte alte Struk-

[105] *Gerfried Kunz*: Gustav von Struve und die Phrenologie in Deutschland 1994; *Sigrid Oehler-Klein*: Phrenologie, in: Werner E. Gerabek/Bernhard D. Haage/Gundolf Keil/. Wolfgang Wegner (Hrsg.): Enzyklopädie Medizingeschichte, S. 1156 (m. w. H.); siehe auch das Konzept der Fünf Schichtungsgesetze: *Nicolai Hartmann*: Der Aufbau der realen Welt, 3. Aufl., 1964, S. 431 f.; *ders.*: Philosophie der Natur, 1950, S. 477; siehe: *Gerhard Medicus*: Welchen Beitrag leisten die Geisteswissenschaften für den interdisziplinären Dialog zwischen den Humanwissenschaften?, in: Naturwissenschaftliche Rundschau, Jg. 64, 2011, S. 181 ff., 185 (m. w. H.).

[106] Abbildung: not credited (https://commons.wikimedia.org/wiki/File:PhrenologyPix.jpg), „PhrenologyPix", als gemeinfrei gekennzeichnet, Details auf Wikimedia Commons: https://commons.wikimedia.org/wiki/Template:PD-US.

turen grundsätzlich nicht vollständig verwirft oder abbaut, sondern auf diesen aufbaut.[107] So ist es auch beim menschlichen Gehirn und seiner Entstehungsgeschichte: Ursprünglich selbst bei Fischen, Vögeln, Reptilien oder Säugetieren vorhandene Strukturen – wie das *Endhirn*, das *Zwischenhirn*, das *Mittelhirn* oder die *Brücke*[108] – lässt die Natur auch beim Menschen bestehen. Sie erweitert und ergänzt diese nur durch einen stammesgeschichtlich jüngeren *Neo-Cortex*.[109] Diesen verbindet sie überdies mit den prähistorisch älteren, sozusagen „animalischen“, Gehirnteilen, so dass aus dieser Kombination eine neue effizientere, aber auch entwicklungsgeschichtlich umfassendere Verhaltenssteuerung entsteht (*Funktionsverschränkung*).

Unter Anderem sind bei Speicherungen von erfahrenen Inhalten oder Situationen zahlreiche Hirnareale beteiligt.[110] Auch an der Verknüpfung eines Ereignisses mit einem bestimmten Gefühlsinhalt sind mehrere unterschiedliche Hirnstrukturen beteiligt.[111]

Gerade diese evolutions-bezogene Bedingung, der Verschränkung bestehender älterer und neuerer Hirnstrukturen, um einen Evolutionsfortschritt zu erreichen, stellt einen Grund dafür dar, dass eine *phrenologische* Einteilung des Gehirns in seine Funktionen nicht der Realität entsprechen kann.[112]

2. Die „Verortung“ von Recht im menschlichen Gehirn

Obschon es, nicht nur wegen der obigen Kritik an einer *phrenologischen* Betrachtungsweise, nahezu unmöglich erscheint, einem so komplexen sozialen, wie politischen Phänomen wie dem des Rechts einen bestimmten Ort im Gehirn zuzuordnen[113], lassen sich andererseits einzelne *Gehirnareale* ausmachen, die das

[107] Siehe: *Volker Storch/Ulrich Welsch*: Kurzes Lehrbuch der Zoologie, 2012, Kap. A 14 (m. w. H.); *Ahrimans Volks Enzyklopädie*: Evolution, 2018, http://www.avenz.de/downloads/avenz.pdf.

[108] *Christopher Wills*: Das vorauseilende Gehirn – Die Evolution der menschlichen Sonderstellung, 1996, S. 390f. (m. w. H.); *Gerhard Roth*: Aus Sicht des Gehirns, 4. Aufl., 2015, S. 15 (m. w. H.); *Rita Carter*: Gehirn und Geist – Eine Entdeckungsreise ins Innere unserer Köpfe, 2010, S. 49.

[109] Zur historischen Entwicklung des Gehirns: *Christopher Wills*: Das vorauseilende Gehirn – Die Evolution der menschlichen Sonderstellung, 1996, S. 383ff. (m. w. H.); auch: *Max-Planck-Gesellschaft*: Evolutionärer Schlüssel für ein vergrößertes Gehirn, 18. Juni 2020, https://www.mpg.de/evolutionaerer-schluessel-fuer-ein-vergroessertes-gehirn.

[110] Siehe unten Teil II Kapitel A. III. 2. a) aa); Kapitel A. III. 2. b) aa); Kapitel A. III. 2. b) cc) bis A. III. 2. c) ee) (m. w. H.).

[111] Siehe unten Teil II Kapitel A. III. 2. a) bb) (m. w. H.); Kapitel A. III. 2. b) aa); auch: Kapitel A. III. 2. b) cc) (m. w. H.).

[112] Auch: *Rainer Bösel*: Das Gehirn – Ein Lehrbuch der funktionellen Anatomie für die Psychologie, 2006, S. 250f. (m. w. H.).

[113] *Monika Pritzel/Matthias Brand/Hans J. Markowitsch*: Gehirn und Verhalten – Ein Grundkurs der physiologischen Psychologie, Heidelberg, 2003, S. 4 (m. w. H.); *Martin Krüger*: Falsifiziert: Phrenologie, in: Die Presse“, Print-Ausgabe, 26. September 2010.

Verhalten des Menschen steuern, es planen und kontrollieren, die also so für das Bewusstsein von Verhaltenssteuerung, -lenkung und -begrenzung, also für die Existenz von *Recht*, von entscheidender Bedeutung sind:

a) Der Neo-Cortex

Einen wesentlichen Funktionsbereich nimmt der *Neo-Cortex* ein. Er ist der stammesgeschichtlich jüngste Bereich des Gehirns und bereits, wenn auch nur rudimentär bei Reptilien und Vögeln angelegt.

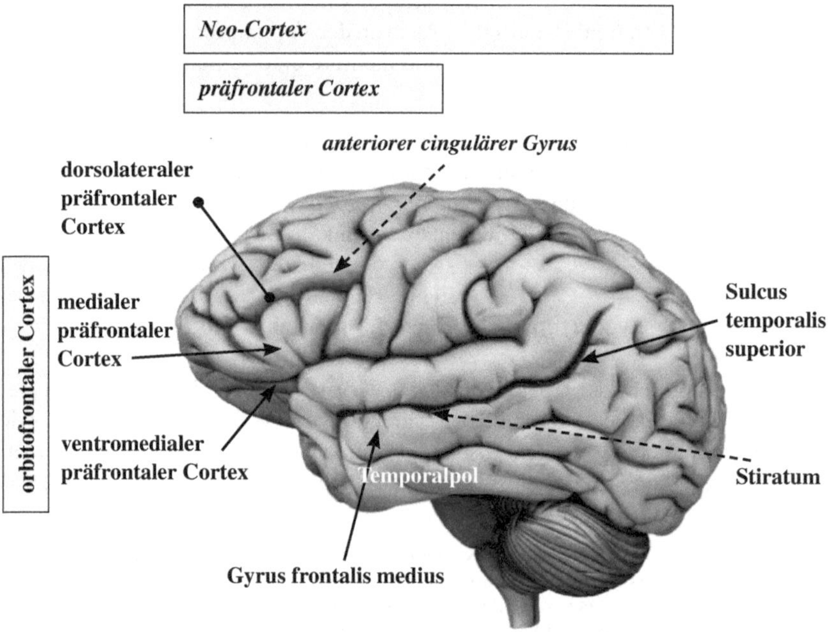

Abb. 3: Der Neo-Cortex

Bei Säugetieren und insbesondere bei Primaten ist er deutlich größer und stellt bei Menschen den überwiegenden Teil des Gehirnvolumens dar.[114]

Trotz seines extrem hohen Energieaufwands – das menschliche Gehirn benötigt etwa 20 % des gesamten Energiebedarfs des menschlichen Organismus zum Unterhalt seiner Funktionen – hat sich der *Neo-Cortex* aufgrund seiner stammes-

---

[114] Siehe auch: *Max-Planck-Gesellschaft*: Evolutionärer Schlüssel für ein vergrößertes Gehirn, 18. Juni 2020, https://www.mpg.de/evolutionaerer-schluessel-fuer-ein-vergroessertes-gehirn.

geschichtlich vergrößerten Anforderungen insbesondere zur Bewältigung der sozialen Aufgaben des Menschen[115] zu der heutigen Größe entwickelt.[116] Er ist Sitz der Wahrnehmung, Motorik, Orientierung und Intelligenz des Menschen. Ohne sein Wachstum hätte der Mensch niemals Sprache, Werkzeuge und Handlungsweisen erfinden können.

Mittels des *präfrontalen Cortex*,[117] – dem vorderen Teil des *Neo-Cortex* – bewältigt der Mensch insbesondere seine gesellschaftlichen Aufgaben.[118]

aa) Der präfrontale Cortex

Den Stirn-Bereich des Cortex bildet der *präfrontale Cortex*. Dieser ist für die menschliche Verhaltenssteuerung von, im wahrsten Sinne des Wortes, entscheidender Bedeutung.[119] Neben seiner Zuständigkeit zur Verarbeitung sensorischer Signale weist er Areale der komplexen Handlungssteuerung, wie der Handlungs- und Verhaltensplanung, auf. Er ist der Sitz des Begreifens, Denkens, und des strategischen vorausschauenden Planens.

Für die Entwicklungsgeschichte des Menschen war die Ausbildung dieses Gehirnteils extrem wichtig, da nur dieser Teil es ihm ermöglicht, seine Handlungen zweckgerichtet einzusetzen, sie mit denen anderer Gruppenmitglieder zu koordinieren, aber auch deren künftigen Einsatz abstrakt zu analysieren und im Vorhinein zu planen.[120] Ohne den präfrontalen Cortex wäre die Vorwegnahme zukünftiger Ereignisse und Handlungen dem Menschen nicht möglich.

Neben der *Substantia nigra* und den *Basalganglien* ist der präfrontale Cortex das Hauptareal zur subjektiven Wahrnehmung von Zeit. Der *präfrontale Cortex* ermöglicht aber auch Tricks und Täuschungen einzusetzen.

Innerhalb des *präfrontalen Cortex* ist zwischen dem *dorsolateralen präfrontalen Cortex* einerseits und dem *ventromedialen präfrontalen Cortex* andererseits zu differenzieren:

- Der *dorsolaterale präfrontale Cortex* bildet das so genannte (kurzzeitige) Arbeits-Gedächtnis,[121] welches nur für eine begrenzte Zeit sämtliche kognitiven Funktionen der Entscheidungsfindung und der Problemlösung enthält. Menschen können

---

[115] Dazu siehe oben Teil II Kapitel A. I. (m. w. H.); Kapitel A. I. 4. (m. w. H.).

[116] *Max-Planck-Gesellschaft*: Evolutionärer Schlüssel für ein vergrößertes Gehirn. 18. Juni 2020, https://www.mpg.de/evolutionaerer-schluessel-fuer-ein-vergroessertes-gehirn.

[117] Siehe unten Teil II Kapitel A. III. 2. a) (m. w. H.).

[118] Dazu siehe oben Teil II Kapitel A. I. (m. w. H.); A. I. 4. (m. w. H.).

[119] Siehe: *Rainer Bösel*: Das Gehirn – Ein Lehrbuch der funktionellen Anatomie für die Psychologie, 2006, S. 198 ff. (m. w. H.).

[120] Dazu siehe oben A. I. 4 (m. w. H.).

[121] Siehe: *Rainer Bösel*: Das Gehirn – Ein Lehrbuch der funktionellen Anatomie für die Psychologie, 2006, S. 62 f. (m. w. H.).

damit sowohl komplexe als auch mehrschichtige Handlungsentscheidungen ausführen.

- Der unterhalb des *dorsolateralen präfrontalen Cortex* liegende *ventromediale präfrontale Cortex* erstellt und bewertet soziale Entscheidungen (*Social Intelligence*). Er ist gleichzeitig zuständig für die Planung, aber auch für die Hemmung von Verhalten und somit unerlässlich für eine ausgewogene *Risikoanalyse* des eigenen Verhaltens. Schädigungen des *ventromedialen präfrontalen Cortex* können zu fehlender Risikoeinschätzung und etwa zu einer *Spielsucht* führen.

Der *ventromediale präfrontale Cortex* ruft jene bereits gespeicherten (vergleichbaren) Entscheidungssituationen auf, die der *Temporalpol*[122] und der *Gyrus frontalis medius*[123] mit Emotionen versehen haben, vergleicht diese mit der aktuellen Situation und durchsucht die gespeicherten Erinnerungen an vormalige Situationen nach gangbaren und geeigneten Handlungsalternativen.

In der Frühphase des Entstehens des Gehirns war diese Fähigkeit unerlässlich. Gerade Bedrohungssituationen in der Nahrungsbeschaffung wie in aggressiven, kriegerischen Auseinandersetzungen boten dem Individuum kaum Zeit eine bestimmte Strategie erst langwierig denkerisch zu konstruieren und abstrakt analytisch auf ihre Eignung zu überprüfen. Hier bot sich der Rückgriff auf bereits Erlebtes an, um so schnell und effizient reagieren zu können.

Seine Existenz und Funktion ermöglichten dem Menschen einen wesentlichen Unterschied zum animalischen Denken.[124] Während dieses zwar auch final – wenn auch nur als Reaktion auf einen erforderliche Reiz – (einseitig) erfolgt, besitzt der Mensch die Fähigkeit, eine an sich erforderliche Handlung auf ihre Eignung, aber insbesondere auf deren *Verhältnismäßigkeit* zu überprüfen. Dies ermöglicht ihm, selbst von der Ausführung seines als erforderlich erkannten Verhaltens dann abzusehen, wenn dieses beispielsweise ungeeignet bzw. wenig geeignet zur Erreichung seiner Zwecke, oder hierfür übermäßig, bzw. übermäßig schädlich oder aufwendig ist; eine solche kritische Bewertung und eigenständiger „Rücktritt" ist bei einem „einseitig" bewertenden und handelnden Tier nicht möglich.

In dieser Funktion liegt die besondere Bedeutung des *ventromedialen präfrontalen Cortex* für das Recht. Denn er erleichtert das Auffinden eines Modells für ein situationsangepasstes und -angemessenes Verhalten.

Schädigungen dieses präfrontalen Bereichs können zu einem einseitigen und nur durch einen Stimulus ausgelösten Verhalten beitragen, das einen sozialen Bezug entbehrt (sog. *Utilization Behavior*[125]).

---

[122] Vorderer Bereich des Schläfenlappens.

[123] Wulstig ausgebildete Großhirnwindung an der Stirnseite des Präfrontalen Kortex.

[124] Siehe auch: *Rainer Bösel*: Das Gehirn – Ein Lehrbuch der funktionellen Anatomie für die Psychologie, 2006, S. 199 ff. (m. w. H.).

[125] *Kenji Ishihara/Hiroshi Nishino/Toshiyuki Maki/Mitsuru Kawamura/Shigeo Murayama*: Utilization behavior as a white matter disconnection syndrome", in: Cortex, 2002, Bd. 38,

Beispielsweise genügt die bloße Präsenz eines Hammers und Nagels einen Geschädigten dazu zu verleiten, den Nagel augenblicklich in die Wand zu schlagen, obschon dies – man stelle sich die Situation in einem Werkzeuggeschäft vor – völlig unangemessen und auch strafbar ist.

bb) Der Orbitofrontal-Cortex

In seiner Funktion eng mit dem ventromedialen präfrontalen Cortex[126] verbunden, ist der orbitofrontale Cortex *(Orbitallappen)*. Er bildet den mittleren und unteren Teil des Präfrontal-Cortex und erstreckt sich, neben dem ventromedialen präfrontalen Cortex, zur Innenseite des Gehirns, über der Augenhöhle (*Orbita*). Damit bildet er, als Teil des Assoziationscortex, den Frontallappen der Großhirnrinde.[127]

Evolutionbiologisch rechnet der Orbitofrontal-Cortex ebenfalls zu den erst spät entwickelten Gehirnarealen. Der Orbitofrontal-Cortex ergänzt die Funktionen des *ventromedialen präfrontalen Cortex.*

Er gewährleistet die Wahrnehmung und Verarbeitung der sozialen Folgen des menschlichen Verhaltens, wie *Belohnung* und *Bestrafung*. Diese Konsequenzen kann er auch speichern. Seine vielfältigen Vernetzungen, insbesondere mit dem *limbischen System*[128] und mit der *Amygdala* (dem *Mandelkern*)[129], ermöglicht dem Orbitofrontal-Cortex die Integration von bereits gespeicherten situationsabhängigen und situationsgebundenen Emotionen und emotionalen Werten in die soziale Beurteilung eines Geschehens oder des eigenen Verhaltens.

Handlungswerte – wie Schutz eines Angehörigen, der Wohnstätte, der Gruppe etc. – muss daher der Mensch somit nicht neu und einzeln langwierig denkerisch ermitteln. In Situationen, die eine große und schnelle Handlungsbereitschaft erfordern (Kampf, Jagd etc.), kann daher der Mensch folglich zeitnah und effizient handeln,[130] indem er auf vorbekannte Situationen zurückgreift. Die Kombination dieses Vorganges mit Emotionen erhöht die Handlungsbereitschaft, Konzentration und Opferbereitschaft des Handelnden.

Juristisch wie stammesgeschichtlich aufschlussreich erscheint zudem, dass das Gehirn – anders als der kontinentale Jurist – nicht abstrakt/generell formulierte

Nr. 3, S. 379 ff., (m. w. H.); *Sarah J. Archibald/Catherine A. Mateer/Kimberly A. Kerns* (2001): Utilization behavior: Clinical manifestations and neurological mechanisms, in: Neuropsychology Review, 2001, Nr. 11(3), S. 117 ff. (m. w. H.); *Argye E. Hillis*: Utilization Behavior: What Is Known and What Has to Be Known?, in: Behavioural Neurology, 2014 |Article ID 297128, https://doi.org/10.1155/2014/297128 (m. w. H.).

[126] Siehe oben Teil II Kapitel A. III. 2. a) aa) (m. w. H.).

[127] Gehirn-Atlas: http://www.gehirn-atlas.de/orbitofrontaler-cortex.html.

[128] Siehe unten Teil II Kapitel A. III. 2. b) (m. w. H.).

[129] Siehe unten Teil II Kapitel A. III. 2. b) bb) (m. w. H.).

[130] Siehe oben Teil II Kapitel A. III. 2. a) aa) (m. w. H.).

Verhaltensnormen seiner Bewertung als Maßstab zugrunde legt. Das menschliche Gehirn subsumiert daher nicht eine konkrete Handlung unter die abstrakt/generellen tatbestandlichen Anforderungen einer Norm. Vielmehr vergleicht der Orbitofrontal-Cortex Verhalten mit den – durch das limbische System – in ihm gespeicherten Präzedenzfällen, die der Temporalpol und der *Gyrus frontalis medius*, mit gelernten Emotionen aufgeladen hat. Damit gleicht die Vorgehensweise hirnorganischer Bearbeitung von Recht eher der Case-Law[131]-Methodik des anglo-amerikanischem Rechtskreises.

Ein Verstoß der eigenen Handlung gegen die durch den *ventromedialen präfrontalen Cortex* dargebotenen und durch den *Temporalpol* und den *Gyrus frontalis medius* mit „Emotionen aufgeladenen[132]" Regeln – bzw. erinnerten Verhaltensmustern – löst Gefühle wie Angst, Sorge oder auch Scham[133] aus. Dieses signalisiert seinem Träger auf emotionale Weise, ob eine Handlung situations-adäquat oder unangepasst bzw. unzulässig ist. Das System von *ventromedialem präfrontalem Cortex* und der Orbitofrontal-Cortex erscheinen so als ethisch/moralisches Gewissen.

Oft wird dem Menschen die Aktivität dieses Systems nicht deutlich bewusst. Er empfängt aber – im Fall der Vornahme einer verbotenen Handlung – ein „ungutes Bauchgefühl"[134], eine „ungute Ahnung" oder eine „Intuition". Diese Emotion ist identisch mit der sog. „juristischen Intuition" oder dem „Rechtsgefühl[135]".

Gerade die hier beschriebene hirnorganische Funktionsweise des Neo-Cortex bzw. des *Orbitofrontal-Cortex* als Verhaltens-Kontrollinstanz entkräftet den, insbesondere gegen die Sozialbiologie erhobenen Vorwurf,[136] menschliches Verhalten als durch seine Biologie vorgeprägt begreifen zu wollen (sog. Determinismus-Kritik[137]).

---

[131] Dazu: *Felix Maultzsch*: Grundstrukturen der englischen Case Law-Methodik, in: Joachim Rückert/Ralf Seinecke: Methodik des Zivilrechts – von Savigny bis Teubner, 2. Auflage, 2012, S. 470 ff. 476 ff. (m. w. H.).

[132] Siehe: *Monika Pritzel/Matthias Brand/Hans J. Markowitsch*: Gehirn und Verhalten – Ein Grundkurs der physiologischen Psychologie, Heidelberg 2003, S. 209, 469, 428 (m. w. H.).

[133] Dazu im Einzelnen siehe unten Teil III Kapitel E. Kapitel E. IV. 2 (m. w. H.).

[134] Dazu siehe: *Gerd Gigerenzer*: Bauchentscheidungen 2008, Gigerenzer nennt zahlreiche Situationen – darunter auch den Zeitmangel – in denen Menschen weniger rational als unbewusst emotional gesteuert, also aus dem Bauch heraus entscheiden, S. 49 ff., 117 ff.; *Dieter Krimphove*: Die „Logik" der Überzeugungskraft, in: Rechtstheorie, 2019, S. 107 ff. 112 (m. w. H.).

[135] Dazu im Einzelnen: *Dieter Krimphove*: Gefühltes Recht, – Über die hirnorganische Evolution von Recht – in: Rechtstheorie 40, 2009, S. 99 ff. (m. w. H.).

[136] Dazu im Einzelnen siehe oben Teil I Kapitel D. (m. w. H.).

[137] Siehe: *Richard Lewontin*: Sociobiology: Another Biological Determinism. In: International Journal of Health Services, Vol. 10, Nr. 3, 1980, S. 347 ff. (m. w. H.); *Paul Morsbach*: Die Entstehung der Gesellschaft: Naturgeschichte des menschlichen Sozialverhaltens, 2001; *Theresa Marché*: A Reply to Mark Sidelnick: No More Pseudoscience, Please, in: Studies in Art Education, Vol. 35, Nr. 2, 1994, S. 114 ff. (m. w. H.); *Walda Katz Fishman/Jan M. Fritz*: The Politics of Sociobiology, in: Critical Sociology, 10, Nr. 1, Juli 1980, S. 32 ff. (m. w. H.); *Allan*

(1) Folgen der Traumatisierung des ventromedialen präfrontalen Cortex und des Orbitofrontal-Cortex: Die Fälle Gage und Stevanin

Die Traumatisierung des *präfrontalen*, eigens des *Orbitofrontal-Cortex*, löst wahrnehmbare Persönlichkeitsveränderungen aus (*disinhibitorische Symptomkomplex*). Seine Schädigung äußert sich insbesondere in Verhaltensauffälligkeiten, wie *maßlose Triebbefriedigung*, *Hyperphagie*, *Hypersexualität*, ziellose impulsive *Aktivitätssteigerung*, *Hemmungs-*, *Distanz-* und *Kritiklosigkeit*, d.h. fehlendes Taktgefühl, ungehemmter Sprech- und Mitteilungsdrang, z.T. in Vulgärsprache, mit Erfinden unwahrer Ereignisse (Konfabulation) sowie in Missachten sozialer Normen und Verhaltensregeln, unreifes Auftreten bei gedanklicher Ablenkbarkeit, *Aufmerksamkeits-*, *Konzentrationsstörungen*, *Ideenflucht* und *Witzelsucht*.[138] Dabei sind die Folgen des sozialen Fehlverhaltens für den Traumatisierten entweder nicht erkennbar oder er steht ihnen gleichgültig gegenüber.

Nachfolgende Sachverhalte, insbesondere die Fälle *Gage* und *Stevanin*, bilden deutliche Beispiele für die Verhaltensauffälligkeiten des *disinhibitorischen Symptomkomplexes* bei Läsionen der oben angegebenen Bereiche. Letztlich bestätigen diese und weiterer Fallstudien[139] die hier aufgestellte These, dass „Recht" evolu-

---

Ardill: Sociobiology, Racism and Australian Colonisation, in: Griffith Law Review. 18, Nr. 1, 2009, S. 82ff.; *Ethel Tobach/Betty Rosoff* (Hrsg.): Challenging Racism and Sexism: Alternatives to Genetic Explanations. Feminist Press at the City University of New York, 1994, S. 76f. (m.w.H.); *Halford H. Fairchild*: Scientific Racism: The Cloak of Objectivity. (PDF; 802 kB) in: Journal of Social Issues. Vol. 47, Nr. 3, 1991, S. 101ff. (m.w.H.).

[138] Siehe: *Manfred Herrmann/Sergio E. Starkstein/Claus W. Wallesch*: Neuropsychiatrische Störungen in der Neurorehabilitation, in: Peter Frommelt/Holger Grötzbach (Hrsg.): Neuro-Rehabilitation. Grundlagen, Praxis, Dokumentation, 2010; *Peter Frommelt/Hubert Lösslein* (Hrsg.): NeuroRehabilitation. 2. Aufl., 2010; *G. Matthes von Cramon/D. Yves von Cramon*: Störungen exekutiver Funktionen, in: Walter Sturm/Manfred Hermann/Claus W. Wallesch: Lehrbuch der klinischen Neuropsychologie: Grundlagen, Methoden, Diagnostik, 2000, S. 392ff. (m.w.H.); *Gabriele Matthes von Cramon*: Exekutivfunktionen, in: Peter Frommelt/Holger Grötzbach (Hrsg.): NeuroRehabilitation. Grundlagen, Praxis, Dokumentation, 2010; *Elkhonon Goldberg*: The New Executive Brain, 2009 (m.w.H.).

Siehe: *Frans B. M. de Waal* (FN 40), S. 56ff.; *Sarah F. Brosnan/Hillary C. Schiff/Frans B. M. de Waal*: Tolerance for inequity increases with social closeness in chimpanzees, in: Proceedings of the Royal Society B 272, 2005, S. 253ff.; *Sarah F. Brosnan/Frans B. M. de Waal*: Monkeys reject unequal pay, in: Nature, 2003, 425, S. 297ff. (m.w.H.); *Frans B. M. de Waal*: Primaten und Philosophen, München 2008, S. 66ff. (m.w.H.).

[139] *Antonio R. Damasio*: Descartes' Irrtum – Fühlen, Denken und das menschliche Gehirn, Berlin 2004; auch: *Malcom MacMillan*: An Odd Kind of Fame, Stories of Phineas Gage, Cambridge 2000; *John Fleischmann*: Phineas Gage: A Gruesome Bit Trie Story about Brain Science, Boston 2004; *Hans J. Markowitsch/Werner Siefer*: Tatort Gehirn: auf der Suche nach dem Ursprung des Verbrechens, 2007, S. 124ff. (m.w.H.), S. 72ff., 74, 147ff., 116ff. 122ff. (m.w.H.); *Hans J. Markowitsch/Josef Kessler*: Massive impairment in executive functions: The case of a patient with severe degeneration of the prefrontal cortex, in: Experimental Brain Research, Vol. 133, 2000, S. 94ff.; *Dieter Krimphove*: Gefühltes Recht, – Über die hirnorganische Evolution von Recht, in: Rechtstheorie 40, 2009, S. 99ff., 107ff. (m.w.H.).

tionsbiologisch entstanden ist, da es auch hirnorganisch mit der stammesgeschichtlichen Entwicklung des Menschen verbunden ist.[140]

Phineas Gage

Dem vor seinem Arbeitsunfall sozial unauffälligen Mienen-Arbeiter Phineas Gage trieb eine fahrlässig ausgelöste Explosion eine Eisenstange durch den Frontallappen seines Gehirns und zerstörte seinen präfrontalen Cortex.[141] Seine Schädelverletzung überlebte Herr Gage. Er zeigte aber nach dem Unfall ein kindisches, rücksichts- und hemmungsloses Sozialverhalten.[142]

Gianfranko Stevanin

Auch im Fall Gianfranko Stevanin[143] zerstörte ein im Alter von 16 Jahren erlittener schwerer Motoradunfall oben aufgeführte Hirnareale. Diese Schädigung wandelte den sozial Unauffälligen in einen brutalen Sexualmörder.[144]

Lobotomie

Besonderen Aufschluss über die hirnorganische Verortung des *Rechts* bietet die heute nicht mehr gebräuchliche Methode der „Lobotomie". Bei diesem hirnorganischen Eingriff dringt der Operateur durch die Augenhöhle mit einem „eispickel-ähnlichen" spitzen Werkzeug in das Gehirn ein und schwenkte dies, um so Nerven vom Stirnlappen zum, in der Gehirn-Mitte liegenden Thalamus zu

---

[140] Auch: *Marc D. Hauser*: Moral Minds: How Nature Designed Our Universal Sense of Right and Wrong, 2006; *Alexander J. Field*: Altruistically inclined: The behavioral sciences, evolutionary theory, and the origins of reciprocity, 2001; *Rita Carter*: Gehirn und Geist – Eine Entdeckungsreise ins Innere unserer Köpfe, 2010, S. 130, ff. (m. w. H.); *Monika Emilia Miranoicz*: Gehirn und Recht – Wie neurowissenschaftliche Erkenntnisse das Dilemma zwischen Naturrecht und Positivismus überwinden können; *Michael Klöpfer u. a.* (Hrsg.): Berliner Juristische Universitätsschriften – Grundlagen des Rechts, Bd. 46, 2009, S. 127 ff. 81, 103 f. (m. w. H.); *Dieter Krimphove*: Gefühltes Recht, – Über die hirnorganische Evolution von Recht, in: Rechtstheorie 40, 2009, S. 99 ff., 100 ff., 110, 116 ff. (m. w. H.).

[141] Siehe: *Dieter Krimphove*: Gefühltes Recht, – Über die hirnorganische Evolution von Recht – in: Rechtstheorie 40 (2009), S. 99 ff., 107 ff. (m. w. H.); *Hans J. Markowitsch/Werner Siefer*: Tatort Gehirn: auf der Suche nach dem Ursprung des Verbrechens, 2007, S. 124 ff. (m. w. H.).

[142] *Antonio R. Damasio*: Descartes' Irrtum – Fühlen, Denken und das menschliche Gehirn, Berlin 2004; auch: *Malcom MacMillan*: An Odd Kind of Fame, Stories of Phineas Gage, Cambridge, 2000; *John Fleischmann/Phineas Gage*: A Gruesome Bit Trie Story about Brain Science, Boston 2004; *Dieter Krimphove*: Gefühltes Recht, – Über die hirnorganische Evolution von Recht, in: Rechtstheorie 40, 2009, S. 99 ff., 107 ff. (m. w. H.).

[143] *Taube Wild*: Das Gehirn – der Mörder: Eine Auseinandersetzung mit dem Fall Gian Franco Stevanin, 2013; *Cristiana Lodi/Pietro Pacchioni*: Indagine su un mostro. Il caso Stevanin, 1999; siehe: *Hans J. Markowitsch/Werner Siefer*: Tatort Gehirn: auf der Suche nach dem Ursprung des Verbrechens, 2007, S. 116 ff.; *Carlo Lucarelli/Massimo Picozzi*: La Nera, 2006, S. 264 ff.

[144] *Hans J. Markowitsch/Werner Siefer*: Tatort Gehirn: auf der Suche nach dem Ursprung des Verbrechens, 2007, S. 116 ff., 118 ff. (m. w. H.).

durchtrennen.[145] Wissenschaftliche Studien über den Erfolg und medizinischen Nutzen dieser Operationsart, zur Schmerzausschaltung und zur Behandlung psychischer Störungen, existieren nicht. Offenbar zog die Operation die oben aufgeführten Hirnareale, insbesondere den *Orbitofrontal-Cortex*, kaum in Mitleidenschaft, so dass zwar erhebliche Schäden als Folgen dieses Eingriffs eintraten [Epileptische Anfälle, Bewegungseinschränkungen, emotionale Probleme, Einschränkungen des Denkvermögens, Persönlichkeitsveränderungen, Apathie, Inkontinenz]. Diese Folgen waren aber – im Gegensatz zu denen im Fall „Phineas Gage“ und „Gianfranco Stevanin“ – weitgehend „rechts-unspezifisch“.

(2) Bestätigung obiger Ergebnisse durch aktuelle Forschung

Neuere Experimente eines Forscherteams der Universität Zürich[146] scheinen zudem die obige Darstellung zu bestätigen. Danach kann eine Hirnstimulation des *präfrontalen Cortex* das Befolgen sozialer Normen positiv wie negativ beeinflussen. Diese Aussagen beziehen sich allerding nur auf den präfrontalen Cortex der rechten Hirnhemisphäre[147].[148]

In der Experimentanordnung sollten 63 Probanden Geld mit einem anonymen Partner gerecht teilen. Dabei wurde den Probanden einmal keine oder, in der Abwandlung des Experiments, Sanktionen für unfaire Handlungen angedroht.

Die Steigerung der Aktivität der Nervenzellen des *rechten präfrontalen Cortex* durch deren künstliche Stimulation führte zu der Zunahme der Einhaltung der Norm (hier: gerechtes Verteilen von Geld).

Dabei verändert die Stimulation die Wahrnehmung der Norm und ihres Inhaltes durch die Probanden nicht. Ergebnisirrelevant war auch, ob die Probanden mit Sanktionen bedroht worden waren oder nicht.

Hieraus schließen die Forscher, dass das Gehirnareal bzw. der Gehirnmechanismus zur Einhaltung sozialer Normen von jenem begrifflich und funktional zu trennen ist, das die Kenntnis der Regel und ihres Inhaltes ermöglicht.[149]

---

[145] *Joel Braslow*: Therapeutic effectiveness and social context: the case of lobotomy in a California state hospital, 1947–1954, in: The Western journal of medicine Bd. 170, No 5, 1999, S. 293 ff.; gesundheit.de: https://www.gesundheit.de/medizin/behandlungen/operationen/lobotomie.

[146] *Christian C. Ruff/GiuseppeUgazio/Ernst Fehr*: Changing social norm compliance with noninvasive brain stimulation, in: Science, 2013, Vol. 342, Bd. 6157, S. 482 ff.

[147] *rLPFC*.

[148] *R. Douglas Fields*: Brain Stimulation Can Control Compliance with Social Norms, in: Scientific American, 2013, https://blogs.scientificamerican.com/mind-guest-blog/brain-stimulation-can-control-compliance-with-social-norms/; *Jochen Ebmeiers*: Wo im Gehirn sitzt die Moral?, Freitag, 4. Oktober 2013, http://ebmeierjochen.blogspot.com/2013/10/wo-im-gehirn-sitzt-die-moral.html; *Elizabeth Culotta*: Brain Stimulation Sparks ‚Machiavellian‘ Choices, in: Science 4 10, 2013,Vol. 342, Heft 6154, S. 25 ff. (m. w. H.).

[149] *Christian C. Ruff/GiuseppeUgazio/Ernst Fehr*: Changing social norm compliance with noninvasive brain stimulation, in: Science, 2013, Vol. 342, Bd. 6157, S. 482 ff., https://science.sciencemag.org/content/342/6157/482.full.

Auch dieses Ergebnis entspricht der hier geäußerten Sicht, nach der der präfrontale Cortex für das Kennen und das Verständnis des Rechts zuständig ist, vor allem aber der *ventromediale präfrontale Cortex* die Einhaltung und Durchsetzung von Recht im Einzelfall steuert.

b) Das Limbische System

Verbunden sind die planerisch rational orientierten und evolutionsbiologisch jüngeren Gehirnareale des *Neo-Cortex*[150] mit einem entwicklungsgeschichtlich weitaus älteren, dem *Limbischen System*; weitgehend bestehend aus dem *Gyrus cinguli*, dem *Hippocampus* und der *Amygdala*.[151]

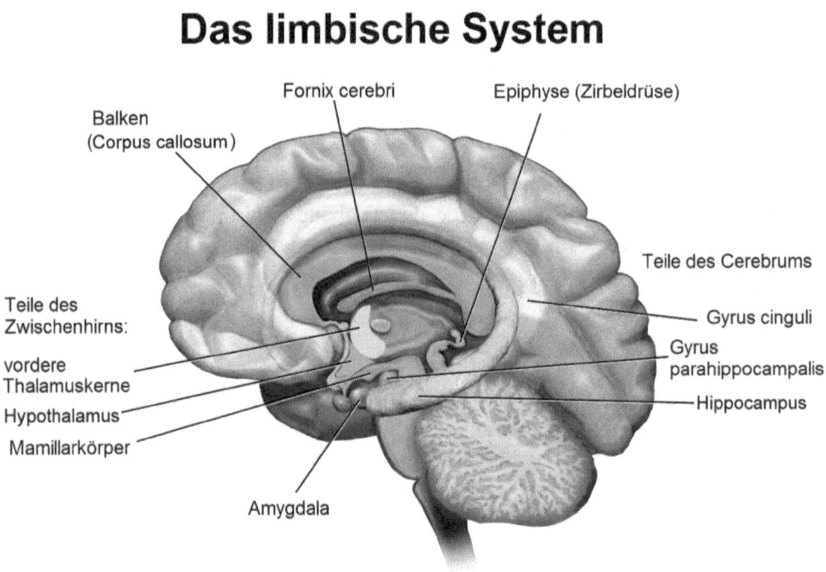

Abb. 4: Das limbische System

Entwicklungsgeschichtlich bildete ein *Limbisches System* bereits Arten wie Echsen, Vögel und wahrscheinlich auch Dinosaurier aus, die evolutionsbiologisch weitaus älter sind als Säugetiere bzw. *Hominiden*. Das Limbische System – ins-

[150] *Max-Planck-Gesellschaft*: Evolutionärer Schlüssel für ein vergrößertes Gehirn, 18. Juni 2020, https://www.mpg.de/evolutionaerer-schluessel-fuer-ein-vergroessertes-gehirn; Siehe oben Teil II Kapitel A. III. 2. a) (m. w. H.).

[151] Abbildung: Blausen.com staff (2014). „Medical gallery of Blausen Medical 2014“. Wiki-Journal of Medicine 1 (2). DOI:10.15347/wjm/2014.010. ISSN 2002–4436. Derivative work by Geo-Science-International (https://commons.wikimedia.org/wiki/File:Limbisches_System.jpg), „Limbisches System“, https://creativecommons.org/licenses/by/3.0/legalcode.

besondere mit seinen Bestandteilen dem Hippocampus, der Amygdala – stellt ein „emotions-orientiertes Erinnerungssystem“ des Gehirns dar. In seiner Verbindung mit dem wesentlich jüngeren *Orbitofrontal-Cortex* und dem entwicklungsgeschichtlich älterem *vorderen Bereich* des *Gyrus cinguli* speichert es Verhaltensmuster, die ein externer Reiz abrufen und reaktivieren kann.[152]

aa) Der Hippocampus

Der Hippocampus erzeugt und verarbeitet Emotionen. Diese verbindet er mit den jeweiligen Objekten bzw. Situationen. Spezielle *NMDA-Rezeptoren*[153] verankern so die Kombination Erinnerungs-Gegenstand-Gefühl im Langzeitgedächtnis des Menschen[154] und machen sie so für ihn beständig abrufbar.

Auf diese Weise konnten Frühmenschen beim Betreten einer Steppe nicht nur eine weite Sicht genießen und Nahrung schneller entdecken. Der Hippocampus rief in ihm gleichzeitig das Gefühl der Angst oder zumindest des Unbehagens hervor, in dieser Steppe selber leichte Beute von Angriffen zu werden. Entwicklungsgeschichtlich dient diese Funktion unmittelbar des Überlebens der Hominiden.

Von ausschlaggebender Bedeutung ist dabei, dass der *Hippocampus* durch seine Verschaltung mit dem *Präfrontal-Cortex* nicht nur mit diesen einzelnen Objekten oder isolierte Tatsachen speichert. Gerade die Kooperation beider Hirnareale bewirkt, dass das menschliche Gehirn auch sinnvolle, ablaufende Ereignisse als kausale *Handlungsabläufe* konserviert (sog. *Episodisches Gedächtnis*). Eigens das episodische Gedächtnis hilft dem Menschen rasch und konsequent ein einmal Erlebtes gedanklich aufzurufen und dann entsprechend zu handeln.

Ein Mensch, der einmal von einem Hund angegriffen, vor anderen Menschen öffentlich bloßgestellt oder bei einem Geschäftsabschluss ausgetrickst wurde, wird in Konfrontationen mit Hunden, bei seinen öffentlichen Auftritten oder künftigen Vertragsverhandlungen immer zumindest ein „mulmiges“ Gefühl „entwickeln“. Diesem kann er sich dann zwar – mit Hilfe der Entscheidungsfähigkeit seines *Neo-Cortex* – im jeweiligen Einzelfall wiedersetzen; eine „unbewusste“ Warnung wird das Gehirn, respektive der *Hippocampus*, jedoch weiterhin in ähnlichen künftigen Anlässen „aussprechen“.

---

[152] *Monika Pritzel/Matthias Brand/Hans J. Markowitsch*: Gehirn und Verhalten – Ein Grundkurs der physiologischen Psychologie, Heidelberg 2003, S. 19, 427.

[153] *Holger Stark/Ulrich Reichert/Sven Graßmann*: Struktur, Funktion und potentielle therapeutische Bedeutung von NMDA-Rezeptoren, Teil 1: Architektur und Modulation der Rezeptoren; Teil 2: Therapiekonzepte und neue Rezeptorliga, in: Pharmazie in unserer Zeit, Heft 29., 2000, Nr. 4.

[154] Siehe dazu: *Irenäus Eibl-Eibesfeldt*: Gewalt und Fürsorglichkeit. Der Mensch im Spannungsfeld zwischen Liebe und Hass, Zürich 1996, S. 66 ff. (m. w. H.).

Der *Hippocampus* referiert nicht nur vergangene, gespeicherte Situationen. Er erkennt und „lernt[155]“ auch neue. Hierzu aktiviert er eine Verbindung zum *Striatum*, einem Teil des Belohnungs- und Motivationssystems, der diesen „*Lern*-Prozess“ mit einem Gefühl von Genugtuung und Freude verbindet.[156]

Das *episodische Gedächtnis* erscheint als Schwelle des Übergangs vom Tier zum Menschen. Zwar besitzen auch Tiere eine Form des Gedächtnisses, nämlich ein semantisches Gedächtnis zur Aufnahme und zum Abruf isolierter Informationen. So kennt der Ochse seine Futterkrippe, der Esel seinen Herrn. Jedoch ist es nach dem heutigen Wissensstand unmöglich, dass ein Tier auch komplexe Handlungsabfolgen in einem episodischen Gedächtnis aufnehmen kann; denn dies setzt voraus, dass sich das Tier

1. selbst,
2. in einer bestimmten sozialen Situation, d. h.
   a. in einem bestimmten Raum,
   b. zu einer bestimmten Zeit und
   c. in einem bestimmten Bezug zu anderen Individuen und/oder
   d. zur Gruppe

   wahrnehmen kann.

Eigens diese überaus komplexen und differenzierten mentalen Anforderungen, die beispielweise das oben ausgebreitete „Jagd-Beispiel[157]“ beschreibt, kann nur der Mensch erfüllen. Nur er kann mit Hilfe seines *Hippocampus* und, insbesondere zur Etablierung seines *Selbstbewusstseins* bzw. seiner *Selbsreflexion*,[158] unter Einsatz seines *medialen präfrontalen Cortex* und des *anterioren cingulären Cortex*[159] diesen Aufgaben in wechselnden Situationen nachkommen.[160/161]

---

[155] Hierzu im Einzelnen siehe unten Teil II Kapitel A. III. 3. (m. w. H.).

[156] Dazu sieh auch die Ausführungen zum *anterioren cingulären Cortex*, siehe unten Teil II Kapitel A. III. 2. b) cc) (m. w. H.).

[157] Siehe oben Teil II Kapitel A. I. 4. (m. w. H.).

[158] *Werner Vogd*: Gehirn und Gesellschaft, 2010, S. 363 ff. (m. w. H.).

[159] Siehe: *Matt Cartmill/Fred H. Smith*: The Human Lineage, 2009, S. 211 (m. w. H.); *Sherewood L. Washborn/Chet Lancaster*: The Evolution of Hunting, in: Richard B. Lee/Irven DeVore (Hrsg.): Man the Hunter, 1968, S. 293–303 (m. w. H.); Zur Ökonomik und Bedeutung der Arbeitsteilung in den frühmenschlichen Gesellschaften, siehe unten: Kapitel A. I. 4.; Teil III Kapitel G. III. (m. w. H.); *Dieter Krimphove*: A historical Overview of the Development of Legal Logic, in: Gabriel M. Lentner (Hrsg.): Law and Logic – Contemporary Issues, S. 11 ff., 44 ff.; zur Bedeutung der Arbeitsteilung im Einzelnen siehe oben Teil II Kapitel A. I. 3. b) (m. w. H.).

[160] Siehe oben Teil II Kapitel A. I. 4. (m. w. H.); auch Kapitel A. I. 3. b) (m. w. H.).

[161] Das Bewusstsein für jene Handlungen, die wir gerade geplant haben und ausführen werden, entwickelte sich erst durch die nervliche Verbindung der handlungsplanenden Gehirnareale (dem Neo-Cortex und insbesondere dem *ventromedialen präfrontalen Cortex)* mit den

bb) Die Amygdala

Die vor dem Hippocampus gelegene *Amygdala* kommuniziert intensiv mit dem *orbitofrontal-Cortex*[162] bzw. dem *ventromedialen Präfrontalcortex*[163], um ein breites Spektrum lebenswichtiger Gefühle (*Angst, Furcht, Trauer, Erstaunen, Schrecken, Rachelust* und *Wut*[164], aber auch *Glück, Befriedigung* und *Freude*) zu generieren und zu verarbeiten.

Ihre mindestens 13 Teil-Areale stehen dazu in einer unmittelbaren Vernetzung zu einer Vielzahl von Gehirnarealen.[165] Dieser intensive Anschluss an zahlreiche Teile des Gehirns verdeutlicht ihre fundamentale, lebenserhaltende Funktion. Der Amygdala kommt vorwiegend die Bedeutung eines „Furchtzentrums“ zu.[166] Sie verbindet dazu[167] äußere Erscheinungen mit meist negativen Emotionen[168] und aktiviert, nach Wiedereintritt des Reizes,[169] unmittelbar, d. h. *reflexartig*, die entsprechenden vegetativen Flucht-, Verteidigungs- oder Vermeidungs-Reaktionen.

So löst etwa der Blick auf eine Spinne[170] oder eine Schlange ein unmittelbares, z. T. heftiges Erschrecken aus.

Patienten mit einer Schädigung der beidseitigen Amygdala (*Urbach-Wiethe-Syndrom*[171]) empfinden, selbst in unmittelbar lebensbedrohlichen oder trauma-

---

Bewusstseins-Arealen (*medialen präfrontalen Cortex*, den *anterioren cingulären Cortex*, aber auch *dem somatosensorischen Cortex dem parientalen Cortex)*. So auch: *Rita Carter*: Das Gehirn – Anatomie, Sinneswahrnehmung, Gedächtnis, Bewusstsein, Störungen 2014, S. 193; erklärbar sind so die Ergebnisse des sog. „Libet-Experimentes“, *Benjamin Libet/Curtis Gleason/Elwood W. Wright/Dennis K. Pearl*: ‚Time of conscious intention to act in relation to onset of cerebral activity (readiness-potential) – The unconscious initiation of a freely voluntary act‘, in: Brain a Journal of Neurology, 1983, Vol. 106, S. 623 ff.; *Peter G. H. Clarke*: The Libet experiment and its implications for conscious will, in: The Faraday Papers, 2013, S. 1 ff. (m. w. H.).

[162] Siehe oben Teil II Kapitel A. III. 2. a) bb) (m. w. H.).

[163] Siehe oben Teil II Kapitel A. III 2. a) aa) (m. w. H.).

[164] Dazu im Einzelnen siehe unten Teil II Kapitel B. IV. (m. w. H.).

[165] *Daniel Bzdok/Angela R. Laird/Karl Zilles/Peter T. Fox/Simon B. Eickhoff*: An investigation of the structural, connectional and functional sub-specialization in the human amygdala. Human Brain Mapping, 2012.

[166] Siehe aber: *Roland N. Boubela/Klaudius Kalcher/Wolfgang Huf/Eva-Maria Seidel/Birgit Derntl/Lukas Pezawas/Christian Našel/Ewald Moser*: fMRI measurements of amygdala activation are confounded by stimulus correlated signal fluctuation in nearby veins draining distant brain regions, in: Scientific Reports, 2015, Vol. 5, Article Nr.: 10499.

[167] Vorwiegend im *basolaterale limbische Schaltkreis*.

[168] Studien belegen, dass die Amygdala bei jeder Form der Erregung, d. h. auch Sexueller Erregung beteiligt ist: *Ralph Adolphs*: Emotional vision, in: Nature Neuroscience, No 7, 2004, S. 1167 ff.

[169] Siehe: *Patricia H. Janak/Kay M. Tye*: From circuits to behaviour in the amygdala, in: Nature, Bd. 517, Nr. 7534, 14 Januar 2015, S. 284 ff.

[170] *Monika Pritzel/Matthias Brand/Hans J. Markowitsch*: Gehirn und Verhalten – Ein Grundkurs der physiologischen Psychologie, Heidelberg 2003, S. 391 (m. w. H.).

[171] Siehe: *Robin A. Emsley/Louis Paster*: Lipoid proteinosis presenting with neuropsychiatric manifestations, in: J Neurol Neurosurg Psychiatry, 1985, Vol. 48, S. 1290 ff. (m. w. H.).

tischen Situation keine Furcht oder Angstreaktion.[172] So sind Menschen, deren Amygdala und/oder deren Verbindung zum orbitofrontalen Cortex[173] beeinträchtigt ist, außerstande, warnende Hinweise zur Vermeidung eines riskanten Geschäftes oder eines erneuten Spieleinsatzes zu empfangen und/oder zu befolgen.

cc) Der anteriore cinguläre Cortex

Der Mensch – nicht nur der Ur-Mensch – bedarf zu jeder sinnvollen und sozialrelevanten Handlung eine „Rückkopplung“ und/oder eines *Korrektivs* seiner eigenen Handlung. Anders ist sozial kooperatives und auch das oben als Notwendigkeit angedeutete arbeitsteilige Verhalten[174] nicht vorstellbar.

Im oben wiedergegebenen „Jagd-Beispiel[175]“ verfehlt ein singulärer, unkoordinierter Beitrag eines Einzelnen zum Jagdgeschehen völlig seine Wirkung oder hat sogar für die Gruppe oder einzelne ihrer Teilnehmer schädigende Folgen.

Der entwicklungsgeschichtlich länger als der gesamte *Neo-Cortex*[176] bestehende *cinguläre Cortex* erfüllt diese entwicklungsgeschichtlich für die Entwicklung des Menschen so richtungsweisende wie bedeutungsvolle Aufgabe: Als Funktionselement des limbischen Systems, und als solcher ebenso bei der Verarbeitung wie an der Ausbildung von Gefühlen und an der Unterstützung von Gedächtnisleistungen beteiligt,[177] registriert und überwacht der *cinguläre Cortex* insbesondere jeden durch eine Handlung des Menschen beabsichtigten und erreichten *Fortschritt*. Gleichzeitig erkennt er Abweichungen von der Ziel-Erreichung und „korrigiert“ diese, indem er die Versorgung weiterer, einschlägiger Hirnareale mit Nährstoffen und Energie erweitert. Hierbei spielen Aspekte wie *Belohnung* und *Bestrafung* eine entscheidende Rolle, so dass eigens der *anteriore cinguläre Gyrus* nicht nur

---

[172] *Justin S. Feinstein/Ralph Adolphs/Antonio R. Damasio/Daniel Tranel*: The human amygdala and the induction and experience of fear, in: Current biology, 2011, Vol. 21(1), 34 ff.; (außer in Erstickungssituationen) *Justin S. Feinstein/Colin Buzza/Rene Hurlemann/Robin L Follmer/Nader S Dahdaleh*: Fear and panic in humans with bilateral amygdala damage, in: Nature Neuroscience, 2011, Vol. 16, Nr. 3, S. 270 ff. (m. w. H.).

[173] Siehe oben Teil II Kapitel A. III. 2. a) bb) (m. w. H.).

[174] Siehe: *Matt Cartmill/Fred H. Smith*: The Human Lineage, 2009, S. 211 (m. w. H.); *Sherewood L. Washborn/Chet Lancaster*: The Evolution of Hunting, in: Richard B. Lee/Irven DeVore (Hrsg.): Man the Hunter, 1968, S. 293–303 (m. w. H.); *Michael Timasello*: Eine Naturgeschichte der menschlichen Moral, 2016, S. 22 ff. (m. w. H.); Zur Ökonomik und Bedeutung der Arbeitsteilung in den frühmenschlichen Gesellschaften siehe unten: Kapitel A. I. 4.; Teil III Kapitel G. III. (m. w. H.).; *Dieter Krimphove*: A historical Overview of the Development of Legal Logic, in: Gabriel M. Lentner (Hrsg.): Law and Logic – Contemporary Issues, S. 11 ff., 44 ff.; zur Bedeutung der Arbeitsteilung im Einzelnen siehe oben Teil II Kapitel A. I. 3. b) (m. w. H.); Teil III Kapitel G. III. (m. w. H.).

[175] Siehe oben Teil II Kapitel A. I. 4.

[176] Siehe oben Teil II Kapitel A. III. 2. a) (m. w. H.).

[177] *Joachim Bauer*: Das Gedächtnis des Körpers: Wie Beziehungen und Lebensstile unsere Gene steuern, 2014.

eine Folgenabschätzung des Verhaltens seines Trägers, sondern auch diesem einen Verhaltens- und Strategiewechsel ermöglicht.

Dem hinteren Bereich des cingulären Gyrus, dem *anterioren cingulären Gyrus*, kommt dabei die anspruchsvolle Funktion zu, den jeweiligen sozialen Kontext der Handlung für die Zielerreichung festzustellen, so dass ein Strategiewechsel nach den juristischen Kriterien von *Erlaubt* und *Verboten* erfolgen kann.

Das Erreichen eines gesetzten Zieles verfolgten daher schon die ersten Menschen nicht als Selbstzweck, sondern stets gruppenbezogen und gruppenadäquat.[178] Dies sicherte dem Menschen die stete Integration seines (arbeitsteiligen) Beitrages in den sozialen Kontext seiner Gruppe und sicherte ihm so deren Akzeptanz.[179]

Da speziell der *anteriore cinguläre Gyrus* überaus vielseitig mit den unterschiedlichsten verschiedensten Gehirnteilen, der *Amygdala*, dem *Hippocampus*, dem *Nucleus accumbens*, dem *Thalamus* und dem *Insulaen Cortex*, vernetzt ist,[180] empfängt er aus diesen diversen Hirnarealen zahlreiche Informationen. Er kann somit Entscheidungen vorbereiten, indem er unterschiedliche und auch widersprüchliche Informationen und Reize gegeneinander *abwägt.*

Er erfüllt diese Aufgabe mithilfe der emotionalen Bewertung der äußeren Umstände und deren Verknüpfung mit der inneren Gefühlslage des Menschen. Damit besitzt er so umfassende Fähigkeiten wie die Neuausrichtung des *Aufmerksamkeitsfokus* der Erkenntnis neuer Handlungsalternativen und Lebensoptionen und der *Anpassung* an neue Ziele und Lebensumstände.[181] Eine Schädigung oder Unterversorgung dieses Gehirnareals führt folgerichtig zu *Aufmerksamkeitsstörung*, *Akinetischem Mutismus*, *Autismus*, *Emotionaler Instabilität* oder *Zwangsstörungen*, *Depressionen* oder *Schizophrenie*.[182]

Rechtlich hat dieser Gehirnbereich eine besondere Bedeutung, finden doch hier Vorgänge wie die Überprüfung des Handlungserfolges, Korrektur durchgeführter oder begonnener Handlungs-Strategien und bestehender Absichten nach den juristischen Kriterien von Erlaubt und Verboten statt.

Diese Prozesse erfolgen als selbst-reflektiertes *Abwägen* bzw. als ein abwägendes Denken. Sie dokumentieren die Fähigkeit des Menschen und seines Gehirns zu umsichtigem, einzelfalladäquatem und sozialem Entscheiden. Gleichzeitig integriert speziell der *anteriore cinguläre Gyrus* emotionale Werte, so dass emotionale

---

[178] Siehe oben Teil II Kapitel A. I. 4. (m. w. H.).

[179] Zur Problematik der „Zurückweisung“ siehe unten in diesem Kapitel.

[180] *Dorotee Watz*: Die Bedeutung des anterioren Gyrus cinguli in der Pathogenese schizophrene Erkrankungen – eine Magnetresonanztomographische in-vivo Untersuchungen zur Quantifizierung und struktureller Veränderungen, 2005, S. 11 (m. w. H.).

[181] *Daniel G. Amen*: Das glückliche Gehirn: Ängste, Aggressionen und Depressionen überwinden – So nehmen Sie Einfluss auf die Gesundheit Ihres Gehirns, 2013.

[182] *Joachim Bauer*: Das Gedächtnis des Körpers: Wie Beziehungen und Lebensstile unsere Gene steuern, 2014.

Bindungen und *Mitgefühl* auch Aspekte der Entscheidungsfindung sind. *Altruistisches*, d. h. uneigennützigen Verhalten zu Gunsten anderer „belohnt“ mit einem Gefühl der Freude und Befriedigung zudem der *Sulcus temporalis superior.*[183]

Es versteht sich von selbst, dass ein solches System der Erfolgskontrolle, des Mit- und Gruppengefühls und des Sichzuwendens zu neuen Zielen und ihren Strategien bereits dem Früh-Menschen erhebliche Überlebens- und Evolutionsvorteile verschaffte.[184]

Ein „funktionstauschendes Verhalten“ lässt sich bereits bei einigen Säugetieren feststellen. Viele in Rudeln jagende Tiere, etwa Wölfe, wechseln sich bei der Jagd ab, indem der eine Teil der Gruppe die spezifischen Aufgaben des anderen übernimmt. Dieser Funktionswechsel geschieht aus ökonomischen Gründen. Eine einseitige Dauerbelastung der Gruppenmitglieder über lange Zeit ermüdet diese nämlich stärker als ein Anforderungswechsel. Insbesondere können, bei Treibjagden oder dem langdauernden Aufspüren von Beute, Tiere, die hierbei eine eher assistierende Tätigkeit übernommen hatten, in der Endphase der Jagd Beutetiere mit einer kurzfristigen Spitzengeschwindigkeit von bis zu 60 km/h, zur Strecke bringen.

Aber erst der Mensch vervollkommnete diesen Funktionstausch, indem er nicht nur einzelne seiner Aufgaben tauschte, sondern in konstanter Beobachtung seiner Gruppe/Sippe sein gesamtes Verhaltensspektrum auf deren Bedürfnisse einstellte; also einen interaktiven Strategiewechsel der Gruppe vorgeben oder nachvollziehen konnte.

Die Jagd und Nahrungsbeschaffung wird mit Hilfe dieses kostenneutralen Aufgabenwechsels deutlich effizienter.[185] Es ist folglich aus diesen strategischen Kostengründen denkbar, dass auch der Früh-Mensch einen solchen gruppenbezogenen *Strategiewechsels* bereits kannte und eingesetzt hat. Hierzu befähigte ihn die, etwa zeitgleich zu seinem ersten Auftreten erfolgte Kapazitätsvergrößerung des *anterioren cingulären Gyrus.*[186]

Der *anteriore cinguläre Gyrus* registriert ebenfalls soziale *Zurückweisungen*, insbesondere als eine Konsequenz eines Handlungsfehlers des Menschen. Die Ent-

---

[183] *Yosuke Morishima/Daniel Schunk/Adrian Bruhin/Christian C. Ruff/Ernst Fehr*: Linking brain structure and activation in the temporoparietal junction to explain the neurobiology of human altruism, in: Neuron, Juli 12, 2012; *Dharol Tankersley/C. Jill Stowe/Scott A. Huettel*: Altruism is associated with an increased neural response to agency, in: „Nature Neuroscience“ 2007, doi: 10.1038/nn1833; *Xinyang Deng/Qi Liu/Rehan Sadiq//Yong Deng*: Impact of Roles Assignation on Heterogeneous Populations in Evolutionary Dictator Game, in: Scientific Reports, 7. November 2014, https://doi.org/10.1038/srep06937.

[184] Dazu siehe oben Teil I Kapitel A. I. 3. (m. w. H.); Kapitel A. I. 4.

[185] Zur Einbeziehung der Institutionen-Ökonomik in die Rechtsethologie siehe oben Teil I Kapitel B. V. (m. w. H.); Kapitel B. VI. 4. (m. w. H.).

[186] *John M. Allman/Atiya Hakeem/Joseph M. Erwin/Esther Nimchinsky/Patrick Hof*: The Anterior Cingulate Cortex, in: Annals of the New York Academy of Sciences, 2001, Vol. 935, S. 107 ff. (m. w. H.).

deckung sozialer Zurückweisung geschieht, in der gleichen Weise wie die Feststellung körperlichen Schmerzes.[187] Doch so wohlmeinende Eltern sollten daher ihr Kind nicht dadurch bestrafen, dass sie es ignorieren.

Die empfindlich hohe schmerzähnliche Wirkung von sozialer *Zurückweisung* muss heute, in einem Zeitalter zunehmender individueller Unabhängigkeit, zunächst verwundern. Sie ergab aber zu dem Zeitpunkt Sinn zu dem sie stammesgeschichtlich und erbbiologisch entstand: In dieser Epoche bedeutete die „Verbannung“ aus der Gruppe für ein in Gruppen bzw. Familienverbänden lebendes Individuum tatsächlich seinen sicheren Tod. Dem Ausgeschlossenen fehlte dann nicht nur seine Versorgung durch die Gruppe, sondern auch sein Schutz vor Fressfeinden.

Damit ist die hirnorganische Identifikation der Empfindung einer sozialen Zurückweisung mit einem körperlichen Schmerz nicht nur sinnhaft. Diese an Deutlichkeit nicht zu überbietende Gleichsetzung von sozialer Verlassenheit und körperlichem Schmerz veranlasste das Individuum auch unmittelbar und mit allen Mitteln in den Verband der Gruppe zurückzukehren. Der Vorteil obiger Gleichsetzung bestand darin, dass die körperliche Schädigung jetzt eben nicht realiter eintrat und seine vollwertige Reintegration in die Gruppe noch möglich war.

dd) Die Insula

Die *Insula* und deren Funktionen sind bis heute – wahrscheinlich aufgrund ihrer späten Entdeckung im Jahr 1796 und ihrer verborgenen Lage im Inneren einer jeden Hirnhälfte und dort in der Tiefe der Sylviusfurche – kaum erforscht und in Teilen noch unklar. Erst die modernen bildgebenden Untersuchungsmöglichkeiten des späten 20. Jahrhunderts erlauben einen Einblick in die Funktion dieses, speziell für die Fragestellen der Verortung des Rechts, faszinierenden Organs.

Neuere Studien[188] gehen davon aus, dass dieses Areal aus mindestens vier einzelnen Schichten besteht.[189] Einer 1.) sensomotorischen, 2.) einer zentralen geruchsverarbeitenden Region, 3.) dem *Sozialgefühl*-Bereich in der unteren, vorderen Insula und 4.) dem Wahrnehmungs-Gedächtnisbereich. Für den hiesig dargestellten *Rechtsbezug* zu, beim Menschen existenten Hirnstrukturen erscheinen lediglich

---

[187] *Naomi I. Eisenberger/Matthew D. Lieberman/Kipling D. Williams*: Does Rejection Hurt? An fMRI Study of Social Exclusion, in: Science, 10. Oktober 2003: Vol. 302, Heft 5643, S. 290 ff. (m. w. H.); siehe auch: *Manfred E. Beutel/Hedda Lausberg/Claudia Subic-Wrana*: Warum Zurückweisung schmerzt, in: Psychotherapeut Heft 51, 2006, S. 245 ff.; *Werner Vogd*: Gehirn und Gesellschaft, 2010, S. 299 ff. (m. w. H.).

[188] *Florian Kurth/Karl Zilles/Peter T. Fox/Angela R. Laird/Simon B. Eickhoff*: A link between the systems: functional differentiation and integration within the human insula revealed by meta-analysis, in: Brain Struct Funct., 2010, Vol. 214 (5–6), S. 519 ff.

[189] *Christina Cereda/Joseph Ghika/Paul Maeder/Julian Bogousslavsky*: Strokes restricted to the insular cortex, in: Neurology, 2002, Vol. 59 No 12 1950 ff.

die Bereiche 3 und 4 von Interesse. Insbesondere der Bereich 3 reagiert extrem heftig auf alle Formen (erlebter) *Ungerechtigkeit*, Ablehnung und Verletzungen von *Normen* durch andere: Hier entsteht der Reiz, sich selbst *rechtskonform* zu verhalten, aber auch andere Individuen für deren Rechts-Übertretungen zu *sanktionieren*. Dieser Reiz ist wichtig zur Beurteilung, aber auch zur Bestrafung jedes *sozial-abweichenden Verhaltens*.

Entwicklungsgeschichtlich, also *hylogenetisch*, zählt die Insula zu den ältesten Hirnteilen. In geringer Entwicklung ist sie Säugetieren und Hominiden gemein.[190] Ihr Alter und ihre entwicklungsgeschichtliche Bedeutung erklären, dass als Reaktionsweise dieses Hirnareals nicht – wie beim *Neo-Cortex* – ein denkerisch analytischer Prozess, sondern die Erzeugung heftiger Gefühle zu erwarten ist.

Daher wird im eingangs geschilderten Beispiel die extrem gefühlsbeladene, wütende Reaktion der Kapuzineräffchen – einer Primatenart, die dem Menschen im Sozialverhalten sehr ähnlich ist[191] – auf ihre ungerechte Entlohnung verständlich.[192]

In der stammesgeschichtlichen Entwicklungszeit des Menschen bedeutet die Kopplung erlebten Unrechts mit dem drängenden Gefühl der Wut, dass sich der Delinquent, unmittelbar nach seinem Fehlverhalten, der sozialen Ächtung der Gruppe bewusst wurde und sich unverzüglich dieser gegenüber normkonform verhielt. Für menschliche Ur-Gesellschaften, die auf die vollständige Unterstützung und Loyalität aller ihrer Mitglieder angewiesen waren, war eine solche Kopplung zwingend erforderlich,[193] da lebenserhaltend.

Noch heute finden sich beim aufgeklärten, rational handelnden Menschen zahlreiche Beispiele dieses genetisch angelegten Verhaltens:

---

[190] *M.-Marsel Mesulam/Elliott J. Mufson*: The Insula of Reil in Man and Monkey, in: Cerebral Cortex book series (CECO), 1985, Vol. 4, S. 179 ff. (m. w. H.); *Baskara Shelly/Michael R. Trimble*: The insular Lobe of Reilits Anatamico-Functional, behavioural and Neuropsychiatric attributes in humans – a review, in: The World Journal of Biological Psychiatry, Vol. 5(4), S. 176 ff. (m. w. H.).

[191] Zur Übertragung auf menschliches Verhalten siehe insbesondere J. O. Leyrand, Public Goods: a survey of experimental research, in: *John H. Kagel/Alvin E. Roth* (Hrsg.), Handbook of Experimental Economics, Princeton 1995, S. 111 ff.; *Claus Wedekind/Manfred Milinski*: Cooperation through image scoring in humans, in: Science 2000 (288), S. 850 ff.; auch: *Aaron Ben Ze'ev*: Die Logik der Gefühle – Kritik der emotionalen Intelligenz, Berlin 2009, S. 157 ff.

[192] Siehe *Frans B. M. de Waal*: Tierische Geschäfte, in: Spektrum der Wissenschaft, 2006, S. 51 ff. S. 56 ff.; *Sarah F. Brosnan/Hillary C. Schiff/Frans B. M. de Waal*: Tolerance for inequity increases with social closeness in chimpanzees, in: Proceedings of the Royal Society B 272, 2005, S. 253 ff.; *Sarah F. Brosnan/Frans B. M. de Waal*: Monkeys reject unequal pay, in: Nature, 2003 (425), S. 297 ff. (m. w. H.); *Frans B. M. de Waal*: Primaten und Philosophen, München 2008, S. 66 ff. (m. w. H.); *Dieter Krimphove*: Eigentum – Zum Bedeutungswandel eines Rechtsinstituts, in: Rechtstheorie 47, 2016, S. 271 ff., S. 281 (m. w. H.); siehe oben Teil I Kapitel B. III. (m. w. H.).

[193] Siehe auch: *Werner Vogd*: Gehirn und Gesellschaft, 2010, S. 302 ff., 307 ff. (m. w. H.).

Das Phänomen des sog. „negativen Altruismus“, oder das „altruistische Strafen“ ist mehr als nur Neid oder Missgunst. Bei ihm sanktioniert ein ansonsten Unbeteiligter ein Fehlverhalten eines anderen, ohne hiervon einen eigenen Nutzen zu haben.[194] Die Sanktion des inkriminierten Verhaltens fällt oft – wie auch in dem oben berichteten Beispiel der „ungerechten Entlohnung eines Kapuzineräffchens“ für das Tierreich dokumentiert[195] – mit ungebremster Wut aus; ein Zeichen, dass dieser Sanktionsmechanismus schon vor der evolutionsbiologischen Frühzeit des Menschen bestand.[196]

Ein Nachbar fotografiert falschparkende Autos, um diese der Polizei oder einem Abschleppdienst anzuzeigen. Passanten beschimpfen Fußgänger, die eine Straße bei „Rot“ überqueren, obschon die Sanktionierenden keinerlei Nachteile von dem ordnungswidrigen Verhalten haben oder befürchten müssen. Diese Empörung kann sogar so weit gehen, dem Delinquenten als Gruppe den Zugang zu dem, ihn vor dem herannahenden Verkehr rettenden, Bürgersteig zu versperren, und ihn dadurch sogar einer Lebensgefahr auszusetzen.

Derartige Verhaltensweisen kommen auch heute noch insbesondere in Gruppen vor[197], was die Herkunft des „negativen Altruismus“ und damit des Verständnisses von Recht aus der Vorzeit des Menschen indiziert.[198]

Die Freude an einem ebenfalls urzeitlich wie aktuell sozial unverzichtbaren Verhalten, dem uneigennützigen Handeln (*Altruismus*), generiert das Gehirn folgerichtig an einem ganz anderen Gehirnareal, nämlich dem *Sulcus temporalis superior.*[199] Dieser lenkt u. a. die soziale Wahrnehmung auf jene Objekte, die gerade ein anderer betrachtet.[200]

---

[194] Siehe: *Dieter Krimphove*: Eigentum – Zum Bedeutungswandel eines Rechtsinstituts, in: Rechtstheorie 2016, S. 271 ff., 281 (m. w. H.).

[195] Siehe oben Teil I Kapitel B. III. (m. w. H.).

[196] *Werner Vogd*: Gehirn und Gesellschaft, 2010, S. 299 ff. (m. w. H.).

[197] *Robert Boyd/Herbert Gintis/Samuel Bowles/Peter J. Richerson*: The Evolution of Altruistic Punishment, 2003, S. 215 (m. w. H.); *Avinash K. Dixit/Susan Skeath*: Games of strategy, 2015, S. 461.

[198] *Hartmut Esser*: Soziologie. Spezielle Grundlagen, Bd. 3: Soziales Handeln, 2000, S. 102 ff. (m. w. H.); *Dieter Krimphove*: Die Struktur der Gleichheit – oder die Problematik der sog. „diskriminierungsfreien Tatbestände“; The structure of equality – How to deal with so-called „non-disciminatory“ elements of rules “, in: Archiv für Rechts- und Sozialphilosophie (ARSP), Bd. 105, 2019 No 3, S. 404 ff. insbes. Kapitel 2 (m. w. H.), S. 404 ff.

[199] *Yosuke Morishima/Daniel Schunk/Adrian Bruhin/Christian C. Ruff/Ernst Fehr*: Linking brain structure and activation in the temporoparietal junction to explain the neurobiology of human altruism, in: Neuron, Juli 12, 2012; *Dharol Tankersley/C. Jill Stowe/Scott A. Huettel*: Altruism is associated with an increased neural response to agency, in: „Nature Neuroscience“ 2007, doi: 10.1038/nn1833; *Xinyang Deng/Qi Liu/Rehan Sadiq//Yong Deng*: Impact of Roles Assignation on Heterogeneous Populations in Evolutionary Dictator Game, in: Scientific Reports, 7. November 2014, https://doi.org/10.1038/srep06937.

[200] Dazu siehe unten Teil II Kapitel A. III. 2. b) ee) (m. w. H.).

ee) Situations- und Bedrohungswahrnehmung im Parentiallappen, hinteren Sulcus temporalis superior, im posterioren cingulären Cortex

Unerlässlich für das „Recht“ sind auch all jene Gehirnareale, die dem Menschen die Bedeutung eines von außen an ihn herangetragenen Geschehens erkennen lassen. Diese Bereiche (*Parentiallappen, hinterer Sulcus temporalis superior, posteriorer cingulärer Cortex)* liegen konsequenterweise im Hinterhaupt in unmittelbarer Nähe zu jenen Arealen, welche auch die optische Wahrnehmung verantworten.

Der *Parentiallappen* steuert insbesondere – mit dem *hinteren Sulcus temporalis superior* – die *soziale Wahrnehmung* in dem Sinne, dass er Aufmerksamkeit zu jenen Objekten oder Vorkommnissen lenkt, für die sich gerade andere interessieren.[201] Damit gelingt es dem Menschen sowohl gemeinsame Interessen mit anderen als auch aggressive Bewegungen, Angriffe, Bedrohungen und Gefahren sofort zu identifizieren und sich ihnen unmittelbar zuzuwenden.

Während diese Fähigkeit einerseits nötig war, um einer Gruppe etwa von Hominiden die Festlegung gemeinsamer Interessen und somit die Kooperation bei deren gemeinsamer Realisierung zu ermöglichen, diente sie andererseits dazu, Gefahrensituationen – speziell für andere Individuen und für die Gruppe – schnellstens zu registrieren, ihren Inhalt zu erkennen, um so unmittelbar und effizient auf die Gefahrensituation zu reagieren.

Der *posteriore cinguläre Cortex* ist stark vernetzt mit nahezu sämtlichen Teilen des Gehirns, insbesondere mit solchen, die gemeinsame räumlich-zeitliche Aktivitätsmuster aufweisen. Dies weist auf seine Funktion hin, ein *räumlich-zeitliches Bewegungs-Bewusstsein* bzw. ein *räumliches Gedächtnis* zu generieren.[202]

Seine Aktivitäten liegen auch im *autobiografischen Erinnern* an nahestehende Menschen (z. B. an Freunde und Familie).[203] Diese Erinnerungen verbindet er mit starken Emotionen, so dass der *posteriore cinguläre Cortex* eine wechselseitig unterstützende Wirkung zwischen *Emotion* und *Gedächtnis*, speziell für wichtige Personen seines Trägers, vermittelt. Er stellt mit dieser „Kombination von Emotionalität und sozialen Erinnerungen“ einen Sinnzusammenhang zwischen dem Handlungsgeschehen bzw. einem engen Personenkreis (Familie und Freunde) und seiner eigenen Person her.

Dies war und ist erforderlich, um das Handlungsgeschehen hinsichtlich seiner sozialen Folgen zu begreifen und seine Hilfe und Unterstützung jenen Personen

[201] Siehe: *Rainer Bösel*: Das Gehirn – Ein Lehrbuch der funktionellen Anatomie für die Psychologie, 2006, S. 60 f. (m. w. H.).

[202] *Robert Leech/David J. Sharp*: The role of the posterior cingulate cortex in cognition and disease, in: *Brain*, Volume 137, Heft 1, 2014, S. 12 ff. (m. w. H.).

[203] *Richard J Maddock/Amy S. Garrett/Michael H. Buonocore*: „Remembering Familiar People: The Posterior Cingulate Cortex and Autobiographical Memory Retrieval“. Neuroscience, 2001, Vol. 104 (Nr. 3), S. 667 ff. (m. w. H.).

zukommen zu lassen, die dem Menschen am nächsten stehen. Das Gehirn bewertet damit, schon im Vorgang der Wahrnehmung, eine Gefahr oder Bedrohung hinsichtlich des Personenkreises, der von dieser Gefahr betroffen ist.

Die Verbindung dieser Wahrnehmung mit starker Emotion steigert die Motivation des Helfers, seine engsten Vertrauten uneingeschränkt retten zu wollen. Hier liegt das natürliche Bedürfnis des Menschen begründet in Gefahrensituationen für Eltern, Kinder, Ehepartner und enge Vertraute, ihr Leben zu riskieren.[204] Eine solche extreme Aufopferungsbereitschaft erlebt der Mensch allerdings nur für den oben erwähnten engen Personenkreis.

3. Lernen (prähistorisches „Lernen“)

Den obigen, am Beispiel der kooperativen Nahrungsbeschaffung (Jagd[205]) aufgeführten Anforderungskatalog[206] an den menschlichen Intellekt, insbesondere zur Entwicklung von

- Werkzeugen, Materialien,
- sozialen, arbeitsteiligen Verfahrenstechniken, eines
- Bewusstseins von Zeit und Raum und seiner selbst bzw. seiner Wirksamkeit für geplante Erfolge, von
- Eigen-Wahrnehmung des Individuums in der Gruppe, bzw. von
- bindenden, d. h. einer verlässlichen und sozial einforderbaren Verhaltenskoordination; also von „Recht“,

erfüllen die eben aufgeführten Gehirnareale und eigens ihre wechselseitige Vernetzung.[207]

Auf ein ebenfalls lebensnotwendiges Element, das eigens dem Menschen gegenüber seiner Umwelt und deren Lebewesen einen weiteren evolutionbiologischen Vorteil[208] verschafft, nämlich dem Lernen, ging dieser Teil der Darstellung

---

[204] Siehe: *Richard J Maddock/Amy S. Garrett/Michael H. Buonocore*: „Remembering Familiar People: The Posterior Cingulate Cortex and Autobiographical Memory Retrieval“. Neuroscience, 2001, Vol. 104 (Nr. 3), S. 667 ff., 668 f. (m. w. H.); *ders*: „Posterior cingulate cortex activation by emotional words: fMRI evidence from a valence decision task“, in: Human Brain Mapping. Januar 2003, Bd. 18, S. 30 f. (m. w. H.).

[205] Siehe oben Teil II Kapitel A. I. 4.

[206] Siehe oben Teil II Kapitel A. I. 3. (m. w. H.), Kapitel A. I. 4. (m. w. H.); Kapitel A. II. (m. w. H.).

[207] Siehe oben Teil II Kapitel A. III. 2. (m. w. H.).

[208] Siehe oben Teil II Kapitel A. I. 3.; Siehe: *Dieter Krimphove*: Der Sündenfall – Humanethologische Betrachtung über die Würde des Menschen in: Rechtstheorie, 2005, S. 289 ff., 292 f. (m. w. H.); *Irenäus Eibl-Eibesfeldt*: Die Biologie menschlichen Verhaltens. Grundriß der Humanethologie, 5. Aufl., München 2004, S. 621 ff. 63, 332 und Abb. 4.48, S. 333.

nur sporadisch ein.[209] Dieser Aspekt soll, aufgrund seiner generellen stammesgeschichtlichen Bedeutung,[210] im Folgenden eingehender angesprochen sein:

a) Lernen als Anpassungsmöglichkeit

Nach der bisherigen Darstellung könnte die Fehlvorstellung entstehen, das gesamte Recht des Menschen wäre in der hirnorganischen Struktur des Gehirns verzeichnet und dort abrufbar. In diesem Fall würde das menschliche Gehirn alle Inhalte des normativen Rechts – eins zu eins – beinhalten. Dem ist bei weitem nicht so! Dazu ist Recht, insbesondere das moderne positive Recht, zu komplex und seine Inhalte und Struktur zu vielschichtig. Einer solchen Vorstellung widerspricht auch die hier vertretene *Rechtsethologie*: Der Mensch war nämlich, eigens zur Sicherung seines Überlebens, gezwungen, sein Verhalten an sich wandelnde unterschiedliche und mitunter höchst komplexe soziale Situationen anzupassen. Könnte der Mensch sein Verhalten nicht auf veränderte Situationen anpassen, erscheint dieses unter den sich ändernden Bedingungen „unangebracht". Es verursacht folglich gesamtwirtschaftlich und damit gesellschaftlich schädliche Aufwendungen und Kosten.[211] Da also der Mensch ein nicht mehr seiner Umwelt entsprechendes Verhalten nicht aufrechterhalten kann, bedarf es einer *Adaption* seines Verhaltens und des es bestimmenden Rechts an die neuen Lebens- und Umweltanforderungen. Nur so verhält sich der Mensch effizient, nur durch eine Verhaltens- bzw. Rechtsanpassung erreicht er Kosten- bzw. Selektionsvorteile, die ihn bzw. seine Existenz, Gesundheit und Fortpflanzung begünstigen.[212]

Da Umweltänderungen in aller Regel multiplex sind, muss die *Adaption* des Menschen, seines Verhaltens bzw. seines Rechts ebenfalls einzelfallbedingt viel-

---

[209] So z. B.: für den *präfrontalen Cortex*: siehe oben Teil II Kapitel A. III. 2. a) aa) (m. w. H.); insbes. für den *orbitofrontalen Cortex* siehe oben Teil II Kapitel A. III. 2. a) bb) (m. w. H.); für das *Limbische System* siehe oben Teil II Kapitel A. III. 2. b) (m. w. H.); der *anteriore cinguläre Gyrus* (Erfolgsmessung und ggf. Handlungskorrektur) siehe oben Teil I Kapitel, insbes. für den *Hippocampus* siehe oben Teil II Kapitel A. III. 2. b) aa) (m. w. H.).

[210] Siehe oben Teil II Kapitel A. I. 4. b) (m. w. H.).

[211] Dazu siehe oben Teil I Kapitel B. V. (m. w. H.).

[212] Schon: *Hans Sachsse*: Die Erkenntnis des Lebendigen, 1968, S. 82 ff. (m. w. H.); *Gerhard Vollmer*: Evolutionäre Erkenntnistheorie. Angeborene Erkenntnisstrukturen im Kontext von Biologie, Psychologie, Linguistik, Philosophie und Wissenschaftstheorie, 6. Auf., Stuttgart 1994, S. 70 (m. w. H.); auch: *Wolfgang Wickler*: Antworten der Verhaltensforschung, München 1970, S. 18 (m. w. H.); auch: *Monika Emilia Miranowicz*: Gehirn und Recht – Wie neurowissenschaftliche Erkenntnisse das Dilemma zwischen Naturrecht und Positivismus überwinden können, in: Michael Kloepfer/Klaus Marxen/Rainer Schröder: Berliner Juristische Universitätsschriften, Bd. 46, 2009, S. 81, 103 f. (m. w. H.); *Joachim Bauer*: Das Gedächtnis des Körpers: Wie Beziehungen und Lebensstile unsere Gene steuern, 2014; *Michael Timasello*: Eine Naturgeschichte der menschlichen Moral, 2016, S. 25 ff. (m. w. H.).

fältig ausfallen.[213] Eine solche Anforderung kann nur ein kontinuierliches und situationsangepasstes „lernen“ erfüllen.[214]

b) Lernen als Tradition von Fertigkeiten

Das Lernen verhilft Individuen und Gruppen dazu einmal als effizient erkanntes Wissen, Verhaltensweisen und Strategien und deren normative Inhalte, Grenzen und Regeln zu konservieren und diese jederzeit abrufen zu können. Lernen beinhaltet somit, zu dem eben genannten,[215] weitere entscheidende ökonomische Vorteile. Diese bestehen darin, dass bereits als effizient erkannte gruppen- wie lebenserhaltende Verhaltenstechniken nicht verloren gehen und somit nicht transaktionskostenaufwendig neu entwickelt werden müssten.[216]

Lernen im „klassischen Sinne“ erfordert zwar, etwa durch Schulungen, Ausbildungseinrichtungen etc., seinerseits Transaktionskosten. Diese fallen aber gegenüber den Vorteilen einer dauerhaften Konservierung effizienten Wissens und Verhaltensmodi geringer aus.[217/218]

c) Die Frühform des Lernens

An zahlreichen Stellen der bisherigen Ausführungen war davon die Rede, dass ein bestimmtes Hirnareal Informationen effizient und dauerhaft speichert.[219] Insbesondere spielt der *Hippocampus* eine maßgebliche Rolle für das Abspeichern von Sinneseindrücken.[220] Diese Form der Konservierung von Information und Wissen verlief in der Entstehungszeit des Menschen sehr erfolgreich. Bei ihr ent-

213 Diesen Aspekt gibt bereits die *Institutionen-Ökonomik* wieder: siehe oben Teil I Kapitel B. VI. 4. (m. w. H.); Kapitel B. V. (m. w. H.).

214 Bereits: *David P. Barash*: Soziobiologie und Verhalten, 1980, S. 51.

215 Siehe oben Teil II Kapitel A. III. 3. b) .

216 Siehe: *Eric Kandel*: Auf der Suche nach dem Gedächtnis – Die Entstehung einer neuen Wissenschaft des Geistes, 3. Aufl., 2006, 201 ff., 263 ff.; zur Bedeutung des Lehrens: *Dieter Krimphove*: Von den Letzten Dingen – Humanethologische Betrachtungen über den Tod als soziales und rechtliches Phänomen, in: Rechtstheorie, Heft 51, 2020: Kapitel B. III. 4.2.3.4; *Rebecca Sear/Ruth Mac*: Who keeps children alive? – A Review of the effects of kin on child survival, in: Evolution and human behavior, 29 (1), S. 1 ff.

217 Zur ökonomischen Betrachtung des Lernens siehe oben Teil II Kapitel A. I. 4. b) (m. w. H.).

218 Die Verfeinerung dieses Merkvorgangs zu einem bewussten Lernen, insbesondere zum Erlernen von Produktionsverfahren und -techniken brachte dann dem Menschen weitere Evolutionsvorteile.

219 So z. B.: für den *präfrontalen Cortex*: siehe oben Teil II Kapitel A. III. 2. a) aa) (m. w. H.); insbes. für den *orbitofrontalen Cortex* siehe oben Teil II Kapitel A. III. 2. a) bb) (m. w. H.); für das *Limbische System* siehe oben Teil II Kapitel A. III. 2. b) (m. w. H.); der *anteriore cingulären Gyrus* (Erfolgsmessung und ggf. Handlungskorrektur) siehe oben Teil II Kapitel A. III. 3. c), insbes. für den *Hippocampus* siehe oben Teil II Kapitel A. III. 2. b) aa) (m. w. H.).

220 Siehe oben Teil II Kapitel A. III. 2. b) aa) (m. w. H.).

stehen insbesondere – im Vergleich zu dem heute in Schulen und Universitäten praktizierten sog. bewussten oder „klassischen Lernen“ – weitaus weniger Aufwand bzw. Transaktionskosten: Das *klassische Lernen* setzt nämlich in mehreren extrem komplexen Vorgängen eine vielschichtige Verschaltung und Kommunikation mannigfacher, weiterer Hirnareale voraus.[221]

- So fungiert beispielweise der *Lobus frontalis* als eine Art „Verwechslungssperre“ von Erinnertem und real Vorhandenem.
- Die *kortikalen Bereiche* dienen der Aktivierung aller Areale, die an der episodischen Erinnerung beteiligt sind.
- Der *Hippocampus* wandelt erlebte Begebenheiten in Erinnerung um.
- Der *Lobus temporalis* fungiert als Kurzzeitgedächtnis.
- *Mamillarkörper* dienen der episodischen Erinnerung.
- Der *Nucleus caudatus* erinnert unwillkürlich auszuführende Bewegungssequenzen.
- Das *Putamen* koordiniert Automatismen.
- Der *Lobus parietalis* gewährt eine räumliche Orientierung durch eine entsprechende Erinnerungsleistung.
- Der *Thalamus* fokussiert eine bestimmte Lerntätigkeit.
- Das *Celebellum* koordiniert oder löscht erlernte Muster.
- Die *Amygdala* verknüpft zum Zweck des Erlernens Lerngegenstände mit Emotionen.
- Der *Lobos temporalis* ist in der Lage Allgemeinwissen zu speichern.
- U. v. a. m.

Es ist daher nicht auszuschließen, dass das Entstehen und insbesondere die Verquickung hirnorganischer Lernstrukturen, die zum „klassischen Lernen“ befähigen, wesentlich evolutionsbiologisch jünger sind als die hier beschriebene Form des Lernens.[222]

Für die stammesgeschichtliche Herausbildung eines adäquaten Sozialverhaltens, d. h. von Recht – gerade in Form eines eher unbewussten Lernens bzw. Erinnerns von Verhaltenssteuerungen bzw. -erwartungen (wie sie die vorangestellten Kapitel forderten[223]) – reichen die evolutionsbiologischen Hirnareale des Frühmenschen bereits vollständig aus.

---

[221] Siehe: *Rainer Bösel*: Das Gehirn – Ein Lehrbuch der funktionellen Anatomie für die Psychologie, 2006, S. 71 ff. (m. w. H.).
[222] Siehe oben Teil II Kapitel A. I. 4. b) (m. w. H.).
[223] Siehe oben Teil II Kapitel A. I. 4. (m. w. H.).

Da diese Form des Lernens, nämlich das Abspeichern von Informationen vorzugsweise im *Neo-Cortex*, weitgehend „unbewusst“, reflexhaft und weitgehend automatisch erfolgt, fallen seine Aufwendungen und Transaktionskosten weitaus geringer aus als die des heute geläufigen „klassischen Lernens“.

Auch beinhaltet die „Ur-Form“ des Lernens einen weiteren unbestreitbaren Vorteil gegenüber der „klassischen Bildung“: Während nämlich bei der „klassischen“ Variante des Lernens der erlernte Informationsgehalt erst mühsam wieder erinnert werden muss, transportieren bei der Urform des Lernens „Emotionen“ den Inhalt einer gespeicherten Information automatisch und zeitnah in das Bewusstsein. Dies geschieht insbesondere bei olfaktorischen Reizen.[224] Der Grund hierfür dürfte nicht nur in dem Schutz vor dem Verzehr verdorbener Speise oder der Konfrontation mit Bränden, sondern auch in dem Wiedererkennen eines prägnanten „Familiengeruchs“ zur Stabilisierung der Eltern-Kind-Beziehungen oder zur Wahl eines genomisch geeigneten Sexualpartners/in[225/226] gelegen haben.[227]

Diese Form des Lernens belohnt im Unterschied zum „klassischen Lernen“ das „Lern-“ oder besser „Informations-Abspeichern“ durch ein eigenes Motivationssystem. Denn beim Erkennen und Speichern neuer Situationen aktiviert der *Hippocampus* seine Verbindung zum *Striatum*, einem Teil des Belohnungs- und Motivationssystems,[228] so dass der „Lernende“ ein befriedigendes Glücksgefühl erfährt.[229]

Die oben erwähnte Kosteneffizienz dieser frühen, an hirnorganischen Bedingungen ausgerichteten, Lernform[230] tritt allerdings nur dann ein, wenn, die Lernsituation gleich bleibt. Ändert sich diese, wird der Abruf eines einmal Erlernten unangepasst und ggf. sogar schädlich sein. Die „Frühform menschlichen „Lernens“ trägt selbst dieser ökonomischen Bedingung Rechnung. Denn insbesondere der bereits angesprochene *anteriore cinguläre Gyrus*[231] garantiert eine beständige Überprüfung der Erreichung des angestrebten Handlungserfolges und eine Kor-

---

[224] *Monika Pritzel/Matthias Brand/Hans J. Markowitsch*: Gehirn und Verhalten – Ein Grundkurs der physiologischen Psychologie, Heidelberg 2003, S. 201 f.

[225] *Norma L McCoy/Lisa Pitino*: Pheromonal Influences on Sociosexual Behavior in Young Women, in: Physiol Behaviour, 2002, Vol. 75(3), S. 367 ff. (m. w. H.).

[226] Ein *Fremdgeruch* indiziert fremde Gene und so die Möglichkeit der Genvermischung, um die Art nachhaltiger zu erhalten und anpassungsfähiger zu machen. Siehe u. a.: *Monika Pritzel/Matthias Brand/Hans J. Markowitsch*: Gehirn und Verhalten – Ein Grundkurs der physiologischen Psychologie, Heidelberg 2003, S. 210 ff. (m. w. H.).

[227] *Winnifred B. Cutler/Erika Friedmann/Norma L. Mccoy*: Pheromonal Influences on Sociosexual Behavior in Men, in: *Archives of Sexual Behavior*, 1998, Vol 27, S. 1 ff. (m. w. H.); *Monika Pritzel/Matthias Brand/Hans J. Markowitsch*: Gehirn und Verhalten – Ein Grundkurs der physiologischen Psychologie, Heidelberg 2003, S. 210 f. (m. w. H.); *Nicolas Guégue*: Pourquoi faut-il sourire quand on n'est pas beau? Psychologie de la séduction (Petites expériences de psychologie) 2011, S. 34 ff.

[228] Siehe oben Teil II Kapitel A. III. 2. b) aa) .

[229] Zur Bedeutung des Gefühls im Allgemeinen siehe unten Teil II Kapitel A. III. 4. (m. w. H.).

[230] Siehe oben Teil II Kapitel A. III. 3. a) (m. w. H.) und Kapitel A. III. 3. b) (m. w. H.).

[231] Siehe oben Teil II Kapitel A. III. 2. b) cc) .

rektur bereits begonnenen Verhaltens.[232] Dies machte bereits den Frühmenschen in seiner Verhaltenswahl und in seinem Lernverhalten flexibler, so dass er – im Gegensatz zu den meisten Tieren – nicht auf ein einfaches und nahezu automatisch ablaufendes erlerntes *Reiz-Reaktions-Schema* angewiesen ist,[233] sondern adäquat auf neu eintretende Situationen reagieren kann.

d) Spiel und Lernen – ein „neues" Konzept der Hierarchie

Die Frühform des Lernens, quasi das Erfahrungslernen, erfolgt situationsabhängig. Am geeignetsten sind und waren für diese Form des Lernens nicht so sehr die Situationen des täglichen Lebens, sondern *Spielsituationen*. In letzteren drohte dem zumeist juvenilen Lernenden keine unabwendbare Gefahr oder Schädigung. So kann im Spiel ein Angreifer auch gefahrvolle Angriffe – insbesondere bei Vorzeigen einer gegnerischen Demutsgeste – meist sofort zurücknehmen.[234] Schädigende Verletzungen der Spielparteien fallen daher im Spiel weitaus geringer aus als im Alltagsleben. Aktuelle Studien legen zudem nahe, dass etwa eine *Aggression*, *Unterwerfung* oder eine *Zurückweisung*[235] – als Bestandteil eines Spiels – zwar die „Rechts-Informationen" [etwa: Festlegung von *Hierarchie*] auf den Spieler vollständig überträgt, dass dieser aber emotional seine im Spiel erfahrene Zurücksetzung, Demütigung oder Unterwerfung gerade nicht in derselben massiven Weise empfindet wie in einer Real-Situation.[236] Die Spielform, als eine Form des frühen Lernens, ist daher gegenüber dem Erfahrungserwerb an Realsituationen effizienter bzw. gesamtwohlfördernder.[237]

---

[232] Siehe auch: *Matt Cartmill/Fred H. Smith*: The Human Lineage, 2009, S. 211 (m. w. H.); *Sherewood L. Washborn/Chet Lancaster*: The Evolution of Hunting, in: Richard B. Lee/Irven DeVore (Hrsg.): Man the Hunter, 1968, S. 293–303 (m. w. H.); Zur Ökonomik und Bedeutung der Arbeitsteilung in den frühmenschlichen Gesellschaften, *Dieter Krimphove*: A historical Overview of the Development of Legal Logic, in: Gabriel M. Lentner (Hrsg.): Law and Logic – Contemporary Issues, S. 11 ff., 44 ff. (m. w. H.).

[233] Zur *Determinismusdiskussion* siehe oben Teil I Kapitel D. (m. w. H.); *Reinhold Zippelius*: Rechtsphilosophie, 6. Aufl., 2011, §§ 8 I, 19 IV 1 (m. w. H.); zur hirnorganischen Widerlegung des *Determinismus*-Vorwurfs siehe oben Teil II Kapitel A. III. 2. a) bb) (1) (m. w. H.).

[234] Bereits: *Irenäus Eibl-Eibesfeldt*: Die Biologie des menschlichen Verhaltens. Grundriß der Humanethologie, München 1984/1995, S. 794 ff. (m. w. H.); *Erik Zimen*: Der Wolf: Verhalten, Ökologie und Mythos, 2003, S. 249 ff.

[235] Dazu siehe oben Teil II Kapitel A. III. 2. b) cc) (m. w. H.).

[236] *Jaak Panksepp*: Affective Neuroscience, 1998, S. 280 ff., 300 ff.; *Nakia Godon/Sharon Bruke/Huda Akil/Stanley Watson/Haak Panksepp*: Socially-induced brain „fertilization" – Play promotes brain derives nurotrophic factor transcription in the amygdala and dorsolateral frontal cortex in juvenile rats, in: Neuroscience Letters, 2003, No 341, S. 17 ff. (m. w. H.); *Werner Vogd*: Gehirn und Gesellschaft, 2010, S. 300 (m. w. H.); siehe auch: *Erik Zimen*: Der Wolf: Verhalten, Ökologie und Mythos, 2003, S. 249 ff.

[237] Zum *institutionen-ökonomischen Erklärungsansatz* innerhalb der hier propagierten Rechtsethologie siehe oben Teil I Kapitel B. V. (m. w. H.).

Es mag daher an dieser Stelle angenommen sein, dass die Erwachsenen-Generation der Frühmenschen mit ihren Angehörigen sowie ihren Abkömmlingen, ähnlich wie andere Rudel-Tiere auch, weniger erklärend, als in Form einer spielerischen körperlichen Auseinandersetzung (sog. Toben oder Balgen) umgegangen sind. Die meisten jugendlichen Abkömmlinge der Frühmenschen haben so ihr Sozialverhalten und auch dessen normativen Grenzen, wie Akzeptanz von Hierarchie, Zuwendung, Aufmerksamkeit, Hilfsbereitschaft und Kooperation, spielerisch erlangt bzw. erlernt.

Die Möglichkeit zum Spiel setzt allerdings voraus, dass die Spieler von der alltäglichen Situation abstrahieren und gemeinsam eine Spielsituation eingehen, mit anderen Worten, dass sie von ihrer Selbsterfahrung in der Realität abgehen und sich einer neuen Rolle, nämlich der des Mit-Spielers, zuwenden können. Letzteres bedingt, dass die Frühmenschen den Anlass zum *Rollentausch* und zu spielen einem potentiellen Spielpartner verständlich machen können, und sich dieser dann verbindlich auf die neue, geänderte Situation einlässt. Dergleichen komplexes Verhalten ermöglichte insbesondere dem Frühmenschen u. a. sein *anteriorer cingulärer Gyrus*[238] in Kooperation mit dem *limbischen System*[239] und dem *medialen präfrontalen Cortex*.[240/241]

Eine vergleichbare „Spielmöglichkeit“ findet sich schon bei Tieren[242], insbesondere bei *Primaten*.[243] Sie dürfte also evolutionsbiologischer Bestand der *Hominiden* bzw. der *Ersten Menschen*, vor etwa 400.000 Jahren,[244] gewesen sein.[245]

---

[238] Siehe oben Teil II Kapitel A. III. 2. b) cc) (m. w. H.); *Matt Cartmill/Fred H. Smith*: The Human Lineage, 2009, S. 211 (m. w. H.); *Sherewood L. Washborn/Chet Lancaster*: The Evolution of Hunting, in: Richard B. Lee/Irven DeVore (Hrsg.): Man the Hunter, 1968, S. 293–303 (m. w. H.); Zur Ökonomik und Bedeutung der Arbeitsteilung in den frühmenschlichen Gesellschaften siehe unten: Teil III Kapitel G. III. (m. w. H.); *Dieter Krimphove*: A historical Overview of the Development of Legal Logic, in: Gabriel M. Lentner (Hrsg.): Law and Logic – Contemporary Issues, S. 11 ff., 44 ff. (m. w. H.).

[239] *Werner Vogd*: Gehirn und Gesellschaft, 2010, S. 363 ff. (m. w. H.); Siehe auch: *Eric Kandel*: Auf der Suche nach dem Gedächtnis – Die Entstehung einer neuen Wissenschaft des Geistes, 3. Aufl., 2006, S. 230 ff.; siehe oben Teil II Kapitel A. III. 2. b) (m. w. H.).

[240] Siehe oben Teil II Kapitel A. I. 4. (m. w. H.); auch Kapitel A. I. 3. b) (m. w. H.).

[241] Das Bewusstsein für jene Handlungen, die wir gerade geplant haben und ausführen werden, entwickelte sich erst durch die nervliche Verbindung der handlungsplanenden Gehirnareale (dem *Neo-Cortex* und insbesondere dem *ventromedialen präfrontalen Cortex)* mit den Bewusstseins-Arealen (*medialen präfrontalen Cortex*, den *anterioren cingulären Cortex,* aber auch *dem somatosensorischen Cortex, dem parientalen Cortex).* So auch: *Rita Carter*: Das Gehirn – Anatomie, Sinneswahrnehmung, Gedächtnis, Bewusstsein, Störungen, 2014, S. 193 ff. (m. w. H.).

[242] *Irenäus Eibl-Eibesfeldt*: Die Biologie des menschlichen Verhaltens. Grundriß der Humanethologie, München 1984/1995, S. 794 ff., 802 f. (m. w. H.).

[243] Schon: *Karl Groos*: Die Spiele der Tiere, 1896, S. 77 ff. (m. w. H.).

[244] Siehe oben Teil II Kapitel A. I. 2. (m. w. H.).

[245] Nicht von ungefähr bezeichnet man den „Menschen“ als „Homo Ludens“; siehe: *Johan Huizinga*: Homo Ludens: Vom Ursprung der Kultur im Spiel, 2004, S. 9 ff., S. 89 ff. (m. w. H.); *Siegbert A. Warwitz/Anita Rudolf*: Der Mensch braucht das Spielen, in: Diss.: Vom Sinn des

4. Die entscheidende Bedeutung der Gefühle

Von gesteigerter Bedeutung für die Verhaltenssteuerung des Menschen sind – wie gesehen[246] – *Gefühle.*

Gehäuft tritt das Gefühl bei jenen Aktivitäten und Konflikten in Erscheinung, die das *limbische System* bearbeitet. Dies ist eine Hirnregion, die evolutionsbiologisch früher als der *Neo-Cortex* des Menschen entstand[247], über die also auch Tiere verfügen. Tiere, insbesondere Säugetiere und Primaten,[248] empfinden daher Lebenssituationen, eigens Bedrohungen, nahezu identisch wie der heutige Mensch.

1. Ein positives Gefühl entsteht auch etwa beim
   a. Erkennen und Speichern neuer Situationen (*Hippocampus* und dem *Striatum*[249]),
   b. der Ausübung *altruistischen Verhaltens* (*Sulcus temporalis superior*[250]) oder
   c. zum Schutz von Angehörigen und Nahestehenden (*Orbitofrontal-Cortex*)[251] oder beim Gewähren von
   d. *Vertrauen*[252] (bestimmte Partien der *Grauen Substanz* des *präfrontalen Cortex* sowie insbesondere in der *Amygdala*[253]).
2. Negative Gefühle induzieren u. a. Tatbestände im Zusammenhang mit
   a. dem Beobachten und Erleiden von Ungerechtigkeiten (Insula); insb. in Fällen des „negativen Altruismus“ (*Insula*)[254],
   b. einem Verstoß gegen *Normen*, soziale Regeln bzw. erinnerte Verhaltensmuster (*ventromedialer präfrontaler Cortex* im Zusammenspiel mit dem *Temporalpol* und dem *Gyrus frontalis medius*)[255],
   c. dem erneuten Kontakt eines als gefahrvoll „abgespeicherten“ Gegenstandes bzw. einer Situation (insbesondere: *Hippocampus*),[256] sowie

---

Spielens. Reflexionen und Spielideen, 4. Aufl., 2016, S. 36 ff. (m. w. H.); zu weitgehend: *Arnd Krüger*: The Ritual in modern Sport – A sociobiological approach, in: John Marshall Carter/Arnd Krüger (Hrsg.): Ritual and Record – Sport in Pre-Industrial Societies, 1990, S. 135 ff.

[246] Siehe insbesondere oben Teil II Kapitel A. III. 2. b) (m. w. H.).

[247] *Max-Planck-Gesellschaft*: Evolutionärer Schlüssel für ein vergrößertes Gehirn. 18. Juni 2020, https://www.mpg.de/evolutionaerer-schluessel-fuer-ein-vergroessertes-gehirn; Siehe oben Teil II Kapitel A. I. 3. b) bb) 1.3.2.2 (m. w. H.).

[248] Einzelheiten dazu siehe unten Teil II Kapitel B. III. (m. w. H.).

[249] Siehe oben Teil II Kapitel A. III. 2. b) aa) (m. w. H.).

[250] Siehe oben Teil II Kapitel A. III. 2. b) cc) (m. w. H.).

[251] Siehe oben Teil II Kapitel A. III. 2. a) bb) (m. w. H.).

[252] Zur ökonomischen Bedeutung des *Vertrauens* siehe oben Teil I Kapitel B. V. 3. (m. w. H.).

[253] Siehe oben Teil II Kapitel A. III. 2. b) bb) (m. w. H.).

[254] Siehe oben Teil II Kapitel A. III. 2. b) dd) (m. w. H.).

[255] Siehe oben Teil II Kapitel A. III. 2. a) bb) (m. w. H.).

[256] Siehe oben Teil II Kapitel A. III. 2. b) aa) (m. w. H.).

d. dem wahrgenommenen Erfordernis einer notwendig werdenden Handlungs- und Verhaltenskontrolle und einer entsprechenden Verhaltensänderung (*anteriore cinguläre Cortex*)[257], und

e. im Fall der sozialen Zurückweisung (*anteriore cinguläre Cortex*)[258].

Die Tätigkeit der *Amygdala*[259] und ihrer vielfältigen Kommunikation mit dem *orbitofrontal-Cortex*[260] und dem *ventromedialen Präfrontalcortex*[261] erzeugt situationsbezogen sowohl zahlreiche negative Emotionen als auch Empfindungen von Glück und Freude.

Die eben aufgeführten Beispiele erscheinen als fundamentale Bedingungen eines menschlichen, durch Verhaltensanweisungen geordneten, Zusammenlebens.

Insbesondere die sog. *negativen Empfindungen* (2.1.; 2.2.; 2.4.; 2.5.) haben einen unmittelbaren Bezug zum Recht, seinen Normen und Handlungsansprüchen.

a) Die Ökonomik des Gefühls

Trotz seiner eher „animalischen“ Dimension besitzt das Gefühl einen wissenschaftlich nachvollziehbaren ökonomischen Stellenwert für die Entscheidungsfindung des Menschen. Denn gegenüber dem rein rationalen Verstandesdenken [sollte dies, in dieser Reinform, dem Menschen überhaupt möglich sein] erscheint die Verhaltenssteuerung durch Emotionen unmittelbarer, aufwändiger, zeitnäher und in einigen Situationen daher effizienter als eine rational abwägende. Daher ist sowohl das urzeitliche Entstehen von Hirnarealen, die Emotionen generieren[262] bzw. verarbeiten als auch deren bis heute bestehende Wirkung, aus ökonomischer Sicht in einer Vielzahl von Situationen begründet und gerechtfertigt:

aa) Effiziente Geschwindigkeit des Gefühls

Für den frühen Menschen war es lebenserhaltend, seine Entscheidungen unmittelbar und schnell zu treffen. Jagd-Situationen, Angriffe wilder Tiere oder fremder kriegerischer Stämme erzwingen eine unmittelbare – und das heißt unreflektierte – Schutz- bzw. Verteidigungshandlung. Ein langwieriges rationales Beurteilen aller Faktoren wäre in den meisten dieser herausfordernden Situationen zu aufwändig und/oder zu langwierig und hätte zu katastrophalen Ergebnissen – nämlich der Tötung des Individuums und gegebenenfalls der Ausrottung seiner Gruppe – geführt.

---

[257] Siehe oben Teil II Kapitel A. III. 2. b) cc) (m. w. H.).
[258] Siehe oben Teil II Kapitel A. III. 2. b) cc) (m. w. H.).
[259] Siehe oben Teil II Kapitel A. III. 2. b) bb) (m. w. H.).
[260] Siehe oben Teil II Kapitel A. III. 2. a) bb) (m. w. H.).
[261] Siehe oben Teil II Kapitel A. III. 2. a) aa) (m. w. H.).
[262] Siehe oben Teil II in diesem Kapitel.

Allerdings ist der Einsatz von Emotionen zur Entscheidungsfindung nur für Entscheidungen ökonomisch effizient, die, wie im Entstehungszeitpunkt des Menschen häufig, der Mensch in großer Eile zu treffen hatte.

Entscheidungsträger, die keinem oder keinem großen zeitlichen Entscheidungsdruck ausgesetzt sind, können die Zeit nutzen, vielfältige und sich u. U. widersprechende Aspekte aufwendig zu ermitteln, sie ebenso sorgfältig rational gegeneinander abzuwägen. Anderenfalls könnten Entscheidungsfolgen entstehen, die eine Einsparung des Entscheidungsaufwandes,[263] durch ihre schädigenden Kosten weit übersteigen. In der Alternative größerer Entscheidungszeiträume stellt sich eine aufwendige abwägende Entscheidung gegenüber einer raschen, spontanen Gefühlsreaktion ökonomisch vorteilhafter dar.

Da der Mensch im Laufe seiner Entwicklung – insbesondere bedingt durch eine zunehmende *Arbeitsteilung*[264] – häufiger mit zeitlich größeren Entscheidungsfristen konfrontiert war, erscheint die Zunahme an zeit- und transaktionskostenintensiver Rationalität – bzw. die gleichzeitige Kapazitätszunahme des *Neo-Cortex*[265/266] – ökonomisch wie stammesgeschichtlich konsequent.

bb) Zeitgewinn durch vorformulierte, einheitliche Reaktionsinhalte

Die eben geforderte unmittelbare, rasche und zeitnahe Entscheidung ist nur dann möglich, wenn

1. der Entscheidungsinhalt bereits vorhanden,
2. jederzeit abrufbar ist[267] und
3. auf eine Vielzahl von Sachverhalten anwendbar, also vertypt war.

Eine solche zeitnahe, da generelle Entscheidungshilfe, liefert gerade nicht eine gedanklich abwägende Operation, sondern das *Gefühl*. Denn es kommt lediglich

---

[263] Siehe oben Teil II in diesem Kapitel.

[264] Siehe: *Matt Cartmill/Fred H. Smith*: The Human Lineage, 2009, S. 211 (m. w. H.); *Sherewood L. Washborn/Chet Lancaster*: The Evolution of Hunting, in: Richard B. Lee/Irven DeVore (Hrsg.): Man the Hunter, 1968, S. 293–303 (m. w. H.); *Dieter Krimphove*: A historical Overview of the Development of Legal Logic, in: Gabriel M. Lentner (Hrsg.): Law and Logic – Contemporary Issues, S. 11 ff., 44 ff.; Zur Ökonomik und Bedeutung der Arbeitsteilung in den frühmenschlichen Gesellschaften siehe oben: Kapitel A. I. 3. b) (m. w. H.); A. I. 4. (m. w. H.); A. I. 4. a) bb) (m. w. H.); siehe unten: Teil III Kapitel G. III. (m. w. H.).

[265] Siehe oben Teil II Kapitel A. III. 2. a) (m. w. H.).

[266] *Max-Planck-Gesellschaft*: Evolutionärer Schlüssel für ein vergrößertes Gehirn. 18. Juni 2020, https://www.mpg.de/evolutionaerer-schluessel-fuer-ein-vergroessertes-gehirn.

[267] Zu den inhaltlichen Anforderungen der Entscheidung siehe: *Dieter Krimphove*: Gefühltes Recht, – Über die hirnorganische Evolution von Recht – in: Rechtstheorie 40, 2009, S. 99 ff.; Kapitel III.5.b (m. w. H.).

mit nur zwei Kategorien, nämlich der des „*Lustempfindens* oder der *Motivation*“ und der der *angstbesetzten Hemmung*, aus.[268]

Der Inhalt diese „Vertypung“ erscheint zudem seinem Empfänger nie unzweideutig. Wie die obige Auflistung der in einer bestimmten Hirnregion generierten Gefühlsarten belegt, zerfallen die Gefühlsinhalte nur und unstreitig in positive, wie Motivation oder Befriedigung einerseits, oder in negative Gefühlsinhalte, wie Angst oder Unlust andererseits. Eine missverständliche Überschneidung der Gefühlsinhalte tritt grundsätzlich nicht ein. Selbst bei Abschwächung einer Emotion, etwa eines „negativen“ Gefühls, bleibt immer noch ihr negativer Inhalt, nun in Gestalt eines „mulmigen Gefühls“. Dieses eignet sich aber noch unmissverständlich einen Warnhinweis anzuzeigen.

b) Unmittelbare Motivationsfähigkeit und Aufmerksamkeitssteuerungsfähigkeit von Emotionen

Neben dem ökonomischen Moment großer Unmittelbarkeit und Schnelligkeit zeichnen sich Gefühle gegenüber rationalen Gedankenoperationen durch ihre größere Eindringlichkeit aus. Ein emotionaler Handlungsimpuls, also ein von Angst, Wut, aber auch Euphorie und befriedigender Freude begleiteter Antrieb, erreicht eine nicht nur schnellere, sondern auch weitaus größere, intensivere Motivation als ein rationales Argument.

Des Weiteren gewährleisten Emotionen eine unmittelbar eintretende Fokussierung auf ein bestimmtes Handlungsziel. Hier ermöglicht insbesondere der *anteriore cinguläre Cortex* eine Konzentration der Aufmerksamkeit auf die Auswahl von Zielen, Objekten und Strategien.[269] Auch der *Parentiallappen* steuert, im Zusammenwirken mit dem *Sulcus temporalis superior*, die Wahrnehmung, indem sie die Aufmerksamkeit auf Objekte oder Vorkommnisse lenken, die andere interessieren.

5. Quintessenz

Gefühle bildeten bzw. bilden noch heute einen besonders effizienten Entscheidungsfaktor. Ihre Existenz und Intensität, gerade für schnell ablaufende bzw. zeitlich unmittelbar erforderliche Entscheidungen, ist, bis auf den heutigen Tag, ökonomisch fundiert.

---

[268] Siehe oben Teil II Kapitel A. III. 4. a) aa).

[269] Siehe oben Teil II Kapitel A. III. 2. b) cc) (m. w. H.).

6. Exkurs

Die entscheidende, aktuelle Bedeutung von Gefühlen für die Entscheidung nicht nur des Frühmenschen, sondern auch der heutigen, an zahlreiche Kulturleistungen, Verfahrenstechniken und rationalen Entscheidungstechniken gewöhnten Spezies Mensch lässt sich, anhand eines von Marc Hauser[270] entwickelten Experiments, nachempfinden:

Ausgangsfall:

Ein führerloser Eisenbahnwaggon rast auf eine Gruppe von fünf Gleisarbeitern zu. Der Proband kann den Tod dieser fünf Gleisarbeiter dadurch verhindern, dass er eine Weiche umlegt und damit den Eisenbahnwaggon auf ein anderes Gleis dirigiert. Allerdings erfasst dann der Waggon einen auf diesem Gleis arbeitenden Menschen. Der Tod von fünf Menschen ist daher nur durch den Tod eines Menschen abwendbar.

Dieser – bereits aus der strafrechtlichen Diskussion[271/272] bekannte – Sachverhalt ergänzt Hauser um eine Fallabwandlung:

Abwandlung:

In der zweiten Fallkonstellation steht der Proband auf einer Brücke. Wiederum rast der führerlose Eisenbahnwaggon auf die Gruppe der fünf Gleisarbeiter zu. In diesem Fall kann die Testperson deren Tod nur dadurch verhindern, dass sie einen neben sich stehenden Mann kurzerhand über das Geländer der Brücke hievt und ihn vor den führerlosen Zug wirft. Der Eisenbahnwaggon käme dadurch zum Stillstand.

Wie auch schon in der ersten Fallkonstellation wäre der Tod von fünf Menschen durch die Opferung eines Menschen abwendbar. Insofern – das heißt vom Ergebnis her – gleichen sich beide Fallkonstellationen.

---

[270] *Marc D. Hauser*: Moral Mind, New York, 2006.

[271] Der Fall erinnert an Welzel: *Weichenstellerfall*: *Hans Welzel*: Zum Notstandsproblem. In: ZStW Zeitschrift für die gesamte Strafrechtswissenschaft 63, 1951, (1), S. 47 ff.

[272] *Claus Roxin*: Strafrecht Allgemeiner Teil, Bd. 1, Grundlagen. Der Aufbau der Verbrechenslehre, 4. Aufl., 2006, I 16/33 f. (m. w. H.); *Kristian Kühl*: Strafrecht Allgemeiner Teil, 8. Aufl., 2017, AT, 8/114 (m. w. H.); *Wilfried Küper*: Tötungsverbot und Lebensnotstand, in: JuS 1981, 785 ff. (m. w. H.); *Carsten Momsen/Laura Savic*, in: Beck'scher Online-Kommentar StGB, v. Heintschel-Heinegg (Hrsg.), 33. Aufl. 1. Dezember 2016, StGB § 34 Rn. 10.1 (m. w. H.); *Reinhard Merkel*, in: Institut für Kriminalwissenschaften, S. 187 ff.; *Jerouschek*, Nach dem 11. September 2001. Strafrechtliche Überlegungen zum Abschuss eines von Terroristen entführten Flugzeugs, in: Schreiber-FS, 2003, 185 ff. 192 (m. w. H.); *Ulfrid Neumann*, in: Urs Kindhäuser/Ulfried Neumann/Hans-Ullrich Paeffgen: Strafgesetzbuch, 5. Aufl. 2017, § 34 StGB, Rn. 73 (m. w. H.).

Umfangreiche Befragungen von ca. 300.000 Probanden unterschiedlichen Alters und unterschiedlicher kultureller Provenienz führten zu folgendem, nahezu übereinstimmenden, Ergebnis:

Fast alle Befragten entschieden sich in der *ersten Fallkonstellation* für das Umlegen der Weiche und – mit der größten Selbstverständlichkeit – daher für die Opferung des einen, auf dem Nebengleis arbeitenden Menschen.

In der *zweiten Fallkonstellation* fiel die Entscheidung der Probanden weniger deutlich aus: Hier konnten sich nur verschwindend wenige entschließen, den neben sich stehenden Nachbarn eigenhändig auf die Gleise zu stürzen und damit dem Tod der fünf Gastarbeiter zuvorzukommen.

Man hätte deswegen vermuten müssen, dass die Testperson beide Fallkonstellationen gleich rasch und mit der gleichen Selbstverständlichkeit mit demselben Ergebnis bewerten, denn das Ergebnis beider Fallkonstellationen ist dasselbe: Ein Mensch hätte geopfert werden müssen, um fünf retten zu können. Vertreter eines *utilitaristischen Rechtsverständnisses*[273] kommen tatsächlich in beiden Fällen zu demselben Ergebnis: Da die Verhaltensweisen in beiden Alternativen zu demselben Erfolg führen, sind beide Fälle ethisch gleich zu beurteilen. Die Alternative, bei der lediglich ein Mensch umkommt, ist gegenüber der Tötung von fünf Menschen vorzuziehen. Der Mensch reagiert allerdings – wie obiges Experiment zeigt – anders.

Das Besondere an diesem Test ist allerdings nicht nur, dass eine große Zahl Befragter (300.000 Personen) zu dem gleichen Ergebnis kamen oder, dass die Probanden aus sehr unterschiedlichen Kulturen stammten. Aufsehenerregend ist ebenfalls, dass die Probanden die Beantwortung des Ausgangsfalls (Umstellen der Weiche) mit großer Sicherheit, Spontanität und Selbstverständlichkeit begründeten, während sie bei der ethisch rechtlichen Bewertung der Fallabwandlung (Herabstürzen des Brückennachbarn) eher zögerten. Auch diese Reaktion erscheint insofern verwunderlich, als beide Handlungsalternativen vom Ergebnis her (der Tod eines zur Rettung von fünf Menschen) vollständig identisch sind.

---

[273] *Jeremy Bentham*: An Introduction to the Principles of Morals and Legislation, in: Jeremy Bentham: Collected Works, London 1970; Utilitarismus, aus: Eine Einführung in die Prinzipien der Moral und Gesetzgebung, (Auszug.) in: *Otfried Höffe* (Hrsg.), Einführung in die utilitaristische Ethik – klassische und zeitgenössische Texte, Tübingen 1992, S. 55 ff., 79 ff.; auch *John Stuart Mill*: Was heißt Utilitarismus? aus: John Stuart Mill: Der Utilitarismus, Stuttgart 1976, S. 13 ff.; Der Utilitarismus hat bis heute – zum Teil mit unterschiedlichen Bezeichnungen zum Beispiel „pragmatischer Realismus“ oder „pragmatischer Instrumentalismus“ – im rechtstheoretischen Denken seine Präsenz bewahrt. Zum Beispiel: *Oliver Wendell Holmes jun.* (1841–1935); *Roascoe Pound* (1870–1964); *Lon Fuller* (1902–1978); *John Rawls* (geb. 1921) insbes.: *John Rawls*: A Theorie of Justice, 1971; siehe auch: *Otfried Höffe* (Hrsg.): Einführung in die utilitaristische Ethik – klassische und zeitgenössische Texte, Tübingen 1992; *Julius Stone*: Human Law and Human Justice, 1965, S. 105 f. (m. w. H.); *Konstantinos A. Papageorgiou*: Sicherheit und Autonomie; zur Strafrechts Philosophie Wilhelm von Humboldts und John Stuart Mills, in: ARSP LXXVI., 1990, S. 324 ff.; siehe oben Teil I Kapitel B. I. (m. w. H.).

Speziell die *Spontanität*, mit der die Testpersonen ihre Meinung gerade im ersten Fallbeispiel bildeten – also die Tatsache, dass sie hierfür ohne langwieriges Überlegen oder Abwägen beziehungsweise ohne auf rechtswissenschaftliche Gutachten eingehen zu müssen, in kürzester Zeit eine für sie vollkommen plausible Antwort wussten –, spricht für die Tatsache, dass sie zur Bewertung des Ausgangsfalles auf ein ihnen „immanentes Programm" zurückgreifen konnten, welches ihnen ermöglichte, in kürzester Zeit diese Frage zu beantworten.

Die Selbstverständlichkeit bzw. die subjektive Gewissheit, mit der die Befragten von der Richtigkeit ihrer Entscheidung ausgingen, spricht dafür, dass dieses „Programm" im Menschen zu dem Zweck eingerichtet ist, um in einer solch lebensbedrohlichen Situation – ohne die Mühe einer großen Reflektion – zu reagieren und abschließend entscheiden zu können.

Die Tatsache, dass Menschen unterschiedlichen Geschlechts, Alters, religiöser, weltanschaulicher und kultureller Zugehörigkeit in beiden Beispielen gleich reagierten, unterstreicht zudem, dass die Grundsätzlichkeit des „Programms" nicht nur für den Einzelnen, sondern für die gesamte Menschheit besteht. Auch letzteres weist darauf hin, dass die oben wiedergegebene Entscheidungs-Präferenz des Menschen stammesgeschichtlich in seiner Spezies festgelegt ist; oder m. a. W., dass „Recht" bzw. sein Empfinden und Befolgen ein evolutionsbiologischer Teil des Menschen ist. Folglich unterstützt auch dieses Beispiel die Aussage der hier propagierten „Rechtsethologie".

Eine andere, weitere Frage ist, ob die Testpersonen bei der Beantwortung der Fallabwandlung nicht deswegen in ihrer Entscheidung gezögert haben, weil bei der hier erforderlichen Tötungshandlung der Täter das Opfer – einen anderen Menschen – ansieht, berührt und „eigenhändig" zu Tode bringt. Aber auch in dieser Alternative schwingt etwas mit von sozialen und humanethologischen Grenzen. Dies sind soziale Barrieren, die entwicklungsgeschichtlich entstanden sind und ihren Platz in ihrer hirnorganischen Verankerung gefunden haben.

De facto sind im Falle eines unmittelbaren körperlichen Kontaktes mit dem Opfer, insbesondere im Blickkontakt zu ihm, evolutionsbiologische[274] – d. h. allen Menschen gleich innewohnende und über das Gefühl wahrnehmbare – Grenzen vorhanden, die den Menschen emotional daran hindern, ein rational begründbares Ergebnis – nämlich die Tötung eines Menschen in beiden Alternativen – herbeizuführen.

Das stammesgeschichtliche, noch aus dem Tierreich stammende Verbot der aktiven Verletzung oder gar Tötung von Artgenossen mag hierin – für den in der Abwandlung gefüllten Widerstand der Tötung des Nachbarn – also in dem ethologisch gewachsenen, evolutionären Rechtsgefühl seinen Ursprung und seine

[274] In Ansätzen bereits schon: *Charles Darwin*: Die Abstammung des Menschen, Körner Taschenbuchausgabe Bd. 28, Alfred Körner, Stuttgart 1982, S. 147 f., 155 f. 169 ff.

Rechtfertigung haben.[275] Seine organische Verankerung findet dieses Gefühl sowohl im *Orbitofrontal-Cortex*[276], im *ventromedialen präfrontalen Cortex*, im *Temporalpol* und im *Gyrus frontalis medius* im *posterioren cingulären Cortex*.[277] Dieser gefühlte Widerstand lässt sich seinerseits auf entwicklungsgeschichtlich-ökonomische Gründe zurückführen: Das einzelne Individuum profitiert nämlich ökonomisch besonders von der ihm zugehörigen Angehörigengruppe. So bietet die Gruppe jedem ihrer Mitglieder ökonomische Vorteile, wie beispielsweise bei dem effizienten Jagen von Beute, bei seiner Versorgung im Alter und in Notsituationen, sowie bei der gemeinsamen Organisation seines Schutzes. Die Vorteile könnte ein einzelnes Gruppenmitglied – auf sich allein gestellt – kaum oder nur unter erheblichen ökonomischen Aufwendungen erreichen. Insofern steht der Erhalt der Gruppe und jedes ihrer Mitglieder an erster Stelle eines rechtsethologischen Verhaltensrahmens. Fast alle archaischen Rechtsordnungen erwähnen dieses Tötungsgebot an hervorgehobener Stelle folgerichtig.[278] Ohne das Verbot Artgenossen zu töten oder auch nur zu verletzen, würde die Gruppe zerfallen und somit wären die ökonomischen Vorteile nicht zu realisieren.[279] Entsprechend des prähistorischen Zeitraums des Entstehens des Tötungsverbots von Artgenossen, funktioniert das Tötungsverbot nur in der Situation eines persönlichen und körperlichen Kontaktes mit dem Opfer. Nur hier kann so etwas wie ein solidarisches Mitfühlen mit seinem Opfer empfunden werden. Bei der Betätigung von technischen Geräten – wie hier dem Umlegen einer Weiche oder der Verwendung technischer Waffen – versagt das Tötungsverbot.

---

[275] Auch: *Günter Stratenwerth*: Grundlagen des Verkehrsstrafrechts, in: Basler Juristische Mitteilungen, 1966, S. 53 ff., 54 (m. w. H.).

[276] Siehe oben Teil II Kapitel A. III. 2. a) bb) (m. w. H.).

[277] Die vielfach vertreten Möglichkeit, dass sog Spiegelneuronen, statt lediglich Motorik, auch „Gefühle“ und moralisches Verhalten in der entsprechenden Hirnsubstanz eines Beobachtenden Spiegel, [*Giacomo Rizzolatti/Corrado Sinigaglia*: Empathie und Spiegelneurone. Die biologische Basis des Mitgefühls 2008]; *Gerhard Pott*: Intuitive Ethik im Gesundheitswesen (Nach Vorträgen in der Ärztekammer, Hannover am 30. September 2013 und in der Lebenshilfe Nordhorn am 19. November 2013) https://www.kloster-frenswegen.de/fileadmin/user_upload/Intuitive_Ethik_im_Gesundheitswesen_2013.pdf S. 1 f.; *Anne-Mari Möller-Leimkühler/Bernhard Bogerts*: Kollektive Gewalt, in: Nervenarzt Heft 84, 2013, S. 1345 ff.] beruht auf voreiligen Annahmen; *Claus Lamm/Jasminka Majdandžić*: The role of shared neural activations, mirror neurons, and morality in empathy – A critical comment, in: Neuroscience research, Bd 90C, 2015, S. 15 ff. (m. w. H.).

[278] Siehe: Ex 20,13; Dtn 5,17.

[279] Siehe insbesondere: *Günter Stratenwerth*: Grundlagen des Verkehrsstrafrechts, in: Basler Juristische Mitteilungen, 1966, S. 53 ff., 54 (m. w. H.).

B. Fazit

Das *Recht* ist nicht ein von außen dem Menschen angetragenes Phänomen. Nach der hier propagierten *Rechtsethologie* erscheint es vielmehr ein, durch seine Stammesgeschichte evolutionsbiologisch mit ihm unmittelbar verbundenes, gewachsenes und sein Wesen ausmachendes „soziales *Institut*". Dieser „ontologische" *Begründungsansatz* von *Recht* findet seine Bestätigung und Legitimation in *institutionen-ökonomischen* Überlegungen.[280] Denn das Institut *Recht*[281] ist in der Lage jenes Verhalten vorzugeben und durchzusetzen, das dem Individuum wie seiner sozialen Gruppe (*Sippe*, *Familie*)[282] erhebliche Aufwendungen erspart und ihnen somit gemeinschädliche Transaktionskosten erspart und ihnen damit Evolutionsvorteile gegenüber Tieren bzw. Hominiden verschafft. Diese bestehen speziell in einer größeren Gesundheit und damit in seiner höheren Reproduktionsfähigkeit.[283] Sie setzen sich folglich im Erbgut des Individuums fort.[284] Daher zeichnen die stammesgeschichtlichen Entwicklungen insbesondere auch jene komplexen *Hirnstrukturen* nach, die den Menschen nicht nur vom Tier unterscheiden, sondern deren Entwicklung auch die entwicklungsgeschichtliche Epoche angeben, zu der sie, der Mensch und sein *Recht*, entstanden sind.[285]

So erstaunlich es klingen mag, scheint die Heilige Schrift, insbesondere das Erste Buch Moses, *Genesis* (Gen), die oben geschilderte Entwicklungsgeschichte des Menschen bzw. der Menschheit, zwar nicht in der heutigen naturwissenschaftlichen Qualität, wohl aber in ihrem zeitlichen Ablauf plausible nachzuvollziehen:

- So weist die ansonsten nur mit großen Mühen zu interpretierende Aussage, Gott habe die erste Frau, Eva, aus der Rippe des ersten Menschen, Adam, geschaffen (Gen 2.22), darauf hin, dass Gott den Menschen jetzt als eine eigene Gattung – nämlich als eine eigene, eigenständige und nicht (mehr) mit biologischen Spezies der Hominiden und deren Untergruppen paarungs- und genetisch mischungsfä-

---

[280] Siehe oben Teil I Kapitel B. V. (m. w. H.).

[281] Zum Institutsbegriff der *Institutionen-Ökonomik* und der *Rechtsethologie* siehe oben Teil I Kapitel B. VI. 1. (m. w. H.); Kapitel B. VI. 4. (m. w. H.).

[282] Siehe oben dazu insbesondere Teil II Kapitel A. III. 2. b) ee) (m. w. H.).

[283] Siehe oben Teil II Kapitel A. IV. 2. b) (m. w. H.).

[284] Bereits: *Hans Sachsse*: Die Erkenntnis des Lebendigen, 1968, S. 82 ff. (m. w. H.); *Gerhard Vollmer*: Evolutionäre Erkenntnistheorie. Angeborene Erkenntnisstrukturen im Kontext von Biologie, Psychologie, Linguistik, Philosophie und Wissenschaftstheorie, 6. Auf., Stuttgart 1994, S. 70 (m. w. H.); auch: *Wolfgang Wickler*: Antworten der Verhaltensforschung, München 1970, S. 18 (m. w. H.); auch: *Monika Emilia Miranowicz*: Gehirn und Recht – Wie neurowissenschaftliche Erkenntnisse das Dilemma zwischen Naturrecht und Positivismus überwinden können, in: Michael Kloepfer/Klaus Marxen/Rainer Schröder: Berliner Juristische Universitätsschriften Bd. 46, 2009, S. 81, 103 f. (m. w. H.); *Joachim Bauer*: Das Gedächtnis des Körpers: Wie Beziehungen und Lebensstile unsere Gene steuern, 2014; *Michael Timasello*: Eine Naturgeschichte der menschlichen Moral, 2016, S. 25 ff. (m. w. H.); siehe oben Teil II Kapitel A. IV. 2. b) (m. w. H.).

[285] Im Einzelnen siehe oben Teil II Kapitel A. III. (m. w. H.).

higen, also als eine in sich abgeschlossene biologische Hierarchie – konstituiert und damit den evolutionsbiologischen Stellenwert des Menschen konstituiert.

Die Abgrenzung von Schimpansen erfolgte vor 7–5 Mio. Jahren.[286/287]

- In dieser Epoche lag auch das Entstehen der Sprache, mit ihrer Funktion durch Benennung Realität zu ordnen oder zu schaffen (Befehl sich die Erde Untertan zu machen (Gen 1.28), bezieht sich auch darauf (Gen 2.19)).
- Der Sündenfall, also der Genuss der Frucht der Erkenntnis von Gut und Böse (Gen 3.1 ff.), deutet dann auf das zeitlich nachfolgende Bewusstsein der Geschlechtlichkeit der Menschen und damit der „Privatisierung der menschlichen Sexualität" hin.[288] Denn die Konsequenz des Genusses der verbotenen Frucht ist nicht die Vertreibung aus dem Paradies, sondern allein die Erkenntnis der Nacktheit des Menschen (Gen 3.7; Gen 3.11), also das Auftreten von Scham (Gen 3.10) und die daraus folgende Verhüllung der menschlichen primären Geschlechtsorgane[289] (Gen 3.7). Durch diese Verhüllung steuert und limitiert das menschliche Individuum optische wie olfaktorische Sexualstimulanzien und so seine sexuelle Verfügbarkeit für andere Artgenossen. Hierdurch wird die individuelle Sexualität zu einem sozialen Medium, das erst der menschlichen Sozietät das Überleben monogamer Gemeinschaften ermöglicht[290]. Diese Fähigkeit besitzt nur der Mensch, so dass sein Menschsein mit diesem Ereignis – das zeitlich etwa vor 2,8 Mio. Jahren zu verorten ist – vervollständigt ist.[291]
- Die sich an den Sündenfall-Bericht anschließende Erzählung des, bei dem aus dem Paradies vertriebenen Menschen auftretenden weiblichen Geburtsschmerzes (Gen 3.16) deutet auf die (sich an obige Ereignisse anschließende) Entwicklungsstufe der Ausbildung des aufrechten Ganges des Menschen – vor 2,5 bis

---

[286] *S. Blair Hedges/Sudhir Kumar*: The timetree of life, 2009 http://www.timetree.org/; *Thomas Junker/Sabine Paul*: Die Evolution erklärt unser Leben, 2. Aufl., 2009; *Thomas Junker*: Die 101 wichtigsten Fragen – Evolution, 2011, S. 106 f. (m. w. H.).

[287] Ein Genfluss soll auch noch zu späteren Zeitpunkten zwischen dem Homo sapiens und dem Neandertaler bzw. dem Denisova-Menschen möglich gewesen sein; *Rajiv C. McCoy/Jon Wakefield/Joshua M. Akey*: Impacts of Neanderthal-Introgressed Sequences on the Landscape of Human Gene Expression, in: Cell. Bd 168, No 5, 2017, S. 916 ff. 8 (m. w. H.), insbes. Tab. 5 (m. w. H.).

[288] *Irenäus Eibl-Eibesfeldt*: Die Biologie des menschlichen Verhaltens. Grundriß der Humanethologie, München/Zürich 1984, S. 352, Abb. 4.53 (m. w. H.).

[289] Dazu siehe: *Dieter Krimphove*: Der Sündenfall – Humanethologische Betrachtung über die Würde des Menschen, in: Rechtstheorie, Bd. 36, 2005, Heft 2, S. 289 ff., 291 (m. w. H.).

[290] Dazu siehe: *Dieter Krimphove*; Der Sündenfall – Humanethologische Betrachtung über die Würde des Menschen, in: Rechtstheorie, Bd. 36, 2005, Heft 2, S. 289 ff., 291 (m. w. H.).

[291] Die „Privatisierung" der Sexualität besitzt für die Gattung Mensch qualitative Bedeutung. [siehe dazu: *Irenäus Eibl-Eibesfeldt*: Die Biologie des menschlichen Verhaltens. Grundriß der Humanethologie, München/Zürich 1984, S. 352, Abb. 4.53 (m. w. H.)]. Denn der Mensch zählt zu den wenigen Säugetieren, deren Sexualität nicht an bestimmte Zeiten gebunden ist, sondern grundsätzlich das ganze Jahr über besteht.

1,8 Mio. Jahren[292] – hin[293]. Denn die, bedingt durch die Anatomie ihres Beckens, ovale Form des Geburtskanals der Hominiden wie auch der des heutigen Schimpansens, Gorillas oder Orang-Utans ermöglicht diesen eine weitgehend komplikationslos und schmerzfreie Geburt. Diese spezifische Konstruktion des Beckens ist beim zweibeinigen, aufrechtgehenden Menschen nicht mehr möglich. Die Fähigkeit des aufrechten Ganges bedingt die Verengung des Geburtskanals und dadurch das Auftreten erheblicher Geburtsschmerzen.

– Die theologisch problematische und ansonsten nur schwer zu deutende biblische Geschichte von dem Mord des Kain (Gen 4.1 ff.) an seinen Bruder Abel berichtet nicht von einem willkürlich diskriminierenden Gott (Gen 4.4 f.) und den hierdurch ausgelösten Brudermord aus Neid (Gen 4.8). Vielmehr lässt sich diese biblische Episode problemlos als eine historisch exakte Wiedergabe der epochalen Verdrängung der nomadisierenden Lebensformen durch die sesshaften Ackerbauern – also als eine Beschreibung der *neolithischen Revolution*[294] (Beginn etwa13.000 v. Chr.) – verstehen.[295] Kain und Abel sind dabei keine individuellen Personen, sondern Protagonisten einer Aufeinanderfolge zweier stammes- und kultur- und produktionsgeschichtlicher Epochen, nämlich des Übergangs von Gesellschaften nomadisierender Jäger und Sammler zu denen der Ackerbauern.

So erschlägt und verdrängt der Feldfrüchte opfernde, d. h. der Ackerbauer Kain[296] den Tier opfernden Jäger und Sammler Abel. Dass beide Protagonisten keine natürlichen Personen, sondern Bezeichnungen einer jeweiligen Lebens- und Produktionsform sind, beweisen deren Namen: Der Name Kain ist ein literarisches Wortspiel, das den bezeichneten Namensträger theologisch bestätigt und dessen Existenz somit Dauerhaftigkeit verleiht. So lässt sich der Name Kain von dem hebräischen Verb *kanáh* (erwerben) ableiten und zeichnet damit seinen Träger als den „Vom-Herrn-Erworbenen" aus.[297] Der Name Kain (*quain*) nimmt ebenfalls Bezug auf den Stamm der *Keniter*. Diese Volksgruppe durchzog der Konflikt zwischen nomadisierenden Jägern und sesshaften Ackerbauern. Denn die *Keni-*

---

[292] *Richard Ports*: Environmental hypothesis of Pliocene human evolution, in: René Bobe (Hrsg.): Hominin Environments in East African Pliocene – An Assessment of the Faunal Evidence, 2007, S. 25 ff.

[293] Zu den unterschiedlichen Begründungen dieses entwicklungsgeschichtlichen Phänomens, siehe: *Jürgen Kaube*: Die Anfänge von Allem, 2. Aufl., 2019, S. 30 ff. (m. w. H.).

[294] *Vere Gordon Childe*: The Dawn of European Civilisation, 6th ed., London 1957.

[295] *Dieter Krimphove*: Eigentum – Zum Bedeutungswandel eines Rechtsinstituts, in: *Rechtstheorie* 47, 2016, S. 271 ff., 280 ff.; *Dieter Krimphove*: Der Sündenfall (Gen 3, 1 ff.) – Eine humanethologische Betrachtung über die Würde des Menschen, in: *Rechtstheorie* 36, 2005, S. 289 ff., 291 (m. w. H.); Dazu generell *Spencer Wells*: Die Wege der Menschheit. Eine Reise auf den Spuren der genetischen Evolution, Frankfurt/Main 2003, S. 234 ff. (m. w. H.).

[296] Auch der Name Kain steht nicht für die Bezeichnung eines individuellen Protagonisten. Auch er ist vielmehr ein literarisches Wortspiel, was den Bezeichneten theologisch bestätigt und dessen Dauerhaftigkeit vorgibt. So lässt sich der Name Kain von dem hebräischen Verb *kanáh* (erwerben) ableiten und zeichnet damit seinen Träger als den „Von-Herrn-Erworbenen" aus. So Gen 4.1.

[297] So Gen 4.1.

ter bestanden teilweise – wie die ursprünglichen Hebräer – aus nomadisierenden Gruppen, aber auch aus Gemeinschaften, die bereits sesshaft geworden waren. So spiegelt die Verwendung (Wahl) des Namens „Kain" den gesellschaftlichen Konflikt und Wandel von ortsungebundenen Jägern und sesshaften Ackerbauern wider. Auch der Name Abel bezeichnet nicht die eine individuelle Person, sondern vielmehr eine literarische Vorwegnahme des Schicksals der Namensträger. Abel bedeutet *(Wind-)Hauch* und weist so auf die Fragilität und Kürze der so Bezeichneten hin.[298]

- Der historische Umstand, dass letztlich die *neolithische Revolution* zu einer aufkeimenden Sesshaftigkeit der Menschheit führte, schildert dann das erste Buch Moses, indem es Kain zum Gründer der ersten menschlichen Stadt (*Enoch*) macht (Gen 4.17). Stadtbildungen fanden ab dem 10. Jahrtausend v. Chr. statt.

Mit der obigen Feststellung der *erbbiologischen*[299] wie *sozial/ökonomischen*[300] *Evolutionsfähigkeit von Recht* sind die Bedingungen erfüllt, die an die *Rechtsethologie* als eigener wissenschaftlicher Erklärungs- und Interpretationsansatz des modernen Rechts[301] notwendigerweise zu stellen sind.[302] Gleichzeitig ergeben sich aus der ökonomisch/evolutionsbiologischen Sicht zahlreiche Konsequenzen für das Entstehen und den Inhalt von Recht:

I. Recht und die Stellung der Tiere

Obige Überlegungen ergaben, dass eigens der Mensch über ein, sich in seiner Geschichte entwicklungsgeschichtlich und hirnorganisch entstandenes, so komplexes, auf Planung und Koordination angelegtes Verhaltenssteuerungssystem wie sein *Recht* verfügt.[303] Zumindest in dieser, seiner Komplexität der Verhaltenssteuerung unterscheidet sich der Mensch von seinen prähistorischen Vorgängern, den Säugetieren bzw. den *Hominiden*.[304]

Die Ursache für das stammesgeschichtliche Aufkeimen von *Recht* und insbesondere seinen Gebrauch liegt in einem offenkundig erscheinenden Umstand; nämlich in der Möglichkeit und Art zu *Entscheidungen* zu gelangen:

---

[298] Vgl. Koh 1.2.

[299] Siehe oben Teil II Kapitel A. III. (m. w. H.).

[300] Siehe oben Teil I Kapitel B. VI. 4. (m. w. H.); Kapitel B. V. (m. w. H.); Kapitel B. VI. (m. w. H.); siehe oben Teil II Kapitel A. I. 4. (m. w. H.).

[301] Siehe oben Teil I Kapitel B. V., Kapitel B. III. (m. w. H.); Kapitel F.

[302] Siehe oben Teil I Kapitel G; siehe oben Teil II Kapitel A.

[303] Siehe oben Teil II Kapitel A. I. (m. w. H.) und Kapitel A. II. (m. w. H.).

[304] Siehe oben Teil II Kapitel A. I. (m. w. H.); Kapitel A. III. (m. w. H.); zur derzeit noch offenen Suche nach dem *Alleinstellungsmerkmal* des Menschen gegenüber dem Tier: *Gerhard Roth*: Aus Sicht des Gehirns, 4. Aufl., 2015, S. 51 ff., 53 ff. (m. w. H.); *Rita Carter*: Gehirn und Geist, Eine Enddeckungsreise ins Innere unserer Köpfe, 2010, S. 35 (m. w. H.); siehe oben Teil II Kapitel A. I. 1. (m. w. H.).

Menschen bauen zwar auch auf den „animalischen" Gehirnstrukturen ihrer stammesgeschichtlichen Vorläufern auf,[305] denn in der Evolutionsgeschichte besteht der Grundsatz der Evolution, dass nichts verlorengeht, sie also grundsätzlich bereits vorhandene Institute fortentwickelt[306/307]; aber nur Menschen haben ein zusätzliches Kontrollsystem ihrer Handlungen in der evolutionsbiologischen Vergrößerung und Kapazitätserweiterung ihres *Neo-Cortex* entwickelt.[308] Dieser zieht die ihm dargebotenen Handlungsimpulse in Zweifel, vergleicht sie mit ähnlichen oder anderslautenden Erinnerungen, analysiert sie und ihre Folgen,[309] um dann erst zu einem Ergebnis zu gelangen.[310] Dieser Vorgang ist weitaus komplexer und dadurch fehleranfälliger als eine „eindimensionale", weitgehend auf Reiz und Reaktion beruhende tierische Handlung.

Der Mensch kann somit – im Gegensatz zum Tier – erst aufgrund der *Komplexität* seines hirnorganischen Entscheidungssystems rechtlich bzw. moralisch falsch handeln. Falsch im obigen Sinne bedeutet, dass er bei der rationalen vielschichtigen Abwägung aller seiner ex- wie intrinsischen Impulse mit den planerischen, projektierten Zielen des *Präfrontalcortexes* unrichtig i. S. v. inhaltlich unzutreffend, aber auch unvollständig verfährt. Diese Unsicherheit markiert das menschliche Gehirn eigens im *Orbitofrontal-Cortex*[311] bzw. dem *ventromedialen präfrontalen Cortex*, dem *Temporalpol* und dem *Gyrus frontalis medius* im *posterioren cingulärern Cortex*[312] als ein „ungutes" oder „mulmiges Gefühl". Diese äußern sich beim Menschen in sog. Gewissensbissen oder/und in *Scham*.[313]

---

[305] Siehe oben Teil II Kapitel A. I. 3. (m. w. H.).

[306] Siehe: *Volker Storch/Ulrich Welsch*: Kurzes Lehrbuch der Zoologie, 2012, Kapitel A 14 (m. w. H.); *Ahrimans VolksEnzyklopädie*: Evolution, 2018, http://www.avenz.de/downloads/avenz.pdf; siehe oben Teil I Kapitel A. I. 3 (m. w. H.).

[307] Auch diesen Grundsatz rechtfertigen *institutionen-ökonomische* Überlegungen der Kosten- und Aufwandersparnis (Dazu siehe oben Teil I Kapitel B. V. (m. w. H.); Kapitel G.; Teil II Kapitel A. I. 3. (m. w. H.), denn es erscheint grundsätzlich verschwenderisch eine sich vormals als effizient erwiesene Entwicklungsalternative, bei einer entwicklungsgeschichtlichen Verbesserung oder zumindest Anpassung, vollkommen außer Acht zu lassen (Siehe auch: *Isaac Newton*: Optics, Or a treatise of the reflections, refractions, inflections and colours of light, in: Newton Opera quae exstant omnia, Bd. 3, 1782, Nachdruck 1964, 237/8, 3. Buch, Query 28).

[308] Siehe oben Teil II Kapitel A. III. 2. a) (m. w. H.).

[309] Siehe oben Teil II Kapitel A. III. 2. b) aa) (m. w. H.); Kapitel A. III. 2. b) cc) (m. w. H.), Kapitel A. III. 2. b) ee) (m. w. H.), Kapitel A. III. 6.

[310] Siehe oben Teil II Kapitel A. III. 2. a) (m. w. H.); auch: Kapitel A. III. 2.; Kapitel A. III. 1. (m. w. H.).

[311] Siehe oben Teil II Kapitel A. III. 2. a) bb) (m. w. H.).

[312] Siehe oben Teil II Kapitel A. III. 2. b) ee) (m. w. H.).

[313] *Dieter Lohmar*: Zur Intentionalität sozialer Gefühle: Beiträge zur Phänomenologie der Scham unter dem Gesichtspunkt des menschlichen und tierischen Denkens und Kommunizierens ohne Sprache, in: Phänomenologische Forschungen, 2013, S. 129 ff. (m. w. H.); auch: *Dieter Krimphove*: Scham als Verhaltenssteuerung im Recht – Rechtstheoretische Aspekte eines Phänomens, in: Rechtstheorie, 2012, S. 91 ff. (m. w. H.).

Ähnliche Reaktionen sind zwar auch bei Primaten zu beobachten, jedoch nur dann, wenn sie bei einer „falschen" Handlung ertappt werden.[314] Der Mensch erreicht dieses Gefühl auch bei einer *Eigenbeobachtung* und *Selbstreflexion*.[315/316]

Verstärkt wird das Gewissen oder das Gewissensgefühl durch das *Zeitbewusstsein* des Menschen.[317] Durch dieses kann er auch Verhaltensweisen erinnern, die sich erst viel später als „falsch" herausstellten; ihm also noch für die Vergangenheit Anlass zur *Scham* gaben.[318]

II. Von der „Moralität" tierischen Verhaltens

Tiere, d. h. auch Primaten, entscheiden unmittelbarer und direkter.[319] Sie folgen dabei einem und weitgehend nur einem emotionalen Impuls, den sie in der jeweiligen Situation befriedigen. Skrupel und das rationale Abwägen mit anderen Zielen ist ihnen, aufgrund ihrer anderen Gehirnstruktur, insbesondere der geringeren Ausbildung ihres *Neo-Cortexes* kaum möglich. Begreift man vorwerfbares Unrecht als die Handlung, die ein Individuum gewählt hat, obschon es sich auch anders hätte entscheiden können,[320] können Tiere nie unrechtmäßig handeln. Zwar han-

---

[314] *Sighard Neckel*: Status und Scham. Zur symbolischen Reproduktion sozialer Ungleichheit, Frankfurt 1991, S. 257; *Irenäus Eibl-Eibesfeldt*: Die Biologie des menschlichen Verhaltens. Grundriß der Humanethologie, München/Zürich 1984, S. 314 f.; *Anja Lietzmann*: Theorie der Scham. Eine anthropologische Perspektive auf ein menschliches Charakteristikum, 2003, S. 73, 18, 35 ff. 38 (m. w. H.); siehe unten Teil III Kapitel E. IV. 1.

[315] Auch: *Michael Raub*: Scham ein obsoletes Gefühl – Einleitende Bemerkungen zur Aktualität eines Begriffs, in: Rolf Kühn/Michael Raub/Michael Tietze (Hrsg.): Scham-ein menschliches Gefühl – Kulturelle, psychologische und philosophische Perspektiven 1997, S. 25 ff., 31 (m. w. H.); *Léon Wurmser*: Identität, Scham und Schuld, in: Die Maske der Scham – die Psychoanalyse von Schameffekten und Schamkonflikten, 1993, S. 1 ff., 25 (m. w. H.); auch: *Victor Chu./Brigitte de las Heras*: Scham und Leidenschaft, 1994, S. 41 ff. (m. w. H.).

[316] Allerdings soll dieser Reflex nicht so stark wie bei einer Beobachtung ausfallen: schon Erasmus von Rotterdam: De ulitate colloquiorum, in *ders.*: Colloquia, cum notis, tertia parte auctoribus, et indice nov. Accurante com. Schervelio, Lugd. Batavorum: Apud Franciscum Hackium, 1655, S. 661 ff. 668 ff.; ähnlich: *Norbert Elias*: Über den Prozeß der Zivilisation. Soziogenetische und psychogenetische Untersuchungen, 2 Bd., Frankfurt a. M. 1997, Bd. I, S. 279, unter Hinweis auf: *Giovanni Dela Casa*: Galateo, Genf 1609, S. 92, auch: *Matthias Heesch*: Teologische Realenzyklopödie, Bd. XXX, Berlin 1999, S. 68 f., 70.

[317] Dazu siehe oben Teil II Kapitel A. III. 2. b) ee) (m. w. H.); I. V. m. Kapitel A. III. 2. b). bb) (m. w. H.).

[318] Siehe: *Hilge Landweer*: Scham und Macht: phänomenologische Untersuchungen zur Sozialität eines Gefühls, 1999, S. 24 ff. (m. w. H.); *Dieter Lohmar*: Zur Intentionalität sozialer Gefühle: Beiträge zur Phänomenologie der Scham unter dem Gesichtspunkt des menschlichen und tierischen Denkens und Kommunizierens ohne Sprache, in: Phänomenologische Forschungen, 2013, S. 129 ff. (m. w. H.); auch: *Dieter Krimphove*: Scham als Verhaltenssteuerung im Recht – Rechtstheoretische Aspekte eines Phänomens, in: Rechtstheorie, 2012, S. 91 ff. (m. w. H.).

[319] Siehe oben Teil II Kapitel B. I. (m. w. H.).

[320] BGHSt 2, S. 194 f., 200 (m. w. H.); *Reinhard Frank*: Aufbau des Schuldbegriffs, 1907; *Boris Duru*: Gießener Erneuerung des Strafrechts – Reinhard Frank und der Schuldbegriff, in: ZJS 2012. S. 734 ff. (m. w. H.).

deln Tiere auch aufgrund verhaltenssteuernder Impulse, die, wie das Recht, einem Gemeinwohl dienen. Allerdings fehlt ihnen im Unterschied zum Menschen und seinem Recht eine komplexe Auseinandersetzung mit Alternativverhalten. Obige Ausführungen geben also den hirnorganischen Grund wider, warum das Verhalten von Tieren nicht denen des Menschen entspricht und somit den menschlichen Kategorien von Schuld, Vorwerfbarkeit und Recht unterfallen kann. Als ein seiner Leiblichkeit zugeordnetes Wesen[321] kann sich daher ein Tier nicht in der gleichen Weise wie ein Mensch schämen.[322]

III. Das „Recht" der Tiere

Mit obigem „Allgemeinplatz" zur Moralität tierischen Verhaltens soll nicht die gängige Meinung bedient werden, Tiere besäßen kein Recht. Als in ihrem Verhalten vorgeprägte Wesen seien sie vielmehr lediglich Objekt menschlichen Rechts. Das dem nicht so ist, haben obige ökonomische wie evolutionsbiologische Ausführungen bewiesen: Tiere besitzen daher auch Recht; dieses jedoch nur in einer eher emotionalen kaum rational reflektierenden *Frühform*.

Das bedeutet gerade nicht, dass Tiere ihnen bzw. ihrer Gruppe angedrohtes und vollzogenes Unrecht nicht spüren können.[323] Das Gegenteil belegt deutlich nicht nur das oben aufgeführte Beispiel der unfairen Entlohnung von *Kapuzineräffchen*.[324] Auch Hunde zeigen z. T. extrem emotional ablehnende Reaktionen auf *Ungerechtigkeiten*.[325] Menschen interpretieren diese fälschlich als den bloßen Drang des Tieres, etwa auf Etablierung seiner Vorrangstellung im Verhältnis zum Menschen.[326] Zu fordern ist, dass der Mensch daher weitaus umsichtiger, einfühlsamer gegenüber einem Tier zu reagieren hat und es dadurch nicht einer durch das Tier als „Unrecht" erkannten Situation aussetzen darf.

---

[321] *Helmuth Plessner*: Die Stufen des Organischen und der Mensch. Einleitung in die philosophische Anthropologie, Berlin 1975, Kapitel V insbesondere Kapitel VI, S. 288.

[322] Ähnlich auch *Max Scheler*: Über Scham und Schamgefühl [1933], in: Max Scheler: Zur Ethik und Erkenntnislehre. Schriften aus dem Nachlaß. Bd. I, Bern 1957, S. 57, 69; *Anja Lietzmann*: Theorie der Scham. Eine anthropologische Perspektive auf ein menschliches Charakteristikum, 2003, S. 36, Fn. 85; die Unfähigkeit zur Scham wird ebenfalls jenen Existenzen zugeschrieben, die einer rein geistigen Sphäre zuzuordnen sind, wie Götter oder Engel.

[323] So auch schon: *Charles Darwin*: The Expression of the Emotions in Man and Animals, 1872; siehe auch: *Randolph M. Nesse*: Evolutionary Explanations of Emotions; in: Human Nature, Vol. 1, no. 3, September 1990, S. 261 ff. (m. w. H.); *Leda Cosmides/John Tooby*: Evolutionary Psychology and the Emotions, in: Michael Lewis/Jeanette M. Haviland-Jones (Hrsg.): Handbook of Emotions; 2. Aufl., 2000, S. 91 ff. (m. w. H.).

[324] Siehe oben Teil I Kapitel B. III. (m. w. H.).

[325] Der Mensch kann einem Hund die Nahrung folgenlos verweigern. Nimmt er einem fressenden Tier aber „sein" Futter weg, reagiert es auf diese „Ungerechtigkeit" mit fataler Aggression gegen seinen Besitzer. Zu der ähnlichen Reaktion im Fall „ungerechter" Entlohnung siehe oben Teil I Kapitel B. III. (m. w. H.).

[326] Etwa: *Patricia B. McConnell*: Das andere Ende der Line, 2009, S. 158 ff.

IV. Das „Wut“-Paradoxon

Menschlichen Entscheidungen haftet – im Unterscheid zu denen der Tiere – grundsätzlich das Moment der Berechnung, des Opportunismus, der persönlichen Strategie und Taktik an (*moral hazard*[327]). Dies begünstigt der *präfrontale Cortex*.[328] Denn seine Verhaltenskoordination durch Recht ist stark versetzt mit der projektierten Beachtung gegenläufiger Ziele, Werte und Einstellungen.

Die Frage beispielsweise, ob ein Arbeitnehmer eine rechtswidrige Unterschlagung eines anderen strafrechtlich zur Anzeige bringen soll, hängt für ihn maßgeblich davon ab, ob dieser andere sein Kollege oder sein Arbeitgeber ist.

Ein Tier hätte keine Bedenken seine unfaire Behandlung sofort und unmittelbar gegenüber wem auch immer zu ahnden. Hierzu treibt es sein Gefühlshaushalt direkt an. Zwar fällt der tierische Protest gegenüber einem Alpha-Tier auch bescheidener aus; gegenläufige Emotionen lassen es vor einer gewalttätigen Attacke gegenüber Ranghöheren scheuen. Seine Reaktionen geschehen jedoch immer unmittelbar und ohne kalkulierten strategischen Opportunismus.

Aufgrund der Unmittelbarkeit und ihrer Gefühlssteuerung sind tierische Reaktionen weniger opportunistisch, taktil, uneindeutig und damit ehrlicher als die des Menschen. Das Gefühl *Zorn, Wut* oder *Rache* (lat.: *ira*) ist Gegenstand eigens der *Insula* bzw. teilweise auch des *Orbitofrontal-Cortex* bzw. des *ventromedialen präfrontalen Cortex*. Rache, Zorn oder Wut ist so „authentischer“ und „reiner“ als menschlich opportunistische, taktile Verhaltensweisen und deren Inhaltsbegrenzung durch menschliches Recht. Insofern erscheint gerade die, aus sich selbst bzw. nur aus einer Hirnstruktur erklärbare *Rache, Wut, Zorn* im Vergleich zu menschlich opportunistischem Taktieren paradoxerweise moralisch höherwertiger und diesem gegenüber ethisch vorzugswürdiger.[329] Dem ist aber nicht so. Menschliche Moral erklärt vielmehr die *Rache, Wut oder den Zorn* zu einer „Todsünde[330/331]“.

Für eine solch negative Kennzeichnung und Verdammung unmittelbarer, authentischer, reiner, gefühlsgesteuerter Verhaltensweisen sprechen wiederum *ökonomische Gründe*:[332]

---

327 *Hermann May/Hans-Jürgen Albers*: Handbuch zur ökonomischen Bildung. 2008, S. 438 (m. w. H.); *Bengt Holmstrom*: Moral Hazard in Teams, in: The Bell Journal of Economics, Vol. 13, No. 2, 1982, S. 324 ff. (m. w. H.).

328 Siehe oben Teil II Kapitel A. III. 2. a) aa) (m. w. H.).

329 Siehe auch oben Teil II Kapitel B. III. (m. w. H.).

330 Die Todsünde der Wut oder des Zornes (lat.: *ira)* ist wie auch die anderen Todsünden auch nur ein sittlich verwerflicher Anlass zur Begehung einer Sünden-Tat.

331 Neuere Definition: *Johannes Paul II PP*: Adhortatio Apostolica Post Synodum Episcoporum Reconciliatio et Paenitentia, 1984 (Nr. 17): „Cum tota Ecclesiae traditione peccatum mortale eum dicimus actum, quo homo libere scienterque repudiat Deum, eius legem, foedus caritatis, a Deo sibi propositum, praeoptans se ad se ipsum, ad aliquid divinae voluntati contrarium convertere (id conversio ad creaturam vocatur).“

332 Siehe oben Teil I Kapitel B. V. (m. w. H.); Kapitel B. VI. 4. (m. w. H.).

Das abwägende, opportunistisch taktile menschliche Verhalten und damit seine Bestimmung durch *Recht* ist zwar durchaus fehleranfällig, bewirkt aber – in seinem Schlusseffekt – eine größere Anpassung und damit eine umfassendere *Einzelfallgerechtigkeit* als ein gefühlsmäßig abrufbares, inhaltlich vertyptes Verhalten: Der bloße Vollzug eines einmal vorprogrammierten Verhaltensmusters bewirkt nämlich, im Fall sich ändernder Ausgangssituationen, Fehlreaktionen und verursacht somit gemeinwohlschädliche Kosten.[333] Gerade diese Anpassungsfähigkeit seines Verhaltens und seines Rechts verschaffte dem Früh-Menschen beachtliche *Evolutionsvorteile*,[334] die ihn und seine weitere Entwicklung von den *Hominiden* abhoben.[335]

Das hier vorgestellte „Wut- oder „Ira"-*Paradoxon* verdeutlicht letztlich, dass menschliches *Recht* nie *ethisch/moralisch* „rein" i. o. S., sondern immer opportun, taktil und zweckgebunden ist. Insoweit erschien es der Rechtsphilosophie auch notwendig die Kategorien *Moral* und *Ethik* von der des *Rechts* begrifflich zu trennen.[336] Aus diesen Gründen stellt es sich auch nachvollziehbar, und durch diese Ausführungen gestützt, dar, die historische Identifikation des „Rechts" mit dem „Göttlichen" zu verwerfen.[337]

V. Rechts-Universalien – ein (Rück-)Blick auf das „Ur-Recht"

Gegen Ende der hier vorgebrachten theoretischen Überlegungen erscheint es reizvoll, aus den bisher gewonnenen Ergebnissen einen vorsichtigen Rückblick auf das historische Ur-Recht der ersten Menschen zu werfen. Dieser Blick kann selbstverständlich nur sehr eingeschränkt und rudimentär ausfallen. Denn auf eine Verschriftlichung des Rechtes in der Epoche der Entstehung des Menschen[338] lässt er sich nicht stützen.[339]

Er erscheint allerdings gerechtfertigt, da

1. die *Rechtsethologie* mit Hilfe *institutionen-ökonomischer* Erkenntnisse[340] auf das soziale Umfeld und Verhalten der Früh-Menschen rückschließen kann und

---

[333] Zur Transaktionskosten- und Aufwandsbetrachtung der Institutionen-Ökonomik siehe oben Teil I Kapitel B. V. (m. w. H.); Kapitel B. V. 2. (m. w. H.).

[334] Siehe oben Teil II Kapitel A. III. 2. b) dd) (m. w. H.).

[335] *Margaret Gruter*: Law and the mind – biological origins of human behaviour, 1991, S. 20; *Paul W. Glimcher*: Decisions uncertainty, and the brain – the science of neuroeconomics, 2003, S. 172 ff., 175 (m. w. H.); Monika Emilia Miranowicz: Gehirn und Recht – Wie neurowissenschaftliche Erkenntnisse das Dilemma zwischen Naturrecht und Positivismus überwinden können, in: Michael Kloepfer/Klaus Marxen/Rainer Schröder: Berliner Juristische Universitätsschriften Bd. 46, 2009, S. 81, 103 f. (m. w. H.); siehe oben Teil I Kapitel A. II.; Kapitel G (m. w. H.); Teil II Kapitel A. I. 4. (m. w. H.); Teil I Kapitel B. VI. 1. (m. w. H.).

[336] Siehe oben Teil I Kapitel B. I. (m. w. H.).

[337] Dazu siehe oben Teil I Kapitel B. I. (m. w. H.).

[338] Von vor etwa 400.000; siehe oben Teil II Kapitel A. I. 1.; Kapitel A. I. 3. (m. w. H.).

[339] Siehe oben Teil I Kapitel B. IV. (m. w. H.).

[340] Siehe oben Teil I Kapitel B. V. (m. w. H.); Kapitel B. VI. 4 (m. w. H.).

2. ein Großteil seines Verhaltens und damit auch des es definierenden Rechts in seinen Hirnstrukturen angelegt ist.[341]

Diese Grundsätze als die heute noch präsenten generellen Einstellungen des Menchen gelten bis heute als Erbe der Früh-Menschen und damit als *Universalien*[342] des Rechts.

Den Ansatz nach Universalien der Menschheit zu fahnden, griff Marc Hauser[343] bereits 2008 auf: Er übernimmt dabei den von Chomsky entwickelten Grundsatz einer *universellen Grammatik*.[344] Hauser stellt dazu die Gemeinsamkeiten von sprachlicher *Grammatik* zum *Recht* methodisch fest.[345] Als Ergebnis zahlreicher Experimente und Befragungen seiner internationalen und aus unterschiedlichen Lebensbereichen stammenden Studierenden entwarf er einen Katalog von sechs universellen, d. h. von allen Menschen geteilten, Rechtsansichten.

Obschon Hauser die hier nachgewiesene Bedeutung von Emotionen von Recht und Moral[346] leugnet, lassen sich doch seine Grundsätze als allgemein menschliche *Rechts-Universalien* verstehen, und mit Hilfe der obigen angeführten Ergebnisse konkretisieren oder/und ergänzen. Denn die gemeinsame Entwicklungsgeschichte der Menschheit sowie ihre gemeinsame Bindung an ökonomische Gesetzmäßigkeiten als auch an die sie alle betreffenden evolutionsgeschichtlichen Fakten lassen ein System von „Rechts-Universalien" entstehen, das für alle Menschen ebenso gilt wie für die Früh-Menschen.

---

[341] Siehe oben Teil II Kapitel A. III. (m. w. H.).

[342] Begriff überwiegend verwandt von Irenäus Eibl-Eibesfeldt: Elementare Interaktionsstrategien und sprachliches Handeln, in: *Max Liedtke* (Hrsg.): Zur Evolution von Kommunikation und Sprache – Ausdruck, Mitteilung, Darstellung. (= Matreier Gespräche. Schriftenreihe der Forschungsgemeinschaft Wilhelminenberg), Austria Medien Service, Graz 1998, S. 9 ff.; *ders.*: The Biological Foundation of Aesthetics, in: *Ingo Rentschler/Barbara Herzberger/David Epstein* (Hrsg.): Beauty and the Brain. Biological Aspects of Aesthetics, 1988; *Irenäus Eibl-Eibesfeldt/Christa Sütterlin*: Das Bartweisen als apotropäischer Gestus, in: Homo. 36 (4), 1985, S. 241; auch: *Karl Grammer*: Human courtship behavior: Biological basis and cognitive processing, in: Anne Rasa/Christian Vogel/Eckart Voland (Hrsg.): The Sociobiology of Sexual and Reproductive Strategies, 1976, S. 147–169.

[343] *Marc D. Hauser*: Moral Minds – The Nature of Right and Wrong, 2008, S. 357 ff.; siehe auch: *Helen Haste*: Moral minds: how nature designed our universal sense of right and wrong, in Journal of Moral Education, 2009, S. 380 ff.

[344] *Marc D. Hauser/Noam Chomsky/W. Tecumseh Fitch*: The Faculty of Language: What Is It, Who Has It, and How Did It Evolve?, in: Science 22 November 2002, Vol. 298, Heft 5598, S. 1569 ff.

[345] Dazu siehe auch: *Dieter Krimphove*: Sprache und Recht. Zur rechttheoretischen Entsprechung zweier Phänomene, in: Rechtstheorie 36, 2005, Heft 3, S. 365 ff.

[346] Siehe insbesondere oben Teil II Kapitel A. III. 2. a) bb) 1.3.2.1.2 (m. w. H.); Kapitel A. III. 2. b) aa); auch: Kapitel A. III. 2. b) cc) (m. w. H.); auch: *Dieter Krimphove*: Die „Logik" der Überzeugungskraft, in: Rechtstheorie, 2019, S. 107 ff. 112 (m. w. H.); *ders.*: Gefühltes Recht, – Über die hirnorganische Evolution von Recht – in: Rechtstheorie 40, 2009, S. 99 ff. (m. w. H.); *Aaron Ben Ze'ev*: Die Logik der Gefühle – Kritik der emotionalen Intelligenz, Berlin 2009, S. 157 ff. (m. w. H.).

Folgende universelle *Rechts-Einsichten* scheinen allen Menschen gemein und lagen – nach den obigen ökonomischen wie hirnorganischen Aussagen – dem Verhalten der ersten Menschen zu Grunde:

1. Unrecht begangen zu haben durch ein *aktives Tun*, erscheint dem menschlichen Rechtsbewusstsein verwerflicher als eine Rechtsverletzung begangen zu haben durch ein *Unterlassen*.
2. Eine mit Absicht ausgeführte Schädigung ist verwerflicher als der Eintritt der Schädigung als nicht intendierte Nebenfolge (sog. *Kollateralschaden*).
3. Die Schädigung anderer durch den unmittelbaren *körperlichen Einsatz* ist rechtlich verwerflicher als dessen Schädigung durch *unkörperlich* begangene Handlungen.
4. Eine im *Kausalzusammenhang* mit der Handlung (Tun oder Unterlassen) stehende *unmittelbare* Schädigung ist größeres Unrecht als die Schadensfolge, die durch eine mehrgliedrige, lange oder verwickelte Kausalitätskette entsteht.
5. Eine, mittels *persönlicher Gewalt* eintretende, Schädigung stellt ein größeres Unrecht dar als jene, die ein unpersönliches Ereignis bewirkt.
6. Eine Verletzung, die einen vom Täter beabsichtigten Folgeschaden auslöst, erscheint gegenüber einer, die keine weitere Schädigung nach sich zieht, rechtlich verwerflicher.

Einige der aufgeführten Aspekte überschneiden sich inhaltlich stark:

Beispielsweise

- weicht Punkt 2 von Punkt 5 lediglich durch die kriminelle Intention, mit der der Täter seine Tat ausführt, ab.
- Ähnliches gilt auch für das Verhältnis von Punkt 2 zu Punkt 6.
- Punkt 3 unterscheidet sich von Punkt 5 lediglich dadurch, dass Punk 5 eine persönlich ausgeübte Gewalttat aufführt, die zudem nicht unmittelbar zu der Schädigung führen muss.

Insgesamt erscheinen die sechs *Rechts-Universalien* auch dem heutigen Rechtsempfinden nachvollziehbar. Dennoch haben moderne, insbesondere neuzeitliche Rechtsordnungen Normen geschaffen, die von den Inhalten des *Ur-Recht*s abweichen:

- Das aktuelle Strafrecht der europäischen Mitgliedsstaaten stellt – im Gegensatz zu Punkt 1 – das *Unterlassen* dem *aktiven Tun* gleich; verlangt aber zur Strafbarkeit des Unterlassens noch eine besondere *Garantenstellung* des Täters gegenüber dem Opfer oder/und gegenüber dem geschädigten Objekt.
- Die Aussagen des Punkt 2 entsprechen dem deutschen „erfolgsqualifizierten Delikt[347]“.

[347] Für das deutsche Recht etwa: § 18 i. V. m.: *schwere Körperverletzung* (§ 226 StGB), *Körperverletzung mit Todesfolge* (§ 227 StGB), *Raub mit Todesfolge* (§ 251 StGB), *Brandstiftung mit Todesfolge* (§ 306 c StGB).

– Der Inhalt des 3. Aspekts kommt der Wertung des heutigen Strafrechts und ihrer Rechtsprechung nahe.[348] Andererseits gab es zu Beginn de 20. Jahrhunderts die Tendenz Körperverletzungsdelikte im Verhältnis zu Eigentums- und Vermögensdelikten geringer zu bestrafen.

– Die Aspekte 4 und 5 entsprechen dem Ergebnis des Hauser-Zug-Experiments.[349] Aktuell besitzen Kausalverläufe unabhängig der Frage, ob sie das Ergebnis direkt, mittelbar oder durch komplexe Ursachenverkettungen bewirken, dieselbe Straf- und Sanktionswürdigkeit. Allerdings muss in den meisten europäischen Rechtordnungen der „Kausalverlauf" vom Vorsatz umfasst sein, so dass gänzlich atypisch verlaufende Verkennungen von Ursachen die Strafbarkeit ausschließen können.

Bei den oben aufgeführten sechs Rechtsaspekten handelt es sich erkennbar nicht um abstrakt/generell formulierte Rechtssätze im klassischen Sinne, sondern lediglich um rechtliche Grundsätze, Sichtweisen oder Einstellungen, die das *Ur-Recht* der Prähistorie gebildet haben können. Nach den obigen Ausführungen sind diese „Einstellungen" zu ergänzen, insbesondere durch den Gesichtspunkt der „Rechts-Durchsetzung" (*Enforcement*) und dem des *Vertrauens*:

7. Die Forderung der *Rechts-Durchsetzung*:

   Eine Regel, Verhaltensvorschrift oder Norm, die eine Gesellschaft nicht durchsetzt, d. h. deren Verstoß nicht sanktioniert, bleibt ergebnislos und somit inexistent. Das menschliche Gehirn – eigens die *Insula*[350] – speichert mangels Vollzug einer Norm bzw. der Sanktionierung ihrer Verletzung auch nicht den Inhalt der Norm, d. h. ihren Normbefehl. Diesen Umstand legt gehirnorganisch der *anteriore cinguläre Gyrus, der Hippocampus* in Kombination mit dem *Striatum* und, in ihrer Wahrnehmungsfunktion von Verhaltens-Absichten, auch der *Parentiallappen, der hinterer Sulcus temporalis superior* und der *posteriore cinguläre Cortex* fest.

   Für das Recht, gerade auch für das *Ur-Recht*, ist daher davon auszugehen, dass es zwingend einen Durchsetzungsmechanismus besaß. Diesen gewährte der in der *Insula* verortete, heute im Einzelfall so problematische „negative Altruismus".[351]

8. Keine Verhaltenssteuerung ohne *Vertrauen*:

[348] Für *Deutschland*: Rheinland-Pfalz, Statistische Berichte – Rechtskräftige Aburteilungen 2017 – B VI 1 – j/17 · Kennziffer: B6013 201700, 2018; S. 19, T5; *Elisa Hoven*: Die öffentliche Wahrnehmung von Strafzumessungsentscheidungen – Anlass für Reformen?, in: KriPoZ Heft 5, 2018, S. 276 ff. auch: S. 287 ff. (m. w. H.); Für *Österreich*: *Christian Grafl*: Untersuchung der Strafenpraxis bei Körperverletzungsdelikten, fahrlässiger Tötung und Sexualstraftaten für die Jahre 2008 bis 2017 – Studie im Auftrag des Bundesministeriums für Verfassung, Reformen, Deregulierung und Justiz, Wien, 2018, S. 45 ff.

[349] Siehe oben Teil II Kapitel A. III. 6. (m. w. H.).

[350] Siehe oben Teil II Kapitel A. III. 2. b) dd) (m. w. H.).

[351] Siehe oben Teil II Kapitel A. III. 2. b) dd) (m. w. H.).

Eng verbunden mit Punkt 7, ja im Ergebnis übergreifend, ist eine weitere *Universalie*, die schon das *Ur-Recht* kennzeichnete. Sie besteht in der Ermöglichung des *Vertrauens* aller an einem Rechtssystem Teilnehmenden.

Diese durften nicht nur auf den Bestand, die Wirksamkeit bzw. den Vollzug einer Norm vertrauen.[352] Die rechtliche Notwendigkeit eines Vertrauens bezieht sich – auch seit den frühesten Anfängen des Rechts – auch auf den Umstand, dass jedes Individuum sich auf das Einhalten eines rechtlich für andere vorbestimmten Verhaltens verlassen können muss.[353] Dabei ist es unerheblich, ob soziale oder gesetzliche oder vereinbarte Regeln das bestimmte Verhalten einfordern.

Wie bereits oben beschrieben, konnten selbst prähistorische Gesellschaften und deren Individuen nicht ohne ein solches *zweifaches Vertrauen*[354] bestehen, geschweige denn ihren Mitgliedern evolutionsbiologische Vorteile verschaffen.[355]

Die sozial-fundamentale Bedeutung des *Vertrauens* als ein beruhigendes, Sicherheit gebendes *Gefühl* belegen Forschungsergebnisse, die seine hirnorganische Verankerung – zu einem stammesgeschichtlich frühen Stadium der Gehirnentwicklung – in Teilen der sog. *Grauen Substanz* des *präfrontalen Cortex* sowie insbesondere in *der Amygdala* nachweisen.[356]

Heute ist das Vertrauen ein integraler Bestandteil insbesondere des *Gesellschafts-* und des *Vertragsrechts*. Europäische Rechtsordnungen stellen ihren Nutzern selbst eine Vielzahl an *Fiktionen* und *Vertrauenstatbeständen* zur Verfügung, die nur den Zweck verfolgen, gemeinwirtschaftlich schädliche Transaktionskosten, die aus der sonst notwendigen Recherche der jetzt vermuteten Umstände resultierten, einzusparen.[357]

9. Die Notwendigkeit der *Rechts-Variabilität*:

   Eine weitere Notwendigkeit des *Ur-Rechts*, wie auch des heutigen Rechts, liegt in seiner prinzipiellen Wandelbarkeit (*Variabilität*). Diese Qualität betraf weniger das Recht in seiner Funktion als verhaltenssteuerndes Institut als seine Entwicklungsfähigkeit, und damit die seines historischen Bestandes: Recht kann nämlich nur existieren, wenn es auf sich ändernde Umstände reagiert, d. h. diese in seine

[352] Siehe oben Punkt 7 in diesem Kapitel (m. w. H.).

[353] Siehe auch: *Monika Emilia Miranoicz*: Gehirn und Recht – Wie neurowissenschaftliche Erkenntnisse das Dilemma zwischen Naturrecht und Positivismus überwinden können; *Michael Klöpfer* u. a. (Hrsg.): Berliner Juristische Universitätsschriften – Grundlagen des Rechts, Bd. 46, 2009, S. 103.

[354] Das Vertrauen in die *Norm* bzw. ihren *Norm-Befehl* und in ihren *Vollzug* siehe oben in diesem Kapitel.

[355] Siehe oben Teil I Kapitel B. V. 3. (m. w. H.); siehe oben Teil II Kapitel A. I. 4. (m. w. H.).

[356] *Brian W. Haas/Alexandra Ishak/Ian W. Anderson/Megan M. Filkowskia*: The tendency to trust is reflected in human brain structure, in: NeuroImage, 2015, Vol. 107, S. 175 ff. (m. w. H.).

[357] *Dieter Krimphove*: Internationales Handelsrecht (IHR), in: Soergel: Kommentar zum BGB, Bd. 27, I [IPR], 2019, IHR Rn. 9 f. (m. w. H.).

Regelungsinhalte integrieren kann.[358] Ein „starres“ unabänderliches Recht wäre unangepasst und unangemessen, d. h. es könnte u. U. seine transaktionskostensparende Wirkung nicht mehr ausüben und sogar in geänderten Sachverhalten zur Erhöhung von Transaktionskosten, d. h. zur Schädigung des Gemeinwohls führen.[359] Hirnorganisch befähigt der *anteriore cinguläre Gyrus*[360] den Menschen, aber auch den Früh-Menschen zur Wahrnehmung und zur situationsbedingten *Änderung* von Verhalten und damit dessen Steuerung durch Recht.

Eine Anpassung des Rechts erfolgt auf zweierlei Wegen:

a) in dem System (Familie, Sippe, Staat), indem dieses seine Verhaltenssteuerung als veraltet, unwirksam oder unzweckmäßig verwirft und neues, effizientes schafft [dies können sowohl Diktaturen, autoritäre Herrschersysteme als auch Demokratien leisten[361]] oder

b) Menschen unterschiedliche Rechtsordnungen bzw. deren Inhalte frei wählen können (*Rechtswahl*)[362] [Diese Form der Rechtswahl tritt insbesondere in autokratischen Herrschaftssystemen auf, deren Mitglieder zu einem besseren, d. h. *effizieren Rechtssystem*[363] abwandern.[364]].

Ein Rechtssystem, will es effizient sein und überdauern, benötigt solche Möglichkeiten der Rechtswahl. Freiheitliche Rechtsordnungen lassen diese in den beiden eben genannten Varianten nahezu uneingeschränkt zu.

C. Ausblick

Obige Ausführungen ergaben, dass das menschliche Recht, wie auch der Mensch selber,[365] in einem stammesgeschichtlichen Entwicklungsvorgang entstand. Die Rechtsethologie ermöglicht es unter Zugrundelegung dieses ihres evolutionsbio-

---

[358] Zur Entwicklungsfähigkeit des Rechts siehe oben Teil I Kapitel B. VI. 4. (m. w. H.).

[359] Zur institutionen-ökonomischen Argumentation siehe oben Teil I Kapitel B. V. (m. w. H.).

[360] Siehe oben Teil II Kapitel A. III. 2. b) ee) (m. w. H.).

[361] *Dieter Krimphove*: Ökonomische Analyse der Sozialenzykliken der Katholischen Soziallehre, Köln 2017, S. 65 f. (m. w. H.); auch: *Ronald Wintrobe*: The Political Economy of Dictatorship, 2000; Kapitel 1,2,6 (m. w. H.); bereits: *Mancur Olson*: Macht und Wohlstand, 2002; *Gordon Tullock*: Autocracy, Doderecht 1987.

[362] *Dieter Krimphove*: Internationales Bank- und Kapitalmarktrecht, in: Soergel, Hans-Theodor (Begr.) Bürgerliches Gesetzbuch mit Einführungsgesetz und Nebengesetzen (BGB) Bd. 27/1, 2019, S. 450 ff., 466 f., Rn. 37 f. (m. w. H.).

[363] Dazu siehe oben Teil I Kapitel B. V. (m. w. H.).

[364] *Albert O. Hirschmann*: Exit, Voice and Loyalty: Responses to Decline in Firms, Organizations and States, Cambridge 1970; *Douglass C. North*: Structure and Change in Economic History, New York, 1981, Theorie des Institutionellen Wandels, 1988, S. 27 ff.; *Hans-Jürgen Wagener/Thomas Eger/Heiko Fritz*: Europäische Integration – Recht und Ökonomie, Geschichte und Politik, 2006, S. 151.

[365] Siehe oben Teil I Kapitel F. (m. w. H.).

logischen Ansatzes, Recht und Rechtsverhalten des heutigen Menschen, aus seiner Entwicklungsgeschichte abzuleiten und in der bzw. für die heutige Zeit verständlich zu machen.[366]

Dabei ist stets zu veranschlagen, dass sich das „Recht" – ebenso wie der Mensch – seit seinem Entstehen insbesondere nach *ökonomischen Gesetzmäßigkeiten*[367] fortentwickelt. Diese Fortentwicklung drückt sich eigens in der stammesgeschichtlichen Steigerung hirnorganischer Kapazitäten des Früh-Menschen zur Herausbildung des Ur-Rechts, bereits zur Zeit seiner Entstehung, aus.[368]

Ein solches verhaltensbiologisches „Recht" funktioniert gänzlich anders als heutige, sich an ganz andere Grundbedingungen und Notwendigkeiten orientierende Normsysteme. Zu *Friktionen* muss daher immer ein Zusammentreffen des prähistorisch evolutionsbiologisch angelegten Rechts mit den Formen des heutigen Rechts führen.

Ein außerrechtliches Beispiel dieser Kollision mag unser Sprachverhalten beim Gebrauch von Fernsprechgeräten darstellen:

Die menschliche Sprache, wie wir sie heute nutzen, entstand stammesgeschichtlich aus der Kombination mimischer, gestischer und lautlicher Signale.[369] Diese Entwicklung prägt noch heute jede Kommunikation des modernen Menschen. Auch diese begleiten notwendigerweise Mimik und Gebärden des Sprechers. Ein Gespräch, das der Sprecher ohne oder mit falscher Mimik führt, bemerkt der Gesprächspartner sofort als „unehrlich" und abstoßend. Allein die Einschaltung des Gefühls deutet auf den prähistorischen Ursprung menschlicher Sprache hin.[370] In dieser Entwicklungsepoche bestand die Notwendigkeit, unmittelbar und schnell – d. h. ohne Einschaltung von Überlegungen – zu reagieren.

Gesten, Mimik, der Einsatz von Körpersprache diente die anfänglich noch unvollkommene Verständnisfunktion der „Sprache" zu verbessern und deren mitgeteilten Inhalte unmissverständlicher zu machen.

Der danach notwendige und zu dieser Zeit hirnorganisch – bis zum heutigen Zeitpunkt – im Menschen abgespeicherte, automatisierte Einsatz von Mimik, Gestik und anderen „außersprachlichen Verständigungsmitteln führt heute, etwa bei der Nutzung moderner Kommunikationsmittel, etwa bei Gebrauch eines Telefons zu *Friktionen*: Obschon der Zuhörer eines Ferngesprächs die eingesetzte Gestik und Mimik des Sprechers gar nicht wahrnehmen kann, können heutige Menschen – auf Grund der hirnorganischen Verankerung dieser „sprach-

[366] Siehe oben Teil I Kapitel B. III. (m. w. H.).
[367] Siehe oben Teil I Kapitel B. V. (m. w. H.); Kapitel B. VI. 4. (m. w. H.).
[368] Siehe oben Teil II Kapitel A. III. (m. w. H.).
[369] *Gerhard Roth*: Aus Sicht des Gehirns, 2015, S. 60 f.
[370] Siehe oben Teil II Kapitel A. III. 2. b) (m. w. H.); Kapitel A. III. 4. (m. w. H.); Kapitel A. III. 6. (m. w. H.); Teil I Kapitel B. III. (m. w. H.).

lichen" Hilfsmittel – auch heute nicht auf den Einsatz von Gestik und Mimik bei einem Telefonat verzichten.

Folgenschwerer wiegen die *Friktionen* eines evolutiv „erworbenen" Verhaltens von den heutigen gesellschaftlichen Bedingungen und Anfeuerungen: So können entwicklungsgeschichtlich herausgebildete Tatbestände wie die der Ablehnung, *Zurückweisung* und Bedrohung alles Fremden aktuell in unrechtmäßige *Diskriminierungen*,[371] *Fremdenfeindlichkeit*, *Homophobie* etc. umschlagen:

> In der Zeit der Herausbildung eines rudimentären *Ur-Rechts* bzw. eines *Ur-Rechtsverständnisses*[372] war die anfängliche Anflehung gegen Fremde – also auch allen Individuen, die nicht der Sippe angehörten – überlebenswichtig. Denn in der ständigen Konkurrenz der Gruppen und Individuen um Nahrung, Fortpflanzungsmöglichkeiten etc. erschien zunächst jeder Sippen-Fremde als potentielle Bedrohung. Dabei mussten die so vermeintlich Bedrohten unmittelbar und sofort reagieren, um der möglichen Gefahr, die von einem fremden Angreifer ausgehen konnte, zu widerstehen.[373] Eine nähere, auch zeitlich aufwendige Prüfung der Intentionen des Fremden und seiner tatsächlichen Gefährlichkeit konnte in dieser Situation nicht stattfinden. Hier entschied also das unmittelbar präsente und inhaltlich motivierende „Gefühl"[374], nämlich in diesem Fall das Gefühl der Ablehnung und des Hasses auf alles Fremde. Die bis heute evolutionsbiologisch dem menschlichen Gehirn, insbesondere in den Strukturen des *posterioren cingulären Cortex*[375], *des Lobus parietalis* im Zusammenspiel mit dem *hinteren Sulcus temporalis superior*[376] sowie insbesondere der *Insula*[377] verankerte emotionale Motivation zum Schutz und zur Verteidigung eigens seiner Familie und seiner nächsten Angehörigen, hat dem Menschen, auch dem heutigen Menschen, genau diese Gefühle stammesgeschichtlich eingeschrieben.[378]

Auch der heutige Mensch nimmt daher gegenüber allen Erscheinungen, die er nicht seinem familiären Umfeld oder dem seiner engsten Angehörigen zuordnen kann, zunächst eine ablehnende bis feindselige Haltung ein. Allerdings verfügt

---

[371] Zum heutigen Diskriminierungsrecht weltweit siehe: *Dieter Krimphove*: Die Struktur der Gleichheit – oder die Problematik der sog. „diskriminierungsfreien Tatbestände" – The Structure of Equality – How to deal with the so called „non-discriminatory elements of rules", in: Archiv für Rechts- und Sozialphilosophie, 2019, Heft 3, S. 404 ff. (m. w. H.).

[372] Siehe oben Teil II Kapitel B. V. (m. w. H.).

[373] *Dieter Krimphove*: Die „Logik" der Überzeugungskraft, in: Rechtstheorie, 2019, S. 107 ff. 112 (m. w. H.); auch *Aaron Ben Ze'ev*: Die Logik der Gefühle – Kritik der emotionalen Intelligenz, Berlin 2009, S. 157 ff.

[374] Siehe oben Teil II Kapitel A. III. 2. b) aa) (m. w. H.); Kapitel A. III. 2. b) cc); Kapitel A. III. 2. b) ee) (m. w. H.).

[375] *Richard J Maddock/Amy S. Garrett/Michael H. Buonocore*: „Remembering Familiar People: The Posterior Cingulate Cortex and Autobiographical Memory Retrieval", in: Neuroscience, 2001, Vol. 104 (Nr. 3), S. 667 ff. (m. w. H.).

[376] Siehe oben Teil II Kapitel A. III. 2. b) ee) (m. w. H.).

[377] Siehe oben Teil II Kapitel A. III. 2. b) dd) (m. w. H.).

[378] Siehe oben Teil II Kapitel A. III. 2. b) ee) (m. w. H.).

er, wie schon der Früh-Mensch, über einen ausgeprägten *Neo-Cortex*[379] und den *anterioren cingulären Gyrus*,[380] die ihm eine zwar zeitaufwendigere, aber inhaltlich umsichtigere Bewertung ihres Verhaltens ermöglichen. Obige Ausführungen lassen es daher grundsätzlich verfehlt erscheinen, fremdenfeindliche Individuen zu belehren oder zu bestrafen. Vielmehr ergibt sich aus ihnen eher die Notwendigkeit, sie und/oder ihre soziale Gruppe ein bestimmtes Ereignis bzw. eine bestimmte Person nicht als fremd erleben zu lassen.

Die im III. Teil der Darstellung folgenden Ausführungen räumen diesen *Friktionen*, aber auch der „Konkurrenz“ evolutionsbiologisch entstandener Rechtsstrukturen zu den Bedürfnissen des heutigen Rechts einen weitaus größeren Raum ein. Gleichzeitig demonstrieren sie die Ergebnisse der hier vorgestellten *Rechtsethologie*.

[379] Siehe oben Teil II Kapitel A. III. 2. a) (m. w. H.).

[380] Siehe oben Teil II Kapitel A. III. 2. b) cc) (m. w. H.).

Teil III

Anwendungen

Vorangestellte Ausführungen belegten die ökonomischen,[1] wie hirnorganischen Voraussetzungen[2] der hier vorgestellten und vertretenen *Rechtsethologie.* Beide Grundlagen belegen, dass sich Recht von den frühen prähistorischen Anfängen bis zu seiner heutigen Erscheinungsform *evolutiv*, d. h. seinen jeweiligen Anforderungen angepasst, entwickelte.[3]

Obschon das Recht seit seinen frühen Anfängen bis zum heutigen Tage weitaus komplexer und abstrakter geworden ist,[4] hat es seine Grundfunktion, nämlich dem Menschen dadurch zu nutzen, indem es ihm geeignete, d. h. aufwands- und transaktionskostengünstigere Institute zur Unterstützung seiner Ziele bereitstellt,[5] bewahrt. Die Frühform der Verhaltenssteuerung durch Recht hat sich evolutionsbiologisch bzw. hirnorganisch konserviert,[6] so dass seine Anfänge bis heute noch spürbar sind und zukünftig bleiben werden. Aus der Präsenz prähistorischen, stammesgeschichtlichen Rechts bzw. Rechtsempfindens in der Gegenwart und in ihren Bedingungen leiten sich – in zahlreichen Teilgebieten des heutigen Rechts – mannigfaltige Diskrepanzen zwischen ihnen bzw. *Friktionen* ab.[7]

Teil III der Darstellung widmet sich einzelnen Teilfragen und Teilgebieten des aktuellen Rechts. Deren Inhalte stellt die *Rechtsethologie* in einen anderen, neuen Verständniszusammenhang und lässt ihnen so eine neue *Interpretation* erfahren.

Auf diverse Anwendungsfälle haben obige Ausführungen bereist hingewiesen; so die Bedeutung des *Vertrauens* als unverzichtbares Element des Vertragsrechts,[8] die Frage einer gerechten *Entlohnung*,[9] das *Anzeigebedürfnis* gegenüber Falschparkern,[10] die aufopfernde *Fürsorge und Schutzbereitschaft* zu Gunsten von

---

[1] Siehe oben Teil I Kapitel B. V. (m. w. H.); Kapitel B. VI. (m. w. H.).

[2] Siehe oben Teil II Kapitel A. III. (m. w. H.).

[3] Siehe oben insbesondere Teil I Kapitel B. VI. (m. w. H.); Kapitel A. I. 3. (m. w. H.).

[4] *Dieter Krimphove*: Eigentum – Zum Bedeutungswandel eines Rechtsinstituts, in: Rechtstheorie, Bd. 47 (2016), S. 271 ff., S. 280 (m. w. H.).

[5] Siehe oben Teil I Kapitel B. III.; Kapitel B. VI.; Kapitel B. VI. 4. (m. w. H.); siehe oben Teil II Kapitel B. V. (m. w. H.).

[6] Siehe oben Teil II Kapitel A. I. 2. b) a) (m. w. H.); Kapitel A. III. (m. w. H.).

[7] Siehe oben Teil II Kapitel C.

[8] Siehe oben Teil II Kapitel B. V. (m. w. H.); Kapitel A. III. 4. (m. w. H.).

[9] Siehe oben Teil I Kapitel B. III.; Teil II Kapitel A. III. 2. b) dd) (m. w. H.); Kapitel A. III. 4. (m. w. H.).

[10] Siehe oben Teil II Kapitel A. III. 2. b) dd); Kapitel A. III. 4. (m. w. H.).

Familienmitgliedern und einem engen Kreis von sozial *nahestehenden Personen*[11] etc. Die Diskussion weiterer Beispiele mag daher obige Ausführungen vertiefen und inhaltlich festigen.

Weder deren Auswahl, noch deren Reihenfolge sind abschließend. Es erscheint gerade als Vorteil der hier vorgestellten *Rechtsethologie*, dass ihr immanenter, universeller Denkansatz[12] auf zahllose Sachverhalte der menschlichen Natur bzw. des menschlichen Verhaltens und somit eigens auf das menschliche Recht anwendbar ist:

A. Recht als Verhaltenssteuerung

Die klassische *Rechtslehre* und *Rechtstheorie* erkennen die vorrangige Bestimmung des Rechts in seiner *Verhaltenssteuerung*.[13] Dies gilt für die unterschiedlichen Disziplinen des Rechts wie das *Familienrecht*, *Staatsrecht*, *Völkerrecht*, *Gewerberecht etc.* und selbst für so technisiert anmutende Rechtsgebiete wie das *Steuerrecht* gleichermaßen.[14] Eigens die *Strafrechtswissenschaft* führt zum Zweck der *Verhaltenssteuerung general-*[15], wie *spezialpräventive* Motive[16] an.

Tatsächlich kommt aus Sicht der *Rechtsethologie* dem Recht primär der Wert der *Verhaltenssteuerung* zu. Unter diesem Inbegriff lassen sich sämtliche, je nach sachgebietsbezogener Blickrichtung, spezifischen Teil-*Funktionen des Rechts*, wie dessen *Ordnungsfunktion*, *Friedensfunktion*, bzw. *Konfliktbereinigungs-* oder *Befriedungsfunktion*, die *Wertfunktion* oder besser: dessen *Wert-Darstellungs-*

---

[11] *Richard J Maddock/Amy S. Garrett/Michael H. Buonocore*: „Remembering Familiar People: The Posterior Cingulate Cortex and Autobiographical Memory Retrieval", in: Neuroscience, 2001, Vol. 104 (Nr. 3), S. 667 ff., 668 f. (m. w. H.); *ders*: „Posterior cingulate cortex activation by emotional words: fMRI evidence from a valence decision task", in: Human Brain Mapping, Januar 2003, Bd. 18 (1), S. 30 f. (m. w. H.); siehe oben Teil II Kapitel A. III. 2. b) ee) (m. w. H.).

[12] Siehe auch Teil I Kapitel B. VI. 2. (m. w. H.).

[13] *Clemens Latzel*: Verhaltenssteuerung, Recht und Privatautonomie, 2020, S. 133 ff., 158 ff. (m. w. H.); *Gerhard Wagner*: Prävention und Verhaltenssteuerung durch Privatrecht – Anmaßung oder legitime Aufgabe, in: Archiv für die civilistische Praxis 206, Bd. 2/3, 2006, S. 352 ff. (m. w. H.).

[14] Siehe unten Teil III.

[15] *Paul Johann Anselm* v. *Feuerbach/Karl Joseph Anton Mittermaier*: Lehrbuch des gemeinen in Deutschland gültigen peinlichen Rechts, 14. Aufl., 1847, § 16; *Klaus Roxin*: Strafrecht Allgemeiner Teil, Bd. I: Grundlagen. Der Aufbau der Verbrechenslehre, 5. Aufl., 2020, § 3 I 3 Rn. 21 ff.; *Günther Jakobs*: Strafrecht, Allgemeiner Teil – Die Grundlagen und die Zurechnungslehre, 1991, 1/4–16, 1/27–34; *Kai Ambos/Christian Steiner*: Vom Sinn des Strafens auf innerstaatlicher und supranationaler Ebene, in: JuS, 2001, S. 9 ff., 12 (m. w. H.).

[16] *Franz von Liszt*: Der Zweckgedanke im Strafrecht, in: ZStW, Bd. 3, 1883, S. 1 ff.; dazu *Wolfgang Naucke*: Die Kriminalpolitik des Marburger Programms 1882, ZStW, Bd. 94, 1982, S. 525 ff.; *Michael Bock*: Kriminologie und Spezialprävention – ein skeptischer Lagebericht, in: ZStW, Bd. 102, Heft 3, 1990, S. 504 ff. (m. w. H.).

Funktion, die *Freiheitssicherungsfunktion*, seine *gesellschaftliche Integrationsfunktion*, die ein politisches Handeln legitimierende sog. *Legitimationsfunktion*, die Steuerungs- und *Gestaltungsfunktion*, aber auch die *Kontrollfunktion* des Rechts,[17] subsumieren.

B. Versagen der Verhaltenssteuerung durch Normen und Rechtsregeln

Umso mehr muss es den klassisch ausgebildeten Juristen – eigens einen Vertreter des „*Rechtspositivismus*[18]"– enttäuschen, wenn das geschriebene positive Recht gerade dieser Verhaltenssteuerungsfunktion nicht nachkommen kann: Es bedarf nämlich gerade nicht in jedem Fall einer Rechtsnorm, um Menschen zu einem bestimmten, sozialadäquaten Verhalten zu veranlassen. Formen der alltäglichen Verhaltssteuerung können diese Aufgabe ebenso und in zahlreichen Fällen, wenn nicht weitaus wirksamer, erfüllen.

Die Rechtswissenschaften jedenfalls siedeln bislang diese „alternativen Formen" der Verhaltenssteuerung – wie etwa *Nudging* oder den Einsatz von *Scham* – auch nicht in ihren Teildisziplinen, der Rechtssoziologie als auch der Rechtstheorie, an. Diese liegen weit außerhalb des rechtswissenschaftlichen Erkenntnis- und Wissenschafts-Kanons.[19] Für die Rechtswissenschaften gilt derzeit der Grundsatz, dass die „klassischen" Instrumente zur Verhaltenssteuerung ausschließlich in Gestalt von *Verboten* und *Geboten* existieren.

In der Praxis erscheinen *Verbote* bzw. *Gebote* kaum effizient, funktioniert doch ihre Einhaltung nicht immer uneingeschränkt:

Kaum ein Einbahnstraßenschild, das nicht findige Fahrradfahrer in entgegengesetzter Richtung hinter sich lassen, und kaum eine Steuererklärung, bei der

---

[17] Dazu: *Reinhold Zippelius*: Grundbegriffe der Rechts- und Staatssoziologie, 3. Aufl., 2012, §§ 6, 8, 9 (m. w. H.); *Bernd Rüthers*: Rechtstheorie, 3. Aufl., München 2007, § 3 (m. w. H.); auch schon *Jan Schapp*: Methodenlehre des Zivilrechts, UTB, Stuttgart 1998.

[18] *John Austin*: The Province of Jurisprudence Determined, 1832; siehe auch: *Herbert Lionel Adolphus Hart*: The Concept of Law (1961), 3. Aufl., 2012; *Hans Kelsen*: Die Reine Rechtslehre, 1934, 2. Aufl. 1960, S. 1 ff.; *ders.*: Die philosophischen Grundlagen der Naturrechtslehre und des Rechtspositivismus, Leipzig 1928, S. 198; eine ähnlich neopositivistische Position vertreten *Hans- Ulrich Evers*: Der Richter und das unsittliche Gesetz, München 1956, S. 141; auch schon: *Karl Magnus Bergbohm*: Jurisprudenz und Rechtsphilosophie, Bd. I, Berlin 1892, S. 198, 144 f.; zur Kritik an Kelsens „Reine Rechtslehre" aus Sicht der interdisziplinären Ökonomischen Theorie des Rechts siehe: *Dieter Krimphove*: Rechtstheoretische Aspekte der „Neuen Ökonomischen Theorie des Rechts", in: Rechtstheorie, Bd. 32, 2001, S. 497 ff., 517 ff. (m. w. H.); auch: *Dieter Krimphove*: Rechtstheoretische Aspekte der „Neuen Ökonomischen Theorie des Rechts", in: Rechtstheorie, Bd. 32, 2001, S. 497 ff., 515 f. (m. w. H.); siehe oben Teil I Kapitel B. I. (m. w. H.).

[19] Anders neuerdings: *Clemens Latzel*: Verhaltenssteuerung, Recht und Privatautonomie 2020, S. 80–89.

der Ausfüllende nicht zumindest gedanklich versucht, seine Abgabengebote zu seinen Gunsten „weit auszulegen".

Zur Kontrolle ihrer *Durchsetzung*[20] von Ver- oder Geboten hat sich ein umfangreicher und damit kostenintensiver Apparat entwickelt. Dies erscheint einerseits deswegen notwendig, weil – wie oben beschrieben[21] – *Recht* nur in seiner Durchsetzung bzw. in seinem Vollzug existiert. Ein Recht ohne Durchsetzungs- und Vollzugsmöglichkeit mag allenfalls als Wertempfehlung verstanden werden. Andererseits erzeugen diese Durchsetzungs- und Rechtsvollzugseinrichtungen dem Gemeinwesen schädliche Kosten. Sie lassen somit an der Effizienz gesetzlicher Verbote und Gebote zweifeln.[22]

C. Nudging: „Spielerische Verhaltenssteuerung" statt Gesetze?

Ein Hilfsmittel gegen die Nichtbefolgung gesetzlicher Verbote und Gebotsnormen könnte das so genannte *Nudging* (vom englischen Verb „to nudge", dt. = *anstupsen, vorsichtig anstoßen*) darstellen. Bei ihm handelt es sich um eine psychologische Motivation, mit deren Hilfe ein bestimmtes Verhalten in die gewünschte Richtung gelenkt (gestupst) werden kann.

Zahlreiche Anwendungsfälle ergeben sich nicht nur aus der Werbung.

Als Idealbeispiel des Nudging lässt sich ebenfalls der Ansporn der in einem Urinal abgebildeten Fliege oder Kerze anführen. Diese motiviert den Nutzer auf diese zu zielen. Bis zu 80 % der sonst entstehenden Reinigungskosten lassen sich – mit diesem für den Betroffenen eher unterhaltsamen „Anstupser" – einsparen.[23]

Gerade letzteres Beispiel erscheint richtungsweisend, sogar für eine neue Gesetzgebung, die nicht mit vergeblichen Geboten und Verboten, sondern mit „kleineren, den Bürger weniger belastenden psychologischen Anreizen" zu denselben Ergebnissen gelangt, und diese daher gesetzliche Normen ersetzen könnte. Dies wäre eine Gesetzgebung, die nicht nur eine wirksame und „intelligente" Verhaltenssteuerung verspricht, sondern auch das Verständnis des Bürgers als Befehlsempfänger staatlicher Hoheitsgewalt auf intelligente Weise berichtigt.

---

[20] Dazu siehe oben Teil II Kapitel B. V.

[21] Siehe oben Teil I Kapitel F. (m. w. H.); Teil II Kapitel A. II.; Kapitel A. I. 4. (m. w. H.).

[22] Siehe oben Teil I Kapitel B. V. 1. (m. w. H.).

[23] *Richard H. Thaler/Cass R. Sunstein*: Nudge. Improving Decisions About Health, Wealth and Happiness, in der hier verwandten deutschen Version: Wie man kluge Entscheidungen anstößt, Berlin 2009, S. 4, S. 12; auch: *Cass R. Sunstein*: Empirically Informed Regulation, 78 The University of Chicago Law Review, 2011, S. 1349 ff.

I. Über die Wirkung des Nudging

Nicht eine *Verbotsnorm* mit dem Inhalt den Toiletten-Raum nicht zu verschmutzen, oder ein zur besonderer Vorsicht mahnendes Gebot zu dessen Reinhaltung beizutragen, sondern nur eine kleine, in einem Urinal abgebildete Fliege ist in der Lage den Urinierenden zur größeren Sorgfalt anzuhalten und so ca. 80 % der Toilettenreinigungskosten einzusparen.

Bereits das oben angedeutete Beispiel verdeutlicht nicht nur die Wirkungsweise des Nudging, sondern auch dessen Voraussetzungen. Nudging schafft verhaltenspsychologisch *Anreize* eine Verhaltensänderung zu erreichen, die einen sozial wie ökonomisch positiven Zweck erfüllt.[24] Damit verfolgt Nudging das gleiche Ziel wie Ge- oder Verbote und weist, dank seiner im Vergleich zu Ge- und Verbotsnormen größeren *Effizienz*[25], auf ein ungemein umfangreicheres Potenzial für eine künftige Gesetzgebung hin.[26]

Seine unbestreitbaren Vorteile gegenüber rechtlichen Ge- oder Verboten bestehen darin, dass der lediglich „Angestupste“ nicht gezwungen ist, einer rechtlichen Pflicht nachzukommen oder sie unterlassen zu müssen. Hier entscheidet allein die Motivation des Angesprochenen darüber, ob er diesem Anstoß nachkommt oder nicht[27]. Eine größere Akzeptanz seiner Verhaltensänderung und die damit verbundene Reduktion einer verwaltungs- und somit kostenaufwändigen Durchsetzung von Geboten oder Verboten sind die rechtspolitischen Vorzüge des Nudging gegenüber der bisherigen gesetzgeberischen Verhaltenssteuerung.

II. Die Grundidee des Nudging

Will man die Grundidee des Nudging kurz umreißen, so genügt ihren Begründern Thaler und Sunstein von der altbekannten und mittlerweile empirisch ausreichend belegten Tatsache auszugehen, dass menschliches Verhalten, selbst wenn es um existenzielle oder wirtschaftliche Entscheidungen geht, nie rein rational abläuft

[24] Siehe: *Kai P. Purnhagen/Lucia A. Reisch*: „Nudging Germany“? Herausforderungen für eine verhaltensbasierte Regulierung in Deutschland, in: ZEuP, 2016, S. 629 ff. 633 (m. w. H.); *Rob Baldwin*: From Regulation to Behaviour Change: Giving Nudge the Third Degree, 77 Modern Law Review, 2014, S. 831 ff. (m. w. H.).

[25] Siehe oben Teil I Kapitel B. V. 1. (m. w. H.).

[26] *Julia Black*: Critical Reflections on Regulation, 27 Australian Journal of Legal Philosophy, 2002, S. 1 ff.; *Kai P. Purnhagen/Lucia A. Reisch*: „Nudging Germany“? Herausforderungen für eine verhaltensbasierte Regulierung in Deutschland, in: ZEuP, 2016, S. 629 ff., 634 f.; *Richard H. Thaler/Cass R. Sunstein*: A Very Short Guide, Journal of Consumer Policy, 2014, S. 583 ff.

[27] *Christine R. Jolls/Cass R. Sunstein*: Debiasing through Law, Journal of Legal Studies 2006, S. 200 ff.; Siehe: *Magrit Seckelmann/Wolfram Lamping*: Verhaltensökonomischer-Experimentalismus im Politischen Labor, in: DÖV, 2016, S. 189 ff., 191.

(*bounded rationality*[28]). Zahlreiche Einflüsse auf die individuelle Willensbildung, insbesondere solche des sozialen Umfelds, aber auch Informationsdefizite und insbesondere Bequemlichkeiten in der Wahl bzw. in dem Beibehalten bestehender Entscheidungsstrukturen, halten Individuen ab, rein rationale Entscheidungen zu treffen.

Nach Kahnemann[29] wägen Menschen i. d. R. Vor- und Nachteile ihrer Entscheidung nicht nur nicht ab. Sie tendieren vielmehr dazu, ein bereits gewonnenes Entscheidungsmuster weiter zu verwenden und den Status Quo selbst dann beizubehalten, wenn dieser bei veränderten Umständen keinen Sinn (mehr) macht.

Gemessen an den obigen Feststellungen der *Rechtsethologie* verwundern diese Feststellungen Kahnemanns; verfügt doch der Mensch – insbesondere mit seinem *anteriore cinguläre Gyrus* – über das hirnorganische Potential sowohl zu einem umfassenden Abwägen unterschiedlicher Verhaltenspräferenzen als auch über die Fähigkeit zu einer Verhaltensänderung. Allerdings treten diese Qualitäten erst dann in Funktion, wenn sich der Mensch der Notwendigkeit eines Abwägens und eigens der Gebotenheit einer Änderung seines Verhaltens bewusst wird. Ein beständiges, d. h. grundloses gedankliches Abwägen oder eine dauerhafte Verhaltensänderung wäre nicht nur sehr aufwendig. Im Fall der andauernden und folglich unbegründeten Verhaltensmodifikation sendet diese das Signal der Unzuverlässigkeit aus und wirkt somit eher gemeinschädlich.[30]

In der Frühzeit des Menschen waren es speziell Reaktionen oder Rückkoppelungen der Gruppe bzw. deren Mitglieder, die den Menschen auf die Notwendigkeit eines Abwägens und noch eingehender auf die seiner Verhaltensänderung hinwies. Diese Gruppenreaktion verstand auch der Frühmensch unmissverständlich.

Aktuell sieht sich der Mensch diversen Waren-, Dienstleistungs- bzw. Werbeangeboten und/oder Kaufanreizen ausgesetzt. Von diesen abstrakten Motivationen gehen gerade keine ihn hinweisenden oder warnenden Hinweise aus. Selbst wenn dies der Fall sein sollte, sind diese Warnungen derart niederschwellig, dass von ihnen keine solche Veranlassung zu einem Abwägen oder zu einer Verhaltensänderung ihres Adressaten ausgeht, wie sie etwa ein drohendes Gruppenverhalten erreicht. Aus diesem Grund stellt es sich nach der *Rechtsethologie*

---

[28] *Herbert A. Simon*: Bounded Rationality, in: John Eatwell/Murray Milgate/Peter Newman: The New Palgrave – Utility and Probability, 1987, S. 15 ff. (m. w. H.); *Rudolf Richter/Eirik G. Furubotn*: Neue Institutionenökonomik, 2003, S. 24 ff.; *Herbert Lionel A. Hart*: The Concept of Law, 1961, S. 125 ff.; *Herbert Lionel A. Hart*: „Incomplete Contracts“, in: John Eatwell/Murray Milgate/Peter Newman: The New Palgrave – Utility and Probability, 1990, S. 752 ff. (m. w. H.); *Dieter Krimphove*: Europäisches Sachenrecht, 2006, S. 16 ff. (m. w. H.); *ders.*: Das Recht zwischen Schafen und Schafen, zwischen Widdern und Böcken, in: Rechtstheorie, Bd. 41, 2010, Heft 2, S. 233 ff. (m. w. H.).

[29] *Daniel Kahneman*: Thinking, Fast and Slow, 2012.

[30] Zur Bedeutung des Vertrauens im Rahmen der hier vorgestellten *Rechtsethologie*, siehe oben Teil I Kapitel B. V. 3. (m. w. H.).

nachvollziehbar dar, warum der heutige Mensch – trotz seiner entsprechend angelegten intellektuellen Kapazitäten – Werbeaussagen kaum hinterfragt und seinen bereits entwickelten Entscheidungsmustern nahezu unkritisch folgt.

Des Weiteren schätzen Menschen Situationen und insbesondere sich selbst falsch, im letzteren Fall als zu gut, ein (sog. *Above-Average-Effekt*).[31] Thaler und Sunstein sprechen hier von der so genannten *Entscheidungsarchitektur*. Diese gilt es in der Weise zu verändern, dass die an einem sozialen System beteiligten Akteure, ohne obrigkeitlichen Zwang, Entscheidungen treffen, deren Resultate dem Gemeinwohl zugutekommen.

Die *Entscheidungsarchitektur* lässt sich nach Thaler und Sunstein so verändern, dass sie die Akteure zu einem bestimmten Handeln motiviert bzw. anstupst, wobei ein solcher Stups (*Nudge*) dem Individuum die Freiheit lässt, sich für oder gegen sein intendiertes Verhalten zu entscheiden (sog. *liberaler Paternalismus*[32]), und es damit weitaus weniger belastet als gesetzliche Ge- und Verbote.[33]

III. Nudging aus rechtsethologischer Sicht

Die eben gewonnenen Ergebnisse zum Nudging und insbesondere dessen Vorteile für eine effiziente Durchsetzung von Recht und deren Kostenersparnis entsprechen den oben dargestellten Ergebnissen der hier vertretenen Rechtsethologie in mehreren Aspekten:

- Als erstes bildet ein Spiel eine eigene Spielsituation. In ihr lassen sich, ohne dass es zu ernsthaften und nachhaltigen physischen wie psychischen Verletzungen der „Spielpartner“ kommt,[34] fiktive Alltagssituationen darstellen, erkunden und bearbeiten. Das Spiel eignet sich daher als ein „geschütztes“ bzw. die Spieler schützendes Experimentierfeld[35] zur *Erprobung* neuer sozialer Verhältnisse[36] und alternativer Handlungsweisen.

---

[31] Siehe dazu: *Dirk Daunenheimer/Dagmar Stahlberg/Dieter Frey/Lars-Eric Petersen* (Hrsg.): Die Theorie des Selbstwertschutzes und der Selbstwerterhöhung, in: Motivations-, Selbst- und Informationsverarbeitungstheorien, 2002, S. 159 f. (m. w. H.).

[32] Siehe: *Richard H. Thaler/Cass R. Sunstein*: Libertarian Paternalism, in: The American Economic Review, Vol. 93, No. 2, Papers and Proceedings of the One Hundred Fifteenth Annual Meeting of the American Economic Association, Washington DC, Januar 3–5, 2003 (Mai, 2003), S. 175 ff.; siehe auch: *Stephan Kirste*: Harter und weicher Rechtspaternalismus, JZ 2011, 805; *Horst Eidenmüller*: Liberaler Paternalismus, JZ 2011, S. 814 ff. (m. w. H.); *Gregor Kirchhof*: Nudging – zu den rechtlichen Grenzen informalen Verwaltens, ZRP 2015, S. 136.

[33] So schon: *Richard H. Thaler/Cass R. Sunstein*: Nudge, 2008, S. 6 f.

[34] Siehe oben Teil II Kapitel A. III. 3. d) (m. w. H.).

[35] Bereits: *Irenäus Eibl-Eibesfeldt*: Die Biologie des menschlichen Verhaltens. Grundriß der Humanethologie, München 1984/1995, S. 794 ff. (m. w. H.); *Erik Zimen*: Der Wolf: Verhalten, Ökologie und Mythos, 2003, S. 249 ff.; Dazu im Einzelnen siehe oben Teil II Kapitel A. III. 3. d) (m. w. H.); Kapitel A. III. 2. b) cc) (m. w. H.).

[36] Siehe oben Teil II Kapitel A. III. 2. a) aa) (m. w. H.).

- Seit der Frühgeschichte der Menschheit, und deren Recht, besteht auch die Freude am Spiel.[37] Das Belohnungssystem *ventrale Tegementum* leitet – im Fall eines Spielerlebnisses – über den *Nucleus accumbens*, eine Freisetzung von *Dopamin* ein, das im *präfrontalen Cortex* Freude und Spiel-Euphorie auslöst [Schädigungen jenes Hirnareals, das eine ausgewogene *Risikoanalyse* des eigenen Verhaltens ermöglicht, namentlich das des *ventromedialen präfrontale Cortex*,[38] führen i. d. R. zu einer inhaltlich falschen oder gänzlich fehlenden Risikoeinschätzung und begünstigen so eine *Spielsucht*.[39]].

  Das menschliche, ebenso wie das Gehirn von Säugetieren, schafft sich so einen Anreiz das *Lern-* und *Experimentierfeld* „Spiel" zu nutzen, um insbesondere eigene (Lern-)Erfahrungen zu tätigen und diese dann zu konservieren.

- Letztlich belohnt der *Hippocampus* bzw. seine Verbindung zum *Striatum*, einem Teil des Belohnungs- und Motivationssystems,[40] zudem das Abspeichern von Information während des Spiel-/Lern-Vorganges, so dass der „Spielende", im Fall spielerischer Lernaktion ein zusätzliches, befriedigendes *Glücksgefühl* erfährt.[41]

Eigens diese entwicklungsgeschichtlichen *Spaß-Faktoren* eines Spieles nutzt die Technik des Nudging und erzielt so die eben beschriebenen Vorteile gegenüber einem in Normen gefassten Ge- und Verbots-Recht.

IV. Die Effizienz des Nudging in der Verhaltenssteuerung

Die Vorteile des Nudging gegenüber gesetzlichen Ge- und Verbotsnormen bestehen in seiner größeren Wirkung, d. h. der Effizienz der Verhaltenssteuerung bei einem nur geringeren Eingriff in die Freiheitsrechte der Akteure. Diese Vorzüge gegenüber den Ge- und Verbotsnormen verhelfen dem *Nudging* zu dem Status eines Instituts[42], was künftig gesetzliche Ge- und Verbotsnormen ersetzen und verdrängen kann. Tatsächlich zeigen sich, neben den oben genannten, auch weitere gesamtwirtschaftliche Vorteile des Nudging.

---

[37] *Jeffrey Burgdorf/Jaak Panksepp*: The neurobiology of positive emotions. Neuroscience and Biobehavioral Reviews, 2006, Vol. 30(2), S. 173 ff. (m. w. H.); *Gordon M. Burghardt*: Defining and recognizing play, in: The Oxford Handbook of the Development of Play, 2010 doi:10.1093/oxfordhb/9780195393002.013.0002 (m. w. H.); *Peter K. Smith*: Children and play, Chichester, 2010; bereits: *Johan Huizinga*: Homo ludens: A study of the play, 1950; siehe dazu auch: OLG Hamm, Urteil v. 7. 10. 2002 – AZ.: 13 U 119/02; Rn. 63.

[38] Siehe oben Teil II Kapitel A. III. 2. a) bb) (1) (m. w. H.).

[39] Siehe oben Teil II Kapitel A. III. 2. a) aa) .

[40] Siehe oben Teil II Kapitel A. III. 2. b) aa).

[41] Zur Bedeutung des Gefühls im Allgemeinen siehe unten Teil II Kapitel A. III. 3. c) (m. w. H.); Kapitel A. III. 4. (m. w. H.); Dazu siehe auch die Ausführungen zum *anterioren cingulären Cortex*, siehe unten Teil II Kapitel A. III. 2. b) cc) (m. w. H.).

[42] Zum Begriff des *Instituts* in der Rechtsethologie siehe oben Teil I Kapitel B. V. 2. (m. w. H.).

1. Gesteigerte Einsehbarkeit

Eine intelligente, spielerische Motivation bzw. das Ausnutzen der Spielfreude ist grundsätzlich wirkungsvoller als der Erlass rechtlicher Ge- und Verbote bzw. die hiermit verbundene Androhung von Strafen und Bußgeldern, erscheint doch dem Angesprochenen der Vollzug eines Spieltriebes weitaus *einsichtiger* als die Vorgabe seiner rechtlichen Pflicht zum Vollzug staatlicher Gebote und Verbote. Allein schon die gesteigerte Einsehbarkeit des Inhalts einer Norm bzw. deren Notwendigkeit steigert erheblich die *Vollzugsbereitschaft* der Norm:

Der Befehl eines Einbahnstraßenschildes an einer engen, zugeparkten und uneinsichtigen Straße wird eher befolgt als das Verbot, eine breite Fläche im Brandfall nicht als Fluchtweg zu benutzen. Tatsächlich erscheint dieses Verbot nur dann einsichtig, wenn man die Fläche für das Rangieren von Rettungsfahrzeugen freihalten will. Ein solcher Zweck ist i. d. R. nicht auf einem Schild anzugeben.

Zwar sind beim Nudging lediglich die Spielregeln des Nudging, nicht aber dessen Endzweck für den Adressaten einsichtig.

So sind die „Spielregeln" des Treffens einer Fliege oder Kerze im Urinal jedem Nutzer auf den ersten Blick einsichtig, nicht aber der Zweck, mit der angestrebten Konsequenz durch ein genaueres Zielen erhebliche Reinigungskosten einzusparen.

Der Grund der Einhaltung einer gesetzlich abstrakt/generellen Norm ist jedoch weitaus schwieriger festzustellen als der des *Nudgings*. Denn in der Regel lässt der Wortlaut den Zweck der gesetzlichen Ge- oder Verbotsnorm für den Adressaten nicht erkennen. Allenfalls kann der Normadressat den Normzweck aus der Stellung der Norm und/oder ihrem Regelungszusammenhang schließen. Letztlich ist aber sein Ermittlungsgegenstand nur feststellbar mit Hilfe der *teleologischen Auslegung*. Diese ist bestenfalls nur einen kleinen Kreis von Fachleuten – nicht aber jedem Normadressaten – zugänglich.

2. Kostenersparnis

Die höhere Einsichtigkeit in den Zweck einer Norm erhöht deren Befolgung, so dass die Bereitschaft bei einem „Spiel", wie etwa dem des Treffens der Fliege, mitzumachen, größer ist, als die Bereitschaft eine abstrakte Verbotsnorm einzuhalten. Gerade eine solche intrinsische Motivation steigert die Akzeptanz und Vollzugseffizienz einer Norm und lässt als Folge auch die Kontrolle von deren Einhaltung entfallen.[43] Folglich kann der Einsatz von *Nudging* erhebliche – das Gemeinwesen

[43] Siehe: Behavioural Insights Team Update Report 2013–2015; London: Cabinet Office, Behavioural Insights Team, verfügbar unter http://www.behaviouralinsights.co.uk/publications/the-behavioural-insights-team-update-report-2013-2015/.

belastende – Kosten der Vollzugskontrolle einer rechtlichen Ge-/Verbotsnorm (sog. *Durchsetzungs-* oder *Kontrollkosten*) einsparen.

Derartige intelligente und kostensparende Nudging-Regelungen existieren bereits selbst in einem so sensiblen Bereich wie dem Steuerrecht.

Um die Zahlungswilligkeit der Steuerschuldner zu erhöhen, haben britische Behörden – statt mit erneuten Geboten und deren Ausstattung mit Sanktionen – lediglich die Steuerzahler darauf hingewiesen, dass ihre Nachbarn bereits ihre Steuern bezahlt haben.

Allein diese, wenig in die persönliche Freiheit des Einzelnen einschneidende Information bewirkte eine Erhöhung der Zahlungseingänge.

3. Reduktion gesetzgeberischer Eingriffe in Freiheitsrechte

Rechtspolitisch von Bedeutung ist, dass der alternative Einsatz von Nudging weitaus weniger in die Freiheitsphäre des Einzelnen eingreift, als rechtlich vorgeschriebene Ge- und Verbotsnormen, bzw. deren Durchsetzungs- und Zwangsmaßnahmen. In den USA stößt typischerweise dieser Gedanke auf besonderes Interesse.[44] Der *14. Zusatzartikel zur Verfassung der Vereinigten Staaten vom 9. Juli 1868* legt nämlich besonderen Stellenwert auf den Schutz des Bürgers vor staatlichen Eingriffen in seine *Gleichheits-* und *Freiheitsrechte.*[45] Derartige Eingriffe bedürfen einer besonderen – der gerichtlichen Kontrolle zugänglichen – *Verhältnismäßigkeitsprüfung.* Nudging-Maßnahmen, an denen der Bürger freiwillig teilnimmt, selbst wenn er dadurch gesetzgeberische Ziele verfolgt oder erfüllt, gelten nicht als Begrenzung seiner Freiheit und unterliegen daher nicht den strengen Anforderungen des 14. Zusatzartikels. Einer solchen Zielsetzung untersteht auch die deutsche Gesetzgebung. Auch diese enthält – speziell beim Eigentumsrecht – die Möglichkeit eines staatlichen Eingriffs nur, wenn dieser Eingriff selbst rechtsstaatlichen Bedingungen entspricht, mithin *verhältnismäßig* ist.[46] Voraussetzung des Nudging ist daher immer das Bestehen einer Freiwilligkeitslage, das heißt die Möglichkeit zu einer freien und eigenverantwortlichen Entscheidung, ob der so „Angestupste“ diesem Stups aus eigener Überzeugung und Willen nachkommt.

---

[44] *Richard H. Thaler*: Public Policies, Made to Fit People, abrufbar unter www.nytimes.com/2013/08/25/business/public-policies-made-to-fit-people.html?_r=0,.

[45] Zusatzartikel 14, Sec 1: … No State shall make or enforce any law which shall abridge the privileges or immunities of citizens of the United States; nor shall any State deprive any person of life, liberty, or property, without due process of law; nor deny to any person within its jurisdiction the equal protection of the laws.

[46] *Hans-Joachim Cremer*, in: Oliver Dörr/Rainer Grote/Thilo Marauhn: EMRK/GG Konkordanzkommentar, 2. Aufl., 2013, Kapitel 22: Eigentumsschutz, Rn. 116ff. (m. w. H.); *OVG* Schleswig: Beschluss v. 2.4.2020 – 3 MB 8/20, in: COVuR 2020, S. 45ff., Rn. 30ff., 32; *Peter Axer*, in: Volker Epping/Christian Hillgruber: BeckOK: Grundgesetz, 42. Aufl. Stand: 1. Dezember 2019, Art. 14 GG [Eigentum, Erbrecht und Enteignung], Rn. 77ff. (m. w. H.).

Rechtlich unzulässig, und schon nicht in die Definition des Nudging fallen daher jene Beispiele, bei denen der Akteur einem für ihn nicht mehr zu umgehenden Gruppenzwang ausgesetzt ist.

Hierzu zählt etwa der Fall, dass staatliche Stellen den individuellen Strom- und Energieverbrauch eines Akteurs in seiner Nachbarschaft publik macht, um jeden Verbraucher einem gesellschaftlichen Energiespar-Druck auszusetzen. Diesen unzulässigen Gruppendruck verstärken zudem staatliche Behörden, die den Anwohnern eines Stadtbezirks die Reduktion ihrer individuellen Stromkosten und Energiekosten in Aussicht stellen, falls das Stadtgebiet unterhalb eines bestimmten Energiekonsums bleibt.

Neben der Unzulässigkeit einer solchen, die Freiheit des Individuums stark beeinträchtigenden, Maßnahme bestehen zudem noch datenschutzrechtliche Zweifel an seiner Zulässigkeit.

V. Nudging-Anreize und Anreizsysteme

Anreizsysteme gibt es auch im geltenden hoheitlichen Recht. Zu denken ist hier nur an das *Steuerrecht*. Hier sind es insbesondere gesetzliche Abzugstatbestände oder gesetzliche Steuervergünstigungen, die zu einem bestimmten sozialen Verhalten (Kauf umweltfreundlicher PKW, Gründung von Familien, etc.) anhalten wollen.

Gesetzliche Anreizsysteme sind aber grundsätzlich nicht mit dem *Nudging* zu verwechseln, denn gesetzliche Anreizsysteme arbeiten nach wie vor noch mit autoritativem Druck. So schaffen diese Systeme einzelne Vergünstigungstatbestände – lediglich als Ausnahmetatbestände – eines autoritativen Systems. Sie reizen aber nicht selbst dazu an, freiwillig Benachteiligungen hinzunehmen, etwa freiwillig Steuern zu zahlen, etc. Deren Eintreibung und Durchsetzung bleibt nach wie vor hoheitlichen Zwangsmaßnahmen überlassen.[47]

Eine Beteiligung an einem Nudging wird man folglich nur erwarten dürfen, wenn die „Angestupsten“ sich zumindest ideelle Vorteile erwarten.[48] Damit ersetzen die zum Teil geringfügigen Nudging-Anreize, die bei gesetzlichen Ge- und Verbotsnormen zu deren Durchsetzung erforderlichen Zwangsmaßnahmen.

---

[47] Siehe auch: *Cass R. Sunstein*: The Council of Psychological Advisers, 67 Annual Review of Psychology 2016, 713 ff.; *Howard J. Ross*: Everyday bias. Identifying and navigating unconscious judgements in our daily lives, 2014.

[48] Ein *Nudge* ist nach Thaler and Sunstein „any aspect of the choice architecture that alters people's behavior in a predictable way without forbidding any options or significantly changing their economic incentives. To count as a mere nudge, the intervention must be easy and cheap to avoid. Nudges are not mandates. Putting fruit at eye level counts as a nudge. Banning junk food does not.“ *Thaler/Sunstein*: Improving decisions about health, wealth and happiness.“ 2008, S. 6.

Die Qualität der Anreize kann höchst unterschiedlich sein. Sie reichen über materielle Belohnungen oder können auch ideeller Natur sein (Anerkennung in der Gesellschaft oder der unmittelbaren Nachbarschaft). Wie das Beispiel der im Urinal abgebildeten Fliege zeigt, können Anreize auch in der Gewährung von Unterhaltung und/oder in der Befriedigung eines Spieltriebs (*aleatorische Anreize*) liegen.[49]

Ein besonders eindrucksvolles Nudging-Beispiel lieferten britische Behörden.[50]

Diese stellten fest, dass die Gebäudedämmung bei Einfamilienhäusern nur sehr unzureichend fortschritt, und damit eine ökonomisch und ökologisch sinnvolle Energieeinsparung nicht eintreten konnte. Grund hierfür war, dass zahlreiche Hauseigentümer ihren Dachboden mit altem Gerümpel vollgestellt hatten, und lieber höhere Energiekosten jährlich in Kauf nahmen, als sich mit alten Erinnerungen beim Leerräumen ihres Dachbodens belasten wollten. Der Anstupser bestand nun darin, dass die britischen Behörden den privaten Eigentümern die kostenlose Entrümpelung ihres Dachbodens durch Fremdfirmen zusagten. Zahlreiche Eigentümer entschieden sich für dieses Angebot, so dass dieser *Nudge* zu einer Energieersparnis beitrug.

Eine Vielzahl weiterer Beispiele des Einsatzes von Nudging – insbesondere solche, die die Verwendung von autoritativem Recht überflüssig machen könnten – sind denkbar:

So lässt sich dem Gebot eine Straße bei roter Fußgängerampel nicht zu überqueren, nicht erst durch die Verhängung von gesetzlichen Sanktionen nach dem Straßenverkehrsrecht, sondern bereits schon dadurch nachkommen, dass die Ampel die Wartezeit angibt, die der Wartende noch vor der Ampel zu stehen hat. Ein voreiliges überschreiten der Straße lässt sich hierdurch effektiv vermeiden.

Der umgekehrte Effekt des Nudging, nämlich der, negative Folgen herbeizuführen, ist weitgehend unerforscht.

Für diesen Fall steht etwa das Beispiel, in dem Private ihre angemieteten Parkplätze als freizuhalten kennzeichnen, worauf nun „Wild-Parker“ den so nicht gekennzeichneten Bereich – nämlich den Türeingang – zuparken.

Ein Beispiel eines rechtlich oder ethisch umstrittenen Anreizes bot eine südafrikanische Initiative der Behörden.

Zum Zweck der Erhöhung der Aufklärungsrate von HIV-Infektionen und damit zur Steigerung des individuellen und allgemeinen Gesundheitsschutzes lobten

[49] Zum Einsatz von Nudging siehe: *Lucia A. Reisch/Julia Sandrini*: Nudging in der Verbraucherpolitik: Ansätze verhaltensbasierter Regulierung, 2015.

[50] Zur Entwicklung des Nudging in Großbritanien siehe: *David Halpern*: The Behavioural Insights Team, 2015; im Erscheinen; *Rhys Jones/Jessica Pykett/Mark Whitehead*: Changing behaviours. On the rise of the psychological state, 2013, 27ff.

sie einen Gewinn i. H. v. 6000 USD bei jedem durchgeführten HIV-Test aus („Get Tested and Win“[51]).

Das behördliche Verhalten erscheint deswegen anrüchig, weil hier der Anreiz (Geldpreis) in keinem Verhältnis zum eigenen Gesundheitsschutz vor einer gefährlichen HIV Erkrankung steht. Aus deutscher Sicht ist zu fragen, ob diese Zweck/Mittel-Relation angesichts der drohenden Gesundheitsgefahr durch eine HIV-Infektion nicht als verhältnismäßiges Mittel der Gesundheitsprävention in Betracht kommen kann.

Die Einsparung gesamtwirtschaftlich schädlicher Durchsetzungskosten mithilfe von persönlichen Anreizen, bzw. *Nudges*, praktiziert seit langer Zeit unerkannt das US-amerikanische Verbraucherschutz- und Wirtschaftsrechtssystem.

Im Unterschied zu den kontinentalen Rechtsordnungen, die über ein kostenintensives behördliches Aufsichtssystem (Gewerbeaufsichtsämter, Verbraucher und Werbe- und Wettbewerbschutzorganisationen) verfügen, kennt das US-amerikanische System eine solche staatliche Aufsicht kaum. Das US-amerikanische Rechtssystem erreicht dennoch eine gegenüber den europäischen Rechtsordnungen weit höhere Kontrolldichte nicht nur an Wettbewerbsverstößen, sondern auch bezüglich erforderlicher Produktqualität, dadurch, dass es jedem einzelnen privaten Bürger zivilrechtliche Schadensersatzansprüche durch das Aufspüren von Wettbewerbs- und Produktqualität zugesteht. Allein durch den *Nudge* des In-Aussicht-Stellens zivilrechtlicher Schadenersatzansprüche schafft dieses Rechtssystem einen Anreiz zur Kontrolle unternehmerischer Aktivitäten. Während also kontinental die staatliche Kontrolle kostenintensiv und auch nur sporadisch erfolgt, besitzt jeder US-amerikanische Bürger einen individuellen Anreiz oder „Nudge“ zur umfassenden Kontrolle von Unternehmensaktivitäten.

[51] Siehe auch: http://palss.org/get-tested-and-win-a-free-beats-pill/.

Der Einsatz folgender, weiterer Nudgings ist denkbar:

	intendiertes Verhalten	*Nudging-Maßnahme*
1.	Selbstbelastendes Verhalten (z. B.: Steuerzahlen, auch Spenden, persönl. Arbeitseinsatz etc.)	öffentl. Anerkennung des Belasteten (z. B.: durch Prämien/Orden, Dienst-Befreiung, öffentl. Bekanntgabe des gezahlten Steuer- oder Spendenbetrages)
2.	Organspende etc.	Lustige Comicfigur überreicht Herz, hält Türen auf.
3.	Vermeiden selbstschädigender Handlung (Rauchen, Alkoholgenuss)	Information über Wirkung (z. B. derzeitige Zigarettenwerbung), öffentl. Belohnung des Verzichtes
4.	Warten (d. h. Vermeidung verbotenem, voreiligen Handeln) 1. z. B.: Warten an roter Ampel (Vermeidung der Selbst- und Fremdgefährdung bei Missachten der Ampel) 2. in Arztpraxis (Vermeiden: nutzlose Wartezeit, Wahl eines anderen Arztes) 3. Abwarten des Maschineneinsatzes (Vermeiden voreilige Unterbrechung/Störung des Produktionsvorgangs)	1. Info über konkrete Wartezeit (z. B.: Ampel-Rotphase-Zeitanzeige) 2. Ausgabe von Nummern, Angabe des Wartezeitraumes (Arztpraxen), unterhaltsamen Film zeigen 3. Maschine-Kaffeezubereitung (Anzeige der noch verbleibenden Zeit)
5.	Einsparen juristisch erfolgloser Schritte (z. B.: Klagen/Widersprüche etwa gegen Steuer, Abgaben-, Wasser od. Gasrechnung vermeiden)	Angabe bereits bei (elektronischer) Steuererklärung wie viel Steuern (voraussichtlich) eingespart werden
6.	Drängeln auf Autobahn	Schilder: auf diesen steht in Kinderschrift „Papi, fahr vorsichtig" oder ein mit Kussmund verziertes „Lass dir Zeit".
7.	Vermeiden Verschmutzungen	auszuführende Handlungen als Spiel-Einsatz (aufgemalte Fliege im Urinal treffen)

Abbildung 5: Einsatzbereiche des Nudging

VI. Bestehende Nudging-Aktivitäten

Das große Potenzial von Nudging überzeugt nicht nur Wissenschaftler, sondern in zunehmendem Maße auch Politiker:

- Präsident Obama berief bereits 2009 einen der führenden Autoren der Nudging-Theorie, Cass Sunstein, in die Leitung der US-amerikanischen Regierungsbehörde Office of Information and Regulatory Affairs (OIRA). Programme wie die Sichtbarmachung gesunder Ernährung[52] oder verständliche nachvollziehbare Aufdeckung der Treibstoffkosten der diversen Fahrzeugtypen (Fuel-Programm)[53] sollen allein in der ersten Amtszeit des Präsidenten jährlich eine Ersparnis von 90 Mrd. Dollar eingebracht haben.

- Im Jahr 2010 setzte der *britische* Premierminister Cameron ein aus Verhaltensökonomen und insbesondere Richard Thaler bestehendes Beratungsteam (Behavioural Insights Team) ein. Dieses erarbeitete insbesondere Maßnahmen zur Verbesserung der Spendenbereitschaft, zur Vermeidung von Fehlern bei der Medikamentenverschreibung, zur Erhöhung der Wahlbeteiligung und die speziell zur „Motivation“ säumiger Steuerzahler zur Begleichung ihrer Steuerschuld aufrufen. Hierzu wird Steuerzahlern mit dem Mahnbescheid zur Begleichung ihrer Steuerschuld ein Bild ihres Autos mit der gleichzeitigen Androhung zugestellt, dass dieses bei Nichtbegleichung der Steuerschuld eingezogen werden müsse.

  Über das Projekt, eine verbesserte Wärmedämmung in Privathäusern dadurch zu erreichen, dass der Staat eine Dachbodenräumung übernimmt, berichtete dieser Text bereits.

- Auch ein *australisches Projekt* setzt auf den Gruppenzwang, indem es der Nachbarschaft transparent macht, wieviel Energie ihr Nachbar verbraucht, oder wie viele Bürger schon ihre Steuern beglichen haben.

- Erfolge kann Nudging auch in *Dänemark* verbuchen. Dort schlossen sich drei dänische Ministerien zusammen, um eine „MindLab“-Beratungseinheit zu etablieren. Allein der an einem Lichtschalter angebrachte Hinweis, dass 85 % das Licht beim Verlassen des Raumes ausschalten würden, führte tatsächlich zur Erhöhung der Betätigung des Lichtschalters um 20–26 %. In die gleiche Richtung zielt das Anbringen grüner Fußabdrücke in Richtung eines Mülleimers. Die Verschmutzung der Straßen ging daraufhin um 40 % zurück.[54]

---

[52] Statt der Verwendung der Lebensmittelpyramide die eines Tortendiagramms.

[53] www.fueleconomy.gov the official U. S. government source for fuel economy information, https://www.fueleconomy.gov/feg/bymodel/bymakemodelNF.shtml.

[54] Welt v. 15. März 2015, *Jan Dams/Anja Ettel/Martin Greive/Holger Zschäpitz*: Merkel will die Deutschen durch Nudging erziehen; http://www.welt.de/wirtschaft/article138326984/Merkel-will-die-Deutschen-durch-Nudging-erziehen.html.

- Auch die *südafrikanische Provinz Westkap* nimmt – wenn auch in einem stark kritisierten Beispiel – das Nudging auf, wenn es Personen, die einen HIV-Test durchführen, hierfür die Teilnahme an einem Gewinnspiel mit einem Geldpreis i. H. v. 6000 USD verspricht („Get Tested and Win“[55]).
- In *Deutschland* berief speziell das Bundeskanzleramt für die 18. Legislaturperiode im Referat „Stab Politische Planung, Grundsatzfragen und Sonderaufgaben“[56] Ende 2014 ein Team von drei psychologisch, soziologisch und verhaltenswissenschaftlich vorgebildeten Referenten ein.[57/58] Deren Bemühungen sind allerdings noch nicht an die Öffentlichkeit gelangt.
- Einen ähnlichen Einsatz von Nudging in der Gesetzgebung plant ebenfalls die *Europäischen Union*[59].

D. Bewertung des Nudging

Einzelne Stimmen, vor allem in der Rechtslehre, sehen den Einsatz von Nudging kritisch: So greife der Staat, sollte er sich des Nudgings bedienen, weit und unzulässig in die Freiheitsrechte des Bürgers ein,[60] bzw. wirke diesem gegenüber bevormundend,[61] da Nudging den Bürger verdeckt und damit unzulässig manipuliere.[62] Zudem komme eine Verhaltenssteuerung des Nudging nicht dem Grundsatz des

---

[55] Siehe auch: http://palss.org/get-tested-and-win-a-free-beats-pill/.

[56] Siehe: Koalitionsvertrag 2013, S. 105; Kabinettsbeschl. v. 4. 6. 2014, S. 6; siehe auch: http://www.bmjv.de/SharedDocs/Kurzmeldungen/DE/2014/20141212_Nudging.html?nn=1468620.

[57] Welt v. 15. März 2015: *Jan Dams/Anja Ettel/Martin Greive/Holger Zschäpitz*: Merkel will die Deutschen durch Nudging erziehen: http://www.welt.de/wirtschaft/article138326984/Merkel-will-die-Deutschen-durch-Nudging-erziehen.html; *Ulrich Schmeddinck*: Der Nudge-Ansatz – eine Möglichkeit, wirksam zu regieren?, ZRP, 2014, S. 245.

[58] Siehe: *Kai P. Purnhagen/Lucia A. Reisch*: „Nudging Germany“? Herausforderungen für eine verhaltensbasierte Regulierung in Deutschland, in: ZEuP, 2016, S. 629 ff. 630 (m. w. H.).

[59] *Wirtschafts- und Sozialausschuss der EU*: Stellungnahme, ABl. 2011 C 318, ABl, EU 2011, Seite 155, Kapitel 6.6.

[60] U. a.: *Gregor Kirchhof*: Nudging – zu den rechtlichen Grenzen informalen Verwaltens, in: ZRP, 2015, S. 136 f.; *Ingolfur Blühdorn*: Simulative Demokratie – Neue Politik nach der postdemokratischen Wende, 2013, S. 188; *Stephan Kirste*: Harter und weicher Rechtspaternalismus, JZ 2011, 805; *Ulrich Schmeddinck*: Der Nudge-Ansatz – eine Möglichkeit, wirksam zu regieren?, ZRP, 2014, S. 245 f.; auch: *Horst Eidenmüller*: Liberaler Paternalismus, JZ, 2011, 814.

[61] Siehe: *Margrit Seckelmann/Wolfram Lamping*: Verhaltensökonomischer-Experimentalismus im Politischen Labor, in: DÖV, 2016, S. 189 ff., 194.

[62] *Cass Sunstein*: 32 Yale Journal of Regulation, 2015, S. 413 ff; *Cass Sunstein*: 38 Journal of Consumer Policy, 2015, S. 583 ff. 585.

„Gesetzesvorbehaltes" nach[63] und bietet, da es auf ein freiwilliges Handeln des Bürgers abstellt, kaum gesetzgeberische Planungssicherheit.[64]

Gegen diese Kritik ist anzumerken, dass sie vorwiegend den staatlichen Einsatz von Nudging thematisiert. Dabei existieren gerade in der Privatwirtschaft, insbesondere im Personal, Werbe- und Marketing weitaus zahlenmäßig und inhaltlich umfassendere Einsatzformen des Nudging, die obige Kritik nicht berührt. Generell ist anzumerken, dass gerade das Nudging auf der Freiwilligkeit des von ihm Betroffenen beruht. Sofern der Einsatz von Nudging diesen nicht täuscht (§ 263 StGB), unter erheblichen Druck (§ 240 StGB od. § 4a UWG) setzt oder ihn einer menschenunwürdigen Situation aussetzt, erscheint der Einsatz von Nudging rechtlich unproblematisch.[65]

Voraussetzung dieser Sicht ist jedoch, dass die Diskussion all jene Fälle ausschließt, die per definitionem schon nicht unter das Nudging fallen. Nudging liegt nämlich nur dann vor, wenn es zu einer freiwilligen Verhaltensänderung anhält, die ihrerseits Effekte erreicht, welche sonst durch Ge- bzw. Verbote zu erzielen wären. Kennzeichnend für das hier vorgesehene Nudging ist daher ein zwischengeschalteter Mechanismus, dessen Regeln dem Nutzer einsichtig sind und an denen er sich freiwillig beteiligt.

Die Erhöhung von Information und Transparenz sind folglich keine Anwendungsbeispiele des Nudgings als einer echten gesetzgeberischen Ge- und Verbote ersparenden Verhaltenssteuerung.

> So kann zwar die Angabe der Kalorienzahl auf Kartoffelchips-Tüten deren Konsum reduzieren, Gütesiegel und Kennzeichnungspflichten auf eine bestimmte Qualität hinweisen und den Erwerb hochwertiger Geräte anregen, Farben auf die Einhaltung von Hygienevorstellungen im Gastgewerbe hinweisen. Die Anforderungen eines Nudging erfüllen sie damit jedoch nicht.

Ansonsten erscheint das Nudging als intelligente, unterhaltsame, spielerische Alternative der Verhaltenssteuerung im Vergleich zu den autoritativen gesetzlichen Ge- bzw. Verbotsnormen. Gegenüber letzteren erhöht der spielerische Charakter

---

[63] Siehe: *Kai P. Purnhagen/Lucia A. Reisch*: „Nudging Germany"? Herausforderungen für eine verhaltensbasierte Regulierung in Deutschland, ZEuP, 2016, S. 629 ff. 641, 648 (m. w. H.); mit Hinweis auf: *Gunnar F. Schuppert*: Rigidität und Flexibilität von Verfassungsrecht. Überlegungen zur Steuerungsfunktion von Verfassungsrecht in normalen wie in „schwierigen Zeiten", 120 AöR, 1995, S. 32 ff. 65; aber: *Axel Hägerström*: Pflicht und bindende Kraft des Vertrages nach römischer und naturrechtlicher Anschauung, 1934, i. d. F. v. Karl Olivecrone (Hrsg.), 1965, S. 13; *Ulrich Weidner*: Die Mitverursachung als Entlastung des Haftpflichtigen, 1970, S. 7.

[64] *Dieter Krimphove*: Nudging als Mittel der Ergänzenden Verhaltenssteuerung im Rechtssystem?, in: Rechtstheorie, Jg. 48, 2017, S. 299 ff., 312, 308 ff. (m. w. H.).

[65] Zu der Gesamtproblematik siehe: *Dieter Krimphove*: Nudging als Mittel der Ergänzenden Verhaltenssteuerung im Rechtssystem?, in: Rechtstheorie, Jg. 48, 2017, S. 299 ff., 308 ff., 313 ff. (m. w. H.).

des Nudging die Freiwilligkeit und Akzeptanz der Verhaltensänderung. Damit besitzt Nudging den ungemein wichtigen Vorteil kostenintensive Durchsetzungsmaßnahmen zur Einhaltung von Ge- bzw. Verbotsnormen einsparen zu können. Nudging entspricht auch, wie oben widergegeben, die evolutionsbiologisch entstandene Hirnstruktur des Menschen.[66] Nach allem entspricht Nudging, aus *rechtsethologischer* Sicht eher dem Charakter einer effizienten kostengünstigen Verhaltenssteuerung als das uns heute bekannte Recht, mit seinen Ge- und Verbortsnormen.

E. „Scham" als Instrument rechtsnormersetzender Verhaltenssteuerung

Eine, gegenüber dem Nudging, weitaus effizientere Verhaltenssteuerung besteht in dem Einsatz von „Scham". Gesellschaftlich wirkt Scham dabei komplexer als eine bloße Ausnutzung von evolutionsgeschichtlich übertragener angeborener Spielfreude des Menschen.

Nachfolgende Ausführungen verwenden den Begriff „Scham" als das negativ konnotierte Gefühl des Beschämten und/oder des Dritten (siehe. *Fremdschämen*[67]), den rechtlich/gesellschaftlichen Anforderungen oder Regeln durch Verhalten oder seine persönliche Eigenschaften, nicht zu entsprechen. Sie behandeln nur partiell den Sonderfall der *geschlechtlichen Scham.*[68]

Das Bedürfnis sich bzw. seine primären Geschlechtsmerkmale, gegenüber anderen Gruppenmitgliedern zu verbergen (*geschlechtliche Scham*), stand ebenfalls – d.h. wie das Entstehen des „Rechts" auch[69] – an der Wiege der Menschheit.[70] Dies mag den entwicklungsgeschichtlichen Stellenwert der geschlechtlichen Scham – hier unterschieden von der *Verhaltensscham* – verdeutlichen: Mit der *geschlechtlichen Scham*, also mit der Verhüllung seiner primärer Geschlechtsorgane kontrolliert der Mensch erstmals speziell seine olfaktorische Reizwirkung auf Artgleiche. Er erreicht so, im Gegensatz zum Tier, erstmals die zivilisatorische Möglichkeit zur *Steuerung* und *Privatisierung* seiner Geschlechtlichkeit.[71]

---

[66] Siehe oben Teil III Kapitel C. II. (m. w. H.); Teil II Kapitel A. III. 2. b) cc) (m. w. H.).

[67] *Dieter Krimphove*: Scham als Verhaltenssteuerung im Recht – Rechtstheoretische Aspekte eines Phänomens, in: Rechtstheorie, 2012, S. 91 ff., 104 (m. w. H.), 108 f. (m. w. H.).

[68] Dazu im Einzelfall, und aus *humanethologischer* Sicht: *Dieter Krimphove*: Scham als Verhaltenssteuerung im Recht – Rechtstheoretische Aspekte eines Phänomens, in: Rechtstheorie, Bd. 43, 2012, S. 91 ff. (m. w. H.).

[69] *Dieter Krimphove*: Der Sündenfall – Humanethologische Betrachtung über die Würde des Menschen, in: Rechtstheorie, Bd. 36, 2005, Heft 2, S. 289 ff., 295 ff. (m. w. H.).

[70] Siehe oben Teil II Kapitel A. I. 1. (m. w. H.); Dazu siehe: *Dieter Krimphove*: Der Sündenfall – Humanethologische Betrachtung über die Würde des Menschen, in: Rechtstheorie, Bd. 36, 2005, Heft 2, S. 289 ff., 292 ff. (m. w. H.); 295 ff. (m. w. H.).

[71] *Irenäus Eibl-Eibesfeldt*: Die Biologie des menschlichen Verhaltens. Grundriß der Humanethologie, München/Zürich 1984, S. 352, Abb. 4.53 (m. w. H.).

Anders sind auch die überaus inhaltlich komplexen biblischen Berichte des sog. *Sündenfalls* (Gn 3.1 f.) nicht zu verstehen.[72/73]

Der Bezug von *Scham* zum Recht erscheint, im Unterschied zum Nudging, wesentlich offensichtlicher. Denn Scham wirkt als unmittelbar eingesetzte Sanktion einer gegen soziale Normen bzw. Verhaltensregeln verstoßenden Handlung. Damit wird „Scham" zu einem gesellschaftlichen *Sanktionssystem*[74] zum Zweck der *spezial-*, aber – da Scham-Handlungen i. d. R. öffentlich sind – auch *generalpräventiven* Behandlung[75] sozialwidrigen Verhaltens. Andererseits ermöglicht das intensive *Gefühl*[76] der Scham einem Delinquenten, sehr schnell und ohne nachhaltige Körperschäden, – nach dem Vollzug von Entschuldigungs-, Demuts- und/oder Unterwerfungsgesten, seltener auch von einfachen Restitutionshandlungen – in die Gesellschaft wieder zurückkehren zu können. *Scham* erleichtert damit nicht nur eine notwendige „Re-Sozialisation" des Delinquenten, sondern damit auch dessen Rückkehr zu den bestehenden gesellschaftlichen Normen und Rechtsstandards. Scham bzw. der öffentliche Vorgang der „Entschämung" erhöht folglich die öffentliche Akzeptanz des Delinquenten und damit die allgemeine Festigung des und Zustimmung zu dem geltenden Rechtsstatus.

I. Die Qualität der Scham

Kennzeichnend für die „Scham" ist nicht nur dessen zeitlich unmittelbare Wirkung. Die Sanktionen der Scham fallen sogar weitaus gravierender als alle rechtlichen Sanktionen wie etwa Strafen, Bußgelder oder Ersatzhandlungen aus.

Ein, auch nur im gesellschaftlichen Rahmen, ertappt werden bei einer Schwindelei, löst beim Täter oft größere Betroffenheit aus als dessen Verurteilung wegen Betrugs.

Das Bewusstsein gegen soziale Grenzen bzw. gegen *Recht* verstoßen zu haben, kann Menschen sogar dazu treiben sich – aus *Scham* über einen auch nur geringfügigen Anlass – das Leben zu nehmen. Man denke nur an die intensive Beschreibung dieses Konflikts insbesondere im Werk Arthur Schnitzlers[77], oder in der griechisch/römischen Sagenwelt[78] und in der Kunst.

---

[72] Dazu siehe: *Dieter Krimphove*: Der Sündenfall – Humanethologische Betrachtung über die Würde des Menschen, in: Rechtstheorie, Bd. 36, 2005, Heft 2, S. 289 ff. (m. w. H.).

[73] Dazu siehe auch oben Teil II Kapitel B.

[74] Diesen Aspekt der Scham hebt der Großteil der bisherigen Literatur hervor. Zur kaum vorhandenen Begriffsbestimmung der Scham siehe unten Teil III Kapitel B. (m. w. H.).

[75] Dazu siehe oben Teil III Kapitel A. (m. w. H.).

[76] Zum Tatbestand des *Gefühls* und dessen stammesgeschichtlicher/ökonomischer Bedeutung siehe oben Teil II Kapitel A. III. 4. (m. w. H.).

[77] *Arthur Schnitzler*: Leutnant Gustel, 1900; *ders*: Fräulein Else, 1924: *Arthur Schnitzler*: Leutnant Gustl/Fräulein Else, Frankfurt 2010.

[78] Die griechische Mythologie verfügte eigens über eine Göttin der Scham, mit Namen *Aidos*. Deren Begleiterin, *Nemesis*, bestraft die Arroganz und Selbstüberschätzung (*Hybris*)

Berühmt ist der Konflikt Lucretias: Diese verschwieg – aus Scham wegen des fingierten Vorwurfes der Unzucht – ihre Vergewaltigung und erdolchte sich aus Scham, das Opfer dieser Vergewaltigung gewesen zu sein, obschon ihr Mann und ihr Vater sie von dem Vorwurf ehelicher Untreue lossprachen.

Trotz zahlreicher historischer und alltäglicher Beispiele, und deren dramatischen Ausgangs, verwundert es, dass das Phänomen *Scham*, dessen Bedeutung im und für das Recht bislang noch nicht zum Gegenstand rechtstheoretischer, psychologischer, soziologischer, philosophischer oder theologischer Betrachtung gemacht worden ist. Die hierfür wohl maßgeblichen Gründe bestehen zum einen in jener Sicht, welche Scham zu einem ausschließlich individuellen und damit nicht objektivierbaren *Gefühl* degradiert oder zweitens in der Auffassung, Scham sei lediglich der Kategorie der *Moral* und *Sitte*, und daher dem *Recht* – speziell aus dessen positivistischer Sicht[79] und seiner methodischen Durchdringung – nicht zugänglich.[80]

Diese Sichtweise erscheint schon beim ersten Blick unzutreffend. Denn das Recht ist so unauflösbar mit dem Phänomen der „Scham" verbunden, dass die bisherige isolierte Betrachtung beider Erscheinungsformen unredlich scheint. Speziell das deutsche Recht nimmt an vielerlei Weise auf das Phänomen der *Scham* Bezug:

– In den Fällen des sexuellen Missbrauchs von Jugendlichen (§ 182 Abs. 3 StGB), der Beleidigung (§§ 185 ff., 193 StGB), exhibitionistische Handlungen (§ 183 StGB), der Körperverletzung (§§ 223, 229 i. V. m. 230 StGB), der Nachstellung bzw. des Stalkings (§ 238 Abs. 1 StGB), der Verletzung des persönlichen Lebens- und Geheimbereichs (§§ 203 ff. i. V. m. 205 StGB) respektiert das deutsche Recht die Scham des Opfers, indem es die gerichtliche und damit die öffentliche Verfolgung der Tat grundsätzlich von deren Strafantrag abhängig macht. Die Entscheidung des Opfers gegen eine Verfolgung der Straftat geht zu Lasten der gleichmäßigen Strafrechtspflege. Diesen Nachteil nimmt der Staat, in einer Güterabwägung, zugunsten des Schutzes des Opfers vor seiner Beschämung in Kauf.

– Das deutsche Recht sieht nicht nur den Scham-Schutz des Opfers vor. Es ermöglicht sogar den Schutz aller Prozessbeteiligter und auch des Täters. Dementsprechend kann und muss das Gericht zum Schutz eines jeden Prozessbeteiligten die Öffentlichkeit von dem Prozessgeschehen ausschließen; etwa bei ehrengerichtlichen Verfahren gegen Angehörige bestimmter Berufsstände, im Fall von Disziplinarverfahren gegen Beamte (§ 73 BDiziplO) und Soldaten (§ 101 WehrDiziplO), in Jugendstrafsachen (§ 48 JGG), in Familien- bzw. Ehesachen (§ 170 GVG), in Untersuchungsausschüssen (z. B.: § 14 PUAG). Gerade zur Ver-

der Menschen sowie die der Gigantin *Themis*, der Göttin der rechtmäßigen Ordnung und Gerechtigkeit.

[79] Dazu siehe oben Teil I Kapitel B. I. (m. w. H.).

[80] Zur Unterscheidung zwischen Recht und den Größen der Moral im geschichtlichen Kontext siehe: *Arthur Kaufmann/Winfried Hassemer*: Einführung in die Rechtsphilosophie und Rechtstheorie der Gegenwart, 6. Aufl., München 1994, S. 338 ff., 62 ff., 73 ff. (m. w. H.).

meidung der Verletzung des Schamgefühls der Prozessbeteiligten kann – und muss sogar – generell jedes Gericht über die obenstehenden Gründe hinaus die Öffentlichkeit ganz oder auch nur teilweise von jeder Verhandlung ausschließen (§ 171b GVG). Die deutsche Rechtsordnung misst dem Schutz der Prozessbeteiligten vor ihrer Bloßstellung sogar eine derart große Bedeutung zu, dass sowohl das jeweilige Gericht in Straf- und Bußgeldverfahren als auch die Staatsanwaltschaft die Möglichkeit des Ausschlusses der Öffentlichkeit stets zu prüfen hat (§ 131 RiStBV).

- Den Schutz der Scham jedes Individuums garantiert – sogar an zentraler Stelle – Art. 1 des Grundgesetzes, da es die *Würde* des Menschen zur höchsten Richtschnur staatlichen und sozialen Handelns erhebt. Damit wird das Kriterium der Würde des Menschen zum Auffangtatbestand der prähistorisch und evolutionsbiologisch entstandenen *Scham*.

Zur Bestimmung des unbestimmten Rechtsbegriffs der *Menschenwürde* greift die Rechtsprechung und -lehre bis heute nahezu einhellig auf deren Beschreibung durch Kant zurück:[81]

> „... der Mensch kann von keinem Menschen (...) bloß als Mittel, sondern muss jederzeit zugleich als Zweck gebraucht werden und darin besteht seine Würde.[82]"

Die *Würde* des Menschen besteht folglich darin, jeden Menschen als *autonomer* Zweck seiner selbst, also nicht bloß als Mittel und Objekt fremder Handlungen zu betrachten.

Damit fallen die beide Kriterien *Scham* und *Menschenwürde* – zumindest nach dem heute gebräuchlichen Kant'schen Verständnis – inhaltlich nicht zusammen. Denn die Befähigung des Menschen zu seiner eigenverantwortlichen, individuellen *Autonomie* bedeutet prinzipiell etwas anderes als seine Anlage, als gruppenbezogenes Wesen, *Scham* zu empfinden.[83] Zwar hat ein modernes Gemeinwesen (der Staat), zum Schutze der Menschenwürde seiner an ihm Beteiligten selbst auch die Verpflichtung, diese nicht entwürdigend, d. h. beschämend zu behandeln. Aufgrund der spezifischen sozial und entwicklungsgeschichtlichen, kurzum der *rechtsethologischen* Bedeutung der Scham ist diese mit der Kategorie der Menschenwürde allenfalls teilidentisch.[84]

---

[81] Siehe nur: Entscheidungen des BVerfG vom 15. Februar 2006 – 1 BvR 357/05 siehe auch: BVerfGE 27, 1, 6, 28, S. 386, 391 (m. w. H.); vom 28. Mai 1993, BVerfGE 88, S. 203 ff., Rn. 150 f. (m. w. H.); vom 15. Dezember 1981, BVerwGE 64, 274 (m. w. H.); BVerfGE vom 15. Dezember 1970, BVerfGE 30, S. 1 ff. (m. w. H.); BVerfGE vom 21. Juni 1977, BVerfGE 45, S. 187 ff. (m. w. H.); sog. „Objektformel" des BVerfG.

[82] *Immanuel Kant*: Die Metaphysik der Sitten. Zweiter Teil: Metaphysische Anfangsgründe der Tugendlehre, 1797, § 38.

[83] Zu der Begriffsbestimmung der Scham im Einzelnen siehe unten Teil III Kapitel E. II. (m. w. H.).

[84] Dazu im Einzelnen siehe unten Teil III Kapitel E. V. (m. w. H.).

II. Was ist „Scham"? – rechtsethologischer Versuch einer Definition

Die wissenschaftliche Diskussion der Scham, deren Wesens und deren Bezuges zum Recht findet notwendig auch da ihre Grenzen, wo eine einheitliche Begriffsbestimmung des Phänomens der Scham fehlt. Zu einer überzeugenden, d. h. interdisziplinären Definition der Scham ist es Seitens der verschiedenen einschlägigen Disziplinen (Psychologie, Soziologie, Philosophie, Theologie und Rechtstheorie) bisher noch nicht gekommen. Auch in diesem Zusammenhang kann die hier vorgestellte *Rechtsethologie* ihren Beitrag liefern:

1. Psychologische Deutungsversuche

Gerade die Psychologie – von der man eine allgemein gültige Beschreibung dieses Affektes wohl am ehesten erwarten darf – beschränkt sich vorwiegend auf die Untersuchung und Darstellung der Folgen der Scham, wie etwa Angst, Depressionen, Sucht-, Borderline-Persönlichkeitsstörung, Schizophrenie etc.

Der begrifflichen Bestimmung des Phänomens Scham wird auch eine Aufteilung des Phänomens in bestimmte Formen nicht gerecht. Zwar lässt sich Scham unterscheiden in *sexuelle Scham, Beziehungs-Scham, Verhaltensscham, Zugehörigkeits-* bzw. *Sozialscham, Individual-* und *Gruppenscham.*[85] Diese Differenzierungen kommen indes einer Definition der Scham nicht näher, denn sie beschreiben nur verschiedenartige Anlässe der Scham, nicht aber deren Wesen, Bedeutung oder Funktion. Auch sind die Erscheinungsformen der Scham grundsätzlich bei jedem der oben aufgeführten einzelnen Anlässe gleich;[86] was ebenfalls untersuchungstechnisch dafür spricht, nicht an den einzelnen Anlässen schamhaften Verhaltens stehenzubleiben, sondern vielmehr nach dem generellen Charakter des Phänomens zu fahnden.

Siegmund Freud maß dem Phänomen der Scham kaum Bedeutung bei: Neben dem Affekt des Ekels sieht er in der Scham lediglich ein Verhalten zur Unterdrückung frühkindlich erworbener Sexualtriebsabweichungen, wie etwa dem Exhibitionismus oder dem Voyeurismus.[87] Ferner kennt Freud die Scham nur als

---

[85] Siehe etwa: *Stephan Marks*: Scham, Ehre und der „Kampf der Kulturen" – Tabuisierte Emotionen und ihre Bedeutung für die konstruktive Bearbeitung von Konflikten, in: Akademie für Konflikttransformation, Reihe Arbeitspapiere, No 2, 2008, S. 1 ff.; *Anja Lietzmann*: Theorie der Scham. Eine anthropologische Perspektive auf ein menschliches Charakteristikum – Diss. Tübingen 2003, S. 78 ff.

[86] Siehe: *Anja Lietzmann*: Theorie der Scham. Eine anthropologische Perspektive auf ein menschliches Charakteristikum – Diss. Tübingen 2003, S. 108 (m. w. H.).

[87] Vgl. *Sigmund Freud*: Drei Abhandlungen zur Sexualtheorie, Frankfurt a. M., 1989, S. 53; Zum Thema „Scham" in der Psychoanalyse vgl. *Daniel Strassberg*: Scham als Problem der psychoanalytischen Theorie und Praxis, in: Schweizer Archiv für Neurologie und Psychiatrie, 2004, S. 225 ff.

ausschließlich weibliche Eigenschaft. Scham verfolge nämlich den Zweck „den (weiblichen) Defekt der Genitale zu verdecken“.[88]

Wesentlich spezifischer begreift der Freud Schüler Erik H. Erikson die psychischen Erscheinungsformen des Zweifels und der Scham als Resultate einer misslungenen Lebenserfahrung, die das zwei- bis dreijährige Kind in seiner stufenweisen Entwicklung zu seiner Selbstbestimmung in der analen Phase durchlitten hat.[89] Für Erikson ist daher die Scham – im Gegensatz zum Stolz über gelungene Entwicklungsschritte – der Zorn gegen das eigene Ich.[90]

Sowohl die Sichtweise Freuds als auch die Eriksons erfassen das Phänomen Scham nicht als einzelnes, sondern nur im Zusammenhang mit den Affekten des Zweifels, des Zorns und des Ekels. Damit gelangen beide Autoren zu einer eher unspezifischen Beschreibung der Scham.

Die Ursachen, warum gerade die Psychologie das Phänomen der Scham wissenschaftlich nicht aufgegriffen hat, sind überaus vielfältig: Maßgeblich hierfür ist, dass eine früh fixierte Sichtweise der sich gerade erst als Wissenschaft emanzipierenden Psychologie und speziell deren Ende des 19. Jahrhunderts etablierenden Konzepte, den Blick auf die Scham – insbesondere als ein Phänomen gesellschaftlicher Steuerung – verstellt haben.

2. Anthropologisch-philosophische Ansätze

Erst in der heutigen Zeit scheint unter neuen, sozialpsychologischen Aspekten die Beschäftigung mit dem Phänomen der Scham möglich.[91] Das Aufkommen des „Existenzialismus“ ermöglicht einen anderen Zugriff auf das Phänomen der menschlichen Scham. So konnte Jean Paul Sartre – selbst wenn er keine Definition der Scham abgab – Scham doch als Vorgang der *Selbstentfremdung* und Verdinglichung des Individuums im Konflikt mit anderen beschreiben. Bereits hier ist mit dem Verbot der Verdinglichung des Menschen eine wesentliche ethische Größe angesprochen. Gerade dieses – inhaltlich an Kant gemahnende[92] – Moment wird später die deutsche Rechtsprechung in das Verbot, den Menschen nicht lediglich als Objekt staatlichen Handelns zu sehen, überführen.[93]

---

[88] *Sigmund Freud*: Neue Vorlesungen zur Einführung in die Psychoanalyse, GW Bd. XV, Frankfurt 1932, S. 125 ff.

[89] *Erik H. Erikson*: Wachstum und Krisen der gesunden Persönlichkeit, in: *ders.*: Identität und Lebenszyklus, Frankfurt a. M., 2008.

[90] *Erik H. Erikson*: Kindheit und Gesellschaft, Stuttgart 1999, S. 243 ff.

[91] Eingehend: *Micha Hilgers*: Scham: Gesichter eines Affekts, Göttingen 2005, S. 28 ff. (m. w. H.).

[92] *Immanuel Kant*: Die Metaphysik der Sitten. Zweiter Teil: Metaphysische Anfangsgründe der Tugendlehre, 1797, § 38; dazu im Einzelnen siehe unten Teil III Kapitel E. V. (m. w. H.).

[93] Zur so genannten Objektformel des Bundesverfassungsgerichts siehe insbesondere dessen Entscheidung zur Verfassungsmäßigkeit des Luftsicherheitsgesetz vom 15. Februar 2006 –

3. Soziologische Definitionsversuche: Scham als Ausdruck der Zivilisation

In seiner Studie über den Prozess der Zivilisation beschreibt Norbert Elias die Scham als Triebfeder und Ursache der Internalisierung bzw. Umwandlung von *Fremd-*, in *Selbst-Zwänge.*[94] Der Vorgang des sich-zueigen-machens von Fremd- in Selbstzwänge steige – so Elias – mit der Zunahme der *Zivilisation* an[95]. Scham sei daher ein Schlüsselbegriff der Soziologie.

Nicht die Bedeutung der Scham als soziologisches Phänomen, wohl aber den von Elias postulierten Entwicklungszusammenhang zwischen Zivilisation und Scham bestreitet Hans-Peter Duerr. In seinem umfassenden Werk *Der Mythos vom Zivilisationsprozess* führt er zahlreiche Gegenbeispiele zu der Darstellung Elias auf und kommt zu dem gegenteiligen Ergebnis, nach dem gerade eine niedrige Schamschwelle eine hohe Zivilisation mit einem strengen *konventionalisierten Regelsystem* voraussetze. Gerade in der derzeitigen Gesellschaftsform sieht er einen Verlust der Scham.[96]

4. Neuere Soziologisch-psychologische Erklärungsansätze

Zahlreiche gegenwärtige Autoren[97] darunter insbesondere Wurmser – der Scham ausschließlich und lediglich als „Symptom" gravierender psychischer Störungen begreift –,[98] Plessner – der in der Scham lediglich die gesellschaftliche Rückzugsnotwendigkeit des Individuums in das Private sieht[99] – oder Marks[100] – mit seiner

---

1 BvR 357/05 siehe auch: vom 16. Juli 1969; BVerfGE 27, S. 1 ff., 6 (m. w. H.); vom 28. Mai 1993, BVerfGE 88, S. 203 ff., Rn. 150 f. (m. w. H.); vom 15. Dezember 1981, BVerwGE 64, 274 (m. w. H.); vom 9. Juni 1970, BVerfGE 28, 386, 391 (m. w. H.); vom 15. Dezember 1970, BVerfGE 30, S. 1 ff. (m. w. H.); vom 21. Juni 1977, BVerfGE 45, S. 187 ff., 228 (m. w. H.); sog. „Objektformel" des BVerfG.

[94] *Norbert Elias*: Über den Prozeß der Zivilisation. Soziogenetische und psychogenetische Untersuchungen, 2 Bd., 17. Aufl., Frankfurt a. M. 1997, Bd. I S. 281, insbes. Bd. II, S. 323 ff.

[95] *Norbert Elias*: Über den Prozeß der Zivilisation. Soziogenetische und psychogenetische Untersuchungen, Frankfurt a. M. 1997, Bd. I, S. 179 ff., 199, 276 ff.

[96] *Hans-Peter Duerr*: Der Mythos vom Zivilisationsprozeß, Bd. 5, 1988–2002.

[97] Nachweise bei: *Anja Lietzmann*: Theorie der Scham. Eine anthropologische Perspektive auf ein menschliches Charakteristikum – Diss. Tübingen 2003; *Jens León Tiedemann*: Die intersubjektive Natur der Scham – Diss., FU Berlin, 2007; *Micha Hilgers*: Scham – Gesichter eines Affekts, 3. Aufl., Göttingen 2006.

[98] *Léon Wurmser*: Die Maske der Scham. Die Psychoanalyse von Schamaffekten und Schamkonflikten, Berlin 1993.

[99] *Helmuth Plessner*: „Grenzen der Gemeinschaft" – Eine Debatte, in: Wolfgang Eßbach/ Joachim Fischer/Helmut Lethen (Hrsg.): Frankfurt a. M. 2002; Gesammelte Schriften Bd. V, S. 65 ff.

[100] *Stephan Marks*: Warum folgten sie Hitler? Die Psychologie des Nationalsozialismus, Düsseldorf 2007; *ders.*: Scham – die tabuisierte Emotion, Düsseldorf 2007; *ders.*: Zur Funktion von Scham und Schamabwehr im Nationalsozialismus, in: *Georg Schönbächler* (Hrsg.):

Beschreibung der Scham als massenpsychologischen Zwang – werden sich in ihren psychologisch-soziologischen Studien der Bedeutung und Wirkungsweise der Scham bewusst, ohne jedoch diese zu definieren.

5. Die rechtsethologische Sichtweise – Scham als stammesgeschichtliches Verhaltenssteuerungsinstrument

Die *Rechtsethologie* ist in der Lage das Phänomen Scham auf Grund seiner evolutionsbiologischen und stammesgeschichtlichen Funktion – und damit eher *teleologisch* – aufzufassen, zu definieren und mithin zu erklären:

Aus *rechtsethologischer* Sicht ist *Scham* das negativ – als peinlich – empfundene *Gefühl*[101] gegen gesellschaftliche/soziale Erwartungen i. w. S. zu verstoßen.

- Dabei erscheinen die Ursachen der Scham (wie *Nacktheit*, *Hässlichkeit*[102], *Versagen* gegenüber gesellschaftlichen Anforderungen, oder der Verstoß gegen gesellschaftliche/rechtliche Normen) überaus vielfältig, aber zur Bedeutung der Scham eher nebensächlich.
- Unbedeutend ist ebenfalls, ob der sich Schämende *vorwerfbar*, d. h. *schuldhaft* gegen gesellschaftliche Standards verstoßen hat. Auch Kranke, Verletzte und selbst Opfer von Strafdelikten (etwa einer Vergewaltigung) empfinden Scham.[103]
- Das Schamempfinden beschränkt sich zudem nicht nur auf die eigene Person und die ihr eigene gesellschaftliche Wirkung. Scham kann – vielleicht nicht ein Tier, aber doch zumindest – der Mensch auch für ein abweichendes Verhalten einer anderen Person empfinden (sog. *Fremdscham*).[104]

Die Scham in Philosophie, Kulturanthropologie und Psychoanalyse, Zürich 2006, Collegium Helveticum Heft 2, S. 51 ff.

[101] Zum Tatbestand des *Gefühls* und dessen stammesgeschichtlicher/ökonomischer Bedeutung siehe oben Teil II Kapitel A. III. 4. (m. w. H.).

[102] Zur körperlichen Nicht-Attraktivität als Diskriminierungsmöglichkeit siehe: *Dieter Krimphove*: Die Struktur der Gleichheit – oder die Problematik der sog. „diskriminierungsfreien Tatbestände“ – The structure of equality – How to deal with so-called „non-discriminatory“ elements of rules, in: Archiv für Rechts- und Sozialphilosophie, Bd. 105, 2019, 3, S. 404 ff., 405 f., (m. w. H.), 412 f. (m. w. H.).

[103] Zu dieser Form der Scham siehe: *Dieter Krimphove*: Scham als Verhaltenssteuerung im Recht – Rechtstheoretische Aspekte eines Phänomens, in: Rechtstheorie, 2012, S. 91 ff., 97 (m. w. H.), 103 (m. w. H.), 108 (m. w. H.); siehe unten Teil III Kapitel E. III. 5.3 (m. w. H.).

[104] Dazu siehe: *Dieter Krimphove*: Scham als Verhaltenssteuerung im Recht – Rechtstheoretische Aspekte eines Phänomens, in: Rechtstheorie, 2012, S. 91 ff., 104 (m. w. H.), 108 f. (m. w. H.); siehe unten Teil III Kapitel E. V. 1. (m. w. H.).

III. Scham im Sinne des Rechts

Schamsysteme weisen große Gemeinsamkeiten zu rechtlichen *Sanktionssystemen*[105] auf:

- Wie das Recht auch bildet Scham eine Sanktion sozialwidrigen Verhaltens.[106]
- Ferner fungiert Scham als Anlass, eigenes sozialwidriges Verhalten zu verändern und sich so der Gruppe anzupassen.

  Der ertappte Dieb wird ebenso – aus der Überzeugung, dass die gegen ihn verhängte Strafe den wirtschaftlichen Vorteil des Diebstahls aufsaugt und gegebenenfalls sogar übersteigt – die Begehung weiterer Diebstähle aufgeben, wie der Täter, der sich auf frischer Tat ertappt sieht, den kritischen und ihn beschämenden Anfragen seiner Familienmitglieder, Kollegen und Bekannten stellen muss.
- Neben den spezialpräventiven Zwecken der Strafe wirkt auch die öffentlich gezeigte Scham nicht nur auf den Täter ein, sondern auch generalpräventiv auf die Gesellschaft, indem sie nämlich andere Teilnehmer einer Sozietät der Geltung eines bestehenden Wertesystems versichert.[107]

  Die öffentlich, zumeist durch deutlich wahrnehmbares Umwenden, Anstarren oder Räuspern, vollzogene Ächtung des in einem Gotteshaus laut Telefonierenden vergewissert alle Gläubigen des Bestandes und Schutzes ihres Glaubens.
- Im Fall der Scham können allerdings die Folgen der Scham wesentlich gravierender ausfallen als die rechtlicher Strafen. Der Beschämte neigt oft aus nichtigem Anlass zur vollkommenen Selbstisolation oder sogar zur Selbsttötung.

  Situationen kommen vor, in denen ein des Diebstahls geringwertiger Sachen Überführter aus Scham vor der Bloßstellung als Dieb den Freitod wählt, oder eine weitaus höhere Summe als den Wert des Diebesgutes an einen anderen zu dem Zweck der Geheimhaltung der Tat und seiner Beteiligung an ihr wählt.[108]
- Im Einzelfall kann das Gefühl der Scham ein Leben lang anhalten, während mit Ableistung der Strafe der Strafvorwurf erlischt, und das Fehlverhalten abgebüßt ist.
- Ähnlichkeiten in der Funktion zwischen Strafe und Scham bestehen auch hinsichtlich der Folgen beider Erscheinungen. Sowohl die Strafe als auch die Scham soll dem Täter vor Augen führen, dass er sich sozialwidrig verhalten hat und die Korrektur seines Verhaltens bewirken.

---

105 Diesen Aspekt der Scham hebt der Großteil der bisherigen Literatur hervor. Zur kaum vorhandenen Begriffsbestimmung der Scham siehe unten: Teil III Kapitel B. (m. w. H.).

106 Siehe unten Teil III Kapitel E. V.

107 Dazu im Einzelnen siehe unten Teile III Kapitel E. IV. 3. e) (m. w. H.).

108 Scham wird so zur „Mutter“ *der Erpressung.*

- Der Unterschied, dass die Strafe in einem rechtsstaatlichen, justizförmigen – das heißt in einem besonders förmlichen – Verfahren, aufgrund einer bereits vorher bestehenden Rechtsnorm von einem vorbestimmten Gericht festgesetzt wird, während die Scham unmittelbar – ohne weitere Instanz – sogleich beim Offenkundig-werden der sozialen Abweichung eintritt, erscheint demgegenüber marginal.[109]
- Von besonderem Gewicht ist demgegenüber der Unterschied, dass die Strafe von außen auf den Täter einwirkt, während die Folgen der Scham (Erröten, Flüchten, sich verbergen und isolieren, bis zum Suizid[110]) von dem Beschämten selber ausgehen.
- Ein wesentlicher Gegensatz von Strafe und Scham besteht ferner in dem Straf-, bzw. Schamanlass: Strafe verhängt eine Instanz lediglich für ein vorwerfbares, d. h. rechtswidriges und schuldhaftes[111] Verhalten. Scham demgegenüber besitzt vielerlei Anlässe, die nicht allein in einem schuldhaften Fehlverhalten des Täters beruhen.

  So schämen sich Menschen nicht nur wegen einer begangenen Straftat[112], sondern auch wegen – schuldlos erworbener – Armut und Arbeitslosigkeit, körperlichen Mängeln oder mangelnder Geschicklichkeit. Tragisch sind jene Konflikte, in denen sich der Beschämte für die an ihm begangene Straftat eines Dritten schämt. Dieser Beitrag ist insbesondere all jenen Personen gewidmet, die ihr Leben lang mit den Folgen eines sexuellen Übergriffs leben müssen.[113]

All die hier aufgeführten Vergleiche zwischen Strafe und Scham bekräftigen den Eindruck, bei der Scham handele es sich um ein System gesellschaftlicher Sanktionierung, die im Gegensatz zur rechtsstaatlich verhängten Strafe dem Menschen näher und unmittelbarer ist.[114] Das heißt, dass die Sanktionsform Scham seinem inneren *Wesen*, seiner stammesgeschichtlichen Verfasstheit und/oder seiner eigentlich evolutionsbiologischen Konstitution[115] und seinem Grundbedürfnis nach Sozietät und Orientierung in ihr,[116] eher entspricht als technisierte formalisierte Strafsysteme unserer modernen Rechtsordnung. Scham lässt sich vor diesem Hintergrund

---

109 Siehe unten Teil III Kapitel E. IV. 3. f. (m. w. H.) und Kapitel E. VI.

110 Zu den Ausdrucksweisen siehe: *Anja Lietzmann*: Theorie der Scham. Eine anthropologische Perspektive auf ein menschliches Charakteristikum – Diss., Tübingen 2003, S. 108 (m. w. H.).

111 Zur Bedeutung der Schuld als Unterscheidungsmerkmal zu Scham, siehe unten Kapitel 6 (m. w. H.).

112 Dazu siehe unten Teil III Kapitel E. VI. 2. a) (m. w. H.).

113 Literarisch berühmt ist der tragische Konflikt Lucretia. Diese beging Selbstmord, da sie vergewaltigt worden war.

114 Dazu siehe oben Teil I Kapitel F. (m. w. H.); Teil II Kapitel A. III. 2. b) ff. (m. w. H.); Kapitel A. III. 1. a) 1.3.1.1 (m. w. H.); Kapitel B.

115 Siehe oben Teil II Kapitel A. I. 4. (m. w. H.); A. I. 3. (m. w. H.).

116 Siehe oben Teil II Kapitel A. I. (m. w. H.); A. I. 4. (m. w. H.); A. I. 3. (m. w. H.).

fassen als die urzeitliche, aber noch heute virulente, stammesgeschichtliche Alternative menschlichen Strafens, oder, um ein Bild zu liefern, als den „älteren Bruder der Strafe" charakterisieren.

IV. Die rechtsethologische Ableitung der Scham

Die Feststellung *Scham* sei eine bis heute überaus effiziente stammesgeschichtliche Alternative zur Verhaltenssteuerung durch juristisch begründete und rechtlich festgesetzte *Strafen*, beruht im Wesentlichen auf folgenden Begründungen:

1. Wie ein Tier?

Scham ist keine zivilisatorische Größe, die der Mensch erst entwickeln musste. Insofern sind die entsprechenden Aussagen Norbert Elias[117] zu modifizieren: Nicht die Existenz der Scham unterliegt dem Prozess der *Zivilisation*, sondern nur ihr Anlass. Diese kann, wie einleitend dargestellt,[118] nicht nur überaus vielfältig sein, sondern sich auch an historischen, zeitgeistigen und mithin zivilisatorischen Werten orientieren.

Bereits im Tierreich und speziell hier bei den evolutionsgeschichtlich vorangehenden *Hominiden* existiert Scham.[119] Dabei ähneln sich sowohl die Auslöser der Scham [Angetroffen-werden bei einem sozial-widrigen Verhalten[120]], als auch die Ausdrucksweisen der Scham:

> Wie Menschen verbergen auch *Primaten*, wenn sie in beschämenden Situationen angetroffen werden, ihr Gesicht, wenden sich ab und neigen zur Flucht oder zur Demutshaltungen bzw. zu dem typischen Lächeln.

Erstaunliche Gemeinsamkeiten bestehen auch im menschlich/tierischen Ausdruck von *Beschämungsgesten.*

> Säugetiere und insbesondere *Primaten* beschämen rivalisierende Artgenossen mit der deutlichen Zurschaustellung ihrer Geschlechtsteile. Dadurch „demüti-

---

[117] *Norbert Elias*: Über den Prozeß der Zivilisation. Soziogenetische und psychogenetische Untersuchungen, Frankfurt a. M. 1997, Bd. I, S. 179 ff., 199, 276 ff.; siehe oben Teil III Kapitel E. II. 3. (m. w. H.).

[118] Siehe oben Teil III Kapitel E.

[119] Schon *Charles Darwin*: Der Ausdruck der Gefühle bei Mensch und Tier; (1872), Düsseldorf 1964, S. 206 ff.

[120] *Sighard Neckel*: Status und Scham. Zur symbolischen Reproduktion sozialer Ungleichheit, Frankfurt 1991, S. 257; *Irenäus Eibl-Eibesfeldt*: Die Biologie des menschlichen Verhaltens. Grundriß der Humanethologie, München/Zürich 1984, S. 314 f.; *Anja Lietzmann*: Theorie der Scham. Eine anthropologische Perspektive auf ein menschliches Charakteristikum, 2003, S. 73. 18, 35 ff. 38 (m. w. H.); siehe oben Teil II B. I. 2.1 (m. w. H.).

gen“ sie mögliche Konkurrenten und halten Gruppenfremde von aggressivem Verhalten gegenüber der eigenen Gruppe ab.[121/122]

Geschlechtsbezogene Beschämungsakte sind sogar an mittelalterlichen, christlichen Kirchen – in Gestalt von sog. „Bartweisern[123]“ – unschwer erkennbar.[124] Die männliche geschlechtsbezogene Beschämungsgeste hat sich in dem sog. Vorzeigen des „Effenberg-Fingers“, in dem englischen Ausdrucken „fuck you“ oder „fuck off“, oder in der, in der arabischen Bevölkerung üblichen Beschimpfung „den Phallus in dein Auge“ bis zum heutigen Tag erhalten.

Ähnliche sexualbezogene Gesten sind auch bei weiblichen Figuren nachweisbar.[125]

2. Die hirnorganische Verortung von Scham

Eine Zuweisung des Gefühls der *Scham* zu einem bestimmten Gehirnareal erscheint unmöglich; zu komplex ist der Inhalt, das Entstehen, die Äußerung, aber auch die Verarbeitung von Scham. Trotz vielfältiger Bemühungen[126] lässt eine sol-

---

[121] Siehe: *Wolfgang Wickler*: Ursprung und biologische Deutung des Genitalpräsentierens männlicher Primaten, in: Zeitschrift für Tierpsychologie, 1966, 23/4, S. 422 ff.; auch: *Irenäus Eibl-Eibesfeldt/Christa Sütterlin*: Weltsprache Kunst. Zur Natur- und Kunstgeschichte bildlicher Kommunikation, Wien 2008, S. 469 ff. (m. w. H.).

[122] Das Hinweisen auf das eigene Gesäß als herabsetzende, beschämende Geste gibt es auch bei Kindern und Frauen. *Irenäus Eibl-Eibesfeldt*: Die Biologie menschlichen Verhaltens – Grundriß der Humanethologie, 5. Aufl., München 2004, S. 537, Abb. 5.9, S. 344, Abb. 4.51, S. 671 ff. (m. w. H.).

[123] Diese Figuren (*Grotesken*) präsentieren ihren Bart als Zeichen der Beschämung und Abstoßung des Betrachters. *Irenäus Eibl-Eibesfeldt/Christa Sütterlin*: Das Bartweisen als apotropäischer Gestus. In: Homo. 36 (4), 1985, S. 241; auch: *Karl Grammer*: Human courtship behaviour: Biological basis and cognitive processing, in: Anne Rasa/Christian Vogel/Eckart Voland (Hrsg.): The Sociobiology of Sexual and Reproductive Strategies, 1976, S. 147–169; *Irenäus Eibl-Eibesfeldt/Christa Sütterlin*: Weltsprache Kunst. Zur Natur- und Kunstgeschichte bildlicher Kommunikation, Wien 2008, S. 467 ff., 482 f. (m. w. H.).

[124] *Irenäus Eibl-Eibesfeldt/Christa Sütterlin*: Weltsprache Kunst. Zur Natur- und Kunstgeschichte bildlicher Kommunikation, Wien 2008, S. 467 ff., 482 f. (m. w. H.); auch: *Irenäus Eibl-Eibesfeldt*: Die Biologie des menschlichen Verhaltens – Grundriß der Humanethologie, München 1984/1995, S. 918 jetzt aber unter Hinweis auf die *Medlpa* in Neuguinea.

[125] *Irenäus Eibl-Eibesfeldt/Christa Sütterlin*: Weltsprache Kunst. Zur Natur- und Kunstgeschichte bildlicher Kommunikation, Wien 2008, S. 473 ff. (m. w. H.).

[126] Siehe u. a.: *Louis Cozolino*: Die Neurobiologie menschlicher Beziehungen, 2007; *Allan N. Schore*: Affektregulation und die Reorganisation des Selbst, 2007; *ders.*: Schaltstellen der Entwicklung. Eine Einführung in die Theorie der Affektregulation mit seinen zentralen Texten, 2012; *Christina Lechner*: Das Schmerzsystem im Gehirn reagiert auch auf Schamgefühle, in: medonline, Januar 2020, https://medonline.at/neurologie/scham/digital/schamgefuehl/2020/10049426/das-schmerz-system-im-gehirn-reagiert-auch-auf-schamgefuehle/; *Andreas Wawrzinek*: 2002, https://www.wissenschaft.de/umwelt-natur/gehirn-besitzt-schamregion/; *Stephan Marks*: Scham – die tabuisierte Emotion, 3. Aufl., 2011; *Christina Lechner/Lukas Unger*: Scham im Fokus der Neurobiologie, in: medonline, Januar 2020,

che Zuordnung bislang auf sich warten. Höchstwahrscheinlich ist, dass zahlreiche unterschiedliche Gehirnareale, insbesondere aber die des Limbischen Systems mit dem Entstehen von Scham beteiligt sind.

Neuere Studien[127] vermuten den Sitz der Scham vornehmlich im *Orbitofrontal-Cortex*,[128] der *Insula*[129] und dem *anterioren cingulären Cortex*.[130] Diese Zuordnung kommt den bisher gefundenen Ergebnissen dieser Darstellung und insbesondere deren *rechtsethologischer* Definition der Scham[131] erstaunlich nahe:

- So stellt der *Orbitofrontal-Cortex*, insbesondere in seiner Vernetzung mit dem *limbischen System*,[132] und eigens mit der *Amygdala*[133], ein evolutionsbiologisch erst spät entstandenes System der Wahrnehmung, Verarbeitung und Speicherung von sozialen Werten und des Abgleiches des eigenen Verhaltens bzw. der eigenen Position mit diesen dar.[134] Seine Läsion führt zu dem ungebremst, zügellosen Verhalten des „dishibitorischen Systemkomplexes“, wie es die Fälle „Phineas Gage“ und „Gianfranco Stevanin“ dokumentieren.[135]
- Die gegenüber dem *orbitofrontalen Cortex* entwicklungsgeschichtlich weitaus ältere *Insula*[136] gebiert, insbesondere in ihrer 3. Schichtung, den Reiz sich *rechtskonform* zu verhalten. Damit ermöglicht sie auch, sozial-abweichendes Verhalten, unmittelbar zu erkennen und zu sanktionieren.[137]
- Von besonderer Bedeutung für das Auftreten von Scham ist der *anteriore cinguläre Cortex*. Scham ist nämlich nur möglich durch eine intensive Form der Selbstreflexion.[138] Diese leistet der *anteriore cinguläre Cortex*. Er koppelt die Wirkung der Handlung eines Menschen zurück, registriert dabei einen erreichten

---

https://medonline.at/neurologie/scham/digital/schamgefuehl/2020/10049392/10049392/; *Class-Hinrich Lammers*: Emotionsbezogene Psychotherapie. Grundlagen, Strategien und Techniken, 2. Auf., 2011; *Patricia Candinas*: „SCHAM“ – Schamkonflikte und mögliche Auswirkungen auf den therapeutischen Prozess, 2015; sowie die hier angegebene Literatur.

[127] Siehe u. a.: *Philipps-Universität Marburg*: Fremdschämen tut weh – Gehirn reagiert in gleichem Hirnareal wie beim Nachempfinden von Schmerzen, in Scinexx, 2011, PLoS ONE, 2011; DOI: 10.1371/journal.pone.0018675) https://www.scinexx.de/news/biowissen/. fremdschaemen-tut-weh/; *Andreas Wawrzinek*: Gehirn besitzt Schamregion, in: Wissenschaft.de, https://www.wissenschaft.de/umwelt-natur/gehirn-besitzt-schamregion/.

[128] Siehe oben Teil II Kapitel A. III. 2. a) bb) (m. w. H.).

[129] Siehe oben Teil II Kapitel A. III. 2. b) dd) (m. w. H.).

[130] Siehe oben Teil II Kapitel A. III. 2. b) cc) (m. w. H.).

[131] Siehe oben Teil III Kapitel E. II. 5. (m. w. H.).

[132] Siehe oben Teil II Kapitel A. III. 2. b) (m. w. H.).

[133] Siehe oben Teil II Kapitel A. III. 2. b) bb) (m. w. H.).

[134] Siehe oben Teil II Kapitel A. III. 2. a) bb) (m. w. H.).

[135] Siehe oben Teil II Kapitel A. III. 2. a) bb) (m. w. H.).

[136] Siehe oben Teil II Kapitel A. III. 2. a) bb) (1) (m. w. H.).

[137] Siehe oben Teil II Kapitel A. III. 2. b) dd) (m. w. H.).

[138] *Daniel Stern/Wolfgang Krege/Elisabeth Vorspohl*: Die Lebenserfahrung des Säuglings, 10. Aufl., 2010, S. 235; auch: *Jens L. Tiedemann*: Scham, Bd. 7, 2013, S. 27 f.

Fortschritt und korrigiert die eigene Handlung beim möglichen Abweichen der Handlung bzw. ihrer Folgen von der Zielvorstellung. Die vielfältige Verknüpfung mit anderen Hirnarealen des limbischen Systems[139] erlaubt ihm zahlreiche, auch diametral entgegengesetzte Handlungsimpulse gegeneinander *abzuwägen.*[140]

– Von für die Scham charakteristischer Bedeutung ist auch die Eigenschaft des *anterioren cingulären Cortex*, jede Form der *Zurückweisung* ähnlich einem körperlichen *Schmerz* zu empfinden. Denselben Zusammenhang stellen auch Forschungsergebnisse[141] dar. Auch *Scham* nimmt daher der Mensch, wie jede Form seiner Zurückweisung, gleich einem *körperlichen Schmerz* als besonders leidvolle, d. h. peinliche Emotion wahr; was nicht nur die Beteiligung des *anterioren cingulären Cortex* im Rahmen des Scham-Empfindens nahelegt, sondern letztlich auf die unmittelbar, stammesgeschichtlich lebenserhaltende Bedeutung der Scham verweist.[142]

Eigens die Kombination der eben aufgeführten Hirnareale kennzeichnet Scham als ein Sanktionssystem, das Verhalten über ein besonders stringentes und ausgemacht intensives, negatives Gefühl steuert.

Dieses „Steuerungssystem" vereinigt evolutionsbiologisch sehr alte Hirnareale (z. B.: der *Insula*, aber auch den jüngeren *anterioren cingulären Cortex*) mit entwicklungsgeschichtlich neueren Strukturen (z. B.: dem *Orbitofrontal-Cortex*). Dies spricht dafür, dass

1. der Mensch über ein komplexeres Scham-Empfinden und Scham-System als seine Vorgänger die Hominiden und/oder die Tiere verfügt, und
2. er dieses, ihm eigene *Scham-system* zum Zeitpunkt seiner „Menschwerdung" und mit der hirnorganischen Entwicklung des menschlichen *Rechts* ausbildete.[143]

---

[139] Siehe oben Teil II Kapitel A. III. 2. b) cc) (m. w. H.).

[140] Siehe oben Teil II Kapitel A. III. 2. b) cc) (m. w. H.).

[141] *Christina Lechner*: Das Schmerzsystem im Gehirn reagiert auch auf Schamgefühle, in: medonline, Januar 2020, https://medonline.at/neurologie/scham/digital/schamgefuehl/2020/10049426/das-schmerz-system-im-gehirn-reagiert-auch-auf-scham-gefuehle/; auch: *Philipps-Universität Marburg*: Fremdschämen tut weh – Gehirn reagiert in gleichem Hirnareal wie beim Nachempfinden von Schmerzen, in: Scinexx, 2011, PLoS ONE, 2011; DOI: 10.1371/journal.pone.0018675) https://www.scinexx.de/news/biowissen/fremdschaemen-tut-weh/.

[142] Siehe auch oben Teil II Kapitel A. III. 2. b) cc) (m. w. H.).

[143] Diese prähistorischen Vorgänge dürften – nach den obigen Feststellungen siehe oben Teil II Kapitel A. I. 1. (m. w. H.); Kapitel A. I. 2. (m. w. H.); Kapitel A. I. 4. (m. w. H.); Kapitel A. II. – nicht früher als 400.000 Jahre zurück zu datieren sein.

3. Scham als Affekt

Auch die Beschaffenheit der Scham als Gefühl[144] belegt deren stammesgeschichtliche Herkunft.[145] Nicht die rationelle, abwägende und damit langfristige Bearbeitung eines Konfliktes war in der Entstehungszeit der Gattung Menschen gefragt.[146] Einen evolutorischen Überlebensvorteil brachten vielmehr nur zeitnahe, situationsabhängige Reaktionen der Anpassung, Orientierung und Koordination des eigenen Verhaltens in der Gruppe.[147] Diese zeitnahe Reaktion können nicht hoch technisierte, formalistische Argumentationsstrukturen, sondern allein Gefühle leisten.[148] Selbst wenn diese oft irren, übermäßig und/oder vorschnell sind, erscheinen Gefühle jedoch aufgrund ihrer zeitlichen Relation weitaus als Entscheidungsfaktor effizienter als hoch zivilisatorische formelle Entscheidungsverfahren, wie etwa ein justizförmiges Strafgerichtsverfahren.[149]

4. Stammesgeschichtliche Funktion der Scham

Bedauerlicherweise kennzeichnet die Literatur einseitig Scham als Negativum; etwa als psychologische, neurotische Persönlichkeitsstörung, als Krankheitssymptom, oder als Charakterstörung.[150]

Dieser Sichtweise zeichnet auch die etymologische Herleitung des Wortes Scham nach: Im deutschen, alt-sächsischen, germanischen und englischen Sprachraum ist der Begriff „Scham"[151] mit der negativen Bedeutung der „Schande" ver-

---

[144] Zum Tatbestand des *Gefühls* und dessen stammesgeschichtlicher/ökonomischer Bedeutung siehe oben Teil II Kapitel A. III. 4. (m. w. H.); *Gerd Gigerenzer*: Bauentscheidungen 2008, Gigerenzer nennt zahlreiche Situationen – darunter auch den Zeitmangel – in denen Menschen weniger rational als unbewusst emotional gesteuert, also aus dem Bauch heraus entscheiden, S. 49 ff., 117 ff.; *Dieter Krimphove*: Die „Logik" der Überzeugungskraft, in: Rechtstheorie, 2019, S. 107 ff. 112 (m. w. H.). An der Verknüpfung von Ereignissen mit einem bestimmten Gefühlsinhalt sind mehrere unterschiedliche Hirnstrukturen beteiligt (siehe unten Teil II Kapitel A. III. 2. a) bb) (m. w. H.); Kapitel A. III. 2. b) aa); auch: Kapitel A. III. 2. b) cc) (m. w. H.).

[145] Auch: *Jens León Tiedemann*: Die intersubjektive Natur der Scham – Diss., FU Berlin, 2007; *Micha Hilgers*: Scham – Gesichter eines Affekts, 3. Aufl., Göttingen 2006, S. 48 (m. w. H.).

[146] *Dieter Krimphove*: Gefühltes Recht, in: Rechtstheorie, Bd. 40, 2009, Heft 1, S. 99 ff., 113 ff. (m. w. H.).

[147] Siehe oben Teil II Kapitel A. III. 4. a) aa) (m. w. H.).

[148] *Dieter Krimphove*: Gefühltes Recht, in: Rechtstheorie, Bd. 40, 2009, Heft 1, S. 99 ff., 113 ff. (m. w. H.).

[149] Oben Teil II Kapitel A. III. 4. a) (m. w. H.).

[150] *Léon Wurmser*: Die Maske der Scham. Die Psychoanalyse von Schamaffekten und Schamkonflikten, Berlin 1993; *Donald L. Nathanson*: A Timetable for Shame, in: Donald L. Nathanson (Hrsg.): The many faces of shame, New York 1987.

[151] Althochdeutsch *scama* bzw. altsächsisch *skama* ab germanisch *skamo*, engl. *Shame*; zu dieser wertenden Co-Bedeutung siehe insbesondere: *Carl D. Schneider*: A mature sense of shame, in: Donald L. Nathanson (Hrsg.): The many faces of shame, New York 1987.

bunden. Diese abwertende Sicht der Scham ergibt sich, wenngleich in weniger deutlichem Maße, ebenso für die romanischen Sprachen. Diese kennen für den Begriff Scham nicht nur die Vokabeln Vorsicht, Verlegenheit oder Sittsamkeit, sondern ebenfalls den Begriff „Schande[152]“.

Ungeachtet dieses negativen Images der Scham besitzt diese sowohl für das sich schämende Individuum als auch für seine ihn umgebende Gesellschaft unverzichtbare Funktionen und Nutzen. Besonders eindringlich belegen eigens die Funktionen der Scham ihre *stammesgeschichtliche* Provenienz.

a) Scham, oder die Entdeckung der Individualität

Zum einen dient das intensiv empfundene Gefühl *Scham* der individuellen Selbstwahrnehmung:[153] Wer sich schämt, wehrt sich nicht nur gegen den Anlass seiner Scham. Gleichzeitig wird er sich seiner *Persönlichkeit* – als einer in der entsprechenden Situation Versagenden oder Bloßgestellten – bewusst. Scham bedeutet daher das Entstehen von kritischer *Selbstwahrnehmung*, die Entwicklung von Selbstwertgefühl und Eigenständigkeit; kurzum von Individualität.[154] Ohne Scham scheint daher das Entstehen von individualisierter *Persönlichkeit* gar nicht möglich.[155]

In diesem Sinne ist auch der Sündenfall Adams und Evas (Gn 3.1 f.) zu deuten.[156] Dessen Konsequenz ist nämlich nicht die Verweisung des Menschen aus dem Paradies. Als Folge der Übertretung des göttlichen Gebotes erkennt der Mensch vielmehr seine Nacktheit,[157/158] die er aufgrund der nun entstehenden Scham zu

---

[152] Französisch *honte*; italienisch: *vergogna*; spanisch: *vergüenza*.

[153] Auch: *Matthias Schloßberger*: Philosophie der Scham, in Deutsche Zeitschrift für Philosophie, Bd. 48, 2000, S. 5, 823; *Micha Hilgers*: Scham: Gesichter eines Affekts, Zürich 1996, S. 15 f., 187; *Anja Lietzmann*: Theorie der Scham. Eine anthropologische Perspektive auf ein menschliches Charakteristikum – Diss., Tübingen 2003, S. 114 (m. w. H.); *Matthias Heesch*: Theologische Realenzyklopädie, Bd. XXX, Berlin 1999, S. 70 (m. w. H.).

[154] Ähnlich schon: *Helen Merrell Lynd*: On shame and the search for identity, New York 1958, S. 239 f. (m. w. H.) und: *Micha Hilgers*: Scham: Gesichter eines Affekts, Zürich 1996, S. 15 f., 187; *Günter H. Seidler*: Der Blick des Anderen. Eine Analyse der Scham, Stuttgart 1995, S. 44 f., 138 (m. w. H.); *Mario Jakoby*: Scham, Angst und Selbstwertgefühl, ihre Bedeutung in der Psychologie, Olten 1991, S. 89.

[155] Ähnlich auch: *Gershen Kaufman*: The psychology of shame – theory and treatment of shame-based syndromes, New York 1989, S. 4 ff.; *Micha Hilgers*: Scham ist durchaus positive, Interview, Psychologie Heute, 2006, S. 5 f., 54; auch: *Francis J. Broucek*: Shame and its relationship to early narcissistic developments, International Journal of Psychoanalysis, 1982, 65, 369–78, S. 371 ff.

[156] *Dieter Krimphove*: Der Sündenfall – Humanethologische Betrachtung über die Würde des Menschen, in: Rechtstheorie, Bd. 36, 2005, Heft 2, S. 289 ff., 291 (m. w. H.); siehe oben Teil II Kapitel B.

[157] Als Teil seiner hinfälligen Natur: *Matthias Heesch*: Theologische Realenzyklopädie, Bd. XXX, Berlin 1999, S. 70, Kap. 3.2.

[158] Siehe: *Dieter Krimphove*: Der Sündenfall – Humanethologische Betrachtung über die Würde des Menschen, in: Rechtstheorie, Bd. 36, 2005, Heft 2, S. 289 ff. (m. w. H.).

verbergen sucht.[159] Durch die Bedeckung seiner Geschlechtsmerkmale erreicht der Mensch die eigene Kontrolle und *Privatisierung* seiner Geschlechtlichkeit;[160] und mithin seine, in diesem Punkt, eigenständige Persönlichkeit.[161/162]

b) Scham als sozialer Anpassungsdruck

Scham vermittelt aber nicht nur ein *Selbstwertgefühl* und das Entstehen von *Individualität.* Das als unangenehm empfundene Gefühl der Scham stellt sich als deutlicher Warnhinweis dar und bietet so Anlass und Motivation zu einer Neupositionierung seiner Person, wie seines Verhaltens in einem sozialen Gefüge.[163] In diesem Sinne veranlasst Scham den sich Schämenden das inkriminierte Verhalten unverzüglich einzustellen bzw. zu ändern.

Wer einmal in Jeans auf einem Staatsempfang oder im Smoking auf einem Grillabend angetroffen wurde, wird sich bei all seinen zukünftigen Einladungen zumindest über die Art der Kleidung der Anwesenden informieren.

Scham bewahrt daher den Menschen nicht nur vor künftigen entwürdigendem Verhalten und entwürdigenden Situationen, sondern auch vor entsprechenden *Sanktionen* seines sozialen Umfelds.[164]

---

[159] Gen 3,7: *Da gingen Beiden* (Adam und Eva) *die Augen auf und sie erkannten, dass sie nackt waren. Sie hefteten Feigenblätter zusammen und machten daraus einen Schurz.* (Zusätze vom Verfasser).

[160] Siehe auch: *Irenäus Eibl-Eibesfeldt*: Die Biologie des menschlichen Verhaltens. Grundriß der Humanethologie, München/Zürich 1984, S. 352, Abb. 4.53 (m. w. H.).

[161] Dazu siehe: *Dieter Krimphove*: Der Sündenfall – Humanethologische Betrachtung über die Würde des Menschen, in: Rechtstheorie, Bd. 36, 2005, Heft 2, S. 289 ff., 291 (m. w. H.); 295 ff. (m. w. H.).

[162] Dazu siehe auch oben Teil II Kapitel B.

[163] Ähnlich auch: *Micha Hilgers*: Scham – Gesichter eines Affekts, Göttingen 1997, S. 18 f.; auch: *Arnold H. Modell*: A narcissistic defence against affects and the illusion of self-sufficiency, in: Andrew P. Morrison (Hrsg.): Essential Papers on Narcissism, New York University Press. 1986, S. 409; dazu siehe auch: *Helmuth Plessner*: „Grenzen der Gemeinschaft" – Eine Debatte, in: Wolfgang Eßbach/Joachim Fischer/Helmut Lethen (Hrsg.), Frankfurt a. M. 2002, Gesammelte Schriften Bd. V, S. 65 ff., 67 ff.; *ders.*: Die Einheit der Sinne – Grundlinien einer Ästhesiologie des Geistes, Bonn 1923 (1965).

[164] *Józef Tischner*: Das menschliche Drama: Phänomenologische Studien zur Philosophie des Dramas 1989, S. 72; *Michaela Bauks/Martin Meyer*: Zu Kulturgeschichte der Scham, 2010, S. 224 (m. w. H.).

c) Scham als Evolutionsvorteil des Menschen

Eine effiziente und vor allem zeitnahe[165] Anpassung des individuellen Sozialverhaltens an sich wandelnde Umwelt- bzw. Sozialbedingungen war notwendige Überlebensvoraussetzung und strategischer *Evolutionsvorteil.*[166] Gerade diesem Anpassungsdruck waren die Hominiden, wie die „ersten Menschen“, in einer sich beständig ändernden Umwelt mit den Folgen wechselnder, instabiler Nahrungsbeschaffung, besonders intensiv ausgesetzt.[167]

Diesen Druck konnten die Menschen nur mittels starker emotionaler Antriebe, die sie zu sofortigen, situationsabhängigen und unmittelbaren Verhaltensänderungen anhielten, bestehen. Gerade die Scham mit ihrem unmittelbarem, auch heftigem Empfindungsspektrum vermittelte diesen einen notwendigen Leidensdruck und verhalf somit den Menschen zu einem strategischen Vorteil gegenüber den mit ihnen konkurrierenden Tieren und den Hominiden.[168] Unter diesem Gesichtspunkt bekommt die Scham den positiven Wert eines stammesgeschichtlichen *Entwicklungsvorteils* der Gattung Mensch.[169]

d) Die „Plastizität der Scham“ als evolutionäre Anpassungshilfe

Als weiteren Beleg der eben abgeleiteten stammesgeschichtlichen Provenienz der *Scham* steht der Befund, dass *Schamwerte* bzw. Inhalte der Scham – wie die stammesgeschichtlichen sozialen Voraussetzungen auch – stark von den jeweiligen sozialen Bedürfnissen abhängen und soziale Änderungen nahezu nachzeichnen:

> Dem mittelalterlichen Verhaltenscodex entsprach es mit einem Vertreter des gleichen Geschlechts völlig unbekleidet in einem Bett zu schlafen.[170/171] Ein Anlass zur Scham war sich vor dem Ranghöheren in das Bett zu begeben.[172]

---

[165] Siehe oben Teil III Kapitel E. IV. 3. (m. w. H.).

[166] Siehe auch: *Walter L. Bühl*: Struktur und Dynamik des menschlichen Sozialverhaltens, 1982, S. 37 (m. w. H.); *David P. Barash*: Soziobiologie und Verhalten, Berlin 1988, S. 237 ff. (m. w. H.); *Kurt Kotrschal* (Fn. 39), S. 54 ff.; Dazu im Einzelnen siehe unten Teil II Kapitel A. I. 4 (m. w. H.).

[167] *Dieter Krimphove*: Gefühltes Recht, in: Rechtstheorie, Bd. 40, 2009, Heft 1, S. 99 ff., 107 ff. (m. w. H.).

[168] Siehe auch: Teil II Kapitel A. I. 3. a) (m. w. H.).

[169] Siehe oben Teil I Kapitel B. V. 2. (m. w. H.); Teil II Kapitel A. IV. 2. b) (m. w. H.).

[170] Noch zur Zeit Erasmus: *Erasmus von Rotterdam*: De civitate morum puerilium, Köln 1530, Kapitel VII – de cubiculo.

[171] Noch das 18. Jahrhundert kennt die Möglichkeit des gemeinsamen Übernachtens in einem Bett von Schläferin gleichen Geschlechts. Insbesondere wenn man hierzu auf Reisen gezwungen ist. In solchen Fällen fordert La Salle nun eine größere Rücksichtnahme. So ist es nicht schicklich, sich dem Schlafenden laut zu nähern, ihn zu berühren …, *La Salle*: Les Règles de la Bienséance et de la Civilité Chrétienne, Rouen 1729, S. 55.

[172] Stans puer ad mensam (zwischen 1463 u. 1483) in: *Frederic James Furnivall*, (Hrsg.): A book of Precedence London 1869, S. 63, No. 215: „Ne go you not to bede before bot thi better

Diesen Bräuchen entspricht auch die schamfreie Art, indem etwa am Hofe Ludwig des XIV, für heutiges Empfinden intime Situationen wie das Aus- bzw. Ankleiden öffentlich zelebriert wurde. Ein Grund zur Scham hätte auch in diesen Fällen nur darin gelegen die Zeremonie zu unterbrechen oder zu stören.

Eine solche Variabilität und Plastizität der Werte findet sich in den strafrechtlich geschützten Rechtsgütern nicht. Strafrechtliche Werte, wie etwa Eigentum, Leben, sexuelle Selbstbestimmung etc., legt der Gesetzgeber unflexibel und für jede menschliche Gruppe einheitlich fest.

e) Scham als Garant der Wertbildung und Gruppenkonstitution

Mit den oben beschriebenen Aspekten der *Selbstwahrnehmung*[173] und der Fähigkeit zur Selbstkorrektur eng verbunden ist die Möglichkeit der *Selbstfindung* einer sozialen Position des Individuums in der Gruppe. Diese gewähren hirnorganisch der *mediale präfrontale Cortex* und der *anteriore cinguläre Cortex.*[174]

Scham und beschämende Situationen führen über den Weg der Selbstwahrnehmung bzw. Selbsterkenntnis und *spezialpräventiven Selbstkorrektur* hinaus zur Übernahme des *Wertesystems*[175] einer Gruppe [etwa zu Anerkennung und Stärkung deren hierarchischen Ränge] und damit zu deren Bestandssicherung.

Denn indem sich ein Gruppenmitglied erkennbar schämt, d. h. seine Scham durch seinen Rückzug, Blicksenken, Erröten etc.[176] (reflexartig) öffentlich zum Ausdruck bringt, signalisiert es der Gruppe, dass es dieses *Schamsystem* – mit seinen in ihm bestehenden Werten – als allgemeingültig und durchsetzbar anerkennt.[177]

---

cause the, for that is no courtesy …"; siehe: *Norbert Elias*: On behavior in the Bedroom, in: Kathy Mezei/Chiara Briganti: The Domestic Space Reader, 2012, S. 225.

[173] *Werner Vogd*: Gehirn und Gesellschaft, 2010, S. 363 ff. (m. w. H.).

[174] Siehe: *Matt Cartmill/Fred H. Smith*: The Human Lineage, 2009, S. 211 (m. w. H.); *Sherewood L. Washborn/Chet Lancaster*: The Evolution of Hunting, in: Richard B. Lee/Irven De-Vore (Hrsg.): Man the Hunter, 1968, S. 293–303 (m. w. H.); zur Ökonomik und Bedeutung der Arbeitsteilung in den frühmenschlichen Gesellschaften siehe unten: Teil III Kapitel G. III.; Dieter Krimphove: A historical Overview of the Development of Legal Logic, in: *Gabriel M. Lentner* (Hrsg.): Law and Logic – Contemporary Issues, S. 11 ff., 44 ff.; zur Bedeutung der Arbeitsteilung im Einzelnen siehe oben Teil II Kapitel A. I. 3. b) (m. w. H.); siehe oben Teil II Kapitel A. I. 4. (m. w. H.); auch Kapitel A. I. 3. b) (m. w. H.).

[175] Auch: *Hilge Landweer*: Scham und Macht, Phänomenologische Untersuchung zur Sozietät eines Gefühls, Tübingen 1999, S. 2 ff. (m. w. H.); dazu siehe mit einzelnen Beispielsfällen: *Peer Hultberg*: Scham – eine überschattete Emotion. Analytische Psychologie, in: Bernd Leibig (Hrsg.): Aspekte der Scham in der Psychotherapie, in: Psychotherapeut, 1998, 43, 26–31, S. 94 ff.

[176] Zu der Formsprache der Scham siehe: *Anja Lietzmann*: Theorie der Scham. Eine anthropologische Perspektive auf ein menschliches Charakteristikum – Diss., Tübingen 2003, S. 108 (m. w. H.).

[177] Ähnlich: *Anja Lietzmann*: Theorie der Scham. Eine anthropologische Perspektive auf ein menschliches Charakteristikum – Diss., Tübingen 2003, S. 106 f., 115 (m. w. H.).

Die Gemeinschaft (Familie/Sippe) erfasst ihrerseits, dass sich ein einzelnes Mitglied mit oft heftigen Reaktionen[178] diesem Wertesystem unterwirft.

Die Gruppe versichert sich folglich durch *Scham* des Bestehens ihres eigenen Wertesystems,[179] was insbesondere die Gruppenzugehörigkeit der Mitglieder und eben den Bestand der Gruppe selbst, insbesondere als Schutz- und Versorgungseinheit, konstituiert.

f) Scham als stammesgeschichtlicher Solidaritätsakt

Dass mit dem stammesgeschichtlichen Phänomen der Scham ebenfalls die Etablierung und Verfestigung eines Gruppen eigenen sozialen Wertesystems einhergeht, verdeutlicht ein Umstand, der nicht in den Kategorien „Schuld“ oder „Strafe“, sondern ausschließlich im Zusammenhang mit *Scham* entstand und sich bis heute erhalten hat. Die Rede ist hier von der so genannten „Fremd- oder Mitscham“. Psychologen bezeichnen dieses Phänomen als „Gegenübertragung“.[180] Fremd- bzw. Mitscham tritt bei jenen Individuen ein, die zwar selbst nicht das Fehlverhalten begangen haben, jedoch ein anderes Mitglied ihrer Gemeinschaft in einer schämwürdigen Situation erleben. In jenen Situationen empfindet jedes Gruppenmitglied selbst den unangenehmen Zustand der Scham, obschon der Anlass der Scham nicht bei ihm, sondern bei einem anderen Gruppenmitglied liegt.[181]

„Fremd-“ oder „Mitscham“ entsteht etwa bei

- dem Ehegatten in den Fällen, in denen sein Ehegatte auf einer Abendgesellschaft einzelne Gäste mit falschem Namen begrüßt,
- oder den Kollegen eines alkoholisierten Mitarbeiters, der auf einer Weihnachtsfeier schlüpfrige Witze erzählt,
- oder dem siebzehnjährigen Sprössling dessen spießige Eltern ihn um 22.30 Uhr von der Disko abholen.

In diesen Situationen erleben der Ehegatte, die Arbeitskollegen, der siebzehnjährige Sohn und seine Freunde die Fremdscham für den in ihren Augen unangemessenen/peinlich auftretenden Ehegatten, Kollegen oder Eltern.

---

[178] Siehe oben Teil III Kapitel E. IV. 3. e); zu der Formsprache der Scham siehe: *Anja Lietzmann*: Theorie der Scham. Eine anthropologische Perspektive auf ein menschliches Charakteristikum – Diss., Tübingen 2003, S. 108 (m. w. H.).

[179] Ähnlich auch: *Norbert Elias*: Über den Prozeß der Zivilisation. Soziogenetische und psychogenetische Untersuchungen, Bd. 2, Frankfurt a. M. 1997, Bd. I, S. 279.

[180] *Michael L. Moeller*: Gegenübertragung in der Gruppenanalyse, in: Arbeitshefte Gruppenanalyse 2/96, Münster 1997, S. 40 ff.

[181] Siehe auch *Stephan Marks*: Scham, Ehre und der „Kampf der Kulturen“ – Tabuisierte Emotionen und ihre Bedeutung für die konstruktive Bearbeitung von Konflikten, in: Akademie für Konflikttransformation, Reihe Arbeitspapiere, No 2, 2008, S. 1 ff., 2.

Voraussetzung der *Fremd*- bzw. der *Mitscham* ist bezeichnenderweise, dass der sich Mitschämende in einer emotional engen Beziehung zu dem sich Falschverhaltenden steht. Dies trifft gerade bei Gruppen wie Ehegatten und engen Bekannten zu. Es ist gerade der *posteriore cinguläre Cortex*, der seine Aktivitäten direkt auf diesen engen Personenkreis fokussiert.[182] Fallen Personen nicht in den Kreis, entfällt deren Mitscham auch bei dessen peinlichstem Auftreten.

g) Die Beseitigung von Scham – das „Entschämen"

Die entwicklungsgeschichtliche Herkunft der *Scham* beinhaltet ebenfalls die Möglichkeit des „Entschämens", d. h. der Befreiung des Sich-Schämenden aus der für ihn peinlichen Situation und damit seine Wiederaufnahme in den vormalig intakten Gruppenverband. Im Gegensatz zum Phänomen der *Schuld* oder der *Strafe* sind die Voraussetzungen des „Entschämens" ungleich komplexer.

Eine Beseitigung oder Einstellung von Scham ermöglicht nicht allein das Ableisten einer verhängten Sanktion. Das beschämte Individuum verliert erst dann seine Scham, wenn es erneut in die Gruppe aufgenommen worden ist und ihm hier sein (neuer) Platz zugewiesen ist. Damit überwindet nicht die Verhängung oder der Vollzug von Strafe die *Scham*, sondern erst die Anteilnahme der Mitglieder einer Gruppe und die Wiederaufnahme in sie. Erst der Zuspruch der Gruppe löst den sich Schämenden aus seiner selbst gewählten Isolation. Nach Vollzug dieses Aktes gilt der Beschämte wieder als vollwertiges Mitglied seiner Sozietät.[183]

Die Qualität der Handlung durch die der Beschämte ein „Entschämen" bzw. seine Wiederaufnahme in die Gesellschaft erreicht, ist – im Gegensatz zum Strafsystem – vielgestaltiger und wenig formalisiert. Es genügen bereits typische „Scham-Gesten", wie das verlegene Grinsen, das sich Wegdrehen, Erröten etc. Hier sind kulturelle Unterschiede hinsichtlich der Art der Schamäußerung, aber auch bezüglich deren Intensität zu beachten. Eine *Restitutions*-Leistung bzw. *Wiedergutmachung* [deren Erbringung bei der Scham wegen einer persönlichen Eigenschaft ohnehin nicht denkbar ist] ist im Fall des *Entschämens* nicht nötig.

---

[182] Siehe: *Richard J Maddock/Amy S. Garrett/Michael H. Buonocore*: „Remembering Familiar People: The Posterior Cingulate Cortex and Autobiographical Memory Retrieval", Neuroscience, 2001, Vol. 104, No 3, S. 667 ff., 668 f. (m. w. H.); *ders.*: „Posterior cingulate cortex activation by emotional words: fMRI evidence from a valence decision task", in: Human Brain Mapping, Januar 2003, Bd. 18 (1), S. 30 f. (m. w. H.); siehe oben Teil II Kapitel A. III. 2. b) ee) (m. w. H.).

[183] Gerade unter diesem Aspekt der Wiederaufnahme oder Reintegration des Beschenkten in seine vormalige Gemeinschaft mag auch der christliche Aspekt, der Aspekt der *Erlösung* in seinem christlichen Sinne, zu verstehen sein: dem im Sündenfall ein göttliches Gebot übertretende Mensch, der sich als Folge seiner Scham bedeckt und isoliert nimmt der Gott in seinen ursprünglichen (unbeschämten) Zustand dadurch wieder auf, dass er den Menschen durch sein individuelles Auftreten seine göttlichen Sympathie und Art-Zugehörigkeit Art/Wesens-Verwandtschaft wieder vergewissert.

Von grundsätzlicher Bedeutung ist, dass der Beschämte erkennbar seine Beschämung bzw. seine Scham zum Ausdruck bringt. Er signalisiert damit, dass ihm sein sozial abweichendes Verhalten als Fehlverhalten bzw. als *Unrecht* bewusst und massiv unangenehm ist.

Ist die fundamentale Bedeutung der Scham nicht nur für die Psyche des Individuums, sondern auch für die menschliche Interaktion und Gesellschaft gerade wegen der Zugehörigkeit der Scham zum stammesgeschichtlichen Erbe des Menschen nachgewiesen, so stellt sich unweigerlich die Frage, inwieweit ein modernes Rechtssystem dem fundamentalen Wert der Scham sowohl für das Individuum als auch für die Gesellschaft berücksichtigt bzw. würdigen kann:

V. Scham-Kultur und Schuld-Kultur

Aufgrund ihres stammesgeschichtlichen, spezifischen Ursprungs von Scham[184] unterscheidet sich diese erheblich vom positiven Recht, insbesondere vom modernen Strafrecht:

<table>
<tr><th></th><th>Strafe/Schuld</th><th>Scham</th></tr>
<tr><td rowspan="2">Definition</td><td rowspan="2">persönliche Vorwerfbarkeit i. S. v. Täter hätte anders handeln können, dies aber aus einer inneren Einstellung (Vorsatz/Fahrlässigkeit) unterlassen.</td><td>Vorwurf des sozialen = gruppenspezifischen Abweichens</td></tr>
<tr><td>nicht nur bei individuell schuldhaften Anlässen, sondern auch bei nicht-schuldhaftem Abweichen (z. B.: körperl. Mängel, Armut, Arbeitslosigkeit etc.)</td></tr>
<tr><td>Sanktionsgegenstand</td><td>Sanktion des Fehlverhaltens</td><td>Sanktion des Abweichens (Fehlverhalten $\wedge\vee$ Eigenschaften)</td></tr>
<tr><td rowspan="2">Zweck</td><td rowspan="2">spezial-, generalpräventive Zwecke</td><td>spezial-, generalpräventive Zwecke</td></tr>
<tr><td>insbesondere Sicherung des Wertesystems einer Gruppe</td></tr>
<tr><td rowspan="2">Vorwurf</td><td rowspan="2">Missbilligung individuellen Verhaltes</td><td>neben individuellem Vorwurf des Abweichens +</td></tr>
<tr><td>gruppenbezogener Vorwurf; Scham für andere (= Mit- bzw. Fremdscham)</td></tr>
</table>

[184] Siehe oben Teil III Kapitel E. IV. (m. w. H.).

	Strafe/Schuld	*Scham*
Anlass	Begehen der Straftat	Übertretung der Schamgrenzen +
	Strafverfolgung (durch Staat, in formalen Verfahren)	Beobachtung durch Mitglieder der Gruppe des sich Schämenden
Sanktion	vorher festgelegte Sanktionsart (Geld/Freiheitsstrafe)	vielfältig, unmittelbar, d. h. situationsbedingt.; z. T. erheblich gravierender als Strafe
Variabilität des Straf-/Scham-Anlasses	allgemein anerkannte unveränderliche Werte (z. B.: Leben, Gesundheit, Eigentum)	neben allgemein anerkannten unveränderliche Werten,
		sehr verschiedene gruppen- und zeitabhängige Schamwerte (Anstandswerte)
Sanktionsfeststellung und -legung	gerichtliche Verurteilung in einem streng formalisierten Verfahren	Gefühl bzw. Affekt
Sanktionsvollzug	Fremdbestrafung/nicht-öffentlich (Geld/Freiheitsstrafe)	Selbstbestrafung (Erröten, Flucht, Isolation, Suizid), Sanktion in Form einer erkennbaren und damit aufhaltbaren (Flucht-)Reaktion
Entschuldung	mit (formellem) Abbüßen der Strafe	mit Wiederaufnahme in die Gruppe (Resozialisierung)
Ursprung	Ergebnis eines andauernden Zivilisationsprozesses	ethologische, stammesgeschichtliche Herkunft

Abb. 6: Abgrenzung von Strafe und Scham

Scham hat zwar ihre Aufnahme auch in zeitgenössischen Rechtsordnungen gefunden.[185] Zu einer vollen, d. h. konsequenten wie methodischen Integration ihrer Inhalte in europäische Rechtsordnungen ist es (bislang) nicht gekommen. Dies führt zu den bereits oben angesprochenen *Friktionen* zwischen den stammesgeschichtlichen Inhalten eines Institutes und den rechtlichen wie gesellschaftlichen Gegebenheiten einer modernen Gesellschaft:[186]

[185] Siehe oben Teil III Kapitel E. I. (m. w. H.).
[186] Siehe oben Teil II Kapitel C. (m. w. H.).

1. Friktionen einer folgenschweren Emanzipation

Eine rechtsethologische *Friktion* der in der Prähistorie entstandenen *Scham* und dem *Recht* einer modernen Gesellschaften[187] ergibt sich speziell für das *Strafrecht; bzw. das in ihm geltende Schuldprinzip.*

Die kulturgeschichtlichen Differenzierungen zwischen der *Scham* einerseits und der, durch das Schuldprinzip gekennzeichneten, *Strafe* andererseits begann schon im dritten Jahrhundert. So lässt sich die Unterscheidung zwischen einer gesellschaftlichen Scham und der juristischen, durch das Merkmal der Schuld qualifizierten, Strafe bereits auf Augustinus (* 354 – † 430) zurückführen. In seinen Bemerkungen zur Strafbarkeit des Meineids stellt er fest:

> ream linguan non facit nisi mens rea.[188] [Eine Handlung ist (nur) dann verbrecherisch wenn (auch) der Geist verbrecherisch ist.[189]]

Indem Augustinus – und ihm folgend die gesamte europäische Rechtslehre[190] und -praxis bis zum heutigen Tag – die Bestrafung eines Täters von dem Bestehen seiner persönlichen Einstellung – der Vorsatz-Schuld – abhängig macht, trifft er eine folgenschwere, rechtstheoretisch unüberbrückbare Abgrenzung der *Schuld/Strafe* und *Scham.* Denn im Unterschied zur Schuld – also zur inneren Einstellung des Täters mit der er das Unrecht seiner Tat gekannt und sich dennoch nicht anders verhalten hat, obschon dies ihm möglich war[191] – existiert die Scham unabhängig eines persönlichen, individuellen Vorwurfs des vorwerfbaren Versagens.

---

[187] Siehe oben Teil II Kapitel C. (m. w. H.).

[188] Oder auch: *actus non facit reum nisi mens sit rea: Augustinus*: Sermones in Augustinus, Sermones in: Hubertus R. Drobner: Augustinus von Hippo, Predigten, 180 Cap 2 Pl. 38, 973; *Augustinus* De civitate dei, in: Christoph Horn: Klassiker Auslegen, Bd. 11, 1997, S. 5, 109.

[189] Hinzufügungen in Klammern vom Verf.

[190] Seine Verbreitung erfuhr dieser Grundsatz zu Beginn der ersten Kreuzzugsentwicklung (1095/96–ca. 1229) speziell im Zusammenhang mit dem Vierten Kreuzzug war die Frage aufgekommen, ob sich ein Christ über das grundsätzlich geltende Tötungsverbot – auch als Teilnehmer eines Kreuzzuges – hinwegsetzen kann. Allein die Erörterung dieser Frage, wie bei modernen Armeen nicht mehr gestellt wird, spricht gegen die These, dass die Kreuzungsentwicklung lediglich in einem brutalen Abschlachten von Menschen bestand, dazu: *Ernst-Dieter Hehl*: Töten und Krieg im Zeitalter der Kreuzzüge – zwischen Sünde und Verdienst vor Gott, in Welt und Umwelt der Bibel: die Kreuzzüge, 3/2003, S. 23 ff., 26. Die Frage entschied das Kirchenrecht nach der inneren Einstellung des Täters: Diente sein Töten den Zwecken des Kreuzzuges (Befreiung des Heiligen Grabs, Verbreitung des Glaubens etc.) war es legitimiert. Verfolgte der Täter andere Absichten, wie etwa Habgier, Beutemachen, Hass, persönliche Rivalität etc., stellte das Töten Unrecht dar und wurde bestraft. Siehe: *Roger Wendover*: Flores historiarum, um 1226, in: H. O. Coxe: Bd. 4, London 1841–1824, Zitat in: *Ernst-Dieter Hehl*: Töten und Krieg im Zeitalter der Kreuzzüge – zwischen Sünde und Verdienst vor Gott, in Welt und Umwelt der Bibel: die Kreuzzüge, 3/2003, S. 23 ff., 26.

[191] BGH St 10, S. 35 ff., 38; fußend auf: *Reinhard Frank*: Über den Aufbau des Schuldbegriffs, Berlin 1907; Siehe auch: BGH St. 2, S. 194 ff., 200 (m. w. H.); BVerfGE 6, 389 ff., S. 439; 7, S. 305 ff. 319; 9, S. 167 ff. 169; BayVerfGHE 3, S. 109 ff., 114.

Beispielsweise kann sich der Mensch auch für schuldlos erworbene körperliche, wie seelische Merkmale (z. B.: Hässlichkeit, Stottern bzw. Zwänge, sexuelle Orientierung) schämen.

Den Mangel an Schuldbezug der Scham macht insbesondere das Phänomen der *Fremd-* oder *Mitscham* deutlich.[192] Bei ihr schämt sich ein Beteiligter für das Fehlverhalten eines anderen, ohne selber hierzu Anlass gegeben zu haben.[193]

2. Offene Fragen

Die *Friktionen* der Phänomene Strafe und Scham in den modernen Rechtsordnungen[194] provozieren in der *Rechtsethologie* eine Reihe unbeantworteter Fragen:

- In welchem Verhältnis steht Strafe zur Scham?
- Gibt es eine Strafe oder eine Bestrafung ohne Scham?
- Wie gehen – insbesondere angesichts zunehmender Migration – moderne Rechtsordnungen mit unterschiedlichen Scham-Vorstellungen und Schamsystemen um?
- Kann eine formelle – nach technisch komplexen Regeln gebildete – Rechtsordnung Wertvorstellungen von Scham effektiv aufnehmen, oder steht sie diesem unbeteiligt oder hilflos gegenüber?

Die Vielgestaltigkeit und Komplexität der Fragen deutet auf eine umfassende Bedeutung des Phänomens Scham auch in modernen Rechtsordnungen hin. An dieser Stelle können aus platztechnischen Gründen nur einige, eher zufällig ausgewählte, Fragen aus Sicht der Rechtsethologie beantwortet werden.

a) Strafe ohne Scham? Ein rechtssoziologisches Tabuthema

Nach den obigen Grundsätzen verbietet eine moderne Rechtsordnung zu Recht ein Beschämen des Delinquenten durch dessen Zur-Schaustellen bzw. einer öffentlichen Bestrafung des Täters.

Andere Kulturepochen waren in dieser Beziehung großzügiger. Sie stellten einen Straftäter, sprich Betrüger, an den Pranger, insbesondere um potentielle Täter von dem Begehen ähnlicher Taten abzuschrecken.

---

[192] *Dieter Krimphove*: Scham als Verhaltenssteuerung im Recht – Rechtstheoretische Aspekte eines Phänomens, in: Rechtstheorie, 2012, S. 91 ff., 104 (m. w. H.), 108 f. (m. w. H.); siehe oben Teil III Kapitel E. IV. 4. (m. w. H.).

[193] Siehe oben: Kapitel E. IV. 3. g) (m. w. H.).

[194] Siehe oben: Kapitel: E. VI. (m. w. H.), insbes. Abb. 1.

Wenngleich eine neuzeitliche Rechtsordnung die öffentliche Beschämung des Straftäters als spezial- und insbesondere als *generalpräventive* Maßnahme[195] ausschließt, stellt sich jedoch – auch für ein modernes Rechtssystem – die Frage, ob eine Strafe ohne jeglichen Anteil von Scham auskommt.

Die meisten Straftäter empfinden, selbst bei einer Verurteilung nach dem heutigen streng formalisierten Strafprozessrecht, *Scham.* Diese überträgt sich – als *Mit-* oder *Fremdscham*[196] – problematischerweise auch auf die engen Angehörigen des Verurteilten.[197]

Vorstellbar sind heute Situationen – etwa die der *Jugend-* oder *Bandenkriminalität* –, in denen der Verurteilte und die ihm angehörige Gruppe den Vollzug der Strafe als Auszeichnung und Zugehörigkeitsmerkmal zur Gruppe sehen. In diesem Fall entfällt die – auch in der heutigen Rechtspraxis noch vorkommende – Beschämung des Täters durch die Strafe. Das Entfallen von Scham macht die Bestrafung dann weitgehend wirkungslos. Eine Entkopplung von Scham und Strafe erscheint – selbst in einem modernen Strafsystem – daher nicht sinnvoll.

Ein Strafsystem, auch im neuzeitlichen, modernen Sinne, kommt demzufolge aus rechtsethologischer Sicht nicht ohne einen Anteil an *Täter-Scham* aus. Selbst wenn ein Anteil an Scham einem neuzeitlichen Rechtssystem notwendig erscheint, ist eine andere Frage, inwieweit dieses Rechtssystem systematisch und dogmatisch mit Scham umgeht.

Den Grundsatz, dass auch Strafe einen Anteil an *Scham* beinhalten muss, greifen neuerdings bemerkenswerterweise *Verordnungen* und *Richtlinien* des *Europarechts* auf. Hier ist es eigens das sog „naming and shaming“ mit dem der Europäische Gesetzgeber die namentliche Veröffentlichung der Nichtbefolgung seiner Rechtsstandards als Sanktion einsetzt, um so die in diesen Rechtsakten enthaltenen Pflichten durchzusetzen.[198] Mittels ihrer *unmittelbaren* und *direkten Geltung* der Europäischen Verordnung (Art. 288 Abs. 2 AEUV) oder bedingt durch die *mitgliedstaatliche Umsetzungspflicht* der Inhalte einer Europäischen Richtlinie (Art. 288 Abs. 3 AEUV) greift dieser Grundsatz in das nationale Recht über.

Die Verhaltenssteuerung durch „Beschämung“ erfolgt dabei nicht nur im *Bank-* und *Kapitalmarktrecht*[199] (Art. 34 VO Nr. 596/2014, sog. *Marktmissbrauchs-Ver-*

---

[195] Zu den jeweiligen Straftheorien siehe oben Teil III Kapitel E. (m. w. H.).

[196] Dazu siehe oben Teil III Kapitel E. IV. 4. f) (m. w. H.).

[197] Dazu siehe oben Teil III Kapitel E. IV. 4. f) (m. w. H.).

[198] Dazu: *Emilie M. Hafner-Burton*: Sticks and Stones: Naming and Shaming the Human Rights Enforcement Problem, in: International Organization, Cambridge University Press, Vol. 62, v. 2. Oktober 2008, S. 689 ff. (m. w. H.); *Cullen S. Hendrix/Wendy H. Wong*: When Is the Pen Truly Mighty? Regime Type and the Efficacy of Naming and Shaming in Curbing Human Rights Abuses, in: British Journal of Political Science, Cambridge University Press, Vol. 43, Juli 2013, S. 651 ff.

[199] *Philipp Koch*: Naming and shaming im Kapitalmarktrecht: Die Veröffentlichung von Verstößen als repressive Sanktion, in: Schriften zum Gesellschafts-, Bank- und Kapitalmarktrecht

ordnung (MAR),[200] bzw. in §§ 124, 125, 126 WpHG), sondern nahezu flächendeckend auch in diversen anderen Rechtsgebieten, wie etwa dem *Kartellrecht* (§ 53 Abs. 5 GWB)[201] oder dem *Lebens-* und *Futtermittelrecht* (§ 40 Abs. 1 a Nr. 2 LFGB)[202].

b) Scham und Strafmaß

Eine Möglichkeit der rechtsethologisch geforderten strukturellen Integration der *Scham* in ein neuzeitliches Rechtssystem besteht bei der Festsetzung des *Strafmaßes*. Hier geht es zum einen darum, den Anteil der Täterscham an der verübten Straftat in das Maß gesetzlich festzusetzender *Strafe* einzupassen. Eine bestehende Scham könnte dann auf den Umfang und die Qualität der Strafzumessung einwirken.

Nach der heutigen Gesetzeslage ist zur Straffestsetzung ausschließlich die *Schuld* des Täters, also sein zur Tatzeit begangenes Unrecht und seine in der Tat zum Ausdruck kommende rechtswidrige Gesinnung sowie der gemutmaßte Einfluss der verhängten Strafe, maßgeblich (§ 46 StGB). Allenfalls bei der Abwägung der für und gegen den Täter sprechenden Umstände ließe sich der Aspekt der *Scham*, insbesondere in den Merkmalen des „Verhaltens des Täters nach der Tat" sowie seinem „Bemühen um Wiedergutmachung und des Ausgleichs" i. S. d. § 46 Abs. 2 StGB derzeit berücksichtigen. Diese beiden Merkmale erscheinen jedoch wenig geeignet, um die Komplexität des Phänomens der Scham, wie es oben geschildert wurde[203], adäquat aufgreifen zu können. Hier ist die Etablierung weiterer Merkmale vonnöten, die es dem Strafgericht erlauben, die Strafe auch an dem Umfang der vom Täter erlebten *Scham* auszurichten.

Ein derartiges Strafbemessungsmerkmal könnte etwa das „Bedauern des Täters angesichts seiner Tat und ihrer Folgen" lauten. Obschon dieses Tatbestandsmerkmal inhaltlich sehr weit und sicherlich prozesstechnisch nur mithilfe von Indizien feststellbar ist, könnte es dazu beitragen die Bedeutung der Strafe für den Täter angemessen zu beurteilen.

Vol. 77, 2019; *Philipp Florian Irmscher*: Öffentlichkeit als Sanktion – Bankaufsicht zwischen Repression und Prävention – Eine Einordnung des „naming and shaming" in das Sanktionssystem des KWG, 2019, S. 306 (m. w. H.).

[200] Verordnung (EU) Nr. 596/2014 des Europäischen Parlaments und des Rates vom 16. April 2014 über Marktmissbrauch (Marktmissbrauchsverordnung) und zur Aufhebung der Richtlinie 2003/6/EG des Europäischen Parlaments und des Rates und der Richtlinien 2003/124/EG, 2003/125/EG und 2004, ABl. L No 173, v. 12. Juni 2014, S. 1 ff.

[201] Siehe auch den Beschluss des OLG Düsseldorf Beschluss v. 9. Oktober 2014, VI Kart. 5/14, Rn. 34 ff. der naming and shaming im Kartellrecht für zulässig erachtet.

[202] *Christian Waldhoff*: Allgemeines Verwaltungsrecht, Lebensmittelrecht: Naming und Shaming, in: JuS 2013, S. 860 ff. (m. w. H.).

[203] Siehe oben Teil III Kapitel E. IV. (m. w. H.); insbes. Kapitel E. IV. 4. (m. w. H.).

c) Scham und Re-Sozialisation

Ein wesentlicher Gesichtspunkt der Wiedereingliederung straffällig gewordener Täter in die Gesellschaft besteht in dem Umstand den Täter von seiner *Scham* zu befreien, ihn hiervon loszusprechen. Im Gegensatz zur rechtskräftig festgestellten Schuld verliert der Straftäter seine Scham allerdings nicht durch das Ableisten einer Strafe.[204]

Die Erledigung der Scham (sog. *Entschämung*) erscheint weitaus komplizierter. Sie erfordert – nach einem die Scham des Täters demonstrierenden Verhaltens[205] – dessen wahrnehmbare Wiederaufnahme des Täters in die Gesellschaft.[206] Mit anderen Worten: Der Täter muss das ernstgemeinte und verlässliche wahrnehmbare Signal erhalten, nicht nur formalrechtlich entschuldigt, sondern von der Gesellschaft wieder aufgenommen worden zu sein.

Nicht die Resozialisierungsversuche im modernen Strafvollzug, sondern die wahrnehmbare Akzeptanz der Täterpersönlichkeit in bzw. durch die Gesellschaft ist unter den oben dargestellten *rechtsethologischen* Aspekten der Scham der menschlichen Natur entsprechender[207] und daher weitaus aussichtsreicher als derzeitige individual/psychologisierte Therapiebemühungen.

Die Wiedereingliederung eines vormaligen Straftäters hängt dabei weniger von *institutionellen Einrichtungen* als von dem persönlichen Bemühen ab, der Persönlichkeit und der Scham eines Straftäters gerecht zu werden. *Resozialisierung* ist daher gerade auf der persönlichen/individuellen Ebene und im informellen Bereich zu leisten. Hier sind weniger staatlich organisierte Massenbehandlung, als insbesondere Kirchen, Religionsgemeinschaften, Vereine bzw. deren Mitglieder, die eine effiziente Resozialisierung leisten können, aus *rechtsethologischer Sicht* gefragt.

d) Anonymität und Scham

Scham entsteht in der Regel, sofern der Delinquent mit seinem Ausschluss aus der Gruppe rechnen muss.[208] Scham setzt daher als Bedingung die Wahrnehmung des Fehlverhaltens durch die Mitglieder seiner sozialen Gruppe, der dessen Schämende angehört, existenziell – als ihrem Wesen nach – voraus.[209] Ein heimlich begangenes sozialwidriges Verhalten löst keine Scham aus.

---

[204] Siehe oben Teil III Kapitel E. IV. 4. g) (m. w. H.).
[205] Siehe oben Teil III Kapitel E. IV. 4. g) (m. w. H.).
[206] Hierzu siehe oben Teil III Kapitel E. IV. 4. e).
[207] Teil III Kapitel E. IV. 2. und E. IV. 3. b) (m. w. H.).
[208] Teil III Kapitel E. IV. 3. f) (m. w. H.).
[209] Siehe oben Teil III Kapitel E. IV. 3. f) (m. w. H.); aus hirnorganischer Sicht: siehe oben Teil II Kapitel A. III. 2. b) dd) (m. w. H.); Kapitel A. III. 2. b) cc) (m. w. H.).

Autoritative gesellschaftliche Systeme stellen die Scham zum Teil dadurch sicher, dass sie ihre Mitglieder einer ständigen Beobachtung aussetzen, oder diese vorgeben:

Beispielsweise suggerieren Erziehungspflichtige insbesondere Kindern, dass sie Engel oder ein strafender Gott ständig beobachten. Auch die Darstellung Gottes in Form in einem Dreieck eingeschlossenen Auges belegt die Absicht, Menschen das Gefühl ständiger Beobachtung zu geben und dadurch ihre Scham zu aktivieren. In Diktaturen erfolgt die ständige Beobachtung durch tatsächlich hierfür eingesetzte Spione (informelle Mitarbeiter oder Blockwarte).

Vor diesem Hintergrund kommt der *Anonymität* einer Gesellschaft besondere Bedeutung zu: Wie Plessner feststellt, ist Anonymität die für den Menschen notwendige Herabsetzung der Scham.[210]

Die Nichtöffentlichkeit der Gesellschaft garantiert nämlich ihren Mitgliedern einerseits den zur persönlichen Lebensgestaltung notwendigen Frei- und Rückzugsraum. Andererseits ermöglicht weitreichende *Anonymität* den Verlust von *Scham* und damit von Sanktionsinhalten. In dem „Schutzraum der Anonymität" lassen sich Schamverstöße und sogar Straftaten beliebig begehen.

Während die Rechtsprechung des Bundesverfassungsgerichts insbesondere mit der Gewährleistung des Rechts auf *informationelle Selbstbestimmung*[211] der Forderung nach Rückzugsmöglichkeiten und Intimität vollends entspricht, ermöglichen heute moderne Massenmedien, wie insbesondere das Internet – unter dem Schutz der Anonymität –, die ungehinderte Verbreitung menschenunwürdiger Abbildungen oder mobbender Schmähkritik.

Auch die Entscheidung des Bundesgerichtshofes[212] erscheint nach obigen Kriterien, insbesondere der Scham-Reduktion durch Anonymität, problematisch: In ihr hat er den Persönlichkeitsschutz der Lehrerin sowie ihr Recht auf informationelle Selbstbestimmung hinter der Möglichkeit anonymer Schüler zur öffentlichen Bewertung der fachlichen Leistungen und der Persönlichkeit der Lehrers zurücktreten lassen.

Gerade zum Schutz vor gesellschaftlichem Mobbing ist der Gesetzgeber und die Rechtsprechung daher aus *rechtsethologischer* Sicht gefordert die Aufhebung der Anonymität, das heißt die Erkennbarkeit des Verfassers – gleichberechtigt neben dem Datenschutz und dem Recht auf informationelle Selbstbestimmung – zu gewährleisten.

---

[210] *Helmuth Plessner*: Die Einheit der Sinne, Bonn 1923.
[211] BVerfG E 65, S. 1 ff.; siehe auch: BVerfG E 67, 100 ff.; BVerfGE 63, 131 ff.; BGHSt 46, 266 ff.; BGHSt 44, 13 ff.; BGHSt 42, 139 ff.
[212] BGH (Urt. v. 23.6.2009, Az. VI ZR 196/08).

e) Die „Verrechtlichung“ der Scham

Es muss paradox anmuten, dass ausgerechnet ein Rechtssystem, welches auf einer Normbildung nach streng formalisierten Gesetzgebungsverfahren beruht, in der letzten Zeit evolutionsgeschichtlich entstandene Schamgrenzen verstärkt in sein Regelungssystem aufnimmt. Anlässe, die eine Gesellschaft früher mithilfe der Scham bzw. der Beschämung des Übertrittes geächtet hätte, verrechtlicht der Gesetzgeber nun zu formal gesetzlichen, abstrakt/generellen Regelungen. Die Anerkennung gesellschaftlicher Schamwerte und Schamgrenzen beruht dann nicht mehr auf gesellschaftlicher Konvention, sondern auf dem formellen Akt staatlicher Gesetzgebung.[213]

- In der Nachkriegszeit verstieß das Rauchen während des Essens gegen gesellschaftliche Konvention. Es war selbstverständlich während eines gemeinsam eingenommenen Essens nicht zu rauchen. Die Beteiligten hätten den Raucher mit ärgerlichen Blicken oder hüsteln *beschämt* und ihn vom Rauchen abgehalten. Dieses gesellschaftliche Rauchverbot haben nun die verschiedenen Landesgesetzgeber in entsprechende Landesgesetze umgesetzt.
- Art. 3 der Verordnung (EG) Nr. 1107/2006 des Europäischen Parlaments und des Rates vom 5. Juli 2006 über die Rechte von behinderten Flugreisenden und Flugreisenden mit eingeschränkter Mobilität[214] legt fest, dass Fluguntemehmen die Beförderung eines Behinderten nicht aufgrund seiner Behinderung oder eingeschränkten Mobilität verweigern dürfen.[215] Ein solcher Anspruch ist bzw. war gesellschaftlicher Standard. Die Verweigerung des Zutritts eines Behinderten zu einem Flugzeug allein aufgrund seiner Behinderung hätte gegen das Anstandsgefühl verstoßen und Scham ausgelöst. Diese Schamgrenze fixierte nun der europäische Gesetzgeber in Art. 3 der Verordnung 1107/2006.

Ein entscheidender Nachteil einer solchen „Verrechtlichung“ von Scham besteht darin, dass gesetzliche Regelungen nur noch in einem streng formalistischen Gesetzgebungsverfahren Änderungen erfahren können. Umfangreiche, formalisierte und damit aufwendige Gesetzgebungsverfahren stehen einer zeitnahen, flexiblen und effektiven Anpassung der „vorrechtlichen Schamwerte“ und Schamgrenzen an die sich rasch ändernde gesellschaftliche Zusammensetzung und gesellschaftlicher Bedürfnisse entgegen. Damit widerspricht die vormalige gesellschaftliche Tendenz Werte durch Scham zu kontrollieren und zu sanktionieren der oben bereits dargestellten[216] *rechtsethologischen* Notwendigkeit nach einer flexiblen An-

---

[213] Zur Unterscheidung der Wirkungsweise von Recht und Scham siehe oben Teil III Kapitel E. IV. 4. (m. w. H.); insbesondere Kapitel E. V.

[214] ABl. L vom 26. 7. 2006, No 204, S. 1 ff.

[215] Art. 3: Ein Luftfahrtunternehmen, sein Erfüllungsgehilfe oder ein Reiseunternehmen darf sich nicht aus Gründen der Behinderung oder der eingeschränkten Mobilität des Fluggastes weigern.

[216] Siehe oben Teil II Kapitel B. VI. 4. (m. w. H.).

passung von Recht. Unter der Geltung kaum anpassungsfähigem Rechts besteht die Gefahr der Herausbildung von (informellen) Verhaltenskorrektiven, die dann in den Gegensatz zu geltendem Gesetzes-Recht treten.

Der rechtfertigende Grund der *Verrechtlichung* von Verhaltensscham liegt im Wesentlichen darin, dass nicht mehr alle Mitglieder der Gesellschaft die gleichen Schamgrenzen kennen bzw. akzeptieren. Die nach dem Zweiten Weltkrieg einsetzende Migration insbesondere von Arbeitnehmern, sowie die in den Europäischen Gemeinschaften geförderte Freizügigkeit europäischer Bürger führt zu einer Addition verschiedener Kulturen mit ungleichen Schamgrenzen und -werten. Gerade das Hinzutreten von heterogenen Kulturen erzeugt für eine Gesellschaft die Notwendigkeit, sowohl die neu eingebrachten, als auch die vorgefundenen Kulturleistungen zu kennen, um sich mit ihnen friedfertig auseinandersetzen zu können.

F. Fazit: Scham aus Sicht der Rechtsethologie

Ebenso wie das *Nudging*[217] stellt *Scham* eine Verhaltenssteuerung dar, die bis heute eigenständig neben dem formellen Recht existiert. Ihre Wirkung reicht sogar, gerade weil beide Phänomene evolutionsbiologisch entstanden sind und daher mit dem Menschen, seiner Natur bzw. seinem *Wesen* aufs Engste verbunden sind,[218] weit über die moderner Rechtsnormen hinaus.[219]

– Das Phänomen *Scham* nehmen die Gesetzgebung und Rechtsprechung, auch die moderner Rechtssysteme umfassend – wenn auch unreflektiert – auf.[220] Insbesondere erscheint *Scham* – wie auch die schuldbezogene *Strafe* – als *Sanktionssystem.*[221] Im Gegensatz zur *Strafe* in modernen Strafrechtsordnungen[222] wirkt Scham unmittelbarer.[223] Insbesondere dieser Umstand spricht dafür die Scham nicht nur als individuelle Reaktion auf eigenes oder fremdes[224] Fehlverhalten oder körperlich seelisch abweichende Disposition[225] anzusehen, sondern ihr jenen

[217] Siehe oben Teil III Kapitel C. (m. w. H.).

[218] Siehe oben Teil I Kapitel F. (m. w. H.).

[219] Siehe oben Teil III Kapitel E. IV. 3. (m. w. H.); Kapitel E. IV. 4. (m. w. H.); Kapitel E. IV. 4. c) (m. w. H.).

[220] Siehe oben Teil III Kapitel E. I. (m. w. H.), Kapitel E. III. (m. w. H.).

[221] Siehe oben Teil III Kapitel C. (m. w. H.); Kapitel E. V. 2. a) (m. w. H.); Kapitel E. V. (m. w. H.); Kapitel E. I. (m. w. H.); Kapitel E. III. (m. w. H.); Kapitel E. IV. 4. b) (m. w. H.); Kapitel E. IV. 4. g) (m. w. H.).

[222] Siehe oben Teil III Kapitel E. V. (m. w. H.).

[223] Siehe oben Teil III Kapitel E. (m. w. H.); Kapitel E. I. (m. w. H.); Kapitel E. III. (m. w. H.) auch Kapitel E. IV. 2. (m. w. H.).

[224] Zur Mit- oder Fremdscham siehe oben Teil III Kapitel E. (m. w. H.); Kapitel E. II. 5. (m. w. H.) auch Kapitel E. IV. 2. (m. w. H.); auch: *Dieter Krimphove*: Scham als Verhaltenssteuerung im Recht – Rechtstheoretische Aspekte eines Phänomens, in: Rechtstheorie, 2012, S. 91 ff., 104 (m. w. H.), 108 f. (m. w. H.).

[225] Siehe oben Teil III Kapitel E. II. 5. (m. w. H.); Kapitel E. V. 1. (m. w. H.).

stammesgeschichtlichen Ursprung zuzugestehen, der der Gattung Mensch seit ihrer Entstehung evolutionäre Vorteile bot[226] und damit erst unsere Zivilisation – auch die der uns bekannten modernen Rechte bzw. Strafrechtsysteme – ermöglichte.

- *Scham* hat sich allerdings im Verlauf ihrer humanethologischen Entwicklungsgeschichte des Menschen nicht erledigt. Sie besteht vielmehr als sozial-,[227] wert[228]- und selbstbewusstseins-[229] bildender Affekt der Grundverfasstheit des Menschen[230] fort. Dies führt zu inhaltlichen *Friktionen*[231] zwischen dem erbbiologischen und hirnorganisch nachweisbaren[232], unmittelbar wirkenden Scham-System und dem kalkulierten abwägenden[233] neuzeitlichem Recht.[234]
- Dabei kann *Scham* sogar das Recht pervertieren, und im Einzelfall sogar Anreize vermitteln, ein bestimmtes positives Recht nicht anzuwenden, oder seine Wirkung zu vereiteln:

  Der Straftatbestand der *Steuerverkürzung* ist in bestimmten Gesellschaftsschichten zu einem Sport geworden. Die *Scham* gegenüber diesen Steuerzahlern als dumm dazustehen, motiviert in diesen Beispielen einen entsprechenden Rechtsbruch.

  Obschon das staatliche Recht eine Beendigung der Ehe durch *Scheidung* anbietet, verzichten zahlreiche Ehepartner aus *Scham* auf diese Eheauflösungsmöglichkeit.

  Oft vergessen wird auch der Umstand, dass zwar das internationale Recht moderner Staaten eine Bestrafung zum Tode oder zur Folter ausdrücklich verbietet, dass aber gerade die körperlich wirkenden Folgen der *Scham* den gleichen Effekt haben.[235] Dies gilt sogar dann, wenn schuldlos eintretende Umstände (etwa eine körperliche Abnormität) Scham auslösen.[236]
- Insbesondere das Nebeneinander von *Scham* und *Strafe* bzw. deren sich potenzierende Wirkung gilt es in aktuellen Rechtskulturen anzuerkennen.[237]

---

[226] Siehe oben Teil II Kapitel A. I. 3. a) (m. w. H.).
[227] Siehe oben Teil III Kapitel E. IV. 4. b) (m. w. H.); Kapitel E. IV. 4. e) (m. w. H.).
[228] Siehe oben Teil III Kapitel E. IV. 4. e) (m. w. H.).
[229] Siehe oben Teil III Kapitel E. IV. 4. a) (m. w. H.).
[230] Siehe oben Teil I Kapitel F. (m. w. H.); siehe oben Teil III Kapitel E. IV. 4. d) (m. w. H.).
[231] Siehe oben Teil III Kapitel E. V. 1. (m. w. H.).
[232] Siehe oben Teil III Kapitel E. IV. 2. (m. w. H.).
[233] Siehe oben Teil II Kapitel A. III. 2. b) cc) (m. w. H.); Kapitel A. III. 4. a) (m. w. H.).
[234] Siehe oben Teil III Kapitel E. V. (m. w. H.); Kapitel E. V. 1. (m. w. H.); insbes. Kapitel E. V. 2. (m. w. H.).
[235] Siehe oben Teil III Kapitel E. IV. 2. (m. w. H.).
[236] Siehe oben Teil III Kapitel E. III. (m. w. H.).
[237] Siehe oben Teil III Kapitel E. V. 2. a) (m. w. H.); Kapitel E. V. 2. b) (m. w. H.); Kapitel E. V. 2. c) (m. w. H.).

– Aus den *Friktionen* dieser beiden unterschiedlichen – jedoch zu einer Natur des Menschen gehörenden – Phänomene lassen sich rechtsethologisch zahlreiche weitere Schlussfolgerungen, etwa für das Entstehen oder die Modifikation bisheriger Rechtsregeln, ableiten.

Die hier unternommene Beschreibung der *Scham* unter *rechtsethologischen* Gesichtspunkten[238] soll ihr, u. a. im Bewusstsein der Legislative, Jurisdiktion oder auch der Rechtsanwender, den ihr zukommenden und geeigneten Stellenwert vermitteln.

G. Das Familien- und Erbrecht

Stammesgeschichtliche Bezüge lassen sich – mehr oder weniger deutlich – in nahezu allen Rechtsgebieten nachweisen:

– Die Bedeutung von Scham im *Strafrecht*,[239]

– die deutliche Hierarchie im *Arbeitsrecht* sogar

  • im *Unternehmensmitbestimmungsrecht* und

  • im *Betriebsverfassungsrecht*,

– die Beeinflussungsmöglichkeiten des *Werberechts*[240],

– die sogar im *Schenkungsrecht* des BGB ihren Ausdruck findet,

sind nur einige Beispiele von vielen.

Es steht zu erwarten, dass die deutlichsten und gravierendsten Einflüsse prähistorischer und sogar erbbiologischer Prägung des Rechtsbereichs der Menschen dort am unmittelbarsten sind, wo er die soziale Persönlichkeit des Menschen am einschneidensten bestimmt, nämlich in dem Familien- und Erbrecht und eigens im *Ehe*- bzw. *Scheidungsrecht.*

Das Auffinden derlei *rechtsethologischer* Bezüge in diesen Rechtsgebieten könnte, auf Grund der Unmittelbarkeit und Bedeutung dieser Rechtsgebiete, als ein generelles, und nicht auf Sondereinsatzgebiete beschränktes Analyse- und Interpretationsmittel dienen.

---

[238] Siehe oben Teil III Kapitel E. II. 5. (m. w. H.).

[239] Siehe oben Teil III Kapitel E. (m. w. H.).

[240] Dazu siehe: *Patrick Renvoise/Christophe Morin*: Neuromarketing: Understanding the Buy Buttons in Your Customer's Brain, 2007; Mind Your Business – 14. Mai 2007 – The Brain and Choice, in Biz/ed, https://de.scribd.com/document/73237498/The-Brain-and-Choice (m. w. H.).

I. Das Familien- und Scheidungsrecht

Das deutsche Recht, wie viele europäische Rechtsordnungen auch, nimmt eine ambivalente Stellung zum Familien-, Ehe- und speziell zum *Scheidungsrecht* ein: Auf der einen Seite gilt die Ehe als unverbrüchliche Lebensgemeinschaft,[241] in der sich die Partner schwören, geschlechtlich ausschließlich miteinander zu verkehren; sog. *monogame Lebensgemeinschaft.* Auf der anderen Seite stellen nationale Gesetzgeber *Scheidungsnormen* auf und ermöglichen dadurch eine, mehr oder weniger unproblematische vorzeitige Auflösung der Ehe.

Für eine rein *monogame Lebensgemeinschaft* und gegen die Auflösung der Ehe durch Scheidung entschieden sich im Jahr 1987 die *Philippinen.* Nach ihrer wechselvollen Kolonialzeit erlaubt ab 1987 die *Philippinische Executive Order No 109*[242] lediglich eine gerichtliche *Nichtigkeitserklärung* der Ehe (siehe: Art. 36 Philippinisches Familien-Gesetzbuch) wegen der Ehevollzugsunfähigkeit eines der Partner.[243]

Malta führte erst 2011 die Möglichkeit einer Ehescheidung ein.[244]

Auch die Sicht auf das Institut der Ehe als eine, erst mit dem Tod eines der Ehepartner endende *monogame* Geschlechter- bzw. Lebensgemeinschaft, und damit die Entscheidung für oder gegen eine „vorzeitige" Auflösung der Ehe, behandeln selbst die Religionen der Menschheit uneinheitlich. Zwar gehen alle Weltreligionen von der Idealform der Ehe als einer *monogamen Lebensgemeinschaft* aus, in der die Ehegatten bis an ihr Lebensende sexuelle Treue schwören. Dennoch kennen zahlreiche von ihnen vorzeitige Beendigungsmöglichkeiten. Das Spektrum reicht von einem vollkommenen Scheidungsverbot[245] bis zu einer eher formal-rechtsgeschäftlichen Auflösung der Ehe durch Übergabe eines Scheidungsbriefs (*get*).[246] Erstaunlicherweise existiert auch eine unterschiedliche Akzeptanz der Ehe als eine unauflösliche, monogame Lebensgemeinschaft sogar innerhalb ein und desselben Bekenntnisses.

- Während das Judentum eine Scheidung jedem der Ehegatten jederzeit ohne Begründung von beiden Seiten ermöglicht [der Ehemann hat, auch bei entsprechendem Scheidungsverlangen seiner scheidungswilligen Gattin, deren Wunsch

[241] § 1353 Abs. 1 Satz. 1 BGB: *Die Ehe wird von zwei Personen verschiedenen oder gleichen Geschlechts auf Lebenszeit geschlossen.* BVerfGE 10, S. 59 ff., 60, 66 (m. w. H.); BVerfGE 115, S. 1 ff., 19 (m. w. H.).

[242] V. 6. Juli 1987; in Kraft am 3. August 1987.

[243] *Lamorena Duano and Navarro Law Offices*: Philippines: Divorce in the Philippines: A Legal History, 2020, https://www.hg.org/legal-articles/divorce-in-the-philippines-a-legal-history-45701.

[244] *Christoph Lennert*: Malta und die Ehe, in: kath.net: 27. Juli 2010.

[245] So die Römisch-Katholische Kirche.

[246] So im Judentum.

durch Aushändigung eines Scheidebriefs (*get*), auch unabhängig seines entgegenstehenden Willens, nachzukommen.[247]], lehnt

- die Römisch-Katholische Kirche die Scheidung einer, als unauflösliches *Sakrament* (can. 1055 § 1 *Codex Iuris Canonici* (CIC)) gedachten Ehe grundsätzlich, unter Berufung auf Mt 19,3–9, ab (can. 1141 CIC).
- In den Protestantischen Gemeinden ist Ehescheidung demgegenüber allgemein anerkannt. Die Ehe erscheint zwar als gesellschaftliches Ideal, jedoch nach der Sicht Luthers nicht als Sakrament.[248]
- Das Recht der (russisch) Orthodoxen Kirche gewährt eine Scheidung, der für das Leben der Ehepartner geschlossenen und als Sakrament (Eph 5.32) gestifteten Ehe, als *ultima ratio*. Die Scheidungsmöglichkeit soll der Unvollkommenheit des Menschen Rechnung tragen.[249/250] Aus diesem Grunde verbindet die Orthodoxe Kirche eine der Scheidung nachfolgende Eheschließung mit einem Bußritual.[251]
- Wie auch das *jüdische Familienrecht* akzeptiert auch das Islamische Recht die Ehescheidung (Koran 2:229). Die Angabe von Scheidungsgründen ist nicht erforderlich. Allerding gibt es geschlechtsspezifische Unterschiede für das Scheidungsbegehren eines Mannes (*Talaq*-Scheidung) und das der Ehefrau (*Chul'*).[252]

---

[247] Dieser Scheidungsanspruch ist aber in Internationalem Eherecht grundsätzlich nicht im Ausland einklagbar. Eine Weigerung des Mannes nämlich, einer Scheidung in Israel durch die Übergabe eines Scheidebriefes (*Get*) zu bewirken, löst allenfalls Zwangsmaßnahmen des Rabbinats Gericht aus, diese führen aber nicht zur Scheidung. Die Weigerung der Frau, den von ihrem Mann ausgestellten Scheidebrief zu akzeptieren, hat demgegenüber keine die Scheidung hemmenden Rechtsfolgen. Sie gilt vielmehr als geschieden. Siehe: *Christoph Herfarth*: Get-Statutes und ihre Anwendbarkeit in Deutschland, in: IPRax 2002, S. 17 ff., 18 (m. w. H.), 17 (18); *Marc-Philippe Weller/Irene Hauber/Alix Schulz*: Gleichstellung im Internationalen Scheidungsrecht – talaq und geht im Licht des Art. 10 Rom III VO, in: IPRax, 2016, S. 123 ff., 125 (m. w. H.). Diese Ungleichbehandlung ist mit dem deutschen ordre public nicht vereinbar [Art. 12 VO 1259/2010 (VO Rom III)] BGHZ 176, S. 365 ff. [siehe zusätzlich die Wertung des § 1564 BGB]. In diesem Fall gilt – gemäß Art. 10 VO Rom III – das nationale Scheidungsrecht des angerufenen Gerichtsstaates (*Lex Fori*); *Winkler von Mohrenfels*: Rom III-VO Art. 10, in: Münchener Kommentar zum BGB, 7. Aufl., 2018, Rn. 12 (m. w. H.).

[248] *Volker Leppin*: Ehe bei Martin Luther. Stiftung Gottes und „weltlich ding", in: Evangelische Theologie, Bd. 75, Heft 1, 2015, S. 22 ff. (m. w. H.).

[249] *Kirchliches Außenamt des Moskauer Patriarchats*: Die Grundlagen der Sozialdoktrin der Russisch-Orthodoxen Kirche, 2020, Kapitel IV3.

[250] Dabei orientiert sie sich hinsichtlich der Scheidungsgründe an den von den christlichen Kaisern erlassenen Gesetzen von Byzanz. *Kirchliches Außenamt des Moskauer Patriarchats*: Die Grundlagen der Sozialdoktrin der Russisch-Orthodoxen Kirche, 2020, Kapitel X3.

[251] Siehe: *Reinhard Thöle* (Hrsg.): Zugänge zur Orthodoxie, Bensheimer Hefte, No 68, 1998, S. 85.

[252] Siehe zur grundsätzlichen Nicht-Anwendbarkeit der *Talaq*- bzw. der *Chul'*-Scheidung im deutschen Recht: Art. 12 und Art. 10 VO 1259/2010 (VO Rom III); BGHZ 176, S. 365 ff.; *Marc-Philippe Weller/Irene Hauber/Alix Schulz*: Gleichstellung im Internationalen Scheidungsrecht – talaq und get im Licht des Art. 10 Rom III-VO, in: IPRax, 2016, S. 123 ff., 125 (m. w. H.); *Winkler von Mohrenfels*: Rom III-VO Art. 10, in: Münchener Kommentar zum BGB, 7. Aufl., 2018, Rn. 12 (m. w. H.).

Die höchst uneinheitliche Behandlung der Ehe bzw. ihrer Auflösbarkeit im Recht wie auch in der Religion muss zunächst verwundern. Eine Begründung des Verständnisses der Ehe als einer monogamen, dauerhaften, d.h. unauflösbaren Lebensform, könnten *rechtsethologische* Überlegungen stützen, falls die *Ehe* bzw. die sie voraussetzende *Monogamie* ihre stammesgeschichtlichen Wurzeln in der Vorzeit und ihre evolutionsbiologische Verankerung im Menschen hat.

1. Prähistorische Nachweise der Ehe als eine monogame Dauerlebensform

Über die prähistorischen Anfänge des Instituts der Ehe[253] liegen keinerlei archäologische Funde vor.[254] Auf Grabbeigaben und/oder die Anordnung zusammen bestatteter Individuen verschiedenen Geschlechts – etwa die in der *Barma-Grande Höhle* von vor 18.000 Jahren[255] – lassen nur *Spekulationen*[256] über die Existenz einer dauerhaften, monogamen Lebensform Ehe zu.

Diese Funde liefern allenfalls *Indizien* für das Vorliegen einer Geschlechtergemeinschaft oder eines eheähnlichen Zusammenlebens.

Sie liegen zeitlich zudem in einer historischen Epoche, in der die Entwicklung des Menschen schon lange abgeschlossen war.[257]

Letzteres gilt insbesondere für die historisch ersten normativen Nachweise der Institution „Ehe". Diese belegen zwei der ältesten Gesetzestexte, der *Codex Ur-Nammu* (2100 v.Chr.[258]) und der *Codex Hamurapi* (ca. 1700 v.Chr.[259]).

- Ein verschriftlichtes *Eherecht* findet sich im Codex des Königs Ur-Nammu in der III. Dynastie von Ur, sumerisch 2100 v.Chr. Der Codex beschreibt den deliktischen Tatbestand des *Ehebruchs*, der *Vergewaltigung* und danach das *Ehe-* und das *Scheidungsrecht*.[260]

- Zudem enthält der *Codex Hamurapi* (ca. 1700 v.Chr.[261]) umfangreiche Normen zum sumerischen Eherecht. Dessen §§ 128ff. behandeln ausführlich die

[253] Also die Zeit des Überganges von *hominiden Lebewesen* zu dem heutigen *Mensch* – nach der hier begründeten Vermutung – also (frühestens) um vor 400.000 Jahren.

[254] Dazu siehe oben Teil I Kapitel B.IV. (m.w.H.).

[255] *Herbert Kühn*: Das Erwachen der Menschheit, 2016; auch: *Jürgen Kaube*: Die Anfänge von Allem, 2. Aufl. 2019, Abb. 4 nach S. 224 (m.w.H.).

[256] Zur Problematik der Spekulation siehe oben Teil I Kapitel D.; Kapitel B.IV. (m.w.H.); Kapitel B.VI.1. (m.w.H.).

[257] Siehe oben Teil II Kapitel A.I.1. (m.w.H.); Kapitel A.I.4. (m.w.H.).

[258] Siehe oben Teil I Kapitel B.III. (m.w.H.).

[259] http://doormann.tripod.com/hammur.htm; siehe oben Teil I Kapitel B.III.

[260] Dazu siehe: *Claus Wilcke*: Der Kodex Urnamma (CU): Versuch einer Rekonstruktion, in: Zvi Abusch (Hrsg.): Riches hidden in secret places: Ancient Near Eastern studies in memory of Thorkild Jacobson, 2002; siehe oben Teil I Kapitel B.III.

[261] http://doormann.tripod.com/hammur.htm; siehe oben Teil I Kapitel B.III.

ehelichen *Treuepflichten* der Frau, die *Versorgungspflichten* des Mannes und danach erst die *vermögensrechtlichen Wirkungen* der Ehe, die das antike *mesopotamische Recht* als eine Art besonderen Vertrag ansieht, den die Ehepartner in Schriftform eingehen, den sie aber ebenso lösen können.[262]

2. Monogame Dauerlebensformen in der Natur

In der Natur ist die Ehe bzw. die ihr ideell zugrundeliegende „Genetische Monogamie" – als einer gemeinsamen Lebensform in der beide Partner nur gegenseitigen Sexualverkehr zulassen[263] – überaus selten. Feststellen lässt sich *Genetische Monogamie* bis zu 14 % bei *Vögeln.*[264] Die Variante der „Sozialen Monogamie", bei der auch „Seitensprünge" möglich sind, praktizieren Vögel mehr als 90 %.[265]

Die *Sozialbiologie*[266] unternahm zahlreiche – zu erschreckend uneinheitlichen und widersprüchlichen Ergebnissen führende – Versuche, *monogame* Verhaltensweisen zu erklären.[267] Aufschlussreich erscheinen dabei jene Erklärungsansätze,

---

[262] *Herbert Petschow*: Zur Systematik und Gesetzestechnik im Codex Hammurabi, in: Zeitschrift für Assyriologie, Bd. 57, 1967, S. 162 ff.

[263] Hiervon ist die „Soziale Monogamie" zu unterscheiden: Bei ihr leben die Partner in einer dauerhaften, u. U. lebenslangen Beziehung. Sie können aber zusätzliche Sexualkontakte haben. Siehe: *Ulrich H. Reichard*: Monogamy: past and present, in: Ulrich H. Reichard/Christophe Boesch (Hrsg.): Monogamy: Mating Strategies and Partnerships in Birds, Humans and Other Mammals. Cambridge University Press, 2003, S. 3 ff.

[264] *Ferreira de Souza Dias/Rafael Maia/Raphael I. Dias*: Breeding Strategies of Tropical Birds, in: Paulo S. Oliveira/Victor Rico-Gray (Hrsg.): Tropical Biology and Conservation Management. Bd. 3, 2009.

[265] *John Alcock*: Animal Behavior – An Evolutionary Approach. 7. Aufl., 2001, S. 366.

[266] Dazu siehe oben Teil I Kapitel D. (m. w. H.).

[267] *Ulrich H. Reichard*: Monogamy: Past and Present, in: Christophe Boesch (Hrsg.): Monogamy – Mating Strategies and Partnerships in Birds, Human and Other Mammals, Cambridge 2003, S. 3 ff. (m. w. H.); *Peter M. Bennett/Jan P. E. Owens*: Evolutionary Ecology of Birds – Life Histories, Mation systems and Extinction, Oxford 2002, Kapitel 7 (m. w. H.); *Agustin Fuentes*: Re-Evaluating Primate Monogamy, in: American Anthropologist, 100, Nr. 4, Dezember 1998, S. 890 ff. (m. w. H.); *Ronalt L. Tilson*: The evolution of monogamy – hypothesis and evidences, in: Annual Review of Ecology and Systematics Vol. 11, 1980, S. 197 ff.; *Andre Pape Möller*: The evolution of monogamy: mating relationships, parental care and sexual selection, in: Ulrich H. Reichard: Monogamy: Mating Strategies and Partnerships in Birds, Humans and Other Mammals, 2003, Chapter 2, S. 29 f. (m. w. H.); *Mark V. Flinn*: Mate Guarding in a Caribbean Village, in: *Ethology and Sociobiology*, 1988 Vol. 9, Nr. 1, S. 1 ff. (m. w. *H.); David P. Barash/Judith E. Lipton*: The Myth of Monogamy, Holt, 2002, S. 146 ff.; *Maria I. Sandell/ Henrik G. Smith*: Female aggression in the European starling during the breeding season, in: *Animal Behaviour.* 53, Nr. 1, Januar 1997, S. 13 ff. (m. w. H.); *Tore Slagsvold*: Female-Female Aggression and Monogamy in Great Tits Parus major, in: *Ornis Scandinavica.* 24, Nr. 2, (April–Juni) 1993, S. 155 ff. (m. w. H.); *José P. Veiga*: Why are house sparrows predominantly monogamous? A test of hypotheses, in: *Animal Behaviour*, 43, Nr. 2, März 1992, S. 361 ff. (m. w. H.); *Tore Slagsvold/Trond Amundsen/Svein Dale/Helene Lampe*: Female-female aggression explains poly territoriality in male pied flycatchers, in: *Animal Behaviour*, 43, Nr. 2, März 1992, S. 397 ff. (m. w. H.); *Göran Arnqvist/Mark Kirkpatrick*: The evolution of infidel-

die die Vorteile monogamer Lebensweisen den *polygamen*, also den *polygynen*[268], *polyandrischen*[269] oder *polygynandrischen*[270] Gemeinschaften vergleichend gegenüberstellen. Oft nehmen sie, wie schon *Charles Darwin*[271], die Beteiligung der Männchen an der Versorgung des Jungen zum Erklärungsgrund der *Monogamie*, sowohl in ihrer genetisch/sexuellen als auch sozialen Variante.[272]

Für eine generelle Betrachtung der hier anstehenden Frage, ob die Monogamie ihren entwicklungsbiologischen Niederschlag im *Genom* des heutigen Menschen gefunden hat, eignen sich die Beobachtungen über *Vögel* prinzipiell nicht; zu sehr genetisch entfernt ist diese Tierart von der Gattung *Mensch*.[273]

---

ity in socially monogamous passerines: The strength of direct and indirect selection of extra pair copulation behavior in females, in: American Naturalist 200, Vol. 165, S. 26 ff. (m. w. H.); *Robert L. Trivers*: Parental Investment and Sexual Selection, in: Bernard Cambell (Hrsg.): Sexual Selection and the Descent of Man 1871–1971, Chicago 1972, S. 136 ff. (m. w. H.); *Stephen M. Shuster*: Sexual selection and Miting Systems, in: PNAS 106, 2009; S. 10.009 ff.; *Jane M. Packard/Ulysses S. Seal/L. David Mech/Edward D. Plotka*: Causes of reproductive failure in two family groups of wolves (Canis lupus), in: Zeitschrift fur Tierpsychologie, 68, 1985, S. 24 ff. (m. w. H.); *Carel P. van Schaik/Johan A. R. A. M. van Hooff*: On the ultimate causes of primate social systems, in: Behaviour, 85, Nr. 1/2, 1983, S. 91 ff. (m. w. H.); *Laura Fortunato*: Evolution of monogamous marriage by maximization of inclusive fitness, in: Journal of Evolutionary Biology, 2010, Vol. 23, S. 149 ff.; *Ann Wilson Goldizen/John Terborgh*: On the mating system of the cooperatively breeding saddle-backed tamarin (Saguinus fuscicollis), in: Behavioral Ecology and Sociobiology, 16, April 1985, S. 293 ff.; *Kunita Watanabe*: Variations in group composition and population density of the two sympatric Mentawaian leaf-monkeys, in: Primates, 22, Nr. 2, 1981, S. 145 ff. (m. w. H.); *Jürgen Kaube*: Die Anfänge von Allem, 2. Aufl., 2019, S. 323 ff. (m. w. H.); *Laura Fortunato*: Evolution of monogamous marriage by maximization of inclusive fitness, in: Journal of Evolutionary Biology, 2010, Vol. 23, S. 149 ff.; *Susan J. Hannon*: Factors limiting polygyny in the willow ptarmigan, in: Animal Behaviour, 32, Nr. 1, Februar 1984, S. 153 (m. w. H.); *Wiliam W. Milstead*: Lizard Ecology a Symposium. University of Missouri Press, 1967, S. 312; *Barbara B. Smuts/Dorothy L. Cheney/Robert M. Seyfarth/Richard W. Wrangham/Thomas T. Struhsaker* (Hrsg.): Primate societies. University of Chicago Press, Chicago 1987, S. 585 (m. w. H.); u. v. a. m.

[268] Ein *Mann*, mehrere *Frauen*.

[269] Eine *Frau*, mehrere Männer.

[270] *Mehrere Frauen, mehrere Männer.*

[271] *Wolfgang Schaumann*: Charles Darwin – Leben und Werk: Würdigung eines großen Naturforschers und kritische Betrachtung seiner Lehre, 2012; Kapitel: Fortpflanzung bei Vögeln; S. 104 f.; *Charles Darwin*: On the origin of species, 1859; *ders.*: The decent of man, and selection in relation to sex, 1871, Vol. I, 269 ff.

[272] Siehe: *Tim H. Clutton-Brock/Amanda C. J. Vincent*: Sexual selection and the potential reproductive rates of males and females, in: Nature. Vol. 351, Mai 1991, S. 58 ff. (m. w. H.); *Robert L. Trivers*: Parental Investment and Sexual Selection, in: Bernard Cambell (Hrsg.): Sexual Selection and the Descent of Man 1871–1971, Chicago 1972, S. 136 ff., 144 (m. w. H.); *Hynek Burda/Jan Zrzavý, u. a.*: Humanbiologie, utb basics, Bd. 4130, 2014, S. 161, 183; *Andre Pape Möller*: The evolution of monogamy: mating relationships, parental care and sexual selection, in: Ulrich H. Reichard: Monogamy: Mating Strategies and Partnerships in Birds, Humans and Other Mammals, 2003, Chapter 2, S. 29 f. (m. w. H.).

[273] Ähnlich auch: *Simon C. Griffith/Ian P. F. Owens/Katherine A. Thuman*: Extra pair paternity in birds: a review of interspecific variation and adaptive function, in: Molecular Ecology, 11, Nr. 11, November 2002, S. 2195 ff.

a) Fehlende Monogamienachweise bei Säugetieren

Bei den, dem Menschen erbbiologisch näherstehenden Säugetierarten[274] ist eine monogame Lebensweise mit ca. 3 % bis 5 % sehr selten.[275]

Auch ein spektakulär anmutendes Experiment, das, durch den *neurobiologischen* Vergleich der männlichen Tiere zweier Wühlmausarten, die Wiesenwühlmaus (*Microtus pennsylvanicus*) [*polygam* lebend] und die Präriewühlmaus (*Microtus ochrogaster*) [*monogam* lebend], ein Sonder-Gen eigens bei der Präriewühlmaus auffand und dieses „Treue-Gen" auf die Wiesenwühlmaus, mit dem angeblichen Erfolg übertrug,[276] dass diese sich nun auch monogam verhielt, erwies sich als übertrieben.

Erstens ist es, wegen der genetischen Verschiedenheit und eigens der Komplexität des Sexualverhaltens von Wühlmäusen und Menschen nicht auf den Menschen übertragbar.[277] Zweitens wies Heckel, durch eine erbbiologische Simulation, nach, dass ein einzelnes „Treue-Gen" nie eine Prävalenz der Monogamie im Sexualverhalten, auch nicht von Wühlmäusen auslösen kann.[278]

b) Fehlende Monogamienachweise bei den Primaten

Auch bei *Primaten*, den genetisch nächsten mit dem Menschen verwandten Säugetieren, ist die Rate der monogam lebenden Paare nicht höher. Frühere Aussagen nach denen etwa 10 % bis 15 % aller Primaten monogam lebten,[279] wider-

[274] Der Kanadische Biber, Nagetiere in Südamerika, der Riesenotter, einige afrikanische Antilopen-Arten, einige Seehund-Arten, und Fledermaus-Arten, wenige Maus- und Ratten-Arten, sowie einige Primaten.

[275] *Devra G. Kleiman*: Monogamy in mammals, in: *Quarterly Review of Biology*, 52, Nr. 1, März 1977, S. 39 ff. (m. w. H.); *Hemanth P. Nair/Larry J. Young*: *Vasopressin and Pair-Bond Formation: Genes to Brain to Behavior*, in: Physiology, 21. April 2006, S. 146 ff. (m. w. H.).

[276] *Miranda M. Lim/Zuoxin Wang/Daniel E. Olazáball/Xianghui Ren/Ernest F. Terwilliger/Larry J. Young*: Enhanced partner preference in a promiscuous species by manipulating the expression of a single gene, in: Nature, 429, April 2004, S. 754 ff.; Zu einem ähnlichen Forschungsansatz siehe auch: *Rebecca L. Young/Michael H. Ferkin/Nina F. Ockendon-Powell/Veronica N. Orr/Steven M. Phelps/Ákos Pogány/Corinne L. Richards-Zawacki/Kyle Summers/Tamás Székely/Brian C. Trainor/Araxi O. Urrutia/Gergely Zachar/Lauren A. O'Connell/Hans A. Hof*: Conserved transcriptomic profiles underpin monogamy across vertebrates, in: Proceedings of the National Academy of Sciences Proc Natl Acad Sci USA, Mai 2019, 14, Vol. 116 (4), S. 1331 ff.

[277] So auch eine Verantwortliche für das Experiment: *Marla V. Broadfoot*: High on Fidelity, in: American Scientists, Nr. 90, Nr. 3, 2002.

[278] *Sabine Fink/Laurent Excoffier/Gerald Heckel*: Mammalian monogamy is not controlled by a single gene, in: Proceedings of the National Academy of Sciences of the United States, 103, Nr. 29, März 2006, No 10956–10960.

[279] *David P. Barash/Judith E. Lipton*: The Myth of Monogamy, Holt, 2002, S. 146 ff.

legten neuere Studien, die auch für Primaten eine „Monogamie-Rate" von lediglich 3 % ermittelten.[280]

In diesem Zusammenhang stellten Wissenschaftler zunehmend auch Seitensprünge bei Weißhandgibbon-Männchen und Weibchen fest.[281]

Auch die Hypothese, dass Primaten-Männchen, die in die Betreuung und *Aufzucht von Jungtieren* einbezogen sind (erste Gruppe),[282] eher zu monogamen Verhaltensformen neigen als solche, die sich der *Verteidigung ihres Lebensraumes* widmen (zweite Gruppe), erwies sich widererwartend[283] in ihrem Absolutheitsanspruch bei Primaten als nicht haltbar. Denn Probanden beider Gruppen erfüllten die Anforderung an eine monogame Lebensweise nicht. So verhielten sich die Probanden der ersten Gruppe gelegentlich *polyandrisch* bzw. die der zweiten Gruppe gelegentlich *polygyn*.[284] Lediglich die Gruppe der *Rotkehl-Nachtaffen* scheint sich sexuell *monogam* zu verhalten.[285]

Ebenfalls erscheint der besondere Nachweis der Monogamie speziell bei Primaten und Menschen zur Vermeidung deren *infantiziden* Verhaltens nicht plausibel: Van Schaik und Dunbar begründen das Vorkommen der *Monogamie* bei einigen Primaten (*Gibbons*, *Marmosetten* und *Tamarinen*) mit einem Schutz deren Gemeinschaft vor Kindestötungen (*Infantizid*), ausgeführt von nachfolgenden Sexualpartnern. Diese würden die von anderen Männchen gezeugten Jungtiere töten, um so u. a. ihrem eigenem Genom größere erbbiologische Geltung zu verschaffen.[286]

---

[280] *Augustin Fuentes*: Re-Evaluating Primate Monogamy, in: American Anthropologist, 100, Nr. 4, Dez. 1998, S. 890 ff.

[281] *Klaus Wilhelm*: Fremdgehen ist die Regel. Verhaltensforscher sind überrascht: Immer mehr Tierarten stellen sich als polygam heraus. Ist auch der Mensch zum Seitensprung geboren? Bild der Wissenschaft, Oktober 2010, S. 16.

[282] *Robert L. Trivers*: Parental Investment and Sexual Selection, in: Bernard Cambell (Hrsg.): Sexual Selection and the Descent of Man 1871–1971, Chicago 1972, S. 136 ff., 144 (m. w. H.); *Andre Pape Möller*: The evolution of monogamy: mating relationships, parental care and sexual selection, in: Ulrich H. Reichard: Monogamy: Mating Strategies and Partnerships in Birds, Humans and Other Mammals 2003, Chapter 2, S. 29 f. (m. w. H.); siehe auch: *David F. Westneat*: Genetic parentage in the indigo bunting: a study using DNA fingerprinting, in: Behavioral Ecology and Sociobiology, 27, Nr. 1, 1990, S. 67 ff.

[283] Siehe oben Teil III Kapitel G. I. (m. w. H.).

[284] *Carel P. van Schaik/Johan A. R. A. M. van Hooff*: On the ultimate causes of primate social systems, in: Behaviour, 85, Nr. 1/2, 1983, S. 91 ff. (m. w. H.); *Ann W. Goldizen/John Terborgh*: On the mating system of the cooperatively breeding saddle-backed tamarin (Saguinus fuscicollis), in: Behavioral Ecology and Sociobiology, 16, April 1985, S. 293 ff.; *Kunio Watanabe*: Variations in group composition and population density of the two sympatric Mentawaian leaf-monkeys, in: Primates, Bd. 22, Nr. 2, 1981, S. 145 ff. (m. w. H.).

[285] *Susanne Diederich*: Nachtaffen betrügen nicht – Zum ersten Mal genetische Monogamie bei Affen nachgewiesen, Deutsches Primatenzentrum GmbH – Leibniz-Institut für Primatenforschung: https://idw-online.de/de/news578362.

[286] *Carel P. van Schaik/Robin I. M. Dunbar*: The Evolution of Monogamy in Large Primates: A New Hypothesis and some Crucial Tests, in: Behaviour, 1990, Vol. 115 (1/2), S. 30 ff. (m. w. H.); *Frans de Waal*: Bonobos – Die Zärtlichen Menschenaffen, Basel 1998, S. 193.

Aus dem gleichen Grund hätte dann auch der *Mensch* eine monogame Lebensform, seit der Phase seines Übergangs vom Hominiden, übernommen.[287]

Abgesehen davon, dass Schaik und Dunbar einen solchen Zusammenhang nur für Primaten und Menschen, nicht aber für Säugetiere, auf deren Verhalten obige Argumentation ebenfalls passen könnte, behaupten, und abgesehen von dem Umstand, dass sich, nach den obigen Ausführungen die monogame Lebensweise schon bei den Primaten nicht als besonders vorteilhaft hat durchsetzen können,[288] scheint die These eines drohenden *Infantizids* in nicht-monogamen Sozialverbänden unschlüssig. Infantizidäres Verhalten tritt nämlich nur dann auf, wenn der Kindstöter erkennen und sichergehen kann, dass er fremde Kinder umbringt. Fremde Kinder sind aber gerade in monogamen Beziehungen häufiger als in polygamen, in denen, aufgrund des wechselnden Geschlechtsverkehrs mit ständig wechselnden Partnern eine solche Feststellung nicht getroffen werden kann, und in denen sich der kindermordende Vater daher nicht sicher sein kann auch sein eigenes Genpotenzial zu vernichten.

Aus alldem ergibt sich, dass die Monogamie-Rate der Primaten exakt der der Säugetiere entspricht, und somit nicht von einer Zunahme der Monogamie bei den Primaten – etwa als deren Entwicklungsfortschritt gegenüber Säugern – ausgegangen werden darf.[289]

c) Evolutionsbiologische Monogamie beim Menschen

Trotz obiger – eine stammesgeschichtlichen Verankerung der *Monogamie* der Säugetiere bzw. Hominiden – negierenden Ergebnisse, bejahen einzelne wissenschaftliche Ansätze deren evolutionsbiologische Präsenz im Wesen und Sexualverhalten des *Menschen.*

aa) Monogamie als fragwürdiger biologischer Entwicklungshöhepunkt des Menschen

Ältere, vor allem *rechtsethnologisch/sozialevolutionistische* Ansätze[290] betrachten in der *Genetischen Monogamie* einen evolutionsbiologischen *Entwicklungsfortschritt* der Menschheit. Menschen haben sich von *promiskuen* über *polygynandrische* Gemeinschaftsformen (Gruppenehe; etwa die hawaiianische *Punalua-Ehe*)

---

[287] Siehe: *Frans de Waal*: Bonobos – Die Zärtlichen Menschenaffen, Basel 1998, S. 193.
[288] Siehe oben Teil III Kapitel G. I. 1. (m. w. H.).
[289] Siehe oben Teil III Kapitel G. I. 1. (m. w. H.).
[290] Siehe oben Teil I Kapitel D. (m. w. H.).

zu einer *polygamen* Gesellschaft entwickelt und daran anschließend, als deren letzte und *höchste Entwicklungsstufe*, die *Monogamie* erreicht.[291]

Dieser Erklärungsansatz geht von einer entwicklungsgeschichtlichen, qualitativen Stufenabfolge in der menschlichen Sexualentwicklung aus, bleibt aber die Begründung schuldig, woraus sich erstens diese hierarchische Stufung von Sexualverhalten und zweitens der „Mechanismus" des Strebens zu einem vermeintlich höheren Entwicklungsstand ergibt. So steht zu befürchten, dass dieser geschichtliche Erklärungsversuch ein historisches Idealbild der Ehe festschreiben will. Diesem Idealbild widersprechen die aktuellen Scheidungszahlen in Europa. Bereits die Forschungen von Helen Fischer[292/293] aus dem Jahre 1992 weisen zudem auf die, selbst heute noch bestehenden Gemeinsamkeiten im Sexualverhalten des Menschen zu den Primaten hin. Sie verdeutlichen, dass entweder die Monogamie nicht die höchste Stufe der menschlichen Entwicklung darstellt, oder der Mensch sie, seiner Konstitution nach, gar nicht erreichen kann. Gerade in diesen Studien konstatiert Fischer für Mensch wie für Primat dieselben Verhaltensmuster wie *Seitensprung* und *Wechsel von Lebens- bzw. Geschlechtspartnern.*

bb) Statistisch unsichere Werte über das Vorkommen der Monogamie beim Menschen

George P. Murdock untersuchte bereits im Jahr 1949 weltweit 238 menschliche Gemeinschaften, von denen 43 – also rechnerisch 18,1 % – eine sexuell *monogame Ehe* praktizierten.[294] Der daraus abgeleitete Schluss, vor dem Kontakt mit der zivilisierten westlichen Welt, hätten 80 % der Menschheit *polygyn*[295] gelebt,[296] entbehrt der wissenschaftlichen Grundlage. Auch das wohl rechnerische Korrektiv-Argument, der Unterhalt eines *promisken Harems* sei, wegen seiner Kosten, äußerst

[291] Siehe u. a.: *David Herlihy*: Biology and History – Suggestion for a dialogue, in: Anthony Molho/David V. Herlihy: Women, Family and Society in Medieval Europe, Historical Essays, 1978–91, S. 247 ff. (m. w. H.); *ders.*: Biology and History – The Triumph of Monogamy, in Journal of Interdisciplinary History, Vol. 25, 1994/1995, S. 572 ff. (m. w. H.); *Bruno Verbeek*: Organismische Evolution und kulturelle Geschichte: Gemeinsamkeiten, Unterschiede, Verflechtungen, in: Ethik und Sozialwissenschaften Band 9/2, 1998, S. 293 ff.; siehe: *Jörg Wettlaufer*: Von der Gruppe zum Individuum – Probleme und Perspektiven einer „evolutionären" in: Geschichtswissenschaft, S. 25 ff. 44 f. (m. w. H.); *David P. Barash/Judith E. Lipton*: *The Myth of Monogamy*, Holt, 2002, S. 147 (m. w. H.).

[292] *Helen Fisher*: Anatomy of Love. A natural History of Mating, Marriage, and why we stray. Fawcett/Random House, New York 1992, S. 87.

[293] Siehe auch: *Rüdiger Peuckert*: Das Leben der Geschlechter: Mythen und Fakten zu Ehe, Partnerschaft und Familie, 2015, S. 89 ff.

[294] *George P. Murdock*: Social Structure. Free Press, London 1965.

[295] Siehe oben Teil III Kapitel G. I. 1 (m. w. H.).

[296] *David P. Barash/Judith E. Lipton*: The Myth of Monogamy, Holt, 2002, S. 146 ff., 1 ff., 15 ff., (m. w. H.).

selten, weswegen die meisten Männer eine monogame Beziehung unterhielten,[297] kann in diesem Zusammenhang nicht überzeugen. Der statistische Rückschluss von einem aktuellen Prozentsatz gelebter *Monogamie*, auf den vermeintlichen Anlass und der Verantwortung einer gesellschaftlichen Änderung in einer vergangenen Epoche ist schon *aussagelogisch* nicht haltbar. Zudem scheint eine solche *Spekulation* zu unterstellen, dass eine monogame Lebensweise die höherstehende, zivilisatorisch vollendete Form menschlicher Gemeinschaft sei, die der Westen den „unterentwickelten" Staaten zivilisatorisch nahegebracht habe.[298]

Ähnlich vorurteilsbehaftet und spekulativ sind auch anthropologische Schätzungen, die eine monogame Lebensweise in menschlichen Gesellschaften mit ca. 20 % oder 50 % angeben.[299] All diese Studien beruhen weitgehend auf spekulativen Schätzungen bzw. Befragungen.[300] Ob also diese Analysen die tatsächliche Situation des überaus vielschichtigen menschlichen Sexuallebens, oder nur ihr gesellschaftlich verordnetes Idealbild widergeben, bleibt weitgehend offen.

II. Fazit

Eine stammesgeschichtliche bzw. evolutionbiologische Festlegung sexuell *monogamen* Verhaltens ist in der Sexualität des Menschen nicht feststellbar.[301] Diese Aussage lässt aber weder den Schluss zu, dass Menschen in ihrem Übergangsstadium von Hominiden zum Frühmenschen keine *monogame* Verhaltensform praktiziert haben, noch dass sie sexuell *promisk* gelebt haben. Lediglich der Umstand, dass keine spezifische Form sexueller Bindung im Genom des Menschen festgeschrieben ist, bildet den Gegenstand obiger Erkenntnis.

Gegen die Genetische Monogamie und ihre evolutionsbiologische Verfestigung im Menschen als eine ihm bzw. seinem Genom eigene Partnerschaftsform sprechen allerdings zahlreiche, gewichtige Einwände:

- Genetische Monogamie als Wesensbestand menschlichen Verhaltens erscheint, generell betrachtet, wie auch im Tierreich, unwahrscheinlich. Beschränkt sich doch diese Form des Sexualverhaltens auf die Genweitergabe an nur einen Partner. Eine promiske Lebensform hätte in diesem Zusammenhang demgegenüber

---

[297] *Laura L. Betzig*: Despotism and Differential Reproduction: A Darwinian View of History. Aldine Transaction (1986), 2017, S. 9 ff. (m. w. H.).

[298] Zu der entsprechenden Kritik siehe oben Teil III Kapitel G. I. 1 (m. w. H.).

[299] Dazu: *David McFarland*: Biologie des Verhaltens, 2. Aufl., Heidelberg 1999; auch: *Irenäus Eibl-Eibesfeldt*: Die Biologie des menschlichen Verhaltens. Grundriß der Humanethologie, München 1984/1995, S. 322.

[300] Zur fehlenden Wissenschaftlichkeit von Spekulation und deren Vermeidung in der hier vertretenen *Rechtsethologie* siehe oben Teil I Kapitel D.; Kapitel B. IV. (m. w. H.), Kapitel B. VI. 1. (m. w. H.).

[301] Siehe oben Teil III Kapitel G. I. 2. (m. w. H.).

den weitaus größeren genbiologischen Vorteil einer umfassenderen Weitergabe des Genoms.

- Genetisch monogame Lebensweisen scheinen nur dort vorzukommen, wo die sexuelle Nähe und *Erreichbarkeit* der Geschlechtspartner eingeschränkt ist, sei es, dass die

  1. Geschlechtspartner räumlich weit entfernt oder nur unter unverhältnismäßigem Aufwand aufzusuchen sind, sei es, dass die
  2. Geschlechtspartner nur in einer bestimmten Periode (Brunft) fruchtbar und damit zeugungswillig sind (fehlende zeitliche Erreichbarkeit).

  Beide Umstände treffen auf den Menschen gerade nicht zu.

  Zu 1.: Als soziallebendes Lebewesen ist er notwendig von Artgenossen bzw. Geschlechtspartnern umgeben.

  Zu 2.: Im Gegensatz zu den meisten Tierarten zählt der Mensch – neben seinen unmittelbaren Verwandten, den Primaten, Schimpansen und Bonobos – zu den wenigen Säugetieren, deren Sexualität nicht an bestimmte Zeiten gebunden ist, sondern grundsätzlich das ganze Jahr über besteht.

- Auch die hirnorganische Struktur des Menschen spricht gerade nicht für seine genetische Festlegung zu einer sexual monogamen Lebensweise. Das Belohnungssystem des *nucleus accumbens*,[302] dass auch sexuelle Vorstellungen bzw. Handlungen verarbeitet, ist für die Unterscheidung *monogam* einerseits und *promisk* andererseits zu undifferenziert. Es funktioniert lediglich auf den Reiz „Sex", nicht aber auf den „Sex mit einem gleichbleibenden oder wechselnden Partner".

- Letzterer Umstand lässt, eigens in seiner Kombination mit der Möglichkeit einer zeitlich unbeschränkten möglichen Sexualität des Menschen, darauf schließen, dass der Mensch – wie beispielsweise auch *Bonobos*[303] – Sexualität nicht ausschließlich zum Zweck einer Fortpflanzung,[304] sondern auch etwa zur Festigung notwendiger *Hierarchien*[305] und/oder zur *friedlichen Konfliktlösung*[306] bzw. zur *Kommunikation*[307] ausüben bzw. strategisch einsetzen.[308]

---

[302] Siehe auch oben Teil II Kapitel A. III. 2. b) cc).

[303] Hierin und in dem sonstigen ehr friedfertigen Verhalten besteht wohl ein Unterschied zu den gemeinen Schimpansen.

[304] Schon: *Irenäus Eibl-Eibesfeldt*: Die Biologie des menschlichen Verhaltens. Grundriß der Humanethologie, München 1984/1995, S. 323 f.

[305] Siehe oben Teil II Kapitel A. I. 4. b) bb), siehe oben Teil I Kapitel B. VI. 2. (m. w. H.); siehe oben Teil II Kapitel A. III. 3. d) (m. w. H.).

[306] Siehe oben Teil II Kapitel A. I. 3. a).

[307] Siehe oben Teil II Kapitel A. I. 1. (m. w. H.), Kapitel A. I. 3. a), Kapitel A. I. 4. (m. w. H.), auch Kapitel A. III. 4.

[308] *Frans B. M. de Waal*: Bonobo Sex and Society – The behavior of a close relative challenges assumptions about male supremacy in human evolution, in: Scientific American, Vol. 272, Heft 3, März 1995, S. 82 f. (m. w. H.).

– Selbst die im *posterioren cingulären Cortex erfolgende* hirnorganische Verankerung der Aufopferungsbereitschaft des Individuums, für die ihm existentiell bedeutend erscheinenden Personen, bezieht sich nicht exklusiv auf seinen Ehepartner. Er erfasst vielmehr auch die gesamte Familie i. w. S. (Eltern, Kinder, Ehepartner, Geschwister) und sogar enge Vertraute;[309] womit sogar familien-fremde *Partner* und *Freunde* „gleichberechtigt" in den Kreis der Schutzberechtigten aufgenommen sind.

Wenn also dennoch – auch gerade heutige Gesellschaften – gute Gründe für den Einsatz der *Monogamie* als Idealform des lebenslangen menschlichen Zusammenlebens sprechen, dann bestehen diese nicht in der Entwicklungsgeschichte des Menschen bzw. in einer evolutionsbiologischen Verankerung der genetischen Monogamie in seinem ureigenen Wesen.

III. Zur „Ökonomik" der Monogamie des Menschen

Ihre Rechtfertigung findet die *Monogamie* – wenngleich nicht in erbbiologischen/stammesgeschichtlichen Gründen – so doch in der Sozietät des Menschen in institutionen-ökonomischen Erwägungen:[310]

Ein entscheidender Umstand bildet die *Versorgungsnotwendigkeit* menschlicher Kleinkinder. Ihre Entwicklung erfolgt sehr viel langsamer als die etwa eines Primaten. Während das menschliche Gehirn bei seiner Geburt etwa nur ein Volumen von 400 ml umfasst, aber damit die Größe eines voll entwickelten Schimpansengehirns erreicht, bildet sich dieses viel langsamer als die Gehirne von Säugetieren. Mit dem ersten Lebensjahr erreicht es etwa die Hälfte seiner Größe. In einem Jahr reift ein Primatengehirn bis auf 80 % seines ausgereiften Stadiums.[311] Die komplette Entwicklung des menschlichen Gehirns schließt demgegenüber erst im Alter

---

[309] *Richard J Maddock/Amy S. Garrett/Michael H. Buonocore*: „Remembering Familiar People: The Posterior Cingulate Cortex and Autobiographical Memory Retrieval". Neuroscience, 2001 Vol. 104, Nr. 3, S. 667 ff., 668 f. (m. w. H.); *ders.*: „Posterior cingulate cortex activation by emotional words: fMRI evidence from a valence decision task", in: Human Brain Mapping, Januar 2003, Bd. 18 (1), S. 30 f. (m. w. H.); siehe oben Teil II Kapitel A. III. 2. b) ee). (m. w. H.).

[310] Dazu siehe oben Teil I Kapitel B. V. (m. w. H.).

[311] *Tomoko Sakai/Mie Matsui/Akichika Mikami/Ludise Malkova/Yuzuru Hamada/Masaki Tomonaga/Juri Suzuki/Masayuki Tanaka/Takako Miyabe-Nishiwaki/Haruyuki Makishima/Masato Nakatsukasa/Tetsuro Matsuzawa*: Developmental Patterns of Chimpanzee Cerebral Tissues Provide Important Clues for Understanding the Remarkable Enlargement of the Human Brain, in: Proceedings Royal Society B, 2013, No 280, 1753; *Daniel J. Miller/Tetyana Duka/Cherly D. Stimpson/Steven J. Schapiro/Wallace B. Baze/Mark J. McArthur/Archibald J. Fobbs/André M. M. Sousa/Nenad Šestan/Derek E. Wildman/Leonard Lipovich/Christopher W. Kuzawa/Patrick R. Hof/Chet C. Sherwood*: Prolonged Myelination in Human Neocortical Evolution, in: Proceedings of the National Academy of Sciences of the United States of America, 2012, Vol. 109, 41, Nr. 16480–16485.

von ca. 20 Jahren ab.[312]. De facto ist die größere Leistungsfähigkeit des menschlichen Gehirns „erkauft“ durch seine ausgedehnte Reifungszeit.

Die größere *Leistungsfähigkeit* des menschlichen Gehirns bewirkt eine, im Vergleich zu Vögeln, Säugetieren oder Primaten, weitaus längere Zeit elterlicher Aufzucht.

Im Zusammenhang mit der nicht an bestimmte Perioden gebundenen, sondern das ganze Jahr über bestehenden *Fertilität* menschlicher Eltern[313] bedingt die längere Aufzuchtzeit ebenfalls, dass die Eltern sich um mehrere ihrer Nachkommen zur gleichen Zeit kümmern müssen.

Im Tierreich sind die Nachkommen dagegen entweder sog.

1. *Nestflüchter* und bedürfen überhaupt keiner oder wenig elterlicher Fürsorge, oder
2. die Geschwisterabfolge tritt – aufgrund der zeitlich eingeschränkten Fortpflanzungsfähigkeit vieler Tiere – erst dann ein, wenn das ältere Geschwister seine (kurze) Entwicklungsphase bereits abgeschlossen hat.

Im Unterschied zu Tieren entsteht daher, beim zeitlich unbeschränkt sexual-aktiven *Menschen*, dessen Nachkommen zudem eine extrem lange Schutz- bzw. Versorgungsphase benötigen, eine langanhaltende, nahezu lebenslange, *Mehrbelastung*.

Effizient können Eltern diese Belastung nur in Form *arbeitsteiligen* Zusammenwirkens[314] begegnen. *Arbeitsteilung* ermöglicht es nämlich Individuen je nach ihren spezifischen, besten Fähigkeiten einzusetzen.[315] Dies erhöht nicht nur die Effizienz der Leistungen der Familie, sondern gleichfalls das Leistungsniveau der Sozietät.[316]

---

[312] *Jay Giedd*: Structural Magnetic Resonance Imaging of the Adolescent Brain, in: Annals of the new york academy of sciences, 2004, S. 77 ff., 79 (m. w. H.); *Philipp Gunz*: Die Evolution des menschlichen Gehirns, Forschungsbericht 2014 – Max-Planck-Institut für evolutionäre Anthropologie, https://www.mpg.de/8953555/mpi_evan_jb_2014.

[313] Siehe oben Teil III Kapitel G. II. (m. w. H.).

[314] *Dieter Krimphove*: A historical Overview of the Development of Legal Logic, in: Dieter Krimphove/Gabriel M. Lentner (Hrsg.): Law and Logic – Contemporary Issues, S. 11 ff., 44 ff.; zur Bedeutung der Arbeitsteilung im Einzelnen: *Dieter Krimphove*: Von den Letzten Dingen – Humanethologische Betrachtungen über den Tod als soziales und rechtliches Phänomen, in: Rechtstheorie, Heft 51, 2020, Kapitel IV.4.; auch: *Matt Cartmill/Fred H. Smith*: The Human Lineage, 2009, S. 211 (m. w. H.); *Sherewood L. Washborn/Chet Lancaster*: The Evolution of Hunting, in: Richard B. Lee/Irven DeVore (Hrsg.): Man the Hunter, 1968, S. 293–303 (m. w. H.); Zur Ökonomik und Bedeutung der Arbeitsteilung in den frühmenschlichen Gesellschaften siehe oben Teil I Kapitel B. VI. 1. (m. w. H.); siehe oben Teil II Kapitel A. I. 3. a) (m. w. H.), Kapitel A. I. 3. b) (m. w. H.); A. I. 4., Kapitel A. I. 4. a) bb) (m. w. H.).

[315] Schon: *Plato*: Die Republik Teil II, Gunther Eigler (Hrsg.): Platon: Werke in acht Bänden, Band 4, 4. Auflage, 2005, §§ 1–2, ff. 102–8.

[316] Siehe insbesondere das Stecknadel-Beispiel Smith's: *Adam Smith*: Der Wohlstand der Nationen, in: Horst Cl. Recktenwald (Hrsg.); *Adam Smith*: Der Wohlstand der Nationen, 5. Aufl. 1990, S. 9 ff.

Die *Arbeitsteilung* weist andererseits jedem Partner eine spezifische Funktion innerhalb der Gemeinschaft zu.

Aufgrund der erworbenen Spezialisierung erfüllt jeder Partner seine ihm obliegenden Aufgaben kostengünstiger und damit effizienter.[317] Das Institut der *Arbeitsteilung* besitzt also großes *wohlfahrtsökonomisches* Potenzial.[318]

Arbeitsteilung bedeutet aber auf der anderen Seite, dass die Partner aufgrund der Erfüllung ihrer jeweils spezialisierten Arbeitsbereiche ihre eigene Versorgung notwendig aufgeben müssen. Sie bedürfen dann eines Partners, der sie dauerhaft[319] und verlässlich mit Lebensnotwendigem versorgt. Funktionierende *Arbeitsteilung* bedeutet also die notwendige gegenseitige Angewiesenheit und Abhängigkeit der Partner voneinander.

Eine solche, gesamtwirtschaftlich wohlfahrtsfördernde arbeitsteilige kooperative Lebensform funktioniert nur, wenn die an ihr Beteiligten gegenseitig auf die notwendige Erbringung von (Gegen-)Leistung vertrauen[320] können[321] und sich nicht einem ständigen promisken Konkurrenzkampf, um „kurzfristige" Lebenspartner und damit um „kurzfristige Versorgung" ausgesetzt sehen. Somit ist dieser Lebensform die *Monogamie* immanent. Eigens aufgrund der *wohlfahrtsökonomischen* Vorteilhaftigkeit der monogamen Lebensform begreifen nahezu alle Staaten es als ihre Aufgabe die „*monogame* Ehe" als ihr *Ideal*[322] anzusehen und entsprechend zu schützen.[323]

Zu einer verstärkten Arbeitsteilung i. o. S. kam es insbesondere in der Epoche der sog. *neolithischen Revolution*[324]; also des Übergangs von Jägern zu sesshaften Ackerbauern.[325] So wurden spätestens mit dem Wechsel von Jäger- und Sammler-Gesellschaften zu sesshaftem *Ackerbau* Frauen für Getreideanbau zuständig.[326]

---

[317] Siehe insbesondere das Stecknadel-Beispiel Smith's: *Adam Smith*: Der Wohlstand der Nationen, in: Horst Cl. Recktenwald (Hrsg.); *Adam Smith*: Der Wohlstand der Nationen, 5. Aufl. 1990, S. 9 ff.

[318] Bereits *Plato*: Die Republik Teil II, Gunther Eigler (Hrsg.), Platon: Werke in acht Bänden, Band 4, 4. Auflage, 2005, §§ 1–2, ff. 102–8.

[319] Siehe oben in diesem Kapitel.

[320] Zum ökonomischen Grundsatz des *Vertrauens*, siehe oben Teil I Kapitel B. V.; Kapitel B. V. 3. (m. w. H.).

[321] Diesem Grundsatz trägt der Wortlaut des § 1353 Abs. 1 Satz 2 BGB ausdrücklich Rechnung: „Ehegatten sind einander zur ehelichen Lebensgemeinschaft verpflichtet; sie tragen füreinander Verantwortung."

[322] Siehe oben Teil III Kapitel G. I.

[323] So ausdrücklich die Verfassungen: *Deutschlands*: Art. 6 Abs. 1; *Griechenlands*: Art. 21, Abs. 1; *Irlands*: Art. 41 Abs. 2; *Italiens*: Art. 29 Abs. 2; *Portugals*: Art. 67.

[324] *Vere Gordon Childe*: The Dawn of European Civilisation, 6th ed., London 1957; siehe oben Teil II Kapitel B. (m. w. H.).

[325] *Rolf Peter Sieferle*: Lehren aus der Vergangenheit, in: Wissenschaftlicher Beirat der Bundesregierung – Globale Umweltänderungen, Materialien, 2010, S. 1 ff. 2 (m. w. H.).

[326] Siehe: *Arne Eggebrecht* u. a.: Geschichte der Arbeit. Vom alten Ägypten bis zur Gegenwart, 1981, S. 59 f.; *Kaario Utrio*: Evas Töchter. Die weibliche Seite der Geschichte, 1987,

Tatsächlich lassen genetische Untersuchungen der geschichtlichen Verteilung des *X-Chromosoms* bzw. an den, nicht zu den Geschlechtschromosomen zählenden *Autosomen*[327], die Schlussfolgerung zu, dass vor etwa 18.000 Jahren – und insbesondere im Zusammenhang mit dem Aufkommen des notwendig *arbeitsteiligen Ackerbaus* – menschliche Gesellschaften die *Monogamie* bevorzugten.[328]

Zu dieser Zeit war allerdings die Entwicklung des Menschen und seines *Genoms* bereits abgeschlossen. Damit kann die Hinwendung des Menschen zu sexuell monogamen Lebensformen allenfalls dann ihren Niederschlag in seiner stammesgeschichtlichen, erbbiologischen Verfasstheit gefunden haben,[329] wenn man ein arbeitsteiliges Verhalten zeitlich sehr viel früher[330] verortet. Hierzu fehlen entsprechende Ergebnisse.

IV. Rechtsethologische Ableitungen

Die *Genetische Monogamie* ist nicht evolutionsbiologisch im Menschen festgelegt.[331] Sie ergibt sich eher *zivilisatorisch*.[332] Als solche unterliegt sie den jeweiligen Bedürfnissen der menschlichen Gesellschaft.[333]

S. 14; auch: *Lars Hennings*: Den Himmel stützen! Prozeß, Kognition, Macht, Geschlecht – soziologische Reflexionen zum Jung-Paläolithikum, 2014, S. 106f., 169ff. (m. w. H.).

[327] *Shaila Musharoff/Suyash Shringarpure/Carlos D Bustamante/Sohini Ramachandran*: The Inference of Sex-Biased Human Demography From Whole-Genome, in: PLoS Genet, 2019, Vol. 15(9): e1008293; *Laure Ségurel/Begoña Martínez-Cruz/Lluis Quintana-Murci/Patricia Balaresque/Myriam Georges/Tatyana Hegay/Almaz Aldashev/Firuza Nasyrova/Mark A. Jobling/Evelyne Heyer/Renaud Vitalis*: Sex-Specific Genetic Structure and Social Organization in Central Asia: Insights from a Multi-Locus Study, in: PLoS Genetics, Vol. 4, Nr. 9, September 2008; *Isabelle Dupanloup/Luisa Pereira/Giorgio Bertorelle/Francesc Calafell/Maria J. Prata/Antonio Amorim/Guido Barbujani*: A recent shift from polygyny to monogamy in humans is suggested by the analysis of worldwide Y-chromosome diversity, in: Journal of Molecular Evolution, 2003, Vol. 57, Nr. 1, S. 85ff.

[328] *Isabelle Dupanloup/Luisa Pereira/Giorgio Bertorelle/Francesc Calafell/Maria J. Prata/Antonio Amorim/Guido Barbujani*: A recent shift from polygyny to monogamy in humans is suggested by the analysis of worldwide Y-chromosome diversity, in: Journal of Molecular Evolution, 2003, Vol. 57, Nr. 1, S. 85ff. (m. w. H.); *Peter Frost*: Sexual selection and human geographic variation, in: Journal of Social, Evolutionary, and Cultural Psychology, 2, Nr. 4, Special Issue: Proceedings of the 2nd Annual Meeting of the North Eastern Evolutionary Psychology Society, 2008, S. 169ff. (m. w. H.); *Dieter Krimphove*, Eigentum – Zum Bedeutungswandel eines Rechtsinstituts, in: Rechtstheorie, 47, 2016, S. 271 ff. 282f. (m. w. H.); *Dieter Krimphove*: Der Sündenfall (Gen 3, 1 ff.) – Eine humanethologische Betrachtung über die Würde des Menschen, in: Rechtstheorie, 36, 2005, S. 289ff., 291 (m. w. H.); Dazu generell *Spencer Wells*: Die Wege der Menschheit. Eine Reise auf den Spuren der genetischen Evolution, Frankfurt/Main 2003, S. 234ff. (m. w. H.).

[329] Siehe oben Teil III Kapitel G. I. 2. c); Kapitel G. I. 2. c) aa); Kapitel G. I. 2. c) bb); Kapitel G. II. (m. w. H.).

[330] In die Epoche um vor 360.000 Jahren, siehe oben Teil II Kapitel A. I. 2 (m. w. H.).

[331] Siehe oben Teil III Kapitel G. II. (m. w. H.).

[332] Siehe oben Teil III Kapitel G. I. 2. c) bb) .

[333] Siehe oben Teil I Kapitel B. V. ff. (m. w. H.).

1. Methodische Bedeutung des Befundes für die Rechtsethologie

Mit einem solchen Befund tritt für die *Rechtsethologie* jene Sondersituation ein, dass

1. aus der Evolutionsgeschichte keine Angaben zur Verankerung eines bestimmten Institutes (hier: die *monogame Ehe als Sexualpartnerschaft*), zu deren stammesgeschichtlichen Bestand und rechtlichem Wesen zu machen ist.

2. Die hier vorgestellte *Rechtsethologie* hat daher die Effizienz der *zivilisatorisch/kulturell* entstandenen Institute auf Grundlage *institutioneller* Betrachtungen *ökonomisch* wie rechtlich zu analysieren.

Zivilisations- und kulturelle Vorstellungen unterliegen erfahrungsgemäß einem umfassenderen Wandel als evolutionsbiologische Vorgaben und Prägungen. Dies gilt insbesondere für das *Rechts-*, *Kultur-* und *Zivilisationsinstitut* der *Ehe*. Diese kulturellen Ideale unterfallen aber, spätestens seit der sog. *Neolithischen Revolution*[334] dem Gebot der *Arbeitsteilung* zum Zweck einer optimalen und effizienten Versorgung des *betreuungsintensiven* Nachwuchses.[335] Mehrere Formen der Monogamie, „Soziale“, „Serielle“ bzw. „Saisonale Monogamie“, stehen zur Erfüllung dieser ehelichen Gemeinschafts-Aufgabe zur Verfügung.

Nachfolgende Ausführungen analysieren diese Alternativen i. S. d. hier vorgestellten *Rechtsethologie*, nachdem eine stammesgeschichtliche Verankerung der Monogamie im Menschen nicht feststellbar ist,[336] *institutionen-ökonomisch*.

2. Die „Soziale Monogamie“ als effiziente Lebensform?

Die oben widergegebene *gesamtwirtschaftliche* Vorteilhaftigkeit der *Monogamie* verlangt nicht die vollständige Einhaltung einer „Genetischen Monogamie“. Gelegentliche Seitensprünge der Ehepartner beeinträchtigen generell deren Versorgungsleistung nicht; Voraussetzung ist dann allerdings, dass diese Seitensprünge grundsätzlich unerkannt bleiben. Hieraus entwickelte sich die Form der „Sozialen Monogamie[337]“. Diese ermöglicht es den gesamtwirtschaftlichen Nutzen der Monogamie, aber gleichzeitig auch die eben dargestellten bio-genetischen Vor-

---

[334] *Vere Gordon Childe*: The Dawn of European Civilisation, 6th ed., London 1957; siehe oben Teil III Kapitel G. III. (m. w. H.); siehe oben Teil II Kapitel B. (m. w. H.).

[335] Siehe oben Teil III Kapitel G. III. (m. w. H.).

[336] Siehe oben Teil III Kapitel G. II. (m. w. H.).

[337] Zur Unterscheidung *sexueller* und *sozialer* Monogamie: *Ulrich H. Reichard*: Monogamy: past and present, in: Ulrich H. Reichard/Christophe Boesch (Hrsg.): Monogamy: Mating Strategies and Partnerships in Birds, Humans and Other Mammals, Cambridge 2003, S. 3 ff. (m. w. H.); siehe oben Teil III Kapitel G. I. 2.

teile der Promiskuität in einem sehr engen Rahmen zu kombinieren.[338] Trotz zum Teil drakonischer Strafen[339] kommt der „Seitensprung" bzw. die „Soziale Monogamie" zu allen Zeiten und in grundsätzlich allen Gesellschaften regemäßig vor.[340]

a) Gesamtwirtschaftliche Nachteile der Sozialen Monogamie

Zu einer Gefährdung und Beeinträchtigung des *Versorgungsverhaltens* kann es bei Praktizierung *Sozialer Monogamie* immer dann kommen, wenn ein Partner von dem „Ausbrechen" aus der Ehe-Gemeinschaft erfährt. Aus diesem Grunde erscheint sie – auch aus ökonomischer Sicht – nicht die ideale Lebensform von Sexualpartnern.

Der Seitensprung bzw. ein Ehebruch steht daher, trotz seiner vielfachen Praktizierung[341] in zahlreichen Gesellschaften unter moralischer Ächtung.

b) Rechtsfolgen der Sozialen Monogamie

In zahlreichen Staaten der Welt ist der Ehebruch bis heute strafbar, darunter auch einige Staaten der USA (Michigan, Maryland). Islamische Staaten, etwa Afghanistan, Irak, Iran, Jemen, Mauretanien, Pakistan, Saudi-Arabien, Somalia und der Sudan belegen praktizierte Soziale Monogamie – als *Zinā* im strengen *Ihsān*-Zustand (Sure 24:2) – sogar mit der Todesstrafe.

In Deutschland ist der *Seitensprung* bzw. als sog. *Ehebruch* seit der ersatzlosen Streichung des § 172 StGB (a. F.) zum 1. September 1969 straflos.

---

[338] Ähnlich auch: *Simon C. Griffith/Ian P. F. Owens/Katherine A. Thuman*: Extra pair paternity in birds: a review of interspecific variation and adaptive function, in: Molecular Ecology. 11, Nr. 11, November 2002, S. 2195 ff.; *Jürgen Kaube*: Die Anfänge von Allem, 2. Aufl., 2019; Abb. 4, S. 325; *David F. Westneat*: Genetic parentage in the indigo bunting: a study using DNA fingerprinting, in: Behavioral Ecology and Sociobiology, 27, Nr. 1, 1990, S. 67 ff.

[339] Siehe zur historischen Situation in Europa: *Max Marcuse* (Hrsg.): *Handwörterbuch der Sexualwissenschaft*, 1923, S. 72 ff.

[340] *Helen Fisher*: Anatomy of Love. A natural History of Mating, Marriage, and why we stray. Fawcett/Random House, New York 1992, S. 87; *Rüdiger Peuckert*: Das Leben der Geschlechter: Mythen und Fakten zu Ehe, Partnerschaft und Familie, 2015, S. 89 ff. (m. w. H.); auch: *Christoph Kröger*: Sexuelle Außenkontakte und -beziehungen in heterosexuellen Partnerschaften – Ein Überblick über die Auftretenshäufigkeit, assoziierte Merkmale und Auswirkungen auf die Partner und Partnerschaft, in: Psychologische Rundschau, 2010, Heft 61, S. 123 ff.

[341] *Christoph Kröger*: Sexuelle Außenkontakte und -beziehungen in heterosexuellen Partnerschaften – Ein Überblick über die Auftretenshäufigkeit, assoziierte Merkmale und Auswirkungen auf die Partner und Partnerschaft, in: Psychologische Rundschau, 2010, Heft 61, S. 123 ff.

Aufgrund des sog. *Ersten Gesetzes zur Reform des Ehe- und Familienrechts vom 14. Juni 1976*[342] trat im deutschen Ehescheidungsrecht zum 1. Juli 1977 das sog. „Zerrüttungsprinzip“ in Kraft und ersetzte das vormals geltende „Schuldprinzip“. Insofern nahm diese Gesetzesreform dem Ehebruch bzw. dem Seitensprung seine frühere juristische Bedeutung, und stärkte die Lebensform der *Sozialen Monogamie.*

Vollständig rechtsfolgenlos bleibt die praktizierte *Soziale Monogamie* im deutschen Recht allerdings nicht. Zahlreiche Oberlandesgerichte haben mehrfach entschieden, dass ein Seitensprung den möglichen Anspruch des Ehebrechers auf seinen Unterhalt verwirkt.[343] Damit entspricht diese Lösung genau der eben beschriebenen Ökonomik der Ehe als einer dauerhaft *arbeitsteiligen Versorgungsgemeinschaft.*[344]

Diesem Sinne entspricht auch die US-Amerikanische Möglichkeit der Staaten Hawaii, Illinois, Mississippi, New Mexico, North Carolina, South Dakota, Utah dem „betrogenen“ Ehegatten, aufgrund des Rechtsinstituts der „Alienation of Affection“, einen zum Teil erheblichen Schadenersatzanspruch[345] wegen Entfremdung in der Ehe gegen den Verursacher der Untreue zuzusprechen.[346]

---

[342] BGBl. I S. 1421 ff.

[343] Für den Trennungsunterhalt: OLG Hamm v. 19. Juli 2011 (AZ: 13 UF 3/11) NJW 2011, S. 3379 ff.; OLG Zweibrücken, v. 7. 11. 2008 – 2 UF 102/08, FamRZ 2009, S. 699 ff.; *OLG Oldenburg*, Beschl. v. 17. 11. 2009 – 3 WF 209/09 NJOZ 2011, 635; auch: *Beate Heiß/Hans Heiß*, in: Beate Heiß/Winfried Born: Unterhaltsrecht, 6. Kapitel. Auskunftspflicht und eidesstattliche Versicherung, Stand: 57. EL, Januar 2020, Rn. 1 ff.; siehe auch, für den Fall eines nur eheähnlichen Zusammenlebens: *Martin Menne*: Das Beste aus zwei Welten? NZFam 2019, S. 797 ff. (m. w. H.).

[344] Siehe oben Teil III Kapitel G. II. 1.

[345] Im Einzelfall (North Carolina) 8,8 Mio. $. Stern: https://www.stern.de/panorama/weltgeschehen/north-carolina--mann-schlaeft-mit-verheirateter-frau---und-erhaelt-8-8-millionen-dollar-strafe-8191962.html.

[346] *Christina Maxouris/Leah Asmelash*: CNN: A North Carolina man just won a $750,000 lawsuit after suing his wife's lover, https://edition.cnn.com/2019/10/02/us/alienation-of-affection-laws-north-carolina-lawsuit-trnd/index.html; *Sheri Stritof*: Alienation of Affection State Laws, 2020, https://www.verywellmind.com/alienation-of-affection-state-laws-2303186; *H. Hunter Bruton*: The Questionable Constitutionality of Curtailing Cuckolding: Alienation-of Affection and Criminal-Conversation Torts, 65 Duke L. J. 755 (2016). http://scholarship.law.duke.edu/dlj/vol65/iss4/3; *FindLaw*: https://injury.findlaw.com/torts-and-personal-injuries/alienation-of-affection.html.

3. Die „Serielle" bzw. „Saisonale" Monogamie

Keine ökonomischen Beeinträchtigungen der Versorgungssituation[347] weist die sog. *Serielle*, oder *Saisonale Monogamie* auf.[348] Bei ihr gehen die Ehepartner nach der Beendigung der Ehe, durch Tod oder durch Scheidung eine neue eheliche Beziehung ein. Diese neue Ehe setzt die Versorgung des Verwitweten oder des geschiedenen Ehegatten fort.

Im Fall der Eheauflösung durch den *Tod* eines Ehepartners ist die Wiederverheiratung moralisch wie rechtlich nicht nur geduldet, sondern auch erwünscht; gewährt sie dem verlassenen Ehepartner doch eine Versorgung und die Absicherung seiner Erziehungsaufgabe.

Die Eheauflösung durch *Scheidung* stand historisch noch bis vor kurzem in der Kritik.[349] Der Grund hierfür liegt in der Unsicherheit, dass ein geschiedener Ehegatte, zeitgleich zur Scheidung keinen Versorgungspartner findet. Arbeitsteilung ist in diesen Fällen nicht möglich. Der nicht-wiederverheiratete Partner kann sich somit nicht effizient seiner Nachwuchs-Pflegeleistung widmen.

Moderne Rechtsgesellschaften, wie etwa die Deutsche, beugen dieser Gefahr allerdings vor. Sie verpflichten den Scheidungswilligen grundsätzlich zur Zahlung eines ausreichenden *Unterhaltes* an den von ihm geschiedenen Gatten und auch an die verbleibenden Kinder.

In ihrer Rechtssituation zeichnet das *deutsche Familienrecht* die oben aufgefundene rechtsethologische Sichtweise und Ergebnisse konsequent nach:

Rechtlich umfasst dieser Ehegattenunterhalt – völlig im inhaltlichen Einklang zu dem Ebengesagten – die *Betreuung der Kinder* (§ 1570, § 1578 BGB; siehe auch: § 1578 b Abs. 1 Satz 1, Abs. 2 BGB), und sichert dessen *angemessene Versorgung* (§ 1574 BGB). Ebenso konsequent endet die Ehegattenunterhaltspflicht mit der Wiederheirat des verbleibenden Ehegatten (§ 1586 Abs. 1 BGB).

Seriell oder *saisonal monogames Verhalten* entspricht heute der Lebensgewohnheit des Menschen.[350]

---

[347] Siehe oben Teil II Kapitel A. I. 3 (m. w. H.); Teil I. Kapitel B. VI. 4.

[348] *William A. Haviland/Harald E. L. Prins/Bunny McBride*: Cultural Anthropology: The Human Challenge, 2010, S. 207 ff. (m. w. H.).

[349] *Albrecht Koschorke/Nacim Ghanbari/Eva Eßlinger/Sebastian Susteck/Michael Thomas Taylor*: Vor der Familie – Grenzbedingungen einer modernen Institution, in: Konstanz University Press, Konstanz, 2010, S. 133 ff. (m. w. H.), 135 ff. (m. w. H.); *Helen Fisher*: Lust, Anziehung und Verbundenheit – Biologie und Evolution der menschlichen Liebe, in: Heinrich Meier/Gerhard Neumann (Hrsg.): Über die Liebe – Ein Symposion, München 2001, S. 81 ff., 106 (m. w. H.).

[350] Siehe auch u. a.: *Hermann L. Gukenbiehl*: „Ehe", in: Bernhard Schäfers: Grundbegriffe der Soziologie 3. Aufl., 2013, S. 55 ff. (m. w. H.); *Albrecht Koschorke/Nacim Ghanbari/Eva Eßlinger/Sebastian Susteck/Michael Thomas Taylor*: Vor der Familie – Grenzbedingungen einer modernen Institution, in: Konstanz University Press, Konstanz 2010, S. 133 ff. (m. w. H.); *Helen Fisher*: Lust, Anziehung und Verbundenheit – Biologie und Evolution der menschlichen

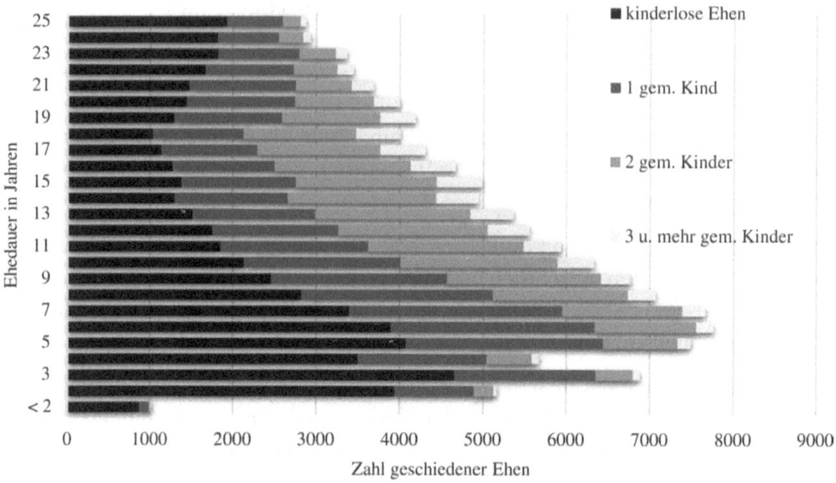

Abb. 7: Ehescheidungen und Kinder (Quelle: Statistisches Bundesamt)

Die Grafik demonstriert einerseits das Bedürfnis zu einer vorzeitigen Auflösung einer Ehe und verdeutlicht andererseits die Abhängigkeit der Scheidungsrate von der Zahl des versorgungsbedürftigen Nachwuchses[351].

Serielle oder *Saisonale Monogamie* zählt zwar nicht zu den, dem Menschen, erbbiologisch vorgegebenen Verhaltensweisen,[352] rechnet aber wegen ihrer ökonomischen Vorteilhaftigkeit zu der, dem Menschen und seinen gesellschaftlich/ökonomischen Bedürfnissen derzeit am meisten entsprechenden Lebensform.

H. Ausblick: Rechtsethologische Resultate

Mit der Gemengelage aus

1. nicht *evolutionsbiologisch* festgelegten Lebensformen (*Monogamie/Promiskuität*) einerseits und der
2. *ökonomisch* als vorteilhaft erkannten „Seriellen" bzw. „Saisonalen Monogamie" andererseits, ergibt sich für die Rechtsethologie eine neue, eigentümliche Konstellation.

Liebe, in: Heinrich Meier/Gerhard Neumann (Hrsg.): Über die Liebe – Ein Symposion, München 2001, S. 81 ff., 106 (m. w. H.); *William A. Haviland/Harald E. L. Prins/Bunny McBride*: Cultural Anthropology: The Human Challenge, Wadsworth 2010, S. 207 ff. (m. w. H.).

351 Weitere Information: Statistisches Bundesamt: Ehescheidungen: Deutschland, Jahre, Gemeinsame minderjährige Kinder, Ehedauer, 2020; Bundesamt für politische Bildung, 2012: https://m.bpb.de/nachschlagen/zahlen-und-fakten/soziale-situation-in-deutschland/61578/geschiedene-ehen.

352 Siehe oben Teil III Kapitel G. IV. 2. (m. w. H.); Kapitel G. IV. 3. (m. w. H.).

Kennzeichneten die bisherig vorgestellten Anwendungsfälle der *Rechtsethologie* eine, bis heute wirkmächtige, stammesgeschichtliche Verankerung von Verhaltensweisen im Wesen des Menschen bzw. in seinem Genom, so erscheint die Herausbildung einer „Sozialen“ oder „Seriellen Monogamie“ des Menschen eben nicht *evolutionsbiologisch*, sondern allenfalls *zivilisatorisch/kulturell* begründet.[353]

Mit dieser Erkenntnis verliert die „Genetische bzw. Sexuelle Monogamie“, wie die Monogamie überhaupt, ihren vermeintlichen Status notwendiger Teil des menschlichen Wesens zu sein.[354]

Als rein zivilisatorisch, d.h. nicht durch den „erbbiologischen Mechanismus der biologischen Evolution“, sondern durch den der „institutionen-ökonomischen Evolution“[355] hervorgebrachtes Institut, erweist sich die „Serielle“ bzw. „Saisonale Monogamie“. Aufgrund ihrer spezifischen wohlfahrtsökonomischen Vorteile in der Versorgung arbeitsteilig erziehender Ehepartner,[356] akzeptiert sie beispielsweise der deutsche Gesetzgeber und schützt sie vielfältig, u. a. durch das gesetzliche *Bigamie-* oder *Doppelehe-Verbot* (§ 1306 BGB; 172 StGB)[357], und sein Ehegatten-Unterhaltsrecht (§§ 1570 ff. BGB).[358] Hier liegt ein Fall vor, in dem der deutsche Gesetzgeber die *rechtsethologischen* Befunde legislativ vollständig übernimmt bzw. nachvollzieht.

In der eben geschilderten Konstellation [= keine stammesgeschichtliche Festlegung bei ökonomischer gesamtwirtschaftlicher Vorteilhaftigkeit des Instituts] greift, außer oder sogar neben dem eben geschilderten legislativen Schutz, noch das Merkmal der „Moral“ ein. Wie das geschriebene *positive Recht*[359] schützt auch die Moral die Gesellschaft vor dem Übertreten einer gesellschaftlichen Norm.[360]

Deren Sanktionsmechanismus kennzeichnet u. a. das Institut der „Scham“.[361]

In jenen Konstellationen in denen ein Lebewesen, etwa ein Tier, aufgrund der eigenen Konstitution eine Norm bricht, kann von Schuld keine Rede sein. Denn zur Schuld, Vorwerfbarkeit und Scham kann es nicht kommen, wenn ein ausschließ-

---

353 Siehe oben Teil III Kapitel G. IV. 1. (m. w. H.).

354 Siehe dazu Teil III Kapitel G. I. (m. w. H.); Kapitel G. I. 2. c) (m. w. H.).

355 Siehe oben Teil II Kapitel B. VI. 4. (m. w. H.).

356 Siehe dazu Teil III Kapitel G. III. (m. w. H.); Kapitel G. IV. 3. (m. w. H.).

357 *Österreich*: § 24 des österreichischen Ehegesetzes, § 192 StGB; Strafbarkeit auch in: *Schweiz* Art. 215 StGB; *Israel* § 176–179 Strafgesetzbuch Israel v. 4. 8. 1977, Nr. 5737–1977; *Indien*: Sec. 494 Indian Penal Code; *USA*: Für die meisten Staaten: Model Penal Code Section 230.1; siehe auch Delaware: Tit. 13 § 1506, 101, 1301; Hay, US-Amerikanisches Recht, 6. Aufl., 2015, Rn. 491.

358 Siehe oben Teil III Kapitel G. IV. 3. (m. w. H.).

359 Dazu siehe oben Teil I Kapitel B. I. (m. w. H.).

360 Etwa die Weigerung des geschiedenen Mannes, seiner bedürftigen Frau Unterhalt zu zahlen (gesellschaftlich bekannt als sog. *Sitzenlassen*), oder die Aufnahme eines „neuen“ Partners in die noch bestehende häusliche Gemeinschaft der vormaligen Eheleute (siehe: OLG Hamm FamRZ 1993, S. 1442 ff. Rn. 10 (m. w. H.)).

361 Dazu im Einzelnen siehe oben Teil III Kapitel E. (m. w. H.).

lich seiner Leiblichkeit (*Determinismus*[362]) oder seiner Geistigkeit zugeordnetes Wesen[363] vorgegebene Regeln bricht. Ein Tier kann daher ebenso wenig Unrecht begehen, schuldig sein, oder sich schämen wie ein Gott.[364] Nur der Mensch verfügt – aus seiner geistigen-materiellen Doppelnatur – über die Qualität eigenverantwortetes Unrecht zu tun, ein schlechtes Gewissen zu haben und sich schämen zu können.[365]

Eine solche Konstellation liegt jedoch nach dem Obengesagten bei der Frage der „Sozialen Monogamie" nicht vor. Denn diese ist ja gerade nicht evolutionsbiologisch dem Menschen vorgezeichnet.[366]

Hier kommt – aus rechtsethologischer Sicht außerordentlicherweise – das Institut der Moral zur Sicherung des gesamtwirtschaftlich effizienten Zweckes der sozialen Monogamie zum Tragen.

Gerade die hier vorgestellte Konstellation macht auf die philosophische wie rechtstheoretische Unterscheidung von Naturgesetzmäßigkeiten und Gesetzen des Rechts und der Moral aufmerksam. *Gottfried Wilhelm Leibniz* erblickt – wie auch die hier vertretene *Rechtsethologie* – eine inhaltliche Gemeinsamkeit zwischen *(Natur-)Gesetzmäßigkeiten* und *Recht*, d. h. im Idealfall, den von Menschen erlassenen *Gesetzen*.[367]

---

[362] Siehe oben Teil I Kapitel B. I. (m. w. H.).

[363] *Helmuth Plessner*: Die Stufen des Organischen und der Mensch. Einleitung in die philosophische Anthropologie, Berlin 1975, Kapitel V insbesondere Kapitel VI, S. 288.

[364] Der griechischen Götterwelt sind diese Eigenschaften fremd, bis auf den Gott Apoll, der gelegentlich so etwas wie Verhaltensscham verspürt.

[365] Ähnlich auch *Max Scheler*: Über Scham und Schamgefühl [1933], in: Max Scheler: Zur Ethik und Erkenntnislehre, Schriften aus dem Nachlaß, Bd. I, Bern 1957, S. 57, 69; *Anja Lietzmann*: Theorie der Scham. Eine anthropologische Perspektive auf ein menschliches Charakteristikum, 2003, S. 36, Fn. 85; siehe oben Teil II Kapitel B. II. (m. w. H.).

[366] Siehe oben Teil III Kapitel G. II. (m. w. H.).

[367] *Gottfried Wilhelm Leibniz*: Brief an Remond, in: Couturat: La Logique de Leibniz d'apres des documments inédits, Paris 1901, S. 39, Fn 2; *ders.*: Brief an Herzog Johan Friedrich, in: Couturat: La Logique de Leibniz d'apres des documments inédits, Paris 1901, S. 83, Fn 1; auch: *Thomas Hobbes*: Elementorum Philosophiae sectio prima de Corpore. London 1655, 1, 1, 2 (Opera I) 3; Leibniz hat diesen Text Hobbes gekannt. *Gottfried Wilhelm Leibniz*: Dissertatio de arte combinatoria, Frankfurt 1690, S. 64; auch: *Gottfried Wilhelm Leibniz*: Elementa Juris Naturalis (1670–1671, in: Gottfried Wilhelm Leibniz: Sämtliche Schriften und Briefe, 6, Philosophische Schriften, Bd. I, 1930, S. 431 ff.; siehe dazu: *Vladimir Lobovikov*: G. W. Leibniz's „Elementa Juris Naturalis", Aristotelian Modalities, and Deontic Logic (Natural-Law Algebra as a Complement to G. H. Wright's Explication of the Early Modern Philosophy of Modalities) Ekaterinburg: http://www.google.de/url?sa=t&rct=j&q=&esrc=s&source=web&cd=1&ved=0ahUKEwi2krr978LKAhVGMnIKHQnmAqUQFggcMAA&url=http%3A%2F%2Fecap.phils.uj.edu.pl%2F~1139C63DDF9749F52F28545~%2Fserve-file%3Foid%3D863%26name%3D269DDEED6B764E240D70E21F3AA992F4&usg=AFQjCNHZ1awtgQyLVZhs5LmIA6txN2bpLQ&bvm=bv.112454388,d.bGQ in Fortentwicklung dieser Idee auch: *Joseph M. Bocheński*: Formale Logik. 3. Aufl., 1970, S. 302; siehe: *Dieter Krimphove*: A historical Overview of the Development of Legal Logic, in: Dieter Krimphove/Gabriel M. Lentner: Law and Logic – Contemporary Issues, S. 11 ff., 15 (unten), 26 ff., 28 (m. w. H.).

I. Erbrechtliche Aspekte aus rechtsethologischer Sicht

Kein Ereignis erscheint dem Menschen so bedeutend wie sein eigener Tod. Einschlägige religiöse Vorstellungen, Mythen und Erzählungen, sowie die Existenz und der Inhalt zahlreicher rechtlicher wie sozialer Normen, die die Fragen des Ablebens des Menschen reglementieren, bestätigen dies.

Das Bürgerliche Gesetzbuch reserviert diesem Thema, dem *Erbrecht*, sogar das letzte seiner fünf Bücher. Daneben stehen *sozialversicherungsrechtliche* Fragen ebenso wie *strafrechtliche Verbote*, z. B. die der Störung der Totenruhe (§ 168 StGB), oder des Tötens auf Verlangen (§ 216 StGB), der Förderung der Selbsttötung (§ 217 StGB), der umstrittene § 219a StGB (Werbung für den Schwangerschaftsabbruch).

Eigens als soziologisches Phänomen kommt dem Tod, insbesondere in Gesellschaften, die ihn tabuisieren, gesteigerte Bedeutung zu.[368] So formt der Tod bzw. das Wissen um ihn das (Selbst)-*Verständnis* und Bild des Menschen bzw. von seiner gesellschaftlichen Existenz und Wirksamkeit. Denn das Bewusstsein seiner Endlichkeit verdammt den Menschen nicht nur zu einer fatalistischen Sicht auf die zeitliche Begrenztheit seiner Existenz. Es ermächtigt ihn ebenso zur Planung und Gestaltung seiner limitierten Lebenszeit. Erst das Bewusstsein seiner Endlichkeit eröffnet dem Menschen daher[369] einen Ausblick auf eine sozial verantwortungsvolle gelungene Lebensgestaltung.

Angesichts der gesellschaftlichen Bedeutung des Todes verwundern die Inhalte der den Tod des Menschen regelnden gesellschaftlichen und sozialen Normen:

- Aufgrund welcher Kriterien teilt der Staat das Vermögen eines Verstorbenen an die Hinterbliebenen auf?
- Und welche dogmatisch unklare Rolle spielt bei dieser Verteilung, bis zum heutigen Tage, der überlebende Ehegatte?
- Wie kommt der Mensch dazu das eher private Ereignis des Todes in Anzeigen oder Bestattungsriten (z. B.: *Friedhofszwang*) zu veröffentlichen?
- Wodurch lässt sich das bis heute existente „Sondererbrecht" eines Ehegatten gegenüber den Kindern des Erblassers rechtfertigen?
- Hierüber hinaus fragt sich, mit welcher Berechtigung ein Rechtsstaat zur Durchsetzung etwa oben genannter Ziele sogar sein Strafrecht[370] einsetzt?

---

[368] Unter vielen: *Klaus Feldmann*: Tod und Gesellschaft: Sozialwissenschaftliche Thanatologie im Überblick, 2. Aufl. 2010; *Matthias Meitzler*: „Tod und Sterben", in: Soziologie Magazin, Heft 5, 2012, S. 22 ff.; bereits: *Werner Fuchs-Heinritz*: „Sterben und Tod", Anregungen für eine Soziologie des Todes aus der Biographieforschung, in: Wolfgang Glatzer (Hrsg.), 25. Deutscher Soziologentag 1990: Die Modernisierung moderner Gesellschaften – Sektionen, Arbeits- und Ad hoc-Gruppen, Ausschuss für Lehre, Opladen 1990, S. 764 ff.

[369] i. S. eines *Memento Mori*.

[370] Störung der Totenruhe § 168 StGB, das Töten auf Verlangen (§ 216 StGB), die Förderung der Selbsttötung, § 217 StGB, oder die Werbung für den Schwangerschaftsabbruch (§ 219a StGB).

Eine Antwort auf diese und viele andere Ungereimtheiten ergibt sich erst mit der Aufklärung der Grundfrage, warum Menschen sterben müssen. Diese ist nicht einfach zu beantworten. Denn zahlreiche religiöse Vorstellungen verlegen, bis zu heutigem Tage, deren Beantwortung in den Bereich des Glaubens. Weniger anspruchsvolle Erklärungen tun die Frage als eine, nach einer Selbstverständlichkeit ab.

I. Zur Biologie des Todes

Dabei ist die Existenz des Todes alles andere als selbstverständlich. In der Natur existieren nämlich Existenzformen, die ohne ihn auskommen, d. h. die im langläufigen Sinn *unsterblich* sind.

Beispielsweise gelten auch mehrzellige Geschöpfe (*Metazoen*) – wie die Qualle *Turritopsis dohrnii* – ebenso als unsterblich,[371] wie der Süßwasserpolyp *Hydra*. *Turritopsis dohrnii* entwickelt Zellen des Außenschirms (Exumbrella). Diese Zellen können sich zum Keim neuer Quallen entwickeln, so dass das identische Erbgut des Mehrzellers *Turritopsis dohrnii* über Generationen konstant bleibt.[372] Wie sein antiker Namensgeber, ersetzt der sich geschlechtslos durch Knospung vermehrende *Polyp Hydra* durch eigene Stammzellen beschädigte Körperteile. Daneben ist sein Kopf in der Körpermitte unvergänglich.[373]

Derlei biologische „Unsterblichkeitsprogramme" könnten durchaus auch auf höhere Lebewesen und sogar auf den Menschen übertragbar sein.[374]

Allerdings hat die Natur grundsätzlich kein besonderes Interesse an der Ausgestaltung und Förderung „unsterblicher" Lebensformen. In der Geschichte der Evolution stellten sich zudem langlebige, nachhaltige Existenzformen als nachteilig heraus.[375]

---

[371] *Giorgio Bavestrello/Christian Sommer/Michele Sarà*: Bi-directional conversion in Turritopsis nutricula (Hydrozoa), in: Scientia Marina, 56, 1992, S. 137 ff. (m. w. H.); *Stefano Piraino/Ferdinando Boero/Brigitte Äschbach/Volker Schmid*: Reversing the Life Cycle: Medusae Transforming into Polyps and Cell Transdifferentiation in Turritopsis nutricula (Cnidaria, Hydrozoa), in: The Biological Bulletin, 190, 1996, S. 302 ff.

[372] Eine Hydrozoen-Art aus der Gattung Turritopsis in der Familie der Oceaniidae.

[373] Siehe: *Ralf Schaible/Alexander Scheuerlein/Maciej Dańko/Jutta Gampe/Daniel E. Martínez/James W. Vaupel*: Constant mortality and fertility over age in Hydra, in: PNAS 22. 12. 2015 112 (51), 15701–15706, 7. 12. 2015 https://doi.org/10.1073/pnas.1521002112; siehe auch: *Max-Plank-Gesellschaft*: Ein Hauch von Unsterblichkeit, 8. 12. 2015, https://www.mpg.de/9352469/hydra-altern.

[374] So auch: *Bernhard Verbeek*: Sterblichkeit: der paradoxe Kunstgriff des Lebens – Eine Betrachtung vor dem Hintergrund der modernen Biologie, in: Jochen Oehler: Der Mensch – Evolution, Natur und Kultur, 2010, S. 59 ff., 69 ff., unter den Hinweis auf das Klonen.

[375] Auch: *Bernhard Verbeek*: Sterblichkeit: der paradoxe Kunstgriff des Lebens – Eine Betrachtung vor dem Hintergrund der modernen Biologie, in: Jochen Oehler: Der Mensch – Evolution, Natur und Kultur, 2010, S. 59 ff., 68.

Langlebige Organismen erscheinen nämlich als zu aufwendig und damit aus ökonomischer Sicht nicht vertretbar. Trotz ihrer biologischen „Unsterblichkeit" werden nämlich Quallen oder Polypen häufig vor ihrer Zeit Opfer von Fressfeinden oder Umweltveränderungen. Dieses „Unfall-Risiko" ist für alle Lebewesen grundsätzlich sehr hoch, so dass es sich nicht lohnt, langlebige oder gar „unsterbliche" Daseinsformen zu erzeugen. Es scheint sogar, dass körpereigene Mechanismen das Altern und Sterben von Zellen selbst beschleunigen und fördern (sog. *programmierter Zelltod*, oder *Apoptose*).[376] Wieder sind es *ökonomische Gründe*,[377] die grundsätzlich unmittelbar die Entwicklungsgeschichte des Menschen beeinflussen[378] und seine theoretisch vorstellbare Unsterblichkeit negieren.[379]

1. Die Ökonomik des Todes

Eine frühe Theorie, die die Notwendigkeit des Todes von Individuen erklären soll, gibt sich ebenfalls ökonomisch. Nach ihr erscheint das Altern und Sterben notwendig, da sonst für Individuen und deren Nachkommen weder Platz noch ausreichende Ressourcen vorhanden seien.

Diese, zunächst von Malthus[380] entwickelte und später von Darwin[381] übernommene Theorie war und ist, insbesondere für die Frage der Sinnhaftigkeit des Todes von Menschen, nicht zwingend. Die Natur hätte sich nämlich, zum Schutz gegen Überbevölkerung, gerade für den Erhalt des Individuums durch Knospung statt für die Alternative seiner geschlechtlichen Vermehrung entscheiden können. Auf die „Geschlechtlichkeit" der Genom-Weitergabe konnte die Natur nicht verzichten, denn diese sichert, dass nur ein fittes, d. h. angepasstes Individuum sein verändertes Genom weitergeben kann. Malthus und Darwins Überbevölkerungstheorie spricht,

---

[376] *Hubert Hug*: Die Apoptose – Selbstvernichtung der Zelle als Überlebensschutz, in: Biologie in unserer Zeit 30, 2000, Nr. 3, S. 128 ff. (m. w. H.); Für die Biologie des Menschen: *Andreas Jahn*: Ein fader Wurm im Fadenkreuz der Freitodforscher, in: Spektrum der Wissenschaft 2002, Nr. 12, S. 10 f., 11 (m. w. H.); siehe: *Max-Plank Gesellschaft*, in: Max Wissen: https://www.max-wissen.de/Fachwissen/show/5345.

[377] Siehe zur Ökonomik menschlicher Evolution durch effiziente Nahrungsbeschaffung: *Dieter Krimphove*: Scham als Verhaltenssteuerung im Recht – Rechtstheoretische Aspekte eines Phänomens, in: Rechtstheorie, 2012, S. 91 ff., 101 (m. w. H.); auch Teil I Kapitel B. V. (m. w. H.).

[378] Siehe oben Teil I Kapitel B. VI.; Kapitel B. VI. 4 (m. w. H.).

[379] Siehe: *Heinz Mühlenbein/Hans Paul Schwefel*: Evolution and Optimization '89, Reihe: Mathematical Ecology and Evolution, 1990.

[380] *Thomas Malthus*: An Essay on the Principle of Population, as it Affects the Future Development of Society, London 1798; deutsch: Eine Abhandlung über das Bevölkerungsgesetz, Bd. I, 1924, S. 18, 21; auch: *Adolph Blanqui*: Geschichte der politischen Ökonomie in Europa, Bd. 2. 1971; *ders.*: Geschichte der politischen Oekonomie in Europa, von dem Alterthume an bis auf unsere Tage, nebst einer kritischen Bibliographie der Hauptwerke über die politische Oekonomie, Karlsruhe 1841, S. 105 f.

[381] *Charles Darwin*: The Autobiography of Charles Darwin [1809–1882]. With origin omissions restored. Edited with appendix and notes, by his grand-daughter Nora Barlow London, 1958, S. 116 ff. 120 ff.

richtig verstanden, folglich eher für die „*Unsterblichkeit* durch Knospung" als die Notwendigkeit der *Sterblichkeit* geschlechtlich sich fortpflanzender Individuen.

2. Anpassung als Wesensmerkmal der Evolution

Eine wissenschaftlich überzeugende Rechtfertigung des Todes zeigt sich erst durch eine zweckorientierte, teleologische Auslegung der Evolution. Eine solche Vorgehensweise verdeutlicht, dass durch Gewährung von Unsterblichkeit es der Gattung Mensch an dem evolutionsbiologisch so wesentlichen Element der dauerhaften *Anpassung* seines Genoms bzw. seiner Gattung,[382] etwa an Umweltveränderungen wie Klimaschwankungen, fehlt. Die Abschaffung *stammesgeschichtlicher Anpassung*, – mit Hilfe der *Unsterblichkeit* – bedroht, so paradox es klingen mag, die Existenz der Gattung Mensch.

Der Versuch *Martins*[383] bestätigt dieses Ergebnis: In *nicht-evoluierenden Szenarien* waren „Unsterbliche" gegenüber „sterblichen Organismen" immer im Vorteil. Denn erstere besetzten – im Gegensatz zu den sterblichen Individuen – dauerhaft den zur Verfügung stehenden begrenzten Lebensraum. Erweitert man dieses Szenario nur um die drei entscheidenden Faktoren, nämlich

1. die *Mutationsmöglichkeit* der Individuen bei

2. deren *abnehmender Anpassungsfähigkeit* (≡ deren *Alterung, Aging blaue Kurve*) und der

3. Veränderlichkeit der *Lebens*-, d.h. Klima- und *Umweltbedingungen*,

bildet man also unsere Lebenssituation nach, so „gewannen" mit der Zeit die „*Alternden*, also die *Sterblichen*, gegenüber den *Unsterblichen* (*Abb. 8 oben*). Die Sterblichen passten sich schneller, und variantenreicher an die geänderten Bedingungen an, waren somit *fitter* (*Abb. 8 unten*: *Average Fitness*) und sie konnten sich in diesem, unserer Realität gleichenden Szenario, gegenüber den „Unsterblichen" besser behaupten (*Abb. 8 oben*).[384]

---

[382] U.a.: *Andrew B. Conley/I. King Jordan*: Endogenous Retroviruses and the Epigenome, in: Günther Witzany (Hrsg.): Viruses: Essential Agents of Life, 2012, S. 309ff. (m.w.H.).

[383] *André C. R. Martins*: Change and Aging Senescence as an Adaptation, 16.9.2011, https://doi.org/10.1371/journal.pone.0024328; *Benedikt Westermann*, LMU-München: Wie Zellen Selbstmord begehen – Auslöser des programmierten Zelltods entschlüsselt, München, 17.2.2005, https://www.uni-muenchen.de/informationen_fuer/presse/presseinformationen/2005/1012.html.

[384] Abbildung: *Martins* (Fn. 383): https://doi.org/10.1371/journal.pone.0024328.g002.

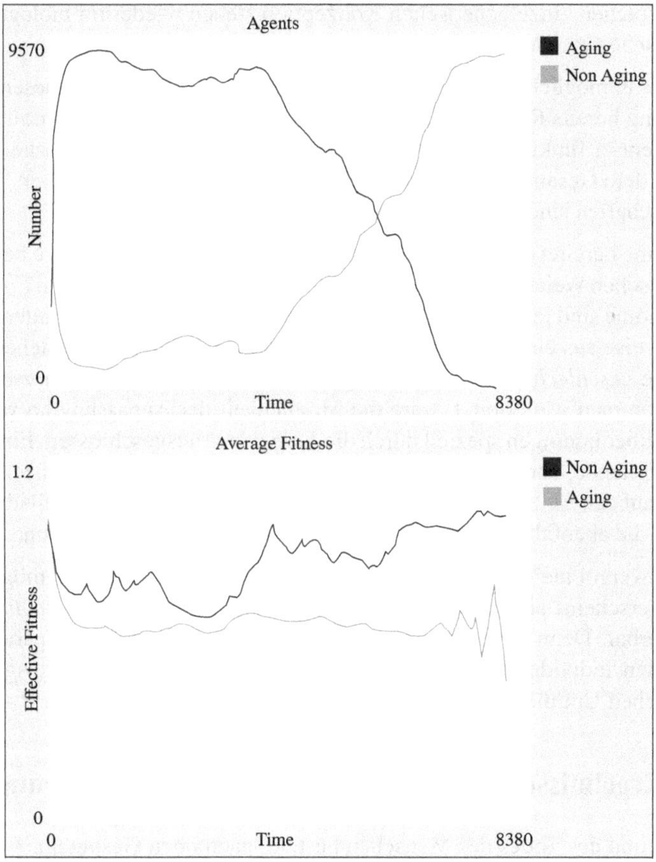

Abb. 8: Entwicklungsgrenzen sterblicher und unsterblicher Individuen[385]

II. Von Menschen und Quallen

Theoretisch vorstellbar wäre allerdings die Option auch menschliche Individuen gleichsam der unsterblichen Qualle *Turritopsis dohrnii* und dem unvergänglichen Süßwasserpolyp *Hydra*[386], der geschlechtlichen, mutierenden Vermehrung zu entziehen und den so gestalteten Menschen – auch bei sich verändernden Umfeldbedingungen – dadurch unsterblich zu machen, dass sich nur einzelne seiner Gene anpassen.

---

[385] Grafik nach: Martins ACR (2011), Change and Aging Senescence as an Adaptation. PLoS ONE 6(9): e24328; Figure 2; https://doi.org/10.1371/journal.pone.0024328; (https://doi.org/10.1371/journal.pone.0024328.g002), „Figure 2. The evolution of a typical run that ended with the victory of the senescent species.“, https://creativecommons.org/licenses/by/4.0/.

[386] Siehe oben Kapitel A. II. 1. (m. w. H.).

Einer solchen einzelgenetischen Konzeption stehen wiederum biologische wie ökonomische Gründe entgegen:

- So ist es unmöglich bei hochkomplexen Lebensformen, wie sie in diesem Zusammenhang bereits Reptilien darstellen, einzelne Gene durch neue auszutauschen. Das Genom funktioniert nicht partiell, vielmehr ist jede genetische Information in dem Gesamtorganismus vernetzt und aufeinander angewiesen. Spezielle Eigenschaften sind daher nicht durch andere ersetzbar.
- Probleme bereitet eine *Unsterblichkeit* von Individuen insbesondere bei der erbbiologischen Weitergabe, der vielseitig in der Genetik verwendbaren *Epigenome*. Epigenome sind jene Gene, die ein „Entwicklungsprogramm" enthalten, das beispielsweise aus einer Stammzelle eine Haut- oder Leberzelle entstehen lässt.[387] Da eine *geschlechtslose* Vermehrung von Individuen *auch Epigenome* nicht an Nachkommen weiterleitet, wäre die Möglichkeit der Anpassung an veränderte Umweltbedingungen speziell durch die *Epigenome* ausgeschlossen. Eine einmalig eintretende, aber erfolgreiche „Erneuerung" und Anpassung einzelner Gene bliebe auf den Einzelfall beschränkt und könnte nicht auf andere Individuen übergehen, die ebenfalls veränderten Umweltbedingungen ausgesetzt sind.
- Selbst wenn eine solche Form der „Unsterblichkeit" biologisch möglich sein sollte, erscheint sie zudem zu aufwendig, und damit auch *ökonomisch* nicht realisierbar. Denn sie erfordert eine ständig zu unterhaltende Reparatur eines einzelnen Individuums. Dieses ist aber der beständigen Gefahr ausgesetzt an plötzlichen Unfällen oder als Opfer von Fressfeinden zu verenden.[388]

J. Ergebnisse und rechtsethologische Schlussfolgerungen

Der Grund des Todes des Menschen besteht, nach oben Gesagtem,[389] weder in seiner Sündhaftigkeit noch in der generellen Beschaffenheit des Lebens selbst. Die Ursache der Endlichkeit des Menschen besteht vielmehr ausschließlich in der *Komplexität* ihres hochentwickelten Organismus. Denn zwar verfügen einfachstrukturierte Daseinsformen, wie *Turritopsis dohrnii* und *Hydra*, über die Fähigkeit Teile von sich zu erneuern und somit über die Unsterblichkeit.[390] Ihnen fehlt aber damit die Anlage, sich an Änderungen ihrer Lebensumstände anzupassen. Im Fall grundlegender Änderungen von Lebensräumen könnten sie, im Gegensatz zu komplexen aber anpassungsfähigen Organismen, somit nicht überleben.

Paradoxerweise sichert so gerade die *Alterungsfähigkeit* und die *Sterblichkeit* der komplexen, hochentwickelten Individuen den Fortbestand, d.h. die *Unsterblichkeit*, zwar nicht der *Individuen*, wohl aber ihrer *Gattung*.

---

387 U.a.: *Andrew B. Conley/I. King Jordan*: Endogenous Retroviruses and the Epigenome, in: Günther Witzany (Hrsg.): Viruses: Essential Agents of Life, 2012, S. 309ff. (m.w.H.).

388 Siehe oben Teil III Kapitel I.I. (m.w.H.).

389 Siehe oben Teil III Kapitel J (m.w.H.).

390 Oben Teil III Kapitel I.I. (m.w.H.).

Um dieses scheinbare Paradoxon aufzulösen, sei an dieser Stelle auf eine Unterscheidung zwischen dem *Individuum* einerseits und seiner *Gattung* andererseits aufmerksam gemacht.

- Hochkomplexe Organismen, wie der Mensch, überleben nicht individuell, sondern genetisch nur in ihrer Gattung.
- Nur bei einfachen, der evolutorischen Anpassung entzogenen Organismen erlaubt die Natur deren individuelle Unsterblichkeit.

Der Mensch als hochkomplexes Lebewesen ist daher seinem individuellen Tode ausgesetzt, um mittels geschlechtlicher Vermehrung seiner Gattung *Überleben* und Unsterblichkeit zu vermitteln. Letztlich bedeutet dies, dass zwar die *Sterblichkeit* der Individuen die Unsterblichkeit der Gattung bewirkt oder m. a. W., dass die Unsterblichkeit der *Gattung* die Sterblichkeit ihrer *Individuen* bedingt.

Die hier zum Ausdruck kommende biologische *Vorrangstellung* der menschlichen *Gattung* drückt sie auch in dessem *Recht*, eigens im *Erbrecht* aus. In diesem evolutionsbiologischen Zusammenhang erscheint der Schutz des Genoms des Erblassers bzw. der seiner direkten Nachkommen, nicht aber des seines *Ehepartners*, zum Zweck der *Gattungserhaltung* nur folgerichtig.

I. Die erbrechtliche Sonderstellung des Ehegatten

Zahlreiche mittelalterliche Rechtsordnungen gewährten eigens der Witwe im Erbgang kein Eigentum an der Hinterlassenschaft des Ehemannes. Mit dessen Tode erwarb sie lediglich ein Nutzungs- bzw. ein Nießbrauchrecht (*Leibgeding*) an dem Nachlass. Dieses währte i. d. R. nur bis zur Vollendung der Kindererziehung.[391] Ihr Erbrecht konnte auch durch die Rückerstattung der für sie ausgegebenen Mitgift ganz entfallen.

Eine derartige *rechtsethologisch* begründbare *Sonderstellung*[392] gewährt, bis auf den heutigen Tage, § 1932 BGB. Er gewährt der Ehefrau einen schuldrechtlichen Anspruch auf die zum ehelichen Haushalt zählenden Gegenstände.

- Den Gedanken der *Mitgift-Abgeltung* bringt das aktuelle deutsche Erbrecht durch das Sondererbrecht der hinterbliebenen Ehefrau zum Ausdruck. Diese erbt nämlich, neben den Kindern des Erblassers, grundsätzlich lediglich ein Viertel. Lebten die Ehegatten im Güterstand der *Zugewinngemeinschaft* (§ 1363 BGB), erhöht sich der Erbteil um ein weiteres Viertel (§ 1371 BGB). Das letztgenannte Viertel gleicht pauschal den gemeinsamen in der Ehe, also zu Lebzeiten des Verstorbenen, erzielten *Vermögenszuwachs* aus. Dieser Vermögensausgleich bildet

---

[391] Siehe u. a.: Historisches Lexikon der Schweiz: Germanisches Recht, 5. 12. 2006/3. 1. 2020, https://hls-dhs-dss.ch/de/; http://www.uweness.eu/mitgift.html.

[392] *Leibgeding*.

also für sich betrachtet kein im Erbgang zu übertragendes Eigentum des Erblassers.

- Erbt der Ehegatte nicht, erfolgt – in obigem Sinne – eine einzeln zu ermittelnde *rechnerische Aufteilung* des Zugewinns (§ 1371 Abs. 2 BGB). Dabei zählt das in die Ehe eingebrachte Vermögen (*Anfangsvermögen* § 1374;[393] etwa eine *Mitgift* bzw. *Aussteuer* § 1624 BGB) nicht zum Zugewinn i. S. d. § 1373 BGB. Es ist daher nicht beim Tod des Ehegatten erbrechtlich auszugleichen und steht somit nur dem überlebenden Ehegatten zu.
- Die eher „indifferente" Sonderstellung des Ehegatten im Erbrecht mag stammesgeschichtlich auch die Tatsache wiedergeben, dass regelmäßig die Abkömmlinge eine erbrechtliche Auseinandersetzung unter sich und zum Großteil mit unverhältnismäßiger und unverständlicher Verbissenheit führen, der Ehepartner des Erblassers aber i. d. R. weitgehend hiervon verschont bleibt.

II. Weitergabe des Genoms und des Vermögens nur an die Gattung

Es ist ebenfalls bemerkenswert mit welcher Stringenz und Genauigkeit das derzeitige deutsche Erbrecht obige evolutionsbiologischen Vorgaben durch die erb- wie vermögensrechtliche Bevorzugung der Nachkommen des Erblassers wiedergibt.

- So fällt nach § 1924 Abs. 4 BGB das Erbe grundsätzlich nicht einem einzelnen Nachkommen, sondern der Gemeinschaft aller Nachkommen, und dies zu gleichen Teilen, zu.
- Es gilt das Erbrecht nach Stämmen (§ 1927 BGB, § 1924 Abs. 3 BGB, § 1925 Abs. 3 BGB, § 1926 Abs. 3 BGB). D. h. an die Stelle eines grundsätzlich erbberechtigten vorverstorbenen Abkömmlings des Erblassers treten ausschließlich dessen Nachkommen.
- Biologisch zweckmäßig – im Sinne des Erhalts der Gattung – ist nicht die Weitergabe des individuellen Genoms des Erblassers[394], sondern die des gemeinsam mit dem Ehepartner bestehenden *Genoms*. Dieses zeigt sich auch erbrechtlich daran, dass die dem Erblasser nachfolgenden Generationen (*Kinder, Enkel*) gegenüber jenen, die dem Erblasser vorangingen (*Eltern, Großeltern*) und selbst gegenüber der eigenen Generation (*Geschwister*) bevorrechtigt sind.

In diesem Sinne verteilt die gesetzliche Erbfolge des deutschen Rechts das Erbe zunächst an die eigenen Kinder, vor deren Enkeln und Urenkeln (*1te Ordnung*: § 1924 BGB) und vor den Eltern und Geschwistern (*2te Ordnung*: § 1925 BGB)

---

[393] *Elisabeth Koch*, in: Münchener Kommentar zum BGB, 8. Aufl., 2019, § 1374, Rn. 18 ff., 27 ff. (m. w. H.).

[394] Dieser Fall müsste die Eltern und Geschwister bevorzugen.

bzw. vor den Großeltern, Onkeln, Tanten, vor den Cousins und Cousinen (*3te Ordnung*: § 1926 BGB). Diese Rangfolge erklärt nicht den Verwandtschaftsgrad der Individuen,[395] so haben Eltern und Geschwister (50 %), aber auch Halbgeschwister, Großeltern, Enkel, Onkel, Tanten, Neffen und Nichten (25 %) gemeinsam. Die Hierarchie der §§ 1924 ff. BGB ergibt sich vielmehr aus der humangenetischen Möglichkeit der Erben, das Genom der Ehepartner weiterzugeben.[396]

- Zum Schutz seiner anderen Nachkommen kann der Erblasser Einzelne auch nur in Extremfällen von der Erbschaft ausschließen (§§ 2147, 2274, 2265 ff., 2231 BGB).
- Einem ausgeschlossenen Nachkommen steht selbst dann grundsätzlich noch ein Pflichtteilanspruch (§ 2303 BGB) zu.
- Der Vorrang der Nachkommen des Erblassers gegenüber anderen Mitgliedern seiner *sozialen Gruppe* (insbesondere der *Ehefrau*[397]) bleibt dabei ständig gewahrt.
  - Beispielsweise erben nur die Abkömmlinge des Erblassers (§ 1924 Abs. 1 BGB). Die Nachkommen des überlebenden Ehegatten erben nicht.
  - Der überlebende Ehegatte des Erblassers erhält – neben dessen direkten Nachkommen – grundsätzlich nur ein Viertel der Erbmasse (§ 1931 Abs. 1 BGB).[398/399]

III. Rechtsethologische Aspekte des Schenkungs- und Erbschaftssteuerrechts

Die obigen Ergebnisse zeichnen selbst Rechtsgebiete nach, deren Entstehen man eher zivilisatorischen Ordnungssinn als stammesgeschichtliche Ursachen zuschreibt, nämlich dem *Schenkungs-* und *Erbschaftssteuerrecht.*

Das *Schenkungs-* und *Erbschaftssteuerrecht* berücksichtigt in drei Steuergruppen die Abstammungsverhältnisse. Die am engsten verwandtschaftlich oder persönlich mit dem Erblasser/Schenker verbundenen Erben zahlen den geringsten Schenkungs- oder Erbschaftssteuersatz.

Die Höhe der Steuer ist von der Höhe des steuerpflichtigen Erwerbs und der Steuerklasse des Erwerbers abhängig. Die Erbschaftssteuer ist grundsätzlich vom Erwerber zu entrichten und wird nach nachstehenden Prozentsätzen erhoben:

---

395 So aber *Thomas Junker*: Die 101 wichtigsten Fragen – Evolution, 2011, S. 105.

396 Auch unter diesem Gesichtspunkt erscheint es konsequent, dass der Ehegatte eine erbrechtliche Sonderstellung (siehe oben in diesem Kapitel) einnimmt.

397 Siehe oben in diesem Kapitel.

398 Zu einem, nur bei der Zugewinngemeinschaft bestehenden zusätzlichen Anspruch des Ehegatten siehe § 1371 Abs. 1 BGB.

399 Zur Sonderstellung des Ehegatten im Erbrecht aus rechtsethologischer Sicht siehe oben in diesem Kapitel.

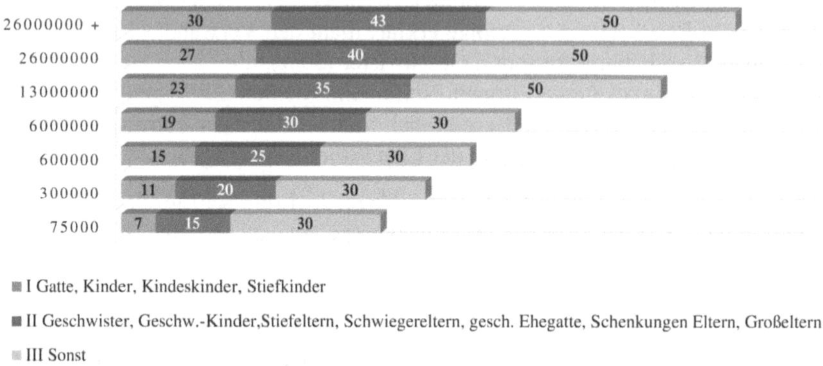

Abb. 9: Erbschafts- u. Schenkungssteuer-Freibeträge

Diese *Rangfolge* gilt weitgehend auch jenen *Freibeträgen*, die die begünstigten Personen ausschöpfen dürfen bevor sie zu einer Erbschafts- bzw. Schenkungssteuerzahlung herangezogen werden:

Grundsätzlich korreliert die Höhe der steuerlichen *Freibeträge* bei Schenkung und Erbfall mit dem Verwandtschaftsgrad. Je größer die Zahl gemeinsamer Gene desto höher ist daher in der Regel der steuerliche Freibetrag. Allerdings erfährt diese rein „biologische“ Sicht im Fall der Erbschafts- und Schenkungssteuerfreibeträge zahlreiche Ausnahmen. So ist es nicht verständlich, dass ein Urenkel, der lediglich mit dem Erblasser zu 12,5 % verwandt ist, den gleichen Freibetrag (200.000 €) beanspruchen kann wie ein Enkel (Verwandtschaftsgrad = 25 %), dessen Eltern noch leben. Auch ist die identische Höhe des Freibetrages für Kinder und Nichten und Neffen des Erblassers aus rein gen-biologischer Sicht unzutreffend, da Kinder zu 50 %, Nichten und Neffen aber nur zu 25 % mit dem Erblasser verwandt sind. In diesen Fällen genügt also eine rein *erbbiologische Erklärung* nicht.

Steuer-Klasse	Begünstigte	Freibetrag, €
I	Ehepartner, Lebenspartner	500.000
	Kinder, Stief-, Adoptivkinder sowie Enkel, deren Eltern bereits verstorben sind	400.000
	Enkel, deren Eltern noch leben; Urenkel	200.000
	Nur bei Erbschaft: Eltern und Großeltern	100.000
II	Geschiedener Ehegatte, Geschwister, Neffe, Nichten, Schwieger-, Stiefeltern, Schwiegerkinder. Nur bei Schenkung: Eltern/Großeltern	20.000
III	Verlobte, Lebensgefährten sowie alle übrigen	20.000

Abb. 10: Erbschafts- u. Schenkungssteuer-Freibeträge

Wie bei der *rechtsethologischen* Analyse der „Ehe", bzw. deren vorzeitigen Beendigung durch Scheidung,[400] lassen sich diese „zivilisatorischen" Abweichungen *folglich* nur *institutionen-ökonomisch*[401] erklären.[402]

K. Das Bestattungsrecht aus rechtsethologischer Sicht

Ein ebenfalls höchstpersönlicher Bereich, der zur Existenz des Menschen rechnet, ist das Bestattungswesen und damit das *Bestattungsrecht.* Der Sinn einzelner Normierungen, etwa der sog. „Friedhofszwang" oder die „Beseitigung Todgeborener, sofern sie nicht zu wissenschaftlichen Zwecken verwendet werden" (§ 15 Abs. 2 Berliner BestattG[403]), sowie der gesamte Schutzzweck dieses Rechtsgebietes, namentlich die „Pietät", ist derart unbestimmt und daher in der Weise auslegungsbedürftig, dass die *Rechtsethologie* hier hilfreiche Auslegungsmaßstäbe setzen kann.

I. Das Todesbewusstsein als rechtsethologische Grundlage des Bestattungsrechts

Die Fragestellung, warum Menschen sterben, stellt sich erst zu dem Zeitpunkt, in dem der Mensch entwicklungsgeschichtlich sich seiner Vergänglichkeit bewusst wird[404/405]. Aus diesem Grund sei die Frage nach dem Entstehen seines Todesbewusstseins den nachfolgenden Ausführungen vorangestellt:

Diverse Schöpfungsberichte geben die Verbindung der Realität des Todes mit dem menschlichen Bewusstsein von ihm wieder.[406] Sie verweisen in diesem Zusammenhang auf das Erreichen eines neuen, qualitativen Entwicklungsschrittes des Menschen:

---

[400] Siehe oben Teil III Kapitel G. I.

[401] Siehe oben Teil I Kapitel B. V. (m. w. H.); siehe auch Kapitel B. VI. 4. (m. w. H.).

[402] Zu einem solchen Vorgehen innerhalb der Rechtsethologie siehe oben Teil II Kapitel G. IV. 1.; Kapitel H.

[403] Gesetz über das Leichen- und Bestattungswesen (Bestattungsgesetz) v. 2. 11. 1973, zum 11. 7. 2020 aktuellste verfügbare Fassung der Gesamtausgabe, GVBl. 1973, 1830, Nr.: 2129-1.

[404] Ähnl. auch: *Rüdiger Vaas*: Veränderte Bewusstseinszustände, in: Lexikon der Neurowissenschaft, Bd. 4, 2002, S. 149 f. (m. w. H.).

[405] Dieser „Zeitpunkt" oder besser diese Epoche dürfte mit dem Auftreten von Religiosität zusammenfallen, siehe: *Steven Mithen*: The Prehistory of the Mind, 1996; *Rüdiger Vaas/Michael Blume*: Gott, Gene und Gehirn, 2012, S. 17 (m. w. H.).

[406] Siehe dazu auch: *Bernhard Verbeek*: Sterblichkeit: der paradoxe Kunstgriff des Lebens – Eine Betrachtung vor dem Hintergrund der modernen Biologie, in: Jochen Oehler (Hrsg.), Der Mensch – Evolution Natur und Kultur – Beiträge zu unserem heutigen Menschenbild, Heidelberg 2010, S. 59 ff., 69 (m. w. H.).

- Schon der jüdisch/christliche[407] Schöpfungsbericht konnotiert den Tod der ersten Menschen mit deren Bewusstsein ihrer Sterblichkeit.[408] Der Genuss der Früchte des *Baums der Erkenntnis* bedeutet hier unmittelbar den Verlust des Lebens (Gen. 2.17; Gen. 3.22 ff.[409])[410/411]. Denn die Vertreibung des Menschen aus dem Paradies wird notwendig, damit er nicht noch vom Baum des (ewigen) Lebens esse (Gen 3.22 ff.).

- Die eigentümliche Verbindung des subjektiven Todesbewusstseins des Menschen mit der Tatsache seines Todes gibt anschaulich auch der Mythos der *San* wieder. In diesem Mythos lässt sich der [*hasengestaltige*] Mensch nicht durch das Versprechen des Mondes trösten, seine verstorbene Mutter kehre wieder. Aufgrund dieser Glaubensverweigerung bestraft ihn der Mond mit dem irreversiblen Tod.[412]

- Die Konnotation des Todes mit einem entsprechenden Bewusstseinsakt des Menschen kennt auch das kulturell, der europäischen Kultur- und Ideengeschichte, eher fernliegende *maorische polynesische Erzählgut*: Der Waldgott *Tāne* nahm seine Tochter (*Hine-nui-te-pō*) zur Frau. Als diese sich des Inzests bewusst wurde, flüchtete sie aus Scham[413] in die Unterwelt (*pō*). Erst seit diesem Zeitpunkt müssen alle Menschen sterben und ihr in die Unterwelt folgen[414].

---

[407] In Teilen auch islamisch: *Adel Theodor Khoury*: Der Koran. Arabisch – Deutsch. Übersetzung und wissenschaftlicher Kommentar, Bd. 8, 1997, S. 317.

[408] Siehe: *Dieter Krimphove*: Der Sündenfall – Humanethologische Betrachtung über die Würde des Menschen, in: Rechtstheorie, 2005, S. 289 ff. (m. w. H.).

[409] Auch des ewigen Lebens.

[410] Dazu im Einzelnen, siehe: *Dieter Krimphove*: Der Sündenfall – Humanethologische Betrachtung über die Würde des Menschen, in: Rechtstheorie, 2005, S. 289 ff. (m. w. H.).

[411] An dieser Stelle sei auf die Parallelität des antiken Mythos „Äpfel der Hesperiden" hingewiesen. Diesen von der Ur-Göttin *Gaia* gestifteten Lebensbau bewacht eine Schlange oder ein Drachen, seine Früchte (Äpfel) stehen nur den Göttern zum Erhalt deren Unsterblichkeit zur Verfügung. Die Symbolik der verbotenen, totbringenden Frucht mag zurückgehen auf den mesopotamischen Mythos, in dem der Gott *Enki*, als Herrscher über ein Paradies (*Tilmun*) in dem „der Löwe nicht mordet" und „der Wolf kein Schaf reißt."; (Siehe: *Giorgio Raffaele Castellino*: Mitologgia sumerico-acadica, 1967, S. 176 ff.), Früchte isst, die er erschaffen hat – ohne jedoch deren Bestimmung und Funktion in der Schöpfung festgelegt zu haben. Die Göttin *Nin-gur-sag* verweigerte ihm daraufhin ihren „Liebesblick", was den Gott in die Gefahr des Todes trieb. (Siehe: *Mircea Eliade*: Die Schöpfungsmythen: Kosmologien der Ägypter, Sumerer, Akkader, Hethiter, Hurriter, Kanaaniter und Israeliten, 2002, S. 111 f.).

[412] *Wilhelm H. I Bleek/Lucy C. Loyd*: Specimens of Bushman Folklore, 1911, S. 60 ff.

[413] Das Phänomen der menschlichen Scham tritt in zahlreichen Schöpfungs-Mythen auf. Siehe auch: *Dieter Krimphove*: Scham als Verhaltenssteuerung im Recht – Rechtstheoretische Aspekte eines Phänomens, in: Rechtstheorie, 2012, S. 91 ff. (m. w. H.).

[414] *Katharine Luomala*: Voices on the Wind -Polynesian Myths and Chants, 1955 (1992), S. 191 ff.; siehe auch: *Roslyn Poignant*: Ozeanische Mythologie, 1900; *David Leeming*: The Oxford Companion to World Mythology, 2011, „*Hine-nui-te-po*"; *Bruce G. Biggs*: Maori Myths and Traditions, in: Alexander H. McLintock (Hrsg.): Encyclopaedia of New Zealand, Bd. II: 1966, S. 447 ff., 449 f.

II. Das Entstehen des Todesbewusstseins

Ein exakter Zeitpunkt zu dem der Mensch evolutionsgeschichtlich die Vorstellung seiner Endlichkeit entwickelt hat, ist schwer auszumachen; tritt doch auch die Zeit, nach unserem Verständnis als eigene Kategorie[415], erst wesentlich später in der Entwicklungsgeschichte des Menschen auf.[416] Indizien für das Entstehen eines *Todes-* oder *Endlichkeitsbewusstseins* des Menschen sind *Grabstätten*, *Bestattungsriten*, etwa Schädelkulte, *Tempel-* und *Kultbauwerke*, *Höhlenmalerei*, und/oder *Schmuck* bzw. *Magie-Figuren*.

Der wohl früheste Nachweis von Begräbnisriten stammt aus der *Skuhul-Höhle* und existiert schon seit 100.000 Jahren.[417] Farbpigmente und andere Mal-Utensilien[418] stammen sogar aus einer Zeit von vor 115.000 Jahren.[419] Totenkulte in Neuguinea verweisen sogar auf eine Entstehungszeit von vor ca. 160.000 bis 200.000 Jahren[420].

Das Bewusstsein des Menschen von seiner Endlichkeit kann aber auch früher entstanden sein. Fiele das Entstehen eines *Todesbewusstseins* der Ersten Menschen (*homo sapiens*) mit dem Aufkeimen ihrer rudimentären „kooperativen, sozialen Leistungen[421]" zusammen, datiert das Entstehen eines Todesbewusstseins des Menschen auf ca. 400.000–300.000 Jahre v. Chr.[422].

Obige Ausführungen ergaben, dass der Frühmensch die erhebliche Zunahme seines Gehirns bis zum Auftreten seiner ersten Kulturleistung vor etwa 200.000 bis 360.00 Jahren nicht ungenutzt hat verstreichen lassen.[423] Dies widerspräche der auf Aufwandsminimierung und Effizienz abstellenden Natur.[424] Diese würde evolutionsbiologisch nie – ohne triftigen Grund – in die Entwicklung eines so komplexen und anspruchsvollen Organs, wie dem des menschlichen Gehirns, investiert haben, ohne dass der so Begünstigte einen erkennbaren entwicklungsgeschichtlichen Nutzen hätte ziehen können.[425]

---

[415] *Immanuel Kant*: Kritik der reinen Vernunft, Ausgabe B, 1887, S. 37 ff.

[416] Dazu im Einzelnen siehe *Dieter Krimphove*: Von den Letzten Dingen – Humanethologische Betrachtungen über den Tod als soziales und rechtliches Phänomen, in: Rechtstheorie Heft 51 (2020), Kapitel II.3.c (m. w. H.); II.3.d (m. w. H.).

[417] *Philip Liebermann*: Uniquely human, 1991, S. 163.

[418] Durchlöcherte Muschen, die als Farbtöpfchen haben dienen können.

[419] (https://www.br.de/wissen/hoehle-hoehlenmalerei-kunst-100.html), siehe oben Teil III Kapitel M. II. 1. a) 13.2.1.1 (m. w. H.).

[420] *Ina Wunn*: Die Religionen in vorgeschichtlicher Zeit, 2004, S. 434 ff., 451 ff. (m. w. H.).

[421] Siehe: *Dieter Krimphove*: Von den Letzten Dingen – Humanethologische Betrachtungen über den Tod als soziales und rechtliches Phänomen, in: Heft 51 (2020), Kapitel II.3.d (m. w. H.).

[422] Auch: *Manfred Reichstein*: Religiöse und kulturelle Ursprünge der Menschheit, in: *Peter R. Sahm u. a.* (Hrsg.): Der Mensch im Kosmos, 2005, S. 49 ff., 58.

[423] Dazu siehe oben Teil II Kapitel A. I. (m. w. H.); Kapitel A. I. 2. (m. w. H.); Kapitel A. I. 4.

[424] Dazu siehe oben Teil II Kapitel A. I. 3. (m. w. H.).

[425] So schon: *Isaac Newton*: Optics, Or a treatise of the reflections, refractions, inflections and colours of light, in: Newton Opera quae exstant omnia, Bd. 3, 1782, Nachdruck 1964, 237/8, 3. Buch, Query 28; siehe oben Teil II Kapitel A. I. 3.

Der Frühmensch verwandte diese Zeitspanne vielmehr zur Entwicklung technischen Fortschritts aber zuvorderst *sozialer Eigenschaften* und *Verhaltensweisen*, wie etwa die der *Sprache* oder *Kommunikation*, der *strategischen Absprache* und *Kooperation* etwa beim Jagdgeschehen.[426] Das relative, auf die anderen Hirnareale bezogene, Volumen des *Neo-Cortex* von *Primaten* steigt sogar nahezu direktproportional mit der Größe der sozialen Gruppen in denen diese leben.[427]

Nachweise gerade zu der Steigerung sozialer Fähigkeiten finden sich auch in entsprechenden Arealen des menschlichen Gehirns[428] über die seine genetischen Vorgänger nicht verfügen und welche die Evolution des Menschen insbesondere in der fraglichen Zeit seiner Entstehung ausbildete. Gemeint sind insbesondere der *präfrontale Cortex*[429] verbunden mit *dem orbitofrontalen Cortex (Orbitallappen).*[430] Beide enthalten eigens hirnorganische Strukturen zur Ausbildung menschlichen Rechts.[431]

Der Mensch nutzte also das enorme Kapazitätswachstum seines Gehirns, um so – gegenüber seinen stammesgeschichtlichen Vorläufern, den *Hominiden* – einen evolutionären Vorteil in Form einer dauerhaft gesicherten Versorgung mit Energie und eiweißreicher Nahrung zu generieren.[432] Eine konstante, eiweiß- und energiereiche Nahrung – die vorzugsweise aus Fleisch tierischer Beute bestand – sicherte dem *Homo sapiens* ein entwicklungsgeschichtlich rasches und, gegenüber seinen genetischen Vorgängern, umfangreicheres Wachstum seines Gehirns, seine stammesgeschichtliche Vorrangstellung gegenüber diesen und somit den Bestand seiner Gattung.[433]

Seine in der Frühzeit des Menschen entstandene „Soziale Handlungskompetenz" setzt notwendig

1. die Wahrnehmung seiner Person, und die

2. seiner sozialen Wirksamkeit in ihr

– also ein *Bewusstsein* des menschlichen Individuums[434] – voraus.

---

[426] Siehe oben Teil II Kapitel A. I. 4.

[427] *Rita Carter*: Das Gehirn – Anatomie, Sinneswahrnehmung, Gedächtnis, Bewusstsein, Störungen, 2014, S. 138.

[428] Siehe oben Teil II Kapitel A. III. ff. (m. w. H.); Kapitel A. III. 2. a) (m. w. H.).

[429] Siehe oben Teil II Kapitel A. III. 2. a) aa) (m. w. H.).

[430] Siehe oben Teil II Kapitel A. III. 2. a) bb) (m. w. H.).

[431] Siehe oben Teil II Kapitel A. III. ff. (m. w. H.).

[432] Dazu siehe oben Teil II Kapitel A. III. 2. b) cc) (m. w. H.); Kapitel A. I. 3. (m. w. H.), Kapitel A. I. 4.; Kapitel A. I. 4. b) bb) (m. w. H.).

[433] Siehe oben Teil II Kapitel A. I. 4. b) bb) (m. w. H.): *Dieter Krimphove*: Der Sündenfall – Humanethologische Betrachtung über die Würde des Menschen, in: Rechtstheorie, 2005, S. 289 ff. (m. w. H.).

[434] Dazu: *Markus Kiefer*: Bewusstsein, in: Jochen Müsseler/Martina Rieger (Hrsg.): Allgemeine Psychologie, 2017, S. 153 ff. (m. w. H.).

Hirnorganisch gewährleistet die Bewältigung dieses überaus komplexen Prozesses u. a. der *hintere Sulcus temporalis superior*, der *temporo-parientale Übergang*, der *motorische Cortex*, die *Amygdala*, die *Insula* und der *anteriore cinguläre Cortex*, der *ventromediale Cortex*, sowie der *mediale präfrontale Cortex*. Zahlreiche dieser Hirnareale befassen sich folgerichtig mit der Verarbeitung und Anwendung von „Recht".[435]

Das menschliche Gehirn beschäftigt sich nur ausnahmsweise sowie in wenigen Teilen, und auch nur dann ausschließlich, mit der individuellen Selbstfindung bzw. dem *individuellen Selbstbewusstsein*, wenn es die „räumliche Orientierung" des Individuums betrifft. Hier greifen die Gewebestrukturen insbesondere der *hintere Sulcus temporalis superior* bzw. der *temporo-parientale Übergangen* ein. In allen anderen Fällen arbeitet das menschliche Selbstbewusstsein immer „kollektiv". D. h. es orientiert die Bedeutung, soziale Wertschätzung und Funktion des persönlichen „Ichs" immer an der Gruppe bzw. deren Aktivität.

Diese soziale Ausrichtung des eigenen Bewusstseins auf die Gruppe entspricht ebenfalls den stammesgeschichtlichen Anforderungen. Der Einzelne hatte hier eine für andere Mitglieder seiner Sippe z. T. überlebenswichtige Aufgabe zu erfüllen. Dies gelang nur mit einer ausreichenden Koordination seines Verhaltens und dessen Anpassung an das jeweilige Gruppenziel.

Eigens der *anteriore cinguläre Gyrus*[436] garantiert eine beständige Überprüfung der Erreichung des angestrebten Handlungserfolges und eine Korrektur bereits begonnenen Verhaltens.[437]

Infolgedessen erscheint das menschliche Bewusstsein nie exzentrisch *individuell*, sondern stets in seiner inhaltlichen Ausrichtung auf ein Kollektiv fokussiert.

Speziell die Bedeutung des „gruppenbezogenen Bewusstseins des Menschen" spricht dafür, dass Menschen dieses gleichzeitig mit ihren Fähigkeiten zur *Sprache* und *sozialen Kommunikation* – also bereits in der Epoche des Entstehens des Menschen selbst, d. h. in seiner frühen stammesgeschichtlichen Emanzipation vor seinen hominiden Vorformen – entwickelt haben. Gleiches gilt für das Wissen des Menschen von seinem Ende.

Der oben nachgewiesene zeitlich inhaltliche Zusammenhang eines entstehenden Sozialgefüges mit dem Entstehen eines *Todesbewusstseins* bedingt, dass sich

---

[435] Siehe oben Teil II Kapitel A. III. 4. (m. w. H.); Kapitel A. III. 4. a) cc) (m. w. H.).

[436] Siehe oben Teil II Kapitel A. III. 2. b) cc).

[437] Siehe auch: *Matt Cartmill/Fred H. Smith*: The Human Lineage, 2009, S. 211 (m. w. H.); *Sherewood L. Washborn/Chet Lancaster*: The Evolution of Hunting, in: *Richard B. Lee/Irven DeVore* (Hrsg.): Man the Hunter, 1968, S. 293–303 (m. w. H.); Zur Ökonomik und Bedeutung der Arbeitsteilung in den frühmenschlichen Gesellschaften: *Dieter Krimphove*: A historical Overview of the Development of Legal Logic, in: Gabriel M. Lentner (Hrsg.), Law and Logic – Contemporary Issues, S. 11 ff., 44 ff. (m. w. H.).

dieses Bewusstsein eben nicht als das eines Individuums, sondern als das eines Kollektivs entwickelte. Entsprechend seiner *rechtsethologischen* Basis entwickelte sich das Bewusstsein vom Tod – selbst vom Tod eines einzelnen Menschen – stets als etwas soziales; d. h. als Faktor, der stets die Gesamtheit der frühmenschlichen Gesellschaft betraf.

III. Rechtsethologische Ableitung zur Öffentlichkeit des individuellen Todes

Rechtsethologisch zeichnen sich obige Ausführungen in einem eher ambivalenten Verhalten zwischen dem individuellen Akt des Versterbens und dessen „Öffentlichkeit“ ab.

1. Die rechtliche Garantie der Öffentlichkeit der Bestattung als Schutz der Menschenwürde

Bis heute gestaltet die menschliche Gemeinschaft die Beerdigung und das Gedenken eines Einzelnen nur in *öffentlichen Räumen.*

- In diesen Zusammenhang zählt nicht nur der in den deutschen Landesgesetzen geregelte „Friedhofszwang“, also die Verpflichtung die sterblichen Überreste eines Menschen nicht privat, sondern auf einem *öffentlich* zugänglichen und entsprechend gewidmeten Areal zu bestatten.[438]
- Auch die auffälligen, und oft überdimensionierten *Todesanzeigen* in Zeitungen und anderen öffentlichen Medien deuten auf das bestehende Bedürfnis hin den Tod eines Menschen *öffentlich* zu machen.[439]

2. Rechtliche Probleme in der Behandlung von Todgeborenen

Eine juristisch eigentümliche, aber aus *rechtsethologischen* Gesichtspunkten verständliche, Stellung nimmt der Tod von *Todgeborenen* und *Embryonen* ein. Eine öffentlichkeitswirksame Bestattung dieser Personen war *evolutions-soziologisch*[440] nicht relevant, da diese Nachkommen, aus Sicht der Evolutionsbiologie,

---

[438] Siehe Übersicht der Bestattungsbedingungen der Länder: https://www.gelbeseiten.de/branchenbuch/branche/Bestatter#ueber-Bestatter-in-Deutschland. Mit genehmigungspflichtigen Liberalisierungen im Bundesland Bremen. § 4 Abs. 1a Gesetz über das Friedhofs- und Bestattungswesen in der Freien Hansestadt Bremen, v. 15. 12. 2015 (Brem.GBl. S. 607).

[439] Im Fall von Prominenten schaffen es diese Nachrichten, trotz des sehr persönlichen und individuellen Charakters des Einzelnen, sogar in die Fernsehnachrichten.

[440] Dazu siehe oben Kapitel K. III. (m. w. H.).

keine soziale bzw. genetische „Leistung“ der Gesellschaft erbracht haben oder erbringen konnten. Dennoch handelt es sich aus ethischer Sicht um verstorbene Menschen.

Entsprechend uneinheitlich ist der gesellschaftlich/juristische Umgang mit dem Ableben dieser Personengruppe bis zum heutigen Tage. So regeln die Bestattungsgesetze der deutschen Bundesländer den Umgang mit dem Ableben dieser Menschen extrem unbeholfen:

- Sie legen eine formale Grenze einer „Bestattungspflicht“, nach dem Geburtsgewicht des Fehlgeborenen (das Spektrum schwankt zwischen 500 g oder 1.000 g) oder nach der Schwangerschaftszeit fest (z. B. Hessen: Ablauf des 6. Schwangerschaftsmonats).
- Ein Rechtsanspruch der Eltern auf die Bestattung sog. „Sternenkinder“ besteht nicht.
- Bremen untersagt sogar die Bestattung von, vor der 12. Schwangerschaftswoche fehlgeborenen Kindern.[441]
- Während einige Bundesländer die Kliniken zu einer *würdevollen* Bestattung nicht bestattungspflichtiger Kinder verpflichten, sieht § 15 Abs. 2 des Berliner Bestattungsgesetzes[442] eine „hygienisch einwandfreie“ und dem sittlichen Empfinden entsprechende „Beseitigung“ vor, „sofern die Embryonen nicht zu wissenschaftlichen Zwecken verwendet werden“.

In diesen Fällen gesteht das Berliner Recht[443] den Eltern jedoch ein Bestattungsrecht zu.

Alle oben geschilderten Maßnahmen müssen aus Sicht des Verfassers verwundern. Denn sie verstoßen in ihrem Wortlaut und Inhalt gegen den verfassungsrechtlich garantierten Schutz der *Menschenwürde* des Fehlgeborenen i. S. d. Art. 1 i. V. m. Art. 2 GG. Das Grundgesetz schützt die *Würde* eines jeden *Menschen* ungeachtet dessen geistigen/körperlichen Qualitäten und seiner Lebensfähigkeit.[444] Die *Würde* steht dem Menschen zu Beginn seines Lebens, nicht erst mit der

[441] § 17 Abs. 3 Gesetz über das Leichenwesen, vom 27. 10. 1992 (GBl. S. 627) geändert durch Gesetz vom 16. 12. 2008, (GBl. S. 418).

[442] Gesetz über das Leichen- und Bestattungswesen (Bestattungsgesetz), v. 2. 11. 1973 *i. d. F. des* Artikel X des Gesetzes v. 15. 12. 2010 (GVBl. S. 560).

[443] § 15 Abs. 1 Berliner Bestattungsgesetz.

[444] BVerfGE 87, S. 208 ff., 209 = NJW 1993, 1457; 1459; NJW 2012, BVerfG NJW Jahr 2012 S. 3357, 3358; StaatsR IV/1 71; *Christian Starck*: GG Art. 1, in: Hermann Mangoldt/Friedrich Klein/Christian Starck: Grundgesetz, 7. Aufl., 2018, Rn. 18 ff., 22; *Christian Hillgruber*: GG Art. 1 [Schutz der Menschenwürde], in: BeckOK Grundgesetz, Volker Epping/Christian Hillgruber, 43. Aufl. Stand: 15. 5. 2020; Rn. 3, 4 (m. w. H.); *Klaus Stern*: Das Staatsrecht der Bundesrepublik Deutschland IV/1, 2006, S. 71 (m. w. H.).

Nidation,[445] sondern richtigerweise schon im Zeitpunkt der *Verschmelzung der Vorkerne* zu.[446]

3. Staatlicher Schutz der Öffentlichkeit der Bestattung

Neben der *verwaltungsrechtlichen Durchsetzung* des „Friedhofszwanges" der Länder[447] sichern strafrechtliche Normen die *Öffentlichkeit* des Ablebens. Hier gewährleistet insbesondere § 168 StGB die Integrität des Leichnams, und damit den Schutz vor dessen Verbringung sowie vor jeder Form beschimpflichen Unfugs. Was im Einzelnen mit diesen auslegungsbedürftigen Tatbestandsmerkmalen gemeint ist, erscheint weitgehend offen. Hier kann die Rechtsethologie objektive Auslegungshilfe bieten.

Die Rechtsprechung und der überwiegende Teile der Literatur erblicken den vorrangigen Zweck des § 168 StGB, neben der Garantie der Menschenwürde, in dem Schutz eines allgemeinen *Pietätsempfindens*.[448] Allein dieser juristisch stark auslegungsbedürftige Schutzzweck verdeutlicht, dass der Zweck des § 168 StGB inhaltlich auf einem, dem Menschen innewohnenden Bewusstsein, namentlich dem oben rechtsethologisch dargelegten *Todesbewusstsein*[449] besteht.

Konsequenterweise nimmt auch der Inhalt des § 168 StGB deutlichen Bezug auf *rechtsethologische* Befunde, namentlich auf die *Kollektivität* und *Öffentlichkeit* des menschlichen Todes:[450]

– Dies gilt selbst bei einer vom Täter so bewusst öffentlichkeitsfern ausgeführten Tathandlung, wie die „Wegnahme" des Körpers eines verstorbenen Menschen. Zwar muss die Wegnahme eines Toten nicht zur Kenntnis der Öffentlichkeit kommen, um den Straftatbestand des § 168 Abs. 1 StGB zu erfüllen. Da aber die Verwaltung eines Friedhofs Gewahrsam an der Leiche hat[451], und dieser i. d. R.

[445] BVerfGE 39, S. 41 ff., 42 = NJW 1975, 1975, S. 573 ff., 574;); BVerfGE 88, S. 88 ff., 203 = NJW 1751 ff., 1753 f.

[446] *Christian Starck*: GG Art. 1, in: Hermann Mangoldt/Friedrich Klein/Christian Starck: Grundgesetz, 7. Aufl., 2018, Rn. 18 ff.; *Christian Hillgruber* in: Günter Seubold: Humantechnologie und Menschenbild, 2006, S. 87, 100 f. (m. w. H.); *Klaus Stern*: Das Staatsrecht der Bundesrepublik Deutschland IV/1, 2006, S. 71 f. (m. w. H.).

[447] Siehe oben Kapitel K. (m. w. H.).

[448] Vgl. BGH 50, 91, Bamberg NJW 08, 1543 ff.,1546, München NJW 76, 1805 ff. m. Anm. *Linck*, S. 2310, LG Hamburg NStZ 82, S. 511 ff.; *Karlhans Dippel*, in: Burkhard Jähnke/Heinrich W. Laufhütte/Walter Odersky/Ruth Rissing van Saan/Klaus Tiedemann: Strafgesetzbuch, Leipziger Kommentar, 1992–2006, LK 26, § 167a RN 3 ff. (m. w. H.), § 168 RN 2 (m. w. H.); *Fischer*: Strafgesetzbuch, 65. Auf., 2018, § 168 Rn. 2 (m. w. H.); *Karl Lackner/Kristian Kühl*: Strafgesetzbuch, 28. Aufl., 2014, § 167a Rn. 1, § 168 Rn. 1 (m. w. H.).

[449] Siehe oben Teil III Kapitel K. (m. w. H.).

[450] Siehe oben Teil III Kapitel L. (m. w. H.).

[451] *LG Hamburg*, NStZ 1982, S. 511 ff.; *Karlhans Dippel*, in: Karlhans DippelEric Hilgendorf/Tatjana Hörnle, u. a. (Hrsg.): Leipziger Kommentar zum Strafgesetzbuch, Bd. 6, §§ 146–

öffentlich ist, kann nur eine auf einem öffentlichen Friedhof bestattete Leiche Gegenstand einer „Wegnahme" i. o. S. sein. Somit entscheidet wiederum die „Öffentlichkeit" über das Vorliegen des Tatbestandes.

- Auch das Schutzgut des § 168 Abs. 2 StGB ist stets der *öffentliche* Gedächtnisraum,[452] so dass die Tathandlungen (Zerstören, Beschädigen) nie in einem rein privaten Umfeld erfolgen können.
- Ferner wohnt notwendigerweise ebenfalls den Merkmalen des *beschimpfenden Charakters* und des *Verübens* eines *schimpflichen Unfugs an der Leiche* immer eine *Öffentlichkeitswirkung* inne.[453]
- Da § 168 StGB aufgrund des rechtsethologisch nachgewiesenen *Öffentlichkeitsinteresses* im Wesentlichen das allgemeine *Pietätsempfinden* schützt,[454] kann auch selbst der Betroffene, nach heutigem Recht, nicht die auf ihn angewandten späteren Bestattungs- bzw. Gedenkriten strafausschließend zustimmen.[455]

Selbst das sonst kaum zu erklärende große öffentliche Interesse an Unfällen, das oft zur Vereitelung der Rettung Hilfebedürftiger und zur Gewaltanwendung gegen die Rettungskräfte führt, mag seinen Ursprung in den evolutionsbiologischen Prägungen des Menschen zur Organisation kollektiven Schutzes eines Artgenossen in Gefahrsituationen haben.

L. Resümee: Das Bestattungsrecht aus rechtsethologischer Sicht

Die Rechtsethologie vermag selbst in so „abgelegenen" Rechtsgebieten, wie dem *Bestattungsrecht*, vielfältiges leisten:

- So kann sie, aufgrund der *evolutionsbiologischen* Verfasstheit des Menschen, zahlreiche neuartige Zusammenhänge interdisziplinär aufspüren und abbilden.[456]

---

210 StGB, 168, Rn. 35 (m. w. H.); *Nikolaus Bosch/Ulrike Schittenhelm*, in: Adolf Schönke/Horst Schröder: Strafgesetzbuch, 30. Aufl. 2019, § 168 Rn. 6 (m. w. H.).

[452] Mit den entsprechenden Vorschriften: RGSt 39, 155, 156; BGH NJW 1994, S. 2613; OLG Jena NJW 2001, S. 1078 ff. 107); *Thorsten F. Barthel*, in: Jürgen Gaedke: Handbuch des Friedhofs- und Bestattungsrechts, 11. Aufl., 2016, Kapitel 14 Rn. 5 (m. w. H.).

[453] *Frank Bosch/Ulrike Schittenhelm* in: Adolf Schönke/Horst Schröder: Strafgesetzbuch, 30. Aufl. 2019, § 168, Rn. 13, 10 (m. w. H.); 1 vor § 166; auch BGH NStZ 81, S. 300 ff.

[454] *Frank Bosch/Ulrike Schittenhelm* in: Adolf Schönke/Horst Schröder: Strafgesetzbuch, 30. Aufl. 2019, 1 vor § 166; *Karlhans Dippel*, in: Burkhard Jähnke/Heinrich W. Laufhütte/Walter Odersky/Ruth Rissing-van Saan/Klaus Tiedemann: Strafgesetzbuch, Leipziger Kommentar, 1992–2006, LK 26, § 167a Rn. 3 ff. (m. w. H.), § 168 Rn. 2 (m. w. H.); *Thomas Fischer*: Strafgesetzbuch, 65. Auf., 2018, § 168 Rn. 2 (m. w. H.); *Karl Lackner/Kristian Kühl*: Strafgesetzbuch, 28. Aufl., 2014, § 167a Rn. 1, § 168 Rn. 1 (m. w. H.); BGH 50, 91, Bamberg NJW 08, 1543 ff.,1546, München NJW 76, 1805 ff. m. Anm. *Linck*, S. 2310, LG Hamburg NStZ 82, S. 511 ff.; siehe oben in diesem Kapitel.

[455] BGH 50, S. 80 ff., 90.

[456] Siehe oben Teil III etwa Kapitel K. I.; auch Kapitel I. I. etc.

- Dieses kommt einer aussagefähigen neuen *Interpretation* bisher kaum plausibel begründeter rechtlicher Kategorien zugute. Hierzu zählt etwa die „Pietät“[457] als gesetzlicher Schutzzweck des § 168 StGB oder das Tatbestandsmerkmal der „*Wegnahme*[458] des menschlichen Körpers“ in § 168 StGB.
- Diese *Interpretations-* bzw. *Auslegungshilfe* dient namentlich dazu, die Verfassungswidrigkeit von Normen aufzufinden und juristisch zu begründen.[459]
- Gleichfalls ist die rechtsethologische Vorgehensweise in der Lage im geltenden Recht existente, aber gesamtwirtschaftlich wie gesellschaftlich fragwürdige Institute, wie etwa den „Friedhofszwang“ bzw. deren inhaltliche Ausgestaltung, auf ihre aktuelle normative Erforderlichkeit hin zu untersuchen, indem sie deren historische, entwicklungsgeschichtlichen Voraussetzungen darzustellen weiß.[460]

Auf diese vielfältige Weise demonstriert die Rechtsethologie ebenso ihren vergrößerten rechtstheoretischen *Erkenntniswert* wie ihr praxisrelevantes Gewicht in der *Rechtsanwendungspraxis*.

M. Eigentum

Neben den, den Menschen und seine Existenz unmittelbar betreffenden Rechtsmaterien, wie das *Familien-*, *Erb-* oder *Bestattungsrecht*, kommt der *Rechtsethologie* ein beträchtlicher Aussage- und Interpretations- bzw. Auslegungswert auch in den eher als „klassisch“ zu bezeichnenden Rechtsgebieten, etwa dem *Eigentumsrecht*, zugute.

I. Die Grundfrage

Die Grundproblematik, die im Zusammenhang mit dem Rechtsinstitut Eigentum, aber auch mit nahezu allen seinen Folgen, wie seinem staatlichen, oder zivilrechtlichen Schutz, seiner Übertragbarkeit und seines Erwerbs notwendigerweise auftritt, ist die Frage nach dem *Inhalt* des Rechtsinstituts Eigentum, seiner ideologischen Konzeption bzw. seinem Verständnis.

---

[457] Siehe oben Teil III Kapitel K. III. 3. (m. w. H.).
[458] Siehe oben Teil III Kapitel K. III. 2. (m. w. H.); ebenfalls möglich erscheint der *Rechtsethologie* auch die plausible Auslegung des unbestimmten Tatbestandsmerkmals des „*beschimpfenden Unfugs*“ in § 168 StGB.
[459] Siehe oben Teil III Kapitel K. III. 3. (m. w. H.).
[460] Siehe oben Teil III Kapitel K. III. 3. (m. w. H.).

1. Die beständige „Attenuierung“ (Abschwächung) des Eigentumsbegriffs

Eine wissenschaftliche Ausarbeitung zum Thema Eigentum bzw. zur Frage, was sich hinter dem Begriff Eigentum verbirgt, erscheint, auf den ersten Blick, überflüssig, denn jeder Mensch, unabhängig seines Alters, seines Geschlechts und seiner Zugehörigkeit zu einer bestimmten Rechtsordnung, besitzt eine feste Vorstellung über das *Eigentum*. Dennoch ist – insbesondere durch die stetig voranschreitende Entwicklung innovativer Bankprodukte, aber auch generell durch die Zunahme der elektronischen Eigentumserwerbsvorgänge und Zahlungsarten, durch die Zunahme daten- und medientechnischer Möglichkeiten und letztlich durch die Europäisierung des Wirtschaftslebens – in den letzten 20 Jahren ein inhaltlicher Wandel im Sinne einer Verwischung der rechtlichen Konturen des Rechtsinstituts Eigentum und seines Verständnisses auszumachen.

– Bereits nach dem Zweiten Weltkrieg schuf das deutsche Recht aus ökonomischen Gründen neue Rechtsinstitute wie zum Beispiel die *Sicherungsübereignung*, das *Anwartschaftsrecht*, das *Wohnungseigentum* und das *Erbbaurechts-Eigentum*, die in ihrer Konzeption und ihrem Grundverständnis in zahlreichen Details von den vormals geläufigen Vorstellungen von Eigentum abweichen.[461]

Das Wohnungs-Eigentum weicht von dem römisch-rechtlichen Grundsatz[462] ab, nach dem kein Sonderrecht an den mit Grund und Boden verbundenen Gegenständen entsteht.[463] In diesem Sinne ermöglicht es den vom Grundstückseigentum emanzipierten, selbständigen Erwerb des Wohnungs-Eigentums.[464/465]

---

[461] Es waren vornehmlich ökonomische Gründe, die zur Etablierung dieser rechtlichen Möglichkeiten in einer Zeit vielfach zerstörten Eigentums einerseits und der Notwendigkeit nach handelbaren Wirtschaftsgütern andererseits, führten.

[462] „Superficium solo credet.“, s. *Ulpian* D. 47.3.1 pr.

[463] Alle europäischen Rechtsordnungen lehnen, entsprechend diesem Grundsatz, eine selbständige Begründung von Eigentum an wesentlichen Bestandteilen grundsätzlich ab. Z. B. Deutschland: § 93 BGB; Österreich: § 294 ABGB; vgl. die Parallele zum deutschen Recht: *Herman Dilcher*: Kommentierung des § 93 Rn. 37, in: Julius Staudinger: Kommentar zum Bürgerlichen Gesetzbuch, Buch 1 – Allgemeiner Teil – §§ 90–240 BGB, 14. Aufl., Berlin 2012; Griechenland: Art. 953 ZGB; Lettland: Art. 850 ff. ZGB; Ungarn: Art. 95 Abs. 1 ZGB; Das spanische Recht stellt zur Beurteilung der Sonderrechtsfähigkeit einer Sache auf deren „Aneignungsfähigkeit“ (i. S. d. Art. 610 CC) ab (Art. 333 CC). Ähnlich auch das französische Recht, das auf die Teilbarkeit abstellt (Art. 1686, 827, 575, 517 CC), auch das schweizerische Recht folgt diesem Grundsatz (Art. 642 Abs. 2 ZGB). Für das englische Recht: „fixtures“, siehe: *Geoffrey C. Cheshire/John D. Davies*: The modern Law of real Property, London 1967, S. 101 ff.; *Robert Megarry/Paul V. Baker*: A Manual of the law of real property, London 1969, S. 375 ff.; *Dieter Krimphove* (FN 18), S. 42 (m. w. H.).

[464] Für Deutschland: § 1, Abs. 1 und Abs. 2 Gesetz über das Wohnungseigentum und das Dauerwohnrecht (Wohnungseigentumsgesetz) WoEigG v. 15. 3. 1951 BGBl. Teil III, 403-1, in der Fassung, v. 1. März 2013 BGBl.

[465] Für Österreich: § 2 Abs. 2 Bundesgesetz über das Wohnungseigentum (WEG) (2002); BGBl. I Nr. 111/2010.

- Auch das Erbbaurecht[466] – die sog. Erbpacht – lässt in Abweichung der §§ 93, 94 BGB die Begründung von Eigentum ohne die Inhaberschaft des Volleigentums an dem Grundstück zu.
- Die *Sicherungsübereignung* kam im Nachkriegs-Deutschland in den 50er Jahren des 20. Jahrhunderts zur vollen Ausbildung und Wirkung.[467/468] Sie verdrängte das sog. Faustpfandrecht weitgehend, indem die Sicherungsübereignung die Möglichkeit schuf den unmittelbaren Besitz und die Nutzung des Sicherungsgegenstandes beim Sicherungsgeber zu belassen. Das nur im deutschen Recht bekannte Sicherungseigentum[469] verzichtet auf den Zusammenhang des unmittelbaren Besitzes mit dem Eigentumsrecht. Da der Eigentümer die Sicherungsübereignung vorwiegend zum Zweck der Kreditsicherung mit der Überlegung einsetzt, den Gegenstand weiter nutzen zu können, verbleibt ihm nur eine sehr abstrakte Form des Besitzes; nämlich der sog. mittelbare Besitz. Damit entfällt die Eigentums-Nachweisfunktion des Besitzes.[470] Die *Sicherungsübereignung* gleicht –

[466] Für Deutschland: Gesetz über das Erbbaurecht 15. 1. 1919 (RGBl. S. 72, bereinigt S. 112); 15. 12. 2010 (Art. 112 G v. 8. 12. 2010 (BGBl. I, S. 1864).

[467] S. *Heinrich Lange*: Lage und Zukunft der Sicherungsübereignung, in: NJW 1950, S. 565 ff. (m. w. H.).

[468] In der Vorbereitungsphase der Sicherungsübereignung argumentierte das Reichsgericht aufschlussreich mit den durch die Globalisierung hervorgerufenen ökonomischen Notwendigkeiten; RGZ 59, S. 146.

[469] Speziell die Rechtsordnungen Österreichs, der Schweiz, Spaniens und der Niederlande erachten den Eigentumserwerb mittels Besitzkonstitut in dem Spezialfall, in dem die Parteien das Eigentum zu Sicherungszwecken einsetzen, für unzulässig bzw. räumen ihm – wie insbesondere im Schweizer Recht (BGE 42 III, S. 446; 78 II, S. 211; BGE 78 II, S. 415; Zwischen den Parteien bleibt die Rechtswirkung des Geschäfts erhalten: BGE 78 II, S. 415; *Peter Tuor*: Das Schweizerische Zivilgesetzbuch, 12. Aufl., Zürich 2009, S. 438 ff., S. 531; *Frédéric-Edouard Klein*: La reconnaissance en droit international privé helvétique des sûretés réelles sans déposition constituéesà l'étranger, in: Rev. crit. dr. int. priv 68, 1979, S. 507 ff., 514, 523 f. (m. w. H.) – keine „Außenwirkung" ein; für Österreich: *Helmut Koziol/Rudolf Welser*: Grundriss des bürgerlichen Rechts, 14. Aufl., Wien 2014, S. 26, 98; OGH v. 21. 9. 1915, GZ, 1917, S. 390; OGH v. 5. 9. 1916, Jbl. 1917, S. 33 ff.; OGH KE 49; Diese Einschränkung der Sicherungsübereignung trifft sogar auf im Ausland wirksam sicherungsübereignete Sachen zu, die nach Österreich gelangen; OGH JBl. 1984, S. 550 ff.); für die Schweiz: Art. 717 ZGB; *Dorothee Mühl/Wolfgang Petereit*, in: Walther Hadding/Uwe H. Schneider: Recht der Kreditsicherheiten in europäischen Ländern, Teil V, Berlin 1983, S. 185 (m. w. H.); für Spanien: *Federico de Castroy Bravo*: El negocio juridico, Neudruck, Madrid 1991, S. 419 (m. w. H.); *Rojo Ajuria*: Las garantias mobiliarias, in: ADC 1989, S. 717 ff., 763 f.; a. A. *Dieter Werth*: Warenkreditsicherung im deutsch-spanischen Wirtschaftsverkehr, Berlin 1981, S. 123 ff.; *Armin Reichmann*: Recht der Kreditsicherheiten in europäischen Ländern, Bd. VII 1, Berlin 1988, S. 105; *Blas Pérez Gonzáles/José Alguer*: Anmerkungen zu Wolff/Raiser, Sachenrecht, Barcelona 1971, S. 530 ff.; für die Niederlande: Das niederländische „Burgerlijk Wetaboek" schließt seit 1992 die Möglichkeit einer Sicherungsübereignung ausdrücklich aus. (Art. 3:84 Abs. 3 BW). Einzelheiten: *Dieter Krimphove*: Das Europäische Sachenrecht – Eine rechtsvergleichende Analyse nach der Komparativen Institutionenökonomik, 2006, S. 197 ff. (m. w. H.).

[470] Letzterer Mangel gewinnt insbesondere dadurch an wirtschaftlicher Bedeutung, dass jeder Dritte von dem unmittelbar besitzenden Nicht-Eigentümer das Eigentum am Sicherungsgegenstand gutgläubig erwerben kann. Andere Rechtsordnungen Europas lösen dieses Problem

auf Seiten des unmittelbaren besitzenden Nicht-Eigentümers – der römischen Rechtskonstruktion/Institution des *bonitarischen* Eigentums.[471]

Die, trotz diverser *Banken-* und *Finanzmarktkrisen*, mit ungebremster Energie vorangetriebene Entwicklung neuer Bank- und Anlageprodukte[472] sowie die Zunahme datentechnischer Möglichkeiten (*FinTech*)[473] haben Fakten geschaffen, die heute das Institut Eigentum noch weiter in Frage stellen.

- Beispielsweise kommt es den Parteien eines Warentermingeschäfts (*Future* bzw. *Forward*[474]) nicht mehr auf die Eigentumsübertragung der Ware[475] selbst an. Ihnen geht es ausschließlich um die Realisierung des Spekulationsgewinnes, der aus der Differenz zwischen vorvereinbartem Preis und nachträglich festgestelltem Wert der Ware resultiert (sog. *Differenzgeschäft*).[476]
- Broker-Computer-Systeme (sog. *Turbo-Trader*) entscheiden automatisch – also ohne Beteiligung des menschlichen Willens – über den Erwerb oder die Weiterveräußerung des Eigentums an börsennotierten Wertpapieren, falls diese unter einen bestimmten Börsenwert fallen.[477/478]

---

der fehlenden Nachweiskraft des Besitzes durch das Publizitätsmittel eines Mobiliarregisters; Das italienische und englische Sachenrecht lassen besitzlose Sicherungsmittel dann zu, wenn der Eigentumsübergang durch ein anderes Publikationsmittel, nämlich durch die Eintragung im Register, öffentlich ausgewiesen ist: Italien: Art. 2704 CC (I); England: *Bills of Sale Act 1878*; auch hier – wie in der Schweiz – lediglich mit der Rechtsfolge der relativen Unwirksamkeit gegenüber Dritten; Spanien: vgl. *Rojo Ajura*: Las garantias mobiliarias, in: ADC, 1989, S. 717 ff., 763 f.

471 Diese Position zeichnet auch die systematisch nicht plausible Behandlung der Parteien in der Insolvenz im deutschen Recht nach: Der Sicherungsnehmer, obschon Eigentümer, erhält nach § 51 Nr. 1 InsO nur ein Absonderungsrecht. Den Sicherungsgeber – obschon Nicht-Eigentümer – behandelt die Rechtsprechung in seiner Insolvenz wie den Eigentümer (BGH WM 1962, S. 181). Allerdings erlangt er das Aussonderungsrecht nach h. M. erst, wenn die Forderung – etwa durch Erfüllung – nicht mehr besteht. *Dieter Krimphove* Das Europäische Sachenrecht – Eine rechtsvergleichende Analyse nach der Komparativen Institutionenökonomik, 2006, S. 205 ff. (m. w. H.).

472 Wie beispielsweise *Warrants*, Hedge-Fonds: Optionen, Zertifikate.

473 *Dieter Krimphove*: Überblick über die derzeit bestehende zivil- und aufsichtsrechtliche Normierung on Fintechs, in: *Dieter Krimphove*: Fintechs – Rechtliche Grundlagen moderner Finanztechnologien, Stuttgart, 2019, S. 35 ff. (m. w. H.).

474 Im Fall des Terminhandels mit börslich gehandelten Produkten (Agrarprodukte, Rohstoffe, auch Devisen, Wertpapiere, Zinssätze, Indices, Bonitätsratings usw.) verwendet die Praxis zur Bezeichnung des Termingeschäftes den Ausdruck *Future*. Im Fall des außerbörslichen Handels spricht sie von einem *Forward*.

475 Sog. *Basiswert* oder *Underlying*.

476 Siehe dazu schon BGHZ 105, S. 263 ff., 267.

477 *Anne Seith*: Automatischer Börsenhandel: Turbocomputer mischen Aktienmärkte auf; in: Spiegel-online 2010 http://www.spiegel.de/wirtschaft/unternehmen/automatischer-boersen handel-turbocomputer-mischen-aktienmaerkte-auf-a-719085.html.

478 Wenn auch diese Systeme die Bankenkrise 2011/2012 nicht verursacht haben, so haben sie diese – eben durch diesen Automatismus – erheblich verstärkt.

- Die Bezahlung einer Ware oder Dienstleistung erfordert heute nicht mehr die Eigentumsübertragung von Geld-Münzen. Im Fall des sog. *E-Geldes* erfolgt die Bezahlung mittels eines elektronischen Buchungsvorgangs.
- Ein Höchstmaß der Abstraktion des Rechtsinstituts Eigentum erreicht der Verkehr mit sog. *Bitcoins*. Bitcoins sind rein virtuelle *Recheneinheiten*, die in einem *Computernetz* verwaltet und erschaffen werden.[479]
- Seit dem Jahr 2009 existiert die rein virtuelle Währung der *Bitcoins*.[480] Diese bestehen vorwiegend aus achtstelligen Zahlenreihungen, deren Kombinationen auch den Ursprung und den Transfer einer jeweiligen Einheit (eines Bitcoins) enthalten.[481/482] Das maximale Aufkommen an Bitcoins soll, mittels eines Netzwerkprotokolles, auf 21 Mio. Bitcoins begrenzt sein.[483]

  Bitcoins sind – derzeit oft mit erheblichen Kursgewinnen[484] – in fremde Währungen konvertier- und handelbar.[485] Ihre Eigentumsähnlichkeit verdanken Bitcoins nicht nur ihrer Funktion, sondern auch ihren inhaltlichen Entsprechungen. Das Eigentums-Charakteristikum einer *Sachherrschaft* sowie die Möglichkeit, jeden von ihrem unberechtigten Gebrauch auszuschließen (*Exklusivität* des Eigentums[486]), ergibt sich aus dem verschlüsselten Zahlencode, der einem einzelnen Bitcoin bzw. dessen Inhaber zukommt.[487]

---

[479] *Brian Duignan* (Hrsg.): Money and Capital, in: Economics: Taking the Mystery Out of Money Series, New York 2012, S. 48; *Christoph Fröhlich*: Was steckt hinter der Netz-Währung?, in: Stern.de, 9. April 2013; *Dieter Krimphove*: Eigentum – Zum Bedeutungswandel eines Rechtsinstituts, in: Rechtstheorie, 47, 2016, S. 271 ff., 315 f. (m. w. H.).

[480] *Franz Nestler*: Digitale Währung: Deutschland erkennt Bitcoins als privates Geld an, in: Frankfurter Allgemeine Zeitung v. 16. 8. 2013.

[481] *Brian Duignan* (Hrsg.): Money and Capital, New York 2012, S. 48 (m. w. H.).

[482] Die Nachverfolgbarkeit des Ursprunges und jedes Übertragungsaktes, die das computergestützte System des Empfängers aus den Bitcoins selbst ermitteln kann, sichert deren hohe Fälschungssicherheit und deren Kopierschutz. S. *Dorit Ron/Adi Shamir*: Quantitative Analysis of the Full Bitcoin Transaction Graph, in: IACR Cryptology ePrint Archive, Nr. 584, 2012 (PDF) 584[1].

[483] Ebd.

[484] Anfang 2013 entsprach der Tauschwert eines Bitcoins 15 €, Mitte 2013 ca. 90 €; siehe auch zum Gesamtkomplex *Ole Reißmann*: Tauschbörse für Online-Geld: Bitcoin Bob singt vom Ende des Euro, in Spiegel-online; auch *Franz Nestler*: Digitale Währung: Deutschland erkennt Bitcoins als privates Geld an, in: Frankfurter Allgemeine Zeitung v. 16. 8. 2013.

[485] *Christoph Fröhlich*: Was steckt hinter der Netz-Währung?, in: Stern.de, 9. April 2013; *Dieter Krimphove*: Eigentum – Zum Bedeutungswandel eines Rechtsinstituts, in: Rechtstheorie, 47, 2016, S. 271 ff., 315 f. (m. w. H.); Bitcoin in 2012: By the Numbers, in: thebitcointrader.com, 31. Dezember 2012; *Brian Sin*: Mega now accepts Bitcoin as payment, also hints at e-mail, chat, voice expansion. In: slashgear.com, 16. Februar 2013; *Emil Protolanski*: Mega update: Dotcom's service now accepts Bitcoin, will expand into email, chat, voice, video, and mobile. In: thenextweb.com, 16. Februar 2013; *Morgen Peck*: Reddit and Kim Dotcom's New Mega Site Are the Latest Greatest Bitcoin Merchants. In: IEEE Spectrum, 21. Februar 2013; Bitcoin virtual currency can now be used to pay for pizza, BBC News, 12. Februar 2013.

[486] Dazu siehe unten Teil III Kapitel M. III. 3. a) (m. w. H.).

[487] Siehe dazu im Einzelnen: *Dieter Krimphove*: Eigentum – Zum Bedeutungswandel eines Rechtsinstituts, in: Rechtstheorie, 47, 2016, S. 271 ff. (m. w. H.), insbes. 272 f. (m. w. H.).

– Auch den Eigentumserwerb an Medien, wie etwa Büchern, CDs, Filmen, hat längst das „Herunterladen“ der in diesen Medien enthaltenen Inhalte abgelöst.

Derartige und weitere aktuelle Beispiele werfen nicht nur die rechtstheoretische Frage nach dem Verständnis, dem Inhalt und der Begrifflichkeit des Rechtsinstituts *Eigentum*, sondern auch nach seiner generellen Eignung für den Wirtschafts- und Rechtsverkehr auf.

Nur stellvertretend für viele sei hier der Ansatz Jeremy Rifkins angeführt. Rifkin geht davon aus, dass das Institut des Eigentums an materiellen Gütern in der heutigen Informationsgesellschaft nicht mehr zeitgemäß erscheint. So ist nicht mehr die Frage entscheidend, ob der Nutzer eines Gegenstandes, etwa eines Buches, dessen Eigentümer ist. Für die Bejahung des Eigentums sei vielmehr ausschlaggebend, ob der Nutzer des Gegenstandes Teilhabe oder Zugang an den, in den Eigentumsgegenständen verkörperten Inhalten (hier z. B. die Bildung) habe. Eine solche eigentum-konstituierende Teilhabe kann dann – durch elektronische Technologien – gewährleistet werden, ohne dass es eines Eigentumserwerbes bedarf.[488/489]

Problematisch gestaltet sich die derzeitige Entwicklung des „Designs“ ständig neuer „Eigentums“-Derivate. Diese treiben eine „Attenuierung“, also die „Verwässerung“ des Begriffs „Eigentum“ voran. Diese Tendenz schafft das Rechtsinstitut Eigentum, zwar nicht gänzlich ab, verdünnt, verwischt und schwächt jedoch seinen Inhalt. Dieser Prozess wirkt umso beunruhigender, als das Auflösen der Begriffsgrenzen des Eigentums völlig unabhängig von gesetzgeberischen Entscheidungen geschieht.

Eine *philosophische*, *soziologische*, *historische* oder *ökonomische* Eigentumsbestimmung existiert weitgehend nicht.[490/491] Selbst die sozialistischen Denksysteme der Links-Hegelianer, z. B. die Pierre-Josef Proudhons[492] und Marx/

[488] *Jeremy Rifkin*: Access. Das Verschwinden des Eigentums. Warum wir mehr besitzen und mehr ausgeben werden, 3. Aufl., Frankfurt 2007, S. 5.

[489] Ähnlich und mit der Konnotation einer „sozialen Teilhabe“ auch: *Max Weber*: Wirtschaft und Gesellschaft – Grundriss der verstehenden Soziologie (1922), 5. Aufl., Tübingen 1972, § 2, S. 23, 37 (m. w. H.); diese Sichtweise übernimmt in neuerer Zeit der Ökonom *Amartya Sen*: Ökonomie für den Menschen. Wege zu Gerechtigkeit und Solidarität in der Marktwirtschaft, München 2000, S. 24 ff., 140.

[490] Zur Gesamtgeschichte des Eigentums, siehe: *Dieter Krimphove*: Eigentum – Zum Bedeutungswandel eines Rechtsinstituts, in: Rechtstheorie 47, 2016, S. 271 ff. (m. w. H.).

[491] Zu der, dem juristischen Eigentumsverständnis gleichenden ökonomischen Verständnis des Eigentums als Bündel von Handlungsrechten siehe: *Wilhelm Meyer*: Entwicklung und Bedeutung des Property Rights Ansatzes in der Nationalökonomie, in: Alfred Schüller (Hrsg.): Property Rights und ökonomische Theorie, München 1983, S. 1 ff., 23 ff. (m. w. H.); *Rudolf Richter*: Sichtweise und Fragestellung der Neuen Institutionen-Ökonomik, in: Zeitschrift für Wirtschafts- und Sozialwissenschaften, 1990, S. 517 ff. (m. w. H.); siehe unten Teil III Kapitel M I. 3. (m. w. H.).

[492] *Pierre-Josef Proudhon*: Was heißt Eigentum? Oder: Untersuchungen über die Grundlagen von Recht und Staatsmacht, Französische Originalausgabe 1840.

Engels[493], enthalten erstaunlicherweise keine Inhaltsbestimmung des Eigentums. Sie thematisieren eher dessen Verteilungsgerechtigkeit. Die Schule der „Kritischen Theorie“ – unter ihnen insbesondere Jürgen Habermas – beklagt dies als „obskur“ und als den „dunklen Punkt“ der Marxistischen Theorie.[494] Diesen Mangel hebt die *Kritische Theorie* – etwa durch den Entwurf einer eigenen Eigentumsdefinition – allerdings selbst nicht auf.[495]

Diese Misere muss verwundern, erfährt doch speziell das Rechtsinstitut des Eigentums – gerade wegen seiner *ökonomischen Bedeutung*[496] – wie sonst kein anderes einen umfassenden, und sogar *verfassungsrechtlichen* Schutz in den internationalen und europäischen Grund- und Menschenrechtskatalogen[497] und in den *nationalen Rechtsordnungen*.[498]

---

[493] *Karl Marx/Friedrich Engels*: Manifest der Kommunistischen Partei, in: Marx-Engels-Werke, Bd. 4, Berlin, S. 475.

[494] *Jürgen Habermas*: Zwischen Philosophie und Wissenschaft: Marxismus als Kritik, in: *ders.*: Theorie und Praxis. Sozialphilosophische Studien, Frankfurt a. M., 1978, S. 228 ff., 265.

[495] *Marcus Llanque*: Eigentum in der Kritischen Theorie, in: *Andreas Eckl/Bernd Ludwig*: Was ist Eigentum?, München 2005, S. 203 ff., 206.

[496] S. *Karl Larenz/Claus-Wilhelm Canaris*: Methodenlehre der Rechtswissenschaft, 3. Aufl., Berlin 1995, S. 137.

[497] Z. B.: Art. 17 Allgemeine Erklärung der Menschenrechte (UN-MRK): Resolution 217 A (III) der Generalversammlung v. 10. 12. 1948.
Europäische Konvention zum Schutze der Menschenrechte und Grundfreiheiten (*EMRK*): Art. 1 des 1. Zusatzprotokolls zur EMRK v. 4. 11. 1950.
Art. 17 Charta der Grundrechte der Europäischen Union (EU-GrundR-Charta) v. 30. 3. 2010.

[498] Albanien: Art. 11 Abs. 2 und Abs. 3 Albanische Verfassung; Andorra: Art. 27 Verfassung Andorras; Belgien: Art. 16 Die koordinierte Verfassung; Bulgarien: Art. 17 Verfassung der Republik Bulgarien; Dänemark: § 73 Verfassung des Königreichs Dänemark; Deutschland: Art. 14 GG; Estland: Art. 32 Verfassung der Republik Estland; Finnland: § 12 finnische Regierungsform; Frankreich: Verfassung der Republik Frankreich Art. 2, Art. 17 Erklärung der Menschen und Bürgerrechte; Griechenland: Art. 17 Abs. 2 ff. Verfassung der Republik Griechenland; Großbritannien: Art. 4, 22 Magna Carta Libertatum (1215); Irland: Art. 43 Verfassung der Republik Irland; Italien: Art. 42 ff., 23 Verfassung der Republik Italien; Kroatien: Art. 48 Verfassung der Republik Kroatien (v. 22. 12. 1990); Lettland: Art. 21 Verfassungsgesetz über die Rechte und Pflichten der Menschen und Bürger (v. 10. 12. 1991); Litauen: Art. 23 Verfassung der Republik Litauen; Luxemburg: Art. 16 Verfassung der Republik Luxemburg; Makedonien: Art. 30 Verfassung der Republik Makedonien (v. 17. 11. 1991); Malta: Art. 32 f., 37 f., 45; Moldavien: Art. 46 Verfassung der Republik Moldavien (v. 1. 4. 1994); Montenegro: Art. 16 Abs. 1 Verfassung der Republik Montenegro); Niederlande: Art. 14 Verfassung des Königreiches der Niederlande; Norwegen: Art. 105 Grundgesetz; Österreich: Art. 5 Staatsgrundgesetz; Polen: Art. 7 Verfassung der Republik Polen (v. 22. 7. 1952); Portugal: Art. 62, 80, 82 ff.; 93, 94 Verfassung Portugals; Rumänien: Art. 41 Verfassung der Republik Rumänien (v. 21. 11. 1991); Spanien: Art. 33 Verfassung des Königreiches Spanien; Schweden: Art. 18 Verfassung des Königreiches Schweden; Tschechien: Art. 11 Verfassung der Republik Tschechien (v. 16. 12. 1992); Ungarn: Art. 13 Verfassung der Republik Ungarn; Zypern: Art. 7 Abs. 3 und Art. 23 Verfassung der Republik Zypern.

2. Fehlende Legaldefinition des Eigentums

Auch der institutionelle Schutz des Eigentums in den *Verfassungen* europäischer Länder ermöglicht keine Festlegung des materiellen Gehaltes des Eigentums. Denn die Verfassungsnormen der erwähnten Rechtsordnungen enthalten keine Eigentumsdefinition. Die Festlegungen seines materiellen Gehalts verlegen die Verfassungen vielmehr in die – nicht nur für den juristischen Laien oft unüberschaubare – Vielzahl nationaler Einzelgesetze, etwa zum *Tierschutz-, Bau-, Gefahrstoff-, Arzneimittel-* oder *Naturschutzgesetz* etc.

Die Technik einer dezentralen Begriffsbestimmung besitzt zwar den normtechnischen Vorteil, den Eigentumsbegriff bzw. den Inhalt des verfassungsrechtlich geschützten Eigentums an sich wandelnde ökonomische wie gesellschaftliche, kulturelle Realitäten anpassen zu können, ohne dass hierzu die Verfassung in einem formell aufwendigen Verfahren geändert werden müsste, und ohne, dass der verfassungsrechtliche Schutz des Instituts Eigentum, zumindest für die Zeit seiner gesetzgeberischen Umgestaltung, entfiele.[499] Andererseits verdeutlicht die Wahl dieser Rechtsgestaltungs-Technik, dass der Gesetzgeber seinerseits keine Definition des Rechtsinstitutes Eigentum verbindlich vorzugeben beabsichtigte.[500]

Die auslegungstechnische Möglichkeit zur Schaffung einer einheitlichen Definition auf die nationalen Einzelgesetze zurückzugreifen, erweist sich als nicht gangbar. Zum einen liefe ein solcher Versuch darauf hinaus, dass höherrangige *Europäische* oder *Internationale Recht* mit Inhalten normtechnisch nachrangigen Rechtes auszulegen.[501] Zum anderen ergibt sich schon methodisch, dass diese den Rechtsbegriff des Eigentums, entsprechend ihren eigenen Gesetzeszwecken, und damit unterschiedlich und spezifisch definieren.

Beispielsweise definiert insbesondere das deutsche öffentliche Recht das Eigentum anders als das Zivilrecht: Die klassische Norm des Eigentumsschutzes – Art. 14 Grundgesetz – erfasst nämlich nicht nur klassische Rechtsobjekte, wie bewegliche und unbewegliche Sachen, als Eigentum. Hierüber hinaus gewährt das

---

[499] Ähnlich auch *Ursula Floßmann*: Eigentumsbegriff und Bodenordnung im historischen Wandel, Linz 1976, S. 131 (m. w. H.).

[500] *S. Peter Bassenge*, in: Palandt: Kommentar zum Bürgerlichen Gesetzbuch, München 2013, Überbl. V. § 903, Rn. 1; Zudem erscheint eine solche verfassungsmäßige Feststellung des Inhaltes des Eigentums in den Verfassungen auch nicht möglich, setzt sie doch voraus, dass jeder Bürger in der Lage sein muss, die Gesamtheit der nationalen Rechtsordnung vollständig zu erfassen und deren eigentumsrelevante Inhalte zu kennen.

[501] *Gabrielle Defrenne* II; EuGH v. 8. 4. 1976 (Rs. 43/75) Gabrielle Defrenne gegen Société anonyme belge de navigation aérienne, Sabena, Slg. 1976, S. 445 Rn. 28 ff. (m. w. H.); *Nicolaus Corman* : EuGH v. 14. 1. 1982 (Rs. 64/81) Nicolaus Corman et Fils SA gegen Hauptzollamt Gronau, Slg. 1982, S. 13, Rn. 8 ff. (m. w. H.); *Levin*: EuGH, v. 23. 3. 1982 (Rs. 53/81) D. M. Levin gegen Staatssecretaris Van Justitie, Slg. 1982, S. 1035 ff. (m. w. H.); zum Internationalen Recht, siehe insbes.: *Frank Diedrich*: Lückenfüllung im Internationalen Einheitsrecht, in: RIW, 1995, Heft 5, S. 353 ff. (m. w. H.).

Eigentumsrecht des Grundgesetzes auch abstrakten Rechtspositionen, wie etwa das Recht am *eingerichteten und ausgeübten Gewerbebetrieb*, Eigentumsrechtsschutz. Bereits an dieser Stelle zeigt sich die Brüchigkeit ein für alle Rechtsgebiete einheitliches Eigentumsverständnis ermitteln zu können.

Da es aus obigen Gründen zu einem einheitlichen, europaweiten wie nationalen Eigentumsbegriff somit nicht kommt, nehmen die europäischen Verfassungsgesetzgeber mit der Wahl dieser Normierungstechnik vielmehr in Kauf inhaltlich voneinander abweichende nationale und individuell gesetzesspezifische Eigentums-Begriffe innerhalb der Europäischen Union vorzuhalten;[502] letzteres sogar mit der Gefahr, im grenzüberschreitenden Wirtschafts- und Rechtsverkehr Konflikte, speziell der *Warenverkehrsfreiheit* oder der *Kapitalverkehrsfreiheit*, herbeizuführen.[503]

Letztendlich kann auch eine umgangssprachliche Annäherung an den Begriff des Eigentums, als eine Möglichkeit einer entsprechenden *Wortlautinterpretation*, dem oben dargestellten Problem nicht abhelfen. Denn die Umgangssprache verwendet zudem den Begriff Eigentum synonym sowohl für das hier in Frage stehende Eigentums-„Recht" als auch für das Eigentums-„Objekt".[504]

3. Juristisch/ökonomische Funktionsbeschreibung des Eigentums

Eine Definition des Eigentums wollten – wie auch schon oben dargelegt – weder der deutsche noch die anderen nationalen Gesetzgeber Europas schaffen.[505]

Im Unterschied zum *Besitz* weist das *Eigentum* eine Fülle unterschiedlicher Handlungsrechte auf. Diese geben dem Eigentümer das Recht

1. die Substanz der Sache zu verändern und zu zerstören;
2. die Sache für eigene Zwecke zu benutzen (*usus*);
3. insbesondere den Eigentumsgegenstand wirtschaftlich zu nutzen,

---

[502] Ähnlich auch *Rudolf Jettmar*: Vermögensbildung, eine Standortbestimmung, Berlin, 1980, S. 20.

[503] Dazu siehe: *Dieter Krimphove*: Europäisches Sachenrecht: Eine rechtsvergleichende Analyse nach der komparativen Institutionenökonomik, Köln 2006, S. 2 (m. w. H.); so auch schon *Eva-Maria Kieninger*: Mobiliarsicherheiten im Europäischen Binnenmarkt, S. 122 ff., 152 f. (m. w. H.); *Oliver Remien*: Grenzen der gerichtlichen Privatrechtsangleichung mittels der Grundfreiheiten des EG-Vertrages, in: JZ, 1994, S. 351 ff., 353; *Thomas Grundmann*: Europäisches Handelsrecht, in: ZHR 163, 1999, S. 635 ff., 661 ff. (m. w. H.).

[504] Dazu im Einzelnen: *Dieter Krimphove*: Eigentum – Zum Bedeutungswandel eines Rechtsinstituts, in: Rechtstheorie 47, 2016, S. 271 ff., 275 ff. (m. w. H.),.

[505] Speziell für Deutschland: Motive zu dem Entwurf eines Bürgerlichen Gesetzbuches für das Deutsche Reich, 1888, Motive zu § 903 BGB; Mot Bd. III, S. 262.

a. d. h. aus ihm selbst Erträge zu ziehen (*usus fructus*),

b. den Gebrauch und das Nutzungsrecht an der Sache einem Dritten gegen Entgelt zu überlassen

oder ihn

4. zu veräußern

und/oder

5. ihn zu belasten.

Den juristischen Eigentumsbegriff komplettieren alle Rechtsordnungen ferner ausdrücklich durch die

6. *Exklusivität*, der aus dem Eigentumsrecht fließenden Handlungsrechte, d. h. durch die Befugnis des Eigentümers jeden Dritten von der Beeinträchtigung seiner eben aufgeführten Handlungsrechte auszuschließen (negative Bestimmung der Rechtsposition des Eigentums, oder *Ausschließungsfunktion*).

Der Gesetzgeber gewährleistet die *Ausschließungsfunktion* des Rechtsinstituts Eigentum nicht nur auf *vertikaler*, also auf Verfassungs-Ebene als *Abwehrrecht* gegen *staatliche Eingriffe*, sondern auch als Voraussetzung der Ausübung individueller Freiheitsrechte.[506/507]

Die *Ausschließungsfunktion* oder die *Exklusivität* des Eigentums ist von institutioneller Bedeutung für das Rechtsinstitut Eigentum. Sie schafft eine persönliche

---

[506] Dazu siehe: *Dieter Krimphove*: Eigentum – Zum Bedeutungswandel eines Rechtsinstituts, in: Rechtstheorie 47 (2016), S. 271 ff., 278 (m. w. H.).

[507] Albanien: Art. 11 Abs. 2 und Abs. 3 Albanische Verfassung; Andorra: Art. 27 Verfassung Andorras; Belgien: Art. 16 Die koordinierte Verfassung; Bulgarien: Art. 17 Verfassung der Republik Bulgarien; Dänemark: § 73 Verfassung des Königreichs Dänemark; Deutschland: Art. 14 GG; Estland: Art. 32 Verfassung der Republik Estland; Finnland: § 12 finnische Regierungsform; Frankreich: Verfassung der Republik Frankreich Art. 2, Art. 17 Erklärung der Menschen und Bürgerrechte; Griechenland: Art. 17 Abs. 2 ff. Verfassung der Republik Griechenland; Großbritannien: Art. 4, 22 Magna Carta Libertatum (1215); Irland: Art. 43 Verfassung der Republik Irland; Italien: Art. 42 ff., 23 Verfassung der Republik Italien; Kroatien: Art. 48 Verfassung der Republik Kroatien (v. 22. 12. 1990); Lettland: Art. 21 Verfassungsgesetz über die Rechte und Pflichten der Menschen und Bürger (v. 10. 12. 1991); Litauen: Art. 23 Verfassung der Republik Litauen; Luxemburg: Art. 16 Verfassung der Republik Luxemburg; Makedonien: Art. 30 Verfassung der Republik Makedonien (v. 17. 11. 1991); Malta: Art. 32 f., 37 f., 45; Moldavien: Art. 46 Verfassung der Republik Moldavien (v. 1. 4. 1994); Montenegro: Art. 16 Abs. 1 Verfassung der Republik Montenegro; Niederlande: Art. 14 Verfassung des Königreiches der Niederlande; Norwegen: Art. 105 Grundgesetz; Österreich: Art. 5 Staatsgrundgesetz; Polen: Art. 7 Verfassung der Republik Polen (v. 22. 7. 1952); Portugal: Art. 62, 80, 82 ff.; 93, 94 Verfassung Portugals; Rumänien: Art. 41 Verfassung der Republik Rumänien (v. 21. 11. 1991); Spanien: Art. 33 Verfassung des Königreiches Spanien; Schweden: Art. 18 Verfassung des Königreiches Schweden; Tschechien: Art. 11 Verfassung der Republik Tschechien (v. 16. 12. 1992); Ungarn: Art. 13 Verfassung der Republik Ungarn; Zypern Art. 7 Abs. 3 und Art. 23 Verfassung der Republik Zypern.

Verantwortungszuweisung einer Sache zu einer Person. Im Gegensatz zum Gemeineigentum der *Allmende*[508] steht daher der Eigentümer dank der Einräumung der exklusiven wirtschaftlichen Nutzung seines Eigentums für den *Erhalt* und die *Pflege* des Eigentumsobjektes in eigenem Interesse ein.[509] Letztlich führt ein solches juristisches Eigentumsverständnis zu dem wohlfahrtsökonomischen Effekt des wirtschaftlichen Erhalts (knapper) Ressourcen.[510]

Nahezu wortgetreu wiederholen daher u. a. die dogmatisch unterschiedlichsten *Zivil-Rechtsordnungen Europas* – quasi auf *horizontaler* Ebene der privatrechtlichen Rechtsträger – die oben dargelegten positiven wie negativen Handlungsausrichtungen des Eigentums.[511]

---

[508] Siehe oben Teil II Kapitel B. VI. 4. (m. w. H.).

[509] *Dieter Krimphove*: Ökonomische Analyse der Sozialenzykliken der Katholischen Soziallehre, Köln 2017, S. 72 ff. (m. w. H.).

[510] *Douglas C North/Robert Paul Thomas*: The Rise of the Western World, S. 9 ff. (m. w. H.), 25 ff. (m. w. H.); siehe: *Dieter Krimphove*: Ökonomische Analyse der Sozialenzykliken der Katholischen Soziallehre, Köln 2017, S. 72 ff. (m. w. H.).

[511] Deutschland: § 903 BGB: „Der Eigentümer einer Sache kann, sofern nicht das Gesetz oder Rechte Dritter entgegenstehen, mit der Sache nach Belieben verfahren und andere von jeder Einwirkung ausschließen."; Estland: Art. 68 Abs. 1 Asjaõigusseadus: „Das Eigentum ist die vollständige Herrschaft einer Person über eine Sache: Der Eigentümer hat das Recht zum Besitz, Gebrauch und zur Übertragung der Sache. Er kann Schutzvorkehrungen gegen eine Beeinträchtigung dieser Rechte und die Beseitigung der Folgen einer solchen Beeinträchtigung von Jedermann verlangen."; Frankreich: Art. 544 CC: „Das Eigentum ist das Recht, eine Sache vollständig und exklusiv zu nutzen und über sie zu verfügen, vorausgesetzt, dieser Gebrauch stellt keinen durch Gesetze oder sonstige Regelungen untersagten Gebrauch dar."; Griechenland: § 1000 ZGB: „Der Eigentümer einer Sache kann, soweit nicht Gesetz oder Rechte Dritter entgegenstehen, über die Sache nach Belieben verfügen und jeden anderen von einer Einwirkung auf diese ausschließen."; Schweiz: Art. 641 ZGB: „Wer Eigentümer einer Sache ist, kann in den Schranken der Rechtsordnung über sie nach seinem Belieben verfügen. Er hat das Recht, sie von jedem, der sie ihm vorenthält, herauszuverlangen und jede ungerechtfertigte Einwirkung abzuwehren."; Italien: Art. 832 CC: „Der Eigentümer hat, innerhalb der von der Rechtsordnung festgelegten Grenzen und unter Beachtung der von ihr festgelegten Pflichten, das Recht, in vollständiger und ausschließlicher Weise die Sache zu nutzen und über sie zu verfügen."; Österreich: § 354 ABGB: „Als ein Recht betrachtet, ist Eigentum die Befugnis, mit der Substanz und den Nutzungen einer Sache nach Willkür zu schalten und einen anderen davon auszuschließen."; Polen: Art. 140 kod. cyw.: „In den durch die Gesetze und die Grundsätze des gesellschaftlichen Zusammenlebens festgelegten Grenzen kann der Eigentümer – unter Ausschluss anderer Personen – mit der Sache, in Übereinstimmung mit der sozioökonomischen Zwecksetzung seines Rechts, verfahren und insbesondere Nutzungen und andere Gewinne aus ihr ziehen. Innerhalb obiger Grenzen kann er über die Sache verfügen."; Kroatien: Art. 3 Gesetz über grundlegende eigentumsrechtliche Verhältnisse: „Der Eigentümer hat das Recht, seine Sache zu besitzen, sie in durch Gesetz bestimmten Grenzen zu nutzen und über sie zu verfügen. Jedermann ist verpflichtet, die Verletzung des Eigentumsrechts eines Dritten zu unterlassen."; Spanien: Art. 348 CC: „Das Eigentum ist das Recht, eine Sache zu nutzen und über sie zu verfügen ohne andere Beschränkungen als die des Gesetzes."; Tschechien: § 123 ZGB: „Der Eigentümer ist in den Grenzen des Gesetzes berechtigt, den Gegenstand seines Eigentums zu besitzen, zu benutzen, seine Früchte und Nutzungen zu ziehen und über ihn zu verfügen."; sowie: § 126 Abs. 1 ZGB: „Der Eigentümer hat das Recht auf Schutz demgegen-

Parallel zu den Funktionsinhalten des Eigentums in den Rechtswissenschaften definieren die Wirtschaftswissenschaften – insbesondere unter Rückgriff auf den sog. „*Property-Rights*-Ansatz[512]“– das Eigentum als Konzentration verschiedener *exklusiver Handlungsrechte* in der Hand des Eigentümers.[513]

Auch die Wirtschaftswissenschaft schafft damit zwar keine Definition des Phänomens Eigentum, sie macht aber deutlich, dass sich das Eigentum gegenüber anderen Rechtspositionen – insbesondere gegenüber dem Besitz[514] – durch die umfassende Einräumung von *Handlungs-Befugnissen* auszeichnet.

Die Schwierigkeit das Eigentum inhaltlich zu fassen umgehen die Vertreter u. a. des *Property Rights Ansatzes*, indem sie das Eigentum als ein „Bündel von Verfügungsrechten“ fassen. Dabei ist mit der obigen Aufzählung einzelner Handlungs-

---

über, der sein Eigentum widerrechtlich beeinträchtigt, [...]“; vgl. auch Belgien: Art. 544 CC; Dänemark: *Inger Dübeck*: Einführung in das dänische Recht, S. 233 f.; Lettland: Art. 841 ff., 927 ZGB; Luxemburg: Art. 544 CC; Niederlande: Art. 5.1.1 BW; Ungarn: §§ 98–100 ZGB.

[512] Beispielsweise *Rudolf Richter*: Sichtweise und Fragestellung der Neuen Institutionen-Ökonomik, in: Zeitschrift für Wirtschafts- und Sozialwissenschaften 1990, S. 517 ff.; *Lawrence C. Becker*: Moral Basis of Property Rights, in: J. Roland Pennock/John W. Chapman (Hrsg.): Property, 1980, S. 187–220; *Carl J. Dahlman*: The Problem of Externality, in: Journal of Law and Economics, Bd. 22, 1979, S. 141 ff., 161; *Wilhelm Meyer*: Entwicklung und Bedeutung des Property Rights Ansatzes in der Nationalökonomie, in: Alfred Schüller (Hrsg.), Property Rights und ökonomische Theorie, München 1983, S. 1 ff., 3 f., 23 ff. (m. w. H.); vgl. *Günter Hesse*: Zur Erklärung der Änderung von Handlungsrechten mit Hilfe ökonomischer Theorie, in: Alfred Schüller, ebd., S. 79 ff.; 453 ff., (m. w. H.); *Ejan MacKaay*: Legal hybrids: Beyond property and monopoly?, in: Columbia Law Review 94, 1994, S. 2630 ff.; *Liesbeth Kneppers-Heynert*: En economische en juridische analyse van franchising tegen de achtergrond van een property rigths – en transactiekosten benadering, Diss., Groningen 1988; *Glenn G. Stevenson*: Common property economics: a general theory and land use application, Cambridge 1991, S. 256 ff.; *Gérard Gäfgen*: Entwicklung und Stand der Theorie der Property Rights: Eine kritische Bestandsaufnahme, in: Manfred Neumann (Hrsg.), Ansprüche, Eigentums- und Verfügungsrechte, Berlin 1984, Schriften des Vereins für Sozialpolitik, S. 43 ff. (m. w. H.); *Manfred Tietzel*: Die Ökonomie der Property Rights, Ein Überblick, in: Zeitschrift für Wirtschaftspolitik, 30. Jg. 1981, S. 207 ff.

[513] *Wilhelm Meyer*: Entwicklung und Bedeutung des Property Rights Ansatzes in der Nationalökonomie, in: Alfred Schüller (Hrsg.): Property Rights und ökonomische Theorie, München 1983, S. 1 ff., 23 ff. (m. w. H.); *Rudolf Richter*: Sichtweise und Fragestellung der Neuen Institutionen-Ökonomik, in: Zeitschrift für Wirtschafts- und Sozialwissenschaften, 1990, S. 517 ff. (m. w. H.).

[514] Für die Vertreter der klassischen Wirtschaftstheorie im Sinne der allgemeinen Gleichgewichtstheorie ist es demgegenüber gleichgültig, ob eine Sache das Eigentum der sie nutzenden Personen ist oder von ihnen nur gemietet wird. *Paul A. Samuelson*: Wage and Interest: A Modern Dissection of Marxian Economic Models, in: American Economic Review 47, 1957, S. 884 ff., 894; siehe auch: *Rudolf Richter/Eirik G. Furubotn* (FN 29), S. 157 ff., 160 (m. w. H.); auch bezüglich des Eigentums an Produktionsmitteln: *Oscar Lange*: On the Economic Theory of Socialism, in: Lange/Taylor/Lippincott (Hrsg.), On the Economic Theory of Socialism, Minneapolis 1938, S. 57 ff.; *Jaroslav Vanek*: The General Theory of Labor-Management Market Economies, Ithaca, NY 1970. Auch dieses Argument spricht gegen die Verwendung des modellhaften neo-klassischen Denkansatzes zur Analyse von Recht – speziell von Sachenrecht; siehe: *Rudolf Richter/Eirik G. Furubotn* (FN 29), S. 16 ff. (m. w. H.), 45 ff. (m. w. H.).

rechte des Eigentums sein Inhalt nicht definiert. Denn es ist nicht gesagt, dass eine solche Beschreibung von Handlungsrechten

- unverändert für die Zukunft fortgelten kann,
- zum Aufgreifen zukünftiger Eigentumsfragen (noch) geeignet erscheint,
- nicht in der Zukunft durch geeignetere Handlungsrechte oder deren neue Kombination ersetzt werden sollte.

Diese und weitere Fragen könnte ein Blick in die *Geschichte des Eigentums* beantworten.[515]

II. Eigentums(formen) in der Frühzeit des Menschen

Ein oben beschriebenes Eigentums-Verständnis hat sich kulturell, historisch entwickelt.[516] Damit trägt es bis heute die Spuren seiner sozial-, wirtschafts- und kulturgeschichtlichen Entfaltung.

1. Erste Anfänge

Zumindest eine „*eigentumsähnliche* Position“ besteht seit den Anfängen der Menschheit.[517/518] Selbst die mit uns verhaltens-biologisch am engsten verwandten Menschenaffen, die *Schimpansen*,[519] besitzen eine Vorstellung von der individuellen Zuordnung einzelner Gegenstände. Diese besteht sogar zugunsten *rangniederer* Artgenossen.[520] Selbst diese haben sogar die Befugnis Konkurrenten von dem Gebrauch des Gegenstandes auszuschließen.[521]

---

[515] Dieser hat sich im Rahmen dieser Darstellung auf die Wiedergabe der wesentlichen Entwicklungsschritte zu beschränken. Einzelheiten zur Geschichte des Eigentums siehe: *Dieter Krimphove*: Eigentum – Zum Bedeutungswandel eines Rechtsinstituts, in: Rechtstheorie 47, 2016, S. 271 ff., 280 ff. (m. w. H.).

[516] Dazu ausführlich *Christoph Engel*: Die soziale Funktion des Eigentums, in: Thomas Danwitz/Otto Depenheuer/Christoph Engel: Bericht zur Lage des Eigentums, Heidelberg 2002, S. 9 ff. (m. w. H.).

[517] Insbes. *Gertraude Mikl-Horke*: Historische Soziologie der Wirtschaft, Oldenbourg 1999, S. 15.

[518] Siehe dazu die kurze Geschichte des ökonomischen Selektionsvorteils des Eigentums, *Dieter Krimphove*: Eigentum – Zum Bedeutungswandel eines Rechtsinstituts, in: Rechtstheorie 47, 2016, S. 271 ff., 280 ff. (m. w. H.).

[519] Auch für Kapuzineraffen: *Michael R. D'Amato/Norman Eisenstein*: Laboratory breeding and rearing of Cebus Apella, in: Laboratory Primate Newsletter, 1972 (11), S. 3 ff.

[520] So auch *Frans B. M. de Waal*: Tierische Geschäfte, in: Spektrum der Wissenschaft, Heidelberg 2006, S. 51 ff., 54.

[521] Ebd.

Die Existenz einer solchen, eigentümerähnlichen Stellung im Tierreich verdeutlicht etwa die Möglichkeit der Schimpansen, selbsterworbene Nahrung an einen Artgenossen – in einem Tausch – weiterzugeben. Evolutionstechnisch nicht so weit entwickelte *Primaten* (wie etwa *Rhesusaffen*) sind hierzu nicht in der Lage.[522]

Es wäre jedoch zu vorschnell, anhand dieser Verhaltensweise, auf eine dem heutigen Verständnis von Eigentum des Frühmenschen gleichende Eigentumskonzeption zu schließen. Hier bedarf es *rechtsethologisch* einer differenzierteren Betrachtungsweise:

a) Fehlen des „Eigentums" in der Genese des Menschen

Höchstwahrscheinlich kannte der Frühmensch kein, dem heutigen Verständnis entsprechendes Eigentum. Anzunehmen ist, dass die Frühmenschen zu ihrem Schutz bzw. zu ihrer Nahrungsgewinnung, d.h. dem Fang wie dem Zerlegen der Beute, zwar Gegenstände benutzten. Diese Objekte standen, in einer Form des *Gemeineigentums*, allen Mitgliedern einer Sippe gleichsam zum Zweck des Gebrauchs zu. Eine vergleichbare Form des Gebrauchs und der Nutzung von Gegenständen stellt die sog. „Allmende" dar.[523] Diese galt insbesondere bis noch ins späte Mittelalter in Dorfgemeinschaften, etwa bei der Nutzung von Gemeinschaftsgrundstücken wie dem Dorfanger oder den Dorfweiern.[524]

Mit der heutigen Rechtsform des *Gemeinschaftlichen Eigentums* i.S.d. §6 Abs.5 WEG oder der mittelalterlichen *Allmende* (= *Gemeineigentum*) oder gar mit dem anteiligen *Miteigentum* i.S.d. §1008 BGB ist diese Art der Nutzung bzw. Nutzungsberechtigung eines Gegenstandes nicht inhaltlich gleichzusetzen. Im Gegensatz zu einem Objekt an dem mehrere Berechtigte ihre Eigentums-Berechtigung permanent ausüben,[525] erlangten die Gegenstände in der Frühzeit des Menschen ihren „eigentumsähnlichen" Wert erst mit, oder besser in ihrer unmittelbaren *Nutzung*. Bei Nichtgebrauch oder Abschluss ihres Gebrauchs waren sie vollständig recht- bzw. „eigentumslos". Man mag dieses prähistorische „Eigentums-Verständnis" mit dem Begriff „zeitlich aktualisiertes" Nutzungs- oder „Gebrauchs-Eigentum" kennzeichnen.[526]

[522] Etwas spekulativ *Frans de Waal*: Der gute Affe, München 2000, S. 182ff. (m.w.H.); *Michael R. D'Amato/Norman Eisenstein*: Laboratory breeding and rearing of Cebus Apella, in: Laboratory Primate Newsletter, 1972, 11, S. 3ff., 4ff. (m.w.H.).

[523] Zur *Allmende* siehe oben Teil I Kapitel B.VI.4. (m.w.H.).

[524] *Douglas C North/Robert Paul Thomas*: The Rise of the Western World, S. 9ff. (m.w.H.), 25ff. (m.w.H.); siehe oben Teil I Kapitel B.VI.4. (m.w.H.); siehe: *Dieter Krimphove*: Ökonomische Analyse der Sozialenzykliken der Katholischen Soziallehre, Köln 2017, S. 72ff. (m.w.H.).

[525] Etwa: Aktionäre an einem Unternehmen.

[526] Ähnlich auch: *Christoph Pfluger*: Was uns wirklich antreibt, in OYA an*ders* denken an*ders* leben Heft 12, 2012, https://oya-online.de/article/read/611-was_uns_wirklich_antreibt.html#; Kapitel 3.

Gegen die hier vorgestellte Sicht, nach der die Menschheit in der Phase ihrer Entstehung noch kein „Eigentum" als institutionellen Wert im heutigen Verständnis kannte, stehen gerade nicht die Funde von *Grabbeigaben*, deren Auffindung bereits vor ca. 100.000[527] bis 200.000 Jahren[528] in der *Skuhul-Höhle* bzw. in *Neuguinea* lag. Diese Funde bestätigen vielmehr die hier geäußerte Sicht nach der es in der Epoche der Genese des Menschen kein exklusives Eigentum im heutigen Verständnis[529] gab: Diesen frühen Grabbeigaben kam nämlich nicht die Funktion zu individuellen Reichtum des Toten passiv zu dokumentieren. Ihr charakteristischer Zweck bestand vielmehr darin, dem Toten zu versorgen und sie, speziell zu seiner Verteidigung gegen Geister und/oder Ahnen, mit Gebrauchsgegenständen und Waffen auszustatten. Hierbei steht nicht der Nachweis von Eigentum als Reichtum oder als Statussymbol des Verstorbenen im Vordergrund seiner Grabbeigabe. Charakteristisch für diese Grabbeigaben war vielmehr die Möglichkeit ihres aktiven *Gebrauchs* seitens des Verstorbenen. Letzteres erklärt, dass sich eben nicht nur wertvolle Gegenstände in prähistorischen Gräbern befinden, sondern in großer Zahl auch nahezu wertlose Alltagsgegenstände, deren Anwesenheit sich nicht mit einer Präsentation des Reichtums oder Status des Verstorbenen erklären lassen.

Der Einsatz eines zeitlich begrenzten *Gebrauchs-Eigentums* hat den ökonomischen Vorteil, dass es dauerhaft jedem Nutzungswilligen die Objekte, die er verwenden mochte, jederzeit zur freien Verfügung stellte.

Für heutige Vorstellungen wird dieses prähistorische „Eigentum" erst mit dem Vergleich eines derzeitigen Gebrauchs von Wasser eines Wildbaches verständlich. Das fließende Wasser des Baches steht in keinem Eigentum. Nur dann, wenn der Vorrübergehende seinen Durst mit dem Wasser stillen möchte – und nicht erst dann, wenn er es in seiner Hand oder einem Gefäß abgeschöpft hat – gewinnt das Wasser den Status eines nach außen hin abgrenzbaren *Gebrauchseigentums*. Nach dem Trinken fällt jedoch das Wasser des Wildbaches – und das unterscheiden diese prähistorischen Eigentumsformen von den Eigentumsformen des *Gemeinschaftlichen Eigentums* (§ 6 Abs. 5 WEG), *des Gemeineigentums* oder des *Miteigentums* (§ 1008 BGB) – in seine rechtliche Form der Eigentumslosigkeit zurück.

Ein solcher Umgang mit Objekten entsprach nicht etwa einem vermeintlich fehlenden Intellekt des Frühmenschen, sondern exakt der *ökonomischen Situation*.

In ihr fand nahezu alles Leben in der *Gemeinschaft* statt. Hierarchie versorgte den Menschen mit Nahrung und gab ihm Schutz.[530] Auch die komplexe Form der

---

527 *Philip Liebermann*: Uniquely human, 1991, S. 163.

528 *Ina Wunn*: Die Religionen in vorgeschichtlicher Zeit, 2004, S. 434 ff., 451 ff. (m. w. H.).

529 Trotz fehlender Eigentums-Definition (siehe oben Teil III Kapitel M. I. 2. (m. w. H.)) erscheint das Eigentum aktuell als ein Bündel von Handlungsrechten, das es die Berechtigten exklusiv gewährt. Siehe oben Teil III Kapitel M. I. 3. (m. w. H.).

530 Speziell zur rechtsethologischen Bedeutung von *Hierarchie*: siehe unten Teil I Kapitel B. VI. 2. (m. w. H.); Kapitel B. VI. 4. (m. w. H.); Teil II Kapitel A. III. 3. d) (m. w. H.); siehe oben Teil II Kapitel A. I. 4. (m. w. H.).

Kooperation bei einem Jagdgeschehen beruhte zwar auch auf hierarchischer Leitung, sie war aber immer nur dann möglich, wenn alle gemeinschaftlich sich der Sache annahmen.[531] Es ist sogar anzunehmen, dass eine prähistorische hierarchisch organisierte Gemeinschaft die gemeinsame Beute oder den Ertrag der gemeinschaftlichen Bemühungen pro Kopf, d. h. nach Bedürftigkeit, und nicht nach einem besonderen Verdienst aufteilte. Bereits *Primaten* empfinden überaus heftige Wut, wenn sie im Vergleich zu ihren Konkurrenten ungleich entlohnt werden.[532]

Ein solches gemeinschaftliches, kooperatives Handeln[533] konnte nur gelingen, wenn jedem von ihnen ausreichend Hilfsmittel zur Verfügung standen. Eine Zuweisung eines Hilfsmittels an einen Einzelnen hätte, in dieser ökonomischen Situation, zu gemeinschädlichen Transaktionskosten und erheblichen Aufwendungen geführt:

Aufgrund der noch relativ unvollkommenen Entwicklung der Sprache, der räumlichen und notwendigerweise wechselnden Distanz aller an der Jagd Beteiligten, der Lautstärke des Geschehens und dessen aktuelle Gefahren für Leib und Leben der Jagdteilnehmer war ein friedliches *Aushandeln* der Frage, wem ein bestimmtes Hilfsmittel zustehen soll, mit extrem hohen Such-, Verhandlungs-, Ausführungs- und Kontrollkosten[534] verbunden und in der zeitlichen Enge des Jagdgeschehens ohnehin real kaum durchführbar.

Erst Jahrhunderte später kam jene „Kultur-Technik" auf das Jagdgeschehen zu planen und durch magische Praktiken abzusichern. Noch heute erhaltene *Höhlenmalereien*, von etwa vor 64.000 Jahren, deuten darauf hin, dass die damaligen Jagdteilnehmer die Jagdhandlungen vorwegnahmen, um deren späteren Verlauf magisch beeinflussen zu können.[535/536]

---

[531] Siehe oben Teil II Kapitel A. I. 4. (m. w. H.).

[532] Siehe oben Teil I Kapitel B. III. (m. w. H.); Teil II Kapitel A. III. 2. b) dd).

[533] *Michael Timasello*: Eine Naturgeschichte der menschlichen Moral, 2016, S. 22 ff., 25 ff. (m. w. H.); siehe oben Teil II Kapitel A. I. 4. (m. w. H.).

[534] Siehe oben Teil II Kapitel B. V. 2. (m. w. H.).

[535] Siehe etwa: *Walter Hirschberg/Wolfgang Müller*: Stichwort: Jagdmagie, in: Wörterbuch der Völkerkunde, 2. Aufl., Berlin 2005, S. 193; *Scinexx*: Symbol, Ritual und Sternenkarte, Warum entstanden die Höhlenbilder? https://www.scinexx.de/dossierartikel/symbol-ritual-und-sternenkarte/.

[536] Zahlreiche Höhlenbilder finden sich in Europa um vor 45.000 bis 35.000 Jahren. Höhlenbilder kommen allerdings weltweit vor; darunter die älteste figürliche Abbildung von vor ca. 44.000 Jahre (sog. *Therianthrope*) auf *Sulawesi*.

In gleich drei spanischen Höhlen entdeckten Forscher Malereien, die sie mit einem Alter von mindestens 64.000 belegten und deren Urheberschaft sie daher nicht dem *homo sapiens* sondern ehr den *Neandertalern* zuschrieben. Bislang teilte die Archäologie die Fähigkeit, Abbilder zu schaffen ausschließlich dem modernen Menschen (*homo sapiens*) nicht aber früher oder lebenden *Hominiden* zu.

Dieselbe Urheberschaft scheint für die in der Höhle *El Castillo* im spanischen *Kantabrien* gefundenen „Roten Hände" von vor 40.800 Jahren zu gelten. (https://www.br.de/wissen/hoehle-hoehlenmalerei-kunst-100.html).

Es darf zudem nicht vergessen werden, dass in dem hier fraglichen Zeitraum von vor 400.000 bis 180.000 Jahren die Arbeitsgeräte der Frühmenschen nicht spezifisch waren. Es waren eher umherliegende und allgemein verfügbare Steine oder Stäbe und Äste, die als Schlagwerkzeuge und, in ihrer zugespitzten Form, als Speere dienten. Eigens die naturgegebene Allgemeinverwendbarkeit und damit deren *Allgemeinverfügbarkeit* dieser Gegenstände (statt um Werkzeuge handelt es sich bei ihnen eher um *Hilfsmittel)* machten deren „Eigentumisierung“, also deren dauerhafte Zuweisung an einen exklusiv Berechtigten, in der frühen Epoche des Entstehens der Menschheit, nicht nur transaktionskostenintensiv und damit *ineffizient*,[537] sondern schlichtweg überflüssig.

aa) Eigentumsbildung mit dem Aufkommen von Arbeitsteilung

Eine, unserem heutigen Verständnis von *Eigentum* entsprechende Form kam erst mit der *Arbeitsteilung*, speziell mit der Spezifizierung der *Hilfsmittel* und dem Entstehen von *Werkzeugen* auf. Auf letzteren Aspekt hat die Archäologie und Soziologie bislang kaum hingewiesen.

bb) Exkurs: Der unklare zeitliche Rahmen der Arbeitsteilung

Wissenschaftler geben diesen Zeitpunkt regelmäßig mit der *neolithischen Revolution* an.[538] Über deren zeitliche Lage besteht Uneinheitlichkeit. So müssen Vorgänge der Arbeitsteilung nicht identisch mit der *neolithischen Revolution*[539] zusammenfallen. Ohnehin erscheint es schwer einzelne entwicklungshistorische Epochen jahresgenau anzugeben. Ferner hat sich auch die Arbeitsteilung nicht punktuell, sondern kontinuierlich in einem langfristigen Erkenntnis- und Fortschrittsprozess durchgesetzt. Insofern fallen die Arbeitsteilung und die sich hieraus ableitende Eigentumsbildung nicht notwendig mit der zeitlichen Grenze der *neolithischen Revolution* zusammen.

Farbpigmente und andere Mahl-Utensilien (durchlöcherte Muschen, die als Farbtöpfchen haben dienen können) und die sogar aus einer Zeit von vor 115.000 Jahren stammen entdeckten Forscher in *La Pasiega* im nordspanischen *Kantabrien* (https://www.br.de/wissen/hoehle-hoehlenmalerei-kunst-100.html).

[537] Siehe oben Teil I Kapitel B. V. 2. (m. w. H.).

[538] Siehe: *Joachim Bauer*: Neurobiologische und soziale Kontexte menschlicher Aggression, in: Psychotherapie 17. Jahrg., 2012, Bd. 17, Heft 2, S. 252 ff. (m. w. H.); *Christoph Pfluger*: Was uns wirklich antreibt, in: OYA an*ders* denken an*ders* leben Heft 12, 2012, https://oya-online.de/article/read/611-was_uns_wirklich_antreibt.html#; Kapitel 3; *Cristoph Hubig*: Arbeitsteilung: Neue Formen der Mensch-Maschine-Interaktion, in: Kevin Liggieri/Oliver Müller (Hrsg.) Mensch-Maschine-Interaktion, 2019, S. 21 ff. (m. w. H.); *Gerhard Schwarz*: Die Stufen der Menschheitsentwicklung – Ein Überblick, in: Shitstorms, Lügen, Sex. Springer, Wiesbaden 2019, S. 29 ff. (m. w. H.); *Karl Spremann*: Leistungsangebot des Staates, in: Öffentliche Finanzwirtschaft, Essentials 2019, S. 3 ff. (m. w. H.).

[539] Siehe oben Teil II Kapitel B.; Teil III Kapitel G. III. (m. w. H.); Kapitel G. IV. 1. (m. w. H.).

cc) Individualität als Voraussetzung des Eigentums

Arbeitsteilung weist unterschiedlichen Individuen einzelne spezielle Arbeitsschritte, -aufgaben und -gebiete zu. Diese hat der Einzelne in die Gesamtheit des allgemeinen Produktionsplans einzubringen, der ohne diese *Teilleistung* nicht realisierbar ist.

Kam in der Frühgeschichte der Menschheit der *Gemeinschaft* Gewicht und Bedeutung zu, so überträgt sich diese, mit einsetzender *Arbeitsteilung*, konsequenterweise auf den *Einzelnen*. Damit erscheint die erste Voraussetzung des Entstehens eines *individuellen Eigentumsrechtes* im heutigen Sinne.

Parallel zur Verlagerung der Bedeutung auf das sich arbeitsteilig in die Gemeinschaft einbringende *Individuum* steht die Tatsache, dass der Schaffende seine speziellen Aufgaben effizient auch nur mit *spezialisierten Werkzeugen* erbringen kann. Aus den frei verfügbaren *Hilfsmitteln*[540] werden in dieser Epoche „Werkzeuge". Aus diesem Umstand ergeben sich, in der frühen Geschichte des Menschen, gleich zwei Ursachen einer institutionellen Herausbildung des Eigentums im heutigen Sinne:

dd) Eigentum als „Lohn" für die individuelle Umwandlung von Hilfsmitteln zu Werkzeugen

Im Gegensatz zu den oben beschriebenen *Hilfsmitteln* (Steine, Äste etc.)[541] sind spezialisierte *Werkzeuge* aber nicht unmittelbar in der Natur vorhanden und frei verfügbar. Menschen müssen sie erst erarbeiten.

Der Wert eines Werkzeuges liegt damit nicht mehr, wie etwa bei einem unspezifischen *Hilfsmittel*, allein in seinem *Gebrauch*,[542] sondern nun in seiner mehr oder weniger aufwendigen *Herstellung*.

Ein unbearbeiteter Gegenstand (Stein, Ast etc.) erlangt durch seine individuelle Bearbeitung einen individuellen *Mehrwert*; nämlich die Qualität als *Spezialwerkzeug* zu dienen. Dieser Mehrwert ist gesamtwirtschaftlich vorteilhaft, denn der Einsatz eines Spezialwerkzeuges erspart, im Vergleich zum Einsatz eines nichtspezialisieren Hilfsmittels, erheblichen Aufwand bzw. Transaktionskosten.[543]

Bezeichnenderweise entstehen gerade mit der *Arbeitsteilung* (ob sie nun formal der neolithischen Revolution zugeordnet wird oder nicht[544]) zahlreiche neue, spezialisierte *Arbeitswerkzeuge* und differenzierte Arbeitsstoffe.

---

[540] Siehe oben Teil III Kapitel M. II. 1. c).
[541] Siehe oben Teil III Kapitel M. II. 1. a).
[542] Siehe oben Teil III Kapitel M. II. 1. a) (m. w. H.).
[543] Siehe oben Teil II Kapitel B. V. 2. (m. w. H.).
[544] *Joachim Bauer*: Neurobiologische und soziale Kontexte menschlicher Aggression, in: Psychotherapie 17. Jahrg., 2012, Bd. 17, Heft 2, S. 252 ff.

Vergleichbar den *Erfindungsleistungen* – die sinnfällig als *geistiges* Eigentum bezeichnet, dieselben Einzelrechtspositionen wie das *körperliche Eigentum* gewähren[545] – muss die, von dem Einsatz eines spezialisierten Werkzeuges profitierende, Gemeinschaft eine solche Mehrwertschaffung „belohnen“.[546] Denn ohne diesen „Lohn“ fehlt jedem Hersteller die Motivation zur Aufwendung seiner Arbeitszeit und -kraft zur Produktion von Werkzeugen.[547] Eine solche *Entlohnung* geschieht dadurch, dass die Gemeinschaft dem Verarbeiter, quasi als Lohn seiner Arbeit, ein individuelles Recht an dem er- bzw. bearbeiteten Objekt zuspricht.

Interessanterweise findet sich dieser Gedanke nahezu ausdrücklich in allen Sachenrechtsordnungen Europas. Diese gestehen übereinstimmend – wenn auch in unterschiedlicher normtechnischer Ausgestaltung – dem *Verarbeiter*, allein durch die *Verarbeitung* eines Gegenstandes, eine *originäre Eigentumszuweisung* an ihn zu.[548]

- In den Rechtsordnungen Deutschlands,[549] Estlands,[550] Griechenlands,[551] Ungarns,[552] Spaniens,[553] oder Italiens[554] erwirbt der Verarbeiter das Eigentum an der neu gebildeten Sache. Allerdings muss die neue Sache den Wert der umgebildeten Sache „erheblich“[555], „wesentlich“[556], „überwiegend“[557], „bedeutend“[558] bzw. „offensichtlich“[559] übersteigen.[560]

- Die Sachen-Rechtsordnungen Großbritanniens, Lettlands und der skandinavischen Länder gewähren ein *Miteigentum* des Verarbeiters und des Eigentü-

[545] *Nutzung, Veräußerung, Besicherung, Exklusivität*, siehe oben Teil III Kapitel M.I.3. (m. w. H.); auch: *Dieter Krimphove*: Ökonomisch/juristische Konzeption der Innovation, in: Wilhelm Schmeisser/Dieter Krimphove/Claudia Hentschel/Matthias Hartmann: Handbuch Innovationsmanagement, 2013, S. 105 ff., 111 ff. (m. w. H.).

[546] *Dieter Krimphove*: Artikel 8 Verletzung von Rechten des geistigen Eigentums, in: Soergel: Kommentar zum BGB, Bd. 27, I [IPR] 2019, Rn. 17 (m. w. H.).

[547] *Dieter Krimphove*: Ökonomisch/juristische Konzeption der Innovation, in: Wilhelm Schmeisser/Dieter Krimphove/Claudia Hentschel/Matthias Hartmann: Handbuch Innovationsmanagement, 2013, S. 105 ff., 111 ff., 113 ff. (m. w. H.); *Dieter Krimphove*: Artikel 8 Verletzung von Rechten des geistigen Eigentums, in: Soergel: Kommentar zum BGB, Bd. 27, I [IPR] 2019, Rn. 26 (m. w. H.), 38 (m. w. H.).

[548] Zur Ökonomik der *Verarbeitung*, siehe *Dieter Krimphove*: Europäisches Sachenrecht, 2006, S. 449 ff. (m. w. H.).

[549] § 950 BGB.

[550] Art. 106 Abs. 1 Asjaõigusseadus.

[551] Art. 1061 ff. ZGB.

[552] Art. 133 ZGB.

[553] Art. 383 Abs. 1 CC.

[554] Art. 940 CC.

[555] Deutschland: § 950 BGB.

[556] Ungarn: Art. 133 Abs. 1 ZGB.

[557] Tschechien: Art. 135 b Abs. 1 ZGB; auch Schweiz: Art. 726 Abs. 1 ZGB.

[558] Italien: Art 940 CC.

[559] Griechenland: Art. 1061 ZGB.

[560] Obige ökonomische Aspekte sind bei der Auslegung dieser „unbestimmten“ Rechtsbegriffe zu berücksichtigen.

mers an den verarbeiteten Sachen, selbst dann, wenn durch die Verarbeitung keine *Hauptsache* entsteht.[561]

- Lediglich das *französische* Recht begründet die Eigentumszuweisung an den Verarbeiter in Art. 565 CC mit einer *Billigkeitserwägung*.[562] Dies stellt aber kein Abweichen zu den obigen Rechtsordnungen dar, da sich die Billigkeitserwägung an die Inhalte der oben dargestellten ökonomischen Grundsätze zu halten haben.

ee) Fachkompetenz als Sach-Zuweisungskriterium

Einen weiteren, entscheidenden Impuls zur Genese des Instituts *Eigentum* besteht in der ökonomischen Notwendigkeit, dass Werkzeuge zur Ausführung einer speziellen Arbeit selbst speziell, d. h. für die Ausführung einer spezifischen Aufgabe passend, d. h. speziell geeignet sein müssen. Im Gegensatz zu den, in der Natur frei verfügbaren *universal-verwendbaren Hilfsmitteln*[563] gewähren *Spezialwerkzeuge* die wohlfahrtsökonomische Garantie spezielle arbeitsteilige Aufträge aufwands- und kostengünstig verrichten zu können[564].

Derartig spezifizierte Werkzeuge bzw. Arbeitsmaterialien setzen, um sie wirtschaftlich einsetzen zu können, *Spezialkenntnisse* bezüglich ihrer Anwendung seitens ihres Verwenders voraus. Mit anderen Worten, nur ein *spezialisierter, fachkundiger* Nutzer von differenzierten Werkzeugen und Materialien kann diese für seine individuell zu leistende Arbeit sinnvoll, d. h. *effizient*[565] einsetzen. Für andere arbeitsteilig Verpflichtete sind die speziellen Arbeitsgeräte und Grundstoffe i. d. R. kaum effizient zu gebrauchen. Damit weist die *Spezialkenntnis* den Umgang mit Arbeitsgeräten und -materialien ausschließlich einem fachkundigen Individuum zu. Neben dem Gesichtspunkt der *Werkzeugerzeugung*[566] erscheint die erworbene *Spezialisierung* im Umgang mit Werkzeugen und Arbeitsstoffen[567] als weiterer Grund zur Herausbildung des Instituts des *Eigentums* in der frühen Geschichte des Menschen. Diesen Zusammenhang lassen bislang Archäologie oder die Geschichtswissenschaft nahezu unbeachtet.

---

[561] Dänemark: Fichna, in: *Herbert Stumpf*: Eigentumsvorbehalt und Sicherungsübereignung im Ausland, 2011, S. 120, 126, 388, 347 f. (m. w. H.); Großbritannien: Benjamin's Sale of Goods; Rn. 5.121.

[562] Art. 565 CC: „Das Recht des Eigentumserwerbs, sofern es sich um zwei bewegliche Sachen handelt, die zwei unterschiedlichen Eigentümern gehören, unterfällt vollständig dem Regelungsprinzip der als natürlich empfundenen Billigkeit."

[563] Siehe oben Teil III Kapitel M. II. 2. a); Kapitel M. II. 2. b) (m. w. H.).

[564] Siehe oben Teil III Kapitel M. II. 1. b) aa) (m. w. H.).

[565] Zum Kriterium der *Effizienz* in der *Rechtsethologie* siehe oben Teil I Kapitel B. V. 1. (m. w. H.).

[566] Siehe oben Teil III Kapitel M. II. 1. a) dd) (m. w. H.).

[567] Hierzu siehe oben Teil II Kapitel A. I. 4. b); Teil I Kapitel B. VI. 1. (m. w. H.).

Die *Ausschließlichkeit* oder *Exklusivität* der Zuweisung an den Fachkundigen ergibt sich dabei nicht allein aus seiner erworbenen Kompetenz. Sie resultiert de facto ebenfalls aus der Situation, dass andere, gerade durch die Erfüllung ihrer Spezialaufgabe, zeitlich gebunden sind und so keine selben bzw. vergleichbaren Kompetenzen erwerben können. Andere Individuen stellen – in einem ökonomischen System der Arbeitsteilung – somit keine Eigentumszuweisungs-Konkurrenten i. o. S. dar. Auch hieraus, d. h. über die *Arbeitsteilung*, die *Spezialisierung* der Aufgabenerfüllung und den *Kenntniserwerb* im Umgang mit differenziert einzusetzenden Arbeitsmitteln und -materialien, resultiert deren exklusive *eigentumsähnliche* Gebrauchs-Zuweisung an den Fachkundigen.

b) Die Differenzierung des Eigentums in der neolithischen Revolution

In einem inhaltlich direkten Zusammenhang mit dem Grundsatz *arbeitsteiliger Spezialisierung* steht auch die im zeitlichen Umfeld der *neolithischen Revolution* einsetzende Unterscheidung des Eigentums an beweglichen Sachen (*Mobilien*) und dem Grundeigentum (*Immobiliareigentum*). Die prähistorische *Arbeitsteilung* in Kombination mit der Fähigkeit des Menschen Feuer zu beherrschen, um so beispielsweise pflanzliche Nahrung zu kochen bzw. verdaulich zu machen,[568] führte auf dem Gebiet der Nahrungsversorgung langfristig zur *Sesshaftigkeit* des Menschen. Im Rahmen der entstehenden Sesshaftigkeit des Menschen – vor etwa 15.000 bis 13.000 Jahren[569] – trat dann erstmalig die Unterscheidung des Eigentums in *Land-Eigentum* und *Bedarfsgegenstände-Eigentum* auf:[570] Die Bevölkerungszunahme machte nämlich eine effektivere Versorgungsproduktion erforder-

[568] *Jürgen Kaube*: Die Anfänge von Allem, 2. Aufl., 2019, S. 43 ff., 47 ff. Spätestens mit dem Wechsel von Jägern und Sammlern und damit zu sesshaftem Ackerbau werden Frauen für Getreideanbau zuständig, siehe: *Jürgen Kaube*: Die Anfänge von Allem, 2. Aufl. 2019, S. 43 ff., 51 ff. (m. w. H.); *Arne Eggebrecht u. a.*: Geschichte der Arbeit. Vom alten Ägypten bis zur Gegenwart, 1981, S. 59 f.; *Kaario Utrio*: Evas Töchter. Die weibliche Seite der Geschichte, 1987, S. 14; auch: *Lars Hennings*: Den Himmel stützen! Prozeß, Kognition, Macht, Geschlecht – soziologische Reflexionen zum Jung-Paläolithikum, 2014, S. 106 f., 169 ff. (m. w. H.); siehe oben Teil II Kapitel A. I. 4. a) bb) (m. w. H.).

[569] Der Übergang von der Hirten-, Jäger- und Sammlergesellschaft zu der der sesshaften agrarisch geprägten datiert etwa vor dem 11. Jahrtausend. *Ian Kujit* (*Bill Finlayson* et al.: PNAS, Online-Vorabveröffentlichung, doi: 10.1073/pnas.0812764106); siehe dazu *Stefanie Strauch*: Als die Jäger sesshaft wurden, in: Bild der Wissenschaft, 26. Juni 2009, abgerufen am 22. 4. 2011 (m. w. H.). Anfänge dieser Entwicklung datieren um 20.000 v. Chr.: *Gerd-Christian Weniger*: Projekt Menschwerdung. Streifzüge durch die Entwicklungsgeschichte des Menschen, Herne 2000, S. 130 (m. w. H.).

[570] Vgl. auch: *Wolfgang Theil*: Eigentum und Verpflichtung: Einige juristische Aspekte, in: H. J. Stadermann/O. Steiger, Verpflichtungsökonomik. Eigentum, Freiheit und Haftung in der Geldwirtschaft, Berlin 2001, S. 175 ff., S. 176; *Gertraude Mikl-Horke*, Historische Soziologie der Wirtschaft, Oldenbourg 1999, S. 15.; auch *Uwe Wesel*: Die Geschichte des Rechts, München 2000, S. 32 ff. (m. w. H.).

lich. Dies geschah durch die Domestizierung von Pflanzen und Tieren[571] und die damit notwendig verbundene *Sesshaftigkeit* ganzer Familien-Gruppen, Sippen oder Klans.[572]

Die so betriebene *Landwirtschaft* schuf neue Wirtschafts- und Lebensformen.[573] Die als *neolithische Revolution*[574] *bezeichneten sozialen, wirtschaftlichen und kulturellen Umwälzungen bedingten auch das Entstehen rechtlich innovativer Eigentumsformen*:[575] Neben das, in der vormaligen Lebensweise der nomadisierenden Jäger, Hirten und Sammler bereits bekannte, individuelle Eigentum an Gegenständen des täglichen Bedarfs trat nun – zum Zweck der planmäßigen Versorgung sesshafter Siedlungsgruppen – das Familien- oder Gruppen- oder *Gesamthandeigentum* an Ackerland.

Die neolithische Revolution schuf daher nicht nur die rechtliche Differenzierung des Eigentums in *Mobiliar-* und *Immobiliareigentum*, sondern auch deren rechtliche Entsprechung, nämlich das *Klan-* oder *Gesamthandseigentum* an *Immobilien* einerseits und *Individual-Eigentum* an *beweglichen Sachen* andererseits.[576]

Jüngere Forschungsergebnisse[577] lassen zudem den Schluss zu, dass die landwirtschaftliche, an Sesshaftigkeit gebundene Produktionsweise nicht nur – gegenüber der nomadisierenden Jäger- und Sammlertätigkeit – ökonomische und evolutionäre Vorteile aufwies. Mit dem, als Ausdruck dieser Lebens- und Produktionsweise entstehenden Klan-(Gesamthands-)*Eigentum* an landwirtschaftlichen Nutzflächen entwickelte sich auch die Notwendigkeit des Einsatzes von kollektiv geplanter *Gewalt* zwischen Menschen. Kollektiv organisierte Gewalt gegen fremde Gruppen

---

571 *Yuval Noah Harari*: Eine kurze Geschichte der Menschheit, 35. Aufl., 2013, S. 62 ff., 64 ff.

572 Sog. segmentäre Gesellschaften; siehe bereits: *Emile Durkheim*: Über soziale Arbeitsteilung, Frankfurt 2004 (Original 1893), S. 230; siehe auch: *Holdenis Casanova Guarda*: La Araucania Colonial – Discursos y Esteriotipos (1550–1800); 1998; *Olaf Kaltmeier*: Auf der Suche nach Anarchie, in: Jürgen Mümken (Hrsg.), Anarchismus in der Postmoderne,2005, S. 99 f.

573 *Yuval Noah Harari*: Eine kurze Geschichte der Menschheit, 35. Aufl., 2013, S. 101 ff., 199 ff., 115 ff. (m. w. H.).

574 *Vere Gordon Childe*: The Dawn of European Civilisation, 6th ed., London 1957.

575 *Gertraude Mikl-Horke*: Historische Soziologie der Wirtschaft, München 1999, S. 15 (m. w. H.); *Carel van Schaik/Kai Michel*: Das Tagebuch der Menschheit. Was die Bibel über unsere Evolution verrät, Reinbek 2016, S. 64 ff. (m. w. H.).

576 Vgl. auch *Wolfgang Theil*: Eigentum und Verpflichtung: Einige juristische Aspekte, in: Hans-Joachim Stadermann/Otto Steiger: Verpflichtungsökonomik. Eigentum, Freiheit und Haftung in der Geldwirtschaft, Berlin 2001, S. 175 ff., 176 (m. w. H.); *Gertraude Mikl-Horke*: Historische Soziologie der Wirtschaft, München 1999, S. 15 (m. w. H.); auch *Uwe Wesel*: Die Geschichte des Rechts, München 2000, S. 32 ff. (m. w. H.).

577 Insbesondere *Douglas P. Fry/Patrik Söderberg*: Lethal Aggression in Mobile Forager Bands and Implications for the Origins of War, in: Science vom 19. Juli 2013; auch *Richard Wrangham*: Demonic Males. Apes and the Origins of Human Violence, London 1997. Diese Studien schreiben erst der Kultur der Ackerbauern das Entstehen von Krieg – als kollektiv geordnete Gewalt – zu. Gruppen von Jägern und Sammlern sollen demgegenüber friedliebender gelebt haben.

oder Klans erscheint bei dieser Erwerbs- und Eigentumsform erstmals erforderlich, um das Eigentum – als das den Bestand der Gruppe sicherndes Produktionsmittel – gegenüber Angriffen konkurrierender Klans verteidigen zu können. Eine solche Verteidigungshandlung erforderte die nomadisierende Lebensweise der Jäger und Sammler nicht.

Damit führte die in der *neolithischen Revolution* aufkeimende Sesshaftigkeit also nicht allein zur Herausbildung neuer *Eigentumsformen*, sondern – aufgrund der mit ihr verbundenen evolutionären/ökonomischen Vorteilhaftigkeit sesshafter Lebensweise und des Einsatzes kriegerischer *Gewalt* – zu einer weitgehenden Verdrängung der Jäger- und Sammler-Kultur.[578]

> Ein literarisches Beispiel des historischen Überganges von nomadisierenden Jägern und Sammlern zu sesshaften Ackerbauern bildet das sonst nur schwer zu deutende alt-testamentarische Erzählgut von dem nomadisierenden und tieropfernden Abel[579] als Protagonisten der Jäger- und Sammler-Epoche einerseits und des Ackerbauern Kain[580] andererseits.[581]

Interessant an dieser sozial-historisch epochalen Umwandlung ist die *rechtliche* wie auch *gesellschaftliche* und *militärische* Bedeutung, die die Herausbildung einer innovativen, sich nur auf landwirtschaftliche Immobilien beziehende, Eigentums-Form einnimmt.

In den Hochkulturen Mesopotamiens – um das dritte Jahrtausend v. Chr. – schloss dann die Entwicklung des Rechtsinstituts *Eigentum* in unserem heutigen Verständnis ab. Seine Existenz weist ein spezielles, ausführlich geregeltes Kauf- bzw. Eigentumserwerbsrecht und insbesondere auch eine Anzahl von Eigentums-Delikts-Straftatbeständen nach.[582]

---

[578] Dazu generell *Spencer Wells*: Die Wege der Menschheit. Eine Reise auf den Spuren der genetischen Evolution, Frankfurt/Main 2003, S. 234 ff. (m. w. H.).

[579] Der Name Abel bezeichnet nicht die eine individuelle Person, sondern vielmehr eine literarische Vorwegnahme des Schicksals der Namensträger. Abel bedeutet (Wind-)Hauch, und weist so auf die Fragilität und Kürze der so Bezeichneten hin. vgl. Koh 1, 2.

[580] Auch der Name Kain steht nicht für die Bezeichnung eines individuellen Protagonisten. Auch er ist vielmehr ein literarisches Wortspiel, was den Bezeichneten theologisch bestätigt und dessen Dauerhaftigkeit vorgibt. So lässt sich der Name Kain von dem hebräischen Verb *kanáh* (erwerben) ableiten und zeichnet damit seinen Träger als den „Von-Herrn-Erworbenen" aus. So Gen 4.1.

[581] *Dieter Krimphove*: Der Sündenfall (Gen 3, 1 ff.) – Eine humanethologische Betrachtung über die Würde des Menschen, in: Rechtstheorie, 36, 2005, S. 289 ff.; siehe oben Teil II Kapitel B. (m. w. H.).

[582] Siehe beispielsweise: *Codex Ur-nammu* (ca. 2050–2030 v. Chr.), § 12: Ein Mann, der auf dem Feld eines Muškenum innerhalb der Einzäunung mit Getreidegarben am Tage ergriffen wird, zahlt 10 Sekel Silber. Wird er in der Nacht innerhalb der Einzäunung mit Getreidegarben ergriffen, stirbt er, er lebt nicht länger. §§ 27 und 28 Codex Hamurabi (ca. 1690 v. Chr), Privateigentum u. öffentl. Eigentum (Tempel u. ähnl.) (§§ 6–25), Immobilien, Handel und Geschäft (ab § 26).

2. Zwischenergebnis: Rechtsethologische Schlussfolgerung zum Eigentum des Frühmenschen

„*Eigentum*“ in unserem heutigen ökonomisch/juristischen Verständnis[583] existierte in der Entstehungsepoche der Menschheit nicht.[584] Hier sind allenfalls Formen der Gebrauchsberechtigung an einem Gegenstand, beschränkt auf die Zeit seiner Nutzung (sog. *Gebrauchs-Eigentum*), belegbar.[585]

Erst eine geschichtlich aufkommende *Arbeitsteilung* förderte, insbesondere durch die ökonomische Notwendigkeit der Konstruktion und des Führens spezialisierter Werkzeuge, Arbeitsgeräte und -materialien die Tendenz ein Produktionsmittel einem Individuum exklusiv zuzuschreiben.[586]

Die sog. *neolithische Revolution* bildete dann signifikante Eigentumsformen an *beweglichen Sachen* (z.B.: Nutztieren, Werkzeugen etc.) und an *Immobilien* (z.B.: Ackerflächen, Weideland etc.) aus.[587]

Diese bildeten dann vollständig und in dem uns heute geläufigen Sinne die frühen Hochkulturen Mesopotamiens aus[588].

Die Zeit der neolithischen Evolution bzw. der Hochkulturen lag lange nach der evolutionsbiologischen, humangenetischen Entwicklung des Frühmenschen[589]. Dessen Abspaltung von hominiden Lebensformen war zu deren Eintreffen bereits vollständig abgeschlossen. Diese Umstände sprechen folgerichtig nicht für die rechtsethologische/biologische Verfasstheit des Menschen als einem „Eigentum-Wesen“.

III. Hirnorganischer Nachweis von „Eigentum“

Das obige Ergebnis, nach dem das „Eigentum“ nicht zur stammesgeschichtlichen Ausstattung des Menschen zählt, das Institut Eigentum sich vielmehr aufgrund wohlfahrtsökonomischer Anforderungen kulturell eigenständig herausgebildet hat, gibt auch die evolutionsbiologische Entwicklung des menschlichen Gehirns wider.

Das Gehirn des Menschen enthält keine Areale, die unmittelbar das Rechtsinstitut „Eigentum“ ansprechen. Wohl aber existieren Hirnareale – wie speziell die des *Nucleus accumbens*, der *Insula* und des *medialen präfrontalen Cortex* –,

---

[583] Siehe oben Teil III Kapitel M.I.3. (m.w.H.).
[584] Siehe oben Teil III Kapitel M.II.1.a) (m.w.H.).
[585] Siehe oben Teil III Kapitel M.II.1.a) (m.w.H.).
[586] Siehe oben Teil III Kapitel M.II.1.a)aa) (m.w.H.) und Kapitel M.II.1.a)cc) (m.w.H.).
[587] Siehe oben Teil III Kapitel M.II.1.b) (m.w.H.).
[588] Siehe oben Teil III Kapitel M.II.1.b) (m.w.H.).
[589] Siehe oben Teil III Kapitel M.I.3. (m.w.H.).

die den Erwerb oder den Verlust von Gegenständen unabhängig deren real-wirtschaftlichen Wert[590] realisieren:[591]

- So bildet der *Nucleus accumbens* einen Teil des hirnorganischen *Belohnungssystems*. Er verarbeitet u. a. *Glücks-* und *Gewinnerwartung*,[592] wirkt dadurch auch bei der Entstehung von *Suchterkrankungen* mit.[593]

- Die *Insula* ist wechselseitig verbunden mit singulären Rindenarealen, der Amygdala sowie mit den primären und assoziativen Arealen der Großhirnrinde. Damit verknüpft die Insula Ereignisse mit deren emotionaler Bewertung und ermöglicht deren Wiederaufrufen durch nachträgliche Assoziation der jetzt emotional verbundenen Ereignisse. Beispielsweise belegt sie einen erlittenen Verlust mit stark negativen Gefühlen der Angst, Verzweiflung und Resignation.

  Der dritte Teilbereich der *Insula* reagiert heftig auf alle Formen erlebter *Ungerechtigkeit*, Ablehnung und Verletzungen von *Normen* durch andere.[594] Die *Insula* ist des Weiteren beteiligt an dem individuellen Verlangen etwa nach Nahrung und/oder *Suchtstoffen*.[595]

- Der *mediale präfrontale Cortex* gewährleistet eine ausgewogene Risikoanalyse, aktualisiert und bewertet Gewinnerwartungen.[596]

---

[590] Marktpreis oder Börsenwert.

[591] *Florian RötzerFlorian Rötzer*: Besitz steigert den Wert von Dingen, in: Thelepolis, 18. Juni 2008; https://www.heise.de/tp/features/Besitz-steigert-den-Wert-von-Dingen-3418999.html; auch: *Brian Knutson/G Elliott Wimmer/Scott Rick/Nick G Hollon/Drazen Prelec/George Loewenstein*: Neural Antecedents of the Endowment Effect, in Neuron, 2018, Heft 5, S. 15 ff.

[592] *Ralf Brandes u. a.* (Hrsg.): Physiologie des Menschen: mit Pathophysiologie, Berlin 2019, S. 857 ff. (m. w. H.); siehe oben Teil II Kapitel A. III. 2. b) cc), Kapitel A. III. 3. c) (m. w. H.).

[593] (Spielsucht) *Gabriel C. Quintero Garzola*: Review: brain neurobiology of gambling disorder based on rodent models, in: Neuropsychiatric disease and treatment, Vol. 15, 2019, S. 1751 ff. (m. w. H.); (Sportsucht, Erschöpfungssucht): *Aviv Weinstein/Yitzhak Weinstein*: Exercise addiction- diagnosis, bio-psychological mechanisms and treatment issues, in: Current pharmaceutical design, Bd. 20, Nummer 25, 2014, S. 4062 ff. (m. w. H.).

[594] *Alfred Benninghoff*: Makroskopische und mikroskopische Anatomie des Menschen, Bd. 3. Nervensystem, Haut und Sinnesorgane, München 1985, S. 395; siehe oben Teil II Kapitel A. III. 2. b) dd) (m. w. H.).

[595] *Nasir H. Naqvi/David Rudrauf/Hanna Damasio/Antoine Bechara*: Damage to the Insula Disrupts Addiction to Cigarette Smoking, in: Science Magazine Vol. 315 (5811), 2007, S. 531 ff. (m. w. H.).

[596] *Florian Rötzer*: Besitz steigert den Wert von Dingen, in: Thelepolis, 18. Juni 2008; https://www.heise.de/tp/features/Besitz-steigert-den-Wert-von-Dingen-3418999.html; siehe oben Teil II Kapitel A. III. 2. a) aa) (m. w. H.).

N. Rechtsethologische Ableitungen zum „Eigentum“

Weder die evolutionsbiologische Entwicklungsgeschichte des Menschen noch seine Hirnareale lassen den Schluss auf eine *rechtsethologische* Verankerung das Instituts „Eigentum“ im Menschen zu. Allerdings deutet die Neurologie wie die Stammesgeschichte des Menschen darauf hin, dass der Vorgang des *Erwerbs* und deren *Verlust* von Gegenständen bereits seit Entstehung des Frühmenschen entwicklungsgeschichtlich sowie hirnorganisch im Menschen und dessen Genom eingeschrieben ist und daher eine eigenständige und besondere Bedeutung für den Menschen einnimmt. Erst vom letztgenannten Umstand ging der Anlass zur *kulturellen* Herausbildung des Instituts „Eigentum“, wie es seit den frühen *Hochkulturen* bis heute weltweit gebräuchlich ist,[597] aus.

Aus dieser Diskrepanz zwischen stammesgeschichtlich, hirnorganischer Verankerung des *Erwerbs* bzw. *Verlustes* von Gegenständen im Menschen einerseits und der Nichtpräsenz eines „Eigentums-Begriffes“ im Genom bzw. in der Evolutionsgeschichte des Menschen andererseits resultieren zahlreiche, bis heute virulente, Spezifika des Menschen im Umgang mit „Eigentum“. Die für die *Rechtsethologie* Relevantesten zählen nachfolgende Ausführungen auf:

I. Eigentum und Besitz

Da die inhaltliche Herausbildung des „Eigentums“ bzw. seiner Konzeption und seiner Inhaltsbestimmung kein Ergebnis stammesgeschichtlicher bzw. evolutionsbiologischer Prozesse ist,[598] sondern *rechtstechnischen* und damit *kulturellen* Entwicklungen unterliegt, erscheint der juristische Inhalt des Eigentums nicht festgeschrieben. Die für das deutsche Sachenrecht typische strikte Unterscheidung zwischen der tatsächlichen Sachherrschaft, dem *Besitz* (§§ 854 ff., 872, 1004 BGB) und dem *Eigentum* im juristisch/ökonomischen Sinne[599] (§§ 903 ff., 985 ff. BGB) ist eine rein kulturelle Errungenschaft und als solche je nach gesellschaftlichen/ökonomischen Bedingungen wandelbar. Andere Rechtskreise verwenden folglich diese Unterscheidung, zumindest in der Stringenz des deutschen Sachenrechts, nicht.[600] Auch zukünftig, und gerade im Zusammenhang mit der *Europäisierung*

---

[597] Siehe oben Teil III Kapitel M. II. 2. (m. w. H.).

[598] Dies belegt letztlich auch die bislang gescheiterten Bemühungen um die Etablierung einer einheitlichen *Eigentums-Definition*, siehe oben Teil III Kapitel M. I. 2. (m. w. H.); *Dieter Krimphove*: Eigentum – Zum Bedeutungswandel eines Rechtsinstituts, in: Rechtstheorie 47, 2016, S. 271 ff., 273 ff. (m. w. H.).

[599] Siehe oben Teil III Kapitel M. I. 3. (m. w. H.).

[600] *Dieter Krimphove*: Europäisches Sachenrecht: Eine rechtsvergleichende Analyse nach der komparativen Institutionenökonomik, Köln 2006, S. 29 ff. (m. w. H.).

nationalen Rechts, kann die Rechtsentwicklung diese Unterscheidung, zumindest aus rechtsethologischer Sicht, aufgeben.[601]

II. Konsequenzen der rechtstechnischen Inhaltsbestimmung des Eigentums

Eben diese rechtsethologischen Zusammenhänge und insbesondere der Umstand, dass das „Eigentum" weder hirnorganisch noch stammesgeschichtlich vorgegeben ist[602] – es vielmehr kulturellen Einflüssen unterliegt[603] –, ermöglichen, dass künftige gesellschaftliche wie ökonomische Entwicklungen den Inhalt des *Eigentums* modifizieren.

Derzeit besteht eine solche Entwicklung, speziell im europäischen/internationalen Kapitalmarktrecht, in einer Abschwächung (*Attenuierung*) des Sach-Charakters des Eigentums.[604] „Eigentum" bezieht sich nicht mehr auf einen körperlichen Gegenstand, sondern auf ein Bündel an abstrakten Wirtschafts-*Chancen*.[605] Den Beginn einer solchen kulturellen Entwicklung leitete bereits das Aufkommen des „geistigen Eigentums" im 15ten Jahrhundert ein.[606] In einem besonderen Maße gilt diese *Attenuierung* bei den innovativen Anlage- bzw. Kapitalmarktprodukten wie *Futures, Forwards, Warrants, Hedge-Fonds, Zertifikaten* und *Derivaten*.[607/608] Bei ihnen kommt es den Parteien gerade nicht darauf an das *Eigentum* an dem Gegenstand oder dem Recht zu erwerben, das sie verbriefen. Vielmehr liegt das geschäftliche Interesse ausschließlich auf dem *Spekulationsgewinn* – also die Differenz zwischen dem zur Zeit des Abschlusses des Geschäftes vorvereinbarten Preises und dem nachträglich, zu seinem Erfüllungszeitpunkt festgestellten Wert (*Differenzgeschäft*[609])[610] –, nicht aber auf dem Produkt bzw. das „Eigentum" an

---

[601] Die notwendige Auseinandersetzung mit den existierenden rechtssystematischen, rechtsdogmatischen und rechtstheoretischen Bedenken gegen diesen Vorschlag, konnte, aus Platzgründen, nicht Gegenstand dieser Darstellung sein.

[602] Siehe oben Teil III Kapitel M. I. 2. (m. w. H.); Kapitel M. I. 1. (m. w. H.).

[603] Siehe oben Teil III Kapitel N. (m. w. H.); Kapitel N. II. (m. w. H.).

[604] Siehe oben Teil III Kapitel M. I. 1. (m. w. H.).

[605] Dazu siehe oben Teil III Kapitel M. I. (m. w. H.).

[606] *Dieter Krimphove*: Eigentum – Zum Bedeutungswandel eines Rechtsinstituts, in: Rechtstheorie 47, 2016, S. 271 ff., 307 (m. w. H.); Venedig 1474, Großbritannien 1623, Frankreich 1790. Das Urheberrecht regelten erstmals Vorschriften des 18. Jahrhunderts.

[607] *S. Global Derivatives Study Group*, (Group of Thirty): Derivatives – Practices and Principles, Washington, 1993, S. 2, 28.

[608] Das Derivat selbst kann sogar zum Basiswert werden (sog. Derivate 2ten Grades); siehe: *Günter Reiner*: Derivative Finanzinstrumente im Recht, Konstanz 2001, S. 1, 3 f. und 10 ff. mit dem Hinweis auf eine für das US-General Accounting Office (GAO) erstellte Studie, Mai 1994, S. 4 f.

[609] Beim Termingeschäft vereinbaren die Parteien einer Ware oder eines Rechts den Preis des Kaufgegenstandes bereits beim Abschluss des Kaufvertrages. Liegt der Wert der Ware im Zeitpunkt ihrer Auslieferung höher als der vorher vereinbarte Kaufpreis, macht der Erwerber einen finanziellen Gewinn.

[610] Dazu schon BGHZ 105, S. 263 ff., 267.

ihm.[611] Diese Entwicklung erfolgt seitens der Praxis, seitens der Produktentwickler, aber völlig losgelöst vom Gesetzgeber.

Um der Gefahr einer *inhaltlichen Aushöhlung* des Eigentumsbegriffs und insbesondere seiner Abschwächung bzw. inhaltlichen Verschiebung, außerhalb der gesetzgeberischen Einflusssphäre, entgegenzuwirken, hat gerade die Rechtsprechung diesen Auflösungsvorgang kritisch zu beobachten und das Einschreiten des Gesetzgebers einzufordern.

III. Fehlende stammesgeschichtliche Verankerung des „Eigentums" bei vorhandener Erwerbs-Lust und Verlust-Angst

Das Zusammentreffen von stammesgeschichtlich/hirnorganisch fehlender Verankerung des Instituts Eigentums einerseits und der nachweisbaren Existenz hirnorganischer „emotionaler Zentren" für den *Erwerb* und den *Verlust* von Gegenständen andererseits,[612] führt dazu, dass der Mensch nicht etwa das *Eigentum* selber, sondern lediglich dessen *Erwerb* und dessen *Verlust* in seinen Handlungen und seiner Wahrnehmung fokussiert. Dabei registriert das menschliche Gehirn einen Eigentums-*Erwerb* als lustvoll, dessen *Verlust* dagegen als besonders schmerzhaft.

Aus diesem Grunde schildern beispielsweise Mitglieder einer Gruppe (z.B. Stammtisch) deren Mitgliedern nicht etwa die Höhe und Größe ihres Reichtums, sondern lediglich den Erwerb eines neuen Gegenstandes (z.B. Neuanschaffung eines PKWs), obschon dessen Wert regelmäßig weit unter dem ihres bestehenden Vermögens liegt.

Das erwerbende Individuum könnte den Erwerb zwar auch für sich alleine genießen. Diesen Genuss steigert jedoch um ein Vielfaches die Kenntnisnahme des Erwerbs durch andere. Auch an diesem Effekt sind, neben dem *anterioren singulären Gyrus*[613] und dem *Parentiallappen*,[614] speziell die *Amygdala*[615] und insbesondere die *Insula*,[616] also jene Hirnstrukturen, die bereits den Erwerbsakt emotional begleiteten,[617] beteiligt.

---

[611] Anders verhält es sich beim Optionsscheinhandel. Hier erhält der Erwerber das Eigentum nicht nur an dem Optionsschein selber, sondern an dem in ihm verbrieften Recht, eine Ware oder ein Recht erwerben zu können.

[612] Siehe oben Teil III Kapitel M. III. (m. w. H.).

[613] Siehe oben Teil II Kapitel A. III. 2. b) cc) (m. w. H.).

[614] Siehe oben Teil II Kapitel A. III. 2. b) ee) (m. w. H.).

[615] Siehe oben Teil II Kapitel A. III. 2. b) bb) (m. w. H.).

[616] Siehe oben Teil II Kapitel A. III. 2. b) dd) (m. w. H.).

[617] Siehe oben Teil III Kapitel M. III. (m. w. H.).

1. Anwendungsbeispiel: Rechtsethologische Erklärung von Erwerbs-Suchtverhalten

Die hirnorganische Verknüpfung des Erwerbs mit dem Lust- oder Belohnungszentrum des Gehirns macht ebenfalls verständlich, warum gerade Emotionen im Zusammenhang mit dem *Erwerb* bzw. *Verlust* eines Gegenstandes entstehen und warum zahlreiche *Süchte* im Zusammenhang mit dem *Erwerb* von Eigentum, nicht aber durch die Inhaberschaft von Eigentum, auftreten.

Kaufsucht (*Oniomanie*[618]) oder/und das pathologische Stehlen (*Kleptomanie*[619]) sind hierfür geläufige und eindeutige Beispiele. Gerade bei letzterer richtet sich der Handlungsantrieb ausschließlich auf den Akt des *Erwerbs*, das *Stehlen* selbst, nicht auf das „Eigentum" an dem oftmals nur geringwertigen Diebstahlsobjektes.[620] Das Diebesgut dient auch nicht der persönlichen Bereicherung des Erwerbers, der sich sogar regelmäßig des Diebesgutes gleich nach der Tatbegehung entledigt.[621] Das Erworbene besitzt für den Erwerber daher nur den – *emotionalen*[622] – Wert seines Erwerbs (*Erwerbswert*).[623] Die dauerhafte Inhaberschaft des Gegenstandes ist, wie schon obige Ausführungen zum Fehlen einer hirnorganischen Verankerung von „Eigentum" nahelegten[624], vollständig bedeutungslos.

Selbst bei der *Sammelleidenschaft* bzw. dem *Messie-Syndrom* löst die Angst von dem *Verlust* von Gegenständen deren sinnwidriges Horten aus, nicht die Freude an deren Eigentum oder am eigenen Reichtum.

Neuronale Forschungen ergaben, dass bei der *Sammelsucht* i. o. S. Schädigungen des *medialen präfrontalen-Cortex* charakteristisch sind.[625] Sie bestätigen also ein weiteres Mal die oben widergegebene These,[626] nach der der Erwerb und Verlust

---

[618] *Michael Musalek/Helma Liebich*: Vom Kaufrausch zur Kaufsucht, in: Psychopraxis, 2008, Heft 11, S. 13 ff. (m. w. H.); *Astrid Müller/Martina de Zwaan/James E. Mitchell*: Pathologisches Kaufen: Kognitiv-verhaltenstherapeutisches Therapiemanual, Köln 2008; *Iver Hand*: Pathologisches Kaufen – Kaufzwang, Kaufrausch oder Kaufsucht?, in: Gerhard Lenz/Ulrike Demal/Michael Bach (Hrsg.): Spektrum der Zwangsstörungen, Wien 1998, S. 123 ff. (m. w. H.).

[619] *World Health Organisation*: ICD-10-WHO Version 2016: Pathologisches Stehlen [Kleptomanie] 15. Mai 2017, Kapitel V (Psychische und Verhaltensstörungen) F60 ff.

[620] Siehe: *Brigitte Vetter*: Psychiatrie: ein systematisches Lehrbuch 2007, S. 147 (m. w. H.).

[621] *World Health Organisation*: ICD-10-WHO Version 2016: Pathologisches Stehlen [Kleptomanie] 15. Mai 2017, Kapitel V (Psychische und Verhaltensstörungen) F60 ff., F63.2.

[622] Die *Emotionalität* des Erwerbsaktes spricht für die Beteiligung der einschlägigen Strukturen des Limbischen Systems, wie dem des *Nucleus accumbens*, der *Insula*, siehe oben in diesem Kapitel.

[623] Zur Parallelität des „Gebrauchseigentums" in prähistorischer Zeit, siehe oben Teil III Kapitel M. II. 1. (m. w. H.).

[624] Siehe oben Teil III Kapitel I. X. (m. w. H.).

[625] Sammelsucht: Ursache im Gehirn lokalisiert, in: *Deutsches Ärzteblatt*, Oktober 2005, S. 457 f.; *Steven W. Anderson/Hanna Damasio/Antonio R. Damasio*: A neural basis for collecting behaviour in humans. Brain, Vol. 128, Heft 1, Januar 2005, S. 201 ff. (m. w. H.).

[626] Siehe oben Teil III Kapitel M. III. (m. w. H.).

von Gütern, nicht aber dessen „Eigentum“ stammesgeschichtlich wie hirnorganisch im Wesen des Menschen eingeschrieben sind.[627]

2. Anwendungsbeispiel: Rechtsethologische Deutung werberechtlicher Strategien

Die befriedigende, lustvolle *Emotion* des Erwerbsaktes belegt ebenfalls die bereits oben angegebene hirnorganische Verortung des Erwerbs und Verlustes in Teilen des limbischen Systems.[628] Das entsprechende Lustempfinden dauert allerdings nur kurz. Es hält regelmäßig lediglich während des Erwerbsvorganges bis nur kurz nach dem Erwerbsakt an[629] und kann allenfalls durch *Erinnerung*, dann aber in stark abgeschwächter Form wiedererlebt werden.

Dies ist der Grund dafür, dass der Mensch Erwerbsakte – und zwar unabhängig des Wertes des angestrebten Gutes – zu seiner emotionalen Befriedigung beständig neu erleben will bzw. muss.

Emotionale Effekte, welche beim Erwerbsakt auftreten, nutzt eine Werbeindustrie, um den Verbraucher den erleichterten, leichten aufwandslosen Erwerb von Eigentum und gerade dessen Wohlfühlqualitäten des Erwerbs zu suggerieren.

Dabei spricht die Werbung verstärkt den Erwerbsakt als solchen an,[630] beschreibt aber wenig, wie sonst von der Werbung zu erwarten, die Qualität oder das Preis-/Leistungsverhältnis des Produktes.[631]

Der Mensch sammelt auf diese Weise lustvoll Güter an, an deren dauerhaftem Behalt i. S. v. Besitz bzw. „Eigentum“ er letztlich nicht interessiert ist.

---

[627] Siehe oben Teil III Kapitel N. (m. w. H.).

[628] Siehe oben Teil III Kapitel M. III. (m. w. H.).

[629] Für die Kleptomanie: *World Health Organisation*: ICD-10-WHO Version 2016: Pathologisches Stehlen [Kleptomanie] 15. Mai 2017, Kapitel V (Psychische und Verhaltensstörungen) F60 ff., F63.2.

[630] Dazu siehe: *Patrick Renvoise/Christophe Morin*: Neuromarketing: Un*ders*tanding the Buy Buttons in Your Customer's Brain, 2007; Mind Your Business – 14 May 2007 – The Brain and Choice, in Biz/ed, https://de.scribd.com/document/73237498/The-Brain-and-Choice (m. w. H.); Mit Neuropsychologie zum Verkaufserfolg, in: Vertriebszeitung, https://vertriebszeitung.de/mit-neuropsychologie-zum-verkaufserfolg-2/; *Stefan Hoffmann/Akbar Payam*: Konsumentenverhalten – Konsumenten verstehen – Marketingmaßnahmen gestalten, 2016; *Elizabeth W. Dunn/Daniel T. Gilbert/Timothy D. Wilson*: If money doesn't make you happy, then you probably aren't spending it right, in: Journal of Consumer Psychology, 2011, Vol. 21, S. 115 ff. (m. w. H.).

[631] *Dieter Krimphove*: Europäisches Werberecht, 2002, S. 8 ff. (m. w. H.).

3. Anwendungsbeispiel: Rechtsethologische Auflegung eines Mordmerkmals

Oben dargestellten Befunde eignen sich ferner unmittelbar zu einer Interpretation des auslegungsbedürftigen Mordmerkmals *Habgier.* Eigens die hier vorgestellte *Rechtsethologie* leistet hier entscheidende Auslegungshilfe.

Entsprechend den obigen Aussagen entspricht das Merkmal der *Habgier* in § 211 StGB gerade nicht dem Streben nach Inhaberschaft von Objekten, sondern vielmehr einem Streben nach deren *Erwerb.* Das Mordmerkmal Habgier wäre also richtigerweise mit dem Begriff *Erwerbsgier* widergegeben. Der Vorwurf der *Habgier* entspricht dann korrekterweise dem nach einem verwerflichen Verlangen des Täters nach dem *Erwerb* fremden Gutes.

Die Rechtswissenschaft entspricht weitestgehend der hier vertretenen Sichtweise. Sie definiert, wenn auch in Unkenntnis obiger rechtsethologischer Befunde, *Habgier* als ungehemmte, überzogene und sittlich anstößige Steigerung des *Erwerbssinns.*[632]

In dieser Interpretation ist allerdings der Strafzweck des Mordmerkmals „Habgier" zu überdenken:

- Bezieht sich nämlich der, dem Täter gemachte Vorwurf auf dessen *Erwerbsgier*, so erscheint diese, da sie evolutionsbiologisch und hirnorganisch dem Menschen eingeschrieben ist, gerade nicht als ein *besonders verwerfliches* Mordmerkmal.

  Der Vorwurf der Verwerflichkeit kann sich bei dieser Sichtweise nur darauf beziehen, dass der Täter einen *natürlichen emotionalen Impuls* (seiner in ihm angelegten Erwerbsfreude) dadurch pervertiert, dass er ihn zum Anlass der Tötung eines Menschen nimmt.

- Versteht man dagegen *Habgier* i. S. d. § 211 Abs. 2 StGB in dem Sinn eines dauerhaften Besitzes oder der beständigen Inhaberschaft eines Vermögensgutes, so kann sich der Mordvorwurf nur darauf beziehen, dass sich der Täter eines schon nicht in seinem Wesen vorhandenen, also eines künstlichen, unnatürlichen Elements bedient, um die Tötung eines Menschen zu begehen.

Zur Begründung eines *Tat-Vorsatzes* sowie des *Schuldvorwurfes*, der auf die innere, persönliche Einstellung des Täters zur Tat abstellt, erscheint dem Verfasser die erste Alternative überzeugender.[633]

---

[632] *Kristian Kühl*: Die drei speziellen niedrigen Beweggründe des § 211 II StGB, in: JA 2009, S. 566 ff., 570 (m. w. H.); siehe auch: *Albin Eser/Detlev Sternberg-Lieben*: StGB § 211 Mord, in: Adolf Schönke/Horst Schröder: Strafgesetzbuch, 30. Aufl., 2019, Rn. 17 (m. w. H.); *Ulfrid Neumann/Frank Saliger*: StGB § 211 Mord, in: Urs Kindhäuser/Ulfrid Neumann/Hans-Ullrich Paeffgen: Strafgesetzbuch, 5. Aufl., 2017, Rn. 13 (m. w. H.).

[633] Für diese auf den Erwerb rekurrierende, siehe auch: *Kristian Kühl*: Die drei speziellen niedrigen Beweggründe des § 211 II StGB, in: JA 2009, S. 566 ff., 570 (m. w. H.); siehe auch:

Übereinstimmung mit der bisherigen überwiegenden Rechtsprechung erlangt die hier vertretene rechtsethologisch begründete Meinung ebenfalls in jenen Fällen, in denen der Täter den Erwerb von wirtschaftlich wertlosen Gütern anstrebt, an denen er also nur ein sog. *Affektionsinteresse* hat.

Die heute herrschende Meinung in der Rechtsprechung und Lehre sieht auch in dieser Alternative einen Anwendungsfall des Mordmerkmals Habgier i. S. d. § 211 Abs. 2 StGB.[634] Dies entspricht den oben aufgeführten Befunden, nach denen ausschließlich der abstrakte *Erwerbsakt*, also der *Erhalt* eines Gutes unabhängig dessen *Wert* lustbetont und rechtsethologisch entscheidend ist.

Die hier vertretene *rechtsethologische* Sicht weicht demgegenüber in der Beantwortung der Frage ab, ob *Habgier* auch in der Absicht des Täters liegen kann, sich lediglich wirtschaftlich oder vermögensrechtlich von Verpflichtungen zu befreien. Allein dass diese Fallkonstellation dem menschlichen Bewusstsein zweifelhaft erscheint, deutet darauf hin, dass sie stammesgeschichtliche und emotional hirnorganische Vorbedingungen anspricht.

Der überwiegende Teil der Rechtsprechung und Literatur bejaht das Mordmerkmal „Habgier“ auch in den Fällen eines lediglich vermögensrechtlichen Bereicherungswillens des Täters.[635]

Dem steht die hier vertretene Meinung entgegen, nach der lediglich der tatsächliche *Erwerbsakt* von Gütern und nicht die Befreiung von Verbindlichkeiten im Fokus menschlichen Denkens und Empfindens steht.[636] In diesem Sinne schließt eine Mindermeinung die Annahme von Habgier in diesen Fällen aus.[637]

Auch die Frage, ob die bloße *Sicherung* des vom Täter bereits erlangten Gegenstandes zur Annahme der *Habgier* genügt, beantwortet die hier vertretene *rechtsethologische* Sichtweise anders als die Literatur. Denn nach obigen Ausführungen kommt es allein auf den Erwerbsakt, nicht auf die vermögensrechtliche Sicherung

---

Albin Eser/Detlev Sternberg-Lieben: StGB § 211 Mord, in: Adolf Schönke/Horst Schröder: Strafgesetzbuch, 30. Aufl. 2019, Rn. 17 (m. w. H.); *Ulfrid Neumann/Frank Saliger*: StGB § 211 Mord, in: Urs Kindhäuser/Ulfrid Neumann/Hans-Ullrich Paeffgen: Strafgesetzbuch, 5. Aufl., 2017, Rn. 13 (m. w. H.).

[634] *Kristian Kühl*: Die drei speziellen niedrigen Beweggründe des § 211 II StGB, in: JA 2009, S. 566 ff., 572 (m. w. H.); *Arnd Sinn*, in: SK-StGB/Systematischer Kommentar zum Strafgesetzbuch, Bd. IV, 9. Aufl. 2015, § 211, Rn. 18 (m. w. H.); *Rudolf Rengier*: Strafrecht Besonderer Teil II: Strafrecht BT II – Delikte gegen die Person und die Allgemeinheit, § 4, Rn. 13 (m. w. H.); auch BGHSt NJW 1981, 136 ff. 137 (m. w. H.).

[635] So BGHSt 10, S. 399 ff. (v. 22. 10. 1957); *Kristian Kühl*: Die drei speziellen niedrigen Beweggründe des § 211 II StGB, in: JA 2009, S. 566 ff., 571 (m. w. H.); *Rudolf Rengier*: Strafrecht Besonderer Teil II: Strafrecht BT II – Delikte gegen die Person und die Allgemeinheit, § 4, Rn. 13 a (m. w. H.); *Gerhard Altvater*: Rechtsprechung des BGH zu den Tötungsdelikten, in: NStZ, 2003, S. 21 ff. 22.

[636] Siehe oben Teil III Kapitel M. III. (m. w. H.); Kapitel M. II. 2. Kapitel N.

[637] *Wolfgang Mitsch*, in: Klaus Leipold/Michael Tsambikakis/Mark A. Zöller (Hrsg.): Anwalt-Kommentar StGB, 3. Aufl., 2020, § 211, Rn. 25.

der Beute an.[638] Allerdings forderte die Rechtsprechung für die Sicherung deren inhaltlich zeitlich engen Zusammenhang mit der Erwerbstat (etwa Raub). Die Sicherung muss dabei zudem den Tatvorsatz zu Beginn seiner Gesamt-Tatausführung (Raub und Tötung) mitumfassen.[639] Bei dieser inhaltlichen Einschränkung bestehen zu der hier vorgestellten Sicht in der Praxis allenfalls graduelle Unterschiede.

Die hier nur angedeuteten Problemfelder sind nicht allein von entscheidunserheblicher Relevanz für die Auslegung des Einzeltatbestandsmerkmals der „Habgier". Obige Ausführungen erhalten ihre gesteigerte Bedeutung des Weiteren dadurch, dass die ständige Rechtsprechung und die überwiegende Literatur[640] beim Zusammentreffen anderer mordrelevanter Merkmale mit der Habgier fordert, dass die *Habgier* des Täters das Gesamtbild der Tat prägen muss. Nach der Rechtsprechung liegt eine solche *Tat-Prägung* dann vor, wenn die Habgier das Bewusstsein des Täters bei der Tatbegehung dominiert (sog. *Bewusstseinsdominanz*).[641] Die hier angeregte *rechtsethologische* Übertragung der *Erwerbsgier* auf das missverständliche und unpassende Merkmal der Habgier muss sich auch auf diesen Problemkomplex der Mordstrafbarkeit beziehen. In diesem Sinn muss also, beim Vorliegen weiterer Mordmerkmale die Gesamttat durch das Bewusstsein des Täters dominant geprägt sein, das Lebensrecht eines Menschen durch seine individuellen Erwerbsinteressen zu missachten.

4. Anwendungsfall: Gestaltung von synallagmatischen Verträgen

Da das Gehirn kein Institut des Eigentums als solches kennt, sondern lediglich dessen Erwerb oder Verlust emotional verarbeitet, empfindet speziell der Verkäufer einer Sache deren Weitergabe, also die Erfüllung seiner Pflicht aus § 433 Abs. 1 BGB, selbst dann als *emotional belastend*, wenn er diesen Verlust durch einen extrem hohen Kaufpreis kompensiert. Dem Verkäufer ist also stets zu verdeutlichen, dass er andererseits eine Gegenleistung erhält.

Problematisch erscheinen in diesem Zusammenhang *Finanzierungsgeschäfte.* Mit ihnen sichert der Käufer die Erfüllung seiner Zahlungsverpflichtung ab. Zwar entstehen dem Käufer durch Finanzierungsgeschäfte grundsätzlich in Form von *Zinsverpflichtungen* höhere Kosten. Er wird sich aber auch bei geringsten Zinsen

---

[638] Siehe oben Teil II Kapitel M. II. 2. (m. w. H.); Kapitel M. III.; Kapitel N.

[639] BGHSt NJW 2001, 763 ff.; BGHSt, NStE 1988 Nr. 18; NJW 1991, NJW 1991, S. 1189 ff.; *Herbert Tröndle/Thomas Fischer*: Strafgesetzbuch 51. Aufl., 2003, § 211 Rn. 5 (m. w. H.).

[640] Siehe u. a.: *Herbert Tröndle/Thomas Fischer*: Strafgesetzbuch 51. Aufl. 2003, § 211 Rn. 5 (m. w. H.); *Ulfrid Neumann/Frank Saliger*: StGB § 211 Mord, in: Urs Kindhäuser/Ulfrid Neumann/Hans-Ullrich Paeffgen: Strafgesetzbuch, 5. Aufl., 2017, Rn. 13 (m. w. H.).

[641] BGHSt NJW 1991, 1189 ff. Rn. 2 (m. w. H.); BGHSt 50, S. 1 ff., 7 (m. w. H.); Bespr. Jäger JR 2005, 477; BGHSt NJW 2001, S. 763 ff. (m. w. H.); BGHSt 42, S. 301 ff. 304 (m. w. H.); BGHSt NJW 1981, S. 932 ff. (m. w. H.); Bespr. Franke JZ 1981, S. 525 ff. (m. w. H.).

oder bei deren Wegfall – aus „psychologischen“ Gründen – kaum für eine Darlehensaufnahme entscheiden, obschon ihm dies die Flexibilität bietet, das nun zu seiner Verfügung stehende Geld gewinnbringend anzulegen. Denn das *Verlust-Erlebnis* erscheint ihm – aufgrund der regelmäßig anfallende *Zinspflicht* – als dauerhaft und damit zu gravierend, um den Erwerb eines Gegenstandes kompensieren zu können *(value function).*[642] Ohnehin erleben Menschen einen Ver*lu*st um ein Vielfaches intensiver als Gewinne.[643/644] Auch diese Erkenntnis stimmt mit den hirnorganischen Befunden dieser Ausarbeitung überein.[645]

Aus diesem Grund besteht ebenfalls die Tendenz von Kapital-Anlegern sich nicht zeitgerecht von ihren fallenden Anlagen trennen zu können.[646]

5. Anwendungsbeispiel: Steuer- und abgabenrechtliche Disposition des menschlichen Eigentums

Die sich stammesgeschichtlich entwickelte Hirnstruktur des Menschen gewährt diesem kein Bewusstsein für das Institut *Eigentum*, jedoch zum Teil starke emotionale Empfindungen beim Erwerb von Gegenständen. Dies bewirkt, dass der Mensch, ungeachtet seines bestehenden Reichtums oder unabhängig eines tatsächlichen Bedarfs, geneigt ist ständig Eigentum zu erwerben und zu akkumulieren.

---

[642] Änlich auch die *Prospect Theory* Kahnemans und Tverskys: *Daniel Kahneman/Amos Tversky*: Prospect Theory: An Analysis of Decision under Risk, in: Econometrica, Bd. 47, 1979, S. 263 ff.; auch: *Richard H. Thaler/Amos Tversky/Daniel Kahneman/Alan Schwartz*: The Effect of Myopia and Loss Aversion on Risk Taking: An Experimental Test, in: The Quarterly Journal of Economics, 1997, Vol. 112, Nr. 2.

[643] Zu dem Gesamtkomplex der sog: Loss Aversion: *Daniel Kahneman/Amos Tversky*: Loss Aversion in Riskless Choice: A Reference-Dependent Model, in: Quarterly Journal of Economics. 1991, Vol 3.56; *Amos Tversky*/Daniel *Kahneman*: The framing of decisions and psychology of choice, in: Science, 1981, Vol. 211, S. 453 ff. (m. w. H.); *Gustaf Törngren/Henry Montgomery*: Worse Than Chance? Performance and Confidence among Professionals and Laypeople in the Stock Market, in: Journal of Behaviour Finance, 2004, S. 148 ff. (m. w. H.).

[644] Kahneman/Tversky gehen von einer doppelten Wirkung aus: *Daniel Kahneman/Amos Tversky*: Advances in prospect theory: Cumulative representation of uncertainty, in: Journal of Risk and Uncertainty, 1992, Vol. 5, Heft 4, S. 297 ff.

[645] Dazu siehe oben Teil II Kapitel A. III. 2. b) cc) (m. w. H.); siehe auch: *Johann Caspar Rüegg*: Gehirn, Psyche und Körper: Neurobiologie von Psychosomatik und Psychotherapie, 5. Aufl., 2011, S. 117, 22 f. (m. w. H.); *Manfred E. Beutel/Hedda Lausberg/Claudia Subic-Wrana*: Warum Zurückweisung schmerzt, in: Psychotherapeut, 2006, Heft 51, S. 245 ff.; *Werner Vogd*: Gehirn und Gesellschaft, 2010, S. 299 ff. (m. w. H.).

[646] Bereits: *Gustaf Törngren/Henry Montgomery*: Worse Than Chance? Performance and Confidence among Professionals and Laypeople in the Stock Market, in: Journal of Behaviour Finance, 2004, S. 148 ff. (m. w. H.); *Amos Tversky/Daniel Kahnema*: The framing of decisions and psychology of choice, in: Science, 1981, Vol. 211, S. 453 ff. (m. w. H.); *Julius Pahlke/Sebastian Strasser/Ferdinand M. Vieider*: Risk-taking for others under accountability, in: Economics Letters, Vol. 114, Heft 1, 2012, S. 102 ff. (m. w. H.).

Dieser Mechanismus ersetzt dann das *Eigentum* an einem einzelnen Gegenstand durch einen Reichtum als einem allgemeinen Vermögen. Ökonomisch bewirkt dieses Streben eine *Konzentration* von Vermögen in den Händen weniger.

Das Entstehen eines solchen *Reichtums* ist aus ökonomischer Sicht zweifelhaft und wirkt gesamtwirtschaftlich sogar kontraproduktiv. Denn die Eigentumsakkumulation in den Händen weniger ist für diese insofern ökonomisch sinnlos, als diese ihr Eigentum keiner sinnvollen, wirtschaftlichen Verwendung mehr zuführen können. Hierdurch entsteht eine Fehlallokation (knapper) Ressourcen.[647] Diese kann sogar bis zur Verschwendung der Ressource führen, da ein Eigentümer, der sein Eigentum nicht mehr wirtschaftlich nutzen kann, an einem Erhalt seiner Güter und ihrer entsprechenden Pflege nicht mehr interessiert ist.[648] Das evolutionsgeschichtliche „Eigentums"-Konzept des Menschen erscheint daher, aus *rechtsethologischer* Sicht, langfristig gemeinwohlschädlich.

Ein Gemeinwesen, wie etwa ein Staat, wird daher, etwa durch Steuern oder sonstige Abgaben, den Fortgang der Wirtschaftsgüterakkumulation – selbst entgegen der stammesgeschichtlichen Anlagen des Menschen – erschweren und dadurch verlangsamen müssen.

6. Anwendungsbeispiel: Schenken

Die obigen Ausführungen belegen ein befriedigendes freudiges Gefühl des Erwerbenden. Diese Aussage erfordert aus *rechtsethologischer* Sicht allerdings für den Fall des „unentgeltlichen" Erwerbs, namentlich einer Schenkung, einer inhaltlichen, differenzierteren Betrachtungsweise.

Auch beim Schenken empfindet der Beschenkte beim *Erwerb* Freude und Befriedigung. Es muss daher nach dem oben Gesagten verwundern, warum speziell das deutsche Recht (§ 516 Abs. 1 BGB) eine Schenkung nicht als nur *einseitiges Rechtsgeschäft* ausgestaltete, sondern für die Wirksamkeit der Schenkung einen zwischen Schenker und Beschenktem geschlossenen Schenkungsvertrag verlangt,[649] den der potentiell Beschenkte durch die Verweigerung seiner Zustimmung[650] verhindern kann. Ein solcher *Konsens* als Schutzmaßnahme einer unentgeltlichen Zuwendung erscheint überflüssig; erhält doch der Beschenkte

---

[647] Siehe oben Teil I Kapitel B. V. 1. (m. w. H.).

[648] Zu diesem Zusammenhang siehe oben Teil I Kapitel B. V. 1. (m. w. H.).

[649] *Chiusi Tiziana*: § 516 BGB, in: J. von Staudingers Kommentar zum Bürgerlichen Gesetzbuch: Staudinger BGB – Buch 2: Recht der Schuldverhältnisse: §§ 516–534 (Schenkungsrecht), 2013, Rn. 49 (m. w. H.); *Jan Dirk Harke*: § 516 BGB, in: Heinz G. Bamberger/Herbert Roth/Wolfgang Hau/Roman Poseck: Beck'scher OnlineKommentar (BeckOK BGB); (2017) 2020, Rn. 4 ff. (m. w. H.); *Jens Koch*: BGB § 516 Begriff der Schenkung, in: Münchener Kommentar zum BGB, 8. Aufl., 2019, Rn. 14 (m. w. H.).

[650] § 516 Abs. 1 BGB: Eine Zuwendung, …, ist Schenkung, wenn beide Teile darüber einig sind, dass die Zuwendung unentgeltlich erfolgt.

regelmäßig einen Zuwachs seines Vermögens. Selbst wenn der Wert der Schenkung nur geringfügig klein sein sollte, entsteht dem Beschenkten nach den obigen Ausführungen gleichfalls ein positives Gefühl.[651] Denn diese hirnorganisch, entwicklungsgeschichtliche festgelegte Emotion entsteht immer, also unabhängig vom jeweiligen Wert des erworbenen Objektes.[652]

Ein rechtsethologischer Blick auf die Schenkung verspricht Aufklärung: Die rechtsethologische Erklärung dieser Differenz ergibt sich nämlich daraus, dass man dem „Schenken" nicht nur die Funktionen des Wohlstandszuwachses zuspricht. Der Vorgang des „Schenkens" ist schon im Tierreich, speziell in den Gruppen von *Hominiden* (*Schimpansen, Bonobos*) bekannt. Hier dient das Schenken weniger einem sozialen Armutsausgleich als vielmehr der Dokumentation und dem Erhalt der *Rangordnung*. Schenken, als der freiwilligen Überlassung eigenen *Eigentums* an einen in der Rangordnung untergeordnetes Gruppenmitglied, sicherte den Bestand der *Gruppenhierarchie*. Diese ist erforderlich, um eine notwendige Gruppenkoordination zeitnah und vor allem weniger *aufwendig* bzw. *transaktionskostenintensiv* als einen diskursiven Abstimmungsvorgang bei gleichberechtigter Beteiligung aller Mitglieder zu gestalten.[653] Schenken, als Medium der *Hierarchiesicherung*, verschafft damit der Gruppe einen *ökonomischen* wie einen *evolutionsbiologischen* Vorteil gegenüber anderen, konkurrierenden Gruppen.[654] Diesen nutzt die Gruppe, um sich so gegenüber den anderen Gruppen als in der Nahrungsbeschaffung, der Aufzucht der Nachkommen und der eigenen Verteidigung leistungsstärker durchzusetzen.

Der Rückgriff auf die *rechtsethologische* Bedeutung der Annahme einer *Schenkung* – nämlich der freiwilligen Unterwerfung des Beschenkten unter eine Hierarchie – verdeutlicht, warum auch so genannte moderne, aufgeklärte Menschen – obschon sie nicht mehr unter dem natürlichen Selektionsdruck stehen – auf das

[651] Siehe oben Teil III Kapitel N. (m. w. H.); Kapitel N. I. (m. w. H.).

[652] *Florian RötzerFlorian Rötzer*: Besitz steigert den Wert von Dingen, in: Thelepolis, 18. Juni 2008; https://www.heise.de/tp/features/Besitz-steigert-den-Wert-von-Dingen-3418999.html; auch: *Brian Knutson/G Elliott Wimmer/Scott Rick/Nick G Hollon/Drazen Prelec/George Loewenstein*: Neural Antecedents of the Endowment Effect, in: Neuron, 2018, Heft 5, S. 15 ff.; siehe oben Teil III Kapitel M. II. 1. (m. w. H.); Kapitel M. III. (m. w. H.); Kapitel N. II. (m. w. H.).

[653] Speziell zur *rechtsethologischen* Bedeutung von *Hierarchie*: siehe unten Teil I Kapitel B. VI. 2. (m. w. H.); Kapitel B. VI. 4. (m. w. H.); Teil II Kapitel A. III. 3. d) (m. w. H.).

[654] *Hans Sachsse*: Die Erkenntnis des Lebendigen,1968, S. 82 ff. (m. w. H.); *Gerhard Vollmer*: Evolutionäre Erkenntnistheorie. Angeborene Erkenntnisstrukturen im Kontext von Biologie, Psychologie, Linguistik, Philosophie und Wissenschaftstheorie. 6. Aufl., Stuttgart 1994, S. 70 (m. w. H.); auch: *Wolfgang Wickler*: Antworten der Verhaltensforschung, München 1970, S. 18 (m. w. H.); auch: *Monika Emilia Miranowicz*: Gehirn und Recht – Wie neurowissenschaftliche Erkenntnisse – Das Dilemma zwischen Naturrecht und Positivismus überwinden können, in: Michael Kloepfer/Klaus Marxen/Rainer Schröder: Berliner Juristische Universitätsschriften Bd. 46, 2009, S. 81, 103 f. (m. w. H.); *Joachim Bauer*: Das Gedächtnis des Körpers: Wie Beziehungen und Lebensstile unsere Gene steuern, 2014; *Michael Timasello*: Eine Naturgeschichte der menschlichen Moral, 2016, S. 25 ff. (m. w. H.); siehe oben Teil II Kapitel A. I. 4. b) bb) (m. w. H.).

Konsenserfordernis des Schenk-Vorgangs nicht verzichten möchte. Das Deutsche Zivilrecht zeichnet diese *Konnotation der Schenkung* mit der Erstellung und Aufrechterhaltung sozialer *Hierarchie* nach, indem es einem potentiell Beschenkten die Wahl zwischen dem Zustandekommen eines Schenkungs-Vertrages lässt.

Kinder sind – im obigen Sinne – eher in der Lage eine Schenkung [m. a. W. das „*Hierarchie*-Angebot“] ihrer Eltern vertrauensvoll anzunehmen.

Mit der Pubertät ändert sich diese Bereitschaft. Zwar tauschen Jugendliche untereinander „Geschenke“ in Form von Gegenständen aus. Die Annahme von *hierarchievermittelnden Sach-Geschenken* der Eltern erscheint in diesem Alter allerdings problematisch. Bezeichnenderweise weichen die Generationen auf sehr abstrakte, d. h. aus rechtsethologischer Sicht *hierarchieneutrale* Geldzahlungen aus.[655] Diesen fehlt nämlich, aufgrund ihrer Abstraktheit bzw. aufgrund ihrer personen-unspezifischen Einsatzfähigkeit, im Gegensatz zu Sach-Geschenken eine *hierarchieherstellende* oder *-bestätigende* Konnotation.

O. Einsatzbereich der Rechtsethologie im Prozessrecht

Der Einsatzbereich der hier propagierten *Rechtsethologie* beschränkt sich nicht nur auf die Gebiete des materiellen Rechts. Die Rechtsethologie beansprucht in selbem Maße auch Geltung im Prozessrecht. Und sogar – wie hier vorgestellt – für das Recht der richterlichen Überzeugungskraft. Die Besonderheit der rechtsethologischen Überlegungen besteht hier sogar darin, dass die Wissenschaft der Rechtsethologie Inhalte so gefestigt scheinender Regeln wie logische Schlussfolgerungen beeinflussen kann. Rechtliche Bedeutung gewinnen Logikregeln dadurch, dass nationale wie internationale Gerichte in ihrer Verletzung den Verstoß von Denkgesetzen erkennen, und hierin einen eigenständigen Grund zur *Revision* der auf diesen Denkfehlern beruhenden Entscheidung erkennen[656].

---

[655] Siehe auch: *John F. Sherry*: Gift Giving in Anthropological Perspective, in: Journal of Consumer Research, 1983, 10. Jg., Heft 2, S. 157 ff. 159 (m. w. H.); *Wolfgang Schultheiß*: Umgangsformen: Protokoll und Etikette. Privat und im Beruf, 2019, S. 223; siehe auch: *Holger Schwaiger*: Schenken: Entwurf einer sozialen Morphologie aus Perspektive der Kommunikationstheorie (Theorie und Methode), 2016, S. 136 f. (m. w. H.).

[656] Dazu: *Dieter Krimphove*: Logik in Völkerrechtlichen Entscheidungen, In: ARSP, S. 428 ff. 433 (m. w. H.); BVerwG, Beschl. v. 29. 6. 2005 (Az. 1 B 185.04) Rn. 3, und v. 18. 4. 2008 (Az. 8 B 105.07) Rn. 10.; OVG NRW, Beschl. v. 28. 3. 2013 (Az. 13 A 412/12.A); Internationale Gerichte: IStGH: Art. 81 ff. IStGH-Statut; EGMR: Art. 80 EGMR-Statut; EuGH: Art. 56 EuGH-Statut; Art. 25 ICTY-Statut; ICTR Art. 24 ff. ICTR-Statut; Keine Möglichkeit zur Revision ihrer Entscheidungen enthalten die Prozessordnungen folgender internationaler Gerichte: IGH-Statut: Art. 60; ISGH: Art. 296 UN-See, IACHR; ACHPR Art. 28 Abs. 2 ACHPR-Protocol; Siehe auch: *Karl Peters*: Fehlerquellen im Strafprozess: Bd. 1–3, Karlsruhe 1970–1974, Bd. 2, S. 2346 (m. w. H.); Für das deutsche Arbeitsrecht BAG 29. 4. 2015 – 9 AZR 108/14 Rn. 13; *Dieter Krimphove*: A Historical Overview of the Development of Legal Logic, in: Dieter Krimphove/Gabriel M. Lentner: Law and Logic – Contemporary Issues, Berlin 2017, S. 1 ff. 39 (m. w. H.).

Die Anwendbarkeit und grundsätzliche Bedeutung der *Rechtsethologie* im und für das *Prozessrecht* und speziell des *Beweiswürdigungsrecht*, vor allem die Autorität rechtsethologischer Überlegungen zur Inhaltsbestimmung rechtlich anerkannter, anscheinend unumstößlicher Schlussfolgerungstechniken, bildet den exemplarischen Gegenstand nachfolgender Darstellung:

I. „Nasse Straßen"

Die oben erwähnte Bedeutung der Rechtsethologie und insbesondere deren Nutzen für das Prozess- und Beweiswürdigungsrecht mag jenes Beispiel verdeutlichen mit dem Generationen von Professoren ganze Heere von Studenten der Mathematik, Natur- und Wirtschafts- und Sozialwissenschaften in ihren Logikvorlesungen traktierten, und dessen Bekanntheit man daher unterstellen darf.

Das Beispiel der „Nassen Straße" gilt als Muster einer logisch, und daher scheinbar unumstößlichen, *schlüssigen Aussage*:

I Wenn es regnet, ist die Straße nass. [A ⇒ B]

II Die Straße ist nass, also hat es geregnet. [A + ⇒ B +]

Letztere Aussage ist zwar logisch schlüssig, aber inhaltlich deswegen nicht unbedingt *überzeugend*. Denn der Regen ist allenfalls eine hinreichende, nicht jedoch eine notwendige Bedingung für die Nässe der Straße. So kann die Straße auch deswegen nass sein, weil ein Rohrbruch oder die tägliche Straßenreinigung sie mit Wasser überspült hat.

Demgegenüber empfindet die Mehrzahl aller Befragten die Aussage:

II a Wenn die Straße nicht nass ist, kann es auch nicht geregnet haben [¬ A ⇒ ¬ B]

weitaus überzeugender.

Logisch zwingender im Sinne von einleuchtender oder unwiderlegbarer ist diese aber ebenfalls nicht, denn wie bei der Aussage *II* können auch in diesem Fall (*II a*) „*Neben*- oder *Alternativ-Ursachen*" – wie etwa das Abdecken der Straße durch eine Plane oder das rasche Verdunsten bzw. Ablaufen des Regens – die Trockenheit der Straße herbeigeführt haben. Ein Unterschied in der logischen Schlüssigkeit der beiden Aussagen besteht daher nicht.

II. Unterschiedliche Überzeugungskraft bei einer Logik

Es stellt sich somit die Frage, aus welchem Grund die logische Schlussfolgerung der Aussage (*II a*) deutlich überzeugender erscheint als die der ersten (*II*).

Obige Frage ist deswegen von besonderem Gewicht, da die Anwendung logischer und damit objektiver, unumstößlicher Denkgesetze die gleiche Plausibilität und Überzeugungskraft ihrer Ergebnisse, also beider, garantieren sollte. Reicht Logik als Garant der Wahrheitsfindung nicht mehr aus?

Die aufgeworfene Problematik besitzt zudem eigens im juristischen Kontext besondere Tragweite, nicht nur, weil sie das auf den objektiven Prämissen der Logik aufbauende Beweissystem hinterfragt, sondern auch, weil die Übertragung dieses eher akademischen oder banalen Beispiels einer nassen Straße in die juristische Welt die unterschiedliche subjektive Überzeugungskraft der beiden, aus der Sicht der Logik gleich adäquaten, Aussagen eindrücklich veranschaulicht:

Ausgehend von der Grundannahme

I Wenn der Täter A einen Schuss auf B abgibt, ist B tot [A $\Rightarrow$ B]

ist die Folgerung

II B ist tot, also hat A auf ihn geschossen [B + $\Rightarrow$ A],

wenig überzeugend, denn A könnte auch an einem Herzanfall, Autounfall oder weiteren anderen Ersatzursachen verstorben sein.

Die Aussage demgegenüber

II a B lebt (= *B ist nicht tot*), also kann A nicht auf ihn geschossen haben [$\neg$ B $\Rightarrow$ $\neg$ A]

empfindet jeder weitaus überzeugender [Der Leser mag an dieser Stelle die unterschiedliche Überzeugungskraft beider Schlussfolgerungen selbst nachempfinden.].

Auch dieser Schluss (*II a*) ist zumindest – unter formal logischen Gesichtspunkten – nicht weniger oder mehr überzeugend als die erste Aussage (*II*). Denn auch bei ihm, dem Schluss *II a*, existieren alternative Ursachen, die das Überleben des B garantieren. So könnte B etwa eine kugelsichere Weste tragen, ein Metall-Zigarettenetui in der Brusttasche des B die Kugel aufgehalten und damit das Überleben des B verursacht haben. Zudem besteht die Möglichkeit, dass der Schuss fehl geht oder nicht lebenswichtige Organe des B trifft.

Die Frage, die sich hier stellt, ist, warum in beiden Fällen der letzten Aussage (*II a*) eine größere Überzeugungskraft zukommt. Dieser Fragestellung kommt sowohl in der Logik als auch in der Rechtswissenschaft bzw. im Beweiswürdigungsrecht, aber auch in der Soziologie, Psychologie und Verhaltensforschung eine zentrale Bedeutung zu.

III. Mögliche Erklärungsalternativen

Die Wissenschaft der Logik hat bis heute keine Erklärungen gefunden, warum die letzte Alternative überzeugender sein soll.

1. Überzeugungskraft anhand der Anzahl von Ersatzursachen

Die größere Überzeugungskraft der zweiten Aussage (*II a*) mit der vermeintlich zahlenmäßig geringeren Anzahl von Ersatzursachen zu erklären ist nicht plausibel. Prinzipiell ist eine rein quantitative Betrachtungsweise eines so komplexen Phänomens wie dem der Überzeugungsbildung methodisch unzulässig. Gerade obige Beispiele demonstrierten ferner, dass die Zahl der Ersatzursachen bei beiden Aussagen beider Beispiele nahezu gleich ist. Es bleibt zudem willkürlich, und lediglich der Phantasie überlassen, weitere Ersatzursachen zu erfinden.

2. Ungleiche Überzeugungskraft bei ungleichen Handlungsstrukturen

Eine Lösungsmöglichkeit mag an der jeweils unterschiedlichen Struktur der in ihrer Überzeugungskraft gegenübergestellten Aussage (*II* und *II a*) liegen: Charakteristisch für die oben wiedergegebenen Beispiele ist, dass sie in ihrer bejahenden Erstaussage (*II*: *Regen folglich Straße nass*, oder *Schuss folglich Tod*) eine Aktion und damit eine Änderung eines vormaligen Zustandes thematisieren. Dies ist bei der verneinenden – und als überzeugender empfundenen – zweiten Aussage (*II a*) (*Straße trocken (nicht nass) folglich kein Regen* oder *A lebt folglich kein Schuss*) anders. Diese Aussagen konfrontieren den Empfänger mit einer „Nicht-Aktion“ (= *Unterlassen*) (¬B) (*die Straße bleibt ohne Regen trocken und die Person A ohne den Schuss am Leben*). Weder eine Aktion (*Regen, Schuss*) noch die Veränderung der Zustände (*Nässe* bzw. *Tod*) tritt in den Schlüssen (*II a*) auf.

Obige Unterscheidung führt zu der Schlussfolgerung, dass die Ursachenfeststellung bei einem *Unterlassen* gegenüber einem *aktiven Tun* immer überzeugender ausfällt. Das Gegenteil trifft zu: So greift das Recht zur Feststellung der Kausalität von Nicht-Aktion, d.h. von einer auf einem Unterlassen basierenden Erfolg, auf eine Kausalitätsprüfung zurück, die sogar die Kategorie der „Wahrscheinlichkeit“ des Geschehensablaufes bemüht. Während nämlich eine Handlung des *aktiven Tuns* schlicht dann für den Erfolg kausal ist, wenn sie nicht hinweggedacht werden kann, ohne dass der Erfolg in seiner konkreten Gestalt entfiele[657], besteht die Kausalität eines *Unterlassenes* für einen Erfolg schon dann, wenn die unterlassene Handlung nicht hinzugedacht werden kann, ohne dass der eingetretene

[657] Ständige Meinung, siehe: *Georg Freund*: Münchener Kommentar zum StGB, 3. Aufl., 2017, Vor. § 13, Rn. 333 (m. w. H.).

Erfolg – mit an Sicherheit grenzender *Wahrscheinlichkeit* – entfiele[658]. Zur Feststellung der Ursächlichkeit des *Unterlassens* ist also die nicht erfolgte, geforderte Handlung hinzuzudenken.

Sowohl der Rückgriff auf die Kategorie der „Wahrscheinlichkeit" als auch die Konstruktion eines *hypothetischen Kausalverlaufes* müssten – anders als das obige Ergebnis unseres Gedankenexperiments ausfiel – die Aussagen vom Typ *II a* im Vergleich zu denen des Typs *II* als weniger überzeugungskräftig erscheinen lassen.

Obige Befunde stützen die hier im Rahmen der Rechtsethologie übernommenen Ausführungen Marc Hausers.[659] Dieser hatte methodisch ausgehend von Chomskys *universellen Grammatik*[660] einen Katalog von „Rechts-Universalien" entwickelt.[661] Diesen Nachweis konnte die hier vertretene vorgestellte *Rechtsethologie* übernehmen, beinhaltet doch dieser Katalog jene (rudimentären) Rechtsstandards oder Ansichten, die allen Menschen gemein sind und von denen also angenommen werden darf, dass sie entwicklungsgeschichtlich von einem gemeinsamen Vorgänger des Menschen stammen.[662]

Bezeichnenderweise zählen zu diesen für die gesamte Menschheit geltenden Rechtsuniversalien sowohl der Grundsatz, nach dem

- ein durch ein *aktives Tun* begangenes Unrecht dem menschlichen Rechtsbewusstsein verwerflicher erscheint als eine durch ein *Unterlassen* begangene Rechtsverletzung[663],

als auch jene universelle Anschauung, die

- eine, sich durch einen *unmittelbaren Kausalzusammenhang* ergebenden Schaden als ein größeres Unrecht ansieht als eine Schädigung, die durch eine mehrgliedrige, lange oder *verwickelte Kausalitätskette* entsteht.[664]

---

[658] BGH NJW 2000, S. 2757 ff.; BGH NStZ 00, S. 583 ff.; *Volker Haas*: Die Bedeutung hypothetischer Kausalverläufe für die Tat und ihre strafrechtliche Würdigung, GA 2015, S. 86 ff. (m. w. H.); BGHR StGB § 222 Kausalität 1, 2, 3, 4 (m. w. H.);*Walter Stree*, in: Adolf Schönke/Horst Schröder: Kommentar zum deutschen Strafgesetzbuch, 27. Aufl. 2006§ 13 Rdnr. 61 (m. w. H.); *Theodor Lenckner*: Arzt und Strafrecht in: Praxis der Rechtsmedizin, S. 571 ff.; für das Zivilrecht: BGH, NJW 1979, S. 1248 f.).

[659] *Marc D. Hauser*: Moral Minds – The Nature of Right and Wrong, 2008, S. 357 ff.; siehe auch: *Helen Haste*: Moral minds: how nature designed our universal sense of right and wrong, in Journal of Moral Education, 2009, S. 380 ff.; siehe oben Teil II Kapitel B. V. (m. w. H.).

[660] *Marc D. Hauser/Noam Chomsky/W. Tecumseh Fitch*: The Faculty of Language: What Is It, Who Has It, and How Did It Evolve? in: *Science* 22 Nov 2002, Vol. 298, Heft 5598, S1569 ff.

[661] Dazu siehe auch: *Dieter Krimphove*: Sprache und Recht. Zur rechttheoretischen Entsprechung zweier Phänomene, in: Rechtstheorie, 36, 2005, Heft 3, S. 365 ff.

[662] Dazu siehe oben Teil II Kapitel B. V. (m. w. H.).

[663] Siehe oben Teil II Kapitel B. V. Top 1.

[664] Siehe oben Teil II Kapitel B. V. Top 2.

IV. Rechtsethologische Aspekte der Überzeugungskraft

Der Grund unterschiedlicher Überzeugungskraft mag dennoch mit der Struktur oder besser dem menschlichen Aufnahmevermögen des durch sie vermittelten Inhalts im Zusammenhang stehen:

Offensichtlich ist die menschliche Vorstellungskraft darin geübt eine *Kontinuität* geschichtlicher Ereignisse und Abläufe (*II a*) anders zu empfinden, aufzufassen und intellektuell zu bearbeiten als Verhaltens- und deren Zustandsänderungen, die auf *Aktionen* beruhen (*II*). Letztere mögen, als stetig vorkommend, regulär und gewohnheitsgemäß gelten. Erstere – also die Frage, ob etwas nicht eingetreten sein kann, weil seine Ursache nicht erfüllt ist (*II a*) – scheint dem menschlichen Geist ungewohnt und daher mit intellektuellen Mühen verbunden.

Während also der menschliche Geist die Kausalität einer *Aktivität* und der ihr folgende Erfolg (*II*) als *Routine* unzählige Male am Tag feststellt, auf sie daher weniger intellektuelle Mühen verwendet und derartige Feststellungen daher sogar ins Unbewusste verlegt, verläuft die Ermittlung der Aussage des zweiten Typs des Typs *II a*, weniger häufig. Der Entscheider kann daher nicht auf eine eingeübte Denkgewohnheit (Routine) zurückgreifen. Aus diesem Grunde erscheint sie aufwendig und mühevoller als der Schluss *II*.

Gewohnte Entscheidungssituationen und -abläufe bieten somit zwar dem Entscheider den Vorteil schnell und leicht urteilen zu können. Ein Maß an *Unsicherheit* ist bei diesen Entscheidungen notwendig immer eingeschlossen[665]. Der Umstand inhaltlicher Fragwürdigkeit dieser Routineentscheidungen ist dem Entscheidenden auch zumindest emotional bewusst. Somit erlebt ein Entscheider eine Routineentscheidung daher als weniger überzeugend als eine außergewöhnliche mit intellektuellen Mühen vollzogene Einzelfallbetrachtung.

1. Übereinstimmung mit der Wirtschafs-Psychologie

Kahneman[666], der für sein Bemühen Ergebnisse psychologischer Forschung in die Wirtschaftswissenschaften übernommen zu haben im Jahr 2002 den Nobelpreis für Wirtschaftswissenschaften[667] erhielt[668], unterscheidet in ebensolcher Weise ein rasches, unbewusstes und routiniertes Denken (*system 1*) von einem komplexen berechnenden, langsamen und mühevollen (*system 2*)[669]. Dabei ordnet er, ebenso wie obige Ausführungen, gerade den alltäglichen, unspektakulären,

[665] Auch hier schildert Kahneman, wie einfache gedankliche Leistungen einen Auffassungs- und Denkfehler fördert: *Daniel Kahneman*: Thinking, Fast and Slow, 2011, S. 81 ff.
[666] *Daniel Kahneman*: Thinking, Fast and Slow, 2011.
[667] Gemeinsam mit Vernon L. Smith.
[668] https://www.nobelprize.org/prizes/economic-sciences/2002/summary/.
[669] *Daniel Kahneman*: Thinking, Fast and Slow, 2011, S. 31 ff., 45 ff.

rasch, unbewussten und routiniert ablaufenden Routineentscheidungen des *system 1* eine große *Fehleranfälligkeit* zu.

2. Bestätigung durch die Verhaltensökonomik der Rechtsethologie

Seine verhaltensbiologische bzw. seine rechtsethologische Bestätigung findet die unterschiedliche Überzeugungskraft formal-logischer Schlüsse ebenfalls in der Stammesgeschichte des Menschen. Hier sind es, neben hirnorganischen Befunden,[670] vor allem ökonomisch geprägte Überlegungen, die oben problematisierte Ungleichmäßigkeit in der Überzeugungskraft erklären können. Menschliche Entscheidungen und seine Überzeugungsfindung unterliegen zwar nicht ausnahmslos den Denkwerkzeugen der Ökonomie. Aber auch menschliches Verhalten ist an die Evolution und insbesondere den in ihr wie generell geltenden „ökonomischen" Grundsatz gebunden, dass die Evolution eben keine Formen hervorbringt, die, zur Erfüllung ihres Zweckes, höchst aufwendig und teuer sind[671], sie sich vielmehr ökonomisch verhält, d. h. Kosten und Vorteile gegeneinander abwägt und unnötige Aufwendungen erspart[672].

Wenn also die Natur außergewöhnlich kostenintensive Erscheinungs- bzw. Verhaltensformen hervorbringt, dann immer nur, um einem anderen, vorrangigen Zweck gerecht zu werden: Bizarre Geweihe, Schnäbel, Hörner, auffällige Federbüschel, aber auch lautstarke Balzrituale – die deren Träger bzw. Hervorbringer sogar in Todesgefahr bringen – lassen sich allenfalls durch die ökonomische Notwendigkeit rechtfertigen, dass nur jenes Individuum sein Erbgut weitergeben soll, dessen erfolgsversprechende Qualität es in einem aufwendigen Wettbewerbs- bzw. Balzverhalten nachgewiesen hat[673].

3. Ökonomik der Überzeugungskraft

Eine solche ökonomische Überlegung spielt auch in das Verhalten des Menschen ein. Wie erwähnt, stellt der Mensch eine Kausalität zwischen einer Aktion und der ihr zeitlich folgenden Wirkung unzählige Male in der Stunde routinemäßig fest.

---

[670] Dazu siehe unten Teil III Kapitel E. IV. 4. (m. w. H.).

[671] *Isaac Newton*: Optics, Or a treatise of the reflections, refractions, inflections and colours of light, in: Newton Opera quae exstant omnia, Bd. 3 (1782) Nachdruck 1964, 237/8, 3. Buch, Query 28; dazu auch: *Dieter Krimphove*: Gefühltes Recht – Über die hirnorganische Evolution von Recht, Rechtstheorie, 2009, S. 99 ff.; Kapitel III (m. w. H.).

[672] Auch: *Dieter Krimphove*: Scham als Verhaltenssteuerung im Recht – Rechtstheoretische Aspekte eines Phänomens, Rechtstheorie, 43, 2012, S. 91 ff.; *Dieter Krimphove*: Die „Logik" der Überzeugungskraft, in: Rechtstheorie, 2019, S. 107 ff. 111 (m. w. H.); siehe oben Teil II Kapitel A. I. 3. (m. w. H.).

[673] Dazu siehe bereits: *Wolfgang Wickler/Uta Seibt*: Das Prinzip Eigennutz. Ursachen und Konsequenzen sozialen Verhaltens, 1977, S. 52 ff., 66 ff., 181 ff.

Dies muss er auch, um sich orientieren zu können und mögliche, ihm drohende Gefahren antizipieren zu können. Dabei kommt

1. der *Routine* und der
2. Verlagerung dieser Entscheidungen ins *Unbewusste* bzw.
3. der Motivation der Entscheidung durch ein *Gefühl*

eine signifikant ökonomische Qualität zu. Denn gerade diese Techniken ermöglichen es, die Entscheidung weniger aufwendig, mühsam und damit auch zeitnah zu treffen.

Einem Hominiden, der lange bewusst darüber nachdenkt, was dem Brüllen eines Tigers in seiner unmittelbaren Nähe folgt, bleibt nicht mehr viel Zeit eine angemessene Reaktion, nämlich die sofortige Flucht, einzuleiten. Der Ablauf einer *unbewussten Routine* sichert hier das Überleben. Denn in dieser Situation ist nur eine rasche, quasi *automatisierte* Reaktion die effiziente.

Eine Kosten- wie Zeitersparnis tritt insbesondere dadurch ein, dass eine emotional motivierte Reaktion nahezu automatisch und *unbewusst*, quasi als Reflex, abläuft. Rationale, komplex aufwändig abwägende Entscheidungszentren, wie sie etwa der *anteriore cinguläre Cortex* vorhält, ruft Emotionalität nicht auf.

Eine zusätzliche Kosteneinsparung tritt dadurch ein, dass Hirnstrukturen die Entscheidung emotional begründen. Emotion (wie *Angst*, *Freude*, *Resignation*) motiviert eine Reaktion

– *unmittelbar*, d. h. ohne einen zeitraubenden Diskurs, und
– *eindeutig*, *direkt* bzw. *unmissverständlich* (etwa zu *Flucht*, *Kontaktaufnahme* oder *Rückzug*), d. h. ohne dem Betroffenen eine langwierige Wahl zwischen mehreren Handlungsalternativen zu lassen.

Damit kann in Eilsituationen ein akut Gefährdeter mit minimalem Aufwand spontan eine zielgerichtete und eine i. d. R. situationsadäquate Reaktion treffen.

Dabei kann es im Einzelfall durchaus vorkommen, dass die Reaktion (hier: sofortige Flucht) unzutreffend war, etwa weil der Tiger gar nicht auf Beutezug war.

Dennoch erscheint die rasche Fluchtreaktion – selbst unter Einbeziehung ihrer kompletten Nutzlosigkeit und des damit entstehenden Kostenaufwandes – ökonomisch gerechtfertigt.[674]

---

[674] Grigenzer nennt in seinem Werk: Bauentscheidungen 2008, zahlreiche Situationen – darunter auch den Zeitmangel – in denen Menschen weniger rationale als unbewusst emotional gesteuert, also aus dem Bauch heraus entscheiden, bzw. entscheiden müssen; wobei diese Entscheidungen deswegen inhaltlich nicht schlechter sein müssen, *Gerd Gigerenzer*: Bauchentscheidungen 2008 insbesondere. S. 49 ff. 117 ff.

Den Hominiden, die das Bestehen eines Kausalverlaufs zwischen dem Gebrüll des Tigers und dem ausstehenden Tod mühevoll, aufwendig und langwierig errechnen müssten, droht unweigerlich der entwicklungsgeschichtliche Nachteil nicht mehr an der Weitergabe ihrer Gene beteiligt werden zu können.

Anders verhält es sich mit den – weitaus überzeugenderen – Aussagen des Typs *II a*, also mit dem Schluss nach dem ein Ergebnis deswegen nicht gegeben sein kann, weil auch dessen Folge nicht vorliegt. Dieser Schluss eignet sich – wegen seiner Aufwendigkeit – nicht zu einer Gefahrenbestimmung *ex-ante*[675]. Er dient vielmehr einer *ex-post* Betrachtung bereits abgeschlossener Geschehensabläufe; also nur den selteneren Fällen einer nachträglichen Bewertung eines gegebenen Sachzusammenhanges.

Die Hominiden hätten beispielsweise die genauen Umstände ihrer unbewusst raschen Fluchtreaktion, also die wahre Intention des Tigers bzw. das tatsächliche Bestehen einer Todes-Gefahr – ex post – mit Hilfe der Schlussfigur II a überprüfen können.

Zu dieser Entscheidung (*II a*) können die Hominiden nicht *aufwandssparend* auf ein vorhandenes Muster, und damit nicht auf Routine – wie sie der Schlussfolgerung *II* zugrunde liegt – zurückgreifen. Entscheider sind daher im Fall der Schlussfolgerungen des Typs *II a* auf eine mühevolle umständliche Ermittlung des Einzelfalles angewiesen.

Eine solche bewusste, aufwendig geleistete Entscheidung kommt zwar im Fall ihrer Eilbedürftigkeit den Schutzanforderungen nicht nach. Sie besitzt aber – im Unterschied zu der in der Gefahrensituation zu treffenden Entscheidung (*II*) – eine weitaus geringere Fehleranfälligkeit. Sie erscheint damit überzeugender.

4. Hirnorganische Nachweise

Wiederum sind es hirnorganische Strukturen, die obige evolutionsgeschichtliche Befunde bestätigen: Wie bereits oben herausgestellt, arbeitet das menschliche Gehirn in einem gänzlich anderen Denk-Modus als ein sog. *kontinentaler Jurist.*[676] Das menschliche Gehirn subsumiert nämlich, gerade nicht eine konkrete Handlung unter die *abstrakt/generellen* tatbestandlichen Anforderungen einer Norm. Sein *Orbitofrontal-Cortex* vergleicht vielmehr ein bestimmtes Verhalten mit dem, durch das *limbische System*, gespeicherten Fundus von (*Präzedenz-)Fällen*. Dazu sucht der *Orbitofrontal-Cortex* nach Gleichheiten jener *Emotionen* mit denen der *Temporalpol* und der *Gyrus frontalis medius* ein jeweiliges Ereignis aufgeladen bzw. gekennzeichnet hat.

---

[675] Siehe oben Kapitel B. III. 2. (m. w. H.).
[676] Siehe oben Teil II Kapitel A. III. 2. a) bb) (m. w. H.).

Somit ähnelt de facto diese hirnorganische Vorgehensweise der *Case-Law*[677] Methodik des anglo-amerikanischen Rechtskreises.[678]

Einen solchen Vergleich kann das menschliche Gehirn nur leisten, wenn der *Temporalpol* und der *Gyrus frontalis medius*, Ereignisse zuvor emotional markiert haben. Dies kann aber grundsätzlich nicht mit einem lediglich *hypothetisch* gedachten und damit auch nicht emotional erlebten Ereignis geschehen.

Die Funktionsweise der hier aufgeführten Hirnstruktur bildet also den entscheidenden Grund dafür, dass juristisches Denken in den Kausalitätsgesetzen des *Unterlassens*, also in hypothetischen, d. h. künstlich konstruierten, Kausalverläufen dem Menschen schwerer fällt als das Nachvollziehen von Ereignissen deren Existenz er bereits emotional abgespeichert hat.

Im ersten Fall (Kausalität des *Unterlassens*) wird er das Ereignis, unabhängig jeder emotionalen Unterstützung, rational konstruieren müssen, während ihn im zweiten Fall, also bei der Bestimmung eines Kausalverlaufs eines *aktiven Tuns* das Gefühl von Selbstverständlichkeit begleitet.

Das Resultat seiner Gedankenoperation im zweiten Fall (*aktives Tun*) erscheint ihm daher – zumindest emotional – um ein Vielfaches natürlicher, als das seines gedanklichen Vorgehens bei der Feststellung der (hypothetischen) Kausalität eines Unterlassens. In einem schnell zu entscheidenden Sachverhalt, der keinen Aufschub durch langwierige Gedankenoperationen duldet, rechtfertigt dieses spontane hirnorganisch erzeugte Gefühl eine bloß emotionale ex-ante Bewertung der Situation. Im Fall einer langwierigen, gründlichen ex-post Bewertung derselben Sachlage, zu der i. d. R. mehr Zeit zur Verfügung steht, erscheint ein rational getroffenes Urteil zwar aufwendig und kostenintensiver als eine emotional motivierte Entscheidung, jedoch passend, da es die zur Verfügung stehende Zeit ausschöpft, um alle Details zu ermitteln und/oder alle gegensätzlichen Argumente abzuwägen. Eine solche, eher rational als emotional begründete Ex-post-Beurteilung erscheint dann überzeugender. Damit bestätigen die hier aufgezeigten hirnorganischen Befunde oben dargestellten stammesgeschichtlichen Feststellungen.

P. Fazit

Allein obige Gedanken-Experimente verdeutlichten, dass es nicht allein die unbestechlichen, objektiven Grundsätze einer nach strengen logisch-mechanischen Regeln ablaufenden Beweisführung sind, die zur Überzeugung des Menschen füh-

---

[677] Dazu: *Felix Maultzsch*: Grundstrukturen der englischen Case Law-Methodik in: Joachim Rückert/Ralf Seinecke: Methodik des Zivilrechts – von Savigny bis Teubner, 2. Auflage, 2012, S. 470 ff. 476 ff. (m. w. H.).

[678] Siehe oben Teil II Kapitel A. III. 2. a) bb) (m. w. H.).

ren. Die Ursprünge der Überzeugungskraft liegen vielmehr in rechtsethologischen Bedingungen der Entwicklungsgeschichte des menschlichen Geistes.

Weder gerichtliche Urteile können daher auf (alleiniger) Grundlage einer strengen Rationalität oder – im Sprachgebrauch des Rationalismus' des 18. Jahrhunderts – der Vernunft erfolgen. Es bedarf vielmehr der Gesamtbetrachtung aller Konditionen der menschlichen Vernunft, auch somit speziell ihrer rechtsethologischen verhaltensbiologischen Genese.

Teil IV

Resümee

A. Fazit

Die Rechtsethologie deutet das Phänomen Recht als eines aus der *Stammesgeschichte* des Menschen unmittelbar ableitbares.[1] Recht, eigens als die friedliche Koordination von Handlungsweisen anderer Individuen[2], vermittelte dem Menschen einen evolutionsbiologischen Vorteil gegenüber den *Hominiden* sowie gegenüber seinen animalischen Konkurrenten Evolutionsvorteile.[3] Diese befähigen den Menschen erfolgreich den technischen, gesellschaftlichen und ökologischen Herausforderungen, die ihm sein Lebensraum stellt, bis heute gerecht zu werden.[4]

Entwicklungsgeschichtliche Belege des Rechts sind noch heute ebenso im Verhalten des Menschen[5] sowie insbesondere in seiner Hirnstruktur,[6] die sich wesentlich von denen der Primaten und Hominiden unterscheidet, festzustellen. Kennzeichnend sowohl für die *Evolution des Menschens* als auch die seines Rechtes[7] ist die Grundannahme nach der sich beide „ökonomisch" verhalten,[8] d.h., dass sich – sowohl in der biologischen Entwicklung des Menschen als auch in der seines Rechts – nur jene Entwicklungsalternative durchsetzt, die zur Bewältigung eines bestimmten Zweckes bzw. zur Beantwortung der oben aufgeführten Herausforderungen die kosten- und aufwandssparendsten Mittel einsetzt.[9]

Als ein, sich aus der entwicklungsgeschichtlichen Natur des Menschen ergebendes *Institut* erscheint das „Recht" nicht als ein dem Menschen von außen auf-oktroyiertes Konstrukt,[10] sondern als ein mit und in seinem Wesen unmittelbar

---

[1] Siehe oben Teil I Kapitel B. III. (m. w. H.); Teil II Kapitel A. I. (m. w. H.).

[2] Siehe oben Teil II Kapitel A. I. 4. (m. w. H.); Kapitel A. I. 3. a) (m. w. H.).

[3] Siehe oben Teil I Kapitel G (m. w. H.); Teil II Kapitel A. I. 4. b) bb) (m. w. H.); Kapitel A. III. 2. (m. w. H.); Kapitel B (m. w. H.).

[4] Siehe oben Teil II Kapitel A. I. 4. b) bb) (m. w. H.).

[5] Beispiele siehe etwa Teil III Kapitel D. (m. w. H.); Kapitel E. III. (m. w. H.); Kapitel E. IV. 4. (m. w. H.); Kapitel E. V. 2. (m. w. H.); Kapitel G. I. 2. (m. w. H.); Kapitel G. III. 4. (m. w. H.); Kapitel I. (m. w. H.); Kapitel K. III. 1. (m. w. H.); Kapitel D. I. 3. b) (m. w. H.); Kapitel N. I. (m. w. H.).

[6] Siehe oben Teil II Kapitel A. III. (m. w. H.).

[7] Siehe oben Teil I Kapitel B. VI. 4. (m. w. H.).

[8] Siehe oben Teil I Kapitel B. VI. 4. (m. w. H.).

[9] Siehe oben Teil II Kapitel A. I. 3. (m. w. H.); Teil I Kapitel B. V. 2. (m. w. H.); Kapitel B. VI. 2. (m. w. H.); Kapitel B. VI. 4. (m. w. H.); siehe oben Teil III Kapitel O. IV. 2. (m. w. H.).

[10] Siehe oben Teil I Kapitel F. (m. w. H.).

verbundener Teil seiner Natur selbst.[11] Eine solche Sicht auf das Recht ermöglicht es bestehendes Recht entsprechend den entwicklungsgeschichtlichen Besonderheiten – also *rechtsethologisch* – auszulegen, anzuwenden oder neues Recht an diesen rechtsethologischen Grundsätzen plausibel, d. h. *menschengerecht*, anzugleichen.[12]

Hierdurch entsteht eine *neuartige Methode* der Auslegung, Beurteilung und Erstellung von Recht.[13]

Der dritte Teil der Ausführungen führte einzelne Anwendungsbeispiele der noch heute spürbaren stammesgeschichtlichen Prägung und Verfasstheit des Menschen und seines Rechtes auf.[14] Die Darstellung dieser Einzelmaterien mochten modellhaft ebenso Problematiken der Rechtsauslegung beantworten sowie der Rechtsanwendung und -findung in der Praxis dienen.[15] Die Ausführungen des Dritten Teils sollen aber ebenso als Tauglichkeitsnachweise der hier propagierten Rechtsethologie gelten.

Die Anwendungsbeispiele der Rechtsethologie umfassten ebenso Fragen des Erb- und Familienrechts,[16] als auch des Eigentums-,[17] Werbe-,[18] Bestattungsrechts[19], aber auch alternative Steuerungsmöglichkeiten, die das „Recht“ ersetzen könnten (Nudging[20]/Scham[21]).

Letztlich belegte der Dritte Teil der Darstellung die Nutzbarkeit und Aussagekraft der Rechtsethologie auch auf abstrakte Fragen des Prozess- bzw. des Beweiswürdigungsrechts.[22] Hier diente die *Rechtsethologie* sogar dem inhaltlichen Verständnis anscheinend so unveränderbarer neutraler Regeln, wie sie die Aussage-Logik aufstellt.[23]

---

[11] Siehe oben Teil I Kapitel F. (m. w. H.).

[12] Siehe oben Vorwort, Teil I Kapitel E. (m. w. H.).

[13] Siehe oben Teil I Kapitel C. (m. w. H.); auch: Kapitel B. VI. (m. w. H.); Kapitel. B. VI. 4. (m. w. H.).

[14] Siehe beispielsweise oben Teil III Kapitel N. III. 1. bis N. III. 6. (m. w. H.).

[15] Dazu insbesondere siehe oben Teil III Kapitel M. III. (m. w. H.).

[16] Siehe oben Teil III Kapitel G. (m. w. H.); Kapitel I. (m. w. H.).

[17] Siehe oben Teil III Kapitel M. (m. w. H.).

[18] Siehe oben Teil III Kapitel C. V.; Kapitel D.; Kapitel G. (m. w. H.).

[19] Siehe oben Teil III Kapitel K. (m. w. H.).

[20] Siehe oben Teil III Kapitel C. (m. w. H.).

[21] Siehe oben Teil III Kapitel E. (m. w. H.).

[22] Siehe oben Teil III Kapitel O. (m. w. H.).

[23] Siehe oben Teil III Kapitel O. IV. (m. w. H.).

B. Ausblick

Die Anwendungsbeispiele lassen sich beliebig fortsetzen. Ausgehend von dem abstrakten Charakter des Einsatzes der Rechtsethologie bei Prozessualen- bzw. Logik-Regeln,[24] lässt sich sogar der Einsatz der *Rechtsethologie* auf rechtsphilosophische Gebiete, wie etwa „Wahrheit“[25], „Gerechtigkeit“ oder „Gleichheit“[26] anstreben.

Diese Ausblicke verdeutlichen die umfassende Einsatzmöglichkeit und interdisziplinäre Aussagekraft der hier vorgestellten *Rechtsethologie*. Sie möchten zu weiteren Forschungen anregen. Vielleicht gelingt es durch sie, hinter der Vielfalt des Verhaltens aller Geschöpfe in all ihren geschichtlichen Entwicklungsstadien, die Einheit in ihrer Konzeption sowie die ihres Rechts zu entdecken.

---

[24] Siehe oben Teil III Kapitel O. (m. w. H.).

[25] *Dieter Krimphove*: Was ist Wahrheit – Die ökonomische Seite des Phänomens, in: Rechtstheorie Jg 39, 2008. Heft 1, S. 105 ff.

[26] *Dieter Krimphove*: Gleichheit – Ein umstrittenes Rechtsinstitut im Lichte der Rechtsphilosophie und der Praktischen Rechtswissenschaft unter Berücksichtigung nationaler und internationaler Aspekte, in: Rechtstheorie Jg 45, 2014, S. 193 ff.; *ders.*: Die Struktur der Gleichheit – oder die Problematik der sog. „diskriminierungsfreien Tatbestände“; The structure of equality – How to deal with so-called „non-disciminatory“ elements of rules, in: Archiv für Rechts- und Sozialphilosophie, 2019, Bd. 105, Heft 3, S. 404 ff.

Literaturverzeichnis

Adolphs, Ralph: Emotional vision, in: Nature Neuroscience, Nr. 7, 2004, S. 1167 ff.

Ahrimans Volks Enzyklopädie: Evolution, 2018, http://www.avenz.de/downloads/avenz.pdf

Ajuria, Rojo: Las garantias mobiliarias, in: ADC, 1989, S. 717 ff.

Alcock, John: Animal Behavior – An Evolutionary Approach. 7. Aufl., 2001

Alexy, Robert: Theorie der juristischen Argumentation. Die Theorie des rationalen Diskurses als Theorie der juristischen Begründung (1978), 1983, S. 263 ff.

Allman, John M./*Hakeem*, Atiya/*Erwin*, Joseph M./*Nimchinsky*, Esther/*Hof*, Patrick: The Anterior Cingulate Cortex, in: Annals of the New York Academy of Sciences, 2001, Vol. 935, S. 107 ff.

Altvater, Gerhard: Rechtsprechung des BGH zu den Tötungsdelikten, in: NStZ, 2003, S. 21 ff.

Amato, Michael R. D./*Eisenstein*, Norman: Laboratory breeding and rearing of Cebus Apella, in: Laboratory Primate Newsletter, 1972, (11), S. 3 ff.

Ambos, Kai/*Steiner*, Christian: Vom Sinn des Strafens auf innerstaatlicher und supranationaler Ebene, in: JuS, 2001, S. 9 ff.

Amen, Daniel G.: Das glückliche Gehirn: Ängste, Aggressionen und Depressionen überwinden – So nehmen Sie Einfluss auf die Gesundheit Ihres Gehirns, 2013

Amore, Kate/*Edwin Baker*, Michael C./*Howden-Chapman*, Philippa: The Ethos Definition and Classification of Homelessness: An Analysis, in: European Journal of Homelessness, 2012, S. 19 ff.

Aquin, Thomas von: Summa Teologica, in: Bernhart, Joseph (Hrsg. und Übersetzer): Thomas von Aquino: Summe der Theologie, 1985

Archibald, Sarah J./*Mateer*, Catherine A./*Kerns*, Kimberly A.: Utilization behavior: Clinical manifestations and neurological mechanisms, in: Neuropsychology Review, 2001, Nr. 11(3), S. 117 ff.

Ardill, Allan: Sociobiology, Racism and Australian Colonisation, in: Griffith Law Review. 18, Nr. 1, 2009, S. 82 ff.

Arendt, Hannah: Vita activa oder Vom tätigen Leben (The human condition1958), 2009

Aristoteles: Nikomachische Ethik, 2013

Armitage, Thomas: Economic Efficiency as a Legal Norm, in: Research in Law and Economics, 1985, Vol. 7, S. 1 ff.

Arnqvist, Göran/*Kirkpatrick*, Mark: The evolution of infidelity in socially monogamous passerines: The strength of direct and indirect selection of extra pair copulation behavior in females, in: American Naturalist 200, Juni 2005, Vol. 165, S. 26 ff.

Arrow, Kenneth: The Organization of Economic Activity: Issues Pertinent to the Choice of Market versus Non-Market Allocation, in: The Analysis and Evaluation of Public Expenditures: The PBB-System, Joint Economic Committee, 91st Congress, 1st Session, Bd. 1, 1969, S. 59

Assmann, Jan: Ma'at. Gerechtigkeit und Unsterblichkeit im Alten Ägypten, 2. Aufl., 1995, S. 206 ff., 287

Augustinus: De civitate Die, in: Christoph Horn: Klassiker Auslegen, Bd. 11, 1997

Augustinus: De Trinitate, 2003

Augustinus: Sermones, in: Hubertus R. Drobner: Augustinus von Hippo, Predigten zu den alttestamentlichen Propheten (Sermones 42–50), Einleitung, *Text*, Übersetzung und Anmerkungen, (Patrologia – Beiträge zum Studium der Kirchenväter XXIX), 2013

Austin, John: The Province of Jurisprudence Determined, 1832

Axer, Peter, in: Volker Epping/Hillgruber, Christian, BeckOK: Grundgesetz, 42. Aufl. Stand: 01. Dezember 2019, Art. 14 GG [Eigentum, Erbrecht und Enteignung]

Bachofen, Johann Jakob: Das Naturrecht und das geschichtliche Recht in ihren Gegensätzen. Antrittsrede, 1841

Baker, C. Edwin: The Ideology of Economic Analysis of Law, Philosophy and Public affairs, 1975

Baldwin, Rob: From Regulation to Behaviour Change: Giving Nudge the Third Degree, 77 Modern Law Review, 2014, S. 831 ff.

Barash, David P.: Soziobiologie und Verhalten, 1988

Barash, David P./*Lipton*, Judith E.: The Myth of Monogamy. Holt, 2002

Barkow, Jerome H./*Tooby*, John/*Cosmides,* Leda (Hrsg.): The Adapted Mind: Evolutionary Psychology and The Generation of Culture, 1992

Bartels, Andreas: Die Liebe im Kopf – Über Partnerwahl, Bindung und Blindheit, in: Manfred Spitzer/Bertram, Wulf: Hirnforschung für Neu(ro)gierige, 2010, S. 124 ff.

Barth, Sven: Die Europäisierung des Handelsvertreterrechts – Eine ökonomische Analyse, 2020

Barthel, Thorsten F. , in: Jürgen Gaedke: Handbuch des Friedhofs- und Bestattungsrechts, 11. Aufl., 2016

Barzel, Yoram: Transactions Costs: Are They Just Costs?, in: Journal of Institutional and Theoretical Economics, 141, 1985, S. 4 ff.

Bassenge, Peter, in: Palandt: Kommentar zum Bürgerlichen Gesetzbuch, 2013

Bauer, Joachim: Neurobiologische und soziale Kontexte menschlicher Aggression, in: Psychotherapie 17. Jahrg., 2012, Bd. 17, Heft 2, S. 252 ff.

Bauer, Joachim: Das Gedächtnis des Körpers: Wie Beziehungen und Lebensstile unsere Gene steuern, 2014

Bauks, Michaela/*Meyer*, Martin: Zu Kulturgeschichte der Scham, 2010

Baumrind, Diana: Some thoughts on ethics of research: After reading Milgram's „Behavioral Study of Obedience", in: American Psychologist, 1964, S. 421 ff.

Bavestrello, Giorgio/*Sommer*, Christian/*Sarà*, Michele: Bi-directional conversion in Turritopsis nutricula (Hydrozoa), in: Scientia Marina, 56, 1992, S. 137 ff.

Becker, Gary S.: Crime and Punishment: An Economic Approach, in: Journal of Political Economy 76, 1968, S. 169 ff.

Becker, Gary S.: A Theory of Marriage; Part 1 J. Pol; Econ., 1973, S. 813 ff.

Becker, Gary S.: Ökonomische Erklärung menschlichen Verhaltens 2. Aufl., 1993

Becker, Gary Stanley: A Theory of Marriage; Part 1, in: Journal of Political Economy, 1973, S. 813 ff.

Becker, Lawrence C.: Moral Basis of Property Rights, in: J. Roland Pennock/Chapman, John W.: Property, 1980, S. 187 ff.

Behavioural Insights Team: Update Report 2013–2015; London: Cabinet Office, Behavioural Insights Team, verfügbar unter http://www.behaviouralinsights.co.uk/publications/the-behavioural-insights-team-update-report-2013-2015/.

Bellarmin, Robert: De ascensione mentis in Deum per scalas rerum creatorum, in: Opera Omnia (Hersg. Justinus Fère), 1973, Bd. VIII, S. 247 ff.

Ben Ze'ev, Aaron: Die Logik der Gefühle – Kritik der emotionalen Intelligenz, 2009

Bennett, Peter M./*Owens*, Jan P. E.: Evolutionary Ecology of Birds – Life Histories, Mation systems and Extinction, 2002

Benninghoff, Alfred: Makroskopische und mikroskopische Anatomie des Menschen, Bd. 3. Nervensystem, Haut und Sinnesorgane, 1985

Bentham, Jeremy: An Introduction to the Principles of Morals and Legislation. A new edition, corrected by the author, 1828

Bentham, Jeremy: An Introduction to the Principles of Morals and Legislation; in: J. Bentham: Collected Works, 1970; Utilitarismus, aus: Eine Einführung in die Prinzipien der Moral und Gesetzgebung, (Auszug.) in: Otfried Höffe (Hrsg.), Einführung in die utilitaristische Ethik – klassische und zeitgenössische Texte, 1992, S. 55 ff.

Bergbohm, Karl Magnus: Jurisprudenz und Rechtsphilosophie, Bd. I, 1892

Bernholz, Peter/*Bayer*, Fiederich: Grundlagen der Politischen Ökonomie, Bd. II: ökonomische Theorie der Politik, 1994; Gesellschaftliche Entscheidungsverfahren II (Demokratie), 1994

Betzig, Laura L.: Despotism and Differential Reproduction: A Darwinian View of History. Aldine Transaction, (1986) 2017

Beutel, Manfred E./*Lausberg*, Hedda/*Subic-Wrana*, Claudia: Warum Zurückweisung schmerzt, in: Psychotherapeut, 2006, Heft 51, S. 245 ff.

Black, Julia: Critical Reflections on Regulation, 27 Australian Journal of Legal Philosophy, 2002, S. 1 ff.;

Blanqui, Adolph: Geschichte der politischen Ökonomie in Europa, Bd. 2., 1971; ders., Geschichte der politischen Oekonomie in Europa, von dem Alterthume an bis auf unsere Tage, nebst einer kritischen Bibliographie der Hauptwerke über die politische Oekonomie, 1841

Blass, Thomas: The Man Who Shocked the World. The Life and Legacy of Stanley Milgram, 2004

Bleek, Wilhelm H. I./*Loyd*, Lucy C.: Specimens of Bushman Folklore, 1911

Bloom, Harold/*Man*, Paul de/*Derrida*, Jacques/*Hartman*, Geoffrey H./*Miller*, Hillis J. (Hrsg.): Deconstruction and Criticism, 1979

Blühdorn, Ingolfur: Simulative Demokratie – Neue Politik nach der postdemokratischen Wende, 2013

Blum, Ulrich: Angewandte Institutionenökonomik, 2005

Bocheński, Joseph M.: Formale Logik. 3. Aufl., 1970

Bock, Michael: Kriminologie und Spezialprävention – ein skeptischer Lagebericht, in: ZStW, Bd. 102, Heft 3, 1990, S. 504 ff.

Bonnet, Hans: Maat, in: Hans Bonnet: Lexikon der ägyptischen Religionsgeschichte. 3. Aufl., 2000, S. 430 ff.

Bosch, Frank/*Schittenhelm*, Ulrike, in: Schönke, Adolf/Schröder, Horst: Strafgesetzbuch, 30. Aufl., 2019

Bösel, Rainer: Humanethologie – Ethologische Aspekte menschlichen Verhaltens, 1974

Bösel, Rainer: Das Gehirn – Ein Lehrbuch der funktionellen Anatomie für e Psychologie, 2006

Boubela, Roland N./*Kalcher*, Klaudius/*Huf*, Wolfgang/*Seidel*, Eva-Maria/*Derntl*, Birgit/*Pezawas*, Lukas/*Našel*, Christian/*Moser*, Ewald: fMRI measurements of amygdala activation are confounded by stimulus correlated signal fluctuation in nearby veins draining distant brain regions, in: Scientific Reports, 2015, Vol. 5, Article Nr.: 10499

Boulding, Kenneth Ewart: Beyond Economy – Essay on Society, Religion and Ethics, 1968, S. 177 ff.

Boyd, Robert/*Gintis*, Herbert/*Bowles*, Samuel/*Richerson*, Peter J.: The Evolution of Altruistic Punishment, 2003, S. 215 ff.

Brandes, Ralf u. a. (Hrsg.): Physiologie des Menschen: mit Pathophysiologie, 2019

Braslow, Joel: Therapeutic effectiveness and social context: the case of lobotomy in a California state hospital, 1947–1954, in: The Western journal of medicine Band 170, Nr. 5, 1999, S. 293 ff.; gesundheit.de: https://www.gesundheit.de/medizin/behandlungen/operationen/lobotomie

Broadfoot, Marla V.: High on Fidelity, in: American Scientists, Nr. 90, Nr. 3, 2002

Brosnan, Sarah F./*Schiff*, Hillary C./*de Waal*, Frans B. M.: Tolerance for inequity increases with social closeness in chimpanzees, in: Proceedings of the Royal Society B 272, 2005, S. 253 ff.

Brosnan, Sarah F./*de Waal*, Frans B. M.: Monkeys reject unequal pay, in: Nature, 2003, (425), S. 297 ff.

Broucek, Francis J.: Shame and its relationship to early narcissistic developments, International Journal of Psychoanalysis, 1982, 65, 369 ff.

Bruton, H. Hunter, The Questionable Constitutionality of Curtailing Cuckolding: Alienation-of Affection and Criminal-Conversation Torts, 65 Duke L. J. 755, 2016, http://scholarship.law.duke.edu/dlj/vol65/iss4/3

Buchanan, James/*Tollison*, Robert/*Tullock*, Gordon: Towards a Theory of the Rent-Seeking-Society, 1980

Bühl, Walter L.: Struktur und Dynamik des menschlichen Sozialverhaltens, 1982

Buller, David: Adapting Minds, MIT Press, 2005, S. 52

Bundesregierung: Kabinettsbeschluss v. 4. 6. 2014, S. 6; siehe auch: http://www.bmjv.de/SharedDocs/Kurzmeldungen/DE/2014/20141212_Nudging.html?nn=1468620

Burda, Hynek/*Zrzavý*, Jan, u. A.: Humanbiologie, utb basics, Bd. 4130, 2014, S. 161, 183 ff.

Burgdorf, Jeffrey/*Panksepp*, Jaak: The neurobiology of positive emotions. Neuroscience and Biobehavioral Reviews, 2006, Vol. 30(2), S. 173 ff.

Burghardt, Gordon M.: Defining and recognizing play, in: The Oxford Handbook of the Development of Play, 2010 doi:10.1093/oxfordhb/9780195393002.013.0002

Burr, Vivien: An Introduction to Social Constructionism, 1995

Bzdok, Daniel/*Laird*, Angela R./*Zilles*, Karl/*Fox*, Peter T./*Eickhoff*, Simon B.: An investigation of the structural, connectional and functional sub-specialization in the human amygdala. Human Brain Mapping, 2012

Carter, C. Sue: The chemistry of child neglect: Do oxytocin and vasopressin mediate the effects of early experience? In: Proc Natl Acad Scl (USA), 2005, 102: 18247–8

Carter, Rita: Gehirn und Geist – Eine Entdeckungsreise ins Innere unserer Köpfe, 2010

Carter, Rita: Das Gehirn – Anatomie, Sinneswahrnehmung, Gedächtnis, Bewusstsein, Störungen, 2014

Cartmill, Matt/*Smith*, Fred H.: The Human Lineage, 2009

de Castroy Bravo, Federico: El negocio juridico, Neudruck, 1991

Catchepole, Vlive K./*Slater*, Peter J. B.: Bird Song – Bilologcal Themes and Variations, 2008, S. 236 ff.

Catpole, Clive K./*Slater*, Peter J. B.: Bird Song – Biological Themes and Variations, 2008

Cereda, Christina/*Ghika*, Joseph/*Maeder*, Paul/*Bogousslavsky*, Julian: Strokes restricted to the insular cortex, in: Neurology, 2002, Vol. 59 Nr. 12, S. 1950 ff.

Cheshire, Geoffrey C./*Davies*, John D.: The modern Law of real Property, 1967

Cheung, Steven N.: Transaction Costs, Risk Aversion, and the Choice of Contractual Agreements, in: Journal of Law and Economics, 12, 1969, S. 23 ff.

Childe, Vere Gordon: The Dawn of European Civilisation, 6th ed., 1957

Chiusi, Tiziana: § 516 BGB, in: J. von Staudingers Kommentar zum Bürgerlichen Gesetzbuch, Buch 2: Recht der Schuldverhältnisse: §§ 516–534 (Schenkungsrecht), 2013

Chorvat, Terrence/*McCabe*, Kevin: The Brain and the Law, in: The Royal Society: Law and the Brain, Bd. 359, 2004, S. 1727 ff.

Chu, Victor/*Heras*, Brigitta de las: Scham und Leidenschaft, 1994

Cicero: De legibus, in: Max Kaser: Römische Rechtsquellen und angewandte Juristenmethode. in: Forschungen zum Römischen Recht, Bd. 36, 1986

Cicero: Pro Cluentio 53, 146, in: Max Kaser: Römische Rechtsquellen und angewandte Juristenmethode. in: Forschungen zum Römischen Recht, Bd. 36, 1986

Claessens, Dieter: Das Konkrete und das Abstrakte, 1993

Clarke, Peter G. H.: The Libet experiment and its implications for conscious will, in: The Faraday Papers, 2013, S. 1 ff.

Clutton-Brock, Tim H./*Vincent*, Amanda C. J.: Sexual selection and the potential reproductive rates of males and females, in: Nature. Vol. 351, Mai 1991, S. 58 ff.

Coase, Ronald: The Firm, the Market, and the Law, 1937

Coase, Ronald: The Nature of the Firm, in: Economica, Bd. 4, 1937, S. 386 ff.

Coase, Ronald: The Problem of Social Cost, in: Journal of Law and Economics 3, 1960, S. 1 ff.

Coase, Ronald: Lectures, 2: The Nature of the Firm, Meaning, in: Journal of Law, Economics and Organizations, 4, 1988, S. 19–32

Coerper, Carl/*Voss*, Leopold: Die Sozialhygiene in ihrem Verhältnis zu Sozialbiologie, Soziologie und Soziolphilosophie, 1932

Coleman, Jules L.: Efficiency, Utility and Wealth Maximation, in: Hofstra Law Review 8, 1980, S. 509 ff.

Commons, John Rogers: Institutional Economics, 1934 (2009)

Conley, Andrew B./*King*, Jordan, I.: Endogenous Retroviruses and the Epigenome, in: *Günther Witzany* (Hrsg.): Viruses: Essential Agents of Life, 2012, S. 309 ff.

Cosmides, Leda/*Tooby*, John: Evolutionary Psychology and the Emotions, in: Lewis, Michael/Haviland-Jones, Jeanette M. (Hrsg.): Handbook of Emotions; 2. Aufl., 2000, S. 91 ff.

Cozolino, Louis: Die Neurobiologie menschlicher Beziehungen, 2007

Cremer, Hans-Joachim, in: Oliver Dörr/Grote, Rainer/Marauhn, Thilo: EMRK/GG Konkordanzkommentar, 2. Aufl., 2013

Cullen, S. Hendrix/*Wong*, Wendy H.: When Is the Pen Truly Mighty? Regime Type and the Efficacy of Naming and Shaming in Curbing Human Rights Abuses, in: British Journal of Political Science, Cambridge University Press, Vol. 43, Juli 2013, S. 651 ff.

Culotta, Elizabeth: Brain Stimulation Sparks ‚Machiavellian' Choices, in: Science 4 10. 2013, Vol. 342, Heft 6 154, S. 25 ff.

Cutler, Winnifred B./*Friedmann*, Erika/*Mccoy*, Norma L.: Pheromonal Influences on Sociosexual Behavior in Men, in: Archives of Sexual Behavior, 1998, Vol 27, S. 1 ff.

Dahlman, Carl J.: The Problem of Externality, in: Journal of Law and Economics 22, 1979, S. 141 ff.

Damasio, Antonio R.: Descartes' Irrtum – Fühlen, Denken und das menschliche Gehirn, 2004

Dams, Jan/*Ettel*, Anja/*Greive*, Martin/*Zschäpitz*, Holger: Merkel will die Deutschen durch Nudging erziehen, 12.03.2015; http://www.welt.de/wirtschaft/article138326984/Merkel-will-die-Deutschen-durch-Nudging-erziehen.html

Darby, Michael/*Karni*, Edi: Free Competition and the Optimal Amount of Fraud, in: Journal of Law and Economics, Bd. 16, 1973, S. 67 ff.

Darwin, Charles: On the origin of species, 1859

Darwin, Charles: On the Origin of Species by Means of Natural Selection, or the Preservation of Favoured Races in the Struggle for Life, 5. Aufl., 1869

Darwin, Charles: The decent of man, and selection in relation to sex, Vol. I, 1871

Darwin, Charles: The Expression of the Emotions in Man and Animals, 1872

Darwin, Charles: The Autobiography of Charles Darwin [1809–1882]. With origin omissions restored. Edited with appendix and notes, by his grand-daughter Nora Barlow, 1958

Darwin, Charles: Der Ausdruck der Gefühle bei Mensch und Tier; (1872), 1964

Darwin, Charles: Die Abstammung des Menschen, Körner Taschenbuchausgabe Bd. 28, Alfred Körner, 1982

Daunenheimer, Dirk/*Stahlberg*, Dagmar/*Frey*, Dieter/*Petersen*, Lars-Eric (Hrsg.): Die Theorie des Selbstwertschutzes und der Selbstwerterhöhung, in: Motivations-, Selbst- und Informationsverarbeitungstheorien, 2002, S. 159 ff.

Dèacon, Terrence: The Symbolic Species, 1997

Dela Casa, Giovanni: Galateo, 1609

Demsetz, Harold: Why Regulate Utilities?: Another Viewpoint, in: Journal of Law and Economics, 11, 1968, S. 55 ff.

Deng, Xinyang/*Liu*, Qi/*Sadiq*, Rehan/*Deng*, Yong: Impact of Roles Assignation on Heterogeneous Populations in Evolutionary Dictator Game, in: Scientific Reports, 7 Nov. 2014, https://doi.org/10.1038/srep06937

Derrida, Jacques: Die Stimme und das Phänomen. Ein Essay über das Problem des Zeichens in der Philosophie Husserls, 1979

Derrida, Jacques: The Yale Critics – Deconstruction in America, Arac u. a (Hrsg.), Univ. of Minnesota Press, 1983

Derrida, Jacques: Die Schrift und die Differenz, 2011

Diederich, Susanne: Nachtaffen betrügen nicht – Zum ersten Mal genetische Monogamie bei Affen nachgewiesen, Deutsches Primatenzentrum GmbH – Leibniz-Institut für Primatenforschung, 19.03.2014: https://idw-online.de/de/news578362

Diedrich, Frank: Lückenfüllung im Internationalen Einheitsrecht, in: RIW, 1995, Heft 5, S. 353 ff.

Dilcher, Herman, in: Julius Staudinger: Kommentar zum Bürgerlichen Gesetzbuch, Buch 1 – Allgemeiner Teil – §§ 90–240 BGB, 14. Aufl., Berlin 2012

Dippel, Karlhans, in: Burkhard Jähnke/Laufhütte, Heinrich W./Odersky, Walter/Rissing-van Saan, Ruth/Tiedemann, Klaus: Strafgesetzbuch, Leipziger Kommentar, 1992–2006

Dixit, Avinash K./*Skeath*, Susan: Games of strategy, 2015

Dorschel, Andreas: Der allgemeine Wille. Zu Rousseaus „Contrat social", in: Zeitschrift für Didaktik der Philosophie und Ethik. XXXII, 2010, Heft 1, S. 31 ff.

Downs, Anthony: Eine ökonomische Theorie der Demokratie, 1968

Duano, Lamorena/*Navarro Law Offices:* Philippines: Divorce in the Philippines: A Legal History, 2020, https://www.hg.org/legal-articles/divorce-in-the-philippines-a-legal-history-45701

Duerr, Hans-Peter: Der Mythos vom Zivilisationsprozeß, 5 Bd., 1988–2002

Duignan, Brian (Hrsg.): Money and Capital, in: Economics: Taking the Mystery Out of Money Series, 2012

Dunn, Elizabeth W./*Gilbert*, Daniel T,/*Wilson*, Timothy D.: If money doesn't make you happy, then you probably aren't spending it right, in: Journal of Consumer Psychology, 2011, Vol. 21, S. 115 ff.

Dupanloup, Isabelle/*Pereira*, Luisa/*Bertorelle*, Giorgio/*Calafell*, Francesc/*Prata*, Maria J./*Amorim*, Antonio/*Barbujani*, Guido: A recent shift from polygyny to monogamy in humans is suggested by the analysis of worldwide Y-chromosome diversity, in: Journal of Molecular Evolution, 2003, Vol. 57, Nr. 1, S. 85 ff.

Durkheim, Emile: Über soziale Arbeitsteilung, 2004 (Original 1893)

Duru, Boris: Gießener Erneuerung des Strafrechts – Reinhard Frank und der Schuldbegriff. In: ZJS, 2012, S. 734 ff.

Dworkin, Ronald: Why Efficiency?, in: Hofstra Law Review 8, 1980, S. 563 ff.

Ebmeiers, Jochen: Wo im Gehirn sitzt die Moral?, 4. Oktober 2013, http://ebmeierjochen.blogspot.com/2013/10/wo-im-gehirn-sitzt-die-moral.html

Eggebrecht, Arne u. a.: Geschichte der Arbeit. Vom alten Ägypten bis zur Gegenwart, 1981

Eggerston, Thrainn: Economic Behavior and Institutions, 1990

Eibl-Eibesfeldt, Irenäus: Humanethologie; in: Lexikon der Biologie, https://www.spektrum.de/lexikon/biologie/humanethologie/32808

Eibl-Eibesfeldt, Irenäus: Einige Bemerkungen über den Ursprung von Ausdrucksbewegungen bei Säugetieren, in: Zeitschrift für Säugetierkunde, Bd. 21, 1956, S. 29 ff.

Eibl-Eibesfeldt, Irenäus: Grundriß der vergleichenden Verhaltensforschung, 1967

Eibl-Eibesfeldt, Irenäus: Liebe und Hass: Zur Naturgeschichte elementarer Verhaltensweisen, 1970

Eibl-Eibesfeldt, Irenäus: „Der vorprogrammierte Mensch. Das Ererbte als bestimmender Faktor im menschlichen Verhalten", 1973

Eibl-Eibesfeldt, Irenäus: Die Biologie des menschlichen Verhaltens. Grundriß der Humanethologie, 1984

Eibl-Eibesfeldt, Irenäus: The Biological Foundation of Aesthetics, in: I. Rentschler/Herzberger, B./Epstein, D. (Hrsg.): Beauty and the Brain. Biological Aspects of Aesthetics, 1988

Eibl-Eibesfeldt, Irenäus: Gewalt und Fürsorglichkeit. Der Mensch im Spannungsfeld zwischen Liebe und Hass, 1996

Eibl-Eibesfeldt, Irenäus: Elementare Interaktionsstrategien und sprachliches Handeln, in: *M. Liedtke* (Hrsg.): Zur Evolution von Kommunikation und Sprache – Ausdruck, Mitteilung, Darstellung. (= Matreier Gespräche. Schriftenreihe der Forschungsgemeinschaft Wilhelminenberg). Austria Medien Service, 1998, S. 9 ff.

Eibl-Eibesfeldt, Irenäus: Die Biologie menschlichen Verhaltens – Grundriß der Humanethologie, 5. Aufl., 2004

Eibl-Eibesfeldt, Irenäus: Verhaltensbiologie: Die Biologie des menschlichen Verhaltens. Grundriss der Humanethologie, 5. Aufl., 2004

Eibl-Eibesfeldt, Irenäus/*Sütterlin*, Christa: Das Bartweisen als apotropäischer Gestus, in: Homo. 36 (4), 1985, S. 241 ff.

Eibl-Eibesfeldt, Irenäus/*Sütterlin*, Christa: Im Banne der Angst – Zur Natur- und Kunstgeschichte menschlicher Abwehrsymbolik, 1992

Eibl-Eibesfeldt, Irenäus/*Sütterlin*, Christa: Weltsprache Kunst. Zur Natur- und Kunstgeschichte bildlicher Kommunikation, 2008, S. 469 ff.

Eidenmüller, Horst: Ökonomische Effizienzkonzepte in der Rechtsanwendung, in: Jahrbuch junger Zivilrechtswissenschaftler, S. 11 ff.

Eidenmüller, Horst: Effizienz als Rechtsprinzip, 1995

Eidenmüller, Horst: Liberaler Paternalismus, in: JZ, 2011, S. 814 ff.

Eisenberger, Naomi I./*Lieberman*, Matthew D./*Williams*, Kipling D.: Does Rejection Hurt? An fMRI Study of Social Exclusion, in: Science 10 Oct 2003: Vol. 302, Heft 5643, S. 290 ff.

Eliade, Mircea: Die Schöpfungsmythen: Kosmologien der Ägypter, Sumerer, Akkader, Hethiter, Hurriter, Kanaaniter und Israeliten, 2002

Elias, Norbert: Über den Prozeß der Zivilisation. Soziogenetische und psychogenetische Untersuchungen, 2 Bd., 1997

Elias, Norbert: On behavior in the Bedroom, in: Kathy Mezei/Briganti, Chiara: The Domestic Space Reader, 2012, S. 225 ff.

Elster, Alexander: Begriff und Wesen der Sozialbiologie und der Sozialhygiene, in: Winker/v. Büttner/Riphahn, Thiess/Wagner, Smolny: Jahrbücher für Nationalökonomie und Statistik/Journal of Economics and Statistics, Bd. 139, Heft 1, 1933, S. 24 ff.

Emsley, R. A./*Paster*, L.: Lipoid proteinosis presenting with neuropsychiatric manifestations, in: J Neurol Neurosurg Psychiatry, 1985, Vol. 48, S. 1290 ff.

Engel, Christoph: Die soziale Funktion des Eigentums, in: Thomas Danwitz/Depenheuer, Otto/Engel, Christoph: Bericht zur Lage des Eigentums, 2002, S. 9ff.

Erasmus von Rotterdam: De civitate morum puerilium, 1530, Kap. VII – de cubiculo

Erasmus von Rotterdam: De ulitate colloquiorum, in: ders.: Colloquia, cum notis, tertia parte auctoribus, et indice nov. Accurante com. Schervelio, Lugd. Batavorum: Apud Franciscum Hackium, 1655, S. 661 ff. 668 ff.

Erikson, Erik H.: Kindheit und Gesellschaft, 1999

Erikson, Erik H.: Wachstum und Krisen der gesunden Persönlichkeit, in: ders., Identität und Lebenszyklus, 2008

Erlei, Dirk/*Leschke*, Mertin/*Sauerland*, Mathias: Neue Institutionenökonomik, 1999

Eser, Albin/*Sternberg-Lieben*, Detlev: StGB § 211 Mord, in: Adolf Schönke/Schröder, Horst: Strafgesetzbuch, 30. Aufl., 2019

Esser, Hartmut: Soziologie. Spezielle Grundlagen, Bd. 3: Soziales Handeln, 2000

Evers, Hans-Ulrich: Der Richter und das unsittliche Gesetz, 1956

Fairchild, Halford H.: Scientific Racism: The Cloak of Objectivity, in: Journal of Social Issues, Vol. 47, Nr. 3, 1991, S. 101 ff.

Feinstein, Justin S./*Adolphs*, Ralph/*Damasio*, Antonio R./*Tranel*, Daniel: The human amygdala and the induction and experience of fear, in: Current biology: 2011, Vol. 21(1), 34 ff.

Feinstein, Justin S./*Buzza*, Colin/*Hurlemann*, Rene/*Follmer*, Robin L./*Dahdaleh*, Nader S.: Fear and panic in humans with bilateral amygdala damage. in: Nature Neuroscience, 2011, Vol. 16, Nr. 3, S. 270 ff.

Feldmann, Klaus: Tod und Gesellschaft: Sozialwissenschaftliche Thanatologie im Überblick, 2. Aufl., 2010

Feuerbach, Paul Johann Anselm von/*Mittermaier*, Karl Joseph Anton: Lehrbuch des gemeinen in Deutschland gültigen peinlichen Rechts, 14. Aufl., 1847

Fezer, Karl-Heinz: Aspekte einer Rechtskritik an der economic analysis of law und dem property rights Approach, in: JZ, 1986, S. 817 ff.

Field, Alexander J.: Altruistically inclined: The behavioral sciences, evolutionary theory, and the origins of reciprocity, 2001

Fields, R. Douglas: Brain Stimulation Can Control Compliance with Social Norms, in: Scientific American, 2013, https://blogs.scientificamerican.com/mind-guest-blog/brain-stimulation-can-control-compliance-with-social-norms/

Fink, Sabine/*Excoffier*, Laurent/*Heckel*, Gerald: Mammalian monogamy is not controlled by a single gene, in: Proceedings of the National Academy of Sciences of the United States. 103, Nr. 29, März 2006, Nr. 10956–10960

Fiore, Joachim von, Texte, in: B. Mc Grimm: Visions of the End, Apocalyptic and Spirituality, 1979

Fischer, Thomas: Strafgesetzbuch, 65. Auf., 2018

Fisher, Helen: Anatomy of Love. A natural History of Mating, Marriage, and why we stray. Fawcett/Random House, 1992

Fisher, Helen: Lust, Anziehung und Verbundenheit – Biologie und Evolution der menschlichen Liebe, in: Heinrich Meier/Neumann, Gerhard (Hrsg.): Über die Liebe – Ein Symposion, 2001, S. 81 ff.

Fishman, Walda Katz/*Fritz*, Jan M.: The Politics of Sociobiology, in: Critical Sociology. 10, Nr. 1, Juli 1980, S. 32 ff.

Fleischmann, John: Phineas Gage: A Gruesome Bit Trie Story about Brain Science, 2004

Flinn, Mark V.: Mate Guarding in a Caribbean Village, in: Ethology and Sociobiology, 1988 Vol. 9, Nr.1, S. 1 ff.

Floßmann, Ursula: Eigentumsbegriff und Bodenordnung im historischen Wandel, 1976

Flöttmann, Holger Bertrand: Angst: 7. Aufl., 2015

Fortunato, Laura: Evolution of monogamous marriage by maximization of inclusive fitness, in: Journal of Evolutionary Biology, 2010, Vol. 23, S. 149 ff.

Frank, Reinhard: Über den Aufbau des Schuldbegriffs, 1907

Fremdschämen tut weh – Gehirn reagiert in gleichem Hirnareal wie beim Nachempfinden von Schmerzen, in Scinexx, 2011, PLoS ONE, 2011; DOI: 10.1371/journal.pone.0018675) https://www.scinexx.de/news/biowissen/fremdschaemen-tut-weh/

Freud, Sigmund: Neue Vorlesungen zur Einführung in die Psychoanalyse, GW Bd. XV, 1932, S. 125 ff.

Freud, Sigmund: Drei Abhandlungen zur Sexualtheorie, 1989

Frey, Bruno S./*Kirchgässner*, Gebhard: Demokratische Wirtschaftspolitik: Gesellschaftliche Entscheidungsverfahren I (Preismechanismus)

Fröhlich, Christoph: Was steckt hinter der Netz-Währung?, in: Stern.de. 9. April 2013

Frommelt, Peter/*Lösslein*, Hubert (Hrsg.): NeuroRehabilitation. 2. Aufl., 2010

Frost, Peter: Sexual selection and human geographic variation, in: Journal of Social, Evolutionary, and Cultural Psychology, 2, Nr. 4, Special Issue: Proceedings of the 2nd Annual Meeting of the North Eastern Evolutionary Psychology Society, 2008, S. 169 ff.

Fry, Douglas P./*Söderberg*, Patrik: Lethal Aggression in Mobile Forager Bands and Implications for the Origins of War, in: Science vom 19. Juli 2013

Fuchs-Heinritz, Werner: „Sterben und Tod“, Anregungen für eine Soziologie des Todes aus der Biographieforschung, in: Wolfgang Glatzer (Hrsg.), 25. Deutscher Soziologentag 1990, Die Modernisierung moderner Gesellschaften – Sektionen, Arbeits- und Ad hoc-Gruppen, Ausschuss für Lehre, 1990, S. 764 ff.

Fuentes, Agustin: Re-Evaluating Primate Monogamy, in: American Anthropologist, 100, Nr. 4, Dezember 1998, S. 890 ff.

Furnivall, Frederic James (Hrsg.): A book of Precedence, 1869

Furubotn, Eirik Grundtvig/*Richter*, Rudolf: Neue Institutionenökonomik, 4. Aufl., 2010

Gäfgen, Gérard: Entwicklung und Stand der Theorie der Property Rights, Eine kritische Bestandsaufnahme, in: Neumann: Ansprüche, Eigentums- und Verfügungsrechte, Schriften des Vereins für Sozialpolitik, 1984, S. 43 ff.

Gaienmae, Karen/*Palmer*, Jeffrey B.: „Tongue and hyoid movements in feeding and speech", in: Journal of Oral Rehabilitation 29, 2002, S. 880 f.

George, Uwe: Geburt eines Ozeans, in: Geo-Magazin. 1978, Heft 7, S. 50 ff.

Geue, Heike: Evolutionäre Institutionenökonomik – Ein Beitrag aus Sicht der Österreichischen Schule, 1997

Ghiselin, Michael: „Darwin and evolutionary psychology, in: Science, 1973

Giedd, Jay: Structural Magnetic Resonance Imaging of the Adolescent Brain, in: Annals of the new york academy of sciences, 2004, S. 77 ff.

Gigerenzer, Gerd: Bauchentscheidungen, 2008

Glees, Paul: Das menschliche Gehirn, 2. Aufl., 1971, 240 ff.

Glimcher, Paul W.: Decisions uncertainty, and the brain – the science of neuroeconomics, 2003

Global Derivatives Study Group, (Group of Thirty): Derivatives – Practices and Principles, 1993

Godon, Nakia/*Bruke*, Sharon/*Akil*, Huda/*Watson*, Stanley/*Panksepp*, Haak: Socially-induced brain „fertilization" – Play promotes brain derives nurotrophic factor transcription in the amygdala and dorsolateral frontal cortex in juvenile rats, in: Neuroscience Letters 2003, Nr. 341, S. 17 ff.

Goldberg, Elkhonon: The New Executive Brain, 2009

Goldizen, Ann Wilson/*Terborgh*, John: On the mating system of the cooperatively breeding saddle-backed tamarin (Saguinus fuscicollis), in: Behavioral Ecology and Sociobiology. 16, April 1985, S. 293 ff.

Gonzáles, Blas Pérez/*Alguer*, José: Anmerkungen zu Wolff/Raiser, Sachenrecht, 1971, S. 530 ff.

Gould, Stephen Jay: Evolution: The Pleasures of Pluralism. New York Review of Books 44(11), 1997, S. 47 ff.

Grafl, Christian: Untersuchung der Strafenpraxis bei Körperverletzungsdelikten, fahrlässiger Tötung und Sexualstraftaten für die Jahre 2008 bis 2017 – Studie im Auftrag des Bundesministeriums für Verfassung, Reformen, Deregulierung und Justiz, 2018

Grammer, Karl: Human courtship behavior: Biological basis and cognitive processing, in: A. Rasa/C. Vogel/Voland, E. (Hrsg.): The Sociobiology of Sexual and Reproductive Strategies, 1976, S. 147 ff.

Grammer, Karl: Human courtship behaviour: Biological basis and cognitive processing, in: Anne Karl Groos: Die Spiele der Tiere, 1896

Griffith, Simon C./*Owens*, Ian P. F./*Thuman*, Katherine A.: Extra pair paternity in birds: a review of interspecific variation and adaptive function, in: Molecular Ecology. 11, Nr. 11, November 2002, S. 2195 ff.

Gruhle, Hans Walter/*Jung*, Richard/*Mayer Gross*, Wilhelm/*Müller*, Max: Psychiatrie der Gegenwart – Forschung und Praxis, Bd. I 1/B, 1967, S. 333

Grundmann, Thomas: Europäisches Handelsrecht, in: ZHR 163, 1999, S. 635 ff.

Gruter, Margaret: Law and the mind – biological origins of human behaviour, 1991

Guarda, Holdenis Casanova: La Araucania Colonial – Discursos y Esteriotipos (1550–1800), 1998

Guégue, Nicolas: Pourquoi faut-il sourire quand on n'est pas beau?: Psychologie de la séduction (Petites expériences de psychologie), 2011

Gukenbiehl, Hermann L.: „Ehe", in: Bernhard Schäfers: Grundbegriffe der Soziologie 3. Auft., 2013, S. 55 ff.

Gunz, Philipp: Die Evolution des menschlichen Gehirns, Forschungsbericht 2014 – Max-Planck-Institut für evolutionäre Anthropologie, https://www.mpg.de/8953555/mpi_evan_jb_2014

Haas, Brian W./*Ishak*, Alexandra/*Anderson*, Ian W./*Filkowskia*, Megan M.: The tendency to trust is reflected in human brain structure, in: NeuroImage, 2015, Vol. 107, S. 175 ff.

Haas, Volker: Die Bedeutung hypothetischer Kausalverläufe für die Tat und ihre strafrechtliche Würdigung, GA, 2015, S. 86 ff.

Habermas, Jürgen: Legitimationsprobleme im Spätkapitalismus, 1973

Habermas, Jürgen: Theorie und Praxis. Sozialphilosophische Studien, 1978, S. 228 ff.

Habermas, Jürgen: Beiträge zur Diskurstheorie des Rechts und des demokratischen Rechtsstaates, 1992

Habermas, Jürgen: Faktizität und Geltung, 1992

Hacking, Ian: The Social Construction of What?, Cambridge, Massachusetts: Harvard University Press, 1999

Hafner-Burton, Emilie M.: Sticks and Stones: Naming and Shaming the Human Rights Enforcement Problem, in: International Organization, Cambridge University Press, Vol. 62, v. 2. Oktober 2008, S. 689 ff.

Hägerström, Axel: Pflicht und bindende Kraft des Vertrages nach römischer und naturrechtlicher Anschauung, 1934, i.d.F.v. Karl Olivecrone (Hrsg.), 1965

Halpern, David: The Behavioural Insights Team, 2015; im Erscheinen

Hamermesh, Daniel S./*Soss*, Neal M.: An Economic Theory of Suicide, J. Poll. Econ. 82, 1974, S. 83 ff.

Hand, I.: Pathologisches Kaufen – Kaufzwang, Kaufrausch oder Kaufsucht?, in: Gerhard Lenz/Demal, Ulrike/Bach, Michael (Hrsg.): Spektrum der Zwangsstörungen, 1998, S. 123 ff.

Hannon, Susan J.: Factors limiting polygyny in the willow ptarmigan, in: Animal Behaviour, 32, Nr. 1, Februar 1984, S. 153 ff.

Harari, Yuval Noah: Eine kurze Geschichte der Menschheit, 35. Aufl., 2013

Harke, Jan Dirk: § 516 BGB, in: Bamberger, Heinz G./Roth, Herbert/Hau, Wolfgang/Poseck, Roman: Beck'scher OnlineKommentar (BeckOK BGB); (2017) 2020

Hart, Herbert Lionel Adolphus: „Incomplete Contracts", in: John Eatwell/Milgate, Murray/Newman, Peter: The New Palgrave – Utility and Probability, 1990, S. 752 ff.

Hart, Herbert Lionel Adolphus: The Concept of Law (1961), 3. Aufl., 2012

Hartmann, Nicolai: Der Aufbau der realen Welt 3. Aufl., 1964

Hartmann, Nicolai: Philosophie der Natur, 1950

Hassenstein, Bernhard: Verhaltensbiologie des Kindes, 2007

Haste, Helen: Moral minds: how nature designed our universal sense of right and wrong, in Journal of Moral Education, 2009, S. 380 ff.

Hauser, Marc D.: Moral Minds – The Nature of Right and Wrong, 2008, S. 357 ff.

Hauser, Marc D./*Chomsky*, Noam/*Fitch*, Tecumseh, W.: The Faculty of Language: What Is It, Who Has It, and How Did It Evolve? in: Science 22, November 2002, Vol. 298, Heft 5598, S. 1569 ff.

Haviland, William A./*Prins*, Harald E. L./*McBride*, Bunny: Cultural Anthropology: The Human Challenge, 2010

Hedges, S. Blair/*Kumar*, Sudhir: The timetree of life, 2009 http://www.timetree.org/

Heesch, Matthias: Teologische Realenzyklopödie, Bd. XXX, 1999

Hegel, Georg Friedrich: Philosophie des Geistes Teil 3; in Georg Wilhelm Friedrich Hegels Werke: Enzyklopädie der philosophischen Wissenschaften im Grundrisse. 3, Die Philosophie des Geistes, Band 7, 1845

Hegel, Georg Wilhelm Friedrich: Geschichte der Philosophie (Theorie Werkausgabe Bd. 19), 1970

Hegel, Georg Wilhelm Friedrich: Grundlinien der Philosophie des Rechts (Theorie Werkausgabe Bd. 7) 1820, 1970

Hegel, Georg Wilhelm Friedrich: Vorlesung über die Philosophie der Geschichte (Theorie-Werkausgabe, Bd. 12, 1970

Hegel, Georg Wilhelm Friedrich: Philosophische Propädeutik (Glockner: Hegel Sämtliche Werke Bd. 3, 1988

Hehl, Ernst-Dieter: Töten und Krieg im Zeitalter der Kreuzzüge – zwischen Sünde und Verdienst vor Gott, in Welt und Umwelt der Bibel: die Kreuzzüge, 3/2003, S. 23 ff.

Heinrichs, Markus/*Domes*, Georg: Neuropeptides and social behaviour – Effects of oxytocin and vasopressin in humans, in: Prog. Brain Res. 2008, Bd. 170, S. 337 ff.

Heiß, Beate, in: Heiß, Beate/Born, Winfried: Unterhaltsrecht, 6. Kapitel, Auskunftspflicht und eidesstattliche Versicherung, Stand: 57. EL, Januar 2020

Hennings, Lars: Den Himmel stützen! Prozeß, Kognition, Macht, Geschlecht – soziologische Reflexionen zum Jung-Paläolithikum, 2014

Heraklit: Fragmente, H. Diels/W. Kranz, Berlin 1903 (DK 22 B)/deutsch Hans Zimmermann 2007

Herfarth, Christoph: Get-Statutes und ihre Anwendbarkeit in Deutschland, in: IPRax, 2002, S. 17 ff.

Herlihy, David: Biology and History – Suggestion for a dialogue, in: Anthony Molho/Herlihy, David V.: Women, Family and Society in Medieval Europe, Historical Essays, 1978–1991, S. 247 ff.

Herrmann, Manfred/*Starkstein*, Sergio E./*Wallesch*, Claus W.: Neuropsychiatrische Störungen in der Neurorehabilitation, in: Peter Frommelt/Grötzbach, Holger (Hrsg.): NeuroRehabilitation. Grundlagen, Praxis, Dokumentation, 2010

Hesse, Günter: Zur Erklärung der Änderung von Handlungsrechten mit Hilfe ökonomischer Theorie, in: Alfred Schüller: Property Rights und ökonomische Theorie, 1983, S. 79 ff.

Hilgers, Micha: Scham – Gesichter eines Affekts, 3. Aufl., 2006

Hilgers, Micha: Scham ist durchaus positive, Interview, Psychologie Heute, 2006

Hillgruber, Christian, in: Günter Seubold: Humantechnologie und Menschenbild, 2006

Hillgruber, Christian: GG Art. 1 [Schutz der Menschenwürde], in: BeckOK Grundgesetz, Volker Epping/*Hillgruber*, Christian, 43. Aufl., Stand: 15.05.2020

Hillis, Argye E.: Utilization Behavior: What Is Known and What Has to Be Known?, in: Behavioural Neurology, 2014, Article ID 297128, https://doi.org/10.1155/2014/297128

Hirschberg, Walter/*Müller*, Wolfgang: Stichwort: Jagdmagie, in: Wörterbuch der Völkerkunde., 2. Aufl., 2005

Hirschmann, Albert: Exit, Voice and Loyalty: Responses to Decline in Firms, Organizations and States, 1970

Hirshleifer, David: The Expanding Domain of Economics, in: American Economic Review 75, 1985, S. 53 ff.

Historisches Lexikon der Schweiz: Germanisches Recht, 5.12.2006/3.1.2020, https://hls-dhs-dss.ch/de/; http://www.uweness.eu/mitgift.html

Hobbes, Thomas: Elementorum Philosophiae sectio prima de Corpore, 1655, 1, 1, 2 (Opera I) 3

Hobbes, Thomas: Leviatan, 1651, Walter Euchner (Hrsg.), 1996

Hockett, Charles F./*Ascher*, Robert: The Human Revolution, in: CurrentAntropology, 1964

Hoebel, Bartley G.: Neurogene und chemische Grundlagen des Glücksgefühls, in: M. Günter/Rehbinder, M. (Hrsg.): Der Beitrag der Biologie zu Recht und Ethik, 1983, S. 87 ff.

Hof, Hagen: „Rechtsethologie", 1996

Höffe, Otfried (Hrsg.), Einführung in die utilitaristische Ethik – klassische und zeitgenössische Texte, 1992

Hoffmann, Stefan/*Payam*, Akbar: Konsumentenverhalten – Konsumenten verstehen – Marketingmaßnahmen gestalten, 2016

Holmstrom, Bengt: Moral Hazard in Teams, in: The Bell Journal of Economics, Vol. 13, No. 2, 1982, S. 324 ff.

Horn, Norbert: Zur ökonomischen Rationalität des Privatrechts, in: Archiv für civilistische Praxis, 1976

Horowitz, Morton J.: Law and Economics Science of Politics?, in: Hofstra Law Review 8, 1969, S. 905 ff.

Hoven, Elisa: Die öffentliche Wahrnehmung von Strafzumessungsentscheidungen – Anlass für Reformen?, in: KriPoZ Heft 5, 2018, S. 276 ff. auch: S. 287 ff.

Hubig, Cristoph: Arbeitsteilung: Neue Formen der Mensch-Maschine-Interaktion, in: Liggieri, Kevin/Müller, Oliver (Hrsg.) Mensch-Maschine-Interaktion, 2019, S. 21 ff.

Hug, Hubert: Die Apoptose – Selbstvernichtung der Zelle als Überlebensschutz, in: Biologie in unserer Zeit 30, 2000, Nr. 3, S. 128 ff.

Huizinga, Johan: Homo ludens: A study of the play, 1950

Huizinga, Johan: Homo Ludens: Vom Ursprung der Kultur im Spiel, 2004

Hultberg, Peer: Scham – eine überschattete Emotion. Analytische Psychologie, in: Bernd Leibig (Hrsg.): Aspekte der Scham in der Psychotherapie, in: Psychotherapeut, 1998, 43, S. 26–31

Irmscher, Philipp Florian: Öffentlichkeit als Sanktion – Bankaufsicht zwischen Repression und Prävention – Eine Einordnung des „naming and shaming“ in das Sanktionssystem des KWG, 2019

Ishihara, Kenji/*Nishino*, Hiroshi/*Maki*, Toshiyuki/*Kawamura*, Mitsuru/*Murayama*, Shigeo: „Utilization behavior as a white matter disconnection syndrome“, in: Cortex, 2002, Bd. 38, Nr. 3, S. 379 ff.

Jahn, Andreas: Ein fader Wurm im Fadenkreuz der Freitodforscher, in: Spektrum der Wissenschaft, 2002, Nr. 12, S. 10 ff.

Jakobs, Günther: Strafrecht, Allgemeiner Teil – Die Grundlagen und die Zurechnungslehre, 1991

Jakoby, Mario: Scham, Angst und Selbstwertgefühl, ihre Bedeutung in der Psychologie, 1991

Janak, Patricia H./*Tye*, Kay M.: From circuits to behaviour in the amygdala, in: Nature. Band 517, Nr. 7534, 14, January 2015, S. 284 ff.

Jerouschek, Günter, Nach dem 11. September 2001. Strafrechtliche Überlegungen zum Abschuss eines von Terroristen entführten Flugzeugs, in: Schreiber-FS, 2003, 185 ff.

Jettmar, Rudolf: Vermögensbildung, eine Standortbestimmung, 1980

Johannes Paul II.: Centesimus annus, v. 1. 5. 1991 AAS 83, 1991, S. 793 ff.

Johansson, Donald: Lucy – die Anfänge der Menschheit, 1982

Jolls, Christine R./*Sunstein*, Cass R.: Debiasing through Law, in: Journal of Legal Studies, 2006, S. 200 ff.

Jones, Rhys/*Pykett*, Jessica/*Whitehead*, Mark: Changing behaviours. On the rise of the psychological state, 2013, 27 ff.

Jung, Carl Gustaf: „Zur Psychologie der Tricksterfigur“, in: GW 9/1, 1954

Jung, Carl Gustaf: Archetypen, 16. Aufl., 2010

Junker, Thomas: Die 101 wichtigsten Fragen – Evolution, 2011

Junker, Thomas: Die Evolution des Menschen, 3. Aufl., 2018

Junker, Thomas/*Paul*, Sabine: Die Evolution erklärt unser Leben, 2. Aufl., 2009

Kahneman, Daniel: Thinking, Fast and Slow, 2012

Kahneman, Daniel/*Tversky*, Amos: Prospect Theory: An Analysis of Decision under Risk, in: Econometrica. Band 47, 1979, S. 263 ff.

Kahneman, Daniel/*Tversky*, Amos: Loss Aversion in Riskless Choice: A Reference-Dependent Model, in: Quarterly Journal of Economics. 1991, Vol. 106, Nr. 4, S. 1039 ff.

Kahneman, Daniel/*Tversky*, Amos: Advances in prospect theory: Cumulative representation of uncertainty, in: Journal of Risk and Uncertainty, 1992, Vol. 5, Heft 4, S. 297 ff.

Kaiser, Marie I.: Der evolutionäre Naturalismus in der Ethik; in: Jochen Oehler: Der Mensch – Evolution, Natur und Kultur – Beiträge zu unserem heutigen Menschenbild, 2010, S. 261 ff. 273 ff.

Kaltmeier, Olaf: Auf der Suche nach Anarchie, in: Jürgen Mümken (Hrsg.), Anarchismus in der Postmoderne, 2005, S. 99 ff.

Kandel, Eric: Auf der Suche nach dem Gedächtnis – Die Entstehung einer neuen Wissenschaft des Geistes, 3. Aufl., 2006

Kant, Immanuel: Die Metaphysik der Sitten. Zweiter Teil: Metaphysische Anfangsgründe der Tugendlehre, 1797

Kant, Immanuel: Kritik der reinen Vernunft, Ausgabe B, 1887

Kaube, Jürgen: Die Anfänge von Allem, 2. Aufl., 2019

Kaufman, Gershen: The psychology of shame – theory and treatment of shame-based syndromes, 1989

Kaufmann, Arthur/*Hassemer*, Winfried: Einführung in die Rechtsphilosophie und Rechtstheorie der Gegenwart, 6. Aufl., 1994

Kelsen, Hans: Die philosophischen Grundlagen der Naturrechtslehre und des Rechtspositivismus, 1928

Kelsen, Hans: Die Reine Rechtslehre, 1934, 2. Aufl., 1960

Keohane, Robert O.: After Hegemony, Cooperation and Discord in the Political Economy, 1984, S. 85 ff.

Khoury, Adel Theodor: Der Koran. Arabisch – Deutsch. Übersetzung und wissenschaftlicher Kommentar, Bd. 8, 1997

Kiefer, Markus: Bewusstsein, in: Jochen Müsseler/Rieger, Martina (Hrsg.): Allgemeine Psychologie, 2017, S. 153 ff.

Kieninger, Eva-Maria: Mobiliarsicherheiten im Europäischen Binnenmarkt, 1996

Kinsky, Ferdinand: Christian View on Europe and Globalisation, in: Kukliński/Skuza: Europe in the Perspective of Global Change (Polish Association for the Club of Rome), 2003, S. 15 ff.

Kirchgässner, Gebhard: Ökonomie als imperi(alistische) Wissenschaft, in: Jahrbuch für Neue Politische Ökonomie 7, 1988, S. 128 ff.

Kirchgässner, Gebhard: Ökonomische Theorie der Verfassung, Diskussionspapier Nr. 2004–17, 2004

Kirchhof, Gregor: Nudging – zu den rechtlichen Grenzen informalen Verwaltens Kirchhof: Nudging – zu den rechtlichen Grenzen informalen Verwaltens, in: ZRP, 2015, S. 136 ff.

Kirchliches Außenamt des Moskauer Patriarchats: Die Grundlagen der Sozialdoktrin der Russisch-Orthodoxen Kirche, 2020

Kirchner, Christian: Ökonomische Theorie des Rechts, Vortrag vor der Juristischen Gesellschaft zu Berlin am 16. Oktober 1996, Schriftenreihe der Juristischen Gesellschaft zu Berlin, 1997, S. 25 ff.

Kirchner, Christian: Rechtswissenschaftliche Innovationsforschung, in: Wolfgang Hoffmann-Riem/Peter Schneider, Jens-(Hrsg.): Grundlagen, Forschungsansätze, Gegenstandsbereiche, 1998, S. 85 ff.

Kirchner, Christian: Regulierung durch öffentliches Recht und/oder Privatrecht aus der Sicht der ökonomischen Theorie des Rechts, in: Wolfgang Hoffman-Riem/Schmidt-Assman, Eberhard (Hrsg.): Öffentliches Recht und Privatrecht als wechselseitige Auffangordnungen, 1996, S. 63 ff.

Kirmes, Raoul: Informelle technische Vorschriften und Wettbewerb: Eine ordnungsethische Bewertung informeller staatlicher Standardisierung, 2014, S. 42 ff.

Kirste, Stephan: Harter und weicher Rechtspaternalismus, In: JZ, 2011, 805 ff.

Kirstein, Roland/*Schmidtchen*, Dieter: Ökonomische Analyse des Rechts – Center of the Law of Studies an Economics – Discussion Paper, 2003–04, v. 15. 9. 2003

Kleiman, Devra G.: Monogamy in mammals, in: Quarterly Review of Biology, 52, Nr. 1, März 1977, S. 39 ff.

Klein, Benjamin: Transaction Costs Determinants of „Unfair" Contractual Arrangements, in: American Economic Review, Papers and Proceedings, 70, 1980, S. 356 ff.

Klein, Frédéric-Edouard: La reconnaissance en droit international privé helvétique des sûretés réelles sans déposition constituéesà l'étranger, in: Rev. crit. dr. int. priv 68, 1979, S. 507 ff.

Kliemt, Hartmut: Die Ökonomische Analyse der Moral, in: Bernd-Thomas Ramb/Tietzel, Manfred (Hrsg.) Ökonomische Verhaltenstheorie, 1993, S. 281 ff.

Klöpfer, Michael u. a. (Hrsg.): Berliner Juristische Universitätsschriften – Grundlagen des Rechts, Bd. 46, 2009

Kneppers-Heynert, Liesbeth: En economische en juridische analyse van franchising tegen de achtergrond van een property rigths – en transactiekosten benadering, Diss., 1988

Knutson, Brian/*Wimmer*, Elliott G./*Rick*, Scott/*Hollon*, Nick G/*Prelec*, Drazen/*Loewenstein*, George: Neural Antecedents of the Endowment Effect, in Neuron, 2018, Heft 5, S. 15 ff.

Koch, Elisabeth, in: Münchener Kommentar zum BGB, 8. Aufl., 2019

Koch, Jens: BGB § 516 Begriff der Schenkung, in: Münchener Kommentar zum BGB, 8. Aufl. 2019

Koch, Philipp: Naming and shaming im Kapitalmarktrecht: Die Veröffentlichung von Verstößen als repressive Sanktion, in: Schriften zum Gesellschafts-, Bank- und Kapitalmarktrecht, 1. Aufl., Vol. 77, 2019

Köckert, Matthias, in: Das wissenschaftliche Bibellexikon im Internet: Dekalog/Zehn Gebote (AT), Änderung: August 2012, http://www.bibelwissenschaft.de/stichwort/10637/Kap. 1.6

Kohler, Josef/*Peiser*, Felix E.: Aus dem babylonischen Rechtsleben. Band 2. Pfeiffer, 1891, 16 ff.

Kornhauser, Lewis A.: A Guide to Perplexed Claims of Efficiency in the Law, in: Hofstra Law Review 8, 1980, S. 591 ff.

Koschorke, Albrecht/*Ghanbari*, Nacim/*Eßlinger*, Eva/*Susteck*, Sebastian/*Taylor*, Thomas Michael: Vor der Familie – Grenzbedingungen einer modernen Institution, in: Konstanz University Press, 2010, S. 133 ff.

Kotrschal, Kurt: Mensch, 2019

Koziol, Helmut/*Welser*, Rudolf: Grundriss des bürgerlichen Rechts, 14. Aufl., 2014

Krimphove, Dieter: A historical Overview of the Development of Legal Logic, in: Krimphove, D./. Gabriel M. Lentner (Hrsg.), Law and Logic – Contemporary Issues, S. 11 ff.

Krimphove, Dieter: Der Einsatz der Ökonomischen Analyse des Rechts als notwendiges Instrument der Europäischen Rechtsvergleichung in: Zeitschrift für Rechtsvergleichung – ZfRV 39. Jg, Heft 5, 1998, S. 185 ff.

Krimphove, Dieter: An Economic Analysis of the Law of Good-Faith Purchase in European Property Law, in: Gdanskie Strudia Prawnicze (Festschrift für Prof. Dr. hab. Kazimir Krukzalak), S. 228–236; Gdanskie Strudia Prawnicze: Wydawnictwo Uniwersytetu Gdanskiego, Tom V, 1999

Krimphove, Dieter: Rechtstheoretische Aspekte der „Neuen Ökonomischen Theorie des Rechts“, in: Rechtstheorie 32, 2001, S. 497 ff.

Krimphove, Dieter: Europäische Kreditsicherheiten eine rechtsvergleichende, ökonomische Analyse bestehender Kreditsicherheiten in Europa, in: Krimphove, Dieter/Tytko: Handbuch der Unternehmensfinanzierung, 2002, S. 517 ff.

Krimphove, Dieter: Spieltheoretische Aspekte des Rechts – Ein Beitrag zur Analyse und Gestaltung von Recht mit Hilfe objektiver quantivizierbarer Methodik, in: Rechtstheorie 35, 2004, Heft 1, S. 19 ff.

Krimphove, Dieter: Der Sündenfall – Humanethologische Betrachtung über die Würde des Menschen, in: Rechtstheorie Band 36, 2005, Heft 2, S. 289 ff.

Krimphove, Dieter: Sprache und Recht. Zur rechttheoretischen Entsprechung zweier Phänomene, in: Rechtstheorie Band 36, 2005, Heft 3, S. 365 ff.

Krimphove, Dieter: Europäisches Sachenrecht: Eine rechtsvergleichende Analyse nach der komparativen Institutionenökonomik, 2006

Krimphove, Dieter: Die Logik der Überzeugungskraft, in: Rechtstheorie Bd. 50, 2019, S. 107 ff.

Krimphove, Dieter: Das Europäische Sachenrecht – Eine rechtsvergleichende Analyse nach der Komparativen Institutionenökonomik, 2006; Jean-Monnet Schriftenreihe, Europäisches Wirtschaftsrecht, Bd. 1, 2006

Krimphove, Dieter: Was ist Wahrheit – Die ökonomische Seite des Phänomens, in: Rechtstheorie, Jg 39, 2008, Heft 1, S. 105 ff.

Krimphove, Dieter: Gefühltes Recht, – Über die hirnorganische Evolution von Recht – in: Rechtstheorie 40, 2009, S. 99 ff.

Krimphove, Dieter: Das Recht zwischen Schafen und Schafen, zwischen Widdern und Böcken, in: Rechtstheorie Bd. 41, 2010, Heft 2, S. 233 ff.

Krimphove, Dieter: Scham als Verhaltenssteuerung im Recht – Rechtstheoretische Aspekte eines Phänomens, in: Rechtstheorie Band 43, 2012, S. 91 ff.

Krimphove, Dieter: Ökonomisch/juristische Konzeption der Innovation, in: Wilhelm Schmeisser/Krimphove, Dieter/Hentschel, Claudia/Hartmann, Matthias: Handbuch Innovationsmanagement, 2013, S. 105 ff.

Krimphove, Dieter: Gleichheit – Ein umstrittenes Rechtsinstitut im Lichte der Rechtsphilosophie und der Praktischen Rechtswissenschaft unter Berücksichtigung nationaler und internationaler Aspekte, in: Rechtstheorie Jg 45, 2014, S. 193 ff.

Krimphove, Dieter: Die Banalität des Bösen? in: Rechtstheorie, 46. Bd., Heft 2, 2015, S. 263 ff.

Krimphove, Dieter: Logik in Völkerrechtlichen Entscheidungen, in: ARSP, Vol. 101, 2015, Heft 3, S. 428 ff.

Krimphove, Dieter: Eigentum – Zum Bedeutungswandel eines Rechtsinstituts, in: Rechtstheorie, 47, 2016, S. 271 ff.

Krimphove, Dieter: § 3 GWB Mittelstandskartelle, in: Busche/Münchener Kölner Kommentar zum Kartellrecht, 2016

Krimphove, Dieter: Nudging als Mittel der Ergänzenden Verhaltenssteuerung im Rechtssystem?, in: Rechtstheorie, Jg. 48, 2017, S. 299 ff.

Krimphove, Dieter: Ökonomische Analyse der Sozialenzykliken der Katholischen Soziallehre, 2017

Krimphove, Dieter: Artikel 8 ROM II; Verletzung von Rechten des geistigen Eigentums, in: Soergel: Kommentar zum BGB, Bd. 27, I [IPR], 2019

Krimphove, Dieter: Die Struktur der Gleichheit – oder die Problematik der sog. „diskriminierungsfreien Tatbestände", in: Archiv für Rechts- und Sozialphilosophie, 2019, Bd. 105, Heft 3, S. 404 ff.

Krimphove, Dieter: Europäisches Werberecht, 2002

Krimphove, Dieter: Fintechs – Rechtliche Grundlagen moderner Finanztechnologien, Stuttgart, 2019, S. 35 ff.

Krimphove, Dieter: Internationales Bank- und Kapitalmarktrecht, in: Soergel, Hans-Theodor (Begr.) Bürgerliches Gesetzbuch mit Einführungsgesetz und Nebengesetzen (BGB) Band 27/1, 2019, S. 450 ff.

Krimphove, Dieter: Internationales Handelsrecht, in: Soergel, Hans-Theodor (Begr.): Bürgerliches Gesetzbuch mit Einführungsgesetz und Nebengesetzen (BGB) Band 27/1, Rom II-VO; Internationales Handelsrecht; Internationales Bank- und Kapitalmarktrecht, Internationales Handelsrecht (IHR), 2019, S. 698 ff.

Krimphove, Dieter: Von den Letzten Dingen – Humanethologische Betrachtungen über den Tod als soziales und rechtliches Phänomen, in: „Rechtstheorie, Heft 51, 2020

Krimphove, Dieter: Verfahren und Gerechtigkeit – Gedanken zu Ökonomik von Streitenscheidungsverfahren, in: Aicher/Fina: Festschrift für Manfred Straube, S. 73 ff.

Kröger, Christoph: Sexuelle Außenkontakte und -beziehungen in heterosexuellen Partnerschaften – Ein Überblick über die Auftretenshäufigkeit, assoziierte Merkmale und Auswirkungen auf die Partner und Partnerschaft, in: Psychologische Rundschau, 2010, Heft 61, S. 123 ff.

Krüger, Arnd: The ritual in modern sport. A sociobiological approach, in: Carter, John Marshall/Krüger, Arnd (Hrsg.): Ritual and Record. Sports records and quantification in premodern societies. (Contributions to the study of world history, Bd. 17), 1990, S. 135 ff.

Krüger, Martin: Falsifiziert: Phrenologie, in: Die Presse, Print-Ausgabe, 26.09.2010

Küber, Friedrich: Effizienz als Rechtsprinzip, in: Bau, Jürgen F./Hopt, Klaus J./Mailänder, K. Peter (Hrsg.), Festschrift für Steindorf zum 70. Geburtstag, 1990, S. 687 ff.

Kues, Nikolaus von: Idiota de mente. Der Laie über den Geist. (Übersetzung von Renate Stiegler, 1995)

Kühl, Kristian: Die drei speziellen niedrigen Beweggründe des § 211 II StGB, in: JA, 2009, S. 566 ff.

Kühl, Kristian: Strafrecht Allgemeiner Teil, 8. Aufl., 2017

Kühn, Herbert: Das Erwachen der Menschheit, 2016

Kujit, Ian/*Finlayson*, Bill et al.: PNAS, Online-Vorabveröffentlichung, doi: 10.1073/pnas.0812764106

Kunz, Christoph (Hrsg.): Lexikon Ethik – Religion: Fachbegriffe und Personen. Stark, Freising, 2001

Kunz, Gerfried: Gustav von Struve und die Phrenologie in Deutschland, 1994

Küper, Wilfried: Tötungsverbot und Lebensnotstand, in: JuS, 1981, 785 ff.

Kurth, Florian/*Zilles*, Karl/*Fox*, Peter T./*Laird*, Angela R./*Eickhoff*, Simon B.: A link between the systems: functional differentiation and integration within the human insula revealed by meta-analysis, in: Brain Struct Funct., 2010, Vol. 214 (5–6), S. 519ff.

Lackner, Karl/*Kühl*, Kristian: Strafgesetzbuch, 28. Aufl., 2014

Lamm, Claus/*Majdandžić*, Jasminka: The role of shared neural activations, mirror neurons, and morality in empathy – A critical comment. In: Neuroscience research. Bd 90C, 2015, S. 15ff.

Lammers, Class-Hinrich: Emotionsbezogene Psychotherapie. Grundlagen, Strategien und Techniken, 2. Auf., 2011; Patricia Candinas: „SCHAM" – Schamkonflikte und mögliche Auswirkungen auf den therapeutischen Prozess, 2015

Lampe, Ernst-Joachim: Genetische Rechtstheorie, 1987, S. 24ff.

Landweer, Hilge: Scham und Macht, Phänomenologische Untersuchung zur Sozietät eines Gefühls, 1999

Lange, Heinrich: Lage und Zukunft der Sicherungsübereignung, in: NJW, 1950, S. 565ff.

Lange, Oscar: On the Economic Theory of Socialism, in: Lange, Oskar/Taylor, Fred M./Evans Lippincott, Benjamin (Hrsg.), On the Economic Theory of Socialism, Minneapolis 1938, S. 57ff.

Larenz, Karl/*Canaris*, Claus-Wilhelm: Methodenlehre der Rechtswissenschaft, 3. Aufl., Berlin 1995

Latzel, Clemens: Verhaltenssteuerung, Recht und Privatautonomie, 2020

Leakey, Richard: Die ersten Spuren. Über den Ursprung des Menschen, 1999

Leakey, Richard E./*Lewin*, Roger: Der Ursprung des Menschen, 1989

Lechner, Christina: Das Schmerzsystem im Gehirn reagiert auch auf Schamgefühle, in: medonline, Januar 2020, https://medonline.at/neurologie/scham/digital/schamgefuehl/2020/10049426/das-schmerz-system-im-gehirn-reagiert-auch-auf-scham-gefuehle/

Lechner, Christina/*Unger*, Lukas: Scham im Fokus der Neurobiologie, in: medonline, Januar 2020, https://medonline.at/neurologie/scham/digital/schamgefuehl/2020/10049392/10049392/

Lee, Kye I.: Die Struktur der juristischen Entscheidung aus konstruktivistischer Sicht, Grundlagen der Rechtswissenschaft, Bd. 15, 2010

Leech, Robert/*Sharp*, David J.: The role of the posterior cingulate cortex in cognition and disease, in: Brain, Volume 137, Heft 1, 2014, S. 12ff.

Lehrman, Daniel S.: A Critique of Konrad Lorenz's Theory of Instinctive Behavior, in: The Quarterly Review of Biology: Bd. 28, Nr. 4, 1953, S. 337ff.

Leibniz, Gottfried Wilhelm: Dissertatio de arte combinatoria, 1690

Leibniz, Gottfried Wilhelm: Brief an Herzog Johan Friedrich, in: Couturat: La Logique de Leibniz d'apres des documments inédits, 1901

Leibniz, Gottfried Wilhelm: Elementa Juris Naturalis (1670–1671), in: Leibniz, Gottfried Wilhelm: Sämtliche Schriften und Briefe, 6, Philosophische Schriften, Bd. I, 1930, S. 431 ff.

Lenckner, Theodor: Arzt und Strafrecht, in: Praxis der Rechtsmedizin, S. 571 ff.

Lennert, Christoph: Malta und die Ehe, in: kath.net: 27. Juli 2010

Leppin, Volker: Ehe bei Martin Luther. Stiftung Gottes und „weltlich ding", in: Evangelische Theologie, Bd. 75, Heft 1, 2015, S. 22 ff.

Levelt, Wilhelm J. M.: Accessing words in speech production – Stages, Processes and representations, in: Cognition 42, 1992, S. 1 ff.

Lévi-Strauss, Claude: The Structural Study of Myth, in: The Journal of American Folklore, Bd. l. 68, No. 270, Myth: A Symposium, Oct. – Dec. 1955, S. 428 ff.

Lewis-Williams, James D. u. a.: The Signs of All Times: Entoptic Phenomena in Upper Palaeolithic Art, in: Current Anthropology Band 29, Nr. 2, 1988, S. 201 ff.

Lewis-William, James D.: The Shamans of prehistory: trance magic and the painted caves, 1998

Lewis-William, James D./*Clottes*, Jean: The mind in the cave – the cave in the mind: altered consciousness in the Upper Palaeolithic, in: Anthropology of Consciousness Band 9, Nr. 1, 1998

Lewontin, Richard: Sociobiology: Another Biological Determinism, in: International Journal of Health Services. Vol. 10, Nr. 3, 1980, S. 347 ff.

Leyrand, J. O.: Public Goods: a survey of experimental research, in: Kagel, J. H./Roth, A. E. (Hrsg.), Handbook of Experimental Economics, 1995, S. 111 ff.

Libet, Benjamin/*Gleason*, Curtis/*Wright*, Elwood W./*Pearl*, Dennis K.: ‚Time of conscious intention to act in relation to onset of cerebral activity (readiness-potential) – The unconscious initiation of a freely voluntary act', in: Brain, 1983, Vol. 106, S. 623 ff.

Liebermann, Philip: Uniquely human, 1991

Lietzmann, Anja: Theorie der Scham. Eine anthropologische Perspektive auf ein menschliches Charakteristikum – Diss. 2003

Lim, Miranda M./*Wang*, Zuoxin/*Olazábal1*, Daniel E./*Ren*, Xianghui/*Terwilliger*, Ernest F./ *Young*, Larry J.: Enhanced partner preference in a promiscuous species by manipulating the expression of a single gene, in: Nature, 429, April 2004, S. 754 ff.

Lindemann, Holger: Konstruktivismus, Systemtheorie und praktisches Handeln, 2019

Liszt, Franz von: Der Zweckgedanke im Strafrecht, in: ZStW, Bd. 3, 1883, S. 1 ff.

Llannque, Marcus: Eigentum in der Kritischen Theorie, in: Eckl, Andreas/Ludwig, Bernd: Was ist Eigentum?, 2005, S. 203 ff.

Lobovikov, Vladimir: G. W. Leibniz's „Elementa Juris Naturalis“, Aristotelian Modalities, and Deontic Logic (Natural-Law Algebra as a Complement to G. H. Wright's Explication of the Early Modern Philosophy of Modalities) Ekaterinburg: http://www.google.de/url?sa=t&rct=j&q=&esrc=s&source=web&cd=1&ved=0ahUKEwi2krr978LKAhVGMnIKHQnmAqUQFggcMAA&url=http%3A%2F%2Fecap.phils.uj.edu.pl%2F~1139C63DDF9749F52F28545~%2Fserve-file%3Foid%3D863%26name%3D269DDEED6B764E240D70E21F3AA992F4&usg=AFQjCNHZ1awtgQyLVZhs5LmIA6txN2bpLQ&bvm=bv.112454388,d.bGQ

Locke, John: Two Treatises of Government, 1689

Lodi, Cristiana/*Pacchioni*, Pietro: Indagine su un mostro. Il caso Stevanin, 1999

Lohmar, Dieter: Zur Intentionalität sozialer Gefühle: Beiträge zur Phänomenologie der Scham unter dem Gesichtspunkt des menschlichen und tierischen Denkens und Kommunizierens ohne Sprache, in: Phänomenologische Forschung, 2013, S. 129 ff.

Lorenz, Konrad: Die Rückseite des Spiegels, 1973

Lorenz, Konrad: Über tierisches und menschliches Verhalten. Aus dem Werdegang der Verhaltenslehre. Gesammelte Abhandlungen, 1992

Löwenhaupt, Wilfried: Politischer Utilitarismus und bürgerliches Rechtsdenken 1972

Lucarelli, Carlo/*Picozzi*, Massimo: La Nera, 2006

Luhmann, Niclas: Das Recht der Gesellschaft, 1993

Luhmann, Niklas/*Baecker*, Dirk (Hrsg.): Einführung in die Systemtheorie. 5. Aufl., 2009

Luomala, Katharine: Voices on the Wind -Polynesian Myths and Chants, 1955 (1992), S. 191 ff.

Lynd, Helen Merrell: On shame and the search for identity, 1958

MacKaay, Ejan: Legal hybrids: Beyond property and monopoly?, in: Columbia Law Review 94, 1994, S. 2630 ff.

MacMillan, Malcom: An Odd Kind of Fame, Stories of Phineas Gage, 2000

MacNeilage, Peter: The Frame – Content Theory of Evolution of Speech Production, Behavioral and Brain Scienceea 21, 1998

Maddock, Richard J., u. a.: „Posterior cingulate cortex activation by emotional words: fMRI evidence from a valence decision task“, in: Human Brain Mapping, Januar 2003, Bd. 18 (1), S. 30 ff.

Maddock, Richard J./*Garrett*, Amy S./*Buonocore*, Michael H.: „Remembering Familiar People: The Posterior Cingulate Cortex and Autobiographical Memory Retrieval“, Neuroscience, 2001, Vol. 104 (Nr. 3), S. 667 ff.

Maddock, Richard J./*Garrett*, Amy S./*Buonocore*, Michael H.: „Posterior cingulate cortex activation by emotional words: fMRI evidence from a valence decision task“, in: Human Brain Mapping, Bd. 18, January 2003

Maine, Henry Sumner: Ancient Law, London 1861

Maine, Henry Sumner: Lectures on the early history of Institutions, 1875

Makovits, Richard S.: Legal Analysis and Economic Analysis of Allocative Efficiency, in: Hofstra Law Review 8, 1980, S. 811 ff.

Mallon, Rob: Naturalistic Approaches to Social Construction. in: Zalta, Edward N. (Hrsg.): Stanford Encyclopedia of Philosophy, 2019

Malthus, Thomas: An Essay on the Principle of Population, as it Affects the Future Development of Society, London 1798; deutsch: Eine Abhandlung über das Bevölkerungsgesetz Bd. I, 1924

Marché, Theresa: A Reply to Mark Sidelnick: No More Pseudoscience, Please, in: Studies in Art Education. Vol. 35, Nr. 2, 1994, S. 114 ff.

Marcuse, Max (Hrsg.): Handwörterbuch der Sexualwissenschaft, 1923

Markowitsch, Hans J./*Kessler*, J.: Massive impairment in executive functions: The case of a patient with severe degeneration of the prefrontal cortex, in: Experimental Brain Research Vol. 133, 2000

Markowitsch, Hans J./*Siefer*, Werner: Tatort Gehirn: auf der Suche nach dem Ursprung des Verbrechens, 2007

Marks, Stephan: Warum folgten sie Hitler? Die Psychologie des Nationalsozialismus, 2007

Marks, Stephan: Scham, Ehre und der „Kampf der Kulturen" – Tabuisierte Emotionen und ihre Bedeutung für die konstruktive Bearbeitung von Konflikten, in: Akademie für Konflikttransformation, Reihe Arbeitspapiere, Nr. 2, 2008, S. 1 ff.

Marks, Stephan: Scham – die tabuisierte Emotion, 3. Aufl., 2011

Marks, Stephan: Zur Funktion von Scham und Schamabwehr im Nationalsozialismus, in: Schönbächler, Georg (Hrsg.): Die Scham in Philosophie, Kulturanthropologie und Psychoanalyse, 2006, Collegium Helveticum Heft 2, S. 51 ff.

Marten, Heinz-Georg: Sozialbiologismus. Biologische Grundpositionen der politischen Ideengeschichte, 1983

Martins, André C. R.: Change and Aging Senescence as an Adaptation, 16. 9. 2011, https://doi.org/10.1371/journal.pone.0024328

Märtz, Thomas: Interessengruppen und Gruppeninteressen in der Demokratie, Hohenheimer volkswirtschaftliche Schriften, Bd. 12, 1990.

Marx, Karl: Das Kapital, 1861–1863, Marx-Engels-Werke (MEW) (1973)

Marx, Karl/*Engels*, Friedrich: Manifest der Kommunistischen Partei, in: Marx-Engels-Werke, Bd. 4, 1872

Matthes von Cramon, Gabriele: Exekutivfunktionen, in: Frommelt, Peter/Grötzbach, Holger (Hrsg.): NeuroRehabilitation. Grundlagen, Praxis, Dokumentation, 2010

Matthes von Cramon, Gabriele/*von Cramon*, Yves D.: Störungen exekutiver Funktionen, in: Sturm, Walter/Hermann, Manfred/Wallesch, Claus W.: Lehrbuch der klinischen Neuropsychologie: Grundlagen, Methoden, Diagnostik, 2000

Maultzsch, Felix: Grundstrukturen der englischen Case Law-Methodik, in: Rückert, Joachim/ Seinecke, Ralf: Methodik des Zivilrechts – von Savigny bis Teubner, 2. Aufl., 2012, S. 470 ff.

Max-Planck-Gesellschaft: Evolutionärer Schlüssel für ein vergrößertes Gehirn, 18.Juni 2020, https://www.mpg.de/evolutionaerer-schluessel-fuer-ein-vergroessertes-gehirn

Max-Plank-Gesellschaft, in: Max Wissen: https://www.max-wissen.de/Fachwissen/show/5345

Max-Plank-Gesellschaft: Ein Hauch von Unsterblichkeit, 8. 12. 2015, https://www.mpg.de/ 9352469/hydra-altern

Maxouris, Christina/*Asmelash*, Leah: CNN: A North Carolina man just won a $750,000 lawsuit after suing his wife's lover, https://edition.cnn.com/2019/10/02/us/alienation-of-affection-laws-north-carolina-lawsuit-trnd/index.html

May, Hermann/*Albers*, Hans-Jürgen: Handbuch zur ökonomischen Bildung, 2008, S. 438 ff.

McConnell, Patricia B.: Das andere Ende der Line, 2009

McCoy, Norma L/*Pitino*, Lisa: Pheromonal Influences on Sociosexual Behavior in Young Women, in: Physiol Behaviour, 2002, Vol. 75(3), S. 367 ff.

McCoy, Rajiv C./*Wakefield*, Jon/*Akey*, Joshua M.: Impacts of Neanderthal-Introgressed Sequences on the Landscape of Human Gene Expression, in: Cell. Bd. 168, Nr. 5, 2017, S. 916 ff.

McFarland, David: Biologie des Verhaltens, 2. Aufl., 1999

Medicus, Gerhard: Welchen Beitrag leisten die Geisteswissenschaften für den interdisziplinären Dialog zwischen den Humanwissenschaften?, in: Naturwissenschaftliche Rundschau, Jg. 64, 2011, S. 181 ff.

Medicus, Gerhard: Was uns Menschen verbindet – Humanethologische Angebote zu Verständigung zwischen Leib- und Seelenwissenschaften, 2012

Megarry, Robert/*Baker*, Paul V.: A Manual of the law of real property, 1969

Meißner, Bruno/*Oberhuber*, Karl: Die Keilschrift, 3. Aufl., 1967

Meitzler, Matthias: „Tod und Sterben", in: Soziologie Magazin, Heft 5, 2012

Menne, Martin: Das Beste aus zwei Welten? NZFam, 2019, S. 797 ff.

Mercuro, Nicholas/*Medema*, Steven G.: Economics and the Law – From Michael Posner to Post-Modernism, 1996, S. 61 ff. 63 ff.

Merkl, Adolf: Die Lehre von der Rechtskraft, entwickelt aus dem Rechtsbegriff, Leipzig 1923

Merkl, Adolf: Prolegomena einer Theorie des rechtlichen Stufenbaues, in: Verdross, Alfred (Hrsg.): Gesellschaft, Staat und Recht. Festschrift Hans Kelsen, (1931) 1967, S. 252 ff.

Mesulam, M.-Marsel/*Mufson*, Elliott J.: The Insula of Reil in Man and Monkey, in: Cerebral Cortex book series (CECO) 1985, Volume 4, S. 179 ff.

Meyer, Wilhelm: Entwicklung und Bedeutung des Property Rights Ansatzes in der Nationalökonomie, in: Schüller, Alfred: Property Rights und ökonomische Theorie, 1983, S. 1 ff.

Mikl-Horke, Gertraude: Historische Soziologie der Wirtschaft, München 1999

Milgram, Stanley: Obedience to Authority: An Experimental View, 1974

Mill, John Stuart: Was heißt Utilitarismus? aus: John Stuart Mill: Der Utilitarismus, Stuttgart 1976

Mill, John Stuart: A system of logic, ratiocinative and inductive, being a connected view of the principles and the methods of scientific investigation 1843, 2015

Miller, Daniel J./*Duka*, Tetyana/*Stimpson*, Cherly D./*Schapiro*, Steven J./*Baze*, Wallace B./ *McArthur*, Mark J./*Fobbs*, Archibald J./*Sousa*, André M. M./*Šestan*, Nenad/*Wildman*, Derek E./*Lipovich*, Leonard/*Kuzawa*, Christopher W./*Hof*, Patrick R./*Sherwood*, Chet C.: Prolonged Myelination in Human Neocortical Evolution, in: Proceedings of the National Academy of Sciences of the United States of America, 2012, Vol. 109 (41), Nr. 16480–16485

Miller, Jeffry G./*Vollmann*, Thommas E.: The hidden Factory, in: Harvard Business Review 55 (1985), S. 142 ff.

Milstead, Wiliam W.: Lizard Ecology a Symposium. University of Missouri Press, 1967

Miranowicz, Monika Emilia: Gehirn und Recht – Wie neurowissenschaftliche Erkenntnisse – Das Dilemma zwischen Naturrecht und Positivismus überwinden können, in: Kloepfer, Michael/Marxen, Klaus/Schröder, Rainer: Berliner Juristische Universitätsschriften, Bd. 46, 2009

Mithen, Steven: The Prehistory of the Mind, 1996

Mitsch, Wolfgang, in: Leipold, Klaus/Tsambikakis, Michael/Zöller, Mark A. (Hrsg.): Anwalt-Kommentar StGB, 3. Aufl., 2020

Modell, Arnold H.: A narcissistic defence against affects and the illusion of self-sufficiency, in: Morrison, Andrew P. (Eds.): Essential Papers on Narcissism, New York University Press, 1986

Moeller, Michael L.: Gegenübertragung in der Gruppenanalyse, in: Arbeitshefte Gruppenanalyse 2/96, Münster 1997, S. 40 ff.

Moll, Jorge/*Oliviera-Souza*, Ricardo de/*Bramati*, Ivanei E./*Grafman*, Jordan: Funtional networks in emotional moral and nonmoral social judgements, in: Neuroimage 2002, S. 696 ff.

Möller, Andre Pape: The evolution of monogamy: mating relationships, parental care and sexual selection, in: Reichard, Ulrich H. : Monogamy: Mating Strategies and Partnerships in Birds, Humans and Other Mammals, 2003

Möller-Leimkühler, Anne-Mari/*Bogerts*, Bernhard: Kollektive Gewalt, in: Nervenarzt Heft 84, 2013, S. 1345 ff.

Momsen, Carsten/*Savic*, Laura, in: Beck'scher Online-Kommentar StGB, v. Heintschel-Heinegg (Hrsg.), 33. Aufl. 1. 12. 2016

Montesquieu, Charles de: Vom Geist der Gesetze, Buch XI, 1748

Morgan, Lewis Henry: Ancient Society, 1907

Morishima, Yosuke/*Schunk*, Daniel/*Bruhin*, Adrian/*Ruff*, Christian C./*Fehr*, Ernst: Linking brain structure and activation in the temporoparietal junction to explain the neurobiology of human altruism, in: Neuron. July 12, 2012

Morsbach, Paul: Die Entstehung der Gesellschaft: Naturgeschichte des menschlichen Sozialverhaltens, 2001

Mühl, Dorothee/*Petereit*, Wolfgang, in: Hadding, Walther/Schneider, Uwe H.: Recht der Kreditsicherheiten in europäischen Ländern, Teil V, Berlin 1983, S. 185ff.

Mühlbauer, Stefan: Die Rechtsprechung des Bundesgerichtshofs zur Tötungshemmschwelle, 1999

Mühlenbein, Heinz/*Schwefel*, Hans Paul: Evolution and Optimization,89, Reihe: Mathematical Ecology and Evolution, 1990

Müller, Astrid/*Zwaan*, Martina de/*Mitchell*, James E.: Pathologisches Kaufen: Kognitiv-verhaltenstherapeutisches Therapiemanual, Köln 2008

Müller, Klaus E.: Schamanismus. Heiler, Geister, Rituale. 4. Aufl., 2010 (1997)

Muñoz-Rubio, Jose: Sociobiology and human nature, in: Interdisciplinary Science Reviews 27, Nr. 2, Juni 2002, S. 131 ff.

Murdock, George P.: Social Structure. Free Press, London 1965

Musalek, Michael/*Liebich*, Helma: Vom Kaufrausch zur Kaufsucht, in: Psychopraxis, 2008, Heft 11, S. 13ff.

Musharoff, Shaila/*Shringarpure*, Suyash/*Bustamante*, Carlos D./*Ramachandran*, Sohini: The Inference of Sex-Biased Human Demography From Whole-Genome, in: PLoS Genet, 2019, Vol. 15(9): e1008293

Nair, Hemanth P./*Young*, Larry J.: Vasopressin and Pair-Bond Formation: Genes to Brain to Behavior, in: Physiology, 21. April 2006, S. 146ff.

Naqvi, Nasir H./*Rudrauf*, David/*Damasio*, Hanna/*Bechara*, Antoine: Damage to the Insula Disrupts Addiction to Cigarette Smoking, in: Science Magazine Vol. 315, 2007, S. 531 ff.

Nathanson, Donald L.: A Timetable for Shame, in: Nathanson, Donald L.(Ed.): The many faces of shame, New York 1987

Naucke, Wolfgang: Die Kriminalpolitik des Marburger Programms 1882, ZStW, Bd. 94, 1982, S. 525ff.

Neckel, Sighard: Status und Scham. Zur symbolischen Reproduktion sozialer Ungleichheit, 1991, S. 257ff.

Nelson, Philip: Advertising as Information, in: Journal of Political Economy, Bd. 82, 1974, S. 729ff.

Nesse, Randolph M.: Evolutionary Explanations of Emotions, in: Human Nature, Vol. 1, no. 3, September 1990, S. 261 ff.

Nestler, Franz: Digitale Währung: Deutschland erkennt Bitcoins als privates Geld an, in: Frankfurter Allgemeine Zeitung, v. 16.08.2013

Neumann, Ulfrid, in: Kindhäuser/Paeffgen/Neumann: Strafgesetzbuch, 5. Aufl., 2017

Neumann, Ulfrid/*Saliger*, Frank: StGB § 211 Mord, in: Kindhäuser, Urs/Neumann, Ulfrid/Paeffgen, Hans-Ullrich: Strafgesetzbuch, 5. Aufl., 2017

Newton, Isaac: Optics, Or a treatise of the reflections, refractions, inflections and colours of light, in: Newton Opera quae exstant omnia, Bd. 3 (1782,) Nachdruck 1964

North, Douglas C.: Structure and Change in Economic History, New York, 1981

North, Douglas C.: Theorie des Institutionellen Wandels, 1988

North, Douglas C./*Thomas*, Robert Paul: The Rise of the Western World, 1973

Oehler-Klein, Sigrid: Phrenologie, in: Gerabek, Werner E./Haage, Bernhard D./Keil, Gundolf/Wegner, Wolfgang (Hrsg.): Enzyklopädie Medizingeschichte

Olson, Mancur: Die Logik des kollektiven Handelns, 1956

Olson, Mancur: Macht und Wohlstand, 2002

Ott, Walter: Der Rechtspositivismus, 2. Aufl., 1992

Packard, Jane M/*Seal*, Ulysses S./*Mech*, David L./*Plotka*, Edward D.: Causes of reproductive failure in two family groups of wolves (Canis lupus), in: Zeitschrift fur Tierpsychologie, 68, 1985, S. 24 ff.

Pahlke, Julius/*Strasser*, Sebastian/*Vieider*, Ferdinand M.: Risk-taking for others under accountability, in: Economics Letters, Vol. 114, Heft 1, 2012, S. 102 ff.

Panksepp, Jaak: Affective Neuroscience, 1998

Papageorgiou, Konstantinos A.: Sicherheit und Autonomie; zur Strafrechts Philosophie Wilhelm von Humboldts und John Stuart Mills, in: ARSP LXXVI., 1990, S. 324 ff.

Paulson, Stanley L.: Konstruktivismus, Methodendualismus und Zurechnung im Frühwerk Hans Kelsens, in: Archiv des öffentlichen Rechts Bd. 124, Nr. 4, 1999, S. 631 ff.

Peck, Morgen: Reddit and Kim Dotcom's New Mega Site Are the Latest Greatest Bitcoin Merchants, in: IEEE Spectrum, 21. Februar 2013

Peters, Karl: Fehlerquellen im Strafprozess: Bd. 1–3, Karlsruhe 1970–1974

Petschow, Herbert: Zur Systematik und Gesetzestechnik im Codex Hammurabi, in: Zeitschrift für Assyriologie, Band 57, 1967, S. 162 ff.

Peuckert, Rüdiger: Das Leben der Geschlechter: Mythen und Fakten zu Ehe, Partnerschaft und Familie, 2015

Pfluger, Christoph: Was uns wirklich antreibt, in: OYA anders denken anders leben Heft 12, 2012, https://oya-online.de/article/read/611-was_uns_wirklich_antreibt.html#

Pipkin, Ronald M.: Anthropology of Law: a comparative Theory, By Leopold Pospisil, in: Social Forces, Vol. 51, Heft 1, September 1972, S. 114 ff.

Piraino, Stefano/*Boero*, Ferdinando/*Äschbach*, Brigitte/*Schmid*, Volker: Reversing the Life Cycle: Medusae Transforming into Polyps and Cell Transdifferentiation in Turritopsis nutricula (Cnidaria, Hydrozoa), in: The Biological Bulletin, 190, 1996, S. 302 ff.

Platon: Protagoras 337 c, d, in: Manuwald, Bernd: Platon Werke: Platon, Bd. 6/2: Protagoras: Bd VI.2, 1999

Platon: Die Republik; Teil II, in: Eigler, Gunther (Hrsg.): Platon: Werke in acht Bänden. Band 4, 4. Aufl., 2005, §§ 1–2, ff. 102–8

Plessner, Helmuth: Die Einheit der Sinne – Grundlinien einer Ästhesiologie des Geistes, 1923 (1965)

Plessner, Helmuth: Die Frage nach der Conditio humana, 1961

Plessner, Helmuth: Die Stufen des Organischen und der Mensch. Einleitung in die philosophische Anthropologie, 1975

Plessner, Helmuth: „Grenzen der Gemeinschaft" – Eine Debatte, in: Eßbach, Wolfgang/Fischer, Joachim/Lethen, Helmut (Hrsg.), 2002; Gesammelte Schriften Bd. V, S. 65 ff.

Poignant, Roslyn: Ozeanische Mythologie, 1900

Polinsky, Mitchell: Economic Analysis as a Potentially Defective Product. A Buyer's Guide to Michael Posner's Economic Analysis of Law, Havards Law Review 87, 1974

Popper, Karl Raimond/*Eccles*, John C.: Das Ich und sein Gehirn, 1996

Ports, Richard: Environmental hypothesis of Pliocene human evolution, in: Bobe, René (Hrsg.): Hominin Environments in East African Pliocene – An Assessment of the Faunal Evidence, 2007, S. 25 ff.

Porwit, Krzysztof: Reflections on Christian Inspiration for the Future European Institutional Changes, in: Kukliński/Skuza: Europe in the Perspective of Global Change (Polish Association for the Club of Rome), 2003, S. 19 ff.

Posner, Michael: Economic Analysis of Law, Bosten, 1. Aufl., 1972

Posner, Michael: The Economic Approach to Law, in: Texas Law Review 53, 1975, S. 757 ff.

Pospisil, Leopold: Anthropology of Law, 1971

Post, Albert H.: Das Naturgesetz des Rechts – Einleitung in eine Philosophie des Rechts auf Grundlage der modernen empirischen Wissenschaft, 1867

Post, Albert H.: Der Ursprung des Rechts – Prolegomena zu einer Allgemeinen vergleichenden Rechtswissenschaft, 1876

Post, Albert H.: Die Grundlagen des Rechts und die Grundzüge seiner Entwicklungsgeschichte, 1884

Post, Albert H.: Einleitung in das Studium der ethnologischen Jurisprudenz. Schwartz, 1886

Post, Albert H.: Einleitung in eine Naturwissenschaft des Rechts, 1872

Post, Albert H.: Prolegomena zu einer allgemeinen vergleichenden Rechtswissenschaft, 1876

Post, Albert H.: Einleitung in eine Naturwissenschaft des Rechts, 1882

Pott, Gerhard: Intuitive Ethik im Gesundheitswesen (Nach Vorträgen in der Ärztekammer Hannover am 30. 10. 2013 und in der Lebenshilfe Nordhorn am 19. 11. 2013) https://www.kloster-frenswegen.de/fileadmin/user_upload/Intuitive_Ethik_im_Gesundheitswesen_2013.pdf

Prisching, Manfred: Ökonomische Rechtslehre?, Über die Prämissen und Grenzen des „Economic Approach" im Recht, in: Rechtswissenschaftliche Fakultät der Universität Graz (Hrsg.), Reform des Rechts, Festschrift zur 200-Jahr-Feier der Universität Graz, 1979, S. 995 ff.

Pritzel, Monika/*Brand*, Matthias/*Markowitsch*, Hans J.: Gehirn und Verhalten – Ein Grundkurs der physiologischen Psychologie, 2003

Protolanski, Emil: Mega update: Dotcom's service now accepts Bitcoin, will expand into email, chat, voice, video, and mobile, in: thenextweb.com, 16. Februar 2013

Proudhon, Pierre-Josef: Was heißt Eigentum? Oder: Untersuchungen über die Grundlagen von Recht und Staatsmacht, Französische Originalausgabe, 1840

Purnhagen, Kai P./*Reisch*, Lucia A.: „Nudging Germany"? Herausforderungen für eine verhaltensbasierte Regulierung in Deutschland, in: ZEuP, 2016, S. 629ff.

Qasim, Erika: Frauenstatuetten – Zwei Gesten als Teil der Darstellung, in: ArchaeNova e. V (Hrsg.): Erste Tempel – Frühe Siedlungen, 2009, S. 161 ff.

Quintero Garzola, Gabriel C.: Review: brain neurobiology of gambling disorder based on rodent models, in: Neuropsychiatric disease and treatment, Vol. 15, 2019, S. 1751 ff.

Quinton, Anthony: Utilitarian Ethics, 1973

Radin, Paul/*Kerényi*, Karl/*Jung*, C. G.: Der göttliche Schelm. Ein indianischer Mythen-Zyklus, 1954

Ramb, Bernd-Thomas/*Tietzell*, Manfred: Ökonomische Verhaltenstheorie, 1993

Raub, Michael: Scham ein obsoletes Gefühl – Einleitende Bemerkungen zu Aktualität eines Begriffs, in: Kühn, Rolf/Raub, Michael/Tietze, Michael: Scham-ein menschliches Gefühl – Kulturelle, psychologische und philosophische Perspektiven, 1997, S. 25ff.

Rawls, John: A Theorie of Justice, 1971

Reichard, Ulrich H.: Monogamy: past and present, in: Reichard, Ulrich H. /Boesch, Christophe (Hrsg.): Monogamy: Mating Strategies and Partnerships in Birds, Humans and Other Mammals. Cambridge University Press, 2003, S. 3ff.

Reichholf, Josef H.: Das Rätsel der Menschwerdung, 6. Aufl., 2004

Reichmann, Armin: Recht der Kreditsicherheiten in europäischen Ländern, Bd. VII 1, 1988

Reichstein, Manfred: Religiöse und kulturelle Ursprünge der Menschheit, in: Sahm, Peter R. u. a. (Hrsg.), Der Mensch im Kosmos, 2005, S. 49ff.

Reisch, Lucia A./*Sandrini*, Julia: Nudging in der Verbraucherpolitik: Ansätze verhaltensbasierter Regulierung, 2015

Reiß, Winfried: Microökonomische Theorie – Historisch fundierte Einführung, 2007, S. 202ff.; 238ff.

Remien, Oliver: Grenzen der gerichtlichen Privatrechtsangleichung mittels der Grundfreiheiten des EG-Vertrages, in: JZ, 1994, S. 351 ff.

Rengier, Rudolf: Strafrecht Besonderer Teil II: Strafrecht BT II – Delikte gegen die Person und die Allgemeinheit, 21. Aufl., 2020

Renvoise, Patrick/*Morin*, Christophe: Neuromarketing: Understanding the Buy Buttons in Your Customer's Brain, 2007; Mind Your Business – 14. Mai 2007 – The Brain and Choice, in Biz/ed, https://de.scribd.com/document/73237498/The-Brain-and-Choice

Ricardo, David: An essay on the influence of the low price of corn on the profits on stock von 1815

Richter, Daniel/*Grün*, Rainer/*Joannes-Boyau*, Renaud/*Steele*, Teresa E./*Amani*, Fethi/*Rué*, Mathieu/*Fernandes*, Paul/*Raynal*, Jean-Paul/*Geraads*, Denis/*Ben-Ncer*, Abdelouahed/ *Hublin*, Jean-Jacques/*McPherron*, Shannon P.: The age of the hominin fossils from Jebel Irhoud, Morocco, and the origins of the Middle Stone Age, in: Nature. 2017, 546, Nr. 7657, S. 293 ff.

Richter, Dirk: Das Scheitern der Biologisierung der Soziologie – Zum Stand der Diskussion um die Soziologie und anderer evolutionstheoretischer Ansätze, in: Kölner Zeitschrift für Soziologie und Sozialpsychologie, Bd. 57, Nr. 3, 2005

Richter, Rudolf: Sichtweise und Fragestellung der Neuen Institutionen-Ökonomik, in: Zeitschrift für Wirtschafts- und Sozialwissenschaften, 1990, S. 517 ff.

Richter, Rudolf: Institutionen ökonomisch analysiert, Zur jüngeren Entwicklung auf dem Gebiet der Wirtschaftstheorie, 1994

Richter, Rudolf/*Furubotn*, Eirik Grundtvig: Neue Institutionenökonomik, 3. Aufl., 2003

Rifkin, Jeremy: Access. Das Verschwinden des Eigentums. Warum wir mehr besitzen und mehr ausgeben werden, 3. Aufl., 2007

Rizzolatti, Giacomo/*Sinigaglia*, Corrado: Empathie und Spiegelneurone. Die biologische Basis des Mitgefühls, 2008

Roberts, Alice: Die Anfänge der Menschheit. Vom aufrechten Gang bis zu den frühen Hochkulturen, 2012

Roberts, Simon: Order and Dispute – An Introduction to Legal Anthropology, 1979

Ron, Dorit/*Shamir*, Adi: Quantitative Analysis of the Full Bitcoin Transaction Graph, in: IACR Cryptology ePrint Archive, Nr. 584, 2012 (PDF) 584[1]

Rose, Steven/*Jencks*, Charles (Hrsg.): Alas, Poor Darwin: Arguments Against Evolutionary Psychology, 2000

Ross, Howard J.: Everyday bias. Identifying and navigating unconscious judgements in our daily lives, 2014

Roth, Gerhard: Aus Sicht des Gehirns, 4. Aufl., 2015

Roth, Gerhard: Fühlen, Denken, Handeln – Wie das Gehirn unser Verhalten steuert, vollständig überarbeitete Ausgabe, S. 77 ff.

Rötzer, Florian: Besitz steigert den Wert von Dingen, in: Thelepolis, 18. Juni 2008; https://www.heise.de/tp/features/Besitz-steigert-den-Wert-von-Dingen-3418999.html

Rousseau, Jean-Jaques: Discours sur l'origine et les fondements de l'inégalité parmi les hommes, 1755, 2. Aufl. Edition Meier)

Rousseau, Jean-Jaques: Du contrat social, 1762

Rousseau, Jean-Jaques: Vom Gesellschaftsvertrag oder Grundsätze des Staatsrechts, Hans Brockard (Hrsg.), 1977

Rousseau, Jean-Jaques: Abhandlung über die Politische Ökonomie, in: Politische Schriften, (1754) 2017

Roxin, Klaus: Strafrecht Allgemeiner Teil, Bd. 1, Grundlagen. Der Aufbau der Verbrechenslehre, 4. Aufl., 2006

Roxin, Klaus: Strafrecht Allgemeiner Teil, Bd. I: Grundlagen. Der Aufbau der Verbrechenslehre, 5. Aufl., 2020

Rüegg, Johann Caspar: Gehirn, Psyche und Körper: Neurobiologie von Psychosomatik und Psychotherapie, 5. Aufl., 2011

Ruff, Christian C./*Ugazio*, Giuseppe/*Fehr*, Ernst: Changing social norm compliance with noninvasive brain stimulation, in: Science (2013) Vol. 342, Bd. 6157, S. 482 ff.

Rushton, John Philippe: Race, Evolution, and Behavior: A Life History Perspective 1995, dt. 2005

Rüthers, Bernd: Rechtstheorie, 3. Aufl., 2007

Ryssdal, Anders Christian Stray: Legal Realism and Economics as Behavior – A Scandinavian Look at Economic Analysis of Law, 1995

Sachsse, Hans: Die Erkenntnis des Lebendigen, 1968

Sahlin, Ingrid: The Logos of Ethos, Part E, Responses to „The Ethos Definition and Classification of Homelessness“, in: European Journal of Homelessness, 2012, S. 227 ff.

Sakai, Tomoko/*Matsui*, Mie/*Mikami*, Akichika/*Malkova*, Ludise/*Hamada*, Yuzuru/*Tomonaga*, Masaki/*Suzuki*, Juri/*Tanaka*, Masayuki/*Miyabe-Nishiwaki*, Takako/*Makishima*, Haruyuki/*Nakatsukasa*, Masato/*Matsuzawa*, Tetsuro: Developmental Patterns of Chimpanzee Cerebral Tissues Provide Important Clues for Understanding the Remarkable Enlargement of the Human Brain, in: Proceedings Royal Society B, 2013, Nr. 280, 1753

Salje, Peter: Ökonomische Analyse des Rechts aus deutscher Sicht, in: Rechtstheorie, Bd. 15, 1984, S. 277 ff.

La Salle: Les Règles de la Bienséance et de la Civilité Chrétienne, 1729

Samuelson, Paul A.: Wage and Interest: A Modern Dissection of Marxian Economic Models, in: American Economic Review 47, 1957, S. 884 ff.

Sandell, Maria I./*Smith*, Henrik G.: Female aggression in the European starling during the breeding season, in: Animal Behaviour. 53, Nr. 1, Januar 1997, S. 13 ff.

Sauermost, Rolf/*Freudig*, Doris (Hrsg.): Lexikon der Biologie in vierzehn Bänden, Bd. XIV, 2002

Schäfer, Hans-Bernd/*Ott*, Claus: Die Ökonomische Analyse des Rechts, Irrweg oder Chance wissenschaftlicher Rechtserkenntnis? in: Juristenzeitung 1988, S. 213 ff.

Schäfer, Hans-Bernd/*Ott*, Claus: Lehrbuch der ökonomischen Analyse des Zivilrechts, 2. Aufl., 1995

Schaible, Ralf/*Scheuerlein*, Alexander/*Dańko*, Maciej/*Gampe*, Jutta/*Martínez*, Daniel E./*Vaupel*, James W.: Constant mortality and fertility over age in Hydra, in: PNAS 22. 12. 2015 112 (51), 15701–15706, 7. 12. 2015 https://doi.org/10.1073/pnas.1521002112

van Schaik, Carel P. /*Dunbar*, Robin I. M.: The Evolution of Monogamy in Large Primates: A New Hypothesis and some Crucial Tests, in: Behaviour, 1990, Vol. 115 (1/2), S. 30 ff.

van Schaik, Carel P. /*van Hooff*, Johan A. R. A. M.: On the ultimate causes of primate social systems, in: Behaviour, 85, Nr. 1/2, 1983, S. 91 ff.

van Schaik, Carel/*Michel*, Kai: Das Tagebuch der Menschheit. Was die Bibel über unsere Evolution verrät, 2016

Schapp, Jan: Methodenlehre des Zivilrechts, UTB, 1998

Schaumann, Wolfgang: Charles Darwin – Leben und Werk: Würdigung eines großen Naturforschers und kritische Betrachtung seiner Lehre, 2012

Schebesch, Adeline: Five Anthropomorphic Figurines of the Upper Paleolithic – Communication Through Body Language, in: Mitteilungen der Gesellschaft für Urgeschichte, Bd. 22, 2013, S. 61 ff.

Scheler, Max: Über Scham und Schamgefühl [1933], in: Scheler, Max: Zur Ethik und Erkenntnislehre. Schriften aus dem Nachlaß, Bd. I, 1957

Scheler, Max: Zur Ethik und Erkenntnislehre. Schriften aus dem Nachlaß, Bd. I, 1957

Schloßberger, Matthias: Philosophie der Scham, in Deutsche Zeitschrift für Philosophie Bd. 48, 2000, 5, 823

Schmeddinck, Ulrich: Der Nudge-Ansatz – eine Möglichkeit, wirksam zu reagieren? ZRP, 2014, S. 245 ff.

Schmidtchen, Dieter: Jenseits vom Maximierung, Gleichgewicht und Effizienz, Neuland für die ökonomische Analyse des Rechts?, in: Hans-Bernd Schäfer/Ott, Claus (Hrsg.), Ökonomische Probleme des Zivilrechts, 1990, S. 316 ff.

Schmidtchen, Dieter: Ökonomik der Religion, in: Universität des Saarlandes Volkswirtschaftliche Reihe 0003, 2000

Schmidtchen, Dieter/*Mayer*, Achim: Ökonomische Analyse der Religion, in: Ramb, Bernd-Thomas/Tietzel, Manfred (Hrsg.): Ökonomische Verhaltenstheorie, 1993, S. 311 ff.

Schnitzler, Arthur: Fräulein Else, 1924

Schnitzler, Arthur: Leutnant Gustl/Fräulein Else, 2010

Schore, Allan N.: Affektregulation und die Reorganisation des Selbst, 2007

Schore, Allan N.: Schaltstellen der Entwicklung. Eine Einführung in die Theorie der Affektregulation mit seinen zentralen Texten, 2012

Schott, Rüdiger: Rechtsethnologie, in: Beer, Bettina/Fischer, Hans (Hrsg.): Ethnologie. Einführung und Überblick, 2003

Schotter, Andrew: The Evolution of rules, in: Langlois (Hrsg.), Economic as a process, 1986

Schultz, T. Paul: An Economic Model of Family Planning and Fertility, J. Pol. Econ. 77 1969, S. 153 ff.

Schuppert, Gunnar F.: Rigidität und Flexibilität von Verfassungsrecht. Überlegungen zur Steuerungsfunktion von Verfassungsrecht in normalen wie in „schwierigen Zeiten“, 120 AöR, 1995, S. 32 ff.

Schurz, Gerhard: Natürliche und kulturelle Evolution – Skizze einer verallgemeinerten Evolutionstheorie, in: Wickler/Salwiczek, L. (Hrsg.): Wie wir die Welt erkennen: Erkenntnisweisen im interdisziplinären Diskurs, 2001, S. 329 ff.

Schüttpelz, Erhard: Der Trickster, in: Die Figur des Dritten. Ein kulturwissenschaftliches Paradigma, in: Eßlinger, Eva/Schlechtriemen, Tobias/Schweitzer, Doris/Zons, Alexander (Hrsg.), 2010, S. 208 ff.

Schwaiger, Holger: Schenken: Entwurf einer sozialen Morphologie aus Perspektive der Kommunikationstheorie (Theorie und Methode), 2016

Schwarz, Gerhard: Die Stufen der Menschheitsentwicklung – Ein Überblick, in: Shitstorms, Lügen, Sex. Springer, 2019, S. 29 ff.

Sear, Rebecca/*Mac*, Ruth: Who keeps children alive? – A Review of the effects of kin on child survival, in: Evolution and human behavior, 29 (1), 2008, S. 1 ff.

Seckelmann, Margrit/*Lamping*, Wolfram: Verhaltensökonomischer-Experimentalismus im Politischen Labor, in: DÖV, 2016, S. 189 ff.

Ségurel, Laure/*Martínez-Cruz*, Begoña/*Quintana-Murci*, Lluis/*Balaresque*, Patricia/*Georges*, Myriam/*Hegay*, Tatyana/*Aldashev*, Almaz/*Nasyrova*, Firuza/*Jobling*, Mark A./*Heyer*, Evelyne/*Vitalis*, Renaud: Sex-Specific Genetic Structure and Social Organization in Central Asia: Insights from a Multi-Locus Study, in: PLoS Genetics, Vol. 4, Nr. 9, September 2008

Seidler, Günter H.: Der Blick des Anderen. Eine Analyse der Scham, 1995

Seith, Anne: Automatischer Börsenhandel: Turbocomputer mischen Aktienmärkte auf, in: Spiegel-online 2010 http://www.spiegel.de/wirtschaft/unternehmen/automatischer-boersenhandel-turbocomputer-mischen-aktienmaerkte-auf-a-719085.html

Sen, Amartya: Ökonomie für den Menschen. Wege zu Gerechtigkeit und Solidarität in der Marktwirtschaft, 2000

Sen, Amartya/*Williams*, Brenard: Einleitung zu: Sen/Williams: Utilitarism and Beyond, 1982

Shelly, Baskara/*Trimble*, Michael R.: The insular Lobe of Reilits Anatamico-Functional, behavioural and Neuropsychiatric attributes in humans – a review, in: The World Journal of Biological Psychiatry Vol. 5(4), 2004, S. 176 ff.

Sherry, John F.: Gift Giving in Anthropological Perspective, in: Journal of Consumer Research, 1983, 10. Jg., Heft 2, S. 157 ff.

Shuster, Stephen M.: Sexual selection and Miting Systems, in: PNAS 106, 2009, Nr. 10.009 ff.

Sieferle, Rolf Peter: Lehren aus der Vergangenheit, in: Wissenschaftlicher Beirat der Bundesregierung – Globale Umweltänderungen, Materialien, 2010, S. 1 ff.

Siegentaler, Hansjörg: Regelvertrauen, Prosperität und Krisen, Die Ungleichmäßigkeit wirtschaftlicher und sozialer Entwicklungen als Ergebnis individuellen Handelns und sozialen Lernens, 1993

Simmel, Georg: Philosophie des Geldes, 2. Aufl., 1900

Simon, Herbert A.: Bounded Rationality, in: Eatwell, John/Milgate, Murray/Newman, Peter: The New Palgrave – Utility and Probability, 1987, S. 15 ff.

Sin, Brian: Mega now accepts Bitcoin as payment, also hints at e-mail, chat, voice expansion. In: slashgear.com, 16. Februar 2013

Sinn, Arnd, in: SK-StGB/Systematischer Kommentar zum Strafgesetzbuch, Bd. IV, 9. Aufl., 2015

Slagsvold, Tore: Female-Female Aggression and Monogamy in Great Tits Parus major, in: Ornis Scandinavica. 24, Nr. 2, (April–Juni) 1993, S. 155 ff.

Smith, Adam: Der Wohlstand der Nationen, in: Recktenwald, Horst Cl. (Hrsg.): Smith, Adam: Der Wohlstand der Nationen, 5. Aufl., 1990

Smith, Peter K.: Children and play. Chichester, 2010

Smuts, Barbara B./*Cheney*, Dorothy L./*Seyfarth*, Robert M./*Wrangham*, Richard W./*Struhsaker*, Thomas T. (Hrsg.): Primate societies. University of Chicago Press, 1987

Sohmen, Egon: Allokationstheorie und Wirtschaftspolitik, 1992

Soma, Masayo/*Zsolt Garamszegi*, Lázló: Rethinking birdsong evolution – meta – analysis of the relationship between song complexity and reproductive success, in: Behavioral Ecology 22, 2011, S. 363 ff.

Sosis, Richard: Religion and intragroup cooperation – Preliminary results of a comparative analysis of utopian communitiers, in: Cross-Cultural Research: The Journal of Comparative-Social Science, Bd. 34, 2000, S. 70 ff.

Souza Dias, Ferreira de/*Maia*, Rafael/*Dias*, Raphael I.: Breeding Strategies of Tropical Birds, in: Oliveira, Paulo S. /Rico-Gray, Victor (Hrsg.): Tropical Biology and Conservation Management, Bd. 3, 2009

Spencer, Herbert: A System of Synthetic Philosophy. The Principles of Biology, Bd. I, 1864, § 164

Spremann, Karl: Leistungsangebot des Staates, in: Öffentliche Finanzwirtschaft, Essentials, 2019, S. 3 ff.

Stam, James H.: Inquiries into the Origin of Langue, in: The Fate of a Question, 1976

Starck, Christian: GG Art. 1, in: Mangoldt, Hermann/Klein, Friedrich/Starck, Christian: Grundgesetz, 7. Aufl., 2018, Rn. 18 ff, 22

Stark, Holger/*Reichert*, Ulrich/*Graßmann*, Sven: Struktur, Funktion und potentielle therapeutische Bedeutung von NMDA-Rezeptoren, Teil 1: Architektur und Modulation der Rezeptoren; Teil 2: Therapiekonzepte und neue Rezeptorliga, in: Pharmazie in unserer Zeit, Heft 29. Jahrg., 2000, Nr. 4

Stern, Daniel/*Krege*, Wolfgang/*Vorspohl*, Elisabeth: Die Lebenserfahrung des Säuglings, 10. Aufl., 2010, S. 235

Stern, Klaus: Das Staatsrecht der Bundesrepublik Deutschland IV/1, 2006

Stevenson, Glenn G.: Common property economics: a general theory and land use application, C1991

StGB § 211 Mord, in: Schönke, Adolf /Schröder, Horst: Strafgesetzbuch, 30. Aufl., 2019

Stigler, George: The Economics of Information Journal of Political Economy, Bd. 3, 1961, S. 213 ff.

Stone, Julius: Human Law and Human Justice, 1965

Storch, Volker/*Welsch*, Ulrich: Kurzes Lehrbuch der Zoologie, 2012

Strassberg, Daniel: Scham als Problem der psychoanalytischen Theorie und Praxis, in: Schweizer Archiv für Neurologie und Psychiatrie, 2004, S. 225 ff.

Stratenwerth, Günter: Grundlagen des Verkehrsstrafrechts, in: Basler Juristische Mitteilungen, 1966, S. 53 ff.

Strauch, Stefanie: Als die Jäger sesshaft wurden, in: Bild der Wissenschaft, 26. Juni 2009

Stree, Walter, in: Schönke, Adolf/Schröder, Horst: Kommentar zum deutschen Strafgesetzbuch, 27. Aufl., 2006

Stritof, Sheri: Alienation of Affection State Laws, 2020

Stumpf, Herbert, u. a.: Eigentumsvorbehalt und Sicherungsübereignung im Ausland, 2011

Sunstein, Cass R.: Empirically Informed Regulation, 78 The University of Chicago Law Review, 2011, S. 1349 ff.

Sunstein, Cass: Nudging: A Very Short Guide 37 Journal of Consumer Policy, 2014, S. 583 ff.

Sunstein, Cass: 32 Yale Journal of Regulation, 2015, S. 413 ff.

*Sunstei*n, Cass R.: The Council of Psychological Advisers, 67 Annual Review of Psychology 2016, 713 ff.

Sütterlin, Christa: Ethologische Aspekte des Gestus weiblicher Schampräsentation, in: Ethnographische-Archäologische Zeitschrift, Bd. 34. Nr. 3, 1993, 1009

Symbol, Ritual und Sternenkarte, Warum entstanden die Höhlenbilder? https://www.scinexx.de/dossierartikel/symbol-ritual-und-sternenkarte/

Tankersley, Dharol/*Jill Stowe*, C./*Huettel*, Scott A.: Altruism is associated with an increased neural response to agency, in: „Nature Neuroscience", 2007

Taupitz, Jochen: Ökonomische Analyse und Haftungsrecht, Eine Zwischenbilanz, Archiv für civilistische Praxis, 1996, S. 114 ff.

Thaler, Richard H.: Public Policies, Made to Fit People, abrufbar unter www.nytimes.com/2013/08/25/business/public-policies-made-to-fit-people.html?_r=0

Thaler, Richard H./*Sunstein*, Cass R.: Libertarian Paternalism, in: The American Economic Review, Vol. 93, No. 2, Papers and Proceedings of the One Hundred Fifteenth Annual Meeting of the American Economic Association, Washington DC, Januar 3–5, 2003 (Mai, 2003), S. 175 ff.

Thaler, Richard H./*Sunstein*, Cass R.: Nudge, 2008

Thaler, Richard H./*Sunstein*, Cass R.: Nudge. Improving Decisions About Health, Wealth and Happiness, in der hier verwandten deutschen Version: Wie man kluge Entscheidungen anstößt, 2009

Thaler, Richard H./*Sunstein*, Cass R.: A Very Short Guide, Journal of Consumer Policy, 2015, S. 583 ff.

Thaler, Richard H./*Tversky*, Amos/*Kahneman*, Daniel/*Schwartz*, Alan: The Effect of Myopia and Loss Aversion on Risk Taking: An Experimental Test, in: The Quarterly Journal of Economics, 1997, Vol. 112, Nr. 2, S. 647 ff.

Theil, Wolfgang: Eigentum und Verpflichtung: Einige juristische Aspekte, in: Stadermann, H. J./Steiger, O.: Verpflichtungsökonomik. Eigentum, Freiheit und Haftung in der Geldwirtschaft, 2001, S. 175 ff.

Thöle, Reinhard (Hrsg.): Zugänge zur Orthodoxie, Bensheimer Hefte, Nr. 68, 1998

Tiedemann, Jens León: Die intersubjektive Natur der Scham – Diss., FU Berlin, 2007

Tietzel, Manfred: Die Ökonomie der Property Rights, Ein Überblick, in: Zeitschrift für Wirtschaftspolitik, 30. Jg., 1981, S. 207 ff.

Tilson, Ronalt L.: The evolution of monogamy – hypothesis and evidences, in: Annual Review of Ecology and Systematics Vol. 11, 1980, S. 197 ff.

Tischner, Józef: Das menschliche Drama: Phänomenologische Studien zur Philosophie des Dramas, 1989

Tobach, Ethel/*Rosoff*, Betty (Hrsg.): Challenging Racism and Sexism: Alternatives to Genetic Explanations. Feminist Press at the City University of New York, 1994

Tomasello, Michael: Die Ursprünge der menschlichen Kommunikation, 2000

Tomasello, Michael: Eine Naturgeschichte der menschlichen Moral, 2016

Törngren, Gustaf/*Montgomery*, Henry: Worse Than Chance? Performance and Confidence among Professionals and Laypeople in the Stock Market, in: Journal of Behaviour Finance, 2004, S. 148 ff.

Trivers, Robert L.: Parental Investment and Sexual Selection, in: Cambell, Bernard (Hrsg.): Sexual Selection and the Descent of Man 1871–1971, 1972, S. 136 ff.

Tröndle, Herbert/*Fischer*, Thomas: Strafgesetzbuch, 51. Aufl., 2003

Tullock, Gordon: The Paradox of Revolution, in: Public Choice, 11 (1971), S. 89 ff.

Tullock, Gordon: Autocracy, 1987

Tuor, Peter: Das Schweizerische Zivilgesetzbuch, 12. Aufl., 2009, S. 438 ff.

Tversky, Amos/*Kahneman*, Daniel: The framing of decisions and psychology of choice, in: Science, 1981, Vol. 211, S. 453 ff.

Ursprung und biologische Deutung des Genitalpräsentierens männlicher Primaten, in: Zeitschrift für Tierpsychologie, 1966, 23/4, S. 422 ff.

Utrio, Kaario: Evas Töchter. Die weibliche Seite der Geschichte, 1987

Vaas, Rüdiger: Veränderte Bewusstseinszustände, in: Lexikon der Neurowissenschaft, Bd. 4, 2002

Vanek, Jaroslav: The General Theory of Labor-Management Market Economies, 1970.

Veiga, José P.: Why are house sparrows predominantly monogamous? A test of hypotheses, in: Animal Behaviour. 43, Nr. 2, März 1992, S. 361 ff.

Verbeek, Bernhard: Sterblichkeit: der paradoxe Kunstgriff des Lebens – Eine Betrachtung vor dem Hintergrund der modernen Biologie, in: Oehler, Jochen: Der Mensch – Evolution, Natur und Kultur, 2010, S. 59 ff.

Verbeek, Bruno: Organismische Evolution und kulturelle Geschichte: Gemeinsamkeiten, Unterschiede, Verflechtungen, in: Ethik und Sozialwissenschaften Band 9/2, 1998, S. 293 ff.

Vetter, Brigitte: Psychiatrie: ein systematisches Lehrbuch, 2007

Vogd, Werner: Gehirn und Gesellschaft, 2010

Voigt, Stefan: Institutionen-Ökonomik, 2002

Voland, Eckart: Die Natur des Menschen. Grundkurs Soziobiologie, 2007

Voland, Eckart: Soziobiologie. Die Evolution von Kooperation und Konkurrenz. Spektrum, 2009

Vollmer, Gerhard: Evolutionäre Erkenntnistheorie. Angeborene Erkenntnisstrukturen im Kontext von Biologie, Psychologie, Linguistik, Philosophie und Wissenschaftstheorie, 6. Aufl., 1994

Vorarlberger Bildungsverein: Welt der Biologie, Die Evolution der Menschen http://www.bio.vobs.at/evolution/e07-human-01.php

de Waal, Frans B. M.: Bonobo Sex and Society – The behavior of a close relative challenges assumptions about male supremacy in human evolution, in: Scientific American, Vol. 272, Heft 3, März 1995, S. 82 ff.

de Waal, Frans B. M.: Bonobos – Die Zärtlichen Menschenaffen, 1998

de Waal, Frans B. M.: Der gute Affe. Der Ursprung von Recht und Unrecht bei Menschen und anderen Tieren, 2000

de Waal, Frans B. M.: Tierische Geschäfte, in: Spektrum der Wissenschaft, 2006

de Waal, Frans B. M.: Primaten und Philosophen, 2008

Wagener, Hans-Jürgen/*Eger*, Thomas/*Fritz*, Heiko: Europäische Integration – Recht und Ökonomie, Geschichte und Politik, 2006

Wagner, Gerhard: Prävention und Verhaltenssteuerung durch Privatrecht – Anmaßung oder legitime Aufgabe, in: Archiv für die civilistische Praxis 206, Bd. 2/3, 2006, S. 352 ff.

Waldhoff, Christian: Allgemeines Verwaltungsrecht, Lebensmittelrecht: Naming und Shaming, in: JuS, 2013, S. 860 ff.

Waldron, Jeremy: God, Locke, and Equality: Christian Foundations in Locke's Political Thought, 2002

Warwitz, Siegbert A./*Rudolf*, Anita: Der Mensch braucht das Spielen, in: Warwitz, Siegbert A./Rudolf, Anita (Hrsg): Vom Sinn des Spielens. Reflexionen und Spielideen. 4. Aufl., 2016

Washborn, Sherewood L./*Lancaster*, Chet: The Evolution of Hunting, in: Lee, Richard .B/ De Vore, Irven (Hrsg.): Man the Hunter, 1968, S. 293 ff.

Watanabe, Kunio: Variations in group composition and population density of the two sympatric Mentawaian leaf-monkeys, in: Primates. 22, Nr. 2, 1981, S. 145 ff.

Watz, Dorotee: Die Bedeutung des anterioren Gyrus cinguli in der Pathogenese schizophrene Erkrankungen – eine Magnetresonanztomographische in-vivo Untersuchungen zur Quantifizierung und struktureller Veränderungen, 2005

Wawrzinek, Andreas: Gehirn besitzt Schamregion, in: Wissenschaft.de, 2002: https://www.wissenschaft.de/umwelt-natur/gehirn-besitzt-schamregion/

Weber, Max: Wirtschaft und Gesellschaft – Grundriss der verstehenden Soziologie (1922), 5. Aufl., 1972

Wedekind, Claus/*Milinski*, Manfred: Cooperation through image scoring in humans, in: Science, 2000, (288), S. 850 ff.

Weidner, Ulrich: Die Mitverursachung als Entlastung des Haftpflichtigen, 1970

Weinstein, Aviv/*Weinstein*, Yitzhak: Exercise addiction- diagnosis, bio-psychological mechanisms and treatment issues, in: Current pharmaceutical design. Band 20, Nummer 25, 2014, S. 4062 ff.

Weise, Peter: Wirtschaftswissenschaften als Sozialwissenschaften von Entscheidungen, in: EuS 5, 1994, S. 281 ff.

Weissenberg, Samuel: Zur Sozialbiologie und Sozialhygiene der Juden, in: Archiv für Rassen und Gesellschaftsbiologie, 1927

Weller, Marc-Philippe/*Hauber*, Irene/*Schulz*, Alix: Gleichstellung im Internationalen Scheidungsrecht – talaq und geht im Licht des Art. 10 Rom III-VO, in: IPRax, 2016, S. 123 ff.

Wells, Spencer: Die Wege der Menschheit. Eine Reise auf den Spuren der genetischen Evolution, 2003

Welzel, Hans: Zum Notstandsproblem, in: Zeitschrift für die gesamte Strafrechtswissenschaft 63, 1951, (1), S. 47 ff.

Wendover, Roger: Flores historiarum, um 1226, in: H. O. Coxe: Bd. 4, London 1841–1824

Weniger, Gerd-Christian: Projekt Menschwerdung. Streifzüge durch die Entwicklungsgeschichte des Menschen, 2000

Werth, Dieter: Warenkreditsicherung im deutsch-spanischen Wirtschaftsverkehr, 1981

Wesel, Uwe: Die Geschichte des Rechts, 2000

Westermann, Benedikt, LMU-München: Wie Zellen Selbstmord begehen – Auslöser des programmierten Zelltods entschlüsselt, 17. 2. 2005, https://www.uni-muenchen.de/informationen_fuer/presse/presseinformationen/2005/1012.html

Westneat, David F.: Genetic parentage in the indigo bunting: a study using DNA fingerprinting, in: Behavioral Ecology and Sociobiology, 27, Nr. 1, 1990, S. 67 ff.

Wettlaufer, Jörg: Von der Gruppe zum Individuum – Probleme und Perspektiven einer „evolutionären Geschichtswissenschaft", 2002, S. 25 ff.

Wickler, Wolfgang: Antworten der Verhaltensforschung, 1970

Wickler, Wolfgang/*Seibt*, Uta: Das Prinzip Eigennutz. Ursachen und Konsequenzen sozialen Verhaltens, 1977, S. 52 ff.

Wilcke, Claus: Der Kodex Urnamma (CU): Versuch einer Rekonstruktion, in: Abusch, Zvi (Hrsg.): Riches hidden in secret places: Ancient Near Eastern studies in memory of Thorkild Jacobson, 2002

Wild, Taube: Das Gehirn – der Mörder: Eine Auseinandersetzung mit dem Fall Gian Franco Stevanin, 2013

Wilhelm, Klaus: Fremdgehen ist die Regel. Verhaltensforscher sind überrascht: Immer mehr Tierarten stellen sich als polygam heraus. Ist auch der Mensch zum Seitensprung geboren? Bild der Wissenschaft, Oktober 2010, S. 16

Williamson, Oliver E.: The Economics Institutions of Capitalism

Williamson, Oliver E.: The Vertical Integration of Production: Market and Failure Considerations, in: American Economic Review, Paper and Proceedings, 63, 1971, S. 112 ff.

Wills, Christopher: Das vorauseilende Gehirn – Die Evolution der menschlichen Sonderstellung, 1996

Wilson, Edward O.: Sociobiology: the new synthesis, 1978

Wilson, Edwart O.: Sociobiology: The New Synthesis 1975

Winkler von Mohrenfels, Peter: Rom III-VO Art. 10, in: Münchener Kommentar zum BGB, 7. Aufl., 2018

Wintrobe, Ronald: The Political Economy of Dictatorship, 2000

Wirtschafts- und Sozialausschuss der EU: Stellungnahme, ABl. 2011 C 318, ABl, EU, 2011, S. 155 ff.

Wittmann, Donald: Why Democracies produce Efficient Results, in: Journal of Political Economy, Vol. 97, 1989, S. 1395 ff.

Wolters, Gereon: Soziobiologie, in: Mittelstraß, Jürgen (Hrsg.): Enzyklopädie Philosophie und Wissenschaftstheorie. 2. Auf. Bd. 7, 2018

World Health Organisation: ICD-10-WHO Version 2016: Pathologisches Stehlen [Kleptomanie] 15. Mai 2017, Kapitel V (Psychische und Verhaltensstörungen)

Wrangham, Richard: Demonic Males. Apes and the Origins of Human Violence, 1997

Wunderlich, Richard: The Scientific Ethos: A Clarification, in: The British Journal of Sociology, Vol. 25, No. 3, 1974, S. 373 ff.

Wunn, Ina: Die Religionen in vorgeschichtlicher Zeit, 2004

Wurmser, Léon: Die Maske der Scham. Die Psychoanalyse von Schamaffekten und Schamkonflikten, 1993

Wurmser, Léon: Identität, Scham und Schuld, in: Die Maske der Scham – die Psychoanalyse von Schameffekten und Schamkonflikten, 1993, S. 1 ff.

Wynn, Thomas: The intelligence of later Acheulean hominids, in: Man, Bd. 14, Nr. 3 1970, S. 371 ff.

Young, Rebecca L./*Ferkin*, Michael H./*Ockendon-Powell*, Nina F./*Orr*, Veronica N./*Phelps*, Steven M./*Pogány*, Ákos/*Richards-Zawacki*, Corinne L./*Summers*, Kyle/*Székely*, Tamás/*Trainor*, Brian C./*Urrutia*, Araxi O./*Zachar*, Gergely/*Connell*, Lauren A. O'/*Hof*, Hans A.: Conserved transcriptomic profiles underpin monogamy across vertebrates, in: Proceedings of the National Academy of Sciences, Mai 2019, 14, Vol. 116 (4), S. 1331 ff.

Zimen, Erik: Der Wolf: Verhalten, Ökologie und Mythos, 2003

Zippelius, Reinhold: Rechtsphilosophie, 6. Aufl., 2011

Zippelius, Reinhold: Grundbegriffe der Rechts- und Staatssoziologie, 3. Aufl., 2012

Sachverzeichnis